AMV

Hubrecht Duijker

Die besten WEINE
Rhône und Südfrankreich

Jura – Savoyen – Rhône –
Der Südwesten: vom Bordeaux-Hinterland zu den Pyrenäen –
Roussillon – Languedoc – Provence – Korsika

Mit den Fotografien
von Peter van der Velde, Hubrecht Duijker und Jan Jonker

Albert Müller Verlag
Rüschlikon-Zürich · Stuttgart · Wien

Für Ton,
mit dem einen Wein zu probieren
immer gut ist

Hektar Rebfläche
In diesem Buch werden viele Male Hektarzahlen von Gebieten, Dörfern und Lagen genannt. Es sind jeweils die neuesten, dem Autor verfügbaren Zahlen angegeben. Im Laufe der Zeit können sich natürlich geringfügige Änderungen ergeben.

Etiketten
Weinerzeuger ändern manchmal ihre Etiketten. Es kommt auch vor, daß ein und derselbe Wein unter verschiedenen Etiketten verkauft wird. Der Leser sollte dies beachten, wenn er sich einen in diesem Buch genannten Wein beschaffen will.

Erklärung häufig gebrauchter Begriffe
A.O.C. bzw. *A.C.* Abkürzungen für Appellation d'Origine Contrôlée bzw. Appellation Contrôlée = Kontrollierte Herkunftsbezeichnung, in Frankreich die höchste Qualitätsstufe für Weine mit den strengsten Anforderungen
Barrique. Bordeaux-Faß aus Eiche mit etwa 225 l Inhalt
Biologischer Säureabbau s. Fermentation malolactique
Cave. Meist unterirdischer Keller
Caveau. Probierstube, manchmal auch ein Café oder ein kleines Restaurant
Chaptalisieren. Vorgang, bei dem, um den Alkoholgehalt des Weins zu erhöhen, dem Most Zucker zugefügt wird; hierfür bestehen gesetzliche Beschränkungen.
Confrérie. Weinbruderschaft
Cuve. Gärbottich, -tank oder -faß aus Holz, Beton, Stahl, Edelstahl, Kunststoff oder Fiberglas
Cuvée. Wörtlich: der Inhalt einer *cuve*; meist jedoch im Sinne eines Verschnitts von Weinen. Von einem bestimmten Jahrgang kann ein Erzeuger verschiedene *cuvées* von unterschiedlicher Qualität herausbringen.

Inhalt

Aus dem Holländischen übersetzt
von Clemens Wilhelm

Titel des holländischen Originals: «De goede wijnen van de Rhône en het Franse zuiden»
Gestaltung: Van Sambeek & Watano, Amsterdam
Fotos: s. Foto-Nachweis S. 200
Karten: Otto van Eersel
Deutsche Ausgabe:

ISBN 3-275-00891-9-1/8-86.
Printed in the Netherlands
Satz: BDV-Printmedien, CH-4410 Liestal

(In der Champagne wird mit *cuvée* auch der Wein aus der ersten Pressung bezeichnet.)
Dégorgement. Das Entfernen der Hefe aus einer Flasche Schaumwein, die nach der Méthode champenoise erzeugt wird. Das zum Korken gerüttelte Depot wird zu einem harten Pfropf gefroren, indem man den Flaschenhals durch ein eiskaltes Salzbad (meist $-20°C$) führt. Anschließend wird die Flasche kurz geöffnet, woraufhin der Pfropf vom Kohlensäuredruck ausgetrieben wird. Die Flasche wird sofort wieder aufgefüllt und mit ihrem endgültigen Korken verschlossen.
Demi-muid. Holzfaß von etwa 600 l Inhalt
Domaine. Weingut
Fermentation malolactique. Milchsäuregärung, auch zweite Gärung genannt: biologischer Säureabbau, für Rotwein obligatorisch, bei Weißwein fakultativ
Fuder. Großes Holzfaß
Gérant. Vertreter des Besitzers auf dem Weingut, Verwalter
Kältebehandlung. Modernes Verfahren, den Gärungsverlauf zu zügeln. Der Erfolg ist, daß dem Wein ein feineres Bukett bleibt, ebenso etwas mehr Kohlensäure, so daß er sich spritziger, lebendiger präsentiert.
Kapitel. Versammlung der Angehörigen eines Klosters oder religiösen Ordens. Übertragen auf die Versammlungen von Weinbruderschaften
Lie s. Sur lie
Macération carbonique. Verfahren, bei dem die Gärung in den nicht angequetschten Beeren stattfindet. Wird nicht nur im Beaujolais angewandt, sondern heute vielfach auch in Südfrankreich.
Méthode champenoise. Schaumweinbereitung in der Art der Champagne. Das bedeutet, daß in der Flasche eine zweite Gärung stattfindet. Die sich entwickelnde Kohlensäure bleibt unter hohem Druck im Wein eingeschlossen und verleiht ihm seine Bläschen.
Milchsäuregärung. s. Fermentation malolactique
Négociant. Weinhändler, Weinhandelshaus. Auch *négociant-éleveur*, wenn die Firma die Weine auch ausbaut, d. h. reifen läßt.
Pièce. Faß (meistens Eichenholz) mit etwa 228, manchmal auch 216 l Inhalt
Propriétaire. Eigentümer, Besitzer
Pupitres. Rüttelpulte: Dicke, schräggestellte Holztafeln mit kreisförmigen Ausschnitten, in die Schaumweinflaschen mit dem Kopf nach unten gesteckt werden. Durch Drehen und Rütteln der Flaschen *(remuage)* wird allmählich das Depot zum Korken getrieben. Dann folgt das *dégorgement* (siehe dort).
Reblaus. Phylloxera vastatrix, ein Parasit, der um die Jahrhundertwende fast alle europäischen Rebgärten verwüstete
Rendement. Ertrag in Hektolitern, den eine bestimmte Lage, Rebe, Gemeinde oder Gegend pro Hektar erzeugt; bei Qualitätsweinen besteht hierfür stets eine gesetzliche Höchstgrenze, wobei der Gesetzgeber von Jahr zu Jahr einen Zuschlag von höchstens 20% genehmigen kann.
Schönung. Methode zur Klärung des Weins. Man setzt dem Faß bestimmte Bestandteile zu (z. B. geschlagenes Eiweiß), die sich als Trub zusammen mit den im Wein schwebenden und ihn trübenden Partikeln niederschlagen und ihn dadurch klären.

Vorwort

Dieses Buch ist im Grunde ein Bericht über eine Entdeckungsreise, eine sehr intensive Studienfahrt durch die weniger bekannten Weingebiete Frankreichs. Manche dieser Gebiete waren für mich Neuland, und ich will nicht verschweigen, daß meine Erwartungen hinsichtlich der Qualität eher gedämpft waren. Doch ich mußte schon bald mein (Vor)urteil revidieren. Fast täglich bekam ich unerwartet gute Weine in mein Glas, sogar in kleinen, abgelegenen Herkunftsbereichen. Immer wieder verblüffte mich auch der hohe technische Standard in der Pflege der Reben wie in der Weinbereitung. Ich habe mit zahlreichen sehr qualitätsbewußten Château- und Domänenbesitzern gesprochen, auch in Distrikten, in denen man solch strenge Maßstäbe eigentlich kaum erwarten würde. Die vielen Weinschätze, die ich auf meiner Reise entdeckt habe, sind der Beweis dafür, daß man im heutigen Frankreich nicht nur in den Gebieten mit großen Namen guten Wein zu machen versteht. Aus dem Languedoc etwa, das immer noch als das Gebiet der Massenweine schlechthin geschmäht wird, kommen heute eine ganze Reihe wirklich hervorragender Weine, die in ihrer Preisklasse jeden Bordeaux schlagen können.

Der Titel «Die besten Weine: Rhône und Südfrankreich» könnte den Schluß nahelegen, daß nur Weine aus dem französischen Süden behandelt werden. Dieses Buch enthält jedoch viel mehr: Es war nämlich meine Absicht, alle diejenigen Gebiete zu besuchen und vorzustellen, die in den bisherigen Bänden dieser Reihe noch nicht behandelt wurden. So findet man hier auch Beschreibungen von Weingebieten wie Jura, Savoyen, Bergerac, vom ganzen Südwesten, von den Côtes d'Auvergne, Saint-Pourçain und Haut-Poitou. Zusammen mit den Bänden «Die Spitzenweine von Bordeaux», «Die guten Weine von Bordeaux», «Die großen Weine des Burgund» und «Die großen Weine: Elsaß, Loire, Champagne» ergibt sich so das vollständige Bild der Qualitätsweine Frankreichs.

In Wort und Bild – Photograph Peter van der Velde beweist erneut seine Meisterschaft – werden Ihnen in diesem Buch Frankreichs unbekannte und verkannte Weingebiete vorgestellt. Dabei lernen Sie Hunderte von Weinen kennen: Für jedes Herkunftsgebiet gebe ich eine Auswahl interessanter Weine, die für ihre Art repräsentativ sind. Die Auswahl ist streng persönlich. Für mich war, wie stets, nur ein Kriterium maßgebend: die Qualität. Von vielen der beschriebenen Weine habe ich mehrere Jahrgänge verkostet. Selbstverständlich sind in dieser Auswahl nicht alle guten Weine eines jeden Distrikts berücksichtigt. Vollständigkeit war in diesem Fall unmöglich. Dennoch darf ich sagen, daß die ausgewählten Weine einen guten Überblick über den derzeitigen Leistungsstand der einzelnen Gebiete geben.

Bei der Vorbereitung von Büchern wie diesem ist man auf mancherlei Hilfe angewiesen. Ich bin den vielen Menschen, Firmen und Stellen, die mir mit ihrer Gastfreundschaft, Unterstützung und Information behilflich waren, zu großem Dank verpflichtet. Besonders erwähnen möchte ich jedoch die *Sopexa*, das französische Informationsbüro für Landwirtschaft, das *Crepac*, das mir Korsika entdecken half, und die britischen Weinimporteure Robin und Judith Yapp, die mich so vorzüglich bei vielen ihrer Weinlieferanten einführten.

Hubrecht Duijker
Abcoude, Niederlande

Sur lie. Das Abziehen des (Weiß-)Weins von seinen Hefen (dem Niederschlag, der sich während der Gärung gebildet hat) direkt in Flaschen. Der Wein wird also nicht erst in ein sauberes Faß umgefüllt; dadurch wird der Kontakt mit Sauerstoff auf ein Mindestmaß beschränkt, und der Wein bleibt optimal frisch.

Terroir. Bedeutet, daß ein bestimmter Wein die Geschmackscharakteristika des Bodens enthält, auf dem er wächst, und daher einen etwas «erdigen» Geschmackston hat

V.D.Q.S. siehe Vin Délimité de Qualité Supérieure

Vignoble. Weinberg, Rebgarten

Vigneron. Weinbauer, Winzer (der meist auch selbst abfüllt)

Vin Délimité de Qualité Supérieure oder *V.D.Q.S.* Wein mit geschützter Herkunftsbezeichnung unter Vorschrift der Traubensorten und des Höchstertrages je Hektar; eine Qualitätsstufe unter der Appellation Contrôlée

Vin de Pays (plus Name des Gebiets). Gebietswein, für den nur geringe rechtliche Auflagen gelten; er muß jedoch aus einem bestimmten Gebiet stammen.

Vin doux naturel. Verstärkter Süßwein, bei dem die Gärung durch Zusatz von reinem Alkohol unterbrochen wird, bevor aller Zucker umgesetzt ist

Vinifikation. Weinbereitung

Viticulteur. Winzer

Übersichtskarte der beschriebenen Gebiete

Diese Karte zeigt die einzelnen Gebiete, die in diesem Buch besprochen werden, und ihre Lage in Frankreich. Die einzelnen Gebiete sind in den Regionalkarten bei den einleitenden Kapiteln genauer dargestellt.

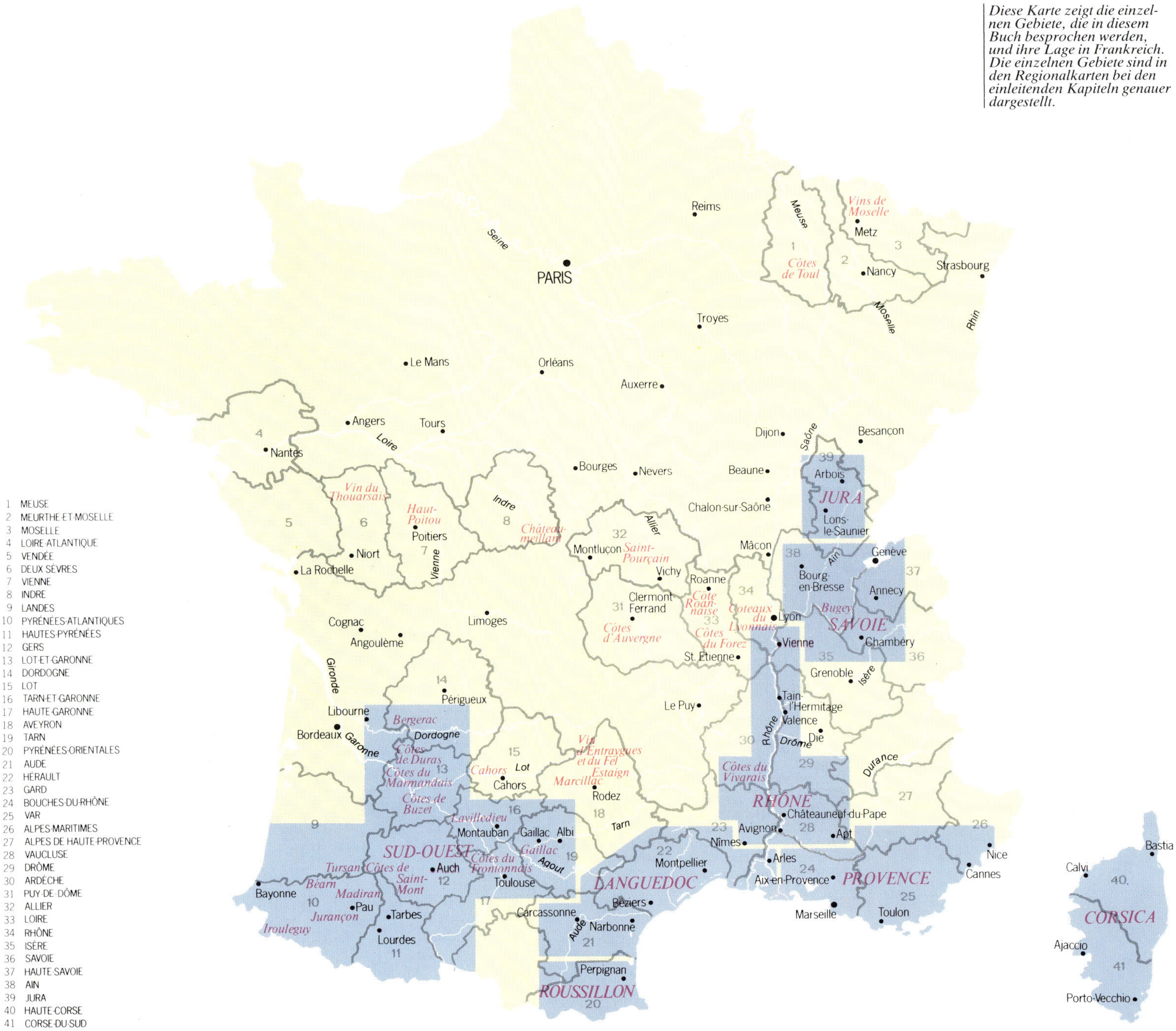

Unten:
Karte des Jura mit den einzelnen Untergebieten

Mitte rechts:
Der Comté, eine Gruyère-ähnliche Käsesorte, ist eine Spezialität des Jura. Zentrum der Produktion ist die Stadt Poligny; dieses Schild hängt jedoch bei einer Käsegenossenschaft in Arbois.

Rechts:
Die saftig-grüne Landschaft von L'Étoile, eines der Jura-Bezirke

Im Jura gibt es 16 große Seen; der Vouglans-See bedeckt eine Fläche von 1600 ha.

Im Jahre 1970 gab es im Jura 786 ha Rebgärten, 1980 1177 ha. Die theoretisch mögliche Anbaufläche liegt bei 13 500 ha.

Jura

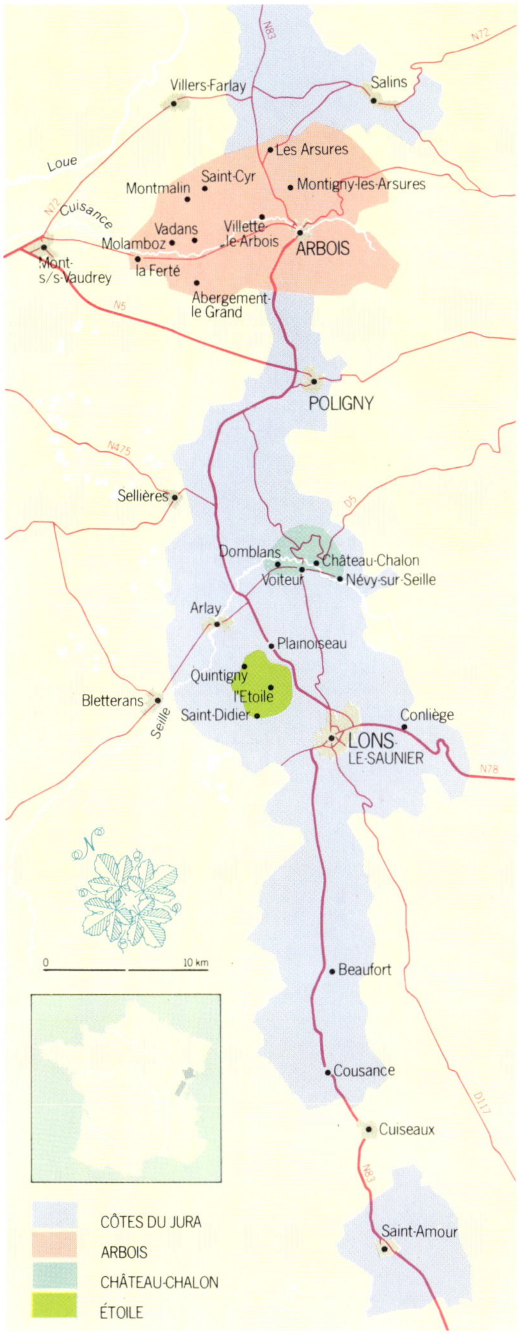

Ziemlich genau in der Mitte zwischen Genf, wo die Rhône die französische Grenze passiert, und Beaune, der Hauptstadt des Burgund, liegt das Weingebiet Jura. Es bildet etwa die Mittelachse des gleichnamigen Départements. An der breitesten Stelle mißt dieses kleine Gebiet nicht mehr als 12 km, während es sich in der Länge über 90 km erstreckt. Bis auf eine einzige Ausnahme ist die Landschaft hier noch nicht wirklich gebirgig; die Weingärten befinden sich auf Hügeln, die sich zwischen 250 und 470 m hoch erheben. Die meist tadellos gepflegten Äcker bilden einen reizvollen Kontrast zur Umgebung: Über ein Drittel des gesamten Jura ist bewaldet. Einige Wälder sind von beeindruckender Größe, wie etwa der 20000 ha umfassende Forêt de Chaux im Norden des Départements. Näher an den Weinbergen liegt der Forêt de la Joux, in dem es 50 m hohe Pinien mit einem Stammdurchmesser von fast eineinhalb Metern gibt. Das Gebiet ist auch eine Landschaft der Wiesen, Flüsse, Bäche und Seen. Früher wurde hier Salz aus der Erde gefördert; die Stadt Arcs-et-Senans läßt in ihrer Architektur den Wohlstand erkennen, den das Salz einst brachte. Heute ist der Tourismus in der Sommer- wie in der Wintersaison eine hauptsächliche Einkommensquelle.

Eigensinnige Bauern
Bei Pupillin, 3 km vom Weinzentrum Arbois entfernt, wurden römische Amphoren gefunden, die den Beweis dafür liefern, daß der Weinbau hier schon mindestens zwanzig Jahrhunderte alt ist. Seit dem 11. Jahrhundert legten Mönche Weinberge an, und von dieser Zeit an werden Juraweine regelmäßig erwähnt. Die Herzöge von Burgund ließen sich ihn munden, aber auch eine Reihe französischer Könige, so Franz I. Im Jahre 1533 ließ er sich 100 Fässer Jura-Wein kommen, in späteren Jahren ebenfalls erhebliche Mengen. Schon früh war man auf Qualität bedacht. So wurde im Jahre 1464 verfügt, daß minderwertige Rebsorten gerodet werden mußten, und 1656 trat ein Erlaß in Kraft, nach dem die Einfuhr von Trauben aus anderen Gebieten verboten war. – Einen gewissen Eigensinn kann man den Winzern nicht absprechen. Arbois ist nämlich die einzige Stadt Frankreichs, in der viermal eine Revolution ausgerufen wurde, nämlich 1792, 1834, 1848 und 1870. Hier gab es auch im Jahre 1906 einen Steuerstreik: Die Bauern weigerten sich, die in ihren Augen unangemessenen Abgaben zu bezahlen – und bekamen recht. Sie waren schließlich auch die ersten, die ihren Wein für eine geschützte Herkunftsbezeichnung anmeldeten. So wurde der Arbois am 15. Mai 1936 der erste französische Wein mit einer Appellation Contrôlée.

Das Phänomen Henri Maire
Die frühe Anerkennung des Arbois (und der anderen Juraweine, die rasch folgten) war seinerzeit ein Lichtblick in weniger erfreulichen Zeiten. Nachdem die Weinberge am Ende des 19. Jahrhunderts durch Phylloxera vastatrix, die Reblaus, vollständig vernichtet wurden, war nur in geringem Umfang neu angepflanzt worden, und nicht immer mit den besten Rebsorten. Die Ursachen waren in wirtschaftlichen und anderen Krisen zu suchen, aber auch in den Folgen des Ersten Weltkriegs, der schweren Blutzoll gefordert hatte. Im Jahre 1836 bedeckten die Jura-Weinberge 18500 ha, ein Jahrhundert später kaum mehr 500. Erst nach dem Zweiten Weltkrieg erwachte das Gebiet zu neuem Leben. Dies bewirkte vor allem der Einsatz und die Tatkraft eines Mannes: Henri Maire. Dieser Mann, dessen Vorfahren schon seit 1632 den

Links:
Château d'Arlay, wo einer der besten Côtes du Jura erzeugt wird.

Unten:
Im Jura ist man immer zum Probieren eingeladen, wie etwa hier in Poligny.

Die Weinbruderschaft Pairie des Vins d'Arbois aus dem Jahre 1956 hält ihre Kapitel in der Domaine de Gragne Grillard von Henri Maire ab.

Macvin ist ein jurassischer Aperitif auf Weinbasis mit etwas zusätzlichem Alkohol und Gewürzen, unter anderem Zimt und Koriander.

In der ersten Juliwoche findet jährlich die Weinprämierung für den Jura statt. In zweijährigem Turnus wird im Juli die Fête du Vin gefeiert.

Der Jura war früher Teil der Provinz Franche-Comté. In der nördlich gelegenen Gegend um Champlitte hat man sich im Jahre 1974 wieder dem Weinbau zugewandt. Mit finanzieller Unterstützung von 430 Personen schuf man einen 30 ha großen Rebgarten. Dieser liefert unter der Bezeichnung Vin de Pays de Franche-Comté zwei leichte, gefällige, frische Weine: einen Pinot Noir Rosé und einen weißen Chardonnay-Auxerrois. Erzeuger ist das Groupement Viticole Chanitois.

Beruf des Winzers ausübten, erweiterte nicht nur sein eigenes Weingut, sondern gründete auch ein Handelshaus, das die Reben anderer vinifizierte. Auch der kommerziellen Seite widmete er die erforderliche Aufmerksamkeit. Nach schwierigen Anfängen (noch 1955 verbrachten die Familie und die Mitarbeiter die Sonntage damit, daß sie Werbesendungen in Umschläge steckten) kam für Henri Maire in den sechziger Jahren der Durchbruch, und damit für den gesamten Jura. Heute besitzt die Firma rings um Arbois über 300 ha Rebland, und von Hunderten von Winzern werden Trauben zugekauft. Damit beherrscht Henri Maire schätzungsweise zwei Drittel der gesamten Juraproduktion.

Drei eigene Rebsorten
Dem Besucher des Jura fällt bald auf, daß nicht nur Henri Maire, sondern auch andere Erzeuger häufig ein breites Angebot an Weinen führen. Für ein so kleines Gebiet – zur Zeit etwa 1200 ha – ist die Vielfalt der Weine erstaunlich. Es gibt vier Herkunftsbezeichnungen: Côtes du Jura, Arbois, Château-Chalon und L'Etoile. Weiterhin findet man hier Tafelwein (rot, weiß und rosé), Schaumwein, Vin de Paille (Strohwein, von getrockneten Trauben) und Vin Jaune (eine lokale Besonderheit, mit dem Sherry verwandt). Diese Weine werden aus fünf Rebsorten erzeugt, manche reinsortig, andere auf der Basis mehrerer Sorten. Drei der fünf Rebsorten gibt es nur in dieser Gegend. Dies ist in erster Linie die blaue Poulsard-Rebe (oder Pulsard oder Ploussard), die einen delikaten, aber farbschwachen Wein ergibt. Daher wird sie häufig mit der blauen Trousseau-Rebe vermischt, die Weine mit mehr Farbe und Kraft ergibt. Die dritte gebietstypische Rebe heißt Savagnin (oder Naturé). Diese weiße, spätreifende Sorte mit den dicken Schalen ist mit Traminer und Gewürztraminer verwandt und ergibt unter anderem den Vin Jaune. Das Traubensortiment des Jura wird komplettiert durch die beiden Burgunder-Reben Pinot noir und Chardonnay, die hier auch Melon d'Arbois beziehungsweise Gamay blanc genannt werden. Im Arbois ist schließlich noch eine sechste Rebsorte zulässig, die Pinot blanc-Rebe.

Viele kleine Besitzungen
Der Jura ist das Gebiet der kleinen Winzer. Etwa die Hälfte des Reblandes ist in Händen von Henri Maire und einem knappen Dutzend anderer, die zwischen 15 und 25 ha besitzen. Der Rest wird von etwa 1000 Winzern bestellt, von denen 800 jährlich weniger als 30 hl erzeugen. Nur etwa 200 Weinbauern leben ausschließlich vom Wein. In der Region gibt es fünf Genossenschaften. Bei weitem die größte ist La Fruitière Vinicole d'Arbois. Diejenigen von L'Etoile, Poligny, Pupillin und Voiteur sind viel kleiner; sie haben zum Teil nicht einmal zehn Mitglieder. Alljährlich am ersten Sonntag im September feiern die Winzer, groß und klein, die Fête du Biou. Von fröhlicher Musik begleitet, ziehen sie durch die Straßen von Arbois, wobei eine sicher zwei Zentner schwere Weintraube mitgeführt wird, angefertigt aus Dutzenden kleinerer Trauben von den verschiedenen Weinbergen. Seit Menschengedenken dankt man in dieser Weise Saint-Just, dem Schutzpatron von Arbois, für die neue Ernte.

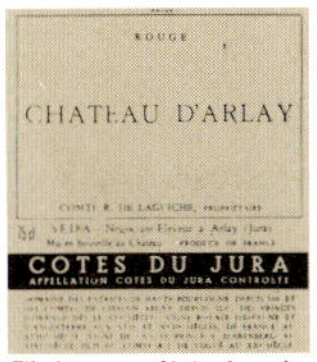

Château d'Arlay in Arlay hat Fürsten und Königen verschiedener Nationalitäten gehört. Heutige Eigentümer sind Robert de Laguiche und seine Frau. Unterstützt werden sie von Georges Vesselle aus Bouzy (Champagne). Der Weinberg umfaßt 30 ha und kann auf 65 ha erweitert werden. Der rote Côtes du Jura Château d'Arlay ähnelt einem leichten, eleganten Burgunder. Er wird ausschließlich aus der Pinot noir-Rebe erzeugt und schmeckt gefälliger als das Gros der Juraweine.

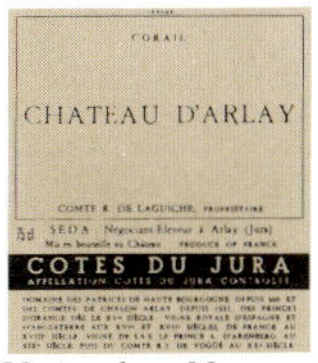

Unter dem Namen Corail wird im Jura manchmal ein Rosé angeboten. Ein solcher kommt auch von Château d'Arlay, das diesen Wein aus 40 bis 60 % Pinot noir erzeugt; der Rest sind zu etwa gleichen Teilen Poulsard, Trousseau, Chardonnay und Savagnin. Der Wein besitzt eine hellorange Farbe und einen frischen, reintönigen, angenehmen Geschmack. Auch der Weißwein verdient Aufmerksamkeit (rund 90 % Chardonnay und etwas Savagnin), sowie auch der Vin Jaune und der Vieille Fine.

In Arlay liegt der Keller der Domaine du Montfied, Eigentum von Christian Bourdy, der noch unter dem Namen seines Vaters Jean arbeitet. Das kleine Gut besteht aus 5 ha, die über die Appellationen Côtes du Jura und Château-Chalon verteilt sind. Der Château-Chalon von Montfied ist ganz vorzüglich. Auch der weiße Côtes du Jura ist mit seinem sherryartigen Ton sehr ansprechend. Besonders stolz ist Bourdy auf seinen roten Côtes du Jura, den er zwei Jahre auf Holz liegen läßt.

Unter dem Markennamen Vichot-Girod bringt die Familie Courbet eine Reihe von Weinen heraus, unter anderem Côtes du Jura und Château-Chalon. Der weiße Côtes du Jura wird grundsätzlich nur aus der Chardonnay-Rebe hergestellt. Er kann trotz der 1 bis 2 Jahre dauernden Faßreife ein recht voller, recht geschmeidiger und angenehmer Wein sein. Erzeugt wird auch ein guter Château-Chalon und ein Vin de Paille. Das Weingut liegt in Névy-sur-Seille und ist 6 ha groß.

Links unten:
Einer der kleinen romantischen Keller der Côtes du Jura

Rechts unten:
Robert de Laguiche, Besitzer von Château d'Arlay. Seine Frau ist eine De Voguë, die unter anderem große Anteile bei Moët & Chandon hält, und sein Bruder ist der größte Eigentümer des Burgunder-Weinbergs Le Montrachet.

In der Nähe von Arlay wurden Höhlen entdeckt, die schon um 15 000 v. Chr. bewohnt waren.

Andere interessante Côtes du Jura:
- Christian Dupuy, Poligny
- Marius Perron, Voiteur
- Bernard Badoz, Poligny
- Chartreux de Vaucleuse, Montaigu
- Château Gréa, Rotalier
- Fruitière Vinicole, Voiteur
- Fruitière Vinicole, Poligny

Côtes du Jura

Theoretisch müßten die Côtes du Jura der größte Herkunftsbereich des Jura sein, denn sie umfassen zwölf Gemeinden oder Teile davon. Tatsächlich liegen sie jedoch auf dem zweiten Platz hinter Arbois. Das Gebiet der Appellation umfaßt um die 500 ha, während Arbois knapp 700 aufweist. Der Abstand war früher sogar noch größer. Erst in den 60er Jahren gab es eine deutliche Erweiterung. Den größten Beitrag hierzu lieferte der Ort Vernois, wo ein schweres Unwetter erhebliche Schäden in Weinbergen und an den Straßen verursacht hatte. Sehr dicht war das Straßennetz ohnehin nicht: Es gab gerade 3 km unbefestigter Feldwege für 65 ha Rebland, das sich auf 757 einzelne Parzellen verteilte. Im Jahre 1968 entschloß man sich zu einer durchgreifenden Flurbereinigung. Der Staat lieh 70 % des Geldes, das Département 20 %, und für den Rest kamen die Bauern selbst auf. Die Anzahl der Parzellen wurde auf 377 reduziert, während gleichzeitig die bepflanzte Fläche um mehr als 80 ha zunahm. Der meiste Grund wurde auf Brachland gewonnen, das über ein Netz von 22 km neuer, betonierter Wege erschlossen wurde.

Schwankende Erzeugung

Mehr als in anderen Juradistrikten gibt es in den Côtes du Jura starke Ernteschwankungen. Eine willkürliche Auswahl belegt dies: 13 106 hl im Jahre 1976, 5240 in 1977, 14 363 hl in 1978, 22 922 in 1979 und 12 418 in 1980. Der weitaus größte Teil des Weins, normalerweise etwa 80 %, ist Weißwein. Hierfür sind nur die Rebsorten Savagnin und Chardonnay zugelassen. Für Rotwein und Rosé gebraucht man Poulsard, Trousseau und Pinot noir. Der Mindestalkoholgehalt für alle diese Sorten ist 10 %. Außerdem wird etwas Vin Jaune und Vin de Paille erzeugt. Diese Weintypen werden bei Château-Chalon (S. 12) bzw. Arbois (S. 10–11) behandelt. Der Gesetzgeber begrenzte den Ertrag auf 40 hl/ha. Es gibt hier verschiedene Bodenarten, unter anderem Lehm, Kalk und einen marmorartigen Untergrund.

Zwei Stile

Die Weißweine der Côtes du Jura unterscheiden sich kaum von denjenigen von Arbois oder L'Etoile. Sie erscheinen vielleicht etwas frischer und leichter. Das gleiche gilt im großen und ganzen für die im Jura fast immer leichten Rotweine und Rosés. Man hat es hier also mit Weinen zu tun, die für den Jura recht repräsentativ sind. Es fällt auf, daß es zwei Stilrichtungen gibt: traditionell und modern. Unter die erste Kategorie reihe ich die Weine – auch Weißweine und Rosés – ein, die lange auf Holz liegen, wodurch sich mehr oder weniger Oxidation bemerkbar macht. Frucht und Charme sucht man hier vergebens; in Duft und Geschmack präsentieren sich diese Weine ziemlich holzig und rauh. Ich bin zwar selbst kein Freund solcher Weine, stellte aber doch an Ort und Stelle fest, daß ich mich nach einigen Tagen allmählich an diesen Typ Wein gewöhnte. Zeitgemäßer sind die Weine, die man nur kurz – oder überhaupt nicht – mit Holz in Berührung kommen läßt, um Frucht und Frische soweit wie möglich zu erhalten. Trotzdem sind auch diese Weine keine großen Charmeurs. Die Weine der Côtes du Jura sind eben gerade so eigensinnig wie die Menschen, die sie erzeugen. Ein Winzer behauptete mir gegenüber, daß viele Bauern nach dem Prinzip arbeiteten: «Mein Wein ist besser als der andere, und wem er nicht schmeckt, der hat keine Ahnung.» Wer einmal einen Côtes du Jura getrunken hat, wird diese Aussage verstehen.

Links:
Das Zentrum von Arbois

Mitte unten:
Henri Maires Domaine du Sorbief

Ganz unten:
Briefmarke mit Ansicht von Arbois

Seite gegenüber, rechts unten:
Das Pasteur-Denkmal

Seite gegenüber, Mitte rechts:
Schild am Weinberg Pasteurs

Andere interessante Arbois:
– Désiré Petit, Pupillin (Rosé)
– Jacques Forêt, Arbois (Rosé)
– Lucien Aviet, Montigny (rot)
– Onésime Lornet, Mesnay (rot, weiß)
– Jacques Tissot, Arbois (Rosé)
– Camille Loye, Arbois (rot)

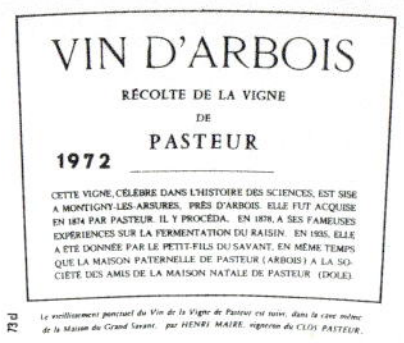

Der seltenste Arbois ist zweifellos derjenige vom Rebgarten Pasteurs. Der halbe Hektar ist Eigentum der Société des Amis de la Maison Natale de Pasteur, die Henri Maire mit der Nutzung beauftragte. Der Wein ist ein Gemisch aus Poulsard, Trousseau, Pinot noir, Chardonnay und Savagnin und besitzt einen frischen Geschmack ohne viel Persönlichkeit. Dennoch war es mir eine Ehre, diesen Wein probieren zu dürfen. Er kommt nicht in den Handel.

Als Reaktion auf eine unangemessene Steuerbelastung kam es im Jahre 1906 zur Gründung der Genossenschaft Fruitière Vinicole d'Arbois. Sie zählt etwa 140 Mitglieder und liefert rund 5000 hl Arbois. Ihr bester Tafelwein ist für mich der weiße Arbois, ausschließlich aus Chardonnay-Trauben hergestellt. Der Wein besitzt Abstufungen im angenehmen Duft und einen frischen, reintönigen Geschmack ohne den hier so häufigen Oxidationston. Sehr gelungen ist auch der moussierende Arbois.

Rings um Arbois besitzt Henri Maire ein Dutzend Weingüter, die teils klein, teils einige Dutzend Hektar groß sind. Zur letzteren Kategorie gehört die Domaine de Gragne Grillard, deren Hauptgebäude auch Schauplatz der Kapitel der Pairie des Vins d'Arbois ist. Der weiße Gutswein (Chardonnay, Savagnin) besitzt meist einen etwas reifen, recht straffen Geschmack mit deutlicher Frische, Anklängen von Frucht und einer Spur Saftigkeit. Der Weinberg umfaßt etwa 60 ha.

Arbois

«Arbois hat den Wein gemacht, der Wein hat Arbois gemacht.» Dieses geflügelte Wort aus der Gegend zeigt, wie wichtig Arbois für den Jurawein ist und umgekehrt. Das erste schriftliche Zeugnis über Weinbau in Arbois stammt aus dem Jahre 1053. Aber schon sehr viel früher hatten die Römer hier Reben kultiviert. Die ersten Bewohner gab es schon in frühgeschichtlicher Zeit; später siedelten in der Gegend des heutigen Arbois Kelten, Gallo-Römer, Burgunder (der Vandalenstamm, dem das Burgund seinen Namen verdankt) und Franken. Erst 1678 wurde Arbois und das Umland endgültig französisch, nachdem es verschiedentlich unter fremder Herrschaft, so auch Spaniens, gestanden hatte. Wie wichtig es den französischen Königen war, Arbois ihrem Reich einzuverleiben, zeigt sich schon daran, daß die Stadt siebenmal belagert wurde: Das erste Mal 1364, das siebte Mal 1674. Nach der letzten Belagerung, die schließlich zum Fall von Arbois führte, wurden die Stadtmauern und die meisten anderen Festungswerke geschleift, die in der zweiten Hälfte des 13. Jahrhunderts gebaut worden waren.

Bemerkenswerter Kirchturm

Das heutige Arbois ist ein geschäftiger Provinzort mit starkem Durchgangsverkehr. Die Gemeinde zählt etwa 4500 Einwohner und ebensoviele Hektar Grund. Arbois erkennt man schon von weitem an dem imposanten Glockenturm der Saint-Just-Kirche. Er wurde 1528 erbaut und besaß eine Höhe von 75 m. Damit war er der höchste Glockenturm des Gebiets. Ein Brand im Jahre 1651 war die Ursache, daß er heute nur mehr 65 m mißt. Das Zentrum von Arbois ist die bezaubernde Place de la Liberté. Den Platz ziert ein Brunnen, Arkaden mit Geschäften umgeben ihn. Und auch eines der Degustationslokale des Weinhauses Henri Maire befindet sich dort. Durch das Städtchen plätschert und windet sich das Flüßchen Cuisance, an dem das Geburtshaus – heute ein Museum – von Arbois' berühmtestem Sohn, Louis Pasteur, steht.

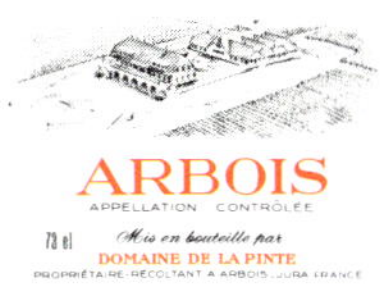

Zwischen 1955 und 1960 baute Roger Martin die Domaine de la Pinte auf. Sie ist bepflanzt mit 12 ha Savagnin, 11 ha Poulsard und 2 ha Chardonnay. In den äußerlich modernen Kellern wird viel mit Holz gearbeitet. Sogar den weißen Arbois läßt man 2 Jahre auf Holz liegen, den Rosé (aus der Poulsard-Rebe) 18 Monate. Die Qualität der Weine ist tadellos, vor allem diejenige des weißen Arbois (der auch Savagnin enthält), des Vin Jaune und des Vin de Paille.

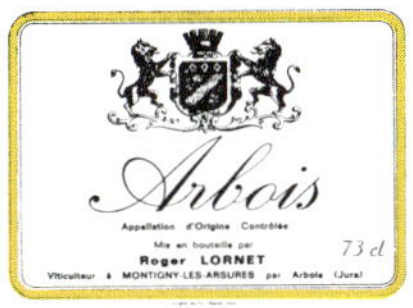

Roger Lornet, Bürgermeister von Montigny-les-Arsures, verfügt über ganze 3 ha, füllt aber trotzdem seinen Wein selbst ab. Neben einem sehr eleganten Vin Jaune habe ich bei ihm drei weitere Weine verkostet. Von diesen gefiel mir der weiße Arbois am besten, wenn er auch ohne besonderen Charme ist. Auch die Rotweine konnten sich sehen lassen, und zwar sowohl die normale Abfüllung als auch die etwas feinere Version mit einem höheren Poulsard-Anteil.

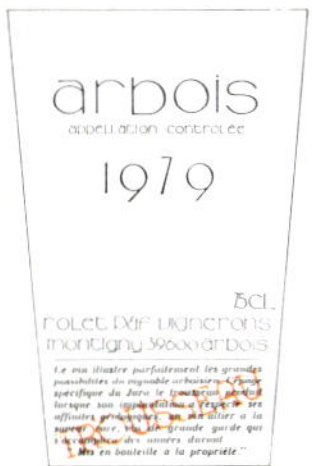

Mit 40 ha – 33 Arbois, 7 Côtes du Jura – ist das Weingut Rolet Père & Fils eines der größten in der Gegend. Geführt wird es vom Vater Désiré, vier Söhnen und einer Tochter. Die in der Nähe von Montigny-les-Arsures gelegenen Keller sind sehr modern. Ich war nicht von allen Weinen begeistert. Zu den besseren gehören der (hell-)rote Trousseau mit seiner zarten Frucht, der Arbois Rosé, der Vin Jaune, der Vin de Paille und die Schaumweine (weiß und rosé).

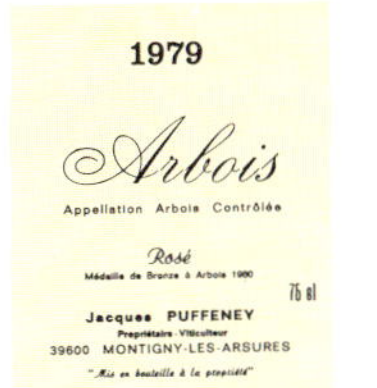

Im Jahre 1967 machte sich Jacques Puffeney (Montigny-les-Arsures) selbständig. Heute verfügt er über rund 4 ha. Die Qualität seiner Weine ist recht interessant. Das gilt sowohl für den Vin Jaune (etwa ein Drittel der Produktion) als auch für den Arbois Blanc (Chardonnay) sowie den Arbois Rosé (helle, kirschrote Farbe, recht geschmeidiger Geschmack mit etwas Frucht und Charme, recht voll).

Henri Maire bringt viele Weine auf den Markt, von «herkunftslosen» Weinen bis hin zu Weinen von eigenen Domänen. Die letzte Kategorie enthält die besten Qualitäten. Mein bevorzugter roter Henri Maire-Wein kommt von der perfekt unterhaltenen Domaine de Montfort (50 ha Rebgelände). Es ist eine Komposition aus Poulsard, Trousseau und Pinot noir, von stabiler Struktur, recht ausgewogen. Lagerfähig.

Als la Vignière bringt Henri Maire seinen Vin de Paille, einen Côtes du Jura, heraus: einen charakteristischen Wein mit zartem Nußton in Farbe und Geschmack, auch Anklängen von Feigen und Honig, und von guter Süße. – Weitere Erzeuger eines guten Vin de Paille, aus den verschiedenen Jura-Appellationen, sind u. a. Jacques Tissot (Arbois), Domaine de la Pinte (beide Montigny-les-Arsures), Christian Courbet (Névy-sur-Seille), Château d'Arlay (Arlay), Paul Comte (L'Etoile).

Louis Pasteur
Im Jahre 1827 ließ sich Jean-Joseph Pasteur, Gerber von Beruf, in Arbois nieder. Sein Sohn Louis war damals gerade fünf Jahre alt. Als Erwachsener untersuchte Louis Pasteur unter anderem die alkoholische Gärung des Weins. Hierzu nahm er Trauben aus seinem eigenen kleinen Weinberg Les Rosières, der etwas außerhalb von Arbois lag. Er hatte ihn in den Jahren 1874, 1879 und 1892 erworben. In Arbois wurde nicht nur eine Schule nach Louis Pasteur genannt, sondern man setzte dem großen Forscher auch ein Denkmal. Der kleine Weinberg von einem halben Hektar existiert noch heute und wird von Henri Maire kultiviert.

Drei Hügelrücken
Arbois ist das Zentrum des gleichnamigen Juradistrikts, der etwa 670 ha Rebfläche umfaßt. Er besteht aus 13 der 15 Gemeinden, die zusammen die Appellation Arbois bilden. Im Boden überwiegen Kalk und Kies sowie Lehm. Die meisten Rebstöcke stehen auf drei sanft abfallenden Hügelrücken. Eine Sonderstellung nimmt das Dorf Pupillin ein, ein Weiler mit braunroten Steinhäusern südlich von Arbois. Der Wein aus diesem Ort darf als Arbois-Pupillin verkauft werden; beide Namen müssen dann in gleicher Größe auf dem Etikett erscheinen. Die Winzer von Pupillin sind sehr stolz auf ihren Wein. Sie sagen: Si Arbois a le renom, Pupillin a le bon – Arbois hat den Ruf, wir die Qualität. Außer Amphoren hat man bei Pupillin auch viele Münzen aus der Römerzeit gefunden.

Champagner-Verfahren
Für weißen Arbois (etwa ein Drittel der Ernte) sind die Rebsorten Chardonnay, Savagnin und Pinot blanc zugelassen. Für Rotwein und Rosé sind Poulsard, Trousseau und Pinot noir vorgeschrieben. Diese sechs Rebsorten dürfen auch in beliebigen Anteilen für die Schaumweine verwendet werden. Die Herkunftsbezeichnung Arbois ist Weinen vorbehalten, die nach der Méthode champenoise (der Vin Fou von Henri Maire gehört nicht zu dieser Kategorie) hergestellt sind. Außer Tafelweinen und Schaumweinen werden in Arbois auch Vins Jaunes und Vins de Paille erzeugt. Das Verfahren für den erstgenannten Weintyp wird bei Château-Chalon (s. S. 12) behandelt. Der Vin de Paille, den es auch in den Herkunftsbereichen Côtes du Jura und L'Etoile gibt, wird nachfolgend besprochen.

Eigentümlicher Vin de Paille
Die Idee des Vin de Paille, wörtlich «Strohwein», kommt vermutlich aus dem Elsaß. Im Jahre 1766 dürfte das Verfahren in den Jura gekommen sein. Vin de Paille kann grundsätzlich aus allen Juratrauben erzeugt werden, jedoch werden meist Chardonnay und Poulsard verwendet. Fast immer werden die Trauben vor der eigentlichen Lese bei trockenem Wetter geerntet. Die Früchte müssen gut ausgereift und vollkommen gesund sein. Früher legte man die Trauben auf Stroh, um sie dort eintrocknen zu lassen. Nicht selten hängte man sie auch an die Deckenbalken. Heutzutage kommen sie in flache Kisten mit Löchern an den Seiten (clayettes). Diese Kisten werden in einem trockenen, gut gelüfteten Raum gestapelt, der gelegentlich auch geheizt wird. Die Trocknungszeit beträgt mindestens zwei Monate, manchmal jedoch drei, vier oder sogar fünf Monate. In dieser Zeit verlieren die Früchte einen Teil der Flüssigkeit, wodurch der Zuckergehalt relativ zunimmt. Dann werden die Trauben gepreßt. Der Most muß mindestens 306 g/l Zucker enthalten. Für den Vin de Paille ist ein Alkoholgehalt von mindestens 14,5% vorgeschrieben. Nach Abschluß der Gärung lagern verschiedene Erzeuger den Wein noch auf Holz. Die übliche Flaschengröße für Vin de Paille ist die halbe Flasche (37,5 cl). Dieser eigentümliche Wein besitzt – wenn er gelungen ist – einen leichten Braunton, manchmal mit Grünglanz, ein Aroma von Nüssen und Feigen, einen milden, leicht frischen, nicht übermäßig süßen Geschmack (Anklänge an Honig) und einen stabilen alkoholischen Kern.

Unten:
Das hoch auf einem Hügel gelegene Dorf Château-Chalon

Der Château-Chalon wird auf eine eigene Flasche abgezogen, die *clavelin:* dickbauchig, Inhalt 0,62 l. Am Hals ist ein Siegel mit dem Namen Château-Chalon angebracht. Das Modell wird schon seit 1906 hergestellt.

Wegen der schlechten Witterung wurde weder 1977 noch 1980 noch 1984 auch nur ein Tropfen Château-Chalon erzeugt.

Während der 6 Jahre dauernden Faßlagerung verdunstet etwa ein Drittel des Weins.

Die Weinberge von Château-Chalon liegen in einer Höhe von 270 bis 450 m. Die bedeutendste Weingemeinde des kleinen Gebiets ist Ménétru-le-Vignoble.

Der weltweit größte Vorrat von Vin Jaune und Château-Chalon liegt in den Kellern von Henri Maire – zwischen 2000 und 3000 Fässer.

Heinrich IV. trank zwei Flaschen Château-Chalon, als er mit dem Herzog von Mayenne einen Vertrag schloß. Auch Zar Nikolaus II. war ein Liebhaber des Weins.

Die Herkunftsbezeichnung Château-Chalon geht auf das Jahr 1936 zurück.

Weitere interessante Château-Chalons:
– Château de la Muyre, Domblans
– Vigne aux Dames, M. Perron, Voiteur
– Christian Bourdy, Arlay
– Courbet & Fils, Névy-sur-Seille
– Marius Perron, Voiteur

Gegenüber dem Vin Jaune von Henri Maire, der auch von guter Qualität ist, bevorzuge ich doch seinen Château-Chalon. Von hellgelber Farbe mit grünlichen Reflexen, die für diesen Weintyp charakteristisch sind, besitzt dieser gut ausgewogene Wein ein feines, sherryartiges Bukett und einen ebenfalls sherryartigen Geschmack mit Frische und etwas Frucht. Nach Henry Maire kann der Wein fünf Generationen lang aufbewahrt werden, damit die sechste ihre Freude daran hat.

Mit etwa 1,5 ha Savagnin gehört Pierre Peltier in Ménétru-le-Vignoble zu den größten Besitzern von Château-Chalon. Er ist ein sehr gewissenhaft arbeitender Winzer, dem auch die Verbreitung des Château-Chalon sehr am Herzen liegt. So erschien aus seiner Feder eine zwölfseitige Broschüre über diesen Wein. Peltiers eigener Château-Chalon ist von sehr guter Qualität und weist stets mehr als 13,5% Alkohol auf.

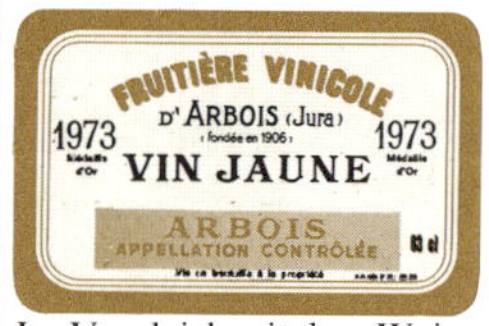

Im Vergleich mit dem Wein von Château-Chalon ist der Vin Jaune des Arbois manchmal etwas leichter und frischer. Es gibt jedoch auch solche, die sich mit den besten Château-Chalons messen können, wie etwa der Vin Jaune der Fruitière Vinicole d'Arbois: kann intensiv und elegant sein, von nachhaltigem Duft, gut ausgewogen. Weitere gute Vins Jaunes erzeugen im Arbois-Gebiet u. a. Rolet Père & Fils, Henri Maire, Désiré Petit, Roger Lornet, Jacques Puffeney, Domaine de la Pinte.

Château-Chalon

Als Kaiser Napoleon III. beim Fürsten Metternich dessen Schloß Johannisberg kostete und sagte, daß dies der beste Wein der Welt sei, antwortete der Fürst: «Sire, der erste Wein der Welt ist nicht der Johannisberg, sondern der Château-Chalon, der in einem kleinen Bezirk Eures Kaiserreichs gekeltert wird.» Château-Chalon ist nach dem gleichnamigen, hoch auf steilem Felsen gelegenen Ort genannt. Früher verlief durch die Ortschaft eine römische Salzstraße. Später wurde dort eine Abtei gegründet, deren Ruinen heute noch zu sehen sind. Zusammen mit Teilen der Gemeinden Ménétru-le-Vignoble, Névy-sur-Seille und Domblans bildet Château-Chalon einen kleinen Weindistrikt, der einen für Frankreich einmaligen Weißwein liefert. Erzeugt wird er ausschließlich aus der Savagnin-Rebe. Sie kommt hier zu optimaler Reife, da der aus graublauem Marmor und Kies zusammengesetzte Boden die Sonnenwärme speichert. Zudem sind die Weinberge gegen die Winde aus Norden und Osten gut geschützt. Da die Savagnin-Rebe spät austreibt, findet die Lese manchmal erst Anfang November im Schnee statt. Daher wurde der Château-Chalon früher auch Vin de Gelée genannt.

Schützender Schleier
Große Ernten gibt es in Château-Chalon nie. Der durchschnittliche Ertrag liegt bei 20 hl/ha. Zur Zeit sind etwa 25 ha mit Savagnin bepflanzt. Die Parzellen sind klein und zersplittert – nicht weniger als 75 Winzer besitzen Grund in Château-Chalon. Ein Weinberg von einem Hektar oder etwas mehr gilt hier schon als groß. Die Kellerbehandlung von Château-Chalon ist die längste in ganz Frankreich: Nach der Gärung muß der Wein nämlich mindestens 6 Jahre reifen. Der Ausbau erfolgt in Eichenfässern, die während dieser Zeit nicht aufgefüllt werden dürfen. Man läßt sogar noch etwas Luft im Faß, wenn der Wein abgezogen wird. Während der Lagerung soll nämlich der Wein unter eine Decke kommen, eine schrumpelige Schicht Hefezellen. Diese *voile* (Schleier) erinnert sehr an die *flor del vino*, die dem Sherry sein besonderes nußartiges Aroma verleiht. Die Hefezellen verbrauchen Sauerstoff und halten dadurch den Wein von Oxidation frei. Man hält es für möglich, daß die Bakterien einst aus Jerez de la Frontera eingeführt wurden, als der Jura noch Teil des Spanischen Reiches war.

Vin Jaune
Wenn die Hefezellen entstehen und in Aktion treten, bekommt der Wein den sogenannten *goût de jaune*. Hierzu kommt es jedoch nicht in allen Fällen: Die Winzer sprechen schon von einem Erfolg, wenn in sechs oder sieben von zehn Fässern der gewünschte Effekt eintritt. Der Alkoholgehalt muß mindestens 12% betragen; ein guter Château-Chalon hat jedoch mindestens 13,5%. Bis zur Französischen Revolution war dieser kleine Bereich der einzige, der einen solchen Wein hervorbrachte. Später folgten auch die Distrikte Côtes du Jura und Arbois. Dort wurde der Wein Vin Jaune genannt. Der Unterschied zwischen Château-Chalon und Vin Jaune ist nicht groß; man könnte höchstens sagen, daß der Château-Chalon etwas mehr Finesse, Fleisch und Frucht besitzt. Beide ähneln sehr einem trockenen Sherry, der nicht gespritet ist. Meist ist ein deutlich frischer Ton vorhanden. Der Wein kann Generationen überdauern. Man trinkt ihn als Aperitif, zu Speisen, bei deren Bereitung er verwendet wurde (z. B. coq au Vin Jaune) sowie zu Käse, vor allem dem aus der Gegend stammenden Comté. Manche Winzer empfehlen ihn auch zu Wild. Die beste Trinktemperatur liegt bei 15–18°C.

Château l'Etoile thront hoch auf einem Hügel in der Nähe des Dorfes L'Etoile und bietet einen herrlichen Rundblick. Es gehört der Familie Vandelle, die etwa 16 ha Rebfläche bestellt. Hierauf werden verschiedene Weine erzeugt, u. a. Vin Jaune, Vin de Paille und Côtes du Jura. Der bedeutendste jedoch ist L'Etoile, ein wirklich eleganter, harmonischer Stillwein, der häufig ein vorzügliches Bukett und einen gewissen Erdgeschmack aufweist (98% Chardonnay, 1½ Jahre Faßreife).

Am Fuße des Hügels von Château l'Etoile befindet sich die kleine Gebietsgenossenschaft, in der knapp 20 Winzer zusammengeschlossen sind. Diese bearbeiten etwa 15 ha. Der Etoile der Genossenschaft bleibt 3 bis 3½ Jahre im Faß. Er ist ein korrektes Erzeugnis mit einem frischen Geschmack. Trotz des passablen Abgangs und einer Spur Spritzigkeit fehlt doch die wahre Klasse. Schaumwein wird ebenfalls erzeugt.

Der Ort L'Etoile wird im 13. Jahrhundert erstmals erwähnt, und zwar bereits als Weindorf.

Auf Château l'Etoile reift der Wein in Holzfässern mit dem ungewöhnlichen Fassungsvermögen von 200 l. Üblich sind Größen mit 228, 225 oder 216 l.

Andere interessante Etoile-Weine:
- Domaine de Montbourgeau, L'Etoile
- Lycée Agricole du Jura, Montmorot

Mitte unten:
Château l'Etoile

Rechts unten:
Eine hübsche Statue im Park von Château l'Etoile

Rechts:
Einige Erzeugnisse der kleinen Genossenschaft von L'Etoile.

L'Etoile

Der südlichste Juradistrikt ist L'Etoile. Es liegt einige Kilometer nördlich der Stadt Lons-le-Saunier in einer grünen, stillen Hügellandschaft. Die Appellation umfaßt drei Gemeinden: L'Etoile selbst mit seiner hübschen Kirche, Saint-Didier und Plainoiseau. Der Name L'Etoile (Stern) soll darauf zurückgehen, daß man hier im Boden kleine Versteinerungen von Seesternen gefunden hat. Einige dieser Fossilien sind in der Genossenschaft von L'Etoile ausgestellt. Es gibt jedoch auch andere Deutungen des Namens. Eine Version besagt, daß es in diesem Gebiet im Mittelalter fünf Burgen gegeben haben soll, die wie an den Spitzen eines Fünfsterns lagen. Schließlich kann der Name auch einfach darauf zurückgehen, daß sich hier mehrere Straßen kreuzen. Der Boden ähnelt mit seiner marmorartigen Unterlage etwa demjenigen von Château-Chalon.

Auch Schaumwein
Die im Jahre 1937 erteilte Appellation Contrôlée für L'Etoile gilt nur für die Weißweine einschließlich Vin Jaune und Vin de Paille. Das wichtigste lokale Erzeugnis ist der normale weiße L'Etoile. Für ihn dürfen drei Rebsorten verwendet werden, nämlich die weißen Reben Savagnin und Chardonnay (hier Gamay blanc genannt) sowie die blaue Poulsard-Rebe. L'Etoile ist daher einer der seltenen Weißweine Frankreichs, für die auch der Saft blauer Trauben verwendet werden darf. Als Mindestalkoholgehalt sind für den normalen L'Etoile 10,5% festgelegt. Der Ertrag wurde gesetzlich auf 40 hl/ha begrenzt. Neben der stillen Version gibt es auch einen moussierenden Wein, der nach der Méthode champenoise erzeugt wird (Mindestalkoholgehalt 10%).

Gelagerter Weißwein
Die Winzer arbeiten hier überwiegend traditionell. Das bedeutet, daß sie ihren Weißwein vor der Abfüllung einige Zeit lagern lassen, teilweise sogar auf Holz. Dies kann der L'Etoile allerdings auch vertragen, denn der Wein besitzt meist einen nicht so geringen Säuregrad. Daher wird empfohlen, den L'Etoile erst nach 4–6 Jahren zu trinken. Erwarten kann man dann eine helle Farbe, einen etwas ungreifbaren Duft (mit einer Spur Vin Jaune, die auf den Savagnin-Anteil zurückzuführen ist), einen frischen, leicht saftigen Geschmack mit einer Spur *terroir* und einen recht langen Abgang. Ein guter L'Etoile gehört durchaus zu den besseren Weißweinen des Jura. Die Erntemenge ist begrenzt, denn der Herkunftsbereich umfaßt nicht mehr als knapp 60 ha Rebfläche. Etwa die Hälfte des Weins kommt von zwei Erzeugern, der Fruitière Vinicole, L'Etoile, und Château l'Etoile.

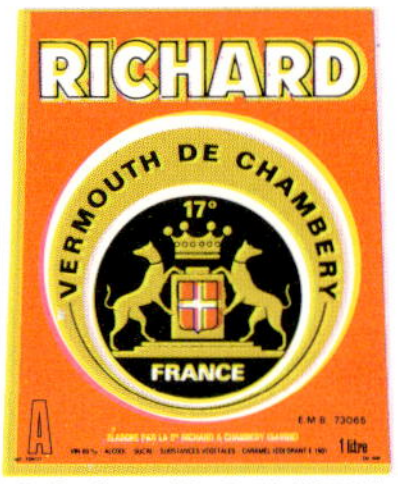

Seit dem 12. Juli 1933 ist Chambéry der einzige französische Wermut mit Appellation d'Origine Contrôlée. Dieser verstärkte Kräuterwein (meist 17–18%) wird seit dem vorigen Jahrhundert in Chambéry auf der Basis des regionalen Weißweins und von meist etwa 25 Kräutern hergestellt. Der Geschmack ist ziemlich trocken und kultiviert. Der Wermut darf nur innerhalb der Gemeindegrenzen von Chambéry erzeugt werden. Von den vier Produzenten ist das Haus Richard weitaus der größte.

Links:
Weinberg in Savoyen in der Nähe von Chindrieux. Das Gut gehört Fernand Ducruet, der hier von 5 ha unter anderem einen sympathischen Gamay Chautagne produziert.

Mitte links:
In Savoyen gibt es eine eigene Weinstraße.

Unten:
Karte von Savoyen mit den einzelnen Untergebieten

Seit 1955 gibt es in Savoyen eine Weinbruderschaft, La Compagnie de Sarto.

Die Weine von Savoyen kommen aus vier verschiedenen Départements: Savoie (29 Gemeinden), Haute-Savoie (26 Gemeinden), Isère (2 Gemeinden) und Ain (2 Gemeinden).

Savoyen

Die einstige Provinz Savoyen, die heute aus den Départements Haut-Savoie und Savoie besteht, liegt im äußersten Osten Frankreichs, im Norden begrenzt vom Genfer See, im Osten von der schweizerischen und der italienischen Grenze, im Süden von den Départements Hautes-Alpes und Isère, im Westen vom Oberlauf der Rhône. Die Landschaft ist hier von Hügeln und Bergen geprägt und wird beherrscht vom gewaltigen Massiv des Mont-Blanc. In den zahlreichen Tälern rauschen klare Flüßchen und schäumende Bergbäche. Als Herzogtum war Savoyen lange Zeit selbständig; erst 1792 kam das Gebiet erstmals unter französische Herrschaft. Von 1815–1860 wurde Savoyen vom Haus Sardinien regiert, danach wurde es endgültig französisch.

Weiße Spezialitäten

Weiß ist die Farbe Savoyens – das Land wird geprägt von Schnee, Milch und Weißwein. Vom Spätherbst bis ins zeitige Frühjahr lockt der Schnee Scharen von Touristen zum Wintersport hierher. Die Milch liefert die köstliche savoyische Butter sowie eine Anzahl herrlicher Käse, unter ihnen Reblochon, Tome de Savoie und Beaufort. Die meist leichten, sauberen Weißweine schließlich löschen zu allen Jahreszeiten auf angenehmste Weise den Durst. Sie passen ausgezeichnet zu den vielen regionalen Spezialitäten wie Süßwasserfisch (Forelle, Lachsforelle, Seesaibling, Barsch) und Flußkrebsen. Es wird auch Rotwein erzeugt, doch ist der Weißwein mit etwa 70% klar dominierend. Savoyische Weine sind außerhalb des Gebiets praktisch nicht zu finden. Die knapp 60000 hl, die erzeugt werden, werden gleich an Ort und Stelle konsumiert, und zwar sowohl von den Savoyarden selbst als auch von ihren vielen Gästen.

Weinarchipel

Die Herkunftsbereiche innerhalb Savoyens sind im allgemeinen klein und liegen wie grüne Inseln in einem Meer brauner Berge. Die Gesamtfläche dieses Weinarchipels beträgt knapp 1300 ha, die in einem Umkreis von 125 km verteilt sind. Die Bodenarten und die Mikroklimata sind immer wieder anders. So kommt es, daß Savoyen für ein so kleines Gebiet eine erstaunlich große Vielfalt von Weinen zu bieten hat. Große Landbesitzer gibt es hier nicht. Im Schnitt entfällt auf die fast 1200 Winzer nicht einmal ein Hektar; knapp die Hälfte von ihnen ist daher auch an eine Genossenschaft angeschlossen.

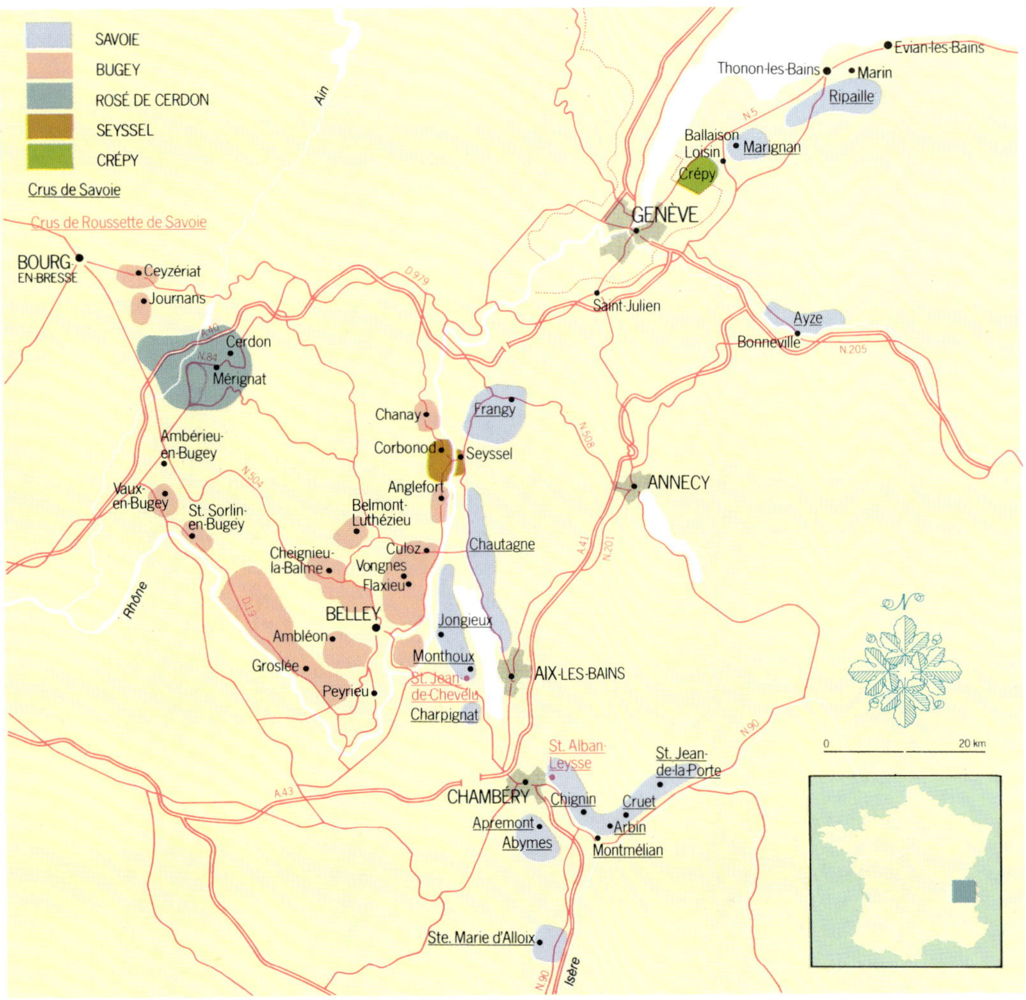

Rechts unten:
Louis Mercier mit seinem Crépy in der Rechten und einem von ihm selbst geräucherten Schinken in der Linken. Beides zusammen bildet eine köstliche Kombination.

Wer die regionale Küche und die regionalen Weine genießen möchte, tut dies am besten in der Auberge de la Porte in dem reizvollen Ort Yvoire. Das Restaurant gehört Jean-Claude Fert, einem großen Kenner und Liebhaber von Savoyer Weinen.

Das nördliche Savoyen wird auch Chablais genannt.

Crépy wurde im Jahre 1948 eine der ersten Appellations Contrôlées in Savoyen zuerkannt.

Auf den eigenen 35 ha erzeugt das Haus Mercier einen guten Crépy. Der Wein gärt in Eichenholz-Fudern und wird stets *sur lie* abgezogen. Um dem Wein auf natürliche Weise etwas von seiner Säure zu nehmen, läßt man es zum biologischen Säureabbau kommen, was für alle Crépys gilt. Im Winter werden die Kellertüren geöffnet, so daß sich die Weinsäure durch die Kälte im Wein niederschlägt. Bei Mercier wird streng selektiert. Der ungenügende 1980er etwa wurde en gros in die Schweiz verkauft.

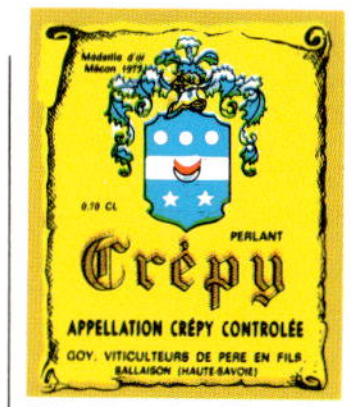

Die Brüder Goy bestellen nach Mercier eines der größten Crépy-Güter. Ihr Weinberg umfaßt etwa 14 ha. Die Keller befinden sich in Ballaison. Dort wird auch die ganze Ernte *sur lie* auf die den elsässischen Flûtes ähnlichen Flaschen abgezogen. Der Wein besitzt durchweg eine sehr gute Qualität und schmeckt vorzüglich zu Süßwasserfisch aus dem Genfersee. In Frankreich hat dieser Crépy einen so hervorragenden Namen, daß praktisch nichts für den Export übrigbleibt.

Crépy und Umgebung

Bei gutem Wetter hat man von den Weinbergen von Crépy aus einen Blick auf den Genfersee, der von dieser nördlichen savoyischen Appellation nur 5 km entfernt liegt. Praktisch alles Rebland von Crépy liegt auf dem Mont de Boisy, der hier meist Mont Crépy genannt wird, einem Hügel, der sich 180–220 m über das Städtchen Douvaine und die umgebende Landschaft erhebt. Der Boden enthält unter anderem reichlich Sand und Lehm, daneben auch Kalk und Kies. Hier werden schon sehr lange Zeit Reben gezogen. Wie in vielen Teilen Europas waren es auch hier die Mönche, die mit dem Weinbau begannen; man nimmt an, daß dies schon im 10. Jahrhundert geschah. Gesichert ist jedenfalls, daß hier anno 1264 Wein erzeugt wurde. Denn als in diesem Jahr ein Richard von Ballaison der Abtei von Filly ein Stück Land abkaufte, standen darauf Rebstöcke. Im 15. Jahrhundert entwickelte sich der Crépy zu einem sehr gesuchten Wein, der den Händlern gute Gewinne brachte. Die Landesherren erließen damals auch die ersten Vorschriften, so über die Bearbeitung der Weinberge und den Zeitpunkt der Lese.

Rückschläge und Erholung

Schon bald nach dem ersten Auftreten der verheerenden Reblaus in Frankreich fielen ihr im Jahre 1894 die Weinberge von Crépy zum Opfer. Die Winzer begannen voll Elan mit der Neuanpflanzung und gründeten im Jahre 1906 das Syndicat des Viticulteurs de Crépy, das 85 Mitglieder umfaßte. Nur wenige Jahre später schienen alle Anstrengungen umsonst gewesen zu sein. Der erste Weltkrieg brach aus, und sowohl während als auch nach dem Krieg konnte der Wein kaum verkauft werden. Zwischen 1921 und 1926 führte dies zu einem großangelegten Betrug: Die Ernte ging zum größten Teil in die Schweiz, um dort als Schweizer Wein verkauft zu werden. Durch die Weltwirtschaftskrise der 30er Jahre wurde die Lage noch schlechter. Daß Crépy vor dem völligen Untergang bewahrt blieb, ist einem Mann zu verdanken: Léon Mercier. Er – und später sein Sohn Louis – stellte mit großer Energie nicht nur die Weinberge wieder her, sondern auch den Ruf des Weins. Als Léon Mercier im Jahre 1936 Grund erwarb, standen nur noch auf einem einzigen Hektar Rebstöcke. Heute umfaßt die Domaine Mercier 35 ha, was fast die Hälfte der Rebfläche von Crépy (80 ha) ausmacht. Der Rest ist auf etwa 25 weitere Erzeuger verteilt.

Hagelprobleme

Ebenfalls dank Léon Mercier erhielt Crépy im Jahre 1948 die Appellation d'Origine Contrôlée. Der ganze Herkunftsbereich umfaßte damals 34 ha. Drei Gemeinden in Haute-Savoie gehören zur Appellation: Ballaison, Douvaine und Loisin. Einige Jahrzehnte davor hatten die Ortschaften Massongy, Sciez, Marignan und Bons einen Versuch unternommen, sich Crépy anzuschließen, jedoch wurde dieses Ansinnen von den Winzern von Crépy heftig zurückgewiesen. Für Crépy ist nur eine einzige Rebsorte zugelassen, die Chasselas-Rebe (in der weißen und/oder roten Version). Der Hektarertrag beträgt 55 hl, und der – ausschließlich weiße – Wein muß einen Mindestalkoholgehalt von 9 % aufweisen. Chasselas ist eigentlich hauptsächlich eine Schweizer Rebe. In Frankreich findet man sie sonst nur noch an ganz bestimmten Orten, so im Elsaß und bei Pouilly-sur-Loire. Eine normale Crépy-Ernte beträgt gut 3500 hl. Leider wird die Gegend immer wieder vom Hagelschlag heimgesucht, manchmal in sechs von zehn Jahren. Die Ernte fällt dann natürlich er-

François Rossiaud in Douvaine ist ein Beispiel für einen kleinen, qualitätsbewußten Winzer. Er bearbeitet nur 1,7 ha. Schon seit 1790 wurde das kleine Gut vom Vater auf den Sohn vererbt. Der Wein besitzt eine vorzügliche Qualität mit einer angenehmen, spritzigen Frische und in der Jugend auch etwas Frucht.

Die Domaine Canelli-Suchet in Sciez ist Eigentümer der aus dem 13. Jahrhundert stammenden Caves de la Tour de Marignan. Man verfügt über etwa 5 ha. Nach der Gärung bleibt der weiße Chasselas-Wein bis März/April *sur lie*, um anschließend abgefüllt zu werden. Beim Trinken des angenehmen, reintönigen, lebendigen Weines ist das beschriebene leichte «Perlen» spürbar.

Der Wein von Château de Ripaille wird durch das Handelshaus Fichard in Chens-sur-Léman vinifiziert und abgefüllt. Der Crépy dieser Firma überzeugte mich nicht sehr; der Ripaille ist dagegen ein sehr ansprechender Wein. Vor allem das Bukett von Frucht und Frühlingsblumen hat viel Charme. Der Weinberg des Schlosses – einziger Erzeuger von Ripaille – umfaßt etwa 15 ha, die ausschließlich mit Chasselas bepflanzt sind.

Claude Delalex ist der beste Erzeuger von Marin, einer Gemeinde, deren Weine man eigentlich nur in der Gegend selbst kennt. Etwa 85 % der Reben sind Chasselas. Aus dieser Weißwein-Rebe macht Delalex einen lebendigen, charaktervollen Wein, der sehr erfrischend ist. Er gärt überwiegend in Edelstahltanks. Das Weingut soll von 3,5 auf 5 ha erweitert werden.

Andere interessante Crépys:
- Métral, Douvaine
- Fichard, Chens-sur-Léman

Die in Crépy angepflanzte Chasselas-Rebe wird in Frankreich häufig auch als Tafeltraube gezogen.

Unten links:
Der Keller von Mercier inmitten der Weinlandschaft Crépy. In einem unterirdischen Gewölbekeller stehen hier die Fuder, in denen der Wein gärt.

Rechts unten:
Château de Ripaille. Es kann besichtigt werden; die alte Küche allein ist einen Besuch wert. Nach 1620 war das Schloß lange Zeit im Besitz von Kartäusermönchen.

heblich geringer aus, denn es ist bisher selbst mit Hagelraketen nicht gelungen, den Schaden wirksam zu begrenzen.

Leicht perlend
Ein guter Crépy perlt meist ganz leicht. Dies kommt daher, daß er generell *sur lie* abgefüllt, das heißt von seiner natürlichen Hefe abgezogen wird. Der Wein kommt so kaum mit Sauerstoff in Berührung und behält daher etwas von der bei der Gärung entstehenden Kohlensäure. Der Flaschenabzug *sur lie* verleiht dem Wein nicht nur viel Frische, sondern bewirkt auch, daß er diese Frische jahrelang behalten kann. Die Kohlensäure ist übrigens kaum merkbar; von einem echten Perlen kann in der Regel keine Rede sein. Deshalb spricht Louis Mercier auch nicht von *pétillant* (perlend), sondern gebraucht statt dessen *crépytant* (nach Crépy-Art). Ein Crépy schmeckt meistens trocken, ohne dabei mager, hart oder sauer zu sein. Es ist ein erfrischender, recht ansprechender Weißwein, der perfekt zu Süßwasserfisch paßt.

Marignan
Im Nordosten von Crépy liegen noch zwei weitere winzige Bezirke (eigentlich Lagen – Crus – der Herkunftsbezeichnung Vin de Savoie), in denen ebenfalls aus der Chasselas-Rebe Weißwein hergestellt wird. Der erste ist Marignan bei der Ortschaft Sciez. Hier sollen angeblich die allerersten Rebstöcke von Savoyen gepflanzt worden sein. Mönche errichteten im 13. Jahrhundert eine Art Muster-Weinbaubetrieb, dessen Keller noch heute bestehen: die Caves de la Tour de Marignan. Obwohl in den letzten Jahren weitere Reben gepflanzt wurden, umfaßt das gesamte Rebgelände Marignan noch nicht einmal 10 ha. Der Wein ähnelt mit seinem angenehmen, lebendigen, trockenen Geschmack und dem unverkennbaren leichten «Perlen» sehr einem Crépy. Die Domaine Canelli-Suchet bringt als einziger Erzeuger ihren Wein auf den Markt.

Ripaille und Marin
Noch weiter im Norden liegt am Genfersee das Städtchen Thonon-les-Bains. Das beeindruckendste Gebäude ist das Château de Ripaille. Es stammt aus dem 15. Jahrhundert und besitzt einen Weinberg, der eine eigene Herkunftsbezeichnung hat; wie Marignan ist Ripaille einer der 15 Crus der Gebietsappellation Vin de Savoie. Der Weinberg ist etwa 15 ha groß. Was dort wächst, gefiel mir recht gut: ein nach Obst und Frühlingsblumen schmeckender Weißwein mit einem tadellosen Geschmack, in dem sowohl *terroir* als auch ein leichtes Prickeln zu entdecken waren.
Etwas landeinwärts von Ripaille liegt der Weiler Marin. Obwohl Marin nicht zu den Crus gehört, werden hier doch gute Weine erzeugt, die durchweg etwas schlanker und nerviger sind als diejenigen der benachbarten Dörfer. Die Hänge sind 400–500 m hoch. 1914 waren 68 ha bepflanzt, heute sind es etwa 25 ha.

Der beste Wein von Seyssel stammt vom Clos de la Péclette, einem Rebgarten von 6 ha, Eigentum der Gebrüder Georges und René Mollex. Clos de la Péclette ist Seyssel in Vollendung. Der lebendige, charaktervolle, kraftvolle und leicht fruchtige Wein wird *sur lie* abgezogen und perlt dadurch etwas. Meisterkoch Alain Chapel aus Mionnay (Ain) nimmt diesen Wein auf Demonstrationsreisen ins Ausland mit. Ein weiterer guter Mollex-Wein ist Domaine de la Tacconnière (knapp 6 ha).

Das Haus Varichon & Clerc ist auf moussierenden Seyssel spezialisiert, der durchschnittlich drei Jahre alt ist, bevor er auf den Markt kommt. Die – angekauften – Trauben gären zunächst in Fudern oder Tanks. Anschließend durchläuft der Wein in der Flasche eine zweite Gärung. Der Royal Seyssel (häufig mit Jahrgang) ist ein weißer, harmonischer Schaumwein, der für einen Brut etwas weich ist. Die Qualität ist jedoch gut. Trockener ist der Diner's, frisch, köstlich als Aperitif.

Der Boden in diesem Gebiet ist schwer und lehmhaltig; daneben kommen auch Kalk und Kies vor. Die Rebgärten liegen in einer Höhe zwischen 200 und 400 m, wo sie vor Nachtfrösten geschützt sind. Das Mikroklima ist hier günstig für den Weinbau, auch deshalb, weil es praktisch nie Hagel gibt. So finden auch Kirschen, Pfirsiche und Aprikosen hier gute Bedingungen vor.

Die Appellation Contrôlée Seyssel stammt aus dem Jahre 1942. Für stillen Seyssel ist ein Ertrag von 45 hl/ha zulässig, für moussierenden 65 hl/ha. Der Mindestalkoholgehalt für beide Sorten beträgt 10%.

Unten:
Die Hängebrücke, die die beiden Teile von Seyssel über die Rhône verbindet. Sie wurde im Jahre 1840 erbaut. 100 Jahre später wurde sie schwer beschädigt, als sie teilweise gesprengt wurde, um die vorrückenden Deutschen aufzuhalten. Auf dem mittleren Pfeiler steht seit 1856 eine Marienstatue.

Rechts:
Georges Mollex im besten Weingarten von Seyssel, dem Clos de la Péclette.

Beim Wein von Seyssel läßt man grundsätzlich nie einen biologischen Säureabbau stattfinden.

Das Haus Varichon & Clerc ist Eigentum von Louis Clerc und Edouard Varichon.

Seyssel

Bereits im Jahre 1026 werden die Weinberge von Seyssel zum erstenmal erwähnt, dann erneut im Jahre 1145. Es sollte jedoch noch bis zum 14. Jahrhundert dauern, bis der Weinbau ernsthaft in Angriff genommen wurde, und zwar durch die Mönche von Arvières und anderen Abteien. Die Weinberge liegen an der Rhône, die hier die Grenze zwischen den Départements Haute-Savoie und Ain bildet. Die Rebstöcke stehen überwiegend am Westufer, das heißt in Ain, ein Teil jedoch auch an der Ostseite. Die Gemeinde Seyssel liegt an beiden Ufern der Rhône. Die Stadtteile sind durch zwei Brücken miteinander verbunden, eine schöne, 90 m lange Hängebrücke und eine funktionellere Pontonbrücke. Da Seyssel in zwei Départements liegt, hat der Ort aus administrativen Gründen auch zwei Rathäuser, zwei Polizeistationen, zwei Finanzämter usw.

Dominierende Handelshäuser
In der Doppelgemeinde Seyssel und dem angrenzenden, in Ain gelegenen Corbonod sind etwa 100 Winzer aktiv. Nur zehn von ihnen verkaufen ihren Wein direkt. Alle andere liefern ihre Trauben bei einigen Handelshäusern ab, die diese verarbeiten. Die größte Firma ist Varichon & Clerc. Den Grundstein für diesen Familienbetrieb legte im Jahre 1901 François Varichon, der in Seyssel gute Möglichkeiten für die Schaumweinherstellung sah. Auch heute noch ist dieser Weintyp bei weitem das wichtigste Erzeugnis von Varichon & Clerc. Die Firma vertreibt insgesamt 2500 hl von den 4000, die Seyssel jährlich im Durchschnitt erzeugt. Varichon & Clerc verfügt selbst über keine Weinberge. Das andere große Handelshaus, Mollex, besitzt dagegen ein eigenes Weingut. Dieses umfaßt 22 ha; insgesamt verfügt man in Seyssel über etwa 80 ha. Mollex kauft größere Mengen von Trauben und Wein bei anderen Winzern ein und ist der größte Erzeuger von stillem Seyssel.

Reizvolle Weißweine
Aller stille Seyssel muß aus Roussette hergestellt werden, einer Traubensorte, die mit der ungarischen Furmint-Rebe (s. a. Vins de Savoie hiernach) identisch sein soll. Es kann ein ausgezeichneter Wein sein mit einer hellgelben Farbe, einem fesselnden, nuancierten und eleganten Duft, in dem manchmal zarte Anklänge von Veilchen auftreten, und einem festen, frischen Geschmack. Vor allem die Mollex-Weinberge Clos de la Péclette und Domaine de la Tacconnière liefern ganz beachtliche Weine.
Für den moussierenden Seyssel – der stets nach der Méthode champenoise hergestellt wird; die besseren Sorten reifen 3 Jahre – wird hauptsächlich die weniger edle Molette-Rebe verwendet sowie etwas Chasselas. Ein Mindestanteil von 10% Roussette ist vorgeschrieben. Die Qualität der Weine, die ich bei Varichon & Clerc verkostet habe, war recht anständig. Vor allem den Royal Seyssel mit Jahrgang und den vollkommen trockenen Diner's habe ich mit Genuß verkostet.
Seyssel mit und ohne Bläschen ist durchweg ein erfreulicher Wein. So ist es schade, daß die Rebfläche auf höchstens 100 ha erweitert werden kann. Mehr gute und auch rentabel zu bearbeitende Rebfläche gibt es in dieser kleinen Savoie-Appellation leider nicht.

Links:
Château Monterminod über dem sehr steilen Weinberg

Links unten:
André Quenard, der in Chignin köstliche Weine erzeugt

Rechts unten:
Romantische Tallandschaft des Cru Abymes. Die Aufnahme entstand auf Daniel Fustinonis Domaine de la Violette.

Seite gegenüber, unten:
Das Weindorf Jongieux, zusammen mit Lucey Stätte des Marestel, eines der vier Crus des Roussette de Savoie.

Für Vin de Savoie gilt ein Ertrag von 65 hl/ha (Weißwein) bzw. 60 hl/ha (Rotwein, Rosé); bei den Crus sind es jeweils 5 hl weniger. Moussierender Savoie einschließlich Ayze 65 hl. Roussette de Savoie 50 hl (crus 45 hl).

Von Frangy aus sind es etwa 5 km über eine kleine, gewundene Straße nach Planaz, einem Weiler, wo Jean Neyroud mit seinen Söhnen Michel und Jean-Paul 6,5 ha Rebgärten bestellt. Die Bepflanzung besteht aus 70 % Roussette und 30 % Gamay sowie Mondeuse. Der beste Roussette kommt von dem kleinen Clos des Aricoques, ein zart-würziger, recht kraftvoller Weißwein, charaktervoll und harmonisch. Auch die roten Gamay und Mondeuse von Neyroud sind beachtlich.

Die Cave Coopérative des Vins de Chautagne besteht seit 1952, hat etwa 230 Mitglieder und erzeugt durchschnittlich 8000 bis 10 000 hl. Von den verschiedenen Weinen ist der Gamay der wichtigste – die Spezialität des Cru Chautagne. Der Wein besitzt eine recht tiefe Farbe und einen lebhaften, angenehmen Geschmack. Weitere reizvolle Weine waren für mich der ebenfalls rote Mondeuse und der Chautagne Blanc, der aus der Jacquère-Rebe erzeugt wird.

Vins de Savoie

Das Weingebiet Savoyen umfaßte im vorigen Jahrhundert etwa 20 000 ha. Davon ist heute nur mehr ein kleiner Teil übrig: knapp 1300 ha Appellation Contrôlée und etwa 100 ha Vin de Pays. So beklagt sich im Jahre 1955 Dr. Paul Ramain, zu seiner Zeit der große Kenner des Savoyer Weins, daß viele lokale Weine seit der Jahrhundertwende verschwunden sind, so der nach Trüffeln duftende Weißwein von Digny, der weiße Virieu mit seinem Feuersteingeschmack, der bei Evian erzeugte Féternes, der weiße Yvoire und der legendäre rote Princens Rocheray. Dieser Wein kam aus der Gegend von Saint-Jean-de-Maurienne und soll eine Lebenserwartung von einem halben Jahrhundert gehabt haben. Dennoch ist das Weinspektrum Savoyens auch heute noch recht vielfältig, um nicht zu sagen kompliziert. Es gibt zwei Hauptkategorien: Vin de Savoie und Roussette de Savoie, die beide wiederum mit einer Cru-Bezeichnung versehen sein können. Für Vin de Savoie hat der Gesetzgeber 15 Crus festgelegt, für Roussette de Savoie 4 Crus. Beim Vin de Savoie kann außerdem der Name der Rebsorte angegeben werden, wenn der Wein zu 100 % aus dieser erzeugt wurde.

Die wichtigsten Rebsorten

Trotz wechselnder Staatszugehörigkeit, Kriegswirren und Krisen sind die Winzer von Savoyen ihren regionalen Rebsorten immer treugeblieben. Natürlich sind auch auswärtige Rebsorten hier heimisch geworden, so die blauen Sorten Gamay, Pinot noir, Cabernet-Sauvignon, Cabernet-Franc und die weiße Chardonnay-Rebe, jedoch wird das Gros der Weine nach wie vor aus den traditionellen Sorten erzeugt. Von den beiden wichtigsten ist Jacquère die häufigste weiße Rebe in Savoyen. Sie ergibt leichte, frische Weine und gedeiht auf kalkhaltigem Boden so gut wie auf kiesigem.

Die andere wichtige Sorte, die weiße Roussette-Rebe (auch Altesse genannt) soll von den Kreuzfahrern aus Zypern mitgebracht worden sein. In seinem Standardwerk «Cépages et vignobles de France» identifiziert jedoch der Autor P. Galet die Roussette-Rebe als die ungarische Furmint-Rebe, die Basis des Tokaiers. Es

Weitere interessante Vins de Savoie:
– Jean Cavaillé, Aix-en-Savoie (Pinot Noir, Vin de Savoie)
– M. Ménétry, Bonneville (Ayze)
– B. Cailler, Ayze (Ayze)
– Marcel Fert, Marignier (Ayze)
– Fernand Ducruet, Chindrieux (Gamay Chautagne)
– Michel Million-Rousseau, St-Jean-de-Chevelu (Roussette de Monthoux)
– François Cartier (Chignin)
– Lucien Gonnet (Chignin)
– J.-Cl. Perret, St-André-les-Marches (Apremon)
– Jean Masson (Apremont)
– J. R. Lepalud (Apremont)
– Gaston Maurin, Les Marches (Abymes)
– Gilbert Perrier, St-André-les-Marches (Abymes)
– Charles Trosset (Arbin)
– André Triollier, St-Laurent (Cruet).

Noël Dupasquier erzeugt in der Nähe des Ortes Jongieux einige schöne Weine, so einen Roussette de Savoie vom Cru Marestel, den er stolz als «den besten weißen Vin de Savoie» bezeichnet. Insgesamt verfügt dieses kleine Weingut über 7 ha. Neben etwas weißem Jacquère erzeugt es auch Rotweine aus Gamay, Mondeuse und Pinot noir (reifen 8 bis 11 Monate in Eichenholzfässern). Ein weiterer guter Erzeuger eines (häufig milden) Marestel-Roussette ist Edmond Jacquin in Jongieux-le-Haut.

Château Monterminod und der etwa 7 ha große lehm- und kalkhaltige Weinberg liegen an einem ungewöhnlich steilen Hang. Die Bearbeitung ist fast nur von Hand möglich. Abgefüllt wird der Roussette Cru Monterminod *sur lie*, weshalb der Wein ganz leicht perlt. Sein Geschmack ist trocken und leicht erfrischend. Daneben werden Weine aus Mondeuse, Gamay (Rotwein und Rosé) und Jacquère erzeugt sowie etwas Marc de Savoie.

Seit 1975 arbeitet André Quenard in Chignin mit Sohn Michel, Önologe, zusammen. Ihr Weingut umfaßt 10 ha. Quantitativ und qualitativ ist Roussanne ihre wichtigste Rebe. Sie liefert den ausgezeichneten Chignin Bergeron, einen harmonischen, charaktervollen Wein, abgerundet, mit frischem Bukett und elegantem Abgang. Eine Fermentation malolactique findet bei diesem Wein nicht statt, um ihm die Frische zu erhalten. Exzellent ist auch der rote Mondeuse der Coteau de Torméry.

In Chignin bearbeitet Raymond Quenard 5,5 ha Rebgarten. Hierauf erzeugt er zwei weiße Weine und zwei rote. Die Spezialität dieses Guts ist der weiße Chignin Coteaux Les Châteaux aus der Jacquère-Rebe. Es ist ein sehr erfrischender, klar schmeckender Spitzenwein, der vielfach ausgezeichnet wurde. Auch der Chignin Bergeron (ein Roussanne-Wein) ist zu empfehlen. Alle Weine werden selbst abgefüllt.

Im Probekeller (mit Kiesboden) von Daniel Fustinoni lernte ich dessen Weine kennen, unter anderem den Abymes. Dieser duftete vorzüglich und hatte einen frischen, lebendigen, leicht nervigen Geschmack. Im allgemeinen schmeckt dieser Wein nach ein bis zwei Jahren am besten. Auch der rote Gamay-Wein konnte mir gut gefallen. Von Fustinonis Gut, der Domaine de la Violette, hat man einen großartigen Blick über das nahegelegene Tal. Der Weinberg ist etwa 7 ha groß.

ist also keine levantinische Rebe, sondern eine slawische. Galet schließt allerdings die Möglichkeit nicht aus, daß geistliche Orden wie die Templer die Furmint-Rebe nach Zypern brachten, von wo sie später wieder nach Savoyen kam. Der Beiname «Altesse» (Hoheit) soll darauf zurückgehen, daß die besten Tokaier seinerzeit für den Hof der österreichisch-ungarischen Kaiser reserviert wurden. Roussette ist eine recht schwierig zu vinifizierende Traube, die leicht einen halbsüßen Wein ergibt, wie man ihn in der Tat in Savoyen auch häufig antrifft. Die interessanteste und aromatischste Version ist jedoch die trockene. Der Wein kann gut reifen und schmeckt nach 2–3 Jahren am besten. Der beste Roussette de Savoie ist derjenige mit einer Cru-Angabe, denn andernfalls erlaubt der Gesetzgeber 50 % Chardonnay – und diese Rebe ergibt hier sehr viel weniger gelungene Weine als etwa in Burgund.

Andere traditionelle Rebsorten
Außer Jacquère und Roussette findet man in geringerem Umfang hier auch noch andere traditionelle Sorten. Erwähnenswert sind unter anderem:
Roussanne – eine spät reifende, ertragsschwache Rebe von noblem Niveau. Im Rhônetal wird sie für den weißen Hermitage verwendet, während sie in Savoyen beispielsweise den ausgezeichneten Bergeron von Chignin liefert.
Gringet – ein anderer Name für die jurassische Savagnin-Traube. Bei Ayze erzeugt man hieraus markante moussierende und perlende Weine.
Mondeuse noire – eine blaue Rebsorte, aus der tieffarbene, tanninreiche Weine entstehen, die eine frappierende Ähnlichkeit mit ihren Namensvettern aus Bordeaux oder Cahors aufweisen. Der Mondeuse ist für mich der beste und charaktervollste Rotwein aus Savoyen. In Italien ist die gleiche Rebsorte als Refosco bekannt. Es gibt auch eine weiße Mondeuse, die – mit Ausnahme bestimmter Crus – als zusätzliche Traube sowohl für den Vin de Savoie als auch den Roussette de Savoie verwendet wird.

Spezialitäten
Als Reisender und als Verkostender habe ich in Savoyen eindeutig festgestellt, daß die besten Weine von den Crus stammen. Diese durchweg lokalen Herkunftsbezeichnungen, die gleichzeitig mit den regionalen Appellations im Jahre 1973 geschaffen wurden, sollte man sich also merken. Im allgemeinen hat jeder Cru seine Besonderheit, wobei die Winzer jedoch durchaus verschiedene Weintypen erzeugen. Gute

Die Genossenschaft in Cruet hat etwa 350 Mitglieder, die in 6 Gemeinden rund 250 ha Rebfläche bearbeiten. Ein Teil dieser Fläche gehört zu den Crus Arbin, Chignin, Cruet, Montmélian und Saint-Jean-de-la-Porte. Nicht aller Wein davon wird unter dem Namen des Cru verkauft. Doch beim Mondeuse aus Arbin ist es der Fall. Dieser präsentiert sich als guter, tieffarbener Rotwein mit der charakteristischen Reserviertheit, die ihm seine Rebe verleiht.

Unter und neben dem tadellos unterhaltenen Haus von Pierre Boniface in Saint-André-les-Marches befinden sich die Keller, in denen er seinen weißen Apremont erzeugt. Es ist ein ungemein reintöniger Wein, spritzig, mit Anklängen von Frucht und einer gewissen Fleischigkeit. Daneben perlt er leicht. Zu Recht erhielt dieser köstliche, *sur lie* abgefüllte Savoyer Wein viele Auszeichnungen. Boniface besitzt knapp 10 ha Rebgärten, unter anderem auf dem Coteau Saint-André.

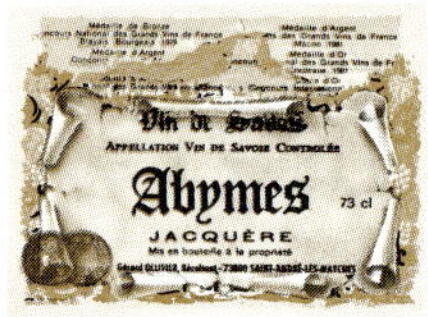

Gérard Ollivier wohnt in Chambéry, während seine Rebgärten in Apremont (10,5 ha) und Abymes (1,5 ha) liegen. Von beiden Lagen macht er sehr gute Weine, wobei ich den Abymes vorziehe. Er besitzt die meiste Rasse, die meisten Nuancen. Beide Jacquère-Weine werden mit sehr viel Sorgfalt vinifiziert, sind sehr reintönig und wurden vielfach ausgezeichnet.

In dem Dorf Arbin ist Louis Magnin unter anderem wegen seines guten roten Mondeuse bekannt. Es ist ein farbtiefer, klassisch schmeckender Wein, der sehr gut reifen kann. Das Gut von Magnin umfaßt 4,5 ha, wovon 3 ha mit der Mondeuse-Rebe bepflanzt sind. Ein reizvoller Weißwein ist der Montmélian Jacquère, der von 1 ha kommt.
Daneben erzeugt man hier noch etwas Roussette de Savoie, Gamay de Savoie sowie einen Rosé aus der Mondeuse-Rebe.

Die im Jahre 1948 gegründete Genossenschaft von Montmélian hat in 24 Ortschaften etwa 185 Mitglieder. Der Betrieb keltert selbst keinen Wein, besorgt jedoch die Abfüllung und den Verkauf des Weins, der überwiegend in Savoyen selbst und in den angrenzenden Départements abgesetzt wird. Die Weine bestechen nicht unbedingt durch ihre Persönlichkeit, besitzen aber doch eine anständige Qualität. Ich denke hier etwa an den weißen Cru Montmélian.

In Savoyen wird auch etwas Vin de Pays erzeugt. Einer der ansprechendsten dieser Landweine war für mich der Vin de Pays d'Allobrogie von der Domaine de Villy in Contamine-sur-Arbe. Dort bestellen Claude Dumont und sein Sohn 10 ha, die ausschließlich mit Chasselas bepflanzt sind. Der Wein hat einen frischen, geschmeidigen, angenehmen Geschmack – einfach, aber ansprechend.

Weine findet man übrigens nicht nur bei selbst vinifizierenden Winzern, sondern auch bei einigen Genossenschaften. Nachfolgend gebe ich eine kurze Darstellung der interessantesten Crus und ihrer Spezialitäten. Dabei werde ich, soweit möglich, von Norden nach Süden fortschreiten. Die Crus Marignan und Ripaille wurden bereits bei Crépy und Umgebung besprochen.

Die perlenden Weine von Ayze
Über diesem Cru liegt fast der Schleier der Geheimhaltung – nur ein winziger Teil der Weine gelangt nämlich über die nähere Umgebung hinaus. Sie sind in der großen Mehrzahl perlend oder moussierend – der erste Typ ist meist der bessere. Die Bläschen kommen auf ganz natürliche Weise in den Wein, nämlich durch die sogenannte Méthode rurale (s. a. das Kapitel Rosé de Cerdon, S. 22). Echter Ayze ist immer trocken, dabei frisch, unkompliziert, leicht und aromatisch zugleich: ein exzellenter Aperitif. Die Traubengrundlage sind Gringet und die weiße Mondeuse-Rebe, die hier auch Roussette d'Ayze heißt. Ayze wird von 35–40 Erzeugern hergestellt; der ganze Cru umfaßt nur 30 ha.

Der Roussette von Frangy
Im Nordosten von Seyssel liegt der Cru Frangy, 11 Dorfschaften umfassend, zu denen auch Frangy selbst gehört. Es ist eine Gegend mit vielfältiger Landschaft, wo sich andere Kulturen und Reben abwechseln. Der Roussette ist zweifellos Frangys bester Wein; auch gute Mondeuses habe ich gefunden. Jean-Jacques Rousseau hat die Qualitäten des Roussette de Frangy gepriesen.

Chautagne: Gamay von Rang
Zwischen Seyssel und dem südlicher gelegenen Aix-les-Bains erstreckt sich die Zone von Chautagne. Die Hügel dieses Cru liegen größtenteils am Ufer des langgestreckten Sees von Bourget. Hier überwiegen die Rotweine. Die Spezialität ist Gamay, aber auch der Mondeuse ist zu loben. Die Mehrzahl der Winzer ist in der Cave Coopérative des Vins de Chautagne in Ruffieux zusammengeschlossen.

Roussette von Marestel, Monthoux, Monterminod
An der Westseite des Sees von Bourget liegen die meist steilen Hänge der Crus Marestel und Monthoux. Weinbau ist hier also zum Teil ein sehr schwieriges Geschäft. Häufig ist das Ergebnis allerdings alle Mühe wert: Hier wird nämlich der allerbeste Roussette von ganz Savoyen erzeugt. Vor allem derjenige von Marestel hat zu Recht einen großen Ruf. Der Roussette von Monthoux ist etwas weniger bekannt, was zum Teil auch daran liegt, daß mit etwa 800 hl nur wenig mehr als die Hälfte von Marestel (1500 hl) erzeugt wird. Am Südufer des oben genannten Sees liegt der Cru Charpignat, wo nur mehr eine winzige Menge Wein aus der seltenen weißen Rebe Cacaboué erzeugt wird. Die Roussette-Rebe finden wir wieder in Saint-Alban-Leysse, dem Zentrum des kleinen Cru Monterminod. Meines Wissens gibt es hier nur einen einzigen Erzeuger, Château Monterminod. Der kleine Weinberg liegt an einem unglaublich steilen Hang, und der Autofahrer, der sich das schmale Sträßchen zum Château hinaufwagt, muß schon fast schwindelfrei sein.

Chignin und seine feinen Weine
Einige der allerbesten Savoyer Weine kommen aus der Gemeinde Chignin südlich von Chambéry. Die am meisten gerühmte Spezialität ist der Chignin Bergeron, gewonnen aus Roussanne-Trauben. Diese weiße Rebensorte gedeiht optimal in armem Kiesboden, sofern er günstig zur Sonne liegt. Dies ist in Chignin der Fall. Noch etwas weiter im Süden gibt es ebenfalls Roussanne-Weine, jedoch von weniger hohem Niveau, obwohl auch unter dem Namen Bergeron. In Chignin erzeugen die Winzer auch aus anderen Traubensorten tadellose Weine, nämlich aus der Jacquère- (weiß), der Mondeuse- und der Gamay-Rebe (beide rot). Die besten Hänge von Chignin lagen übrigens an die 40 Jahre brach. Erst Ende der 60er Jahre konnten sie wieder rentabel bewirtschaftet werden, unter anderem durch die Einführung stärkerer Traktoren. Heute umfaßt Chignin knapp 90 ha.

Apremont und Abymes
Die Crus Apremont (ca. 280 ha, bei weitem der größte Cru von Savoyen) und Abymes (etwa 160 ha) sind die Geburtsstätte überwiegend weißer, kühl schmeckender, leicht fruchtiger und jung zu trinkender Weine. Die beiden Crus liegen Chignin gegenüber am Fuße des Mont Granier. Im Jahre 1248 löste sich eine Gesteinslawine von diesem Berg, die 5000 Menschen das Leben kostete. Kalk- und marmorhaltige Felstrümmer bilden heute in einer hügeligen, etwas chaotischen Landschaft den Untergrund, auf dem die Jacquère-Rebe zu idealem Wachstum kommt. Daher nimmt diese Sorte hier auch eine absolute Vorrangstellung ein.

Die übrigen Crus
Die übrigen Crus liegen an der Nordseite des Tals der Isère, das auch Combe de Savoie genannt wird. Die Weine haben hier etwas weniger Charakter als anderswo in Savoyen, vielleicht deshalb, weil die Erzeugung von zwei großen Genossenschaften beherrscht wird. Sowohl die weiße Jacquère- als auch die blaue Mondeuse-Rebe ergeben hier durchweg anständige Weine. Ein gutes Beispiel für den ersten Wein ist der Montmélian, für den zweiten Arbin. Die Namen der übrigen südlichen Crus von Savoyen sind Cruet, Saint-Jean-de-la-Porte, Saint-Jeoire-Prieuré und Sainte-Marie-d'Alloix.

Links unten:
Eugène Monin, der in Vongnes einige der besten Bugey-Weine erzeugt

Mitte unten:
Weinberg der Domaine Cellier de Bel-Air oberhalb Culoz

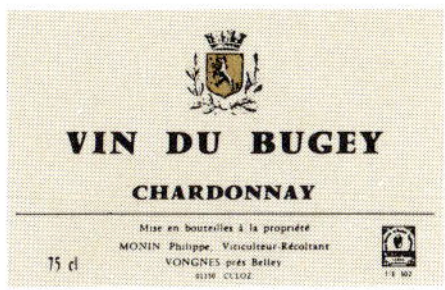

Der bekannteste Winzer von ganz Bugey ist wahrscheinlich Eugène Monin in Vongnes. Er wird unterstützt von seinen Söhnen Philippe und Hubert. Der Familie Monin gehören 10 ha; weitere 3 ha hat man gepachtet. Ich persönlich bevorzuge den Chardonnay noch vor dem Roussette de Bugey, dem Gamay, dem moussierenden Blanc de Blancs und dem Pinot Rosé. Der aromatische, mild-würzige, frische Chardonnay wird *sur lie* abgefüllt und durchläuft in der Regel keine zweite Gärung.

Auf einem steilen Hügel oberhalb der Ortschaft Culoz befindet sich die Domaine Cellier de Bel-Air von Madame Michèle Férier und ihrem Miteigentümer Antoine Riboud. Der Rebgarten besteht aus 5 ha Chardonnay und 1 ha Gamay. Die Trauben gären in modernen Edelstahltanks. Vor allem der Chardonnay ist ein köstlicher Wein: reintönig, erfrischend mit einer leichten Kohlensäureperlage – ein nobles Tröpfchen.

Ein Gut mit zu Recht gutem Ruf, unter anderem wegen seines Chardonnay ist dasjenige der Brüder Duport in Groslée. Es umfaßt 10 ha. Hiervon sind 3 mit Chardonnay, 3 mit Gamay und 2 ha mit Pinot noir bepflanzt. Auf den restlichen 2 ha stehen die Reben Pinot gris, Aligoté und Molette. Erzeugt wird neben Stillweinen auch ein ansprechender Wein nach der Méthode champenoise sowie ein eigener Marc du Bugey.

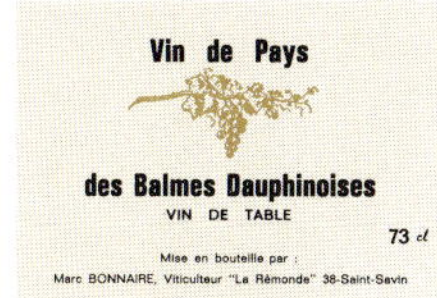

Einer der sechs Erzeuger eines erfreulichen Landweins, der sich Vin de Pays des Balmes Dauphinoises nennt,ist Marc Bonnaire in Saint-Savin. Seine Weine – von 4 ha Reben – sind eher leicht, überraschen aber doch durch Qualität. Dies gilt sowohl für den Riesling (von 0,6 ha) als auch für den einfachen Weißwein (90% Chardonnay, 10% Aligoté), den Rotwein (80% Pinot noir, 15% Gamay, 5% Syrah) und für den Rosé (80% Pinot noir, 20% Gamay).

Die Crus von Bugey sind Virieu-le-Grand-Montagnieu, Manicle, Machuraz und Cerdon (40 hl/ha; einfacher Bugey 45 hl/ha). Auch vom Roussette de Bugey gibt es Crus: Anglefort, Arbignieu, Chanay, Lagnieu, Montagnieu und Virieu-le-Grand (32 hl/ha; ebenfalls für einfachen Roussette de Bugey).

Im Bugey werden etwa 10 000 hl V.D.Q.S.-Wein erzeugt. Je nach Weintyp liegt der Mindestalkoholgehalt zwischen 9 und 10,5%.

Weitere interessante Bugeys:
- Caveau Bugiste, Vongnes
- Camille Crussy, Flaxieu
- Maxime Angelot, Marinieu.

Bugey

Zahlreich sind die Genüsse des Départements Ain. Mit seinen Hügeln und Tälern, Bächen und Seen, Wäldern und Weiden hat es nicht nur landschaftlich viel zu bieten, sondern auch gastronomisch. Ain ist die Wiege des berühmten Poulet de Bresse – das am 1. August 1957 seine eigene kontrollierte Herkunftsbezeichnung bekam –, von zahlreichen Arten Süßwasserfisch, von köstlichem Rindfleisch, von Käsesorten wie Bresse Bleu – und einer kleinen Produktion reizvollen Weins. Nicht umsonst gibt es in diesem Département einige der besten Restaurants Frankreichs wie das von Alain Chapel in Mionnay und La Mère Blanc in Vonnas. Es kann auch kaum Zufall sein, daß hier im Jahre 1755 der berühmte Gastronom, Philosoph, Schriftsteller, Jurist und Geiger Brillat-Savarin geboren wurde. Sein Elternhaus steht noch heute in der Grande-Rue von Belley. Mit Freunden pflegte dieser Lebenskünstler bis tief in die Nacht dem Wein aus seinem eigenen Weinberg auf der Côte Grêle im Valromey zuzusprechen, «um das Kopfkissen der Schönen Morgenröte zu besprengen».

Kaum Zuwachs
Ains einziger Wein mit einer Appellation Contrôlée ist Seyssel, der jedoch nur zum Teil innerhalb dieses Départements erzeugt wird. (Beschreibung s. S. 17). Typischer für Ain ist der Vin du Bugey, ein Wein (oder eigentlich eine Gruppe von Weinen) der Kategorie Vin Délimité de Qualité Supérieure (VDQS). Wie der Name sagt, findet man diese Weine in Bugey. Der Bezirk umfaßt praktisch die gesamte östliche Hälfte des Départements Ain und wird weitgehend von den Flüssen Rhône und Ain begrenzt. In über 65 verschiedenen Gemeinden bestellt man hier etwa 250 ha Rebfläche. Diese Zahl ist schon seit Jahren praktisch unverändert. An der Tatsache, daß es etwa 150 Winzer gibt, ist der im allgemeinen ziemlich kleine Umfang der Güter abzulesen.

Gelungene Chardonnay-Weine
Der Wein von Bugey hat mehrere Gesichter. Vor allem die weiße Sorte kommt in vielen Varianten vor. Es gibt eine stille, eine perlende und eine moussierende Version, wofür außerdem noch sechs verschiedene Rebsorten zur Auswahl stehen. Trotz dieser Vielfalt fällt die Entscheidung nicht schwer. Ein Wein übertrifft nämlich hinsichtlich der Qualität alle anderen ganz klar: der stille Chardonnay. Er wird durchweg unter seinem Rebsortennamen angeboten, obwohl der Gesetzgeber auch die Möglichkeit vorsieht, daß ein reinsortiger Chardonnay-Wein als Roussette du Bugey verkauft werden darf. Die Chardonnays von Bugey sind leichter und frischer als die verwandten Weine aus dem Burgund, aber qualitativ doch verblüffend gut. Erstaunlich ist auch, daß die Chardonnay-Rebe in dieser Gegend ein so vorzügliches Produkt liefert, während die gleiche Rebe im angrenzenden Savoyen einen deutlich geringeren Wein erbringt. Etwa die Hälfte der weißen Reben in Bugey ist Chardonnay. Roter Bugey kann aus Gamay, Pinot noir, Poulsard oder Mondeuse erzeugt werden. Vor allem die Gamay-Rebe ergibt einen recht ansprechenden Wein, vor allem, wenn er unter Anwendung der im Beaujolais weit verbreiteten Macération carbonique erzeugt wurde. Es gibt 5 Crus für Vin du Bugey und 6 für Roussette du Bugey. Die Namen dieser Crus dürfen auf dem Etikett angegeben werden. Auf der nächsten Seite wird der Rosé von einem dieser Crus behandelt, der Cerdon.

In dem 400 m hoch gelegenen 90-Seelen-Dorf Mérignat besitzt Bürgermeister Philippe Balivet 2,5 ha Rebgarten. Dieser ist auch seine einzige Einkommensquelle. Philippe arbeitet sehr traditionell, wie er es von seinem Vater gelernt hat. Seine Jahreserzeugung erreicht 10 000–15 000 Flaschen, die hauptsächlich an französische Privatkunden verkauft werden. Der Wein von Balivet ist der Prototyp eines guten Rosé de Cerdon, sehr reintönig und vollkommen natürlich.

Unten:
Winzer Philippe Balivet

Rechts:
Typische Cerdon-Weinberglandschaft

Die Poulsard-Rebe ist für den Rosé de Cerdon zugelassen. Hiervon macht man jedoch immer weniger Gebrauch, da die Rebe hier im Durchschnitt nur alle zehn Jahre eine wirklich gute Ernte liefert.

Von den etwa drei Millionen Flaschen moussierenden Rosés, die hier erzeugt werden, werden noch höchstens 200 000 nach dem traditionellen Verfahren hergestellt.

Früher barsten bei den Winzern 40 von 50 Flaschen Rosé de Cerdon. Heute hat man die Technik der Schaumweinerzeugung besser im Griff.

Rosé de Cerdon

Im Südosten der Stadt Bourg-en-Bresse liegen acht Gemeinden, in denen einer der bemerkenswertesten Rosés Frankreichs hergestellt wird, der von Cerdon. Es handelt sich um einen von Natur aus leicht moussierenden Wein, der hauptsächlich aus der Gamay-Rebe erzeugt wird. Andere Rebsorten sind zwar zugelassen, jedoch besetzt die Gamay-Rebe zu etwa 90% die meist auf Hängen gelegenen Weingärten. Der Rest ist überwiegend Poulsard. Die Trauben werden nach der Anlieferung sofort gepreßt, woraufhin der Saft getrennt von den Schalen zur Gärung gebracht wird. Die Farbe des Rosé de Cerdon, ein Hauch von zartem Rosa, stammt daher ausschließlich vom Fruchtfleisch und dem Pressen. Man läßt den Most nicht völlig durchgären; die Gärung wird vielmehr zu einem bestimmten Zeitpunkt abgebrochen. Früher geschah dies mit Hilfe von Schwefel, heute durch Kühlung.

Filtrierung eigener Art
Anschließend wird der Wein filtriert. Bei traditionell arbeitenden Winzern wie Philippe Balivet geschieht dies *à la manche*, mit einer Art Ärmel aus Stoff. Schon Philipps Vater machte es so. Der Vorteil bei dieser Art der Filtrierung liegt darin, daß der Wein zusätzlichen Sauerstoff bekommt, gewissermaßen Luft schnappen kann. Sofort nach der Filtrierung wird der Wein auf Flaschen abgezogen, wo dank des noch vorhandenen Restzuckers und unter dem Einfluß des Sauerstoffs eine leichte Nachgärung einsetzt. Solange sie andauert, bleiben die Flaschen stehen; im Liegen würde das Moussieren zu stark werden.

Knifflige Sache
Wie bei anderen moussierenden Weinen bildet sich während dieser zweiten Gärung ein Depot. Beim Rosé de Cerdon wird dieses durch ein spezielles Filtrierverfahren entfernt, bei dem der Wein aus den Flaschen abgezogen, geklärt und anschließend wieder abgefüllt wird. Das Problem liegt darin, daß die Schaumbildung hier möglichst erhalten bleiben muß. Philippe Balivet meint hierzu: «Die Erzeugung eines echten Rosé de Cerdon ist eine äußerst knifflige Angelegenheit, vom Anfang bis zum Ende. Während der ersten Gärung beispielsweise muß man Tag und Nacht beim Wein bleiben. Wenn der Wein nämlich aufhört zu gären, und das kann ja auch nachts geschehen, verliert er das Recht auf die Herkunftsbezeichnung.» Das Erzeugungsverfahren für diesen Rosé wird Méthode rurale genannt.

Sommerlich leicht
Der Rosé Vin du Bugey Cerdon (so die offizielle Bezeichnung) schmeckt federleicht. Der Alkoholgehalt beträgt häufig ganze 7,5%. Ferner besitzt der Wein einen milden Charakter, ohne jedoch ins Halbsüße abzugleiten wie etwa ein Rosé d'Anjou. Die Bläschen geben ihm einen festlichen Charakter. In der Gegend sagt man: «Dieser Wein muß singen.» Weitere Merkmale sind die angenehmen Fruchtimpressionen in Duft und Geschmack (Anklänge von Erdbeeren) und eine köstliche Frische. Es ist der ideale Sommerwein. Leider genießt der Rosé de Cerdon noch nicht die Wertschätzung, die er eigentlich verdient, und entsprechend niedrig ist der Verkaufspreis. Das ist der Grund dafür, daß viele Winzer heute ihrem Rosé Kohlensäure zusetzen. Der Wein verliert dadurch seine Herkunftsbezeichnung, aber die Winzer verdienen mehr. Nur fünf bis sechs Erzeuger machen heute noch einen echten Rosé de Cerdon. Ich hoffe mit ihnen, dass sich Qualität und Charakter dieses besonderen Bugey-Weines zu guter Letzt gegen die Nivellierung durchsetzen werden.

In den Coteaux du Lyonnais gibt es etwa 450 Winzer, jedoch lebt hier fast niemand vom Weinbau allein.

Rotweine und Rosés müssen mindestens 10% Alkohol besitzen, Weißweine 9,5%. Der Ertrag ist auf 60 hl/ha festgesetzt.

Die bepflanzte Fläche könnte in den Coteaux du Lyonnais theoretisch auf 5000 ha zunehmen, auf denen bis zu 250000 hl erzeugt werden könnten.

Unten:
Winzer Lucien Boulieu vor dem Eingangstor seines Hauses in Millery.

Ganz rechts:
Straßenwerbung von Pierre Jomard in Fleurieux-sur-l'Arbresle. Er ist einer der besten und aktivsten Winzer des Gebiets.

Rechts:
Hochgelegener Weinberg des Lyonnais. In dem dahinterliegenden Tal fließt die Rhône; der Blick geht in Richtung Grenoble.

Coteaux du Lyonnais

Das Weingebiet Coteaux du Lyonnais liegt in einer Art Niemandsland, das weder zum Beaujolais noch zum Rhônetal gehört. So wird dieses kleine Gebiet von Autoren wie auch Importeuren häufig übergangen. Die Folge ist, daß die Coteaux du Lyonnais auch beim Publikum unbekannt sind. Selbst in Lyon wissen viele Leute nicht, daß wenige Kilometer außerhalb der Stadt ein Wein mit dem Namen Coteaux du Lyonnais erzeugt wird. Dabei wird hier nicht erst seit gestern Weinbau betrieben. Auf den Hügeln von Lyon wurden schon im Jahre 105 v. Chr. die ersten Rebstöcke gepflanzt. Später wurde der Weinbau auch von den Mönchen des Klosters in Savigny, einem Dorf westlich von Lyon, stark vorangetrieben. Die Abtei wurde im Jahre 634 gegründet.

Einst größer als das Beaujolais
Ludwig XIV. ließ sich den Wein von Lyon bei Tisch kredenzen. Deshalb gibt es in dem Weindorf Millery heute noch Lagen mit Namen wie «La Côte du Roy» und «La Parcelle du Petit Prince». Wohl auch dank der Vorliebe des Königs war Millery zu dieser Zeit eine reiche Gemeinde. In Lyon galt damals das Wort: «Niemand ist reich im Lyonnais, der nicht einen Keller in Millery hat.» Auch nach der Französischen Revolution spielte der Weinbau im Lyonnais noch eine große Rolle. Eine eindrucksvolle Zahl belegt dies: Etwa 15000 ha standen um 1900 hier im Ertrag. Das war damals mehr als es im Beaujolais gab. Heute umfaßt das Gebiet noch etwa 310 ha. Dieser starke Rückgang ist auf verschiedene Faktoren zurückzuführen. Die schwerste Krise gab es nach dem Zweiten Weltkrieg, als die Midi-Weine plötzlich ebenfalls in Flaschen verkauft wurden. Die Winzer des Lyonnais sahen sich daher gezwungen, ihre Produkte zum gleichen Preis zu verkaufen wie die Südfranzosen, wodurch viele Güter unrentabel wurden. Heute sind jedoch die Coteaux du Lyonnais wieder im Aufwind. Das Preisniveau ist bei der Hälfte bis zwei Drittel des Beaujolais angelangt, immer mehr junge Leute bleiben auf dem Land, und im Frühjahr 1984 erhielten die Coteaux du Lyonnais die Appellation Contrôlée.

Winzer Pierre Jomard wohnt in Fleurieux-sur-l'Arbresle, wo er neben 5 ha Beaujolais auch 5 ha Coteaux du Lyonnais bearbeitet. Jomard läßt seinen Rotwein bei niedrigen Temperaturen gären, die niemals 22–23° C überschreiten. Die Gärungsdauer beträgt ca. 2 Wochen. Nach etwa 2 Jahren sind die Jomard-Weine am besten: duftig, fruchtig, geschmeidig – einfach köstlich. Sonnenverwöhnte Jahrgänge wie 1976 können ohne weiteres noch viel länger reifen.

Zusammen mit seinem Sohn Gilles verfügt Winzer Lucien Boulieu in Millery über 10 ha Rebfläche. Vater und Sohn bearbeiten jeder seine eigene Parzelle, die eine mit viel Granit, die andere mit mehr Lehm. Die davon erzeugten Weine werden manchmal vermischt, manchmal auch nicht. Beide Weine sind meist farbintensiv, fest, fruchtig und von guter Qualität. In dem gemütlichen Empfangskeller hängen Urkunden und Medaillen an den Wänden und Schinken an den Deckenbalken.

Im etwa 5 ha großen Rebgarten von Robert Thollet (Millery) stehen sehr viele alte Rebstöcke. So kommt es, daß der Ertrag niedrig, der rote Wein meist köstlich ist, fruchtig und mit Erdgeschmack. Robert verkauft zwar immer noch viel offenen Wein an Privatleute und Cafés, jedoch zeigt der Flaschenverkauf steigende Tendenz. Außerdem wird auf diesem Gut noch etwas Weißwein erzeugt, der von einem halben Hektar Aligoté kommt.

Die etwa 280 Mitglieder der Genossenschaft in Saint-Bel bearbeiten rund 145 ha Coteaux du Lyonnais und 50 ha Beaujolais. Der Betrieb wird von Jean-Pierre Levrat geführt, dessen Vater ihn im Jahre 1956 gründete. Der Rotwein ist mit seiner leichten Frucht, der korrekten Qualität und dem etwas glatten, recht geschmeidigen Geschmack durchaus in Ordnung. Die weiße Kombination Aligoté/Chardonnay war nicht hinreißend. Man exportiert u. a. nach Belgien, Deutschland und England.

Ein Handelshaus, das durchweg gute rote Coteaux du Lyonnais auswählt, ist Les Vins Mathelin in Châtillon-d'Azergues (Beaujolais). Direktor Rolland Mathelin kennt sich allerdings im Lyonnais auch bestens aus. Er ist meist Mitglied der Jury bei der Weinprämierung im Dezember und füllt im Gebiet viel ab, unter anderem allen Wein der Genossenschaft von Saint-Bel. Der Coteaux du Lyonnais von Mathelin stammt meist von einem einzigen Winzer.

Weitere interessante Coteaux du Lyonnais:
- Etienne Descôtes, Millery
- Jean Chamard, Taluyers
- Jean Drut, Fleurieux-sur l'Arbresle.

Unten:
Winzer Robert Thollet aus Millery

Seite gegenüber, unten: Kellerarbeiter des Rhône-Hauses Chapoutier in Tain-l'Hermitage. Im Vordergrund Maître de chai Joseph Trollat.

Seite gegenüber, oben: Die Rhône bei Sonnenuntergang. Die beiden Brücken verbinden die Orte Tournon und Tain-l'Hermitage miteinander.

Unterschiedliche Böden
Obwohl es im Lyonnais relativ wenig Rebfläche gibt, verteilt sich der Weinbau auf ein recht großes Gebiet. Die neun Bezirke mit zusammen 59 Gemeinden, die einen Coteaux du Lyonnais erzeugen dürfen, erstrecken sich in Nord-Süd-Richtung über etwa 60 km. Das Gebiet hat die Gestalt einer Acht: eine große Gruppe Weingemeinden im Norden, ein schmaler Streifen in der Mitte, und wieder eine große Gruppe im Süden. Zwischen Nord und Süd gibt es Bodenunterschiede. Im Norden ist die Oberschicht meist sehr flach, und darunter liegt Granit. Im Süden ist Kies in einem leicht sauren Boden vorherrschend. Die Folge ist, daß die nördlichen Lyonnais-Weine häufig etwas Zeit zur Reife brauchen, während die südlichen Weine im allgemeinen runder und schneller trinkfertig sind. Wer die Unterschiede zwischen den Lyonnais-Weinen erkunden will, tut dies am besten bei der Journée du Vin des Coteaux du Lyonnais. Dieser Weintag findet an einem Samstag in September in Millery statt.

Überwiegend Rotwein
Die Erzeugung von Coteaux du Lyonnais schwankt zwischen 8200 hl (wie in dem mengenmäßig kleinen, nachtfrostgeschädigten Jahr 1981) und etwa 12 000 hl. Der weitaus größte Teil ist Rotwein. Im Prinzip wird dieser Wein ausschließlich aus Gamay noir à jus blanc hergestellt, der Rebe des Beaujolais. Doch gibt es im Lyonnais auch noch andere Rebsorten, wahrscheinlich Erbe aus schwierigeren Zeiten. Dies ist wohl der wahre Grund dafür, daß der rote Coteaux du Lyonnais heute häufig mehr Farbe hat als ein durchschnittlicher Beaujolais. Ein wirklich guter roter Lyonnais-Wein besitzt eine angenehme Fruchtigkeit und einen ziemlich festen Geschmack, manchmal mit Anklängen von *terroir*: Angenehme Schlichtheit zu einem immer noch angenehmen Preis. Er paßt ausgezeichnet zu Wurstwaren und Ziegenkäse. Allerdings ist nicht aller Wein von gutem Niveau. Es gibt sehr viele mittelmäßige Sorten. Eine sorgfältige Auswahl empfiehlt sich also. Neben einigen nicht unsympathischen Rosés wird auch noch etwas Weißwein erzeugt. Die Grundlage sind durchweg Aligoté oder Chardonnay. Interessante Weißweine habe ich allerdings bei meinen Besuchen nicht verkostet. Die Qualität ließ stets deutlich zu wünschen übrig.

Wichtige Genossenschaft
Die Weinhauptstadt des nördlichen Lyonnais ist L'Arbresle, das 26 km vor Lyon liegt. Der Ort wird beherrscht von den Resten eines alten Schlosses, in dem die Äbte des Klosters von Savigny residierten. Unweit des teilweise mittelalterlichen L'Arbresle liegt das Dorf Saint-Bel mit seiner Weingenossenschaft. Der Betrieb hat rund 250 Mitglieder und erzeugt etwa 65 % des Coteaux du Lyonnais. Im Jahre 1984 wurde ein Vertrag mit dem Handelshaus Vernaison bei Belleville-sur-Saône abgeschlossen, um den Verkauf des abgefüllten Coteaux du Lyonnais zu fördern. Besucher sind das ganze Jahr über willkommen; der betriebsamste Tag ist der erste Sonntag nach der Ernte, wenn das Fest des Vin doux gefeiert wird, des Federweißen. An diesem Tag drängen sich gewaltige Scharen von Menschen im Ort.

Optimismus
Wenn auch die Genossenschafts-Weine nicht schlecht sind, so kommen doch die besten Coteaux du Lyonnais von den selbst abfüllenden Winzern, von einem Pierre Jomard im Norden oder einem Lucien Boulieu und einem Robert Thollet im Süden. Qualität heißt hier oberstes Ziel, und nach und nach erweitern sie ihren Absatz und ihre Produktion. Typisch ist wohl der Fall von Lucien Boulieu aus Millery, der vom Obstbau auf den Weinbau umstieg und dazu als Vierzigjähriger nochmals in einer Lehranstalt für Weinbau die Schulbank drückte. Auf seinem Gut wurden während der Krisenzeit nach dem Zweiten Weltkrieg die Rebstöcke durch Obstbäume ersetzt. Nun ist Lucien schon seit Jahren damit beschäftigt, aus dem Obstgarten wieder einen Weingarten zu machen. Unterstützt wird er dabei von seinem Sohn. Schließlich muß es ja doch die nächste Winzergeneration sein, die die Erzeugung von Coteaux du Lyonnais so ausdehnt, daß dieses Gebiet und seine erfreulichen Weine wieder allgemein bekannt werden.

Rhône

Gletscher und nach ihnen Wassermassen schufen zwischen den Alpen und dem Massif Central das langgestreckte, stellenweise breitausladende Tal der Rhône. Es verläuft in Nord-Süd-Richtung und wird seit Menschengedenken als Verkehrsader genutzt. Die mediterranen Stämme und Völker, die sich in der Gegend des heutigen Marseille niederließen, zogen von dort aus auf dem Fluß oder an seinen Ufern nach Norden. Daher hat man längs der Rhône die Spuren verschiedener Kulturen gefunden.
Die ersten fremden Siedler im Tal waren wahrscheinlich die aus Kleinasien stammenden Ligurer, die um 1660 v. Chr. erschienen. Es folgten die Kelten. Nachhaltigen Einfluß übten nach ihnen die Griechen aus. Sie gründeten um 600 v. Chr. nicht nur Massalia, das heutige Marseille, sondern brachten wahrscheinlich auch den Weinbau in das Rhônetal, und zwar bis zur Côte Rôtie. Dann kam die Zeit der Römer. Vienne ganz im Norden des Tals wurde im Jahre 121 v. Chr. besetzt. Davor waren bereits in anderen Teilen des Tals römische Niederlassungen entstanden.

Römische Architektur
Die Hinterlassenschaften der Römer sind zahlreich und beeindruckend. In Orange etwa befindet sich das hervorragend erhaltene Amphitheater, in dem im Sommer Festspiele stattfinden. Neben derjenigen von Aspendos in der Türkei ist dies die einzige Arena, deren Mauer, 103 m lang und 35 m hoch, erhalten geblieben ist. Prachtvoll ist auch der Triumphbogen in Orange. Ein weiterer Ort, in dem die römische Vergangenheit sehr lebendig ist, ist Vaison-la-Romaine; hier sind römische Straßen, Häuser und Mosaiken zu bewundern. Stärker noch als die Griechen förderten die Römer den Weinbau. Stumme Zeugen hierfür sind unter anderem die zahllosen Amphoren, die im Tal ausgegraben wurden. An vielen Orten wurden auch Bacchus-Statuen gefunden.
Nach dem Rückzug der Römer beherrschten die Franken das Gebiet, die sich wenig für den Wein interessierten. Erst im 9. Jahrhundert kam der Weinbau dank den Klöstern und Kirchen wieder in Gang. Seither hat die Rebe ih-

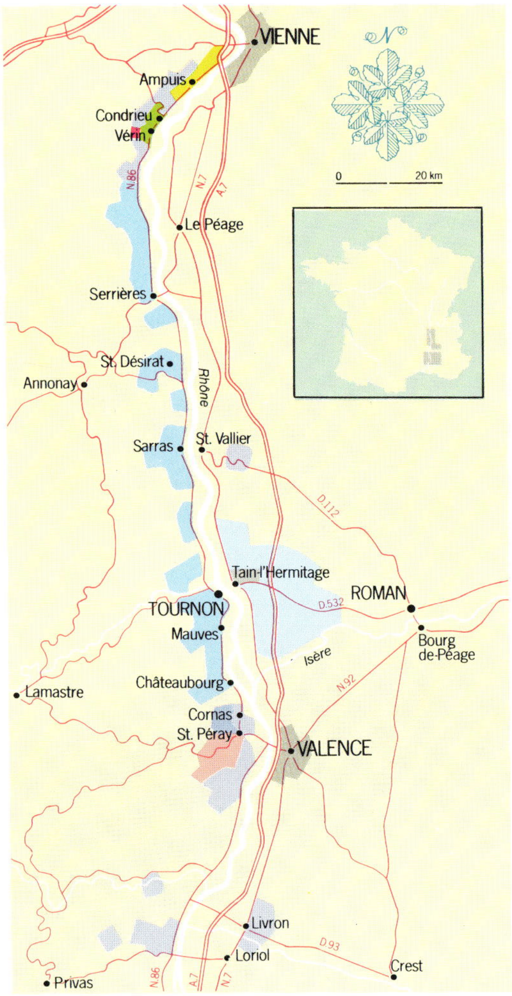

- CÔTE RÔTIE
- CONDRIEU
- CHÂTEAU GRILLET
- SAINT-JOSEPH
- CROZES-HERMITAGE
- HERMITAGE
- CORNAS
- SAINT-PÉRAY
- CÔTES DU RHÔNE
- CLAIRETTE DE DIE
- COTEAUX DU TRICASTIN
- RASTEAU
- MUSCAT DE BEAUMES-DE-VENISE
- CHÂTEAUNEUF-DU-PAPE
- TAVEL
- LIRAC
- GIGONDAS
- CÔTES DU VENTOUX
- CÔTES DU VIVARAIS

Côtes du Rhône Villages

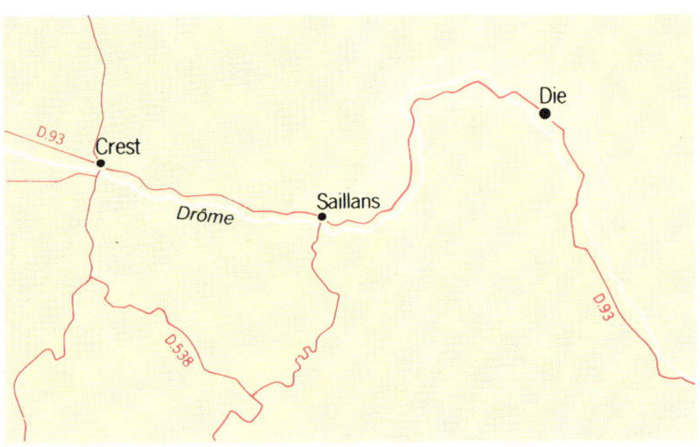

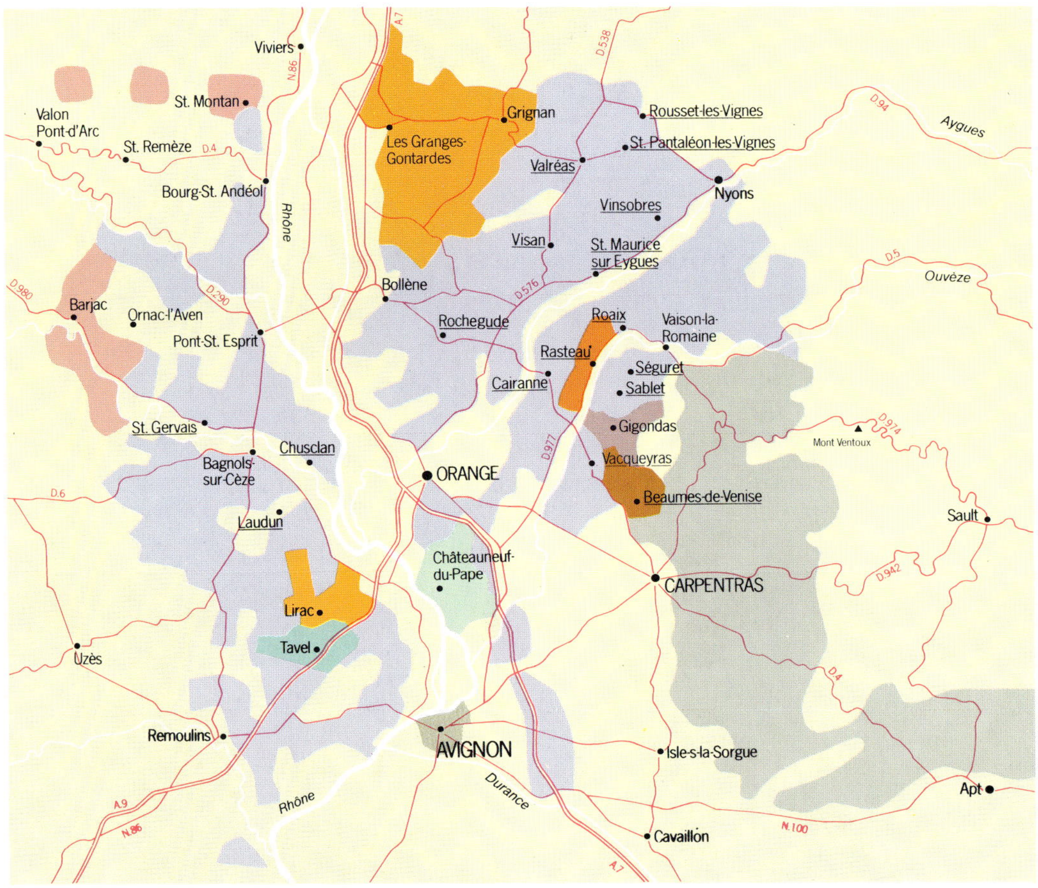

ren Platz hier behauptet. Im Laufe der Jahrhunderte entwickelte sich das Rhônetal zum zweitgrößten Erzeuger von französischem Qualitätswein und liefert jährlich über zwei Millionen Hektoliter Appellations-Weine.

Landwirtschaftliche Vielfalt

Wenn auch in Gemeinden wie Cairanne, Châteauneuf-du-Pape, Sablet und Vacqueyras die Rebe 90 % der landwirtschaftlich genutzten Flächen bedeckt, gibt es im Tal noch sehr viele andere Kulturen. Das sonnige Klima und der meist fruchtbare Talgrund ermöglichen den Anbau von Aprikosen, Kirschen, Birnen, Melonen (darunter die kleinen, duftenden Melonen von Cavaillon), Pfirsichen, Himbeeren,

Seite gegenüber, oben: Eine Reihe von Probierflaschen in dem kleinen Qualitätshaus Pascal in Vacqueyras

Unten: Weinlandschaft bei Sainte-Cécile-les-Vignes im südlichen Rhônetal. Auf dem Hügel links im Mittelgrund liegt das Dorf Cairanne.

Rechts: Das Dorf Baumes-de-Venise, das wegen seines süßen Muskatweins berühmt ist, in festlichem Schmuck

Seit 1983 gibt es im Rhônetal neun Weinstraßen, die mit 350 Wegweisern des Malers Georges Mathieu ausgeschildert wurden. Die Länge der Routen schwankt zwischen 60 und 125 km.

Schwarzen Johannisbeeren, Äpfeln, Pflaumen und anderem Obst. Außerdem gedeihen im Tal viele Gemüsearten, Tomaten, Kartoffeln, Zwiebeln, Kohl, Spargel, Salat und Artischokken. Kaum bekannt ist die Tatsache, daß das Rhônetal mehr Trüffeln hervorbringt als das Périgord. Trüffeleichen gibt es vor allem in dem Gebiet der Coteaux du Tricastin.

Das Aufkommen des Weinbaus ging häufig zu Lasten der Olivenhaine, doch werden nach wie vor große Mengen Oliven erzeugt. Ein Zentrum des Olivenanbaus ist Nyons, wo nicht nur im Juli das Fest Les Olivades gefeiert wird, sondern auch eine eigene Bruderschaft, La Confrérie des Chevaliers d'Olivier, ihren Sitz hat. Außer Öl und anderen Erzeugnissen wird aus den Oliven auch eine köstliche schwarze Paste hergestellt, die *tapenade*. In ihrer ursprünglichen Zubereitungsart besteht sie aus einem Gemisch von Oliven, Sardellenpaste, Thunfisch und Kapern. Sie wird manchmal scherzhaft auch «Kaviar der Armen» genannt.

Erwähnung verdienen schließlich auch die Nüsse (u. a. Mandeln, die für den bekannten Nougat von Montélimar verwendet werden), die Kräuter, der Lavendel, die Blumen, der Honig, das Geflügel, die Flußkrebse, der Süßwasserfisch und die Käse (vor allem aus Ziegenmilch). Das Rhônetal ist, kurz gesagt, ein Tal des Überflusses.

Der Mistral

Durch das Rhônetal verläuft die Autoroute du Soleil, eine Verkehrsader, über die im Sommer Millionen von Touristen an die Strände des Mittelmeers strömen. Ihr Eindruck vom Rhônetal ist meist recht flüchtig, jedoch dürften sie zumindest mitbekommen, daß es im Norden relativ eng ist, mit steilen Hängen, während es sich nach Süden zu zusehends verbreitert. Unterwegs überquert man viele Nebenflüsse, unter anderen Isère, Drôme und Ardèche. Sie speisen die Rhône, die über weite Strecken begradigt ist und heute viel Elektrizität liefert.

Zu ihrem Schrecken merken Touristen bald, daß es hier auch im Frühling und Sommer recht kühl sein kann, wenn vom Norden her ein starker Sturm durch das Tal braust, der tagelang anhalten und Geschwindigkeiten bis 100 km/h erreichen kann: der Mistral. Wenn er einsetzt, weht er meist drei, sechs oder neun Tage. Überall im Tal sieht man um Häuser und Äcker dichte Reihen Zypressen stehen, die die Kraft dieses Windes brechen sollen. Beim Anlegen ihrer Weinberge berücksichtigen die Winzer immer die Windrichtung. Häufig müssen die Rebstöcke auch gut festgebunden werden: Bei dem neuen Verfahren der hohen Erziehung habe ich gelegentlich bis zu fünf Drahtreihen gesehen. Im Herbst wird der Mistral vom Schirokko abgelöst, der aus Nordafrika kommt. Er bringt viel Wärme, aber häufig auch Regen mit, was bei den Trauben leicht zu Fäulnis führen kann.

Päpstliche Enklave

Unter dem Weingebiet Rhône versteht man immer nur denjenigen Teil des Tales, der sich von Vienne bis südlich von Avignon erstreckt. In Luftlinie beträgt die Entfernung etwa 200 km. Die Weinberge liegen in sechs Départements, nämlich Rhône, Loire, Ardèche, Drôme, Gard und Vaucluse. Hinsichtlich des letzten Départements gibt es immer wieder Unklarheiten und Mißverständnisse. Zunächst einmal gehört Vaucluse offiziell zur Provence, weshalb Weinfreunde in vielen Reiseführern über das Rhônetal beispielsweise einen Ort wie Châteauneuf-du-Pape vergeblich suchen. Zum anderen besitzt Vaucluse eine Enklave im Département Drôme, was sich bis zu den Telephonnummern und Postleitzahlen auswirkt. In dieser Enklave liegen die vier Gemeinden Grillon, Richerenches, Valréas und Visan. Dieser Teil von Vaucluse heißt «Enclave des Papes», da er aus der Zeit stammt, in der die Päpste ihren Sitz in Avignon hatten. Nach der Überlieferung soll Papst Johannes XXII. eine solche Vorliebe für den Wein von Valréas gehabt haben, daß er beschloß, Ort und Umland zu kaufen. Dies tat er im Jahre 1317. Als später die französischen Départements festgelegt wurden, entschieden sich die Bewohner der Enklave für den Verbleib bei Avignon. So wurde schließlich das Département von Avignon – eben Vaucluse – auch ihr Département.

Angrenzende Gebiete

Im Rhônetal werden viele Weinsorten erzeugt, und zwar in sehr vielen verschiedenen Distrikten. Eigenartigerweise besteht keine Einigkeit darüber, welche Distrikte nun zur Rhône gehören und welche nicht. So nimmt das – übrigens sehr rührige – Comité Interprofessionnel des Vins des Côtes du Rhône nicht die Interessen von Gebieten wie Coteaux du Tricastin, Côtes du Ventoux und Clairette de Die wahr, obwohl diese geographisch und auch in anderer Hinsicht eindeutig Teil des Rhône-Weingebiets sind. In diesem Buch rechne ich sie jedenfalls zusammen mit dem Ardèche-Distrikt Côtes du Vivarais zum Rhônegebiet. Die Zahlen, die im folgenden genannt werden, beziehen sich allerdings nur auf die Rhône ohne die vier genannten Gebiete, weil besseres Zahlenmaterial nicht verfügbar ist. Der hierdurch entstehende Fehler ist allerdings vernachlässigbar.

Stark gestiegene Weinerzeugung
Die Produktion im Rhônetal hat eigentlich mit der Einführung des Traktors in den 50er Jahren dieses Jahrhunderts ihren Aufschwung genommen. Im Jahre 1950 gab es hier etwa 16000 ha Weinberge, während es heute 43000–44000 ha sind. Der Ertrag nahm noch stärker zu, da wegen der effizienteren Bearbeitung der Weinberge gleichzeitig auch der Durchschnittsertrag pro Hektar stieg. In den 50er Jahren kam man auf 30–35 hl, während heute 45–50 hl die Regel sind. Einige Zahlen verdeutlichen die Entwicklung: 1950 wurden 318000 hl erzeugt, 1960 955000 hl, 1974 1520739 hl und 1980 2066236 hl. Innerhalb dreier Jahrzehnte nahm die Fläche unter Reben um gut das Zweieinhalbfache zu, die erzeugte Weinmenge aber um das Sechsfache.

Viele Genossenschaften
Im offiziellen Rhônegebiet sind etwa 12000 Winzer tätig. Meist sind sie an eine der 52 Genossenschaften angeschlossen. Nur gerade 1450 Winzer vinifizieren selbst. Außerdem gibt es im Rhônetal etwa 45 Handelshäuser. Im allgemeinen beziehen sie fertigen Wein von Genossenschaften wie auch von Weingütern, jedoch kommt es gleichfalls vor, daß der *négociant* auch *vinificateur* ist und also Trauben kauft. Etwa 85% allen Weins aus dem offiziellen Gebiet sind Côtes du Rhône, wie die regionale Herkunftsbezeichnung lautet. Weitaus der meiste Wein ist Rotwein einschließlich Rosé. Der Weißwein macht ganze 2% aus. Die besten Weine kommen aus Regionen mit eigener Herkunftsbezeichnung wie beispielsweise Côte Rôtie, Hermitage, Châteauneuf-du-Pape usw. Es gibt ein Dutzend solcher Appellationen von Crus-Niveau. Es ist durchaus möglich, daß ihre Zahl noch zunimmt, da aus der Zwischenkategorie Côtes du Rhône Villages einige Orte in diese Gruppe aufsteigen dürften, wie dies bereits mit Gigondas geschehen ist.

Mehr Selbstvertrauen
Die große Vielfalt der Rhôneweine werden Sie in den nächsten Kapiteln kennenlernen. Es wird sich rasch zeigen, daß es in diesem Gebiet viele verschiedene Bodenarten, viele verschiedene Mikroklimata, viele verschiedene Anbauvorschriften – und damit auch viele verschiedene Weine gibt. Natürlich spielt auch der Mensch eine große Rolle. Charakter und Qualität des Weins werden wesentlich dadurch bestimmt, welche Trauben auf welchem Boden angebaut werden, welcher Ertrag angestrebt wird, welches Vinifikationsverfahren angewandt wird, wie der Wein behandelt und ausgebaut wird. Die durchschnittliche Qualität der Rhôneweine hat sich während der letzten Jahrzehnte stark verbessert, wodurch das Gebiet auch einen stärkeren Eigencharakter und mehr Selbstvertrauen bekam. Noch zu Beginn der 70er Jahre konnte es geschehen, daß in Zeitungsartikeln, Aufsätzen und Weinkarten Châteauneuf-du-Pape zu den Burgunderweinen gerechnet wurde; das kommt heute kaum mehr vor. In der Gegend gibt es sehr viele Probierlokale. Man läßt den eigenen Wein ganz unbekümmert verkosten, was in der Vergangenheit keineswegs selbstverständlich war. Das erste öffentliche Probierlokal (caveau) der südlichen Côtes du Rhône wurde erst 1958 in Cairanne eröffnet.

Die wichtigsten blauen Rebsorten
Bei der Beschreibung der einzelnen Herkunftsbereiche werden einige Rebsorten immer wieder erwähnt. Deshalb sollen hier die wichtigsten kurz beschrieben werden:
Grenache noir: Aus Spanien stammende Traube, die viel Zucker und damit Alkohol ergibt. Der Saft ist weiß. Der Wein ist körperreich, doch fehlt ihm häufig Säure und Finesse. Er gewinnt an Qualität, wenn ihm andere Trauben zugefügt werden (z.B. Syrah, Cinsault, Mourvèdre). Im nördlichen Rhônetal von Valence bis Vienne kommt die Grenache-Rebe praktisch nicht vor, während sie im Süden deutlich vorherrscht. Dies hängt mit ihrer Empfindlichkeit zusammen. Während der Blütezeit braucht die Grenache-Rebe acht Tage schönes Wetter, da sonst die Gefahr des Verrieselns besteht.
Syrah: Die Herkunft ist ungewiß; man vermutet Persien oder Syrakus. Die Rebe wächst stark und muß daher rigoros zurückgeschnitten werden. Außerdem ist sie sehr robust; Max Chapoutier beschrieb sie einmal als «das Schreckgespenst der Verkäufer von Pflanzenschutzmitteln». Selbst in trockenen Jahren liefert die Syrah-Rebe gute Resultate. Der Wein ist farbintensiv, aromatisch und kräftig und be-

Seite gegenüber, rechts oben: Suze-la-Rousse mit der hoch über dem Dorf thronenden Burg. In dieser hat eine einzigartige Weinuniversität ihren Sitz.

Seite gegenüber, links oben: Ein stilles, altes Sträßchen in Mauves, der Wiege der Herkunftsbezeichnung Saint-Joseph

Seite gegenüber, links unten: Weinlese bei Gervans im Distrikt Crozes-Hermitage

Seite gegenüber, Mitte unten: Bei der Firma Chapoutier (Tain-l'Hermitage) werden die Trauben mit vereinten Kräften getreten.

Seite gegenüber, Mitte: Jean-Louis Grippat, ein sehr begabter Winzer aus Tournon. Sowohl sein Saint-Joseph als auch sein Hermitage sind von vorbildlicher Qualität.

Links unten: Mobile Brennerei in Mauves

Rechts unten: Bei einem kleinen Winzer im Crozes-Hermitage-Distrikt wird eine der alten Pressen noch mit Menschenkraft betrieben.

Rechts: Blick vom Hermitage-Hügel auf die Rhône. Der Fluß macht hier eine scharfe Biegung. An dieser Seite des Flusses liegt Tain-l'Hermitage, am anderen Ufer Tournon. Im Hintergrund die Weinberge unter anderem von Mauves (Saint-Joseph).

sitzt daneben häufig auch Tannin. Er ist gut lagerfähig. Man erkennt die Syrah-Rebe an der leicht bemehlten Unterseite der Blätter. Sie überwiegt im Norden des Tals, wo sie auf felsigen Hängen großartige Weine hervorbringt (Côte Rôtie, Hermitage, Cornas).
Cinsault oder *Cinsaut:* Eine Rebe, die viele Trauben und viel Wein liefert. Strenger Rückschnitt ist unbedingt erforderlich. Der Wein ist elegant, geschmeidig, fruchtig, nicht zu alkoholreich und von nicht zu tiefer Farbe. Gibt schwereren Weintypen Finesse.
Mourvèdre: Ein spanisches Gewächs. Nicht ganz problemlos, unter anderem wegen der relativ späten Reifezeit. Ist nicht für alle Bodenarten geeignet und gibt einen geringen Ertrag. Der Wein zeichnet sich durch Farbe und Tannin aus; zu geschmeidige Weine anderer Sorten bekommen durch diese Rebe etwas Rückgrat.
Carignan: Stammt ebenfalls aus Spanien. Qualitativ nicht besonders interessant, jedoch kann man durch die Macération carbonique hieraus doch höchst erfreuliche Weine erzeugen. Im Normalfall ist der Wein ziemlich hart, besitzt einen leichten *terroir*-Ton, gute Farbe, festen Geschmack. Im Rhônetal unterliegt der Anbau Beschränkungen, in einigen Distrikten ist die Carignan-Rebe sogar vollständig verboten.

Einige weiße Reben

Die am häufigsten angepflanzten weißen Rebsorten des Rhônetals sind:
Clairette: Kommt sehr häufig in Südfrankreich vor, denn die Rebe braucht zum Reifen viel Sonne. Die besten Resultate ergibt sie auf armen Böden. Der Weißwein von der Clairette-Rebe neigt zu rascher Oxidation. Freilich waren früher leicht maderisierte Weine sehr geschätzt, was heute allerdings nicht mehr der Fall ist. Beim Mischen mit blauen Trauben geht die Clairette-Traube leicht unter, während sie einzeln oder mit anderen weißen Sorten heute dank moderner Vinifikationsverfahren doch zu einem gelungenen Wein ausgebaut werden kann.
Bourboulenc: Rustikale Rebe, die relativ viel Säure liefert, einen guten Alkoholgehalt und einen gleichmäßigen Ertrag.
Grenache blanc: Ähnlich wie Grenache noir. Wie Clairette Neigung zur Oxidation.
Roussanne: Im Norden auch Roussette genannt. Ähnelt sehr der Marsanne-Rebe, erbringt jedoch gleichmäßigere Ernten. Der Wein ist fruchtig und besitzt eine gewisse Rasse. Das Blatt weist Ähnlichkeiten mit dem der Syrah-Rebe auf.
Marsanne: Ertragsstärker als Roussanne-Rebe, aber auch unregelmäßiger. Der Wein ist weniger interessant als derjenige von der Roussanne-Rebe, weniger aromatisch und weniger rassig.
Ugni blanc: Vermutlich griechischen oder italienischen Ursprungs. Liefert wenig erhebende Weine, besitzt aber gute Säuren. Kieston in Geruch und Geschmack. Reiche Erträge.
Viognier: Sehr selten. Kommt in Frankreich praktisch nur in den Rhône-Appellationen Condrieu und Château Grillet vor. Trauben und Wein werden in den entsprechenden Kapiteln beschrieben.

Weinbruderschaften

Charakteristisch für das Selbstvertrauen, mit dem man im Rhônetal die Qualität der eigenen Weine betrachtet, sind die Aktivitäten einer

Links:
Mittagszeit in der Auberge de Tavel

Rechts:
Einige regionale Spezialitäten – Honig, Nougat und Amselpâté – in Saint-Pantaléon-les-Vignes

Darunter:
Marktstand mit Oliven aller Arten in Saint-Paul-Trois-Châteaux (Coteaux du Tricastin)

Mitte:
Reiche Auswahl in einem einfachen Restaurant in Cornas

Rechts unten:
Einige köstliche Torten und Cremes (Auberge de Tavel)

Links unten:
Vor einem Probierlokal in Vacqueyras (Domaine des Lambertins)

Reihe von Weinbruderschaften. Zahlreich sind ihre Verkostungen, Kapitel oder anderen Zusammenkünfte.
Die «Commanderie des Costes du Rhône» wurde am 5. Februar 1973 von Max Aubert und einer Reihe von Freunden im Schloß Rochegude gegründet. Dort werden nach wie vor festliche Zusammenkünfte abgehalten.
«L'Echansonnerie des Papes» ist die Bruderschaft von Châteauneuf-du-Pape. Gründer war im Jahre 1967 Philippe Dufays. Die Sitzungen werden im Stil des 14. Jahrhunderts abgehalten. Versammlungsort ist der päpstliche Keller des Schlosses.
«La Confrérie des Chevaliers de la Syrah et Roussette» wurde 1955 in Cornas gegründet. Diese nach Rebsorten benannte Vereinigung fördert vor allem die Weine von Cornas, Saint-Péray, Saint-Joseph, Hermitage und Crozes-Hermitage.
«La Commanderie de Tavel» stammt aus dem Jahre 1968 und hat ihren Sitz natürlich in Tavel, der Wiege des bekannten Rosé.
«La Confrérie de Saint-Vincent des Vignerons de Visan» beschränkt ihre Aktivität vor allem auf Visan selbst.
«Les Maîtres Vignerons de Vacqueyras» ist eine erst 1984 gegründete Bruderschaft, die ebenfalls örtlichen Charakter hat.
«La Compagnie de la Côte du Rhône Gardoise» wurde im Jahre 1980 von Winzern des Départements Gard gegründet. Wohl nicht ganz zu Unrecht fanden sie, daß ihre Weine mehr Beachtung finden sollten. Nicht nur Winzer sind Mitglied, sondern auch Weinfreunde, die selbst nicht erzeugen. Die Gesellschaft ist sehr aktiv und hält um die Zeit der Kapitel auch Informationsabende ab. Sitz ist Bagnols-sur-Cèze, und die wichtigsten vertretenen Weingemeinden sind Chusclan, Saint-Gervais und Laudun.

Einzigartige Universität
Schließlich gibt es im Rhônetal noch eine einmalige Weinuniversität. Sie ist in dem prächtig restaurierten, aus dem 12. Jahrhundert stammenden Schloß von Suze-la-Rousse untergebracht. Dieses thront hoch über den Dächern des Orts und hat den Fürsten von Orange noch als Jagdschloß gedient. Die Université du Vin öffnete 1977 ihre Pforten und hat seither umfassende Aktivitäten entwickelt. So werden das ganze Jahr über verschiedene Kurse abgehalten, und zwar sowohl für Fachleute als auch für Weinliebhaber. Das Veranstaltungsprogramm reicht vom Degustationstag zum Thema Elsässer Wein bis zu Seminaren über die steuerrechtliche Stellung eines Weinguts. Zur modernen Ausstattung der Universität gehören auch audiovisuelle Lernhilfen. Weiterhin werden Ausstellungen organisiert (z. B. mit Kunstwerken zum Thema Wein), und Interessierte können einen hervorragenden Dokumentationsdienst in Anspruch nehmen, der auch eine Bibliothek und eine Photothek umfaßt. Im Schloß werden außerdem alle Rhôneweine verkostet und beurteilt, die eine Herkunftsbezeichnung beanspruchen. Eigentümer des Schlosses ist das Département Drôme, jedoch ist die Gründung dieser Modelluniversität finanziell erst durch viele Organisationen und Betriebe möglich gemacht worden.

Links:
Weinlese auf der Côte Rôtie. Die Rebgärten erstrecken sich über eine Länge von etwa 7 km.

Unten:
Albert Dervieux mit einem seiner ausgezeichneten Weine. Etwa drei Jahrzehnte war Dervieux Vorsitzender des Verbandes der Côte Rôtie-Erzeuger.

Im Januar findet in Ampuis der jährliche Marché du Vin mit Weinprämierung statt. Im Durchschnitt werden nicht mehr als 2500 hl Côte Rôtie erzeugt.

Die wichtigsten Lagen der Côte Brune sind Vaillères, Côte Rosier, Turque, Pommière, Chevalière, Côte Boudin, La Landonne. In der Côte Blonde sind es La Mouline, Chatillonne, Grande Plantée, Grand Clos.

La Mouline, Parzelle der Côte Blonde und Eigentum des Hauses Guigal, umfaßt knapp 1,5 ha. Auf den zahlreichen Terrassen sind etwa 15% Viognier angepflanzt. Nach der Gärung reift der Wein mindestens 3 Jahre in Eichenfässern. Dieser Côte Rôtie gehört mit seiner durchweg tiefdunklen Farbe und einem schönen, stilvollen Bukett mit Anklängen von Vanille und Frucht zur absoluten Spitze. Auch der kraftvolle Geschmack besitzt viel Stil und Kultur, und der Abgang ist beachtlich.

Côte Rôtie

Im Hinblick auf die Qualität beginnt das Rhônetal im äußersten Norden gleich mit einem Paukenschlag: mit der Côte Rôtie, die einen der allerbesten Rotweine hervorbringt. Es ist nicht ausgeschlossen, daß hier schon im 6. Jahrhundert v. Chr. Rebstöcke standen. Sichere Beweise hierfür gibt es allerdings nicht. Fest steht dagegen, daß die Römer hier Weinbau betrieben. Einer der überzeugendsten Beweise ist das gallo-römische Mosaik, das im vorigen Jahrhundert entdeckt wurde: Es zeigt drei Männer, die Trauben treten. Im Norden des heutigen Distrikts hatten die Römer eine wichtige Siedlung, die heutige Stadt Vienne. Es heißt, daß der Wein von Vienne, «vinum picatum» genannt, einer der ersten gallischen Weine gewesen sein soll, der nach Rom versandt wurde. Der Name Côte Rôtie («gebratener Hang») taucht im vorigen Jahrhundert auf. Der Bezug auf die sonnendurchglühten Weinberge ist offenkundig.

Jahrzehntelang unterschätzt
Heute gehört der Côte Rôtie zu den teuersten Weinen des Rhônetals. Dies war nicht immer so. Es dauerte geraume Zeit, bis die Welt den Côte Rôtie als großartigen Wein erkannte. Etwa bis zur Mitte dieses Jahrhunderts betrachtete man den Côte Rôtie als irgendeinen Vin Ordinaire. 1938 wurde er noch als einfacher Zech- und Karaffenwein in Cafés und Restaurants ausgeschenkt. Zehn Jahre später war die Lage noch kaum verändert. Erst im Laufe der 60er Jahre kam der Aufschwung. Marcel Guigal von der Firma Guigal sagt, daß der Côte Rôtie lange Zeit unter dem Herstellungspreis verkauft werden mußte: «Unter den großen Weinen hat man uns einfach vergessen.» Bevor die Reblaus im Jahre 1880 alle Rebstöcke vernichtete, umfaßte die Côte Rôtie gut 38 ha Weinberge. Diesen Stand erreichte man erst nach einigen Jahrzehnten wieder. 1953 umfaßte das Gebiet 50–55 ha Rebfläche; heute sind etwa 120 ha im Ertrag.

Steile Hänge
Die Weinberge liegen hauptsächlich in der Gemeinde Ampuis, einem recht verschlafenen, farblosen Dorf an der Nationalstraße 86. Außerdem gehören Saint-Cyr-sur-le-Rhône (nördlich von Ampuis) und Tupin-et-Semons (südlich davon) zur Herkunftsbezeichnung Côte Rôtie. Die besten und charakteristischsten Weinberge erheben sich hoch über die genannten Orte, teilweise über 300 m. Die Reben stehen häufig auf kleinen Terrassen, da die Hänge teilweise eine Neigung von 55° haben. Diese Weinterrassen können sehr klein sein: Auf der Domaine de Boisseyt gibt es eine Terrasse mit ganzen zwei Stöcken. Auf manchen Weingütern kommt es auch vor, daß die Terrassenmauern (murgeys) ebensoviel Grund in Anspruch nehmen wie die Rebfläche selbst. Die Instandhaltung der Terrassen und der steil abfallenden Weingärten ist ein großes Problem. Der Aufwand an Zeit, Mühe und Arbeitskraft ist enorm. Auch die Pflanzung und Erziehung der Reben erfordert ungewöhnliche Maßnahmen. Die Zweige werden hier an vier Pfählen geführt, die wigwamartig miteinander verbunden sind. Manche Winzer arbeiten mit Sprengstoff, um die Pfähle tief genug in den häufig steinigen Untergrund treiben zu können.

Es dauerte 12 Jahre, bis die Familie Guigal ihren 1,5 ha großen Rebgarten in der Côte-Brune-Parzelle La Landonne geschaffen hatte. Der Jahrgang 1978 war der erste, der getrennt vinifiziert wurde. Es ist ein fast schwarzer Wein, sehr kraftvoll, reich an Tannin und lang nachtönend. Die Qualität finde ich außerordentlich. La Landonne braucht viel Geduld, vermutlich mindestens 10 Jahre. Er hat jedenfalls Kraft genug, um auch 30 Jahre lebendig zu bleiben.

Das Haus Vidal-Fleury, 1984 von Guigal übernommen, erzeugt schon seit über zwei Jahrhunderten in Ampuis Wein. Gleichzeitig ist es mit 8 ha der größte Eigentümer von Côte Brune und Côte Blonde zusammen. Neben dem höchst reizvollen reinen Côte Blonde La Chatillonne (4000 Flaschen pro Jahr) erzeugt man auch einen Mischwein von beiden Lagen. Dieser reift etwa 2 Jahre in Holzfudern. Seine Farbe ist tief, sein Geschmack sehr gut und stilvoll, ohne zu viel Holz oder Tannin.

Albert Dervieux wohnt in dem Weiler La Verenay im Norden von Ampuis. Auf der Côte Brune und der Côte Blonde besitzt er 3 ha mit nur wenig Viognier. Die Weine erhalten 2 bis 2½ Jahre Faßreife. Dervieux' bester Wein ist sein Côte Blonde La Garde (etwa 2500 Flaschen). Der Wein hat Veilchen und andere kleine Blumen im Duft, Eleganz im schönen Geschmack und Tiefe in der Farbe. Auch der Côte Brune ist hervorragend.

In der Ortschaft Chavanay, südlich der Côte Rôtie, steht an der Route Nationale das Probelokal des Weingutes De Boisseyt. Eigentum von Jean Chol, verfügt es unter anderem über 0,8 ha von der Côte Blonde mit 10–15 % Viognier. Der Wein hiervon wird mindestens 2 Jahre im Faß gelagert und weder geschönt noch filtriert. In der Flasche besticht er durch seine vorzügliche Qualität: Farbe, Kraft, Eleganz, blumiger Duft, Harmonie. Außerdem erzeugt man auch einen guten Saint-Joseph (s. S. 37).

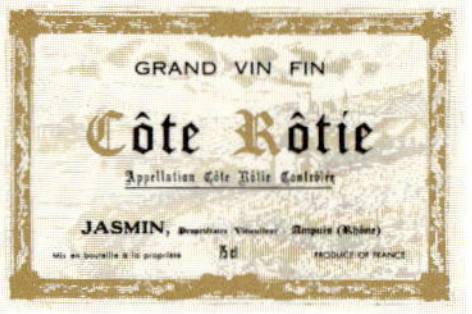

Robert Jasmin in Ampuis bearbeitet 3 ha (möglicherweise einmal 4) auf der Côte Brune und Côte Blonde. Der Wein von beiden Lagen wird vermischt. Der Viognier-Anteil soll von 3–4 % auf etwa 10 % zunehmen. Jasmin filtert grundsätzlich nicht und schönt selten. Die Qualität des Weins kann von Jahrgang zu Jahrgang recht unterschiedlich sein. Ein gelungener Jasmin-Wein ist herrlich, muskulös und gefällig, mit einem Duft von Veilchen.

Das Gut Gentaz-Dervieux verfügt über 1,2 ha vor allem auf der Côte Brune. Daneben baut Eigentümer Marius Gentaz etwas Gemüse an. Im Weinberg stehen 30- bis 60-jährige Rebstöcke, davon nur 3–4 % Viognier. Gentaz filtert seinen Wein niemals, schönt ihn mit frischem Eiweiß und läßt ihn 15–23 Monate in gebrauchten Fässern reifen. Sein Côte Brune ist ein tieffarbener, kraftvoll schmeckender Wein und doch mit einer gewissen Eleganz, ferner dem richtigen Maß Tannin.

Auch auf Plateaus

Die Kultivierung der traditionellen Côte Rôtie-Weinberge ist nicht nur eine arbeitsintensive und damit kostspielige Angelegenheit – sie liefert auch nur geringe Erträge. Der Gesetzgeber erlaubt 40 hl/ha mit einer zulässigen Überschreitung um 15 %, jedoch wird diese Menge auf den Hängen praktisch nie erreicht. Normal sind 25–35 hl. Dieser äußerst geringe Ertrag hat auch mit dem teilweise recht hohen Alter der Weinstöcke zu tun: Auf vielen Weingütern ist ein Durchschnittsalter von 25 Jahren und mehr die Regel.

Ein guter Côte Rôtie kann daher niemals billig sein. Leider hat unter anderem der Betriebskostendruck dazu geführt, daß im Jahre 1966 die Appellation Côte Rôtie um etwa 20 ha erweitert wurde, die größtenteils auf den ebenen Plateaus oberhalb der Hänge liegen. Dort können die Weingärten leichter und vorteilhafter bearbeitet werden und liefern höhere Hektarerträge. Der Charakter des Weins ist jedoch völlig anders, die Qualität geringer. Hier ist nicht nur der Boden lehmhaltiger, das heißt reicher, sondern auch die Besonnung unterscheidet sich von der der Hänge. Als bei einem meiner Besuche in Ampuis der Plateauwein zur Sprache kam, sagte mir der betreffende Winzer: «Der Wein von da oben – nun ja ...». Er zuckte die Achseln. Anschließend ließ er mich einen echten Côte Rôtie verkosten. Auch andere taten ihre Meinung in dieser Weise kund.

Côte Brune und Côte Blonde

Das Herz der Appellation Côte Rôtie besteht aus zwei aneinandergrenzenden Hängen, der Côte Brune und der Côte Blonde. Sie liegen direkt hinter Ampuis und sind Gegenstand einer bekannten Legende. Es soll einst der Herr von Ampuis, ein gewisser Maugiron, zwei Töchter gehabt haben, die eine blond und die andere braun. In seinem Testament bedachte er beide mit einem Weinberg, der nach der Farbe ihres Haars benannt wurde. In einer anderen Version sollen «brune» und «blonde» ein Hinweis auf die Persönlichkeit der beiden Damen sein: eine schwermütig und zurückhaltend, die andere fröhlich und zugänglich. Eine ganz andere Erklärung für die beiden Namen, die wohl ebenso plausibel ist, ist die Farbe des Bodens. Derjenige von der Côte Brune im Norden besitzt einen braunen Ton, ist tiefer und eisenhaltiger. Derjenige von der Côte Blonde dagegen hat in der Tat wegen seines höheren Kalkgehalts ein helleres Aussehen. Schließlich hört man auch noch, daß die Côte Blonde ihren Namen von der dort relativ häufigen weißen Viognier-Rebe haben soll, die auf kalkhaltigem Boden gut gedeiht. In der Praxis werden die Weine von der Côte Brune und der Côte Blonde häufig miteinander vermischt, während es jedoch auch Erzeuger gibt, die den Wein der verschiedenen Hänge getrennt ausbauen und abfüllen. Man kann es schmecken, daß die Côte Brune durchweg die festeren, kraftvolleren Weine mit gutem Tannin liefert, während diejenigen von der Côte Blonde etwas mehr Zartheit besitzen, etwas leichter und weiblicher sind.

Eine weiße Rebe

Die erwähnte Anwesenheit der Viognier-Rebe in diesem Rotweingebiet ist kein Irrtum. Neben der blauen Syrah-Rebe kann nämlich auch die Viognier-Rebe mit einem Anteil von höchstens 20 % verwendet werden, um dem Wein etwas Weichheit, Geschmeidigkeit und zusätzliche Aromakomponenten zu geben. Wenn man über beide Rebsorten verfügt, müssen sie zusammen gären. So lautet das Gesetz. Und so geschieht es auch, es sei denn, daß die Winzer

Emile Champet verfügt über rund 1,5 ha Rebfläche. Etwa drei Viertel davon liegen auf der Côte Brune, ein Viertel auf der Côte Blonde. Bei seinem Mischwein dominiert die Kraft, die Reserviertheit der Côte Brune deutlich. Der Wein ist sogar etwas rustikal, bekommt aber nach längerem Flaschenlager doch Charme. Champet klärt ihn mit frischem Eiweiß und filtriert grundsätzlich nicht. Der Wein lagert mindestens 2 Jahre in gebrauchten *pièces* (228 l) und *demi-muids* (600 l).

In der ersten Hälfte des 19. Jahrhunderts trennten sich die Zwillingsbrüder Jaboulet. Einer von ihnen blieb in Tain-l'Hermitage und gründete das Haus Paul Jaboulet Aîné, der andere ging nach Beaune und gründete die Firma Jaboulet-Vercherre. Noch heute hat diese Burgunderfirma auch einen Côte Rôtie Brune & Blonde im Angebot. Dieser wird als fertiger Wein bei den Erzeugern gekauft und anschließend in Beaune noch auf Holz gelagert. Ein guter Wein, kräftig und doch mit Eleganz.

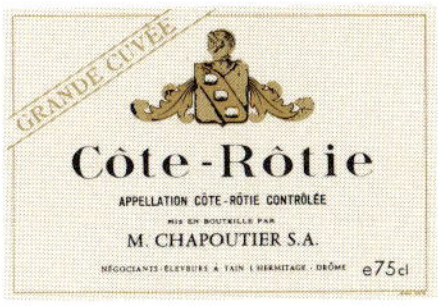

Das in Tain-l'Hermitage niedergelassene Handelshaus Chapoutier besitzt auch eigene Rebgärten, darunter 2,68 ha Côte Rôtie mit knapp 15 % Viognier. Die Ernte hiervon wird mit zugekauften Trauben ergänzt. Der Côte Rôtie erhält 3 Jahre Faßlager. Der jahrgangslose Grande Cuvée besitzt daher viel Holz in Duft und Geschmack, jedoch auch das Blümchen-Bukett und die Eleganz, die so charakteristisch sind. Reifer und seltener ist der numerierte La Mordorée, der mindestens 10 Jahre alt ist.

Das Haus Paul Jaboulet Aîné kauft grundsätzlich neben der eigenen Erzeugung nur fertigen Wein, mit Ausnahme von rotem Crozes-Hermitage und Côte Rôtie. Hierfür kauft man die Trauben ein, um sie selbst zu vinifizieren. Der Côte Rôtie reift 15–24 Monate in *pièces* (228 l-Fässern). Es ist meist ein fleischiger, harmonischer Wein mit etwas Frucht und deutlich anwesendem Holz. Die Farbe ist recht tief. Der Wein braucht Zeit für seine Entwicklung. Der Markenname ist Les Jumelles.

Georges Vernay ist der größte Erzeuger von Condrieu (s. nächstes Kapitel), macht aber auch von 1,5 ha auf der Côte Blonde einen Côte Rôtie. Die Viognier-Rebe hat hier einen Anteil von 5–10 %. Die Trauben werden nicht gemahlen und nicht entrappt und gären meist knapp 3 Wochen. Anschließend reift der Wein 1 Jahr in Fudern und ein Jahr in *pièces*. In seinem Duft besitzt dieser Côte Rôtie häufig einen Hauch Vanille. Der Geschmack ist weich, elegant und köstlich.

Seite gegenüber: Typische Weinterrassen

Unten: Die Keller von Guigal in Ampuis

Ganz unten: Marcel Guigal, seit 1974 Direktor des Hauses. Sein Vater, zuvor bei Vidal-Fleury Kellermeister, gründete es 1946.

Mindestalkoholgehalt für Côte Rôtie: 12 %

Weitere Interessante Côte Rôtie-Weine:
- Domaine Barge, Ampuis
- René Rostaign, Ampuis
- Domaine Drevon, Ampuis
- Domaine Clusel, Ampuis
- S.E.A.R./Alfred Gerin, Ampuis
- Seigneur de Maugiron, Delas Frères, Tournon

etwas Weißwein für den Eigenverbrauch herstellen wollen. In diesem Fall wird der Viognier dann doch getrennt vinifiziert; in einigen Kellern konnte ich diesen «weißen» Côte Rôtie aus etikettlosen Flaschen oder einem Faß in einem verborgenen Winkel verkosten. Der Wein ähnelt sehr dem Condrieu (s. folgende Seiten). Obwohl 20 % Viognier zugelassen sind, wird dieser Prozentsatz nirgends erreicht. Es gibt sogar Winzer, die überhaupt keine Viognier-Reben besitzen. Der gesamte Viognier-Bestand im ganzen Herkunftsbereich beträgt schätzungsweise nicht mehr als 3–4 %. Den höchsten Anteil fand ich mit 15 % im Weinberg La Mouline von Guigal auf der Côte Blonde. Im Weinberg von Landonne (Côte Brune) der gleichen Firma stehen dagegen überhaupt keine Viognier-Reben. Bei Vidal-Fleury, einem Handelshaus, das mit 8 ha etwa die Hälfte der Côte Brune und Côte Blonde besitzt, liegt der gesamte Anteil Viognier bei 8 %. Im allgemeinen scheint die Viognier allmählich überhaupt zu verschwinden. Eine Ausnahme bildet Robert Jasmin, der vorhat, den Viognier-Anteil ganz bewußt von heute 4 % auf etwa 10 % zu erhöhen.

Viele kleine Winzer

In der Côte Rôtie arbeiten etwa 100 Winzer. Die meisten besitzen nur wenige Ar; ein Hektar gilt hier schon als großer Besitz. Aber auch von einem ganzen Hektar Côte Rôtie kann man nicht leben; um vom Wein allein existieren zu können, braucht man mindestens 2,5 ha. Die kleinen Winzer bauen daher sämtlich im nahen, fruchtbaren Talgrund Obst und Gemüse an. Etwa 20 Winzer stellen ihren Wein selbst her und verkaufen ihn auch selbst. Von den übrigen liefern etwa 50 ihre Trauben, weitere 30 ihren Wein an ein Handelshaus. Zwei Handelshäuser haben ihren Sitz im Distrikt selbst: Guigal und dessen Tochterfirma Vidal-Fleury. Aber auch *négociants* aus anderen Landesteilen führen Côte Rôtie, und wenn es nur wegen des Prestiges ist, das dieser Wein heute genießt.

Kraft und kleine Blumen

Der Prototyp eines guten Côte Rôtie ist ein Wein, der Kraft mit Finesse vereint: Kraft dank der tiefen Farbe und dem festen Geschmack, Finesse dank des Duftes (häufig ein Hauch von Veilchen oder anderen kleinen Blumen), des Stils, der Nuancierungen. Es ist wie ein Symphonieorchester, das mit ganzer Klangfülle spielt, wobei dann doch die subtilen Töne einer einzelnen Geige oder der volle Klang einer Harfe erkennbar sind. Leider trifft man dieses Idealbild eines Côte Rôtie seltener an, als man hoffen möchte. Ja, man muß sogar sagen, daß die Qualität sehr enttäuschend sein kann. Neben vorbildlichen, wahrhaft großen Weinen findet man auch nichtssagende, flache Erzeugnisse oder auch grobe, die jeglichen Charme vermissen lassen. Nicht alle Winzer setzen auf Qualität (oder verstehen es einfach nicht, einen großen Wein zu machen), nicht alle Handelshäuser sind bei der Auswahl gleich sorgfältig. Der Name Côte Rôtie allein bedeutet daher keine Garantie für Qualität. Wichtig ist auch, wer der Erzeuger oder Händler ist. Ein guter Côte Rôtie muß lange reifen, meist mindestens 4–10 Jahre. Erst dann zeigt dieser Wein seine wahre Güte. Wie sagt doch Marcel Guigal: «Warten können, das ist das Geheimnis des Côte Rôtie.»

Mit 6 ha Condrieu ist Georges Vernay der größte Erzeuger des Distrikts. Durch harte Arbeit ist Vernay mit Unterstützung seiner Söhne Luc und Daniel zum eigenen Weingut gekommen. Über 90% der Trauben werden trocken vinifiziert. Aus dem Rest erzeugt Vernay einen Demi-sec als Vin de Noël für den lokalen Markt. Der trockene Wein ist mit seiner vorzüglichen Qualität und dem stabilen Rückgrat, das ihm der Alkohol verleiht, weitaus der bessere.

Der ehemalige Käsehändler Jean Pichon sattelte gegen sein 50. Jahr auf Winzer um. Er bestellt 1,5 ha Condrieu. Der Wein gärt bei niedriger Temperatur (etwa 15°C) in Edelstahltanks und kleinen Holzfässern. In letzterem Fall kann er einen leichten Holzton mitbekommen. Einer der besten Condrieus, sehr typisch mit seiner Frucht, seinem Charme und seinen Rundungen. Manchmal riecht man auch etwas von kleinen Blumen und schmeckt im Abgang etwas von frischem Toast.

Château du Rozay ist ein rosa getünchtes, zugiges Schloß auf einem Plateau hinter Condrieu. Es wird bewohnt von Paul Multier, der 2,5 ha Rebstöcke besitzt. Etwa 1 ha sind Viognier-Reben. Der Wein davon gärt in alten *demi-muids*. Er duftet und schmeckt sehr reintönig und besitzt eine feine Milde. Ich habe den Eindruck, daß der Condrieu von diesem Weingut etwas schlanker ist als derjenige von anderen Erzeugern – aber deshalb nicht weniger angenehm.

Oberhalb der Gemeinde Vérin, gleich in der Nähe von Château Grillet, besitzt Michel Delas 2 ha Condrieu, die Lage Clos Bouché. Der Wein wird vom Haus Delas Frères in Tournon vertrieben. Dieser Condrieu duftet und schmeckt recht angenehm, wobei ihm vielleicht etwas das subtile Spiel fehlt, das man bei einigen anderen Condrieus findet. Ein guter Wein, nicht mehr.

Das Haus Guigal in Ampuis besitzt selbst keine Rebgärten in Condrieu, kauft aber alljährlich in diesem Gebiet Trauben ein. Diese werden im eigenen Keller vinifiziert. Die Abfüllung findet in der Regel Ende April statt. Ein Teil des Weins hat dann in kleinen neuen Eichenfässern geruht, ein anderer Teil in gebrauchten und eine dritte Partie in Tanks. Das ganze liefert einen aromatischen, geschmeidigen, glyzerinreichen Wein. Mir fehlt etwas die Lebendigkeit und Klasse. Sehr jung trinken.

Wiederholt erhielt Antoine Cuilleron Auszeichnungen für seinen Condrieu. Dieser im Jahre 1923 geborene Winzer wohnt in Chavanay an der Route Nationale. Er erzeugt verschiedene Typen Wein; 1 ha ist mit der Viognier-Rebe bepflanzt. Dieser Wein gärt in emaillierten Metalltanks und reift eine gewisse Zeit in Holzfudern. Der Wein besitzt häufig ein typisches Aroma von reifen, saftigen Birnen.

Auf dem Papier macht sich der Herkunftsbereich des weißen Rhôneweins Condrieu recht beeindruckend: sieben Gemeinden in drei verschiedenen Départements im Umkreis von gut 14 km. In Wirklichkeit jedoch ist Condrieu einer der kleinsten Distrikte des Rhônetals. Gerade 15 ha werden hier kultiviert. Bis 1990 sollen es immerhin 20 werden, jedoch ist dies dann immer noch ein Bruchteil des theoretisch möglichen. Die Appellation umfaßt schätzungsweise etwa 300 ha potentieller Rebfläche, wovon mindestens ein Drittel beste Voraussetzungen für den Rebenbau bietet. Der Grund dafür, warum Condrieu klein blieb, liegt in der Schwierigkeit der Bearbeitung des Geländes. Wie in der Côte Rôtie liegen die Weinberge hier häufig an steilen Hängen, die es notwendig machen, die Reben auf Terrassen zu pflanzen. 1982 kostete das Anlegen eines einzigen Hektars Weingrund einschließlich des Baus der Terrassen und Stützmauern schon 300000 Francs. Dann dauert es noch acht bis zehn Jahre, bis der Weinberg einen wirklich guten Condrieu liefert. Zudem ist in diesem Gebiet der Ertrag besonders niedrig. Der Gesetzgeber erlaubt 30 hl/ha, jedoch wird selbst diese geringe Menge kaum einmal erreicht. Bei Georges Vernay, dem größten Winzer hier, liegt der Durchschnitt während der letzten 30 Jahre unter 20 hl.

Die kapriziöse Viognier-Rebe

Der geringe Ertrag hängt natürlich mit dem Boden zusammen. Er ist felsig, arm und teilweise kalkhaltig, wobei man häufig auch eine fast pulverartige, durchlässige Oberschicht aus zersetztem Glimmer und Schiefer antrifft. Noch ent-

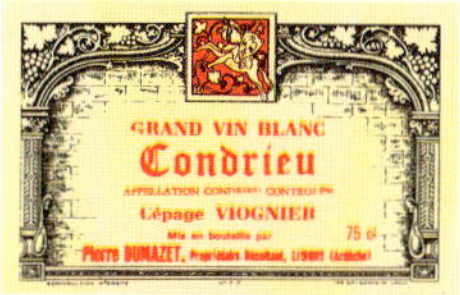

Das Weingut Pierre Dumazet liegt in Limony, der südlichsten Gemeinde des Distrikts. Es besteht insgesamt aus 0,6 ha Rebgarten, wovon 0,4 ha Condrieu sind. Der Boden ist granitartig, auch Kalk ist enthalten. Der Wein besitzt eine gute Qualität. Man findet ihn daher auch in renommierten Restaurants. Die Familie Dumazet erzeugt schon seit einem Jahrhundert in Limony Wein.

Seite gegenüber, Mitte: Condrieu und seine Weinberge, vom anderen Ufer der Rhône aus gesehen, wo Les Roches-de-Condrieu liegt

Seite gegenüber, links unten: Condrieu liegt an der stark befahrenen N 86. Der Distrikt umfaßt 7 Gemeinden in 3 Departements (Rhône, Loire und Ardèche).

Unten: Der lebenslustige Georges Vernay (rechts) genießt mit einem Freund ein Gläschen seines Condrieu. Vernay verfügt über ein nettes Probierlokal.

Rechts: Eine Sammlung alter Flaschen Condrieu im Besitz von Winzer Jean Pinchon. Das Halsetikett der mittleren Flasche zeigt, daß früher süßer Condrieu erzeugt wurde.

Der Mindestalkoholgehalt von Condrieu beträgt 11%

Man nimmt an, daß die Viognier-Rebe griechischen Ursprungs ist.

Weitere interessante Condrieu-Weine:
- Pierre Perret Verlieu, Chavany
- Robert Jurie-Descamier, Saint-Genis-Laval
- Pierre Bargue, Ampuis.

scheidender ist jedoch die Rebe, die wir schon beim Côte Rôtie kennenlernten: Viognier, eine seltene Art von unklarer Herkunft. Sie ist sehr kapriziös und gibt deshalb sehr unregelmäßige Erträge. Während der Blütezeit muß eine trockene und warme Witterung herrschen, da es sonst zum Verrieseln kommt, wodurch der Ertrag stark abnimmt. Im Herbst besteht die Gefahr der Fäulnis, da die einzelnen Beeren in der Traube sehr dicht beieinander sitzen. Ein etwas zu feuchter September kann in Condrieu verheerende Folgen haben. Daß man dennoch mit der Viognier-Rebe arbeiten kann, wird durch das besondere Mikroklima ermöglicht. Es ist hier nämlich nicht nur relativ trocken, sondern auch sehr windig. Es geht in und um Condrieu praktisch kein Tag vorbei, an dem nicht der Wind weht. So werden die Weingärten gut durchlüftet, was der Gesundheit der Trauben förderlich ist. Ein Vorteil der Viognier-Rebe ist ihre lange Lebensdauer; die Stöcke können ohne weiteres ein halbes Jahrhundert alt werden.

Kontrastreicher Ort

Die Terrassen mit Viognier sind über das ganze Gelände verteilt, häufig in kleine Parzellen zersplittert. Condrieu selbst ist die wichtigste Gemeinde, da hier etwa zwei Drittel allen Condrieus erzeugt werden. Der Name kommt von «coin du rieux», wörtlich «Winkel der Bäche». Hier fließen nämlich drei Bäche in die Rhône. Die Ortschaft ist durch starke Kontraste gekennzeichnet. Man findet hier ebenso moderne, nüchterne Mietshäuser wie auch romantische Straßen mit uralten Gebäuden. Sehr bekannt ist das aus dem 16. Jahrhundert stammende Maison de la Gabelle, in dem früher die Salzsteuer eingetrieben wurde. Als im Jahre 1940 die Herkunftsbezeichnung Condrieu geschaffen wurde, umfaßte diese nur Condrieu sowie die Nachbargemeinden Vérin und Saint-Michel-sur-Rhône. Knapp 15 Jahre später kamen die weiter entfernt gelegenen Ortschaften Chavanay, Saint-Pierre-de-Bœuf, Malleval und Limony hinzu. Die Verleihung der Appellation Contrôlée veranlaßte Leute wie etwa den damals noch sehr jungen Georges Vernay, wieder Viognier-Reben zu pflanzen. Damit war der unaufhaltsam scheinende Rückgang dieser Rebe aufgehalten. Durch den Ersten Weltkrieg, später durch den Aufschwung der Industrie waren dem Weinbau viele Arbeitskräfte verlorengegangen, und in der Zeit der Wirtschaftskrise waren dann angemessene Preise für einen schwierig herzustellenden Wein ohne Herkunftsbezeichnung nicht zu erzielen. Die gesamte Anbaufläche umfaßte damals nur mehr 6 ha.

Charmante Persönlichkeit

Der Condrieu-Wein von heute ist fast immer trocken. Vor einem Vierteljahrhundert dagegen erzeugten die meisten Winzer noch einen halbsüßen Wein. Jean Pinchon erzählte mir, daß seinerzeit nur ein einziger Winzer einen trockenen Condrieu machte. Heute ist dagegen der halbsüße Wein eine Rarität. Einige Erzeuger liefern jährlich noch geringe Mengen dieses Moelleux oder Demi-sec für den regionalen Markt. Ich finde den Wein nicht sehr beeindruckend – die trockene Version duftet und schmeckt weitaus besser.
Ein guter, das heißt also ein trockener Condrieu ist ein besonders milder, freundlicher Wein von blaßgoldener Farbe. Man findet weder im Duft noch im Geschmack strenge Säuren, mineralische Töne oder harte Kanten. Er besitzt Charme, duftet leicht nach Obst (meist nach reifen, saftigen Birnen) und bietet auch in seinem geschmeidigen Geschmack Impressionen von reifer Frucht. Trotz seiner Sanftheit besitzt der Condrieu mit 13–14% häufig eine kräftige Dosis Alkohol. Dadurch ist es möglich, diesen Wein sowohl zu Fischgerichten mit einer schweren Sauce wie auch zu weißem Fleisch, Geflügel und kleinem Wild zu reichen. Die ideale Trinktemperatur liegt bei 13°C.
Es hält sich hartnäckig das falsche Gerücht, daß der Condrieu wie ein großer weißer Burgunder für seine optimale Entwicklung einige Jahre Flaschenreife braucht. Dies ist absolut nicht der Fall. Der Condrieu muß jung getrunken werden, spätestens zwei Jahre nach seiner Ernte. Bei längerer Lagerung beginnt der Wein seine Frucht und die doch begrenzte Frische zu verlieren; der zunächst so erfreuliche Duft wird dann immer mehr durch ein dumpfes, holzartiges Aroma überdeckt. Der Charme geht dahin – und das ist nun gerade die typischste Eigenschaft dieses sympathischen Weins.

Von den durchschnittlich 8000 Flaschen Château Grillet werden 1000–1400 vom bekannten Restaurant La Pyramide in Vienne abgenommen. Jahrelang bekamen die besten *cuvées* eine Halsschleife: «Cuvée Renaissance». Heute wird nur noch ein Wein erzeugt. Dieser hat einen etwas verhaltenen Charakter und häufig einen ins Liebliche spielenden Geschmack. Der Wein kann hervorragend reifen, was auch zu empfehlen ist. Meist ist er nach 5–6 Jahren auf dem Höhepunkt.

Links unten:
André Canet, der Eigentümer von Château Grillet. Er bewohnt das Schloß mit seiner Frau von Juni bis November. Den Rest des Jahres bleiben sie in Lyon, jedoch besucht der gelernte Ingenieur das Weingut mindestens zwei Mal pro Woche. Das Ehepaar hat vier Kinder und zehn Enkel; Château Grillet wird also nicht verwaisen.

Rechts unten:
Château Grillet vom Weinberg aus gesehen. Das Schloß stammt aus dem Mittelalter, jedoch sind die oberen Gebäudeteile jüngeren Datums. Die beiden Keller liegen unter dem Gebäude und wurden teilweise in den Granit gehauen. Die Mauern des kleineren Kellers sind eineinhalb Meter dick.

Nach dem Zweiten Weltkrieg brachte das Elsaß einen Protest gegen die auf Château Grillet verwendete Flasche ein, die der Elsässer Flûte sehr ähnelt. Der Antrag wurde jedoch abgelehnt, da man auf dem Schloß anhand von Rechnungen nachweisen konnte, daß dieses Modell schon sehr lange in Gebrauch war.

Das Durchschnittsalter der Reben beträgt hier etwa 50 Jahre.

200 m von Château Grillet entfernt hat man die Reste einer römischen Villa gefunden. Man hält es daher für möglich, daß der Weinbau hier bis auf die Römerzeit zurückgeht.

Die Eigentümer von Château Grillet konnten nur bis zur Mitte des 17. Jahrhunderts festgestellt werden. Über die früheste Geschichte des Schlosses ist nichts bekannt.

Das Gut erzeugt etwa 100 Flaschen Marc im Jahr. Dieses seltene Destillat wird vor allem an regionale Restaurants verkauft. Jedoch werden winzige Mengen auch exportiert, vor allem nach Belgien.

Für Château Grillet gilt ein gesetzlicher Höchstertrag von 32 hl/ha, sowie ein Mindestalkoholgehalt von 11%.

Der kleine Rebgarten liegt in zwei verschiedenen Gemeinden, nämlich Vérin und Saint-Michel-sur-Rhône.

Die Keller von Château Grillet sind sehr einfach. Im Faßkeller etwa liegen einige kleine Reihen Holzfässer auf Sanboden.

Im Gegensatz zu häufig gehörten Behauptungen ist Château Grillet nicht die kleinste Herkunftsbezeichnung Frankreichs. Dies ist die burgundische Lage La Romanée, deren eigene Appellation Contrôlée 84, 52 Ar umfaßt.

Château Grillet

Eine der kleinsten Appellationen Frankreichs liegt als Enklave im Condrieu-Bezirk. Die Rede ist von Château Grillet, wo ebenfalls aus Viognier-Trauben ein Weißwein erzeugt wird. Seit 1830 gehört das Weingut der Familie Neyret-Gachet. Der heutige Besitzer ist André Canet (Jahrgang 1911), dessen Frau Hélène eine geborene Neyret ist. Man findet Château Grillet hinter dem Dorf Vérin, versteckt in einem natürlichen Amphitheater, das ideal nach Süden und Südosten offen ist. Die Rebstöcke stehen auf Terrassen. Ein wichtiger Bestandteil des Bodens, der sich etwas von demjenigen von Condrieu unterscheidet, ist Granitgrus. Château Grillet erhielt die Herkunftsbezeichnung im Jahre 1936, noch vor Condrieu. Der Ruf des Weins hat zweifellos zur Schaffung dieser kleinen Appellation beigetragen; viele rühmten ihn, so die französischen Autoren Jullien und Curnonsky. Der Château Grillet wurde übrigens schon 1936 trocken vinifiziert, als der Condrieu noch ein halbsüßer Wein war.

Geringe Erweiterung
Als ich Château Grillet besuchte, umfaßte der Weinberg 2,5 ha, etwa ebensoviel wie im Jahre 1950. Die durchschnittliche Jahresproduktion betrug 8000 Flaschen. Inzwischen wurde der Weinberg etwas vergrößert. Neben dem Schloß wurde hoch auf dem Hügel eine Parzelle von 0,5 ha für die Bepflanzung mit 5000 Reben freigemacht; das Projekt soll 1986 abgeschlossen sein. Die Lese findet meist Ende September statt. Nach dem Pressen gärt der Most lange Zeit bei relativ niedriger Temperatur in Metalltanks, manchmal einen Monat lang. Man ruft die Milchsäuregärung nicht künstlich hervor, sondern läßt der Natur ihren Lauf. Etwa 6 Monate bleibt der Wein im Tank und auf seiner *lie*. Anschließend wird er auf kleine gebrauchte Eichenholzfässer (von Limousin- oder Allier-Eiche) abgezogen, wo er etwa 1 Jahr reift. Vor der Abfüllung wird der Wein leicht geklärt und filtriert. Ungewöhnlich ist die Form der Flasche: Eine braune, der Elsässer Flûte ähnliche Flasche mit 0,7 l Inhalt, die früher in Condrieu sehr gebräuchlich war. Sie wird aus Deutschland geliefert.

Verhaltene Art
«Château Grillet ist kein Primeurwein», heißt es auf dem Weingut. Im Gegensatz zu Condrieu ist bei diesem Weißwein Flaschenreife von Vorteil. Ich nahm einmal an einer Verkostung der Jahrgänge 1979, 1978, 1977, 1976, 1975, 1974, 1973 und 1965 teil. Der jüngste Wein war damals zwei Jahre alt. Alle Jahrgänge dufteten und schmeckten noch sehr vital, wobei mir der 1976er und der 1975er den besten Eindruck hinterließen. Der Charakter des Château Grillet ist schwierig in Worte zu fassen. Der Wein besitzt keine ausgeprägte Persönlichkeit; er ist eher verhalten. Charakteristische Eigenschaften sind ein heller Grünglanz in der Farbe, reichlich natürliches Glyzerin und der recht volle Geschmack, der nicht ganz und gar trocken ist und ziemlich wenig Säuren aufweist. Nuancen weist dieser Wein ebenfalls auf, wenn auch in begrenztem Umfang. Der Abgang erinnert manchmal an frischen Toast. Mit Nachdruck bestand André Canet darauf, daß sein Wein nicht zu Fisch getrunken werden sollte, sondern zu weißem oder rotem Fleisch, auch zu Weißschimmelkäse und reifen Pfirsichen passe der Château Grillet gut.

Unten:
Die ursprüngliche Lage Saint-Joseph. Der Weinberg liegt im Norden von Mauves.

Für Saint-Joseph gilt ein Höchstertrag von 40 hl/ha.

Etwa die Hälfte des Saint-Joseph wird von vier Genossenschaften erzeugt.

Das Krankenhaus von Tournon hat einen eigenen Rebgarten. Die beste Parzelle, 0,4 terrassierte Hektar mit sehr alten Rebstöcken, hat Jean-Louis Grippat gepachtet.

Bernard Gripa wohnt in Mauves und besitzt unter anderem 4 ha Saint-Joseph. Davon befinden sich 3 ha auf dem ursprünglichen Saint-Joseph-Hang, wo der Boden granit- und kalkhaltig ist. Gripa erzeugt vorbildliche Rot- und Weißweine. Sein Weißer, der aus etwa 90% Marsanne gekeltert ist, besitzt Balance, Finesse und Frucht. Sein roter Saint-Joseph, der rund ein Jahr in *demi-muids* reift, besitzt Farbe, Fleisch, eine gewisse Geschmeidigkeit und etwas Frucht. Manchmal riecht man auch etwas Minze.

Jean-Louis Grippat erzeugt von seinen 3,5 ha sehr gute Saint-Josephs. 2,8 ha sind mit Syrah bestockt (für den Rotwein) und 0,7 ha mit der Marsanne-Rebe (für den Weißwein). Der Weißwein besitzt einen reintönigen, leicht würzigen und fruchtigen Geschmack. Der Rote kann im Duft Anklänge von Erdbeeren haben; seine Struktur ist von fester Eleganz. Der Wein sollte erst nach 3–4 Jahren getrunken werden. Eine bessere Version heißt Cuvée de la Tour.

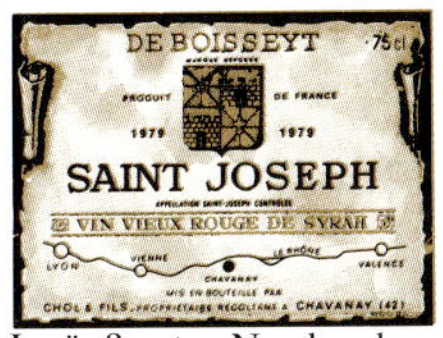

Im äußersten Norden des Distrikts, in Chavanay, besitzt das Gut de Boisseyt 6 ha Saint-Joseph. Hiervon erzeugt die Familie Chol einen Rotwein, der nicht geschönt und nicht filtriert wird. Er reift etwa 2 Jahre in *pièces* und *demi-muids*. In dem hübschen Probierlokal konnte ich das Ergebnis kennenlernen: einen tieffarbenen Wein mit etwas Holz im Duft und einem guten, abgerundeten, angenehmen Geschmack, recht gehaltvoll.

Die Genossenschaft von Saint-Désirat-Champagne zählt etwa 500 Mitglieder, von denen 60 bis 70 auf knapp 100 ha einen Saint-Joseph erzeugen. Seit 1973 sammelt dieser Wein bei allen Prämierungen regelmäßig Medaillen. Es kann ein ansprechender Saint-Joseph sein, der neben Robustheit eine gewisse Eleganz aufweist. Ich habe jedoch auch unfreundliche Proben von eigenartigem Ton verkostet. Man sollte sich auf die *cuvées* beschränken, die auch die Auszeichnungen gewinnen.

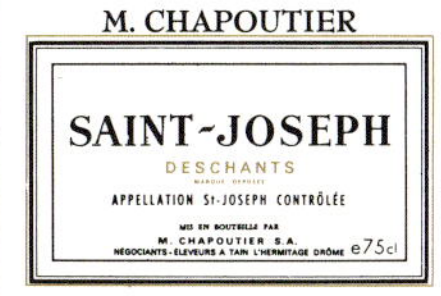

Von der ursprünglichen Lage Saint-Joseph sind 5,5 ha in Händen der Firma Chapoutier. Sie erzeugt hier sowohl Weißwein als auch Rotwein, beide sehr gelungen. Der Weißwein ist kultiviert, elegant und spritzig mit einem Hauch von Gewürzen. Der Rotwein weist Holz in Duft und Geschmack sowie eine feste Konstitution auf. Die beiden Weine werden unter dem Markennamen Deschants verkauft. Für mich gehören sie zu den besten des Gebiets.

Saint-Joseph

Der Herkunftsbereich Saint-Joseph ist nicht nach einem Dorf oder einem Heiligen benannt, sondern nach einem Weinberg zwischen der Stadt Tournon und dem südlich davon gelegenen Ort Mauves. Bis zur Französischen Revolution gehörte dieser Weinberg einem Kloster. Die heutigen Besitzer dieses ursprünglichen Saint-Joseph-Gebietes sind die Firma Chapoutier und der Winzer Bernard Gripa. Vermutlich geht der Name Saint-Joseph auf die Mönche zurück, jedoch wurde der Wein früher meist eher als Vin de Mauves bezeichnet. So lesen wir in «Les Misérables» von Victor Hugo: «Mein Bruder ließ ihn von dem guten Wein von Mauves trinken, den er selbst nicht trinkt, weil, wie er sagt, es ein teurer Wein ist.» Der Privilegierte, dem dieser kostbare Wein vergönnt wurde, war ein Erzbischof.

Erhebliche Erweiterung
Saint-Joseph erhielt die kontrollierte Herkunftsbezeichnung im Jahre 1956. Sie umfaßte sechs Gemeinden, darunter natürlich auch Mauves und Tournon. 1969 wurde beschlossen, die Appellation erheblich zu erweitern, und so kamen nicht weniger als 20 weitere Gemeinden dazu. Zur Zeit bestellen etwa 300 Winzer rund 300 ha Rebfläche. Die Erzeugung nahm von etwa 3000 hl auf über 10 000 hl zu. Dieses starke Wachstum hat allerdings nicht nur Vorteile. Zum einen hat der Absatz des Saint-Joseph nicht mit dem gestiegenen Angebot Schritt gehalten, was auf die Preise drückt; zum anderen ist das Gebiet mit einer größten Ausdehnung von nunmehr 55 km so groß geworden, daß von einem einheitlichen Bodentyp keine Rede mehr sein kann. Ein echter Saint-Joseph wächst auf granithaltigem Boden mit etwas Sand, Lehm und Kalk. Im südlichen Abschnitt kommen jedoch auch reine Lehm/Kalkböden vor, die einen völlig anderen Weintyp liefern. Schließlich wurden für viele neue Anpflanzungen vergleichsweise flache Lagen ausgewählt, auf denen der Ertrag höher, die Qualität aber geringer ist als auf den traditionellen Steilhängen.

Teurer Unterhalt
Insgesamt hat die Vergrößerung des Herkunftsbereichs bis jetzt keine positiven Auswirkungen auf die durchschnittliche Qualität des Saint-Joseph ausgeübt. Dies macht vor allem den besseren Winzern Sorgen. Einer von ihnen sagte mir: «Es ist wichtig, daß nicht überall wahllos Rebstöcke gepflanzt werden. Man sollte hierfür nur die besten Böden auswählen und sich nicht nur am Ertrag orientieren. Nur Qualität kann uns retten.» Es ist klar, daß man die besten Weine von Saint-Joseph bei denjenigen Winzern findet, deren Trauben nach wie vor von bevorzugten Lagen an granithaltigen Hängen stammen. Leicht ist das Leben dieser Weinbauern nicht. Als ich das Gebiet für dieses Buch besuchte, gab es nur einen einzigen Winzer, der ausschließlich von seinem Wein leben konnte. Alle anderen bauten daneben noch Obst oder Gemüse an. Außerdem ist der Unterhalt der Terrassen und Mauern sehr arbeitsintensiv. Winzer Maurice Courbis erzählte mir, daß er jährlich drei bis vier Wochen ausschließlich damit zubringt, seine Weinterrassen instandzusetzen. Auf den Hängen von Saint-Joseph gibt es kaum Traktoren: Die meisten Arbeiten können nur zu Fuß, bestenfalls mit Hilfe eines Pferdes erledigt werden.

Etwas Weißwein
Saint-Joseph gibt es als Rot- und Weißwein. Der Rote wird ausschließlich aus der Syrah-Rebe erzeugt (obwohl bis zu 10% Marsanne und/oder Roussanne zugelassen sind) und muß mindestens 10% Alkohol enthalten. Für den Weißwein gilt die gleiche Untergrenze. Die zugelassenen Reben sind hier Marsanne und Roussanne. Etwa ein Fünftel der Gesamterzeugung ist Weißwein. Die Qualität des weißen Saint-Joseph läßt häufig zu wünschen übrig. Ein großer Teil der von mir verkosteten Weine war nur im negativen Sinne bemerkenswert: Einige waren charakterlos und flach, andere überaus säuerlich und fast ungenießbar, wieder andere höchst ausdruckslos und fast fade. Zum Glück gibt es aber auch gute Weine, die sich durch Reintönigkeit und eine angenehme Dosis Frucht auszeichnen, in der man manchmal einen Hauch Pfirsich entdeckt.

Unten:
Bernard Gripa verkostet seinen roten Saint-Joseph. Die Weine dieses in Mauves wohnenden Winzers zählen zu den besten der Gegend.

Weitere interessante Saint-Josephs
– Jean Minodier, St. Jean-de-Muzols (rot)
– Raymond Trollat, St. Jean-de-Muzols (rot)
– Antoine Cuilleron, havanay (rot)
– Pierre Coursodon (rot), von sehr unterschiedlicher Qualität
– Delas Frères, Tournon (rot).

Der Bürgermeister von Châteaubourg, Maurice Courbis, ist gleichzeitig der größte Winzer am Ort. Er verfügt über 8 ha Saint-Joseph, wovon zwei Drittel mit blauen und ein Drittel mit weißen Reben. Der weiße Saint-Joseph sagte mir nicht so zu, obwohl Frucht und Frische vorhanden sind, während der rote recht ansprechend ist. Er zeigt im Geschmack etwas von Frucht, Geschmeidigkeit und Holz, es fehlen allerdings Körper, Tiefe und Länge.

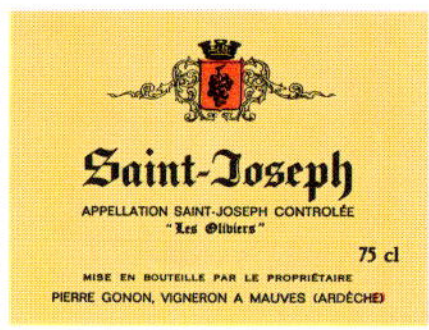

Der kleine Besitz von Pierre Gonon – 1,5 ha blaue und 0,5 ha weiße Reben – liegt über verschiedene Parzellen in Mauves und Tournon verteilt. Gonon hat alles selbst gepflanzt, wobei auf einer Parzelle schon seit 30 Jahren keine Reben mehr standen. Der Weinberg wird mit einem Pferd bearbeitet. Der Weißwein konnte mich wegen seines hervorstechenden Holzes nicht überzeugen, während der Rotwein mit seiner Ausgewogenheit, etwas Holz und einer tiefen Farbe recht angenehm ist.

Unter dem Namen Le Grand Pompée bietet das Haus Paul Jaboulet Aîné seinen roten Saint-Joseph an. Der Wein hierfür wird bei Erzeugern im Gebiet eingekauft und anschließend in den Kellern von Tain-l'Hermitage ausgebaut. Es ist nicht ein Saint-Joseph, der sofort durch seinen Charme bezaubert (was übrigens die wenigsten Weine aus dem Gebiet tun), aber er besitzt doch Charakter und eine tadellose Qualität. Der Wein gewinnt, wenn man ihn reifen läßt: gute Jahrgänge 5 Jahre und mehr.

Liebhaber von altmodischen, klassischen, richtigen Lagerweinen sind bei Jean Marsanne und seinen beiden Brüdern an der richtigen Adresse. Sie erzeugen in Mauves einen etwas rauhen, nicht sehr zugänglichen Wein, der außer seinem einjährigen Faßlager in *demi-muids* mindestens 3–4 Jahre Flaschenruhe braucht. Die Gebrüder Marsanne besitzen 2 ha Rebengrund und verkaufen daneben Aprikosen und Kirschen. Sie schönen in der Regel mit frischem Eiweiß und filtrieren nicht.

Das Haus Boissy & Delaygue ist seit 1894 in Cornas niedergelassen. Der Familienbetrieb besitzt keine eigenen Weingärten und kauft ausschließlich fertigen Wein. Dieser wird anschließend 6–24 Monate in Fudern ausgebaut. Die Schönung erfolgt mit natürlichem Eiweiß, filtriert wird zweimal. Qualitativ sind die Weine höchstens korrekt. Einer der ansprechendsten Weine ist in der Regel der rote Saint-Joseph Prince du Gray; auch der rote Crozes-Hermitage kann gelungen sein.

Rustikale Rotweine
Beim roten Saint-Joseph habe ich stark den Eindruck, daß die Vinifikation bei sehr vielen Winzern noch verbesserungsbedürftig ist. Die Trauben sind vermutlich von guter Qualität, von der jedoch während der Weinbereitung viel verloren geht. Immer wieder sind mir grüne, unfreundliche Weine begegnet, Weine mit einem gemüseartigen, grasigen Aroma und einem harten Geschmack.
Es ist anzunehmen, daß man den gärenden Most zu lange an der Maische beläßt und daß auch in anderer Hinsicht zu altmodisch gearbeitet wird.
Viele rote Saint-Joseph, die ich getrunken habe, waren kantige, fast ruppige Weine, die auch nach jahrelangem Flaschenlager kaum an Charme gewinnen. Es gibt jedoch auch Ausnahmen. Einer kleinen Zahl von Erzeugern gelingt es, dem Wein Charme, Eigenart und Frucht mitzugeben. Ein guter roter Saint-Joseph kann in Duft und Geschmack Anklänge von Schwarzen Johannisbeeren, Erdbeeren oder Himbeeren aufweisen und Anmut und Geschmeidigkeit besitzen. Dennoch bleibt es immer ein recht rustikaler Wein. Man sagt hier vom roten Saint-Joseph: Il passe partout – er eignet sich zu allem –, von Wurst bis zum Wild und zum Käse. Außerdem gilt dieser rote Rhônewein als besonders verdauungsanregend.

Optische Genüsse
Außer dem Wein hat die Gegend aber auch noch andere Attraktionen. Die Stadt Tournon etwa hat rings um das Schloß, das heute ein Museum ist, ein hübsches historisches Zentrum. Von diesem Ort fährt im Sommer auch ein Dampfzug nach Lamastre im Vivarais. Hinter Tournon erhebt sich ein mächtiger Hügel, der einst vollständig mit Reben bepflanzt war; heute sieht man nur aufgegebene, überwucherte Terrassen. Im 16. Jahrhundert bekamen die französischen Könige hier einen eigenen Weinberg; daraufhin wurde der Clos de Tournon jahrzehntelang bei Hofe kredenzt.
Mauves hat seinen Besuchern neben seinen Weinen und seinem Obst wenig zu bieten. Früher war dieser farblose Ort wegen seiner kleinen Zwiebeln berühmt. Das markanteste Bauwerk am Ort ist die Kirche, die im Jahre 1946 eine gewaltige Christusstatue erhielt, die um sechs Meter hoch ist und fast acht Tonnen wiegt. Knapp 5 km südlich von Mauves liegt das Dorf Châteaubourg, das von einem imposanten Schloß überragt wird. Im Schloß befindet sich ein gutes Restaurant, wohl das beste im Umkreis des Saint-Joseph. Hier läßt sich auch der lokale Wein am angenehmsten probieren.

Unten:
Taint-l'Hermitage vor dem Hintergrund des Hermitage-Hügels. Dank dem lokalen Wein gab es in der Gemeinde im 17. Jahrhundert dreizehn Gasthäuser. Gegen Ende des 18. Jahrhunderts handelten hier ein Dutzend Familien mit Wein.

In der Vergangenheit hat die Rhône Tain-l'Hermitage einige Male überschwemmt. Am Postgebäude ist angegeben, welche Höhe der Fluß jeweils erreicht hat. Die größten Überschwemmungen gab es in den Jahren 1840, 1856 und 1896.

Der Hektarertrag ist für Hermitage auf 40 hl festgelegt. Mindestalkoholgehalt 10%.

Ein weiterer, sehr seltener Wein des Distrikts ist Vin de Paille (s. S. 10–11). Mindestalkoholgehalt 14%.

Das Haus Paul Jaboulet Aîné besitzt auf dem Hermitage-Hügel 21 ha Syrah-Reben. Davon liegen 18 in den Parzellen Les Bessards und Le Méal zu Füßen der Kapelle. Der hieraus stammende Wein wird als La Chapelle verkauft, Wein von den übrigen 3 ha als normaler Hermitage. La Chapelle ist in jeder Hinsicht ein prachtvoller Wein, sehr farbintensiv, kraftvoll und konzentriert, mit Tannin, Holz und Frucht (Brombeeren). Er kann ohne weiteres Jahrzehnte reifen.

Während der rote Hermitage von Paul Jaboulet Aîné 15–24 Monate in 228 l-Fässern reift, kommt der weiße nicht mit Holz in Berührung. Der Most (von je zur Hälfte Marsanne und Roussanne) gärt bei 14–15°C rund 1½ Monate in Edelstahltanks. Die Fermentation malolactique wird vermieden, um den Wein möglichst frisch zu lassen. Schmeckt jung vorzüglich, kann aber auch altern. Fesselndes Bukett (Gewürze, Feuerstein), breiter, reintöniger Geschmack. Von 6 ha eigenem Grund.

Auf gut 17 ha eigenem Rebengrund erzeugt das Haus Chapoutier verschiedene Sorten roten Hermitage, die sämtlich von bester Qualität sind. Die Weine besitzen stets viel Holz in Duft und Geschmack, da sie möglichst drei Jahre in Eichenfässern reifen. Der Grande Cuvée wird aus mindestens drei Jahrgängen komponiert und besitzt daher nicht nur Reife, sondern auch eine gleichbleibende Qualität. Noch reifer und seltener ist der Hermitage Cuvée Numérotée.

Der bekannteste weiße Hermitage ist der Chante-Alouette («Lerchengesang») von Chapoutier, so genannt nach seiner Lage hoch auf dem Hügel. Der Wein, nur aus Marsanne-Trauben und aus mindestens drei Jahrgängen zusammengestellt, hat eine helle Farbe und ein markantes Bukett (Sonnenblumen, Feuerstein, Gewürze). Der Geschmack entfaltet sich beeindruckend. Etwa 14% Alkohol. Das Haus erzeugt auch weißen Hermitage von der Parzelle Les Murets.

Die Domaine Chave in Mauves (Eigentum von Gérard Chave) besitzt schon seit 1481 Weingrund auf Hermitage; heute rund 9 ha (6 für Rotwein, 3 für Weißwein). Der Rotwein gehört zu den besten der Gegend. Er besitzt vielleicht etwas weniger Fülle als andere, gleicht dies jedoch durch Charme aus. Dabei ist er dennoch fest und tieffarben. Chave lagert ihn ein Jahr in Fudern und ein weiteres Jahr in kleinen Fässern. – Der Weißwein gefällt mir eigentlich nur in seiner Jugend.

Hermitage

Wenige Kilometer vor dem 45. Breitengrad wendet die Rhône ihren Lauf vor einem mächtigen Hindernis ab: dem granitgrauen Felsgestein des Hermitage-Hügels. Dieser breite, 273 m hohe Hügel ist die Wiege eines der berühmtesten Rhôneweine, des Hermitage (früher auch Ermitage geschrieben). Hier liegt eine der ältesten Weinbauregionen Frankreichs. Es gibt zwar keine absolute Gewißheit, jedoch nehmen die Historiker an, daß hier schon im 4. Jahrhundert v. Chr. die ersten Rebstöcke gepflanzt wurden, möglicherweise auch noch früher. Diese frühe Weinkultur soll auf die Phokäer zurückgehen. Auch während der Römerzeit war der Hügel mit Reben bedeckt. In der Stadt Tain-l'Hermitage am Fuße des Felsens wurden viele Gegenstände aus der Römerzeit gefunden, darunter Amphoren, die zum Transport von Wein dienten. Der Name Tain, der bei den Römern Tegna lautete, kann vom keltischen ta wyn abgeleitet sein, was «guter Wein» bedeutet. Wahrscheinlicher aber ist, daß es sich um eine Verballhornung des keltischen teing (Unebenheit) handelt – ein klarer Hinweis auf den nahegelegenen Hügel.

Einsiedler
Über die Entstehung des Namens Hermitage gibt es verschiedene Legenden. In einigen von ihnen spielt der irische Nationalheilige St. Patrick eine Rolle, in anderen der Mönch Benediktus. Der Wahrheit am nächsten kommt wohl die Legende von dem Ritter Henri Gaspard de Sterimberg, der im Jahre 1224 als Verwundeter von einem Kreuzzug gegen die albigensischen Ketzer (s. S. 148) zurückkehrte.
In der Nähe von Tain hielt er Rast, wo ihn der Weinhügel so beeindruckte, daß er seine Königin bat, sich dort eine Bleibe schaffen zu dürfen. Der Bitte wurde stattgegeben, und es heißt, daß der Kreuzritter danach noch 30 Jahre als Eremit auf dem Weinberg zugebracht habe – daher der Name Hermitage. Die Behausung dieses Einsiedlers ist längst verschwunden. Auf dem Hügel hält jedoch nach wie vor die Kapelle von Saint-Christophe einsame Wacht, die Gaspard de Sterimberg häufig besuchte. Die Kapelle, die wahrscheinlich aus dem 12. Jahrhundert stammt, ist Eigentum des Hauses Paul Jaboulet Aîné, das auch einen Hermitage mit dem Markennamen La Chapelle auf den Markt bringt. Die Kapelle steht unter Denkmalschutz. «Das bedeutet», sagt Gérard Jaboulet, «daß der Staat Unterhaltsarbeiten durchführt, die dann der Eigentümer bezahlen muß.»

Unterschiedliche Böden
Auf der unregelmäßig gewellten Südflanke des Hermitage-Hügels sind heute 126 ha mit Reben bepflanzt. Blaue Trauben, und zwar ausschließlich Syrah, machen drei Viertel der Gesamtfläche aus. Die weißen Reben sind hauptsächlich Marsanne sowie etwas Roussanne. Sie liefern nicht nur den weißen Hermitage, sondern können auch bis zu einem Anteil von 15% für den Rotwein verwendet werden. Durch die genau nach Süden ausgerichtete Lage werden alle Trauben reichlich von der Sonne beschienen. Außerdem speichert der Granit einen Teil der Wärme. Selbst in regenreichen Jahren wird hier tadelloser Wein erzeugt, da der Boden sehr durchlässig ist, so daß das Wasser rasch versikkert. Dazu läßt der häufig herrschende Mistral die Pflanzen rasch trocknen. Erosionsprobleme

Weitere interessante Hermitages:
– L. de Vallouit, St. Vallier-sur-Rhône
– Père Ansèlme, Châteauneuf-du-Pape
– Léon Revol, Tain-l'Hermitage

Ein bisher durchgehend guter Hermitage stammt von der Domaine Ferraton & Fils (Tain-l'Hermitage, 4 ha). Der Wein reift 2–2½ Jahre im Faß. Der Jahrgang 1982 war leider einfach schlecht.

In Tain steht ein granitner Altar. Auf ihm wurden zur Römerzeit Tieropfer dargebracht. Er stammt aus dem Jahr 184 v. Chr. und wurde im 16. Jahrhundert entdeckt.

Unten: Die berühmte Hermitage-Kapelle, Eigentum von Paul Jaboulet Aînée

Die Keller des Guts Henri Sorrel befinden sich in der Hauptstraße von Tain-l'Hermitage. Sorrel bearbeitet mit seinem Sohn 3,5 ha: 3 ha mit Syrah-Trauben auf La Méal und 0,5 ha mit Marsanne auf Les Roucoules. Die meisten Stöcke auf diesen Parzellen sind über ein halbes Jahrhundert alt. Sorrels roter Hermitage Le Méal ist ein gediegener, klassisch erzeugter Wein, in dem Holz und Tannin manchmal über die Frucht dominieren. Es ist ein Hermitage, der viel Geduld erfordert.

Die Firma Delas in Tournon (gehört zum Champagnerhaus Deutz & Geldermann) bestellt etwa 33 ha, davon rund 9 ha auf Hermitage. Etwa 7 ha liegen in Les Bessards und geben den Rotwein von tiefer Farbe und guter Qualität. Der Geschmack enthält Holz und ist voluminös. Dieser Cuvée Marquise de la Tourette reift erst 6–8 Monate in Tanks, dann 1–1½ Jahre in Fudern und danach noch einige Zeit in kleinen Fässern. Auch der weiße Hermitage ist ordentlich.

Das Handelshaus Guigal in Ampuis besitzt keine Hermitage-Rebgärten, kauft jedoch hier den Wein, der dann in den eigenen Kellern ausgebaut wird. Der rote Hermitage ist im Normalfall ein schöner, fast schwarzer Wein mit viel Fleisch und etwas Frucht. Der Wein wird niemals geschönt und nur vor der Abfüllung leicht filtriert. Der weiße Hermitage kann mit seinem nuancenreichen Geschmack und köstlichen Bukett sehr anpsrechend sein. Beide Weine reifen volle 3 Jahre auf Holz.

Die Cave Coopérative des Vins Fins in Tain-l'Hermitage zählt etwa 540 Mitglieder. Man erzeugt etwa ein Viertel allen Hermitage-Weins. Die blauen Trauben werden zu 25–35% entrappt und gären anschließend in Betontanks. Der Ausbau erfolgt in zugedeckten Holzbottichen oder in Fudern und dauert 1–2 Jahre. Qualitativ ist der rote Hermitage kein aufregender Wein, aber er schmeckt doch angenehm. Der Weißwein präsentiert sich mild, liebenswürdig und etwas glatt.

Der in Tournon wohnende Jean-Louis Grippat ist Eigentümer von 1,5 ha Hermitage. Etwa 80% hiervon sind mit Marsanne angepflanzt, der Rest mit Syrah. Der weiße Hermitage ist ein überaus kultivierter, reintöniger Wein mit Anklängen von Sommerblumen und Gewürzen im Bukett. Er wird nach 16–18 Monaten (1 Monat im Faß, danach im Tank) auf Flaschen gezogen. Der Rotwein liegt ein Jahr auf Holz. Es ist ein gut strukturierter, recht stilvoller Wein, elegant und mit Frucht.

gibt es hier kaum; allerdings müssen die Terrassenmauern regelmäßig instandgesetzt werden. Die Bodenstruktur am Hügel ist unterschiedlich. Auf der steilen Westseite, die praktisch nur von Hand bearbeitet werden kann, überwiegt Granit. Von der hier gelegenen Parzelle Les Bessards kommen recht rauhe Rotweine. Nach der Mitte zu wird das Gelände gleichmäßiger. Hier liegen die Parzellen Les Greffieux und Le Méal. Greffieux ist reich an Kiesboden und liefert einen recht üppigen, geschmeidigen Wein, während sich der Méal-Wein durch Eleganz und Finesse auszeichnet. Der Boden hier weist mehr Kies, Kalk und Sand auf. In der Regel liefert eine Kombination aus den drei Parzellen den besten, vollständigsten und fesselndsten roten Hermitage – und die örtlichen Winzer wissen dies natürlich schon seit Generationen. Jedoch kann auch ein Hermitage von zwei Parzellen oder sogar von einer einzigen sehr gelungen sein (und auch von solchen Parzellen, die noch nicht genannt wurden). Die weißen Parzellen findet man in den höchsten Lagen und an der Ostseite, wo der Boden Lehm und Kalk enthält (Chante-Alouette, Les Murets, La Maison Blanche u. a.).

Bordeaux und Hermitage
In der Literatur wird der Hermitage-Wein häufig erwähnt. Eine wichtige Begebenheit datiert aus dem 17. Jahrhundert. Als König Ludwig XIII. im Jahre 1642 nördlich von Tain über den Fluß setzte, machte die Gesellschaft auf einem großen, flachen, von der Rhône umspülten Felsen Rast. Bei dieser Gelegenheit gab man dem König den Hermitage zu kosten, und er fand den Wein so gut, daß er Anweisung gab, ihn fortan bei Hofe zu kredenzen. Der Felsen, in der Nähe von Serves gelegen, wurde nach dieser Begebenheit La Table du Roi – Der Tisch des Königs – genannt. Auch Kardinal Richelieu trank Hermitage, Ludwig XIV. ebenfalls. Im 17. Jahrhundert entdeckten auch die russischen Zaren den Wein; der weiße und der rote Hermitage schmeckte ihnen bis zur Oktoberrevolution. Henry Fielding erwähnt den Hermitage in seinem berühmtesten Buch «Tom Jones», und Sir Walter Scott nennt den Wein in seinem 1831 erschienenen Roman über Karl den Kühnen. Aus alldem könnte der Eindruck entstehen, daß aller Hermitage stets unter dem eigenen Namen verkauft wurde. Dies ist jedoch keineswegs so. Im 18. und 19. Jahrhundert wurde nämlich sehr viel Wein nach Bordeaux verschifft, wo er mit den Erzeugnissen führender Châteaux verschnitten wurde. Man weiß beispielsweise sowohl von Lafitte als auch von Margaux, daß sie lange Zeit «hermitagé» waren. Ein Chronist aus dem Jahre 1846 berichtet über die Hermitage-Weine: «In guten Jahren holen die Leute aus Bordeaux den meisten Wein weg und mischen ihn mit ihren ersten Qualitäten, um diesen Körper, Stärke und Duft zu verleihen.» Es wäre einmal eine genauere Untersuchung wert, inwieweit der Einsatz von Hermitage-Wein die berühmte Bordeaux-Klassifikation von 1855, die nach wie vor fast unverändert gilt, beeinflußt hat ...

Im Durchschnitt hohes Niveau
Der englische Professor George Saintsbury beschrieb in seinem Buch «Notes on a Cellar Book» den Rotwein von Hermitage als den männlichsten Wein, den er in seinem erfahrungsreichen Leben getrunken hatte. Er meinte damit den 1846er, den er vier Jahrzehnte nach der Ernte trank. Auch heute noch gilt der Hermitage als einer der kraftvollsten Weine der Welt, der Farbe, Kraft und Tannin in beeindruckender Weise vereint. Seine Haltbarkeit ist fast schon Legende. Die Winzer sagen: «Die älteste Flasche ist immer die beste.» Ein guter Hermitage reift ohne weiteres 20–40 Jahre. In fast allen Hermitage-Weinen riecht und

Jules Fayolle und seine Söhne Jean-Paul und Jean-Claude haben nicht nur Grund in Crozes-Hermitage (7 ha), sondern auch 1,3 ha Hermitage, in der Parzelle Les Dionnières an der Südostseite des Hügels. Dort stehen ausschließlich Syrah-Reben. Für einen roten Hermitage ist der Wein daraus recht elegant. Man vermißt andrerseits die so typische Kraft und Tiefe. Trotzdem hat der Wein seine Reize, was auch die verschiedenen Medaillen und Auszeichnungen beweisen.

Das Haus Jaboulet-Vercherre in Beaune kauft jedes Jahr roten Hermitage bei den örtlichen Erzeugern, woraufhin der Wein in Beaune auf Holz ausgebaut wird. Er wird verkauft als Hermitage-Rochefine. Qualitativ ist es ein sehr gutes Erzeugnis, tieffarben, von intensivem Duft und Geschmack und eleganter als viele andere Hermitages. Daneben bietet die Firma auch einen weißen Hermitage an, La Tour Blanche. Dieser Wein kommt nicht mit Holz in Berührung.

Ganz unten:
Max Chapoutier in seinem Arbeitszimmer.

Mitte:
Gérard Jaboulet, Generaldirektor von Paul Jaboulet Aîné. Bei dieser Firma wird jedes einzelne Faß verkostet, bevor der Wein daraus abgefüllt wird.

Rechts:
Gérard Chave mit einigen seiner vortrefflichen Hermitages. In seinen Rebgärten stehen viele alte Stöcke, und er vinifiziert die Trauben Parzelle für Parzelle.

schmeckt man deutlich das Holz, denn die Erzeuger gönnen dem Wein meist fast 2 Jahre Faßlager. Die Farbe ist tiefdunkel, der Geschmack breit, fleischig, muskulös, intensiv und nachhaltig, ohne wuchtig oder brandig zu sein. Häufig entdeckt man auch Obst, vor allem Brombeeren. Hin und wieder fiel mir auch eine unverkennbare Würzigkeit und Rauchigkeit auf. Bei den Verkostungen für dieses Buch konnte ich mich davon überzeugen, daß der rote Hermitage in aller Regel eine gute, zuverlässige Qualität besitzt. Das durchschnittliche Niveau liegt höher als etwa bei Côte Rôtie. Auch die Jahrgangseinflüsse scheinen hier weniger ausgeprägt zu sein als in anderen Gebieten; qualitative Extreme sind die große Ausnahme.

Unterschiedliche Weißweine
Während der weiße Hermitage vor eineinhalb Jahrhunderten noch der wohl teuerste Weißwein der Welt war und auch heute noch einen ausgezeichneten Ruf genießt – der Chante-Alouette von Chapoutier lag in den Kellern mehrerer französischer Präsidenten –, ist das Bild des Weißweins heute doch kontroverser. Es gibt nicht nur positive Beurteilungen. Dies hängt mit den verschiedenen Verfahren bei der Bereitung und Lagerung des weißen Hermitage zusammen. So gibt es Erzeuger, die den Wein fast genauso lange auf Holz liegen lassen wie den roten Hermitage, während andere überhaupt auf Holz verzichten. Auch die Traubenmischung spielt eine Rolle. Der bereits erwähnte Chante-Alouette wird ausschließlich aus der Marsanne-Rebe hergestellt, während es Hermitage gibt, bei denen der Anteil dieser Traube nur 50% beträgt. Die besten weißen Weine weisen ein köstliches Bukett von Sonnenblumen und ein fast orientalisches Aroma von Gewürzen und Feuerstein auf. In ihrem Geschmack findet man etwas von Kräutern sowie Anklänge von Nüssen, Pfirsichen und Stein. Dies alles ist mehr oder weniger mit Holz unterlegt. An Alkohol mangelt es dem weißen Hermitage nie: 13–14% sind normal. Der Wein schmeckt weich, ohne lieblich zu sein, und trokken, ohne sauer zu sein. Beim Reifen bekommt seine recht bleiche Farbe eine goldene Glut. Ich persönlich trinke diesen markanten, vollen, runden weißen Hermitage am liebsten jung (1- bis 2jährig), wiewohl mir auch etwas abgelagerte Flaschen sehr gemundet haben.

Monsieur Chapoutier
Etwa 60 Besitzer teilen sich die Weingärten von Hermitage. Größter Eigentümer ist mit 30,29 ha der Familienbetrieb M. Chapoutier, der seit 1808 in Tain-l'Hermitage niedergelassen ist. Die Leitung hat Max Chapoutier. Neben dem Hermitage-Gut verfügt man noch über eigene Rebgärten in Crozes-Hermitage (5,24 ha), Saint-Joseph (5,52 ha), Côte Rôtie (2,69 ha) und Châteauneuf-du-Pape (27,10 ha). Der gesamte Besitz erreicht rund 71 ha. Bei Chapoutier wird seriös und mit viel Gefühl für Qualität und Tradition gearbeitet. Dies zeigt sich etwa an den 4000–5000 Fässern, die diese Firma laufend verwendet. Man beschäftigt sogar einen eigenen Küfer, der Fässer macht und instandsetzt. Auch viele Gärbehälter sind aus Holz; in diesen werden die eigenen und angekauften blauen Trauben verarbeitet. Das Haus bietet ein breites Spektrum von Rhône-Weinen an. Neben den normalen Selektionen (durchweg mit Jahrgang) bringt man zwei erlesene Produktlinien ohne Jahrgang. Hierbei handelt es sich um Verschnittweine, die aus den besten *cuvées* von mindestens drei verschiedenen Jahrgängen zusammengestellt werden. Die bekannteste Produktlinie ist die Grande Cuvée. Daneben bietet das Haus in sehr kleinen Mengen die Cuvée Numérotée an, die aus großen Weinen mit besonders langer Flaschenreife besteht, die meist etwa 10 Jahre alt sind. Eine weitere Marke von Chapoutier ist Delépine & Cie.

Paul Jaboulet Aîné
Der zweitwichtigste Eigentümer von Hermitage ist Paul Jaboulet Aîné, ebenfalls ein Familienbetrieb in Tain. Man verfügt über 27 ha auf dem Hermitage-Hügel sowie weitere 36 ha in Crozes-Hermitage. Gegründet wurde die Firma im Jahre 1834. Gérard Jaboulet ist leitender Direktor; ihm stehen sein Bruder Jacques und sein Neffe Philippe zur Seite. In qualitativer Hinsicht ist dieses Haus für mich das beste des Rhône-Gebiets, da es auf allen Ebenen Weine von makelloser Qualität anbietet. Paul Jaboulet Aîné verwendet außer dem Traubengut von der eigenen Domäne ausschließlich zugekaufte Trauben aus Crozes-Hermitage und der Côte Rôtie. Von allen anderen Distrikten bezieht man fertigen Wein. Die Selektion erfolgt mit äußerster Sorgfalt. Häufig beobachten Önologen von Jaboulet die Vinifikation direkt bei den Winzern. Alle Rotweine reifen auf Holz: Das Haus ist auf tanninreiche Lagerweine spezialisiert. Die Weißweine und Rosés kommen nicht mit Holz in Berührung, sondern bleiben in Edelstahltanks, damit sie ihre Frische behalten. Die gleichen Weine werden auch unter der Marke Jaboulet-Isnard oder André Passat verkauft.

Im Restaurant Les Cèdres in Granges-les-Beaumont (etwas außerhalb des Crozes-Hermitage-Gebiets) lernte ich den roten Les Picaudières von Raymond Roure kennen. Es ist einer der besten Weine der Appellation: schwarz-purpurn, konzentriert (mit Anklängen von Holz, Johannisbeeren und Kirschen), harmonisch und gut im Tannin. Roure besitzt 6,5 ha teilweise steilster Weinberge. Diese liefern nur einen geringen Ertrag; unter anderem deshalb ist der Wein so intensiv.

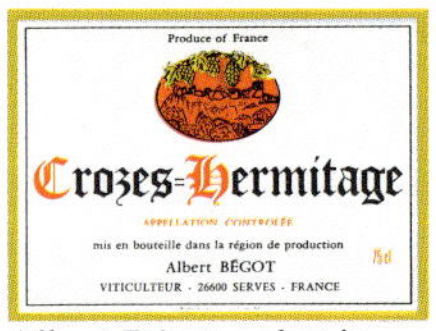

Albert Bégot wohnt in Serves; seine 4 ha Rebfläche liegen jedoch in anderen Gemeinden. Seine Frau betreibt das kleine Gut, denn er selbst arbeitet die Woche über in einer Fabrik. Die Stöcke werden biologisch gepflegt, ohne Pestizide und Insektizide. Der Rotwein (von 3,5 ha) reift 3 Jahre in Fudern und *demi-muids*. Holz ist deshalb in diesem Wein stark im Vordergrund, Frucht tritt dagegen zurück. Dieser solide, klassische Crozes-Hermitage muß in der Flasche mindestens noch 2–3 Jahre reifen.

Am Sträßchen, das zum Campingplatz führt, liegen in Gervans die kleinen Keller von Robert Rousset. Er besitzt 8 ha Crozes-Hermitage, halb mit roten, halb mit weißen (nur Roussanne) Rebsorten. Beide Weine sind von bester Qualität. Der Rotwein ist tiefdunkel, kräftig und besitzt Geschmack sowie (einen etwas rustikalen) Charakter. Verkauft frühestens nach 2 Jahren Faßreife. Der Weißwein – die Hälfte reifte im Tank, die Hälfte auf Holz – wird nach einem Jahr zusammengetan und abgefüllt.

In der Appellation Crozes-Hermitage besitzt das Haus Paul Jaboulet Aîné 30 ha mit Syrah-Reben. Der beste Wein kommt von einer stark kieshaltigen Parzelle, am Kreuzungspunkt Les Sept Chemins, zwischen Tain und Pont-de-l'Isère. Er wird unter dem Namen Thalabert vertrieben. In seiner Art ist es ein vorzüglicher Wein mit viel Farbe, Üppigkeit und einer perfekten Balance. Er reift mindestens 15 Monate in kleinen Eichenfässern. Der normale Crozes-Hermitage ist weniger generös.

Der Mule Blanche von Paul Jaboulet Aîné ist ein weißer Crozes-Hermitage, der ausschließlich von eigenem Grund stammt. Der Betrieb verfügt über 6 weiße ha, zur Hälfte Marsanne, zur Hälfte Roussanne. Der Wein gärt sehr langsam bei niedrigen Temperaturen. Er besitzt eine sympathische Dosis Frucht, eine große Reintönigkeit und ist im Geschmack sehr sauber. Mit Holz kommt dieser Wein nicht in Berührung. Abgefüllt wird er im März oder April.

Les Meysonniers ist der Markenname, unter dem die Firma Chapoutier einen Teil ihres Weißweins und den roten Crozes-Hermitage verkauft. Der Rotwein kommt teilweise von den eigenen 5,24 ha, die man hier besitzt. Seine Farbe ist gut bis sehr tief, sein Geschmack recht fest, geschmeidig und leicht mit Holz unterlegt. Letzteres gilt auch für das Bukett. Ein wirklich köstlicher Wein. Reintönigkeit, angenehme Frische und ein würziger Geschmackskern sind Merkmale des weißen Les Meysonniers.

Crozes-Hermitage

Oben auf dem Hügel von Hermitage hat man nach Norden einen herrlichen Blick über eine sanft gewellte grüne Landschaft aus Obst- und Weingärten, zwischen denen kleine weiß-braune Dörfer farbige Akzente setzen. Dies ist das Land des Crozes-Hermitage, das sich rings um den Felsen von Hermitage erstreckt. Es umfaßt 11 Gemeinden an den Ufern der Rhône. Das nördlichste Dorf ist Serves, dessen Wein im 18. Jahrhundert sehr bekannt war, wo aber heute nichts mehr erzeugt wird; das südlichste ist Pont de l'Isère. Die Entfernung zwischen beiden Orten beträgt in Luftlinie rund 16 km, und Tain-l'Hermitage liegt etwa in der Mitte. Das Gebiet hat ungefähr die Form eines Dreiecks. Im Norden läuft es spitz zu, während es im Süden am Ufer der Isère breiter wird. Der Name geht auf das Dorf Crozes-Hermitage zurück, einen stillen und kleinen Ort, der nur während der Ernte und an Feiertagen zum Leben erwacht. Schon 1688 wird berichtet, daß der Wein hier die wichtigste Einkommensquelle ist.

Hänge und Plateaus
In diesem Herkunftsbereich gibt es erhebliche Unterschiede in der Bodenbeschaffenheit. Der nördliche Abschnitt wird von Granithügeln beherrscht. Dort gibt es auch einige sehr steile Weinberge, so bei Gervans. Je südlicher man kommt, desto flacher wird das Gelände. Sanfte Hänge machen unweit von Tain-l'Hermitage großen Plateaus Platz. Der Boden dort ist alluvialen Ursprungs. Hier tritt auch Lehm und Kies im Untergrund auf. In der Ebene ist die Sonneneinstrahlung kein Problem, während in einigen nördlichen Weinbergen die Besonnung manchmal nicht optimal ist. Ein Vorteil der ebenen Weingärten ist auch, daß sie maschinell bearbeitet werden können, was ihre Nutzung lohnend macht. Im Norden ist dagegen der Einsatz von Maschinen nicht immer möglich. Aus diesem Grund wird neues Rebland hauptsächlich auf den Plateaus erschlossen.

Expansionsdrang
Crozes-Hermitage ist ein stark wachsender Bereich. Im Gegensatz zu Appellationen wie Côte Rôtie, Cornas und Hermitage bestehen hier noch erhebliche Möglichkeiten zur Erweiterung, die auch genutzt werden. Vor allem in den 70er Jahren nahm die Rebfläche in Crozes-Hermitage stark zu, teilweise um 50 ha pro Jahr. Im Jahre 1976 umfaßte die Rebfläche noch 550 ha, 1981 waren es schon 800. Ein Ende des Wachstums ist noch nicht abzusehen. Schätzungen gehen davon aus, daß die Anpflanzung auf 5000 ha ansteigen könnte. Die meisten neuen Weingärten werden anstelle von Obstgärten angelegt. In dieser Gegend gibt es eine Überproduktion an Obst, und immer mehr Obstbauern stellen auf Wein um. Es trifft sich gut, daß der Absatz von Crozes-Hermitage mit der gestiegenen Erzeugung recht gut Schritt hält: Im allgemeinen wird der Crozes-Hermitage problemlos verkauft.

Rot- und Weißweine
Crozes-Hermitage erhielt die Appellation Contrôlée im Jahre 1937. Erzeugt werden dürfen sowohl Weiß- als auch Rotweine. Für den Rotwein ist als blaue Traube ausschließlich Syrah zugelassen. Er kann jedoch mit bis zu 15% der weißen Trauben Marsanne und Roussanne ver-

Einsam ragt in der flachen Landschaft bei Beaumont-Monteux das Gebäude der Cave des Clairmonts empor, gemeinsames Eigentum dreier Familien, 1973 gegründet. Zusammen bestellen sie 65 ha Crozes-Hermitage, wovon 5 ha mit Marsanne bepflanzt sind. Der Rotwein zeichnet sich aus durch einen geschmeidigen, charmanten Geschmack mit Frucht und Tannin. Der Weißwein ist ebenfalls fruchtig, harmonisch, frisch und reintönig. Keiner der Weine lagert auf Holz. Man trinkt sie jung.

Im Jahre 1979 verließen Charles Tardy und Bernard Ange die Genossenschaft von Tain-l'Hermitage, um in Chanos-Curson ihr eigenes Gut zu betreiben, die heutige Domaine des Entrefaux. Es umfaßt 10 ha Syrah und 2 ha Marsanne. Der Rotwein lagert 18–24 Monate in Fudern und *demi-muids*. Er schmeckt wirklich gut, mit einem Hauch Frische und einem gewissen Charme. Der Weißwein besitzt häufig einen lebendigen, feinen Kies- und Fruchtgeschmack und ist sehr reintönig.

Die Domaine Pradelle liegt in Chanos-Curson, einem Dorf, wo schon mindestens seit dem 11. Jahrhundert Reben gezogen werden. Eigentümer der 10 ha Crozes-Hermitage sind Jacques und Jean-Louis Pradelle. Ihr Weißwein erinnert in Duft und Geschmack an Kies und Gewürze und ist von delikater Frische. Der Rotwein ist etwas rustikaler; in seinem Geschmack entdeckt man fast etwas Ledriges. Der Wein hat eine ausgeprägte Persönlichkeit – die man mag oder nicht.

Etwa 65–70% aller Crozes-Hermitages werden von der Cave Coopérative des Vins Fins in Tain-l'Hermitage gekeltert. Der Betrieb bringt verschiedene Typen roten und weißen Crozes-Hermitage. Meist sind sie nicht sonderlich interessant. Eine Ausnahme ist jedoch der Cuvée Gérard Depardieu. Dieser rote Wein hat eine tiefe Farbe, einen konzentrierten, fleischigen Geschmack und eine angenehme Frucht. Er wurde 1970 herausgebracht.

Seite gegenüber, links unten: Einfahrt von Serves, dem nördlichsten Crozes-Hermitage-Dorf

Seite gegenüber, rechts unten: Die Landschaft von Crozes-Hermitage vom Hermitage-Felsen aus gesehen

Links unten: Das Haus des Winzers Emilien Bourret in der Ortschaft Crozes-Hermitage

Rechts unten: Robert Rousset, einer der besseren Winzer von Erôme. In diesem Dorf hat man eine rosa Marmor-Säule aus der Römerzeit gefunden. In dem nahegelegenen Gervans wurden römische Münzen ausgegraben.

Weitere interessante Crozes-Hermitages:
– Domaine de Négociale, Mercurol (weiß)
– Domaine Fayolle, Gervans (rot)
– Rochefine, Jaboulet-Vercherre, Beaune (rot)
– Malleval, L. de Vallouit, St. Vallier-sur-Rhône (rot)
– Boissy & Delaygue, Cornas (rot)

mischt werden, wie dies auch beim roten Hermitage der Fall ist. Die genannten weißen Trauben sind die einzig zugelassenen für den weißen Crozes-Hermitage. Beide Weine müssen mindestens 10% Alkohol aufweisen. Der Ertrag wurde auf 40 hl/ha festgelegt. Je nach Jahrgang macht der weiße Crozes-Hermitage ein Achtel bis ein Zehntel der gesamten Erzeugung aus. Vor allem der Ort Mercurol mit seinen sandigen Böden ist für einen guten Weißwein bekannt. Der Weinbau geht übrigens auch hier auf die Römerzeit zurück. Man nimmt an, daß der Ort nach dem römischen Gott Merkur genannt wurde.

Tadellose Qualität

In Büchern und Schriften über Crozes-Hermitage wird fast immer eine Äußerung zitiert, die auf einem Weinkongreß in Lyon fiel, daß nämlich die Crozes-Hermitage-Weine «enge Verwandte» der beiden Hermitage-Sorten seien. Im Hinblick auf die Qualität des roten wie auch des weißen Crozes-Hermitage erscheint diese Behauptung allerdings etwas schmeichelhaft. Der Noblesse, die Hermitage-Weine auszeichnet, begegnet man bei Crozes-Hermitage nur selten. Damit soll allerdings nicht gesagt werden, daß die Weine aus dieser Appellation nicht auch ihre Vorzüge hätten. Sie können sogar höchst ansprechend sein. Die festesten, rustikalsten Rotweine findet man im Norden. Die dortigen Weine können recht straff und nachhaltig sein mit kräftigem Tannin und nicht zu wenig Frucht (Johannisbeeren, Kirschen). Hierbei denke ich vor allem an Weine von Erzeugern wie Raymond Roure, Albert Bégot und Robert Rousset. Wenn Crozes-Hermitage familiäre Bande zu Hermitage besitzt, dann hier. Dies liegt natürlich auch an dem hier vorhandenen Granit. Der überwiegende Teil der Erzeugung kommt allerdings aus dem Süden. Dort sind die Rotweine leichter, unkomplizierter, weicher im Geschmack. Meine Vorliebe gilt den reintönigen, fruchtigen Sorten, die für den baldigen Konsum erzeugt werden. Ich ziehe sie bei weitem den harten altmodischen Typen vor, die außerdem noch dünn sind, und deren einziger Charme im niedrigen Preis liegt. Der rote Crozes-Hermitage muß in aller Regel 4 Jahre nach der Ernte getrunken werden.

Große Unterschiede

Die erheblichen Unterschiede, die beim roten Crozes-Hermitage zu beobachten sind, sind auch beim weißen vorhanden. Auch hier heißt es sorgfältig wählen. Nur zu oft hatte ich charakterlose Weine im Glas, manchmal sogar solche, die unsauber oder oxidiert waren. Einen guten weißen Crozes-Hermitage erkennt man an einer hellen, fast bleichen Farbe und einem Duft von zarter Frische, der etwas an Früchte und manchmal an Gewürze erinnert. Auch der Geschmack sollte eine angenehme Frische besitzen ohne harte Säuren, dafür aber mit einem leichten Stein- oder Kieston. Auch ein zarter Obstton (Birne) kann vorhanden sein. Ein weißer Crozes-Hermitage ist niemals ein großer Wein mit Rasse und Finesse, jedoch erfrischt er aufs angenehmste, und das meist noch zu einem vernünftigen Preis.

Es gibt keinen Zweifel: Den besten Cornas macht Auguste Clape. Es ist ein sehr qualitätsbewußter Winzer, der aus eigenem Antrieb Önologie-Kurse besuchte. Clape besitzt 4 ha Cornas, die alle auf Hängen liegen. Er entrappt seine Trauben (was in Cornas sonst niemand tut), gebraucht Gärtanks aus Beton und läßt seinen Wein in gebrauchten Fudern und kleinen Fässern 18 Monate reifen. Filtrieren ist tabu, geklärt wird. Ergebnis: ein exzellenter Wein, intensiv in Farbe, Duft und Geschmack.

Im Zentrum von Cornas liegen die Keller von Robert Michel. Das Gut besteht aus 5 ha Rebgärten, teils auf Hängen, teils zu deren Füßen. Michel baut den Wein von den Hängen bewußt getrennt aus; nur dieser trägt auch das abgebildete Etikett. Michel verkauft seine Weine frühestens 18 Monate nach der Ernte. Sie sind dann auf Holz gereift. Der Hangwein ist der kraftvollere der beiden, jedoch ist auch der andere Typ zu empfehlen. Keine Klärung, keine Filtrierung.

Marcel Juge bearbeitet 2,7 ha Cornas teils auf den Hängen (wo auch die ältesten Stöcke stehen), teils am Hangfuß. Der Rotwein wird nur geschönt, nicht filtriert. Er reift mindestens 1½ Jahre überwiegend in *demi-muids*. In seinen ersten Jahren hat dieser Cornas ein gerüttelt Maß an Säuren, die sich jedoch während des Flaschenlagers abbauen. Dann entsteht ein wunderbar schmeckender Wein mit lebendigem Spiel und einem schönen Abgang.

Der größte Einkäufer von Cornas ist schon seit Jahren das Haus Paul Jaboulet Aîné. Es wird sehr sorgfältig ausgewählt, und zwar bei Winzern, deren Vinifikation von Fachleuten Jaboulets überwacht wird. Nach einem Faßlager von mindestens 1½ Jahren ist dieser Cornas noch längst nicht trinkfertig. Je nach der Güte der Ernte muß er anschließend noch mindestens 4–6 Jahre reifen. Es ist ein charaktervoller, tanninreicher Wein mit Anklängen von Holz und Brombeeren sowie von tiefdunkler Farbe.

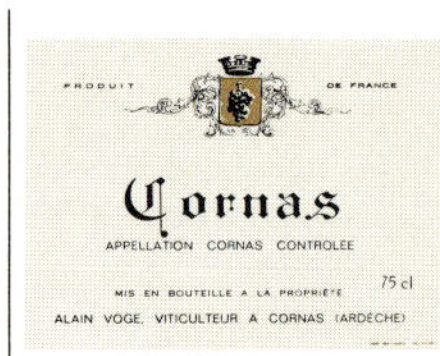

Alain Voge war einer der ersten, die zu Beginn der 50er Jahre ihren Wein selbst abfüllten. Er besitzt knapp 5 ha mit Syrah-Reben, sämtlich auf Hängen. Vor der Abfüllung reift der Wein 1 Jahr in Tanks und anschließend ein weiteres Jahr in Holzfässern. Er wird nur geschönt, nicht filtriert. Voges Cornas ist ein ausgeglichener, tieffarbener Wein mit Duft- und Geschmacksimpressionen von Kirschen und einer bescheidenen Menge Holz.

Weitere interessante Cornas:
- Michel Lionnet, Cornas
- Jean Teysseire, Saint-Péray
- Chante-Perdrix, Delas Frères, Tournon

In der Gegend selbst wird Cornas häufig zum Käse gereicht, nachdem den Hauptgang etwa ein roter Hermitage begleitete.

Eine Flasche guter Cornas kann ohne weiteres einen Tag im Anbruch stehen bleiben – sie schmeckt dann manchmal sogar noch besser. Dekantieren, auch von jungem Cornas, ist sehr angebracht.

Links unten:
Die Hauptstraße von Cornas

Rechts unten:
Auguste Clape, der führende Winzer am Ort

Cornas

Der Ort Cornas liegt am rechten Ufer der Rhône etwa 6 km nordwestlich von Valence. Man hat hier die Reste einer römischen Villa gefunden, und es ist nicht ausgeschlossen, daß der lokale Weinbau ebenso alt ist. Im 9. Jahrhundert findet der Wein von Cornatico oder Cornatis erstmals schriftliche Erwähnung. Davor soll ihn schon Karl der Große hier getrunken haben. Auch in Schriftstücken aus dem 14., 18. und 19. Jahrhundert taucht der Wein von Cornas immer wieder auf. Während zunächst stets von einem renommierten Weißwein die Rede ist, wird in den letzten Jahrhunderten nur der Rotwein als *vin noir* erwähnt. Der rote Cornas muß also schon damals eine tiefe Farbe besessen haben. Heute ist aller Cornas rot; hergestellt wird der Wein ausschließlich aus der Syrah-Rebe.

Allmähliche Anerkennung
Trotz allen vergangenen Ruhms gab es in den ersten Jahrzehnten dieses Jahrhunderts eine sehr schwierige Phase. Die Reblaus, der Erste Weltkrieg und die Weltwirtschaftskrise stürzten viele Winzer in Probleme und ließen die Qualität des Weins stark absinken. Um 1938 war der meiste Wein aus Cornas von dürftigem Niveau. Der Aufschwung kam nach dem Frost von Dezember 1938, dem fast alle Rebstöcke zum Opfer fielen und nach dem bei der Neubepflanzung die noble Syrah-Rebe bevorzugt wurde. Positiv wirkte sich auch aus, daß im gleichen Jahr Cornas den Status einer Appellation Contrôlée bekam. Allerdings dauerte es noch relativ lange, bis der Cornas einige Anerkennung fand. Noch in den 50er Jahren wurde ein großer Teil des Weins im Faß verkauft und als anonymer Zechwein ausgeschenkt. Erst 1955 hatten die Winzer genügend Selbstvertrauen gewonnen, um erstmals eine Wein-Konkurrenz zu veranstalten, die seitdem jedes Jahr im Dezember stattfindet. Auf das gleiche Jahr geht auch die Weinbruderschaft «La Confrérie des Chevaliers de la Syrah et Roussette» zurück. Das Abfüllen in eigener Regie fand erst in den 70er Jahren Verbreitung, obwohl nach wie vor schätzungsweise die Hälfte des Weins von Handelshäusern aufgekauft wird.

Unterbewertet
Die Gemeinde Cornas (das «s» wird ausgesprochen) verfügt zur Zeit über rund 70 ha Rebfläche, die sich gegen 30 Weinbauern teilen. Eine Erweiterung um etwa 30 ha ist möglich. Der weitaus größte Teil der Weinberge liegt auf den Hängen direkt hinter dem Dorf; nicht wenige Parzellen liegen höher als der 52 m hohe Kirchturm. Ein großer Teil der Rebfläche ist terrassiert, da manche Hänge eine Neigung bis zu 45° aufweisen. Die Arbeit auf den Terrassen ist hart, der Ertrag niedrig. Während bis zu 40 hl/ha zugelassen sind, erreichen die Winzer meist nicht mehr als 20–30 hl. Nach wie vor erzielt der Cornas keine hohen Preise. Deshalb sagte auch ein Winzer zu mir: «Wir sind die letzten Sklaven des 20. Jahrhunderts. Wir schuften schwer und verdienen wenig.» Man ist allgemein der Ansicht, daß der Cornas in Anbetracht seiner Qualität nicht weniger erzielen müßte als ein Côte Rôtie. Jedoch ist es noch längst nicht soweit. Diese Situation hat dazu geführt, daß einige Winzer auf weniger steiles Gelände ausweichen. Der Wein von dort ist jedoch weniger konzentriert.

Nach seinem Universitätsdiplom beschloß Guy de Barjac, den Familien-Weingarten in Cornas zu übernehmen, eine kleine Besitzung von 2 ha. Seine Weine lernte ich in dem berühmten Restaurant Pic in Valence kennen. De Barjac läßt seinen Cornas etwas weniger lange gären als die anderen, wodurch der Wein etwas leichter und geschmeidiger schmeckt. Dennoch kann er ohne weiteres 10–20 Jahre alt werden. Bei seinem Erzeuger reift er etwa 18 Monate in Eichenfässern.

Neben Kirschen zieht Louis Verset auch Reben. Seine 2 ha Reben sind sehr zersplittert hangwärts gelegen. Der Durchschnittsertrag liegt bei 30 hl/ha. In seinem kleinen unterirdischen Keller läßt Louis Verset den Wein 12–14 Monate in gebrauchten kleinen und großen Fässern reifen. Dank der Vielzahl alter Stöcke (nicht wenige sind 70 Jahre alt) bekommt dieser Cornas eine gewisse Finesse und Eleganz; andererseits fehlt es ihm etwas an Fleisch und Tiefe.

Einer der besseren Weine der Cave Coopérative des Vins Fins (Tain-l'Hermitage) ist der Cornas. Dieser auf eine spezielle Flasche abgezogene Wein hat in aller Regel eine fast schwarze Farbe, ein intensives Bukett und einen Geschmack zum «Beißen». Man riecht und schmeckt Obst (Kirschen, Johannisbeeren). Die Genossenschaft ist einer der wenigen Erzeuger, die einen Teil des Lesguts entrappen, etwa ein Viertel. Der Wein reift ein gutes Jahr in Holzfässern oder Fudern.

Ganz unten:
Für Cornas sehr typische Terrassenweingärten

Unten:
An der Hauptstraße wird darauf hingewiesen, daß man hier Wein erzeugt.

Der Mindestalkoholgehalt für Cornas beträgt 10,5%.

In Cornas leben etwa 10 Winzer ausschließlich vom Weinbau.

Der Ort besitzt eine Kapelle mit einer aus dem 12. Jahrhundert stammenden Marienstatue.

Intensives Purpur
Ein guter Cornas ist für mich ein köstlicher Wein, einer der am meisten unterschätzten des gesamten Rhônetals. Im Glas zeigt er sich mit einer intensiven, tiefen Purpurfarbe in prächtigem Kleid, während in seinem Duft häufig Anklänge von Frucht (Brombeeren, Himbeeren, Kirschen) zu entdecken sind, sowie manchmal auch ein Ton von Bitterschokolade und Unterholz. Der Geschmack ist männlich, fleischig und extraktreich mit einer guten Dosis Tannin. Junger Cornas besitzt häufig in Duft und Geschmack eine herbe Frische, die im Laufe der Jahre verschwindet. Man muß diesem Wein Zeit lassen, möglichst 3–5 Jahre. Irgendwie verleiht die Flaschenreife dem Cornas eine gewisse Noblesse. Trotz der Farbe und Kraft dieses Weins hält sich sein Alkoholgehalt mit 12–13% im Rahmen. Meist verzichtet man hier auch auf eine Chaptalisierung – «Wir wollen keine Marmelade machen.» Ein reifer Cornas ist ein idealer Begleiter zum roten Fleisch und Wild und paßt ebenso gut zu Gruyère, Emmentaler und anderen milden Käsesorten.

Warmes Mikroklima
Die einzigartigen Qualitäten des Cornas sind hauptsächlich im Boden und im Klima begründet. Der Untergrund enthält hier Granit sowie eine Mischung aus Lehm, Kalkstein und Sand. Die größten Kalkmengen findet man auf der Südseite der Gemeinde, während im Norden der Sand dominiert. Typisch für das Mikroklima ist die durchschnittlich höhere Temperatur als in der weiteren Umgebung. Der Ort und die Weinberge liegen sehr geschützt am Rande der Ausläufer der Ardèche, gut einen Kilometer von der Rhône entfernt. Durch diese Lage kann der kalte Mistral die Weinberge nicht erreichen. Außerdem sind die Sommer hier so trocken, daß sogar die Akazien ihr Laub verlieren: Cornas kommt ja auch von einem keltischen Wort, das «verbrannte Erde» bedeutet. Dank diesem warmen Klima erreichen die Trauben in Cornas praktisch immer ihre optimale Reife und besitzen sehr viele Extraktstoffe, was schließlich auch den Wein prägt.

Feste Weinbautradition
Dem Besucher von Cornas fällt auf, daß es neben einem kleinen Ortskern mit engen Straßen und alten Häusern auch Neubauviertel gibt. Dort wohnen viele Berufstätige, die in Valence arbeiten. Man kann nur hoffen, daß der Siedlungsdruck, der auch die Grundstückspreise in die Höhe treibt, nicht weiter anhält. Dadurch würde nicht nur die noch mögliche Erweiterung der Weinberge eingeschränkt, sondern möglicherweise der heutige Bestand gefährdet. Ich persönlich sehe hier allerdings keine große Gefahr, denn die Weinbautradition ist in Cornas außerordentlich fest verwurzelt. Dies zeigt sich beispielsweise daran, daß mehrere Familien (u. a. Michel, Lionnet, Voge) hier schon seit Jahrhunderten Wein machen, und dies trotz aller Kriege, Krisen und sonstigen Probleme. Ich glaube, daß man die Gefahr der Urbanisierung abwehren wird – vor allem, wenn die Welt dem Cornas endlich den Rang einräumen wird, der ihm gebührt.

Jean-Francois Chaboud besitzt 8 ha Saint-Péray mit 80% Marsanne und 20% Roussanne. In geringen Jahren (wie 1977) wird alles champagnisiert. Sonst erzeugt Chaboud jedoch neben seinem korrekten moussierenden Wein auch Stillwein, für den die Nachfrage steigt. Davon gibt es zwei Versionen: einen reinsortigen Marsanne (frisch, rund; muß reifen) und einen reinsortigen Roussanne (heller, fruchtiger, mehr Rasse; innerhalb von 2 Jahren trinken).

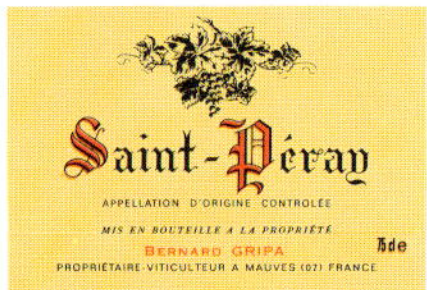

Immer wieder darf sich Bernard Gripa aus Mauves über Auszeichnungen für seinen stillen Saint-Péray freuen. Dieser wird hauptsächlich aus der Marsanne-Rebe erzeugt (0,5 ha). Der Wein schmeckt recht weich, aber doch frisch mit einer Spur von Gewürzen und großer Reintönigkeit. Gripa meint, der weiße Saint-Péray sei häufig deshalb von mäßiger Qualität, weil die Erzeuger davon ausgehen, daß er meist doch champagnisiert wird. Er selbst kümmert sich dagegen sehr um den Wein.

Von den 7 ha, die Jean Teysseire besitzt, ist etwa die Hälfte Saint-Péray. Der Rest ergibt Cornas. Die Rebgärten mit ihren alten Rebstöcken sind überwiegend Hanglagen. Der moussierende Saint-Péray ist nicht schlecht, doch ist der stille deutlich besser. Es ist ein geschmeidig-frischer Wein mit Stil, Eleganz, etwas Frucht und einer gewissen Weichheit. Jean Teysseire wohnt in Saint-Péray.

Links unten:
Eine der riesigen Flaschen, die vor einem Restaurant in Saint-Péray stehen

Mitte unten:
Jean-François Chaboud bei der remuage *seiner Weine, wobei durch das Rütteln der Flaschen das vorhandene Depot zum Korken getrieben wird. Die Flaschen stehen in den dafür üblichen Gestellen, den sogenannten* pupitres. *Die* remuage *dauert hier 35 Tage.*

Ganz unten:
Blick in Chabouds kleinen Keller. Rechts steht ein Abfüllgerät. Seinen trockenen moussierenden Saint-Péray erzeugt Chaboud ausschließlich aus der Marsanne-Rebe, während für den moelleux *auch Roussanne verwendet wird.*

Der Name Saint-Péray kommt kurioserweise von Saint-Pierre de l'Eau. Früher war dieses Weindorf also «mit Wasser getauft».

Oberhalb Saint-Péray liegen die Reste von Château de Crussol, das schon im 10. Jahrhundert erwähnt wird. Ein weiteres Schloß hier, das noch unversehrt ist und große Weinkeller besitzt, ist Château de Beauregard.

Für Saint-Péray gilt ein Höchstertrag von 45 hl/ha sowie ein Mindestalkoholgehalt von 10%.

Der Distrikt umfaßt die gesamte Gemeinde Saint-Péray und einen Teil des Dorfes Touland.

Weitere interessante Saint-Péray-Weine:
- Pierre Darona, St. Péray (moussierend und still)
- Marcel Juge, Cornas (still)
- Milliand Frères, St. Péray (moussierend)
- Delas Frères, Tournon (still)
- Auguste Clape, Cornas (still)

Saint-Péray

Südlich von Cornas liegt gleich die Ortschaft Saint-Péray. Die Weinberge dieser Gemeinden gehen ineinander über, jedoch liefern sie sehr unterschiedliche Produkte. Während Cornas tiefrote Weine erzeugt, sind die von Saint-Péray durchweg weiß und meist auch noch moussierend, und zwar nach der Méthode champenoise. Der erste schäumende Saint-Péray wurde 1829 von dem Weinhändler Louis-Alexandre Faure erzeugt, der hierfür einen Kellermeister aus der Champagne kommen ließ. Ein direkter Nachfahr von Faure, Jean-François Chaboud, macht hier nach wie vor einen der besten Schaumweine. Vor Beginn der Schaumweinära in Saint-Péray genoß auch schon der Stillwein einen guten Ruf. König Heinrich IV. gehörte zu den Liebhabern dieses Weins, und es gab sogar einen bescheidenen Export, unter anderem nach England. In schäumender Gestalt war der Saint-Péray im vorigen Jahrhundert im In- und Ausland sehr beliebt. Richard Wagner ließ sich 1877 eiligst 100 Flaschen Saint-Péray nach Bayreuth schicken, wo er an seiner Oper Parsifal arbeitete. Der Höhepunkt der Popularität war zwischen 1928 und 1929 erreicht, als in dem kleinen Saint-Péray nicht weniger als ein Dutzend Häuser tätig waren, die zusammen jährlich eine Million Flaschen champagnisierten. Der Wein erzielte einen Preis von 5–5,50 Francs pro Liter, was damals viel Geld war.

Niedergang der Handelshäuser

Nach dieser ruhmreichen Zeit ging es mit Saint-Péray unaufhörlich abwärts. Die Weltwirtschaftskrise, der verheerende Frost des Jahres 1938, der Zweite Weltkrieg und der Aufstieg anderer Schaumweine bedeuteten für viele Firmen das Ende. Selbst bei den verbliebenen Firmen spielt der Handel mit Saint-Péray eine untergeordnete Rolle. Als ich 1982 den Ort besuchte, gab es nur noch drei Handelshäuser. Die Schließung der Häuser veranlaßte einige der 25–30 Winzer, den Wein selbst abzufüllen. Außerdem entstand eine kleine Genossenschaft, deren Mitglieder die niedrigen Traubenpreise der Handelshäuser nicht mehr akzeptieren wollten. Von den 1500–2000 hl Saint-Péray erzeugt diese Genossenschaft etwa 300–350 hl, während die Genossenschaft von Tain-l'Hermitage in einem kleinen Keller am Ort etwa 250 hl produziert. Die Rebfläche umfaßt 60 ha, ausschließlich mit Marsanne und Roussanne. Nicht wenig Rebland ging durch die Urbanisierung verloren: Saint-Péray liegt in der Nähe der rasch wachsenden Stadt Valence, und in der Gemeinde hat der Hausbau heute Vorrang vor dem Weinbau.

Qualitätsprobleme

Der Untergrund von Saint-Péray besteht aus Granit, der bedeckt ist von Lehm, Kies und etwas Kalk. Der Schaumwein, der hiervon stammt (vier Fünftel der Gesamtproduktion), besitzt höchstens passable Qualität. Der größte Teil der von mir verkosteten Weine duftete und schmeckte ziemlich flach. Wirklich lebendige Saint-Pérays von spritzigem Charakter und sauberer Art habe ich vergeblich gesucht.

Unter dem Druck der niedrigen Verkaufspreise läßt man vielleicht bei der Weinbereitung nicht die nötige Sorgfalt walten. Ich könnte mir auch denken, daß das Basisprodukt, die Trauben, nicht von allerbester Qualität sind.

Eigentlich müßte man die Früchte ernten, bevor sie voll ausgereift sind, jedoch wurden in den 70er Jahren einmal Winzer bestraft, die zu junge und zu grüne Trauben gelesen hatten. Die Folge ist, daß heute einige Winzer besonders lange mit der Ernte warten, so daß es den Weinen häufig an Säuren mangelt und sie einen gelblichen Ton haben. Die besten Saint-Pérays, die ich kenne, haben keine Bläschen. Sie zeichnen sich durch angenehme Frische aus, aber auch eine gewisse Weichheit und ein gutes Maß Fruchtigkeit. Saint-Péray nature muß jung getrunken werden, denn nach 1½–2 Jahren fällt der Wein stark ab.

Die Union des Producteurs des Vins Fins du Diois hat etwa 500 Mitglieder, von deren Reben rund drei Viertel des Clairette de Die stammen. Die Genossenschaft bringt ein breites Spektrum von Weinen, von einfachem Vin de Pays bis hin zu Schaumweinen von guter Qualität. Der beste Wein von allen ist der Cuvée Impériale Tradition, ein Wein mit feinem Perlen, der nach der Méthode dioise erzeugt wird. Der Wein besitzt ein köstliches, frisches Muskataroma. Hellgoldene Farbe.

Der Cuvée Impériale Brut von der Genossenschaft ist ein völlig anderer Wein als der Tradition. Er wird ausschließlich aus Clairette erzeugt, und zwar nach der Méthode champenoise. Der Wein schmeckt keineswegs unangenehm, jedoch ist seine Persönlichkeit nicht sehr fesselnd. Eine etwas bessere Version, die nicht 9, sondern 18 Monate in der Flasche gärt, ist der Blanc de Blancs des Voconces. Stiller Clairette de Die wird als Tranquillet angeboten. Die Qualität ist mäßig.

Buffardel Frères ist ein im Jahre 1850 gegründetes Handelshaus in Die, das sich seit 1967 in Händen der Familie Leblanc befindet. Früher habe ich von diesem Erzeuger recht erfreuliche Weine getrunken, die alle nach dem Champagnerverfahren erzeugt wurden, jedoch ist die Qualität nun schon seit einiger Zeit nicht mehr zufriedenstellend. Teilweise fand ich die Weine schlicht ungenießbar. Man kann nur hoffen, daß es sich um einen vorübergehenden Rückschlag handelt.

Unten:
Die Weinlandschaft von Clairette de Die. Die Winzer hier besitzen durchschnittlich 4 ha.

Rechts:
Auf diesem Schild von Buffardel Frères ist der Distrikt dargestellt. Er umfaßt 32 Gemeinden im Drôme-Tal. Es gibt auch eine Weinstraße: Le Circuit de la Clairette.

Im 1. Jahrhundert v.Chr. war der Wein von Die bei den Römern unter dem Namen Aiglencos bekannt.

Der Hektarertrag für den Clairette de Die beträgt maximal 50 hl.

Clairette de Die

Für einen Besuch im Herkunftsbereich des Clairette de Die müssen wir das Tal der Rhône vorübergehend verlassen und uns in das Seitental der Drôme begeben. Zunächst ist die Landschaft noch flach und uninteressant, jedoch kommen nach etwa 15 km bei der Stadt Crest die ersten Hügel in Sicht. Bald danach wird das Gelände gebirgiger, das Tal enger. Neben kahlen Felsen, bewaldeten Hängen und leuchtend gelben Ginstersträuchen sieht man hin und wieder auch Weinberge. Überall sieht man Schilder mit der Aufschrift: Ici le Pays de Die. In den meist winzigen Dörfern findet man immer wieder Hinweise auf Keller und andere Möglichkeiten, den Wein zu verkosten und einzukaufen. Schließlich gelangt man über die Avenue de Clairette in die Bezirkshauptstadt Die. An einer Stelle, an der sich das Tal plötzlich öffnet, liegt der Ort geschützt zwischen den Bergen Croix de la Justice (1000 m) und Glandasse (2045 m). In der Römerzeit, als hier der Stamm der Voconces wohnte, hieß die Stadt Dea Augusta. Im Jahre 77 n. Chr. äußerte sich der Historiker Plinius der Ältere lobend über den Wein von Die. Für ihn ist es der beste natürlich süße Wein des römischen Kaiserreichs. Alle anderen Weintypen, schreibt er, werden mit «Honig, gekochtem Most, Harz oder verschiedenen Beeren versetzt.»

Wein wieder im Vordergrund

Auch später findet man immer wieder Zeugnisse über den Wein von Die. Im Jahre 1380 etwa tritt ein Dekret in Kraft, das die Verwendung anderer als der lokalen Trauben verbietet. Gegen Ende des vorigen Jahrhunderts standen 5000 ha im Ertrag. Die Reblaus vernichtete sie nach 1887 bis auf den letzten Stock, und der Wein war nur noch ein Nebenprodukt. Bis in die 50er Jahre dieses Jahrhunderts war die Landschaft durch Mischkulturen geprägt: Die Rebe mußte sich mit einem bescheidenen Dasein neben Obstbäumen, Weiden, Getreideäckern und Lavendelfeldern (die hier ihre nördliche Anbaugrenze erreichen) begnügen. Dies änderte sich, als im Jahre 1951 in Die eine Winzergenossenschaft gegründet wurde. Eine aktive Geschäftspolitik, ein technisch einwandfreies Produkt und Verkaufserfolge verliehen dem regionalen Weinbau mächtige Impulse. Unter Federführung der Genossenschaft, der 90 % der Winzer angehören, wurden großangelegte Flurbereinigungen durchgeführt, so daß die Mitglieder ihren Grund wirtschaftlicher bearbeiten konnten. Ferner stimulierte man das Anlegen neuer Rebgärten. Von nicht einmal 100 ha im Jahre 1950 soll die kultivierte Rebfläche in Kürze auf 1000 ha zunehmen. Die größten Rebflächen findet man in den Gemeinden Aurel, Barnave und Barsac. Fast überall enthält der Boden Lehm und Kalk, teilweise auch Kies.

Zwei Arten Schaumwein

Bei seinem Bericht über den Wein von Die erwähnte Plinius auch die Traube, aus der er gemacht wurde. Es soll sich um eine Sorte gehandelt haben, die gegen Feuchtigkeit und Fäulnis empfindlich ist und die sehr süße Früchte trägt, welche die Bienen anlocken. Diese Beschreibung paßt genau auf die Muskattraube – und diese finden wir hier auch heute noch. Etwa zwei Drittel der Weinberge sind mit Muscat à

Einige Kilometer außerhalb Barsac hat Jean-Claude Vincent seine Keller und sein Probierlokal. Er verfügt über 6 ha, davon 4 mit Muskat- und 2 mit Clairette-Reben. Sein Tradition enthält meist nur 5–10% Clairette, manchmal auch gar nichts. Es ist ein kräftig moussierender Wein mit einem frischen, nicht zu süßen Muskatgeschmack und reizvollem Fruchtbukett. Zum Entfernen der Hefe wird auf Domaine de Magord der Wein während der Gärung zwei- bis dreimal durch ein Tuch filtriert.

In einem natürlichen Amphitheater hinter Barsac steht still und geschützt das Haus von Claude-Marcel Achard, das von allen Seiten von Reben umgeben ist. Achard, der mit seinem Schwager zusammen arbeitet, besitzt 6 ha, davon 80% Muskat- und 20% Clairette-Reben. Der Wein hieraus, der traditionell ausgebaut wird, hat Stil und Ausgewogenheit. Es ist ein leicht moussierender, ansprechender Clairette de Die mit einem frischen Muskatgeschmack ohne wirkliche Süße.

In Saillans und anderen Gemeinden besitzt Jean-Claude Raspail ca. 13 ha. Hierauf stehen auch Muskat-Reben, jedoch ist Raspails Spezialität sein trockener Clairette de Die nach der Méthode Champenoise. Er wird vollständig aus der Clairette-Rebe erzeugt, die Raspaille «sehr fein, sehr subtil» findet. Während und nach der Flaschengärung ruht der Wein mindestens 2½–3 Jahre. Der Brut ist in seiner Art der beste Clairette, den ich kenne, ein Wein mit Frische, Duft und Charakter.

Rechts:
Die Genossenschaftsernte wird gefeiert.

Darunter:
Jean-Claude Raspail

Mitte unten:
Die Stadt Die mit der aus dem 11. Jahrhundert stammenden Kathedrale (rechts oben erkennbar)

Ganz unten:
Trauben werden bei der Genossenschaft angeliefert.

Weitere interessante Clairette de Die-Weine:
- Chevillon Poulet, Pontaix (Tradition)
- Claude Gillouin, Barsac (Tradition)
- Jacques Faure, Vercheny (Tradition)
- Carol Frères, Vercheny (brut)
- Achard-Vincent, Barsac (brut)

petits grains bestockt. Der Rest entfällt auf die ebenfalls weiße Clairette-Rebe. Diese beiden Rebsorten liefern zusammen zwei moussierende Weine und einen stillen, wobei der Schaumwein deutlich überwiegt. Schon von den Voconces wird berichtet, daß sie Fässer mit Wein einige Zeit in einen eiskalten Bach legten, woraufhin der Wein angenehm zu perlen begann. Der Schaumwein mit der größten Tradition ist ein Typ, der nach der Méthode dioise hergestellt wird. Zu Recht tauften ihn die Genossenschaft und andere auf den Namen «Tradition»; hiervon wird etwa doppelt soviel verkauft wie von dem zweiten Typ, der nach der Méthode champenoise hergestellt wird.

Vollkommen natürlich

Für die Weine nach der Méthode dioise sind mindestens 50% Muscat vorgeschrieben. In aller Regel verwendet man jedoch weitaus mehr als diese Mindestmenge. Bei der Genossenschaft sind 75–80% üblich, und einige unabhängige Winzer gehen bis 100%. Man muß sich daher fragen, warum der Wein nicht «Muscat de Die» statt «Clairette de Die» heißt. Das wäre erstens logischer und zweitens ehrlicher. Die Cave Coopérative läßt nach der Pressung und einer leichten Filtrierung den Most von beiden Traubensorten 3–4 Monate bei sehr niedriger Temperatur ganz langsam gären. Das Aroma der Muskattraube bleibt dadurch optimal erhalten. Anschließend wird der Wein, noch ehe er vollständig durchgegoren ist, auf Flaschen abgefüllt, wo sich die Gärung fortsetzt. Die Kohlensäure, die sich dabei bildet, bleibt in Gestalt kleiner Bläschen im Wein. Nach frühestens 4 Monaten wird das Depot, das sich bei der Gärung gebildet hat, entfernt. Zu diesem Zweck wird der Wein aus der Flasche abgezogen, nochmals leicht filtriert und eine Woche gelagert. Dann wird der gereinigte Wein wieder auf Flaschen abgefüllt. Während des ganzen Prozesses werden diesem Typus Clairette de Die keinerlei Zusätze zugefügt. Der Wein bleibt ein vollkommen reines Naturprodukt. Das Verfahren der Genossenschaft wird nur dort selbst praktiziert; private Güter haben hierfür nicht die erforderliche Ausrüstung. Dort wird noch nach der alten Art gearbeitet, auch Méthode rurale genannt, wobei die Gärung dadurch gebremst wird, daß der Wein in der Regel zwei- bis viermal durch Tücher gefiltert wird. Der muskatartige Clairette de Die ist der beste Schaumwein des Gebiets mit seinem schönen Muskatton, dem etwas lieblichen Geschmack, einer großen Reintönigkeit, mäßigem Schäumen und seiner blaßgoldenen Farbe.

Champagnerverfahren

Bei dem zweiten moussierenden Wein, der nach dem Champagnerverfahren hergestellt wird, wird die zweite Gärung in der Flasche durch Zufügen eines zuckerhaltigen Sirups eingeleitet. Bei dieser Flaschengärung muß der Wein mindestens 9 Monate ruhen. Dieser Clairette de Die wird nur aus der Clairette-Traube hergestellt (vorgeschrieben sind mindestens 75%). Von wenigen Ausnahmen abgesehen, hat der Wein weniger Klasse als derjenige nach der Méthode dioise. Es mangelt ihm häufig an Tiefe, Länge und Charakter. Er ist gewiß fachmännisch gemacht und im Geschmack durchaus nicht unangenehm, aber doch kein Erzeugnis, das großen Enthusiasmus hervorrufen könnte. Dies gilt in noch stärkerem Maße für den stillen Clairette de Die, einen ausgesprochen gewöhnlichen, häufig etwas harten Wein.

Châtillon-en-Diois

Stillwein wird auch in dem kleinen Nebenbereich Châtillon-en-Diois erzeugt. Außer dem gleichnamigen Ort – 14 km von Die entfernt im Tal des Bez gelegen – gehören noch ein Dutzend weiterer Gemeinden dazu. Auf dem Papier erscheinen die Weine von Châtillon-en-Diois recht interessant, denn die Grundlage der roten sind Gamay (mindestens 75%), Syrah und Pinot noir, während die Weißweine aus Aligoté und Chardonnay hergestellt werden. Die Wirklichkeit ist allerdings so, daß die Weine höchst gewöhnlich und manchmal sogar schlampig gemacht sind. Ein Erlebnis sind sie allemal nicht; der frische Weißwein, der aus mindestens 90% Aligoté hergestellt wird, schmeckt noch am besten. Es bleibt mir ein Rätsel, warum diese Weingegend 1975 die Appellation Contrôlée bekam. Die Genossenschaft von Die hat das Monopol für alle Trauben. Etwa 70 ha sind angepflanzt, davon ein Zehntel mit weißen Reben.

Die Domaine de la Tour d'Elyssas verdankt ihren Namen einem Kelterturm, in dem die gesamte Vinifikation stattfindet. Das futuristische Gebäude hat mehrere Stockwerke; das oberste besteht aus zehn selbstleerenden Gärtanks. Begründer des Guts ist Pierre Labeye. Er und seine Frau Marie-Jeanne sind nicht mehr Eigentümer, führen aber den Betrieb noch. Die rund 140 ha liefern verschiedene Weine. Die besten: der kräftige Vin de Syrah und der frische, leicht fruchtige Devoy Rosé.

Nach dem Tode von Henry Bour, der die Domaine de Grangeneuve schuf, übernahmen seine Frau Odette und die Töchter Marie-Hélène und Anne-Marie die Leitung. Sie bestellen 100 ha mit 50% Grenache, 30% Syrah und 20% Cinsault. Man arbeitet mit Edelstahltanks und ohne Holz. Der Rosé schmeckt frisch, der Rotwein geschmeidig und etwas fruchtig. Vorzüglich ist der reine Syrah-Wein. Für den Export heißen die Weine auch Domaine des Lônes.

Rechts:
Der Kelterturm der Domaine de la Tour d'Elyssas in Les Granges-Gontardes

Darunter:
Die Gärtanks befinden sich oben in dem Turm. Nach dem Ende der Gärung geschieht alles weitere mit Schwerkraft. Die Vinifikation kann von zwei Personen überwacht werden.

Mitte unten:
Der kiesige und steinige Weinberg der Domaine de la Tour d'Elyssas. Nicht nur die Bearbeitung, sondern auch die Lese erfolgt überwiegend mechanisch.

Ganz unten:
Tricastin ist immer noch ein wichtiges Zentrum der Trüffelerzeugung. Diese Aufnahme entstand an der Auffahrt der SICA France-Truffes in La Baume-de-Transit.

Coteaux du Tricastin

Der Name Coteaux du Tricastin leitet sich von den Tricastini her, einem kriegerischen Stamm, der hier zur Zeit der Römer hauste. Vermutlich wurde damals schon Wein erzeugt, denn die Römer erbauten hier einen Bacchustempel. Der Distrikt Tricastin liegt östlich der Rhône zwischen den Ortschaften Donzère und Bollène. Das Gebiet ist etwa 20 km lang und 15 km breit. Bis weit in das vorige Jahrhundert hinein wurde hier auf breiter Basis Weinbau betrieben. Mit dem Vordringen der Reblaus war es damit zu Ende. Viele Winzer beschlossen, ihre verwüsteten Weingärten nicht mehr mit Rebstöcken zu bepflanzen, sondern mit Trüffeleichen. Anfang dieses Jahrhunderts erntete man große Mengen der «schwarzen Diamanten». Während der Saison zwischen November und März wurden allein in Grignan zwei Tonnen wöchentlich verkauft. Da das Tricastin mehr Trüffeln als Wein lieferte, wurde dieses Gebiet bei der Festlegung der Appellation Côtes du Rhône im Jahre 1937 übergangen. Normalerweise hätte das Tricastin diese Herkunftsbezeichnung erhalten müssen, da die Weine (u. a. diejenigen von Donzère) im vorigen Jahrhundert als Côtes du Rhône verkauft wurden.

Wiedergeburt

Zu Beginn der 60er Jahre gab es einen Umschwung. Aus Algerien trafen Rückwanderer ein, die zwischen 1962 und 1964 große Brachlandgebiete aufkauften, rodeten und in Weingärten verwandelten. Sie waren es gewohnt, in großem Maßstab zu arbeiten, und sie wandten ihr Wissen erfolgreich an. Zuvor war der Weinbau in Tricastin um die Gemeinden Saint-Paul-Trois-Châteaux, Richerenches und Suze-la-Rousse konzentriert. Dank den Neuansiedlern entstanden nun bei Donzère, Les Granges-Gontardes und Roussas beeindruckende Weingüter. 1964 umfaßte das Anbaugebiet 365 ha Rebfläche. Zehn Jahre später waren fast 1000 ha dazugekommen. Zur Zeit werden knapp 1700 ha kultiviert, und jährlich sollen weitere 50 ha dazukommen. Fachleute halten eine Verdoppelung des jetzigen Rebenbestandes für möglich. Fast gleichzeitig mit der Wiedergeburt der Weingärten wurde der Wein im Jahre 1964 als VDQS klassifiziert. 1973 erfolgte die Höherstufung zur Appellation d'Origine Contrôlée. Sie umfaßt 22 Gemeinden, die sämtlich im Département Drôme liegen.

Kleine und große Steine

Das Tricastin ist von sanften Hügeln geprägt, doch erheben sich vor der Silhouette ferner Berge auch mächtige Plateaus. Vor allem dort liegen die großen Güter. Die Dörfer sind still, auf den engen Straßen gibt es kaum Verkehr. Nur Saint-Paul-Trois-Châteaux macht einen geschäftigen Eindruck. Hier findet auch dienstags der vielbesuchte Wochenmarkt statt. An vielen Stellen weist der Boden der Coteaux du Tricastin eine starke Ähnlichkeit mit demjenigen von Châteauneuf-du-Pape auf. Man findet hier sehr viele kleine und große Steine. Teilweise ist auch überhaupt kein Erdreich vorhanden, da die Rhône hier vor langer Zeit ihr Bett hatte. Es ist übrigens nicht so, daß es im Tricastin heute nur noch Weinbau gäbe. Nach wie vor gibt es hier Trüffeleichen, wiewohl kaum ein Zehntel der früheren Mengen geerntet wird; daneben werden unter anderem Tomaten, Melonen und Spargel angebaut.

Geschmeidiger Geschmack

Die Coteaux du Tricastin liefern vor allem Rotweine. Rosé macht etwa 5 % aus, Weißwein noch weniger. Die Traubensorten für Rotwein und Rosé sind folgende: Grenache noir, Syrah, Cinsault, Mourvèdre und Picpoul noir (einzeln oder zusammen mindestens 80 %), sowie Carignan (höchstens 20 %). Der rote Coteaux du Tricastin ist ein Wein, der in vielem dem roten Côtes du Rhône ähnelt. Er schmeckt durchweg geschmeidig, leicht fruchtig und recht voll. Jung ist er am besten: Es hat keinen Sinn, Flaschen länger als 2–3 Jahre aufzubewahren. In den meisten Rotweinen überwiegt der Grenache-Anteil mit 50–80 %. Es gibt jedoch auch gelungene *cuvées* ausschließlich aus Syrah. Die Rosés können leicht, spritzig und sehr erfrischend sein. Der recht seltene, aber nicht sehr interessante weiße Coteaux du Tricastin setzt sich zu mindestens 70 % aus den Rebsorten Grenache blanc, Clairette, Picpoul blanc und Bourboulenc zusammen. Weiterhin dürfen höchstens 30 % Ugni blanc verwendet werden. Für alle Weine gilt ein Höchstertrag von 50 hl/ha und ein Mindestalkoholgehalt von 11 % – genau wie bei Côtes du Rhône.

Hoffnung auf Integration

Nach Roger Monteillet, dem Vorsitzenden der «Vignerons des Coteaux du Tricastin» sind

Links:
Madame Odette Bour (Domaine de Grangeneuve), flankiert von ihrem Sohn André und einer ihrer drei Töchter, Marie-Agnès

Unten:
Das Weindorf Roussas

Weitere interessante Coteaux du Tricastin:
- S.C. Le Terroir Saint-Rémy
- Domaine du Bois-Noir, La Baume-de-Transit
- Domaine la Tour Saint-Rémy, La Baume-de-Transit (rot)
- L'Enclave des Papes, Valréas (rot, Rosé)
- Le Cellier des Templiers, Richerenches (Rosé)
- Union des Grands Crus/ Caves St. Pierre, Châteauneuf-du-Pape (rot)
- Cuvées Sarrau, Robert Sarrau, St.Jean-d'Ardières (rot)

Das Château des Estubiers und der 92 ha große Weinberg gehören Hector Roth und Léopold Morel. Sie haben ihr in Les Granges Gontardes gelegenes Gut mit 55% Grenache, 18% Syrah, 9% Mourvèdre, 10% Cinsault und 9% Carignan bestockt. Die Weine schmecken geschmeidig, angenehm und harmonisch, und zwar sowohl der Rotwein als auch der Rosé. Etwa die Hälfte wird auf dem Gut selbst abgefüllt. Man arbeitet auch mit dem Namen Domaine du Bois des Mattes.

Bevor die Familie Reynaud Coteaux du Tricastin machte, erzeugte sie auf dem gleichen Grund Trüffeln, Getreide, Holz und Lavendel. Die gut 72 ha Coteaux du Tricastin ergeben einen ausgesprochen geschmeidigen, angenehmen Wein mit guter Frucht. Keine Größe, aber doch mit Genuß zu trinken. Der Wein gärt in Edelstahltanks und reift nicht auf Holz. Die Domaine de Saint-Rémy erzeugt auch Côte du Rhône (31 ha) und ordinaire (5 ha). Sitz ist der Ort La Baume-de-Transit.

Etwa die Hälfte von allem Coteaux du Tricastin wird von den Cellier des Dauphins verkauft, einem Zusammenschluß von zehn Genossenschaften. Eine von ihnen, La Suzienne in Suze-la-Rousse, vertreibt einen Teil der Ernte auch selbst. Die Mitglieder bestellen etwa 1000 ha. Der Rotwein ist schlicht ein guter Wein (etwa 13% Alkohol, viel Grenache), der hin und wieder auch prämiert wird. Auch der Rosé ist sehr in Ordnung.

98% der gut 240 Mitglieder für den Anschluß an die Côtes du Rhône. Die Gründe liegen auf der Hand. Zum einen sind die Weine einander sehr ähnlich, vor allem aber ist der Côtes du Rhône bekannter und wird besser verkauft. Im allgemeinen erzielen die Erzeuger von Côtes du Rhône ab Keller einen Franc pro Liter mehr als ihre Kollegen im Tricastin. Dies schmerzt natürlich. Um so mehr, als sich die beiden Herkunftsgebiete an vielen Stellen berühren. Von seinem Haus aus wies Monteillet auf ein Stück Land in 300 m Entfernung und sagte: «Hier ist Coteaux du Tricastin, dort Côtes du Rhône.» Ein weiteres Argument lieferte Hector Roth, der nicht nur in Paris die große Weinhandelsfirma Agrivin leitet, sondern auch einer der größten Winzer der Coteaux du Tricastin ist. In der Revue Vinicole Internationale schrieb er über den Côtes du Rhône: «Zwischen 1976 und 1982 hat man 10000 ha neu bepflanzt, während man uns systematisch die Integration von nicht einmal 1500 ha verweigerte.» Trotz der jahrelangen Bemühungen ihrer Lobby sieht es aber doch danach aus, daß die Erzeuger des Coteaux du Tricastin eigene Wege finden müssen, um das Renommee ihres Weines zu verbessern. Die Chance, daß die Integration von den Côtes du Rhône-Erzeugern und Paris akzeptiert wird, scheint sehr gering. Roger Monteillet sagte denn auch: «Wir hoffen auf die Eingliederung in die Côtes du Rhône, aber wir glauben nicht an sie.»

Die Brüder Jean-Pierre und François Perrin betreiben den Familienbesitz Domaine de Beaucastel in Châteauneuf-du-Pape (siehe dort), bestellen daneben aber auch den 30 ha großen Côtes du Rhône-Weinberg Cru de Coudoulet. Durchschnittlicher Ertrag nicht mehr als 29 hl/ha. Der Wein, nach einem ganz eigenen Verfahren erzeugt, reift etwa 1 Jahr in großen Fässern. Die Qualität ist hervorragend: ein intensiver, üppiger Klassewein, der in seiner Kategorie zur Spitze gehört.

In der Gemeinde Sorgues liegt Château du Prieuré, Eigentum von Guy Mousset. Der Weinberg umfaßt 45 ha; der Grenache-Anteil ist hoch. Daneben findet man Syrah, Cinsault und Carignan. Der Wein besitzt eine tiefrote Farbe und hat einen intensiven Geschmack, in dem meist Anklänge von Früchten vorhanden sind. Die Firma Louis Mousset (Châteauneuf-du-Pape) verkauft diesen Wein. Ein ganz ähnlicher Côtes du Rhône ist der Château de Bourdines, ebenfalls aus Sorgues.

Marc Français leitet bei Uchaux das beeindruckende Château Saint-Estève mit seinem 55 ha großen Weinberg. Auf dem sand- und kieshaltigen Boden sind angepflanzt: Grenache (45%), Syrah (20%), Cinsault (20%), sowie Mourvèdre, rosa und weiße Clairette (jeweils 5%). Von den fünf Sorten ziehe ich den erfrischenden Blanc de Blancs, den fruchtigen, jung zu trinkenden Cuvée Friande und den Tradition vor (ein würziger, recht üppiger Wein von makelloser Qualität; etwa 1 Jahr Reife in Fudern).

Im Rhônetal wohnen schätzungsweise 250 Familien mit dem Namen Meffre. Eine davon ist diejenige von Roger Meffre, Winzer in Gigondas. Neben Wein aus dieser Gemeinde erzeugt er auch einen vortrefflichen Côtes du Rhône auf 16 ha in Sablet, Rasteau und Séguret. Dessen Grundlage sind um 80% Grenache. Der Wein reift etwa 8 Monate in Holzfässern. Tiefdunkle Farbe, reicher, nachtönender Geschmack und Anklänge von reifer Frucht im Bukett. Mit Recht vielfach ausgezeichnet.

Einer der teuersten Côtes du Rhône ist Château de Fonsalette von der gleichnamigen 12 ha großen Domäne bei Lagarde-Paréol. Erzeugt wird der Wein von Jacques Reynaud vom Château Rayas in Châteauneuf-du-Pape. Er arbeitet traditionell und verwendet für den Ausbau (2–4 Jahre) Fässer mit 450 l Inhalt. Der Wein wird nicht geschönt, aber filtriert. Holz, Körper und Frucht sind stilvoll im Geschmack vorhanden. – Dem Weißwein fehlt etwas Frische, jedoch schmeckt er markant.

Côtes du Rhône

Die Herkunftsbezeichnung Côtes du Rhône geht auf das Jahr 1937 zurück und betrifft den meisterzeugten Wein des ausgedehnten Rhônegebiets, den man als Vin régional oder Vin générique bezeichnet. Seit den 50er Jahren hat die Erzeugung von Côtes du Rhône erheblich zugenommen. Es wurden nicht nur immer wieder neue Gemeinden der Appellation zugefügt, sondern auch umfangreiche Neubepflanzungen vorgenommen. Der durchschnittliche Zuwachs betrug etwa 10000 ha pro Jahrzehnt. Zur Zeit umfaßt das Produktionsgebiet etwa 34000 ha, was gut drei Viertel aller Rhône-Weinberge ausmacht, diejenigen von Clairette de Die, Coteaux du Tricastin und Côtes du Ventoux nicht mitgerechnet. Gleichzeitig mit der Erhöhung der Rebfläche nahm auch der Hektarertrag zu, da man effizienter und sachkundiger arbeitete. Von durchschnittlich 30–35 hl/ha im Jahre 1950 stieg der Ertrag auf heute 45–50 hl. Dies alles ging nicht zu Lasten der Qualität, denn auch die Technik der Weinbereitung machte große Fortschritte. Ein Genossenschaftsdirektor sagte mir im Jahre 1981: «Vor 25 Jahren besaßen 35% des Côtes du Rhône gute Qualität; heute ist das Verhältnis umgekehrt.»

Explosives Wachstum
Der Côtes du Rhône kommt aus einigen Dutzend Gemeinden in den sechs Départements Rhône, Loire, Ardèche, Drôme, Vaucluse und Gard. Von den 1,5–1,6 Millionen hl jährlich stammt etwa die Hälfte aus dem Département Vaucluse, während auf Gard ein gutes Viertel und Drôme ein knappes Viertel entfällt. Es folgt Ardèche mit etwa 25000 hl. Die Produktion in den nördlichen Départements Rhône und Loire ist äußerst gering. Genossenschaften geben hier den Ton an: Etwa 70% aller Côtes du Rhône-Wein werden in einer Cooperative erzeugt. Seit 1980 gibt es für den Côtes du Rhône eine eigene Flasche, die «Rhodanienne». Sie hat eine etwas gestrecktere Form als die übliche Burgunderflasche und trägt die Aufschrift «Côtes du Rhône». Die Flasche ist zwar längst nicht allgemein üblich, jedoch wurden bereits im ersten Jahr immerhin schon drei Millionen Stück abgefüllt.

Überwiegend Rotwein
Bei weitem der meiste Côtes du Rhône ist Rotwein. Rosé und Weißwein findet man hier nur in geringen Mengen. Der weiße Côtes du Rhône macht nur 1% der Gesamterzeugung aus. Allerdings ist bei ihnen nicht nur die Quantität gering, sondern nicht selten auch die Qualität. Weißweinen und Rosé mangelt es häufig an Frische und Frucht. Eine Verbesserung ist jedoch in Sicht, denn immer mehr Produzenten haben heute auch die Einrichtungen für die Erzeugung dieser Weintypen. Für den roten Côtes du Rhône unterscheidet man bei den Reben Haupt- und Nebensorten. Die wichtigsten der ersten Kategorie sind Grenache, Syrah, Cinsault, Carignan und Mourvèdre. Mindestens 70% des Weinbergs müssen diese Reben tragen, wobei die Carignan-Rebe allein niemals mehr als 30% ausmachen darf. Im allgemeinen sind die besten Weine diejenigen, bei denen Grenache den Hauptanteil stellt, ergänzt durch Syrah und/oder Cinsault. Der Mindestalkoholgehalt für alle Sorten Côtes du Rhône beträgt 11%. Tatsächlich besitzen die Weine durchweg zwischen 12 und 13%.
Eine interessante Erscheinung ist, daß viele Winzer, deren Grund in die höhere Herkunftsbezeichnungen Côtes du Rhône Villages fällt, ihren Wein als einfachen Côtes du Rhône deklarieren. Man schätzt, daß in einer Gemeinde wie beispielsweise Vacqueyras nur knapp die Hälfte der Winzer, die einen Vacqueyras erzeugen könnten, dies auch tun. Das hat steuerrechtliche Gründe: Beim Côtes du Rhône Villages liegt die Ertragsgrenze, von der an man eine bestimmte Steuer entrichten muß, bei etwa 20 hl, beim Côtes du Rhône bei etwa 45 hl. Viele Winzer verkaufen daher ihren Wein lieber etwas billiger, als daß sie mehr Steuern bezahlen. Außerdem erlaubt das Gesetz bei Côtes du Rhône 50 hl/ha, beim Côtes du Rhône Villages höchstens 42 hl. So ist es nicht erstaunlich, daß man in den «Villages»-Dörfern häufig besonders gute Côtes du Rhône-Weine findet.

Viele Varianten
Die Unterschiede zwischen den vielen Côtes du Rhône-Weinen sind teilweise erheblich. Hier gibt es sehr unterschiedliche Bodenarten, und

Unten:
Claude Jaume aus Vinsobres. Er könnte seinen Wein als Côtes du Rhône Villages verkaufen, bietet ihn jedoch aus praktischen Erwägungen (s. Text) als Côtes du Rhône an.

Mitte unten:
Jean Ladet, der sympathische Vorsitzende der Genossenschaft von Vénéjan. Diese ist zwar klein und unbekannt, erzeugt aber reizvolle Rotweine.

Ganz unten:
Max Aubert von der Domaine de la Présidente (Sainte Cécile-les-Vignes). Er arbeitet immer noch in der Weinbruderschaft Commanderie des Costes du Rhône mit, die er mit einigen Freunden im Jahre 1973 gegründet hat.

Das Haus Pascal bei Vacqueyras ist *vinificateur. Eigentümer Denis Cheron entrappt stets alle Trauben und läßt den Wein in Tanks reifen. Die Abfüllung der besseren Weine beginnt nach einem Jahr. Von den verschiedenen Sorten finde ich den Cuvée Personnelle Pascal am besten. Es ist ein geschmeidiger, kraftvoller und doch lebendiger Wein von hohem Niveau. Gut schmecken mir auch der Domaine de la Brune (von 15 ha) und Domaine de Roquevignan (von 35 ha).*

Ein sehr renommierter Markenwein ist der Parallèle 45 von der Firma Paul Jaboulet Aîné. Er enthält meist 80–85% Grenache, ergänzt durch eine jährlich wechselnde Mischung aus Cinsault und Syrah (teilweise auch Mourvèdre). Der Wein ist von äußerst zuverlässiger Qualität; er besitzt zudem eine recht tiefe Farbe und einen Anflug von Würzigkeit. Wie andere rote Jaboulet-Weine hat auch dieser über 1 Jahr auf Holz gelegen. Alkoholgehalt durchweg 12,5%.

Bei verschiedenen vergleichenden Verkostungen, die ich für dieses Buch veranstaltet habe, rangierte der Cuvée de Belleruche vom Hause Chapoutier immer weit oben. Es ist ein mit Sorgfalt und Fachkunde komponierter Wein, der außerdem auf Holz gereift ist. Sein Bukett braucht etwa 3 Jahre, um sich zu entwickeln, während man den mundfüllenden, breiten Geschmack, der eine angenehme Frische besitzt und 12,5–13% Alkohol, schon vorher genießen kann. Auch Holz ist vorhanden.

Etwa auf halbem Wege zwischen Nyons und Vaison-la-Romaine liegt der Ort Puyméras. Die lokale Genossenschaft Comtadine-Dauphinoise hat 300 Mitglieder, die fast 1000 ha bearbeiten. Der Betrieb arbeitet sehr qualitätsbewußt und gehört zu den besseren des Rhônetals. Die Rotweine sind sehr aromatisch und haben eine elegante Festigkeit sowie häufig einen leichten Fruchtton. Sie sind, kurz gesagt, köstliche Tafelbegleiter. Auch Rosé und Weißwein sind beachtlich.

In der Ortschaft Vinsobres liegen die modernen Keller von Claude Jaume, und zwar an einem Hügel direkt hinter seinem Haus. Jaume verfügt über 23,5 ha mit Anspruch auf die Herkunftsbezeichnung Côtes du Rhône Villages, jedoch bietet er seinen Wein als Côtes du Rhône an (s. Haupttext). Der Wein gefällt durch eine gute Frucht und einen festen, angenehmen Geschmack. Vor der Abfüllung reift der Wein 3–12 Monate in Holzfudern.

Unten: Château Saint-Estève in Uchaux. Rings um den 55 ha großen Rebgarten liegen noch 150 ha Wald. Das Gut besitzt einen romantischen, großen Gewölbekeller, in dem Fuder und kleinere Fässer liegen.

Links unten (Einsatz): Tentakelartige Zweige der Grenache-Rebe, die die Grundlage der Côtes du Rhône-Weine ist

Vom Côtes du Rhône wird alljährlich eine erhebliche Menge als Primeurwein verkauft. Von diesem hauptsächlich aus Grenache und Cinsault zusammengestellten Wein erzeugt man 75000–100000 hl, eine Menge, die noch zunehmen kann.

auch das Klima ist keineswegs überall gleich. Außerdem spielt die Wahl der Trauben eine wichtige Rolle, schließlich darf auch der menschliche Faktor nie vergessen werden. Alle diese naturgegebenen Grundlagen sowie die Art der Vinifikation – die Macération carbonique ist hier stark im Kommen – bestimmen letztendlich den Charakter und die Qualität des Weins, die bei jedem Erzeuger anders sind. Darüber geben die folgenden Bemerkungen zu einzelnen Erzeugern und ihren Côtes du Rhône Auskunft. Wie überall in diesem Buch ist die Auswahl rein an der Qualität orientiert. Die interessantesten Weine werden mit ihren Etiketten oben in der Kopfleiste vorgestellt, während hier noch eine Reihe weiterer guter Weine beschrieben werden (in willkürlicher Reihenfolge):

Domaine des Garrigues, Roquemaure
Winzer Jean-Claude Assémat erzeugt nicht nur hervorragende Lirac-Weine, sondern besitzt auch 6 ha Grund in Laudun (Côtes du Rhône Villages). Der von dort kommende Wein wird als Côtes du Rhône verkauft. Es ist ein herrlicher, fruchtiger, tieffarbener Wein. Kein Faßlager. Eine Komposition aus Syrah, Grenache, Mourvèdre und Cinsault.

Domaine des Riots, Saint-Michel d'Euzet
Zusammen mit seinem Bruder bewirtschaftet Fernand Riot 35 ha auf stark kieshaltigen Hängen. Sie verfügen über moderne Gärtanks aus Edelstahl und erzeugen einen geschmeidigen, köstlichen Rotwein mit zarter Frucht.

Enclave des Papes, Valréas
Die im Jahre 1975 gegründete Union des Vignerons de l'Enclave des Papes fungiert als Abfüll- und Verkaufsorganisation für drei Genossenschaften und 17 Güter. Insgesamt arbeiten in diesen Betrieben 800 Winzer, die 60% des Weins in der Vaucluse-Enclave des Départe-

Die kleine Genossenschaft von Vénéjan (95 Mitglieder, 230 ha) macht einen besonders hübschen roten Côtes du Rhône, der mehrfach ausgezeichnet wurde. Im Mund ist er zwar kein Kraftprotz, dafür aber ein angenehm schmeckender, geschmeidiger, leicht fruchtiger Wein, dessen Alkoholgehalt zwischen 12 und 12,8% liegt. Die Genossenschaft kann nur einen kleinen Teil der Ernte selbst abfüllen, plant jedoch diesbezüglich Investitionen. Der Betrieb besteht schon seit 1929.

Auf einem recht flachen Gelände bei Suze-la-Rousse liegt der 80 ha große Rebgarten der Familie Chambovet. Erzeugt werden hier La Selle du Prieur, Château de l'Estagnol (vollständig bzw. teilweise mit Macération carbonique) und Domaine Sainte-Marie (traditionell). Meine Vorliebe gilt dem Château de l'Estagnol: ein sehr tiefer Rotwein, geschmeidig und angenehm mit etwas Holz (4–6 Monate Ausbau in Fudern). Man erzeugt hier auch einen spritzigen Weißwein.

Anfang der 50er Jahre kaufte der Flame Rudolphe Goossens die Domaine de l'Olivet bei Bourg-Saint-Andréol. Noch heute ist er begeisterter Winzer. Seinen Rotwein erzeugt er hauptsächlich aus Grenache und Carignan, aber auch Clairette und Syrah werden verwendet. Goossens entrappt die Trauben nicht, klärt den Wein mit frischem Eiweiß, filtriert nicht und läßt den Wein 6–12 Monate in Burgunderfässern reifen. Dieser sehr gute Côtes du Rhône ist allerdings knapp, da nur von 6 ha.

Der Bauernhof, der Château du Grand Moulas heißt und bei Uchaux liegt, wurde 1958 Eigentum von Marcel Ryckwaert, als dieser aus Algerien rückwanderte. Das Gut ist hervorragend ausgerüstet (so mit Gärtanks aus Edelstahl). Die 29 ha Rebfläche sind mit Grenache (18 ha) und Syrah (11 ha) bepflanzt. Etwa 70% der Trauben werden unter Anwendung der Macération carbonique verarbeitet. Der so entstehende Wein hat von Anfang an Charme und Frucht und ein wenig *terroir*. Einfach köstlich.

In der Gegend von Sainte-Cécile-les-Vignes bestellt Abel Sahuc zusammen mit seiner Frau die 30 ha der Domaine de la Grand'Ribe. Die Reben sind 65% Grenache, 15% Carignan (sehr alte Stöcke, teilweise 100 Jahre alt), 10% Syrah und 10% Mourvèdre. Gelegentlich liest man auch in zwei Durchgängen, damit nur die wirklich reifen Trauben gelesen werden. Der Wein (teilweise Macération carbonique) schmeckt reintönig, angenehm, fruchtig. Innerhalb von 4 Jahren trinken.

Unten: Ein sehr typischer Côtes du Rhône-Weinberg. Rechts im Hintergrund sieht man die zackigen Konturen der Dentelles de Montmirail, an deren Fuß Gigondas liegt.

Links unten (Einsatz): Eine jüngere Bruderschaft des Rhône-Tals in vollem Ornat, die im Jahre 1980 gegründete Compagnie de la Côte du Rhône Gardoise.

ments Drôme erzeugen. Ein reizvoller, recht fester Côtes du Rhône ist der Enclave des Papes, der eine deutlich bessere Qualität besitzt als die normalen Sorten. Der Wein enthält meist 13,5% Alkohol und wird nach 3–4 Jahren Lagerung (teilweise auf Holz) verkauft.

Domaine du Cabanon, Saze
Achille Payan besitzt etwa 20 ha und erzeugt einen vielfach prämierten Rotwein. Die wichtigsten Trauben sind Grenache, Carignan und Cinsault, zu denen noch Syrah und Mourvèdre kommen. Nach einem Jahr Reife wird der Wein abgefüllt.

Domaine des Amoureuses, Bourg-Saint-Andéol
Die 27 ha dieser Domaine liegen auf Südwesthängen und sind mit Grenache (70%), Syrah (25%) und Mourvèdre sowie Cinsault (5%) bepflanzt. Eigentümer Alain Grangaud verfügt über modernste Vinifikationsgeräte. Sein Wein – auch als Cuvée des Amoureuses angeboten – weist einen köstlichen Geschmack mit Frucht und Ausgewogenheit auf sowie ein reizvolles Bukett mit Anklängen von Obst und Kräutern.

Château de Ruth, Sainte-Cécile-les-Vignes
Die Familie Meffre in Gigondas ist mit 950 ha der größte private Weingutbesitzer Frankreichs. Eine der Domänen ist das Château de Ruth (130 ha). Wie alle Meffre-Weine wird auch hier der Rotwein einer Kältebehandlung unterzogen. Ein frischer Geschmackston, eine feste Farbe und ein Bukett mit Anklängen von Früchten und Blumen prägen dieses außerordentlich korrekte Erzeugnis.

Domaine de la Chastelle, Delas, Tournon
Dieses Weingut liegt in der Nähe von Taulignan und gehört zum Haus Delas. Auf den etwa 12 ha wächst ein besonders angenehmer Wein, der in Duft und Geschmack häufig an Gewürze erinnert. Fester, geschmeidiger Geschmack und eine gute Farbe.

Le Mas des Collines, Gigondas
Der traditionell arbeitende Jean Gorecki erzeugt neben seinem Gigondas auch einen kraftvollen Côtes du Rhône (durchschnittlich 200 hl). Dieser Wein wird weder geschönt noch filtriert. Der Geschmack ist fest und tanninreich, doch auch etwas Frucht fehlt nicht. Tiefdunkle Farbe. Gewinnt auf der Flasche.

Château Rochecolombe, Bourg-Saint-Andéol
Eigentümer dieses alten, abgelegenen Schlosses nebst 20 ha Rebfläche (ein Drittel Grenache, ein Drittel Syrah, ein Drittel Cinsault plus Clairette) ist Gilbert Herberigs, Sohn eines Musikers aus Gent. Er erzeugt einen reintönigen, sehr eleganten Côtes du Rhône mit nicht zu viel Frucht und Tannin.

Domaines Michel Bernard, Orange
Der im Jahre 1948 geborene Michel Bernard verfügt selbst über 41 ha (davon 20 ha Côtes du Rhône) und verkauft daneben die besseren Se-

Les Vignerons de Roaix-Séguret ist eine Genossenschaft, deren 170 Mitglieder etwa 1000 ha bearbeiten (drei Viertel in Séguret, ein Viertel in Roaix). Ihr bester Wein (besser als die nur aus Séguret bzw. Roaix stammenden Weine) ist der Serre Rouge, ein roter Côtes du Rhône, aus den besten Cuvées zusammengestellt, und zwar nach so strengen Maßstäben, daß er 1979, 1980 und 1981 nicht auf den Markt kam. Ein reicher Wein, von tiefdunkler Farbe, etwas Frucht und angenehmer Ausgewogenheit.

Wie den Beschreibungen von Muscat de Beaumes-de-Venise und Côtes du Ventoux zu entnehmen ist, erzeugen Lisette Rey und ihr Bruder Guy verschiedene Sorten Wein, so auch einen Côtes du Rhône auf etwa 5 ha Grund. Die Grenache ist die Basisrebe dieses Weins, so daß er über einen soliden alkoholischen Rückhalt verfügt, teilweise 14%. Duft und Geschmack sind konzentriert, die Farbe ist tief. Lange Nachtönung mit Tannin.

Rochefort-sur-Gard ist die Wiege eines wohlschmeckenden, festen, fruchtigen Côtes du Rhône mit dem Namen Domaine du Père Rochas. Vater dieses Weins ist Didier Rochas. Sein mit großen Steinen, hier «clapas» genannt, übersäter Weinberg ist bepflanzt mit Grenache (7 ha), Carignan (3,5 ha), Cinsault (knapp 2 ha), Mourvèdre (1,5 ha) und Syrah (1 ha). Auf dem Gut wird seit 1973 ein Teil der Ernte selbst abgefüllt.

Die 80 ha dieses Guts, Eigentum von Madame Arène, tragen zu 70% Grenache-Stökke, außerdem zu etwa gleichen Teilen Syrah, Cinsault und Carignan. Nach dem Ausbau in Eichenfudern entsteht ein tiefroter, sympathischer Wein mit einem schüchternen, aber reintönigen Duft und einem eleganten, recht kraftvollen, ausgewogenen, fruchtigen Geschmack. Die Caves Saint-Pierre in Châteauneuf-du-Pape kümmern sich um Abfüllung und Verkauf.

In der Ebene zwischen Sainte-Cécile-les-Vignes und Cairanne liegen die 100 ha der Domaine de la Présidente: etwa 70% Grenache sowie zu gleichen Teilen Syrah, Cinsault und Carignan. Obwohl Eigentümer Max Aubert auch einen Cairanne erzeugt, ziehe ich doch seinen einfachen Côtes du Rhône vor, sowohl den Weißwein und den Rosé, beide frisch und fruchtig, als auch den geschmeidigen, recht leichten Roten. Eine festere Version Cuvée Simon Alexandre (spezielle Flasche).

Mitte unten:
Der Weinort St. Pantaléon-les-Vignes, der zur Gruppe der Côtes du Rhône Villages gehört

Ganz unten:
Ein phantastisches Wandgemälde an der Fassade der Kellerei, in der u. a. die Weine von Château de l'Estagnol vinifiziert werden. Man findet dieses surrealistische Kunstwerk einige Kilometer außerhalb von Suze-la-Rousse.

Gute trockene weiße Côtes du Rhône sind heute noch sehr selten. Aber es gibt sie. Hier ist vor allem der Wein von Château La Courançonne in Séguret zu nennen. Dieser intensiv duftende, reintönige Wein kommt von 3 ha mit 35% Clairette, 35% Grenache blanc und 30% Ugni blanc.

lektionen einer Reihe von Domänen, die zusammen 210 ha umfassen. Diese Weine werden in der Regel unter dem Domänennamen verkauft. Auch hier ist Côtes du Rhône vertreten. Die Qualität der Bernard-Weine ist tadellos. Sein eigener Côtes du Rhône (Domaine de la Serrière) besteht in einer Version für den raschen Genuß (teilweise Macération carbonique; fruchtreich und ausgezeichnet) und in einer klassischeren Variante (mindestens 6 Monate Holzlager). Letztere besitzt Frische, feste Struktur und gute Qualität. Beide Weine werden auch als Domaine la Garrique verkauft.

Weitere korrekte Côtes du Rhône
Auch von den nachfolgenden Erzeugern habe ich gelungene Côtes du Rhône verkostet. Die Reihenfolge ist wiederum willkürlich.
Domaine du Moulin (Jean Vinson), Vinsobres.
Cave du Nyonsays, Nyons.
Pierre Amadieu, Gigondas.
Domaine du Père Caboche, Châteauneuf-du-Pape.
Domaine du Grand Barsan, Vaison-la-Romaine.
Coopérative Vinicole Le Cellier des Templiers, Richerenches.
Domaine des Moulins (André Payan), Saze.
Château de Farel, Castillon-du-Gard.
Domaine de Montgillon, Visan (Abfüllung Enclave des Papes).
Domaine de la Guicharde, Derboux.
Domaine du Grand Plantier, Vedène.
Domaine du Marjolet, Gaujac.
Guigal, Ampuis.
Domaines Pierre Quiot (der Rosé Patriciens), Orange.
Domaine des Deux Sœurs, Châteauneuf-du-Pape.
Château la Borie, Suze-la-Rousse.
Bellicard (Marke Pont de l'Isle), Avignon.
Domaine de l'Aiguillon (Abfüllung Mathelin, Châtillon-d'Azergues).
Chantecôtes Cuvée Saint-Vincent.
Caveau de Sainte-Cécile-les-Vignes.
Domaine de la Bégude(Abfüllung Thorin, Pontaneveaux).
Domaine des Roches d'Arnaud, Domazan.
Cave des Vignerons du Castelas, Rochefort-sur-Gard.
Claude Raynaud, Domazan.
Château de Domazan, Domazan.
Domaine de Verquière, Sablet.
Les Vignerons des Quatre Chemins (der Rosé Boronnie de Sabran), Laudun.
La Ferme Pisan (Rotwein und Rosé) von Paul Coulon, Châteauneuf-du-Pape.

Unten: Zeitloses Bild aus der Villages-Gemeinde Rochegude, wo sich Dorfbewohner in der milden Nachmittagssonne dem Boule-Spiel widmen.

Der Gruppe Cellier des Dauphins sind die folgenden Genossenschaften angeschlossen: St. Maurice-sur-Eygues, Vinsobres, Vaison-la-Romaine, St. Pantaléon-les-Vignes, Tulette-Nouvelle, Suze-la-Rousse, Rochegude, Costebelle (Ste. Cécile-les-Vignes) und Nyons. Der Betrieb verfügt über herrliche restaurierte Keller- und Proberäume in der aus dem 12. Jahrhundert stammenden Abtei von Bouchet und besitzt auch den größten natürlichen Felsenkeller von Frankreich, der in St. Restitut liegt.

Cellier des Dauphins ist der größte Betrieb des Rhônetals. Abgefüllt und verkauft wird fast die gesamte Produktion von neun Genossenschaften, was etwa 20% des Côtes-du-Rhône ausmacht. Die meisten Weine können ihren Ursprung als Massenprodukt nicht verleugnen und sind etwas glatt. Zu den Ausnahmen gehören der Côtes du Rhône Carte Noire (kräftig, gute Frucht) und der Côtes du Rhône Villages Réserve (aromatisch, mit viel Holz in Duft und Geschmack; vorzügliche Qualität).

Die Sorgfalt, mit der die Firma Paul Jaboulet Aîné arbeitet, zeigt sich auch an ihrem Côtes du Rhône Villages. Dieser Wein besteht durchweg aus 90–100% Grenache. Es ist ein ausgewogen-fester, generöser Rotwein mit Tannin im Abgang. Eigentlich ist er interessanter als der Vacqueyras aus dem gleichen Hause.

Obwohl La Suzienne, die Genossenschaft von Suze-la-Rousse, zu Cellier des Dauphins gehört, verkauft man doch auch einen Teil der Erzeugung selbst, so einen sehr gelungenen Côtes du Rhône Villages. Es mangelt diesem Wein weder an Farbe noch an Frucht, noch an Alkohol (gut 14%). Er ist in der Regel eine Mischung aus 75% Grenache und 25% Syrah. Alle Trauben werden entrappt. In dem Betrieb sind 900 Winzer zusammengeschlossen, die in 22 Gemeinden 4000 ha bearbeiten.

Die Genossenschaft in Saint-Pantaléon-les-Vignes wurde 1960 gegründet und hat 220 Mitglieder. Diese bearbeiten knapp 1200 ha im Dorf selbst sowie im nahegelegenen Rousset-les-Vignes. Der beste Wein ist der Saint-Pantaléon-les-Vignes, der recht kräftig ist mit deutlicher Frische. 12–18 Monate reift er im Faß. Der Betrieb ist an die Gruppe Cellier des Dauphins angeschlossen, verkauft aber über 200000 Flaschen unter dem eigenen Namen.

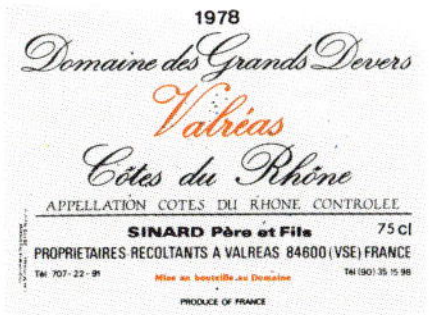

Etwas außerhalb von Valréas liegt die Domaine des Grands Devers von André Sinard. Sie umfaßt 27 ha mit 65% Grenache, 30% Syrah und 5% Mourvèdre. Die Früchte werden nicht entrappt und gegebenenfalls bei der Anlieferung selektiert. Zum (18–24 Monate dauernden) Ausbau dienen Betontanks. Der Valréas von Sinard besitzt häufig eine recht tiefe Farbe und einen wärmenden, würzigen Geschmack, rund und mit Charakter.

Côtes du Rhône Villages

Der Grundstein zur Appellation Côtes du Rhône Villages wurde 1953 gelegt, als vier Gemeinden aus der Gruppe Côtes du Rhône das Recht erhielten, ihren Namen auf dem Etikett anzugeben: Cairanne, Chusclan, Gigondas und Laudun. Zwei Jahre später folgte Vacqueyras und 1957 Vinsobres. Von diesen sechs Orten der ersten Stunde hat Gigondas inzwischen Cru-Niveau erreicht: Diese Gemeinde hat heute ihre eigene Herkunftsbezeichnung. Der Begriff Côtes du Rhône Villages entstand im Jahre 1967, wobei der Gesetzgeber gleichzeitig Vorschriften bezüglich der Reben, des Ertrags und des Mindestalkoholgehalts festlegte. Weine, die dieser Kategorie angehören, dürfen als Côtes du Rhône mit Gemeindename oder als Côte du Rhône Villages ohne Angabe der Gemeinde angeboten werden. Letztere Regelung ist vor allem für Weine gedacht, die aus verschiedenen «Villages»-Gemeinden stammen. Nach 1967 kamen auch immer wieder weitere Gemeinden hinzu. Heute sind es 17 an der Zahl, die sich über die Départements Drôme, Vaucluse und Gard verteilen.

Die Gemeinden

Nachfolgend die Namen der 17 Gemeinden nach Départements in alphabetischer Reihenfolge:
Drôme: Rochegude, Rousset-les-Vignes, Saint-Maurice-sur-Eygues, Saint-Pantaléon-les-Vignes, Vinsobres.
Vaucluse: Beaumes-de-Venise, Cairanne, Rasteau, Roaix, Sablet, Séguret, Valréas, Vacqueyras, Visan;
Gard: Chusclan, Laudun, Saint-Gervais.
In zwei Gemeinden wird unter einer eigenen

Unten:
Im Zentrum von Valréas auf der Place Aristide Briand. Das Gebäude, das einst dem Marquis von Simiane gehörte, ist das Rathaus. Es stammt weitgehend aus dem 18. Jahrhundert.

Rechts unten:
Maurice Archimbaud, Winzer aus Vacqueyras. Er erzeugt mit seinem Schwiegersohn nicht nur einen vorzüglichen Vacqueyras, sondern auch einen besonders gelungenen Gigondas, und zwar auf Château de Montmirail. Rings um dieses Schloß liegen 100 ha Grund, darunter ein Teil des Massivs der Dentelles de Montmirail.

Romain Bouchard (geboren 1923) in Valréas vertritt die achte Generation einer Winzerfamilie aus dem Burgund. Im Jahre 1964 kaufte er in Valréas die Domaine du Val des Rois. Die 14 ha des Guts tragen 46% Grenache, 26% Syrah, 15% Cinsault, 5% Carignan, 4% Mourvèdre und 4% Gamay. Bouchard entrappt seine Trauben und läßt die Gärung höchstens 8 Tage dauern. Nach 10–14 Monaten Faßlager entsteht ein recht tiefer, geschmeidiger, ziemlich eleganter Rotwein.

Château de Deurre liegt zwar in Vinsobres, jedoch wird der Wein als Côtes du Rhône verkauft. Seine Herkunft verleugnet er allerdings nicht: viel Farbe, mundfüllender, kräftiger, charaktervoller Geschmack. Das Gut ist Eigentum von Comte de Saint-Priest d'Urgel, dessen Familie das Gut seit 1788 besitzt. Es umfaßt 19 ha mit 40% Grenache, 25% Syrah, 25% Cinsault, 5% Mourvèdre und 5% Carignan.

Außer einer Weingenossenschaft gibt es in Vinsobres auch einen gemeinsamen Ausbaukeller. Unter der Bezeichnung Cave du Prieuré wurde er im Jahre 1959 eingerichtet. Der modern ausgerüstete Betrieb arbeitet einerseits für die Genossenschaft, doch sind andererseits auch Privatgüter Mitglied. Die Lagerkapazität beträgt 1 Million Liter. Die Rotweine reifen 1–2 Jahre in Fudern, anschließend 3–6 Monate in *demi-muids*. Sie werden zu einer sehr ordentlichen Standardqualität verschnitten.

Die etwa 180 Mitglieder der Genossenschaft in Maurice-sur-Eygues bearbeiten rund 750 Hektar. Der 1929 gegründete Betrieb liefert normalerweise ein Drittel der Ernte an die Gruppe Cellier des Dauphins. Der Rest wird direkt verkauft. Es gibt zwei Sorten Saint-Maurice-sur-Eygues: die einfache, die einige Monate in Fudern reift, und die bessere Grande Réserve, die ein Jahr in kleinen Fässern ruht. Ein Wein: üppig in der Nase und am Gaumen, mit Holz, Frucht und Frische.

Als die Genossenschaft Visan 1936 gegründet wurde, erzeugten 88 Mitglieder 2000 hl. Heute erzielen 370 Mitglieder 100 000 hl. Das Sortiment umfaßt unter anderem drei Sorten Visan: den einfachen Grande Réserve und Notre Dame des Vignes. Notre Dame ist mit über 14% Alkohol der stärkste; daneben zeichnen ihn generöser Geschmack und tiefdunkle Farbe aus. Etwa ein Drittel des Weins reift auf Holz. Grenache (70%), Syrah (20%), Mourvèdre (5%) und Cinsault (5%) sind die Reben.

Herkunftsbezeichnung auch ein sogenannter Vin doux naturel hergestellt, und zwar in Beaumes-de-Venise und Rasteau (s. dort). Die Gesamtfläche der Villages-Weingärten beträgt etwa 3500 ha, ein Zehntel der Côtes du Rhône.

Strenge Vorschriften

Für die Erzeugung des Côtes du Rhône Villages gelten strengere Vorschriften als für den Côtes du Rhône. In verschiedenen Gemeinden kommen nur die besseren Böden in Betracht (meist an Hängen), und der zulässige Hektarertrag ist auf 35 hl begrent (in Ausnahmefällen können bis zu 42 hl genehmigt werden). Für den Côtes du Rhône gelten 50 hl als regulärer Ertrag. Weiterhin müssen die Rotweine mindestens 12,5 % Alkohol enthalten, ein Wert, wie er beispielsweise für den Châteauneuf-du-Pape gilt. Für Rosé und Weißwein liegt die Untergrenze bei 12 %. Strengere Vorschriften betreffen auch die Rebsorten. Roter Côtes du Rhône Villages muß zu mindestens 90 % aus Grenache, Syrah, Mourvèdre und Cinsault bestehen, wobei auf Grenache höchstens 65 %, auf die anderen drei mindestens 25 % entfallen müssen (in der Praxis verwenden jedoch nicht wenige Winzer mehr als 65 % Grenache). Neben diesen vier Haupttypen kann nach Wahl ein Zehntel der kultivierten Fläche aus anderen, für Côte du Rhône zugelassenen Trauben bestehen. Weißer Côte du Rhône Villages kommt sehr selten vor; hierfür müssen Clairette, Roussanne und Bourboulenc zusammen oder einzeln zu mindestens 80 % verwendet werden. Rosé ist etwas häufiger; in einer Gemeinde wie Chusclan hatte man sich sogar hierauf spezialisiert. Die wichtigsten Rebsorten hierfür sind Grenache noir (maximal 60 %), Cinsault und Camarèse (mindestens 15 %) und Carignan (höchstens 15 %). Da in den verschiedenen Orten teilweise erhebliche Unterschiede hinsichtlich Böden, Untergrund und Klima bestehen, werden nachfolgend alle 17 Gemeinden und ihre Weine kurz beschrieben. Die Reihenfolge geht geographisch von Nord nach Süd; zuerst wird der östliche Teil der Rhône behandelt (Drôme, Vaucluse), anschließend die Westseite (Gard).

Unten:
Weinlese auf der Domaine Saint-Anne in Saint-Gervais. Eigentümer Guy Steinmaier steht auf dem Traktor. Er erzeugt einen Rotwein aus 55% Grenache, 25–30% Syrah sowie 15–20% Cinsault und Mourvèdre. Sein Weißwein wird aus Marsanne, Viognier (beide ein Drittel der Rebstöcke), Bourboulenc, Roussanne und Clairette komponiert.

Mitte unten:
Einige der modernen Gärtanks aus Edelstahl, die die hervorragende Genossenschaft von Chusclan seit 1974 in Betrieb hat. Diese liegenden Tanks dienen speziell für die Macération carbonique.

Ganz unten:
Bei der Cave du Prieuré in Vinsobres reift der Wein in Tanks und Fässern aus Holz.

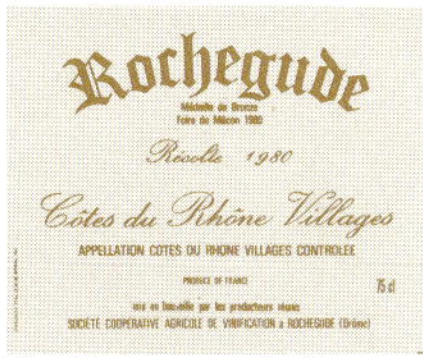

Die Genossenschaft von Rochegude liefert reizvolle, recht leichte Rotweine, die reintönig und leicht fruchtig sind. Sie werden aus einer Vielzahl von Traubensorten hergestellt. Der Betrieb stammt aus dem Jahre 1959 und hat zur Zeit etwa 430 Mitglieder, die zusammen etwa 700 ha besitzen. Die Genossenschaft gehört zu der Gruppe Cellier des Dauphins, bringt aber auch selbst einen Teil der Ernte auf den Markt.

Einige Kilometer östlich von Cairanne liegen an einem Rebenhang die Keller von Abel Charavin. Sein Weingut, die Domaine Rabasse-Charavin, ist 20 ha groß und auf 3 Gemeinden verteilt. Der beste Rotwein ist der Cairanne, der von lehm- und kalkhaltigem Boden stammt. Die Rebsorten sind Grenache (65%), Syrah (15%), Mourvèdre (10%) und andere (10%). Der Wein reift 6–12 Monate in Fudern. Lebendiger Geschmack, vorzügliches Bukett, tiefe Farbe.

Nach dem Tode von Frédéric Alary übernahmen dessen Söhne Daniel und Bernard die Domaine de l'Oratoire Saint-Martin in Cairanne. Sie bearbeiten zusammen 32 ha, wovon rund ein Viertel Cairanne liefert. Dieser Wein reift etwa 1 Jahr in Fudern und wird unter dem Namen Réserve des Seigneurs de Saint-Martin verkauft. Der Wein besitzt eine nuancierte, klassische Struktur und eine zarte Fruchtigkeit. Die primären Rebsorten sind Grenache (65%) und Syrah (etwa 15%).

Die Genossenschaft von Cairanne datiert aus dem Jahre 1929 und arbeitet vollkommen unabhängig. Die Trauben bekommt man von etwa 1200 ha (90% in Cairanne selbst), die Eigentum von 260 Winzern sind. Von den verschiedenen Qualitäten ziehe ich die Réserve des Voconces vor, einen fast schwarzen, geschmeidigen, kräftigen Wein mit Anklängen von reifem Obst. Alkoholgehalt: gut 14%. Erzeugt wird er hauptsächlich aus der Grenache-Rebe, die ergänzt wird durch Syrah und Cinsault.

Zusammen mit seiner Frau Arlette bestellt Daniel Brusset die 42 ha der Domaine Brusset in Cairanne. Gelegentlich besitzt der rote Cairanne eine fast undurchsichtige, schwarz-purpurne Farbe. Der Geschmack ist meist kraftvoll, reich an Tannin, etwas straff und sonnendurchglüht. Das Bukett ist kompakt. Auf diesem Gut wird traditionell gearbeitet, und der Wein reift 2 Jahre in Fudern aus Eichenholz. Das schmeckt man auch. Alkoholgehalt mindestens 12,5–13,5%.

Rousset-les-Vignes
Dieser nördlichste Ort der Côtes du Rhône Villages schmiegt sich an den Fuß eines etwa 800 m hohen Berges. In dem kleinen Ort mit dem aus dem 16. Jahrhundert stammenden Schloß und der schönen Kirche wird schon seit Jahrhunderten Weinbau betrieben. So wird in einem Kataster aus dem 15. Jahrhundert zwischen Weinbauflächen dreierlei Qualität unterschieden. Wegen der etwas höheren Lage reifen die Trauben hier etwas später als im benachbarten Saint-Pantaléon-les-Vignes. Von dem sand-, kies-, lehm- und kalkhaltigen Boden liefern sie frische, duftige Weine von eher leichter Art. Man charakterisiert sie hier als nervig. Die gesamte Erzeugung ist bei der Genossenschaft von Saint-Pantaléon konzentriert.

Saint-Pantaléon-les-Vignes
Die am Ort gefundenen römischen Vasen, Lampen und Mosaiken lassen den Ursprung von Saint-Pantaléon deutlich werden. Das Dorf liegt etwa 4 km nordöstlich von Valréas und fügte das «les Vignes» 1918 seinem Namen zu, um Verwechslungen mit gleichnamigen Ortschaften zu vermeiden. Der neue Name weist deutlich darauf hin, womit die meisten Bewohner ihr Brot verdienen, und zwar mindestens seit dem 14. Jahrhundert. Die 1916 gegründete Genossenschaft erzeugt praktisch allen Wein, zusätzlich noch den der Nachbargemeinde Rousset-les-Vignes. Im Vergleich mit dem Rousset ist der Saint-Pantaléon etwas fester, etwas farbtiefer und lagerfähiger. Das hängt mit dem etwas weniger hügeligen Gelände und dem etwas schwereren, lehmhaltigeren Boden zusammen. Dennoch darf man bei einem Saint-Pantaléon-les-Vignes keinen wirklich vollen, breiten Wein erwarten: Frische und Eleganz sind eigentlich immer im Vordergrund.

Valréas
Mit seinen 8500 Einwohnern ist Valréas die größte Gemeinde der Côtes du Rhône Villages. Der Ort besitzt ein sehenswertes Zentrum mit einem alten Palais (heute Rathaus) und einer schönen, aus dem 12. Jahrhundert stammenden Kirche, in der es eine gut 300 Jahre alte Orgel zu bewundern gibt. Um das Zentrum mit den kleinen Gäßchen und alten Fassaden verläuft eine Ringstraße, die von unzähligen Platanen gesäumt ist. Am 23. Juni bewegt sich hier ein Festzug, der anläßlich der Fête du Petit Saint-Jean die Vergangenheit von Valréas lebendig werden läßt. Wie es heißt, kaufte Papst Johannes XXII. im Jahre 1317 das Dorf mit seinen Weinbergen, da er bemerkt hatte, wie sehr der lokale Wein seiner Gesundheit zuträglich war. Heute wird längst nicht aller Wein aus Valréas unter diesem Namen verkauft; ein großer Teil davon kommt auch als Côtes du Rhône auf den Markt (s. die vorhergehenden Seiten). Wenn man einen guten Valréas von einem qualitätsbewußten Gut verkostet, kann dies ein mundfüllender Wein sein, der kraftvoll ist, ohne plump oder ermüdend zu sein, und in seinem Duft hin und wieder an kleine Blumen erinnert. Der Boden enthält hier vor allem Lehm und Kalk, teilweise auch viel Kies und Steine.

Vinsobres
Ein schmales, gewundenes Sträßchen führt von Valréas nach Vinsobres, einen Ort römischen Ursprungs, der über das Tal des Eygues blickt. Dort verläuft auch die Straße D 94. Wer auf dieser Straße das Dorf passiert, kann die riesigen Lettern nicht übersehen, mit denen der Ortsname angegeben ist. Dieser Name animierte im Jahre 1633 den Erzbischof von Vaison-la-Romaine zu folgendem Wortspiel: «Vin Sobre ou Sobre Vin, Prenez-le Sobrement» (etwa: «Mäßiger Wein oder einfacher Wein – gleichviel: Trink ihn mit Mäßigkeit»). Der besorgte Ratschlag hatte vielleicht damals schon mit dem Alkoholgehalt des Vinsobres zu tun. Die nach Südosten liegenden Weinberge werden gut von der Sonne bestrahlt und liefern einen kräftigen, gefälligen Wein mit einem festen alkoholischen Kern. Der Boden enthält hier vor allem Lehm und Kalk. Der große Aufschwung des Weinbaus kam in Vinsobres erst nach 1956. Im Winter dieses Jahres erfroren über 14000 der 15000 Olivenbäume. Die meisten Winzer pflanzten daraufhin Rebstöcke, und der Wein wurde vom Nebenprodukt zum Haupterzeugnis. Größter Produzent ist die lokale Genossenschaft La Vinsobraise. Ein Teil der Genossenschaftsernte reift auf Holz in der 1959 erbauten Cave du Prieuré.

Saint-Maurice-sur-Eygues
Im gleichen Tal, in dem sich Vinsobres befindet, liegt auch Saint-Maurice-sur-Eygues. Zwischen den beiden Dörfern besteht eine gewisse

Die Gemeinde Rasteau hat etwa 1085 ha Rebfläche, wovon über 800 in Händen der 205 Genossenschaftsmitglieder sind. Knapp 10% des Rebengrundes dienen der Erzeugung von Vin doux naturel; der Rest ist hauptsächlich Côtes du Rhône Villages. Bei diesem Betrieb werden die Trauben entrappt, und der Wein reift mindestens 6 Monate in Fudern. Deshalb riecht und schmeckt man auch neben *terroir* ein Holzaroma. Intensive Farbe. Harmonisch.

Etwas außerhalb des Ortskerns von Rasteau liegt die Cave artisanale von Maurice Charavin. Die Wände zieren nicht wenige Urkunden und Auszeichnungen, denn Charavins Weine werden häufig prämiert. In den 15 ha Rebgarten (der auch Vin doux naturel liefert) stehen hauptsächlich Grenache sowie etwas Syrah, Cinsault und Carignan. Der Rotwein besitzt häufig einen fast lieblichen Geschmackston, eine tiefe Farbe, etwas Fett und eine angenehme Persönlichkeit.

Auf der Hauptstraße durch Rasteau kommt man am Keller von Robert Charavin vorbei. Nicht wenige machen hier Halt. Auf 28 ha (davon 17 in Rasteau) erzeugt Charavin verschiedene Sorten Wein. Sein roter Rasteau (85% Grenache, 12% Syrah, 3% Cinsault und Mourvèdre) reift 4–6 Monate in Fudern. Es ist ein fester, dunkelroter Wein mit einem vitalen Geschmack. Nach dem Verfahren der Macération carbonique erzeugt man hier auch gute Côtes du Rhône und Vins de Pays de Vaucluse.

Rechts:
Die abwechslungsreiche Weinlandschaft bei Beaumes-de-Venise

Mitte oben:
Das Weindorf Sablet, das früher von Befestigungsmauern umgeben war

Mitte unten:
Die Genossenschaft von Rasteau; im Hintergrund das Dorf selbst.

Ganz unten:
Das aus dem 15. Jahrhundert stammende Dorf Séguret, das zu Füßen eines Hügels gebaut wurde. In der zweiten Augusthälfte wird hier alljährlich ein provenzalisches Fest organisiert.

Rivalität, da jedes beansprucht, den besten Wein zu machen. Das legt den Schluß nahe, daß die beiden Weine einander sehr ähnlich sind, was allerdings nicht der Fall ist. Da Saint-Maurice-sur-Eygues ein etwas kühleres Mikroklima hat, mehr Wind und außerdem eine vielfältigere Bodenstruktur (es gibt nicht nur Lehm- und Kalkböden, sondern auch Parzellen, in denen der Kalk stark überwiegt, sowie kieshaltiges Gelände), sind seine Weine leichter, weniger kräftig und weniger farbtief, dabei aber sehr geschmeidig. Aller Wein wird von der lokalen Genossenschaft erzeugt. Weinbau gibt es in diesem Dorf seit mindestens 600 Jahren.

Visan
Zwischen den Weinbergen von Visan steht die Kapelle Notre-Dame des Vignes (oder d'entre les Vignes). Das Kirchlein stammt aus dem 13. Jahrhundert und zeugt von Visans langer Weingeschichte. Am 8. September jeden Jahres machen die Dorfbewohner eine Wallfahrt zu der schön geschmückten Kapelle, in der an diesem Tag drei Messen gelesen werden. Die Geschichte von Visan selbst reicht noch sehr viel weiter zurück: In der Nähe gab es sowohl prähistorische als auch römische Funde. Die Weinberge von Visan bestehen größtenteils aus Lehm, aber auch aus Kalkstein, in dem große Austern-Versteinerungen gefunden wurden. Dieser stark lehmhaltige Boden gibt wärmende, recht solide Weine mit meist mehr als 13,5% Alkohol. Fast alle Winzer sind Mitglied der örtlichen Genossenschaft. Unter der Schirmherrschaft dieses Betriebs ist auch die örtliche Bruderschaft La Confrérie de Saint-Vincent des Vignerons de Visan tätig.

Château de Trignon (51 ha) bei Sablet ist die Wiege exzellenter Weine. Der rote Sablet kommt von 19 ha (12 Grenache, 1 Syrah, 1 Cinsault und 5 Mourvèdre auf Kiesboden, der dem Wein Körper verleiht). Wie die anderen Rotweine gärt auch dieser Sablet nach dem Verfahren der Macération carbonique. Tiefe Farbe, feines und fruchtiges Bukett, Finesse im doch kräftigen, harmonischen Geschmack. Auch der Rasteau ist hervorragend.

In Sablet bearbeiten Louis Chamfort und Sohn Bernard rund 12 ha, anderswo weitere 38 ha. Qualität steht auf ihrer Domaine de Verquière im Vordergrund. Nur der beste Wein wird abgefüllt. Man arbeitet klassisch, so mit einem 8–18monatigen Ausbau auf Fudern. Der rote Sablet wird aus 70% Grenache und fünf weiteren Sorten hergestellt. Er kann gut altern und besitzt in seinem lang nachtönenden Geschmack eine gewisse Würze mit einer Spur Pfeffer. Der einfache Côtes du Rhône ist ebenfalls zu empfehlen.

Außer einem hervorragenden Gasthaus betreibt Nadine Latour auch die 25 ha große Domaine de la Cabasse. Die eine Hälfte liegt in Séguret, die andere in Sablet. Die wichtigsten Rebsorten sind Grenache (60%) und Syrah (10–15%). Nach einem 18–24monatigen Ausbau in Fudern werden beide Weine als Côtes du Rhône Villages verkauft. Beide Weine haben Niveau, wobei der Séguret etwas runder schmeckt und der Sablet sich etwas straffer präsentiert.

Etwa 70% des Vacqueyras werden von der lokalen Genossenschaft (133 Mitglieder, 650 ha) erzeugt. Für verschiedene Weintypen arbeitet man mit verschiedenen Vinifikationsverfahren. Einfache Sorten (wie der fruchtige, elegante «Cuvée d'une grappe») werden teilweise mit der Macération carbonique hergestellt. Daneben erzeugt man auch einen traditionelleren Typ Vacqueyras, der 1–2 Jahre in Fudern liegt. Die durchschnittliche Qualität ist sehr gut.

Maurice Archimbaud und Schwiegersohn Jacques Bouteiller sind die Männer hinter dem Weingut Château de Montmirail. Es umfaßt 20 ha Vacqueyras sowie weitere 27 ha in Gigondas. Der Wein bleibt 6 Monate in Fudern. Alte Stöcke und ein niedriger Ertrag (10–32 hl/ha) sind u.a. Garanten für Klasse und Tiefe des Weins. Ein voller, fast schwarzer Lagerwein ist der Cuvée de l'Hermite (Syrah und Grenache); kraftvolle Eleganz findet man beim Cuvée des Deux Frères (vor allem Grenache).

Rochegude

Eine Bacchusstatue ist der Beweis dafür, daß in Rochegude schon zur Römerzeit Wein gemacht wurde. Heute ist es vor allem Rotwein, während im vorigen Jahrhundert noch der Weißwein als die lokale Spezialität galt. Der spätere amerikanische Präsident Thomas Jefferson verglich Rochegudes Weißwein mit den besten von Lissabon. Die Weißweinreben wurden im 18. Jahrhundert vom damaligen Besitzer des Dorfes, dem Marquis Robert d'Acquéria, aus Spanien importiert. Das Schloß des Marquis steht heute noch. Wegen des hohen Kiesanteils des Bodens sind die Weine von Rochegude nicht sehr kräftig oder tieffarben, sondern recht leicht, dabei reintönig und ansprechend. Die örtliche Genossenschaft gibt den Ton an.

Cairanne

Römer, Templer und päpstliche Herrschaft haben die Geschichte von Cairanne geprägt. Immer wieder war der Ort wegen seiner strategisch günstigen Lage auf einer Hügelkuppe heftig umkämpft. Ein Teil der alten Befestigungswälle und Wehrtürme ist noch erhalten, ebenso die Kirche mit dem hohen Turm. Im Westen des Dorfs liegen recht flache, leichte Böden, von denen auch leichte, schnell trinkfertige Weine erzeugt werden. Im Süden des Dorfs liegen steinige, magere Böden, die farb- und tanninreiche Weine liefern. In östlicher Richtung (nach Rasteau zu) findet man lehmhaltige Hänge, von denen Cairannes beeindruckendste Weine stammen. Man begegnet daher in dieser Gegend verschiedenen Arten Wein, die teilweise auch miteinander vermischt sind. Die durchschnittliche Qualität ist hoch.

Rasteau

Der Name Rasteau soll auf rateau – Harke – zurückgehen. Niemand hat jedoch bisher erklärt, warum. Dieser alte, von den Römern gegründete Ort ist vor allem wegen seines Vin doux naturel bekannt, weshalb ihm hier ein eigenes Kapitel gewidmet wurde. Die Winzer des Orts erzeugen jedoch auch tiefdunkle, kräftige Rotweine, die lange am Gaumen haften. Sie sind manchmal noch etwas mächtiger als diejenigen von Cairanne. Etwa 95 % der Weingärten liegen auf Hängen, und man findet neben Lehm hier auch Kies und Steine im Boden.

Roaix

Man vermutet, daß Templer im 12. Jahrhundert den Weinbau nach Roaix brachten. Ein weiteres Relikt dieses Ordens ist eine Kapelle. Schließlich gibt es in diesem kleinen Dorf noch die Ruine einer Burg aus dem 14. Jahrhundert. Der Wein von Roaix ähnelt sehr dem des benachbarten Séguret, ist jedoch etwas straffer und besitzt mehr Tannin. Die Produktion liegt zu einem erheblichen Teil in Händen der Genossenschaft von Séguret.

Unten: Der Weinort Cairanne, Wiege vieler guter Weine. Bei der lokalen Genossenschaft steht eine im Jahre 1962 erbaute Kapelle, die von den Einwohnern der Gemeinde selbst finanziert wurde. Sie wurde zum Gedenken der Opfer des Zweiten Weltkriegs erbaut. Die farbigen Glasfenster sollte man sich unbedingt ansehen. Notre-Dame-de-la-Vigne, so der Name der Kapelle, zieht viele Besucher an.

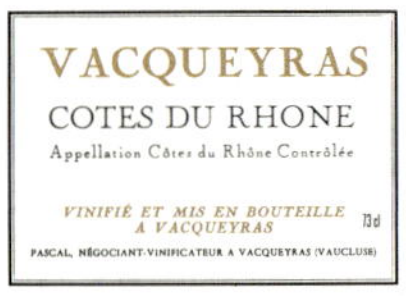

An der Straße von Vacqueyras nach Gigondas liegen die Keller des Hauses Pascal. Von außen sind sie unscheinbar, jedoch werden hier vorzügliche Weine erzeugt, und zwar von eingekauften Trauben. Ich habe hier erlesene Vacqueyras-Weine verkostet, mit einem sehr distinguierten Geschmack und kleinen Blumen im Bukett. Neben diesem nuancierten, stilvollen Typ Vacqueyras erzeugt Eigentümer Denis Cheron auch eine robustere Variante mit mehr Alkohol und Farbe.

Zusammen mit seiner Familie betreibt Roger Combe in Gigondas ein Gut von 26 ha, davon 16 in der Gemeinde Vacqueyras. Im Innenhof hängt ein Spruch, der besagt, daß man von dem Wein der Domaine La Fourmone «in den Himmel» geführt wird. Wer den Wein probiert, glaubt es. Der Vacqueyras Sélection Paradis ist ein hinreißender, tiefdunkler Wein mit fester Eleganz und Geschmacksimpressionen von reifen Kirschen. Noch kraftvoller ist der Sélection Maître de Chai.

Im Herzen von Vacqueyras haben die Brüder Pierre und Georges Lambert ihren Lagerkeller; die Kelterei liegt anderswo. Sie bearbeiten 20 ha Vacqueyras. Vor dem Abzug in Flaschen ruht der Wein 6–12 Monate in Fudern. Er besitzt eine unbestreitbar gute Qualität mit der für Vacqueyras so typischen Eleganz. Auch die Balance ist vorzüglich. Ein überzeugender Gewinner vieler Medaillen.

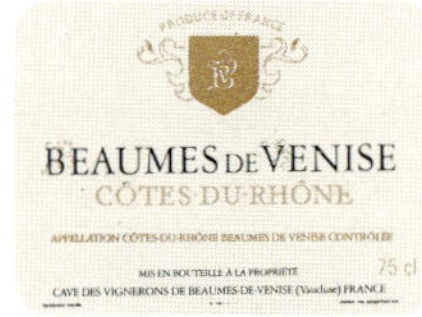

Keines der 320 Mitglieder der Genossenschaft in Beaumes-de-Venise lebt ausschließlich von der Muskat-Traube, die den lokalen Vin doux naturel liefert. Die Produktion normaler Tafelweine beträgt das Sechsfache. Der beste Wein wird unter dem Etikett Beaumes-de-Venise als Côtes du Rhône Villages verkauft. Dieser reift 2 Jahre in Betontanks und wird wie die anderen Weine einer Kältebehandlung unterzogen. Der Wein besitzt einen kräftigen Geschmack, bescheidenen Duft, tiefdunkle Farbe.

Besitzer von Château des Applanats ist Gabriel Meffre (nicht verwandt mit den Meffres von Gigondas). Der Weinberg umfaßt 40 ha, überwiegend mit Grenache. Daneben findet man vor allem Syrah und Cinsault. Obwohl das Gut in Beaumes-de-Venise liegt, wird der Wein nach 1–2 Jahren Reife (kein Holz) als normaler Côtes du Rhône Villages verkauft. Mich erfreut immer wieder die tiefdunkle Farbe, die kräftige und doch nicht wuchtige Struktur, die Frucht und die Würze.

Links unten:
Die Winzer und Eigentümer der Domaine de Verquière in Sablet, Louis Chamfort und sein Sohn Bernard.

Rechts unten:
Die Genossenschaft von Roaix-Séguret

Im Zeitpunkt, zu dem dieses Buch geschrieben wird, liegen Anträge von 53 Gemeinden vor, in die Gruppe der Côtes du Rhône Villages aufgenommen zu werden. Fachleute sind jedoch der Meinung, daß höchstens zwei bis drei Orte eine reelle Chance haben.

Séguret
Der alte Ort Séguret ist mit seinen an den Hang gebauten Häusern sehr sehenswert. Der Durchgangsverkehr wurde aus der Ortschaft verbannt. Ohnehin lernt man diesen wunderschönen, insgesamt unter Denkmalschutz gestellten Ort am besten zu Fuß kennen. Immer wieder bieten sich herrliche Ausblicke. Die Weinberge von Séguret liegen zu Füßen des Dorfes. Sie liefern einen geschmeidigen, sympathisch schmeckenden Wein mit gutem Kern, aber ohne überzeugende Tiefe. Die meisten Winzer sind an die lokale Genossenschaft angeschlossen, der auch ihre Kollegen in Roaix angehören. Der Betrieb erzeugt unter beiden Gemeindenamen korrekte, aber keine herausragenden Weine.

Sablet
Reste von Wällen, Toren und Türmen lassen erkennen, daß Sablet früher ein befestigter Ort war. Das auf einem Hügel gelegene Dorf lebt schon jahrhundertelang vom Wein. Wie der Name andeutet (sable = Sand), enthält der Boden viel Sand. Dadurch entstehen hier recht feine Weine, die weniger voll und überwältigend sind als etwa diejenigen aus Rasteau und Gigondas. Dabei sind sie keineswegs leicht, denn die meisten Winzer haben bewußt Mourvèdre angepflanzt, um ihrem Rotwein etwas mehr Körper und Tannin zu geben.

Vacqueyras
Jedes Jahr im Juli findet in Vacqueyras das Fest der Côtes du Rhône Villages statt. Zu Recht hat man hierfür diesen Ort ausgewählt, denn seine Weine gehören zu den allerbesten der Appellation. Sie haben nicht nur Stil und Festigkeit, sondern sind häufig auch fein nuanciert; Duft und Geschmack erinnern manchmal an kleine Blumen und rote Früchte wie etwa Himbeeren. Manchmal ist die Rede vom «Chambolle-Musigny der Côtes du Rhône Villages». Auf den Hügeln von Vacqueyras kommen Lehm und Kalk vor, auch ein stark kieshaltiges Plateau gehört zur Gemeinde. Der Weinbau hier reicht weit über fünf Jahrhunderte zurück, wie ein schriftliches Zeugnis aus dem Jahre 1414 beweist. In der Kirche hängt ein rührendes Gemälde von trauernden Winzern nach dem verheerenden Frost vom 11. April 1767. Auf einem Brunnen findet man die Büste einer legendären Figur des Ortes, des Troubadours Raimbaud. Dieser begabte Sänger wurde um 1155 geboren und ließ im Jahre 1207 bei einem Kreuzzug sein Leben. Zu seinem Gedenken etikettiert die lokale Genossenschaft mit dem Namen Les Vins du Troubadour (s. Etikett S. 59).

Beaumes-de-Venise
Der Ort Beaumes-de Venise, etwa 5 km südwestlich von Vacqueyras, ist vor allem wegen seines süßen Muskatweins bekannt, der an anderer Stelle gesondert beschrieben wird. Die meisten Winzer leben jedoch nicht allein von diesem Vin doux naturel. Sie erzeugen auch Rotweine, darunter Côtes du Rhône Villages. Dieser besitzt nicht die gleiche Klasse wie der von Vacqueyras, unter anderem deshalb, weil der Boden hier an vielen Stellen etwas mehr Kalk enthält. Dennoch kann es ein guter, recht voller Wein sein, der sehr angenehm zu trinken ist. Man findet ihn hauptsächlich bei der etwas außerhalb der Ortschaft gelegenen Genossenschaft. Der Name der Gemeinde hat übrigens nichts mit Venedig zu tun. Das Wort «Venise» ist vielmehr eine Verballhornung von «Venaissin», dem alten Flurnamen. «Beaumes» ist von *balmes* (Höhlen) abgeleitet, die es hier in reicher Zahl gibt.

Saint-Gervais
Mit der Ortschaft Saint-Gervais kommen wir in das Département Gard, westlich der Rhône. Die Gemeinde liegt unweit der unter starkem Verkehr leidenden Provinzstadt Bagnols-sur-Cèze. So unruhig es dort ist, so friedlich lebt Saint-Gervais. Es besteht aus wenig mehr als einer langen Dorfstraße mit überwiegend alten Häusern. Man nimmt an, daß die Römer hier die ersten Siedler waren; vermutlich stand an der Stelle der heutigen Kirche ein Jupitertempel. Rings um den Ortskern liegen Weingärten

Weit im Hinterland bei Saint-Gervais liegt der Weiler Les Cellettes. Etwa ein Drittel der Gebäude gehört Guy Steinmaier. Dieser kam im Jahre 1965 aus dem Burgund und gründete hier seine Domaine de Sainte-Anne. Das Gut umfaßt 26 ha auf lehm- und kalkhaltigem Boden. Steinmaier und seine beiden Söhne machen reizvolle Rotweine, die immer fruchtig sind, nicht zuviel Tiefgang haben, mit einem würzigen, manchmal leicht pfeffrigen Ton. Lob verdient auch der trockene Weißwein (3 ha).

Die örtliche Genossenschaft bereitet den roten Chusclan zum Teil (meist 20%) unter Anwendung der Macération carbonique. Die besseren Selektionen (die etwas mehr Syrah enthalten) reifen 4–6 Monate in Fudern, wie etwa der Cuvée de Père Bridayne. In dessen Duft und Geschmack kehrt das Holz wieder. Im roten Seigneurie de Gicon schmeckte ich eine Spur reifer Pflaumen. Der Betrieb erzeugt allen Chusclan, auch einen bekannten, robusten Rosé und einen herben weißen Côtes du Rhône.

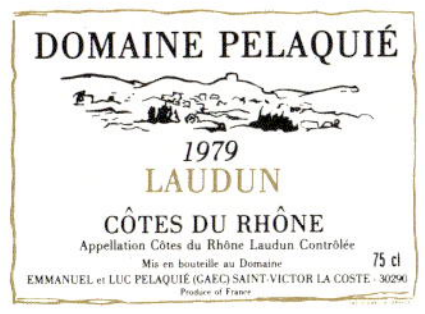

In Saint-Victor-la-Coste (südlich von Laudun) führen die Brüder Emmanuel und Luc Pélaquié die Domaine Pélaquié. In der Appellation Laudun bestellen sie 47 ha. Der weiße Laudun ist ihre Spezialität. Ein herber, kultivierter Wein auf der Basis von Clairette, Grenache blanc, Bourboulenc, Ugni blanc (und seit 1984 auch Viognier). Aber auch ihr roter Laudun ist gut; er reift 2–3 Jahre. Das Gut verfügt auch über Grund in Lirac (3 ha) und Côtes du Rhône (10 ha).

1958 gründete eine Gruppe von Winzern die Vignerons des Quatre Chemins als Abfüllbetrieb. Heute ist hieraus ein gutgehender Produktionsbetrieb (bei Laudun) für 280 Winzer geworden, die in etwa 20 Gemeinden 460 ha besitzen. Alle Rotweine reifen 3–5 Monate in Fudern. Zu den besten Erzeugnissen gehören der kräftig schmeckende weiße Laudun, der feste, angenehme rote Laudun (häufig Anklänge von reifem Obst), und der frische, fruchtige Rosé Baronnie de Sabran.

Weitere interessante Côtes du Rhône Villages:
- Château de la Gardine, Châteauneuf-du-Pape
- Domaine du Pesquier, Gigondas
- Pierre Amadieu, Gigondas
- Pierre Bérard, Tulette
- Colombine, Léon Reud, Tain-l'Hermitage
- Domaine du Grand Jas, Cairanne
- Chassagne Père & Fils, Séguret
- Domaine Bernard & Fils, Vacqueyras
- Coopération Laudun, Laudun
- Louis Rousseau & Fils, Laudun
- Domaine de Montvac, Vacqueyras
- Domaine de Sang des Cailloux, Sarrians (Vacqueyras).

Rechts ganz unten:
In Visan gibt die lokale Genossenschaft den Ton an. Man begegnet oft dem Slogan: «Visan – vin et santé». Der Ort hat etwa 1300 Einwohner. Das Weinfest findet hier am zweiten Sonntag im August statt.

Rechts unten:
Ein Schild auf dem Dach der Genossenschaft Saint-Maurice-sur-Eygues weist schon von weitem darauf hin, daß man hier probieren kann.

Links unten:
Die im Jahre 1960 gegründete Genossenschaft von Saint-Pantaléon-les-Vignes, einem der nördlichsten Orte der Côtes du Rhône Villages.

(sandig und stark kieshaltig), während die besten sich im Hinterland befinden (Lehm und Kalk). Um 1960 gab es hier größere Erweiterungen. Die besten Weine schmecken fest und weisen manchmal eine leichte Pfeffrigkeit und Tannin auf. Sie eignen sich gut zur Lagerung.

Chusclan
Südöstlich von Bagnols-sur-Cèze liegt das Dorf Chusclan, in dem man Besiedlungsspuren aus der Bronzezeit gefunden hat. Gleich hinter dem Ort beginnen bewaldete Hügel. Hier war früher ein bevorzugtes Jagdgebiet; Chusclan kommt ja auch von *chasseurs de sanglier*, Wildschweinjäger. Dennoch bildet der Wein hier seit undenklichen Zeiten den wichtigsten Lebensunterhalt. Die Entwicklung des Weinbaus förderten vor allem Benediktinermönche. Der Wein war hier früher gewöhnlich süß und weiß: Als König Ludwig XIII. im Jahre 1629 den Ort passierte, bot man ihm vier Fässer Weißwein an. Schon 1750 wurde unter anderem nach England und Holland exportiert, und um 1812 war der Chusclan der teuerste Wein von Gard, noch vor Tavel und Lirac. In unserem Jahrhundert spezialisierte man sich auf Rosé. Die im Jahre 1939 gegründete Genossenschaft, der alle Winzer angeschlossen sind, erzeugte sogar zunächst nur diesen Weintyp. Erst in den 50er Jahren begann man mit Rotwein. Heute werden beide Typen nebeneinander hergestellt; hinzu kommt etwas trockener Weißwein. Grundlage des Rosé ist die Grenache-Rebe, der manchmal etwas Cinsault hinzugefügt wird, während der Rotwein aus 55% Grenache, 15% Carignan, 10% Syrah und Mourvèdre sowie verschiedenen anderen Sorten hergestellt wird, darunter auch weißen. Der Boden enthält Sand, Kies, Kalk und Lehm. Der Lehm sorgt dafür, daß die Weine von Chusclan etwas mehr Alkohol haben als in der Gegend üblich. Aus diesem Grund hat die Genossenschaft für die angelieferten Trauben der Mitglieder auch einen maximalen Zuckergehalt festgelegt; man will verhindern, daß die Weine zu schwer und plump werden. Für mich ist die Genossenschaft von Chusclan in ihrer Art ein Musterbetrieb. Man arbeitet sehr modern und qualitätsbewußt nach verschiedenen Weinbereitungssystemen. Die Zusammenarbeit unter den Mitgliedern ist ausgezeichnet, und man selektiert die eigenen Weine sehr streng. Außerdem wurde rings um eine alte Burgruine ein spezieller Weingarten für die Jüngeren geschaffen, damit die nachwachsende Generation auf dem Land bleibt. Der Vorsitzende André Chinieu sagte: «Wir sind eigentlich keine Cave Coopérative, sondern eher eine besondere, zukunftsträchtige Kellerei.» Zur Appellation Chusclan gehören auch Rebflächen der Gemeinden Codolet, Orsan und Saint-Etienne-des-Sorts.

Laudun
Auf dem 264 m hohen Hügel, der Laudun von Bagnols-sur-Cèze trennt, hatte einst Cäsar sein Lager aufgeschlagen, und wo sich die Römer niederließen, war der Wein niemals weit. Davon zeugen auch die hier gefundenen Amphoren. Wie Chusclan erzeugte auch Laudun einst überwiegend süßen Weißwein. Auch heute noch findet man hier relativ viele Weißweine, die allerdings trocken sind. Sie stammen von sand- und kalkhaltigen Parzellen. Hin und wieder findet man auch Lehm, der sich besser für den Anbau von Rotwein eignet. Der Ort Laudun wächst zusehends, da sich immer mehr Berufstätige aus Bagnols-sur-Cèze hier ansiedeln. Der auf einem kleinen Hügel gelegene Ort wirkt eher trist. Eines der ältesten Gebäude von Laudun ist die Kirche aus dem 14. Jahrhundert. In der Gemeinde sind zwei Genossenschaften aktiv; daneben gibt es einige Privatgüter. Das Recht auf die Herkunftsbezeichnung Laudun gilt auch für die Weine von Saint-Victor-la-Coste und von Tresques.

Eine der ersten Rhône-Genossenschaften war diejenige von Rasteau, die 1925 gegründet wurde. Es sind etwa 200 Mitglieder angeschlossen, denen rund 900 ha (vor allem in Rasteau selbst) gehören. Der Betrieb verkauft seinen Vin doux naturel sowohl als Rotwein als auch als Rasteau doré. Es sind beides gute Erzeugnisse, jedoch ziehe ich den roten vor, der auch etwas Frucht besitzt (bei 12–14°C trinken, etwas weniger kühl als den Doré). Beide reifen 1 Jahr in Fudern und werden jahrgangslos verkauft.

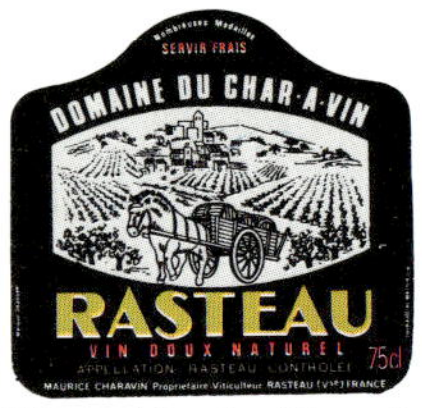

Winzer Maurice Charavin erzeugt in Rasteau verschiedene Sorten Wein, darunter auch einen Rasteau doré. Dieser reift einige Jahre in Holzfudern. Es ist ein orangebrauner Wein, manchmal mit rötlichen Reflexen. Im robusten Duft ist ein Holzton vorhanden, ebenso im Geschmack, der auch Anklänge von Frucht aufweist. Köstlich in Melone oder zu Pfirsichen. Charavin besitzt insgesamt 15 ha. Sein Gut heißt Domaine du Char-à-Vin.

Auf seinen 28 ha (17 in Rasteau) erzeugt Robert Charavin von der Domaine des Coteaux des Travers auch einen Rasteau doré. Anders als bei seinen Kollegen reift dieser Wein nicht auf Holz. Dies ist wohl der Grund für die angenehme Dosis Frucht im Geschmack, der relativ elegant und recht lebendig ist. Der Wein besitzt außerdem eine hellbraune Farbe. Die Qualität ist wirklich gut.

Meines Wissens ist die Domaine de la Grange Neuve die einzige, die einen Rasteau-Rancio erzeugt. Dieser Wein reift 4–5 Jahre in Fudern und *demi-muids*. Man riecht und schmeckt viel Holz, und der Geschmack hat einen deutlichen Alterston: ein aparter Wein. Ich persönlich ziehe den normalen Rasteau doré von diesem Gut vor, der kernig und recht tief im Geschmack ist. Der Weinberg ist etwa 35 ha groß und wird von Thierry Masson und seiner Frau Marie-France bewirtschaftet.

Oben:
Die Trauben kommen bei der Genossenschaft von Rasteau an. Gleich nach der Ankunft werden sie gewogen.

Mitte:
Das Dorf Rasteau liegt auf einem Hügel.

Unten:
Einige Flaschen Vin doux naturel der Domaine du Char-à-Vin

Für süßen Rasteau gilt ein Ertrag von 30 hl/ha. Der Alkoholgehalt muß mindestens 15% betragen. Es gibt übrigens auch einen Rasteau rosé, jedoch wird dieser Vin doux naturel nur in geringfügiger Menge hergestellt.

Bei der Genossenschaft reift der Vin doux naturel in ausgedienten Gärbottichen aus russischem Eichenholz.

Es gibt auch einen Rasteau als Côtes du Rhône Villages; siehe hierzu S.61.

Zwischen Rasteau und Roaix findet man an der Route Nationale 575 ein hübsches Weinmuseum. In diesem Musée du Vigneron hat Winzer Paul Coulon (Châteauneuf-du-Pape) in fünf Sälen manches Sehenswerte zusammengetragen, was mit dem Wein zu tun hat.

Rasteau

In Rasteau wird mindestens seit dem 10. Jahrhundert Wein erzeugt. Die Hänge rings um den Ort, der auch selbst an einem Hügel liegt, eignen sich in der Tat besonders gut für die Rebe. Dennoch sollte es bis in die 30er Jahre dieses Jahrhunderts dauern, bis Rasteau zu seiner großen Spezialität kam, einem süßen, verstärkten Wein, den man in Frankreich als Vin doux naturel bezeichnet. Bei diesem Weintyp wird während der Gärung Alkohol zugesetzt. Dadurch wird die Gärung unterbrochen, wodurch eine gewisse Menge Restzucker zurückbleibt und der Wein 15% Alkohol oder mehr aufweist. Der Vin doux naturel von Rasteau muß zu 90% aus der Grenache-Rebe (noir, gris oder blanc) erzeugt werden. In der Praxis sind es fast immer 100%, und zwar Grenache noir. Die Trauben müssen nicht ausschließlich aus Rasteau kommen, sondern dürfen auch aus Cairanne und Sablet stammen. Die Erzeugung dieses Vin doux naturel ist zur Zeit noch recht beschränkt: Schätzungsweise ein Zehntel der 1084 verfügbaren Hektar dienen heute in der Gemeinde Rasteau für die Erzeugung dieses Weins. Die Tendenz ist jedoch steigend. Die lokale Genossenschaft hofft jedenfalls, die Erzeugung, die 1981 3000 hl betrug, innerhalb von zehn Jahren zu verdoppeln.

Zwei Sorten

Es ist nicht überall bekannt, daß es vom Vin doux naturel Rasteau zwei Sorten gibt. Der häufigste Typ wird als Rasteau doré (goldgelb) bezeichnet. Hierfür werden die Trauben sofort abgepreßt, woraufhin der Most als Weißwein vinifiziert wird. So müßte normalerweise ein sehr helles Produkt entstehen, doch weist der Rasteau doré meist einen bräunlich-orangenen Farbton auf. Diese Farbe wird von der teilweise angewandten Faßreife (meist Fuder) hervorgerufen sowie durch die sehr häufige, legale Beigabe von etwas Karamel. – Authentischer ist der Rasteau rouge, den praktisch nur die Genossenschaft erzeugt. Die Trauben werden nach dem Entrappen mit den Beerenhäuten zur Gärung gebracht, wodurch der Wein seine rote Farbe bekommt. Den Unterschied zum Doré kann man nicht nur deutlich sehen, sondern auch schmecken. Die rote Version ist etwas weniger süß und sirupartig, jedoch ist es immer noch ein runder, etwas fetter Wein mit Zucker im Geschmack. Fachleute im Rhônetal halten den roten Rasteau für das typischere Produkt; der weiße gilt eher als Imitation des Muscat de Beaumes-de-Venise (s. folgende Seite). Sowohl beim Rasteau rouge als auch beim doré wird für das Stoppen der Gärung übrigens vollkommen neutraler Weingeist verwendet, der nicht aus Rasteau selbst stammt. In der Flasche haben die Weine etwa 15–16% Alkohol.
Erwähnt muß schließlich noch werden, daß es vom Rasteau doré eine Version mit dem Namen Rasteau-Rancio gibt. Dieser Weintyp erhält ein besonders langes Faßlager und dadurch den maderisierten Geschmackston, den man in Spanien und Frankreich «rancio» nennt.

Die Genossenschaft – 330 Winzer mit gut 1200 ha – hatte beabsichtigt, ihren Muskatwein in eine Flasche mit der Form des Kirchturms von Notre-Dame d'Aubune abzufüllen. Dies erwies sich jedoch als zu teuer. Jetzt kommt der Wein in eine flache Flasche mit Ausbauchungen oben und unten. Der Wein wird ohne Jahrgang verkauft. In seiner Jugend besitzt er die meiste Frucht: Es ist ein aromatischer, zartgoldener Wein von hohem Niveau (112 g/l Zucker, 15,3% Alkohol).

Auf der Domaine des Bernardins wird schon sehr lange Muskatwein erzeugt. Im Probierlokal sieht man eine Flasche vom Jahrgang 1847. Die Tochter von Louis Castaud führt zusammen mit ihrem Mann, Monsieur Maurin, das Weingut. Etwa 10 der 16 ha sind mit Muskattrauben bepflanzt, vor allem weißen. Der Wein hat eine nach Orange tendierende Farbe und ein zartes Bukett, häufig mit einer Spur Aprikosen oder Pfirsich. Der Geschmack ist fest, kräftiger als bei dem Wein der Genossenschaft.

Die Familie Leydier ist Eigentümerin der Domaine de Durban in Beaumes-de-Venise. Das Weingut umfaßt 35 ha, wovon 9 ha mit der Muskatrebe bepflanzt sind, und zwar nur mit der weißen. Der Wein, der in eine klare Bordeauxflasche abgefüllt wird, besitzt eine zartgoldene Farbe, ein reiches, festes Fruchtbukett und einen runden, robusten Geschmack, in dem die Frucht wiederkehrt. Ein köstliches Erzeugnis, vorzüglich zu Obst und Nachspeisen.

Die Domaine Saint-Sauveur in Aubignan hat auch 3,5 ha, die Muscat de Beaumes-de-Venise liefern. Die Geschwister Lisette und Guy Rey, verkaufen den Wein in einer schlanken Véronique-Flasche mit Jahrgang. Normalerweise beträgt der Alkoholgehalt 15,5%. Die Farbe tendiert ins Goldorange, manchmal auch ins Rötliche. Ich finde diesen Wein ausgezeichnet. Sehr reintöniger Duft und Geschmack, viel Frucht, stabile, aber nicht zu schwere Konstitution.

Die Firma Paul Jaboulet Aîné kauft alljährlich bei vier bis fünf kleinen Winzern Muskattrauben ein, um diese anschließend in Tain-l'Hermitage zu vinifizieren. Die Produktion ist mit 2000 Kisten pro Jahr nicht groß. Qualitativ hat der Wein viel zu bieten. Er besitzt eine rötlich-goldene Farbe, ein festes Fruchtbukett und einen kraftvollen, reintönigen Geschmack. Der Wein wird auch unter Jaboulets zweiter Marke, André Passat, auf den Markt gebracht.

Unten:
Auf der Domaine de Durban wird ein goldfarbener Muskatwein erzeugt, einer der besten des Orts.

Rechts unten:
Das Dorf Beaumes-de-Venise, in dem knapp 1700 Menschen wohnen

Muscat de Beaumes-de-Venise

In dem am Fuße eines grauen, hohen Berges gelegenen Beaumes-de-Venise kann die Sonne ihre ganze Wirkung entfalten. Das Dorf ist sehr alt. Hiervon zeugen nicht nur viele Häuser und teilweise recht enge Gassen, sondern auch die aus dem 16. Jahrhundert stammende Dorfkirche, ein Brunnen aus dem 17. Jahrhundert, die Reste einer mittelalterlichen Festung und Funde aus der Römerzeit. Daneben findet man die sehenswerte Kapelle von Notre-Dame d'Aubune mit dem stilreinen romanischen Turm.
In der Umgebung des Orts wechseln Wälder und Weinberge ab. Die Reben liefern außer den roten Tafelweinen auch einen süßen, verstärkten Dessertwein, den Muscat de Beaumes-de-Venise. Dieser genießt einen ausgezeichneten Ruf und hat den Namen von Beaumes-de-Venise bis weit über die Grenzen Frankreichs bekannt gemacht.
Man vermutet, daß hier schon im 1. Jahrhundert n. Chr. Muskatwein erzeugt wurde; Bekanntheit erlangte er jedoch erst etwa 1300 Jahre später, was sicher den in Avignon residierenden Päpsten zu verdanken sein dürfte. Nach der Reblauskatastrophe verschwand jedoch der Muskatwein fast vollständig von der Bildfläche. In der ersten Hälfte dieses Jahrhunderts sank die Erzeugung auf etwa 100 hl pro Jahr. Trotzdem gelang es dem Winzer Louis Castaud, für den Muscat de Beaumes-de-Venise im Jahre 1945 die Appellation Contrôlée durchzusetzen. Heute beträgt die Erzeugung etwa 7300 hl pro Jahr, wovon 95% von der im Jahre 1956 gegründeten Genossenschaft stammen.

Frucht und Klasse

Wie der Name schon sagt, wird der Muscat de Beaumes-de-Venise aus der Muskattraube hergestellt. Zugelassen ist hier nur Muscat à petits grains, und zwar die weiße und die blaue Variante. Die erstere ist die häufigere, während früher gerade Muscat noir den ersten Platz einnahm. Die Mitglieder der Genossenschaft, die zusammen etwa 220 ha mit Muskattrauben bestellen, haben überwiegend Muscat blanc angepflanzt (etwa 90%). Die Ernte beginnt meist um den 20. September und dauert ein bis eineinhalb Monate. Die Früchte werden bei der Genossenschaft in kleinen Kisten und nicht in den üblichen großen Bottichen angeliefert. Damit soll unter anderem Oxidation vermieden werden. Der Most gärt 18–22 Tage bei niedriger Temperatur. Die Gärung kommt so sehr langsam in Gang, während gleichzeitig die Frucht der Trauben optimal erhalten bleibt. Zu einem bestimmten Zeitpunkt wird die Gärung durch Hinzufügen von neutralem, 87%igem Weingeist abgebrochen. Die Abfüllung beginnt im Februar, nachdem der Wein einer Kältebehandlung und zwei Filtrierungen unterzogen wurde. Bei den unabhängigen, selbst vinifizierenden Gütern, nur drei an der Zahl, geht es etwas handwerklicher zu. Ein guter Muscat de Beaumes-de-Venise ist ein köstlicher Wein mit einem in die Nase springenden Aroma von frischem, saftigem, süßem Obst. In der Nase und am Gaumen können sich Eindrücke von Trauben, aber auch Aprikosen und Pfirsichen entfalten. Daher paßt ein kühles Glas dieses Vin doux naturel auch so ausgezeichnet zu allem, was aus Obst hergestellt wird (Obsttorten, Sorbets z. B.) und natürlich auch einfach zu Obst.

Auf Initiative von Gaston Brunel wurde im Jahre 1973 die Cuvée des Hospices geschaffen, ein roter Châteauneuf-du-Pape, der über Auktionen in den Handel kommt. Der Ertrag kommt dem Altersheim des Orts zugute. Für den Wein liefern die Winzer ein Fünfhundertstel ihrer Ernte ab. Der Wein reift 2 Jahre in Fudern. Die durchschnittliche Produktion beträgt 15000–20000 Flaschen. Qualitativ ist es ein gelungenes Produkt. Man gönne ihm 5–6 Jahre.

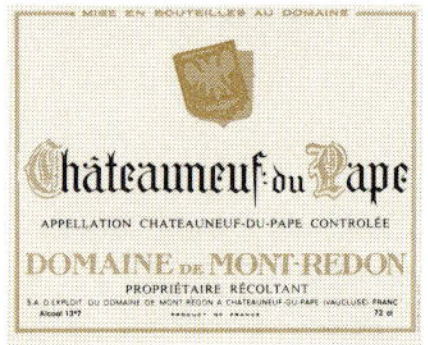

Die Domaine de Mont-Redon umfaßt 96 ha Rebgarten an einem Stück, jedoch auf unterschiedlichen Böden. Bei den blauen Trauben spielt die Grenache-Rebe mit 60–65% die Hauptrolle. Es folgen Cinsault und Syrah mit je 10–15%. Die Gärung findet in Betontanks statt, der Ausbau (meist 14–18 Monate) in Fudern. Der Wein hat eine sehr gute Qualität: fast schwarze Farbe, viel Frucht und Kräuter, schöner Abgang, gute Harmonie.

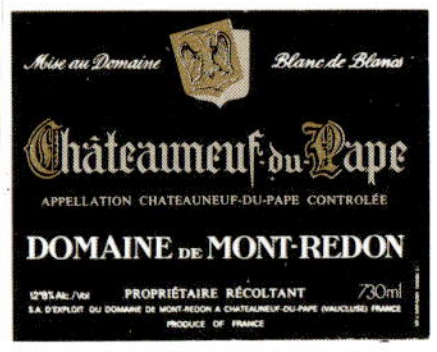

Jean Abeille und Didier Fabre von der Domaine de Mont-Redon sind mit 350 hl im Jahr bei weitem der größte Erzeuger von weißem Châteauneuf-du-Pape. Der Wein wird hauptsächlich aus Grenache blanc, Clairette und Bourboulenc erzeugt. Der Wein kommt früh in die Flasche und schmeckt jung am besten. Er ist duftig, reintönig, fruchtig und mundfüllend, ohne plump zu sein. Weitere Etiketten: Vignoble Abeille, Vignoble Fabre und Les Busquières; deren Qualität finde ich etwas geringer.

Leiter des Weinguts Château Fortia ist der Sohn von Baron Pierre le Roy de Boiseaumarié. Der Rotwein von Fortia hat viel Distinktion. Neben Kraft zeigt er auch Eleganz. Der Rebberg umfaßt 28 ha: 77% Grenache noir, 10% Syrah, 3% Mourvèdre, 3% Counoise; der Rest sind weiße Reben. Der Grenache-Wein reift in Fudern, der von den anderen blauen Trauben in *demi-muids* und *pièces* (jeweils 2 Jahre). Außerdem läßt man den Wein vor dem Verkauf 2 Jahre in der Flasche ruhen.

Schon seit drei Jahrhunderten macht die Familie Avril in Châteauneuf-du-Pape Wein. Paul Avril repräsentiert die heutige Generation. Sein Gut heißt Clos des Papes. Auf den 32 ha sind 11 Rebsorten angepflanzt. Bei den blauen dominiert Grenache (70%), der Anteil der Mourvèdre ist relativ hoch (20%). Avril arbeitet traditionell. Der Rotwein reift 1–1½ Jahre im Fuder. Die Qualität ist sehr gut; der Geschmack ist lebendig, nuanciert, charaktervoll und weist häufig auch Frucht auf.

Unten:
Die Weinlandschaft von Châteauneuf-du-Pape; die farblichen Abstufungen der Flächen weisen auf eine unterschiedliche Bodenzusammensetzung hin.

Ganz rechts unten:
Châteauneuf-du-Pape liegt im Département Vaucluse. Um 1700 wohnten dort 500 Menschen, um 1850 etwa 1500 und heute rund 2000.

Seite gegenüber, links unten:
Winzer Paul Avril vom Clos des Papes

Seite gegenüber, rechts unten:
Henri Brunier, Eigentümer der Domaine du Vieux Télégraphe

Seite gegenüber, Mitte unten:
Steine, die die Sonne speichern, und das Resultat

Châteauneuf-du-Pape

Etwa auf halbem Wege zwischen Orange und Avignon liegt der Herkunftsbereich des bekanntesten und größten Cru aus dem Rhônetal, Châteauneuf-du-Pape. Wein und Herkunftsbereich sind nach einem kleinen Ort mit einer bewegten Geschichte benannt. Dieser ist vermutlich eine römische Gründung, und man nimmt an, daß hier im Jahre 121 v. Chr. die Entscheidungsschlacht zwischen den Römern und den Allobrogen geschlagen wurde. Der Name Châteauneuf, zumindest die lateinische Entsprechung »castrum novum» taucht erstmals 1157 auf. Der Name ist zweifellos ein Hinweis auf eine seinerzeit neu errichtete Burg. In der zweiten Hälfte des 12. Jahrhunderts lassen sich hier die Templer nieder. Sie verstärken die Burg, bauen eine Kirche und eine Kapelle und pflanzen Rebstöcke. Im Jahre 1307 werden sie von König Philipp dem Schönen vertrieben oder gefangengesetzt; ihre Besitzungen werden konfisziert. Zwei Jahre später bricht für Avignon und die Umgebung eine glorreiche Zeit an: Am Dreikönigstag des Jahres 1309 wird in Avignon Papst Clemens V. eingesetzt.

Ein Papst aus Bordeaux

Der neue Papst wurde als Bertrand de Got geboren und kam aus Bordeaux, wo er im Jahre 1300 sein eigenes Weingut gründete, das heutige Château Pape Clément. Zum Papst war er bereits im Jahre 1305 ernannt worden. Die Entscheidung, den Heiligen Stuhl nach Avignon zu verlegen, hatte vor allem politische Gründe. Clemens V. wählt zunächst Avignon als Residenz, jedoch verträgt seine schwache Gesundheit das örtliche Klima nicht. Der Hof zieht deshalb nach Carpentras um. Inwieweit sich dieser Papst um Châteauneuf kümmert, ist nicht klar. Es gibt ein romantisches provenzalisches Gedicht über einen Ausflug, den der Papst, auf einem Esel sitzend, durch die Weinberge unternommen haben soll. Angesichts der schwachen Gesundheit des Pontifex Maximus darf dieser Besuch allerdings bezweifelt werden. Fest steht jedoch, daß Clemens V. in Châteauneuf übernachtete, als er, dem Tode nahe, in seine Heimat zurückkehrte. Er konnte seine Reise nicht mehr vollenden; einen Tag später, am 20. April 1314 starb der Papst in Roquemaure.

Ein neues Schloß

Es sollte mehr als zwei Jahre dauern, bis man sich auf einen neuen Papst einigen konnte. Das Ausbleiben einer Entscheidung führte in Carpentras sogar zu einem Volksaufstand. Als der neue Papst, Johannes XXII., endlich in Amt und Würden ist, rechnet niemand mit einer langen Herrschaft, denn er ist hochbetagt und von schwächlicher Konstitution. Man sollte sich täuschen: Johannes XXII. bleibt 17 Jahre lang im Amt. Er ist es auch, der das inzwischen heruntergekommene Schloß von Châteauneuf zu einer imposanten päpstlichen Residenz umbauen läßt. Avignon war ihm viel zu unruhig geworden, und dieser Papst suchte einen Ort, an dem er in aller Ruhe meditieren konnte. Das befestigte Schloß von Châteauneuf war übrigens gleichzeitig ein Glied in einer Kette von Verteidigungswerken rings um Avignon. Obwohl päpstliche Residenz, hieß der Ort immer noch Châteauneuf, ohne Beinamen. Die Bezeichnung Châteauneuf-du-Pape tauchte erst im Laufe des 19. Jahrhunderts auf. Im 14. Jahrhundert sprach man von Châteauneuf Calcernier, als Hinweis auf die vielen Kalköfen in der Umgebung. Vermutlich wurden sie für den Bau des Schlosses oder für andere wichtige Bauvorhaben in der Zeit davor benötigt. Fünfzehn Jahre lang, von 1318–1333, arbeitete man ununterbrochen an der Residenz. Johannes dem XXII. war es nur mehr ein Jahr vergönnt, in dem Gebäude zu residieren. Dann ereilte ihn der Tod. Der Wein von Châteauneuf wurde damals allerdings schon lange am päpstlichen Hof kredenzt, denn rings um das entstehende Schloß hatte man Weinberge angelegt.

Der Wein wird beliebt

Einer der ersten Hinweise auf den Wein von Châteauneuf stammt aus dem Jahre 1321, als der päpstliche Hof zu Avignon vier leere Fässer an die Schloßkellerei von Châteauneuf zurückschickte, zweifellos, um sie gefüllt wiederzubekommen. Daß der Wein manchmal im päpstlichen Palais reichlich floß, geht etwa aus dem Hochzeitsdiner hervor, das Johannes XXII. am 22. November 1324 für seine Großnichte ausrichtete. Es wurden nicht weniger als 11 Fässer

Château Rayas erzielt stets hohe Preise. Es ist ein tieffarbener, fein duftender Wein mit Stil, Tiefe, Festigkeit, Holz und meist einer gewissen Frische. Eigentümer Jacques Reynaud bearbeitet in der Gegend 13 ha vor allem sandiger Böden, die teilweise auch Kalk enthalten. Die Bepflanzung besteht zu 95% aus Grenache, und der Ertrag ist wegen der alten Stöcke sehr niedrig. Der klassisch erzeugte Wein reift 2–4 Jahre in 450-Liter-Fässern. Ein zweiter, etwas geringerer Wein heißt Pignan.

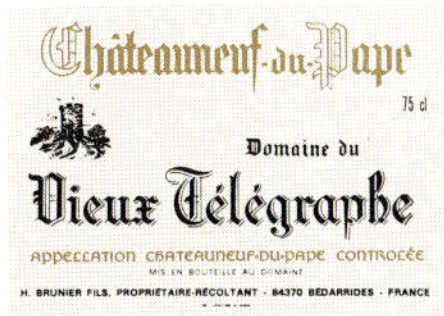

Auf dem steinigen Plateau im Nordwesten von Châteauneuf-du-Pape liegen die 50 ha der Domaine du Vieux Télégraphe. Darauf stehen an blauen Reben 80% Grenache, 10% Syrah, 5% Mourvèdre, 5% Cinsault, ferner fünf Sorten weiße. Die Keller liegen in Bédarrides. Die blauen Trauben gären, nur leicht gequetscht, in Edelstahltanks. Ein Jahr Holzreife ist das Maximum. Den Rotwein mit seinem breiten, nuancierten, lang nachtönenden Geschmack fand ich exzellent.

Die Brüder Jean-Pierre und François Perrin arbeiten auf Château de Beaucastel (80 ha Châteauneuf-du-Pape, 30 Côtes du Rhône) nach einem von ihrem Vater entwickelten System. Dabei werden die Trauben 1½ Minuten auf 80° C erhitzt, um Oxidation zu vermeiden und Farbe zu gewinnen. Der Ausbau erfolgt in Fudern (1½–3 Jahre). Der Rotwein hat mit seiner schwarzen Farbe, Vitalität, Kraft und Fleischigkeit eine ausgeprägte Persönlichkeit. Alle 13 Reben sind im Weinberg vertreten.

Im Jahre 1870 schrieb der Dichter Mistral: «... und die Kaninchen von Châteauneuf-du-Pape, deren Geschmack der Wein von La Nerte steigert.» Château La Nerte ist eines der ältesten Güter hier; es reicht auf das Jahr 1599 zurück. Man arbeitet hier streng traditionell. Der Rotwein reift etwa 3 Jahre auf Holz. Daneben wird auch etwas Weißwein erzeugt. Der rote La Nerte ist ganz geballte Kraft, intensiv und breit mit Tönen von Holz, manchmal auch Zimt. Ein klassischer Spitzenwein.

Pierre Bérard leitet mit seinem Bruder ein solides Handelshaus in Bédarrides. Daneben ist Pierre Winzer. Auf 60 ha eigenem Grund erzeugt er einen erlesenen Châteauneuf-du-Pape. Die Trauben werden sehr streng selektiert. Die Grenache-Rebe dominiert stark. Entrappt wird nicht, gequetscht ebenfalls nicht. Die Dauer des Faßlagers richtet sich nach dem Jahrgang. Massive, undurchsichtige Farbe, konzentrierter, üppiger Geschmack. – Auch Bérards Weißwein verdient ein Kompliment.

Auf den 56 ha der Domaine de Cabrières sind 10 der 13 Rebsorten angepflanzt; die wichtigsten sind Grenache (50%), Syrah, Cinsault und Mourvèdre (je 10%). Die Gärung dauert hier sehr lange, normalerweise 1 Monat, wobei dreimal täglich die Temperatur kontrolliert wird. Louis Arnaud und Sohn Guy garantieren für ihren Rotwein, der 1–5 Jahre in Fudern gereift ist, eine Haltbarkeit von 20 Jahren. Die Qualität finde ich sehr gut. Zweite Marke ist Les Silex.

Wein bestellt, außerdem 4012 Brote, 8 Rinder, 55 Schafe, 8 Ferkel, 4 Wildschweine, 200 Kapaune, 690 Hühner, 580 Rebhühner, 270 Kaninchen, verschiedene Fische, fast 400 Stück Geflügel, gewaltige Mengen Käse, 3000 Eier sowie 2000 Pflaumen, Birnen und anderes Obst. Es heißt sogar, daß im gleichen Jahrzehnt der Weinertrag von Châteauneuf nicht mehr ausreichte, den päpstlichen Bedarf zu decken, und daß bei Bédarrides (das heute zur Appellation Châteauneuf-du-Pape gehört) neue Weinberge angelegt wurden. Im Jahre 1334 müssen in und um Châteauneuf über 3300000 Rebstökke gestanden haben.

Zerstörung in Phasen

Nach Johannes XXII. residierten noch fünf weitere Päpste in Avignon. Nicht alle von ihnen kümmerten sich gleichermaßen um Châteauneuf. Der Nachfolger von Johannes war Benedikt XII. Dieser beschäftigte sich mehr mit dem Bau eines päpstlichen Schlosses in Avignon. Danach kam der kunst-, pracht- und prunkliebende Clemens VI., während dessen Regentschaft die Weinbaufläche nochmals vergrößert wurde. Inzwischen wurden die Beziehungen zu Rom immer schlechter. Ein Höhepunkt wurde im Jahre 1378 erreicht, als es zwei Päpste gab, Urban VI. in Rom und den Gegenpapst Clemens VII. in Avignon. Einer der späteren Gegenpäpste geriet in Geldnöte und mußte sich von einem Teil seiner Besitzungen, darunter Châteauneuf trennen. Nach einigen Jahren wurde das Schloß zum Unterschlupf für Banditen, bis es päpstlichen Truppen gelang, diese zu vertreiben; danach stand das Schloß praktisch leer. Im 16. Jahrhundert brechen in Frankreich heftige Religionskriege aus. In deren Verlauf wird das Schloß von Châteauneuf im Jahre 1562 von Baron des Adrets und seinen Hugenotten in Brand gesteckt. Ein einziger Turm bleibt stehen. Der Gnadenstoß kommt im Jahre 1944: am 20. August dieses Jahres sprengen deutsche Truppen den Rest des Schlosses in die Luft. Nur einige Mauerreste blieben erhalten. Heute ist nur noch der riesige Kellersaal des Schlosses in Gebrauch. Hier findet der «ban des vendanges» – die Verkündung der Zeit der Lese – statt und noch andere Weinveranstaltungen.

Die Weinrebe gewinnt

Wenn auch der Wein von Châteauneuf erst zur Zeit der Päpste im 14. Jahrhundert erwähnt wird, lassen sich doch die ersten Spuren des Weinbaus bis mindestens in das 12. Jahrhundert zurückverfolgen. Als der Heilige Stuhl wieder seinen angestammten Platz in Rom findet, ist es lange Zeit still um den Wein. Erst im 18. Jahrhundert ist wieder von Châteauneuf die Rede. So wird etwa im Jahre 1727 ein Erlaß herausgegeben, daß nur Trauben verarbeitet werden dürfen, die innerhalb der Gemeindegrenzen gewachsen sind. Die Weingüter sind damals noch klein. Jetzt aber wächst das Interesse am Weinbau: Die Weinrebe gewinnt endgültig die Oberhand über Olivenbäume und Schafe. Auf den Olivenanbau weisen übrigens heute noch die Namen mehrerer Domänen hin, wie Clos du Mont-Olivet. In diesem Jahrhundert wird der Wein auch exportiert, und zwar meist unter dem Namen Vin d'Avignon. Ein Weingut füllt ab 1785 selbst ab: Château de la Nerthe, das heute ohne «h» geschrieben wird. So kommt es, daß der Wein von Châteauneuf auch als Vin de la Nerthe bekannt wird. Im Jahre 1815 bringt die Domaine de la Solitude ebenfalls die eigene Abfüllung, so daß schließlich auch die Bezeichnung Vin de la Solitude entsteht. Das Dorf selbst nennt man indes noch lange Zeit Châteauneuf Calcernier, wie aus dem im Jahre 1822 erschienenen Weinbuch von Jullien hervorgeht. Im vorigen Jahrhundert wurde der Wein häufig in Fässern von 270 l Inhalt versandt, den sogenannten «tambours», die es heute nicht mehr gibt.

Kirschbäume

Schwierige Zeiten brechen im Jahre 1865 an, als die Reblaus ihren verheerenden Einzug hält. Sämtliche 600 ha Weingärten verschwinden, und erst ab 1878 kann man mit der Rekultivierung beginnen. Viele ehemalige Winzer aber waren dazu nicht mehr bereit: Sie hatten ihre Weingärten inzwischen zu Obstgärten gemacht. Aus dieser Zeit stammen die vielen Kirschbäume, die man heute noch in der Gegend sieht. Auch den Anbau von Mandeln, Aprikosen und Oliven entdeckte man damals als Alternative. Bei Ausbruch des Ersten Weltkriegs hatte die Rebfläche den früheren Umfang nicht nur wieder erreicht, sondern sogar übertroffen: Im Jahre 1913 umfaßte das Gebiet

Château des Fines Roches ist der Name eines schönen Schlosses und eines Weinguts. Das Schloß wird heute als Luxushotel und -restaurant separat betrieben. Das Gut ist Eigentum von Guy Mousset, dessen Bruder Jacques den Wein über die Firma Louis Mousset verkauft. Der Weinberg umfaßt gut 40 ha, auf denen unter anderem 60% Grenache und 15% Syrah stehen. Nach 1–3 Jahren Faßreife entsteht ein monumentaler, tiefdunkler Wein mit Tannin, Nuancen und einer sauberen Balance.

Die Domaine de Nalys ist seit 1976 Eigentum der Assurance Mutuel Agricole. Auf den 50 ha Rebfläche in drei Parzellen sind alle 13 Rebsorten angebaut. Relativ kurze Gärung nicht gemahlener Trauben und rascher Flaschenabzug ergeben einen geschmeidigen, recht fruchtigen Rotwein mit viel Farbe und einer geringen Dosis Tannin. Vor der Abfüllung reift der Wein mindestens 3–4, höchstens 18 Monate in Fudern. Auch ein eminenter Weißwein, an Burgunder erinnernd, wird hergestellt.

Michel Bernard besitzt persönlich etwa 40 ha Rebfläche, davon 6 ha in Châteauneuf-du-Pape: die Domaine de la Serrière. Angebaut sind drei blaue Rebsorten (Grenache 70%, Mourvèdre und Syrah je 15%) sowie drei weiße (insgesamt 1 ha). Erzeugt werden zwei Sorten Rotwein, ein *Cuvée*, der 4–5 Jahre, und ein Wein, der 16–24 Monate in Fässern gelagert wird. Ich ziehe letzteren vor: ein mehr als guter Châteauneuf-du-Pape, nicht übermäßig voll oder komplex, aber sehr vergnüglich.

Zusammen mit seinem Schwiegersohn Christian Favier bestellt Noël Sabon 40 ha Châteauneuf-du-Pape der Domaine Chante Cigale. Man findet hier 80% Grenache, 7% Cinsault, 7% Mourvèdre, 5% Syrah und noch einige weitere Sorten. Der Wein wird traditionell vinifiziert und liegt mindestens 1½ Jahre auf Holz, meist in Fudern. Der Wein ist mit seiner tiefen Farbe, dem ansprechenden Duft und dem stilvollen, nicht übermäßig kraftvollen Geschmack von aristokratischem Niveau.

Der Clos du Mont-Olivet (20 ha) ist Eigentum von Jean-Claude Sabon und seinen Brüdern Pierre und Bernard. Sie arbeiten traditionell und lassen ihren Rotwein mindestens 2 Jahre meist in Fudern reifen. Erzeugt wird er zu 80% aus der Grenache-Traube. Der Wein hat eine außerordentlich korrekte Qualität. Häufig schmeckt man neben Holz auch etwas reifes Obst. Der größte Teil der Ernte wird an französische Privatkunden verkauft, auch die 3000 l weißer Châteauneuf-du-Pape.

Les Clefs d'Or ist der Name, unter dem Jean Deydier und sein Sohn Pierre ihren roten und weißen Châteauneuf-du-Pape verkaufen. Der rote ist ein traditionell gemachter Wein, der 2–3 Wochen lang gärt. Für den Ausbau (10 Monate) verwendet man Fuder. Ein breiter Geschmack – nicht zu wuchtig – mit etwas Frucht, sauberes Bukett, tiefdunkle Farbe und gute Balance sind einige Eigenschaften des Rotweins. Rund 21 ha Rebfläche (u. a. 60% Grenache, 15% Mourvèdre, 10% Cinsault, 5% Syrah).

860 ha. Kurz vor dem Zweiten Weltkrieg war diese Fläche auf 1300 ha angewachsen. Heute stehen etwa 3200 ha guter Reben, was etwa 90% der theoretisch möglichen Gesamtfläche entspricht.

Die erste Weinverordnung

Kurz nach dem Ersten Weltkrieg ging man in Châteauneuf-du-Pape als erstem französischem Weinbauzentrum ernsthaft daran, die Qualität zu schützen. Motor dieser Bestrebungen war Baron Le Roy de Boiseaumarié, Winzer (Château Fortia) und Fliegerveteran. Auf seine Initiative hin akzeptierte das Syndicat des Vignerons im Jahre 1923 eine Reihe von Vorschriften. Diese betrafen verschiedene Aspekte, und zwar:
Herkunftsbereich: Es wurden die natürlichen Grenzen für den Weinbau festgelegt. Im Prinzip kam hierfür nur Boden in Betracht, auf dem Lavendel und Thymian wachsen konnten – Pflanzen, die einen ebenso armen Boden brauchen wie die Reben.
Rebsorten: Ab sofort durften nur mehr ganz bestimmte Rebsorten angebaut werden.
Rebenerziehung: Es wurde die Pflanzweise und der Rebschnitt festgelegt.
Mindestalkoholgehalt: Dieser wurde auf 12,5% festgesetzt.
Selektion bei der Lese: Bei der Lese mußte nicht voll ausgereiftes und nicht vollkommen gesundes Traubengut ausgesondert werden. Mindestens 5% der Ernte mußten entfernt werden.
Verkostung: Aller Wein mußte erst verkostet werden, bevor er als Châteauneuf-du-Pape verkauft werden durfte.
Verbot des Rosés: Es durfte nur noch roter und weißer Châteauneuf-du-Pape erzeugt werden. Diese Regelung war zu ihrer Zeit ganz einmalig. Wie sinnvoll sie war, zeigt sich auch daran, daß die heutigen Vorschriften für die Appellation Contrôlée, die im Jahre 1936 zuerkannt wurde, direkt davon abgeleitet sind.
Baron Le Roy wurde denn auch einer der Gründer und war jahrelang Präsident des Institut National des Appellations d'Origine. Sein Weingut Château Fortia existiert auch heute noch und wird ganz in seinem Sinne von seinem Sohn geführt: Auch er erzeugt hervorragenden Wein.

Verschnittwein für Burgunder

Die Vorschriften, die 1923 in Kraft traten, konnten nicht verhindern, daß sehr viel Châteauneuf-du-Pape, genauer gesagt, das meiste davon, im Faß die Gegend verließ, um dem Burgunderwein Kraft einzuhauchen. Vor dem Zweiten Weltkrieg füllten vielleicht 10 Winzer ihre Produktion ganz oder teilweise selbst ab, und auch heute noch wird weniger als die Hälfte der Ernte von ihren Erzeugern selbst auf Flaschen abgezogen. Die Verwendung des Châteauneuf-du-Pape als Farb- und Kraftspender begünstigte den Anbau der Grenache-Rebe, die ja alkoholreiche Weine liefert. Zu Zeiten waren die Weinberge von Châteauneuf-du-Pape zu 80–90% mit Grenache bepflanzt. Heute liegt der Durchschnitt bei 50–70%. Inzwischen ist der Châteauneuf-du-Pape so bekannt, so begehrt und dadurch so teuer geworden, daß der Wein längst nicht mehr anderen zugesetzt wird. So beliebt ist der Wein in der Tat geworden, daß heute sogar mit dem Namen Châteauneuf-du-Pape Schwindel getrieben wird. Von verdächtig günstigen Angeboten mit dem Etikett dieses Weins sollte der Verbraucher daher besser die Finger lassen. Ein echter Châteauneuf-du-Pape kann niemals billig sein. Die Ursache dieser Mißstände ist darin zu suchen, daß etwa zwei Drittel des Weins von Châteauneuf-du-Pape noch von Handelshäusern abgefüllt werden,

Seite gegenüber, Mitte: Châteauneuf-du-Pape am Fuße der Burgruine. Im Ort gibt es ein hübsches Weinmuseum, das im Hause Père Anselme eingerichtet wurde. Dieser Firma gehört auch das Restaurant La Mule du Pape.

Seite gegenüber, unten: Château des Fines Roches, das seinen Namen dem köstlichen Wein gibt.

Unten: Feierabend: Lesehelfer kehren auf Château Fortia zurück.

Châteauneuf-du-Pape war der Lieblingswein von Charles de Gaulle.

Das Wort Tinel kommt vermutlich vom lateinischen tina, was Faß oder Keller bedeutet haben könnte. Eigentümer Elie-Pierre Jeune von der Domaine du Grand Tinel besitzt 70 ha mit 8 Rebsorten. Grenache noir überwiegt. Der Rotwein, der von hoher Qualität ist, reift vor dem Flaschenabzug 2–3 Jahre in Holzfudern. Der Wein wird immer wieder ausgezeichnet. Es kommt übrigens nur ein Viertel der Ernte in Flaschen. Der unterirdische Felsenkeller liegt in acht Metern Tiefe.

Von den Weinen der Domaine du Père Caboche habe ich zuerst einen sehr früh, im Jahr der Ernte abgefüllten weißen Châteauneuf-du-Pape kennengelernt. Diesen fand ich köstlich und charmant. Später trank ich auch den Rotwein, der sehr markant ist und viel Holz aufweist, doch nicht zu schwer ist. Eigentümer Jean-Pierre Boisson besitzt in Châteauneuf-du-Pape 30 ha, hauptsächlich mit Grenache noir. Der Rotwein reift 2 Jahre.

Mit meinen Notizen zu Château de la Gardine könnte ich Seiten füllen: über den Vinifikations-Turm, die eigene Flasche, das eigene Glas, die Initiativen des Eigentümers Gaston Brunel ... Ich muß mich auf das Wichtigste beschränken. 45 ha (Grenache 60%); Trauben streng selektiert; Keller klimatisiert. Man verkauft nur Wein, der mindestens 4 Jahre alt ist (3 Jahre Ausbau in Fudern). Tieffarbener, relativ eleganter Wein von gutem Niveau. Brunels Söhne Maxime und Patrick arbeiten voll mit.

Die Verkostung von fünf Jahrgängen auf Paul Coulons Domaine de Beaurenard vermittelte einen guten Eindruck von seinem Rotwein. Er wird zu einem Drittel mittels der Macération carbonique bereitet und schmeckt sehr geschmeidig, dazu fruchtig und fest ohne zu viel Tannin. Es ist ein Wein, den man innerhalb von 4 Jahren nach der Lese trinken sollte. Der Rebgarten umfaßt 31 ha, die unter anderem mit 80% Grenache bestockt sind. Der Wein wurde dutzendfach ausgezeichnet, sehr zu Recht.

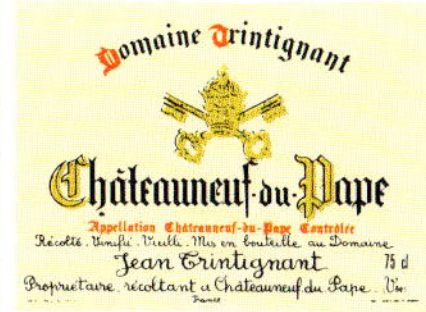

Madame Jean-Trintignant (Witwe von Paul Jean) ist Eigentümerin der Domaine Trintignant. Auf den 35 ha stehen unter anderem Grenache (60%), Syrah, Mourvèdre und Cinsault. Daneben erzeugt man einen herrlichen Weißwein, für den die Reben am frühen Morgen gelesen werden. Der rote Châteauneuf-du-Pape wird traditionell erzeugt und reift mindestens 1 Jahr in Fudern. Seine Farbe ist tief; in Duft und Geschmack sind Impressionen von Vanille, Frucht sowie Eleganz vorhanden.

die teilweise weit außerhalb des Gebiets arbeiten.
Dadurch wird eine wirksame Kontrolle sehr schwierig. Für den Verbraucher wäre es wünschenswert, daß man für den Châteauneuf-du-Pape die Abfüllung an Ort und Stelle vorschreiben würde, wie es auch im Elsaß geschehen ist.

Wärmespeichernde Steine
Ringsum Châteauneuf-du-Pape, das selbst 117 m über dem Meer liegt, erstreckt sich eine Landschaft aus sanften Hügeln und teilweise ausgedehnten Plateaus. Die typische Bodenart ist rötliche Erde, die mit rundgeschliffenen Steinen unterschiedlicher Größe bedeckt ist, die einst vom Rhônegletscher hierher gebracht wurden. Diese Steinschicht ist stellenweise 1½–2 m dick. Die Steine lassen die Trauben zur vollen Reife gelangen, da sie tagsüber Sonnenwärme speichern, die sie nachts wieder abgeben. Am dichtesten liegen die Steine im Norden und Nordwesten des Orts, aber auch sonst gibt es größere Ansammlungen. Eine andere Bodenart ist stark kieshaltig; diese findet man vor allem südlich von Châteauneuf-du-Pape. Schließlich gibt es vor allem im Norden und Nordosten auch Bodentypen mit Sand und Lehm, wobei der Sand mehr oder weniger mit Kalk durchmischt sein kann. Es ist nicht so, daß aller gute Châteauneuf-du-Pape ausschließlich von steinigem Boden kommt. Die Stöcke des doch sehr renommierten Château Rayas beispielsweise stehen ausschließlich auf Sand. Traditionell ist jedoch der Besitz der meisten Winzer auf verschiedene Parzellen und verschiedene Bodentypen verteilt.
«Jeder Teil hat seine Vorzüge», sagte mir ein Winzer, «wobei das Ganze mehr ist als die Summe der Teile.» Aber nicht nur der Boden spielt eine Rolle, sondern auch das Mikroklima. Manche Parzellen etwa sind schutzlos dem heftigen Mistral ausgesetzt, während andere sehr geschützt liegen. Die Zersplitterung des Besitzes bedeutet auch eine Risikostreuung bei Hagel und Frost.

Die Winzer
Die Weinberge von Châteauneuf-du-Pape liegen in fünf Gemeinden. In Châteauneuf-du-Pape selbst liegen etwa zwei Drittel der angebauten Fläche von rund 3200 ha. Der Größe nach folgen dann Courthézon, Orange, Bédarrides und Sorgues. Für jede Gemeinde wurde genau festgelegt, welche Böden für den Weinbau in Betracht kommen – wie es auch 1923 schon geschah. Die Zahl der Erzeuger beläuft sich auf etwa 300, was einen Durchschnittsbesitz von knapp 12 ha ergibt. Gut die Hälfte der Winzer ist in der Genossenschaft von Courthézon zusammengeschlossen, die sich «Le Cellier des Princes» nennt. Daneben gibt es Arbeitsgemeinschaften zwischen kleineren selbstständigen Gütern, so die «Cave des Reflets». Dieser im Jahre 1954 gegründete Kleinbetrieb füllt die Erzeugung von etwa zehn vollkommen selbständig arbeitenden Winzern ab und ist diesen bei Lagerung, Versand und Vertrieb behilflich. Die Mitglieder erzeugen selbst ihren Wein, der getrennt abgefüllt wird und anschließend das Etikett der betreffenden Domäne bekommt. Einige bekanntere Namen sind hier Domaine de la Solitude, Clos du Mont-Olivet und Domaine Chante Perdrix.

Vielzahl von Rebsorten
Für die Erzeugung von rotem Châteauneuf-du-Pape sind 13 Rebsorten zugelassen, die auf einigen Gütern auch alle verwendet werden. In der ersten Hälfte des 20. Jahrhunderts waren eine Anzahl von Sorten vollkommen verschwunden. Der Arzt und Önologe Philippe Dufays (1915–1978) war es, der sie zurückbrachte. Auf der

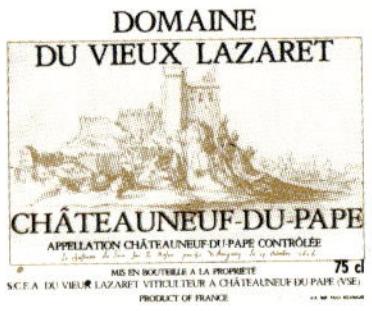

Der energische Jerôme Quiot, der auch Erzeuger von Côtes du Ventoux und Côtes de Provence ist, hat in Châteauneuf-du-Pape 75 ha mit 75–80% Grenache, 10–15% Syrah, 10% Cinsault und 5% Mourvèdre. Man arbeitet mit verschiedenen Etiketten und mehreren Qualitäten. Domaine du Vieux Lazaret gehört zu den besseren. Der Châteauneuf-du-Pape reift nicht auf Holz, wird aber doch traditionell vinifiziert. Fast schwarze Farbe, intensiver, vollständiger Geschmack und Duft.

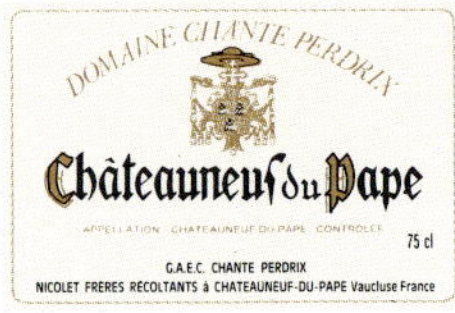

Die Domaine Chante Perdrix ist Eigentum der Brüder Rémy und Guy Nicolet. Sie sind Mitglied der Cave des Reflets, wo ihr Wein abgefüllt, gelagert und versandt wird. Die 19 ha sind zu mindestens 80% mit Grenache bepflanzt. Die Trauben werden nicht entrappt, und normalerweise reift der Wein 3 Jahre in Fudern. Er besitzt durchweg eine tiefrote Farbe, eine gute Nase (u.a. Holz, manchmal auch Zimt) und einen lebendigen, nicht zu wuchtigen Geschmack mit Tannin, Frische und Frucht.

Das Haus Chapoutier (Tain-l'Hermitage) besitzt in Châteauneuf-du-Pape ein Gut mit reichlich 27 ha. Darauf stehen hauptsächlich Grenache noir, daneben auch Syrah, Mourvèdre, Cinsault und Grenache blanc. Der Wein wird ohne Jahrgang verkauft: Es ist ein Verschnitt aus mindestens drei verschiedenen Erntejahren. Der Markenname ist La Bernardine. Duft und Geschmack sind erheblich nuancierter als bei Chapoutiers normalem Châteauneuf-du-Pape.

Auf der sehr alten Domaine de la Solitude wird für den Rotwein das Verfahren der Macération carbonique angewandt. Danach lassen Eigentümer Pierre Lançon und seine Söhne Michel und Jean den Wein mindestens 1 Jahr im Faß reifen. Kennzeichnend ist ein geschmeidiger, freundlicher, ansprechender Geschmack. Daneben erzeugt man auch einen liebenswürdigen Weißwein. Der Weinberg ist 33 ha groß und u.a. mit 50% Grenache, 30% Cinsault und 10% Syrah bestockt.

Die Domaine Pierre Quiot besteht aus vier Gütern mit insgesamt über 50 ha, davon 31 in Châteauneuf-du-Pape. Das größte Gut ist Château Maucoil: 17 ha, u.a. mit Grenache (60%), Cinsault (10%), Counoise, Mourvèdre und weißen Sorten. Traditionelle Vinifikation, etwa 6 Monate Ausbau in Fudern, etwa 6 Monate Flaschenlager. Der Wein hat etwas altmodischen Habitus mit viel Tannin, einem zunächst etwas harten Geschmack und einer düsteren Farbe. Die Qualität ist jedoch gut.

Oben:
Les Reflets ist ein genossenschaftlicher Betrieb einer Reihe kleinerer Güter, die hier ihre Weine abfüllen und lagern. Die Kellerei liegt in Châteauneuf-du-Pape, und man kann dort degustieren.

Mitte:
Eine der alten Gassen in Châteauneuf-du-Pape

Unten:
Schwere Trauben über wärmespeichernden Steinen sind typisch für dieses Weingebiet.

Seite gegenüber:
Château Fortia, auf dem sehr guter Wein erzeugt wird

Domaine de Nalys, die ihm seinerzeit gehörte, sind auch heute noch alle dreizehn angepflanzt. Nach Dufays verdankt Châteauneuf-du-Pape seine Eigenart zum Teil dieser umfassenden Traubenmischung, denn jede Sorte verleiht dem Wein eine eigene Nuance. Es sind sowohl blaue als auch weiße Reben zugelassen. Die vollständige Liste ist nachfolgend angegeben. Hinter dem Namen ist jeweils der Prozentsatz angegeben, mit dem die Rebe im Weinberg der Domaine de Nalys vertreten ist. Schließlich hat sich niemand in Châteauneuf-du-Pape so intensiv mit den verschiedenen Rebsorten und ihren Anteilen beschäftigt wie seinerzeit Dr. Dufays. Die 8 blauen Sorten sind: Grenache (52,35%), Syrah (12,1%), Cinsault (3,3%), Muscardin (2,3%), Vaccarèse (2,1%), Counoise (1,6%), Mourvèdre (1,4%) und Terret noir (0,2%). Carignan ist in ganz Châteauneuf-du-Pape verboten. Die 5 zugelassenen weißen Rebsorten sind: Clairette (7,25%), Bourboulenc (3,6%), Roussanne (3,4%), Picardan (0,3%) und Picpoul (3,9%), sowie verschiedene Mischtypen. Für weißen Châteauneuf-du-Pape wird schließlich noch etwas Grenache blanc angepflanzt (5,9%). Bei allen Trauben ist man sich hinsichtlich des Typs vollkommen sicher, mit Ausnahme der weißen Picardan-Rebe. Man ist bis heute nicht davon überzeugt, daß die gepflanzten Stöcke tatsächlich Picardan sind, denn dieser Typ existiert offenbar sonst nirgends mehr auf der Welt.

Selektion bei der Lese

Eine Rebarten-Sammlung wie auf der Domaine de Nalys ist in Châteauneuf-du-Pape allerdings nicht die Regel. Es kommt selten vor, daß alle 13 Sorten vorhanden sind. Sechs bis zehn Typen sind es bei den besseren Gütern jedoch allemal. Bei der Lese dieser Trauben darf der Ertrag nicht mehr als 35 hl betragen. Außerdem müssen gemäß der im Jahre 1923 festgelegten Vorschrift immer noch bei der Ernte alle nicht vollkommen ausgereiften oder gesunden Trauben, mindestens 5% der Ernte ausgesondert werden. Bei qualitätsbewußt arbeitenden Winzern erreicht der Anteil des ausgeschiedenen Leseguts in schwierigen Jahren auch einmal 25%. Die «triage» – die Aussonderung – wird durchweg im Weinberg einfach dadurch vorgenommen, daß man nicht vollkommen gesunde Trauben hängen läßt.

Vinifikationsunterschiede

Bei der Vinifikation des roten Châteauneuf-du-Pape haben sich seit dem Zweiten Weltkrieg drastische Änderungen ergeben. Früher dauerte die Gärungsphase 2 – 3 Monate. Der Most und später der Wein wurden die ganze Zeit an den Schalen, Stielen und Kernen belassen, wodurch außerordentlich tanninreiche Weine entstanden. Anschließend war ein Faßlager von 5–10 Jahren durchaus normal. Aus diesem Grund lagen in den Kellern des Hauses Père Anselme seinerzeit zwischen 5000 und 8000 Fässer, die ausschließlich für die Lagerung von Châteauneuf-du-Pape bestimmt waren. Diejenigen Güter, die heute noch traditionell arbeiten – mit nicht oder nur geringfügig entrappten Trauben, die normal gären –, haben die Gärungsphase auf etwa 2 Wochen reduziert, das Faßlager auf etwa 2 Jahre. Daneben hielt die Macération carbonique Einzug, die einen geschmeidigeren, leichteren und schneller trinkfertigen Weintyp ergibt. Vielen traditionell arbeitenden Winzern ist dieses Verfahren ein Greuel. Einer von ihnen machte seinem Herzen Luft: «Wir sollten hier keinen Beaujolais machen. Wenn die Leute solchen Wein trinken wollen, sollten sie Beaujolais kaufen und keinen Châteauneuf-du-Pape.»

Breitschultriger Klassewein

Angesichts der Vielfalt der Bodentypen, der Rebsorten und der Weinbereitungsverfahren kann man sich denken, daß sich die Weine von Châteauneuf-du-Pape nicht wie ein Ei dem anderen gleichen. Es sind im Gegenteil erhebliche Unterschiede möglich. Dennoch findet man eine ganze Reihe von Weinen, die dem klassischen Bild eines Châteauneuf-du-Pape entsprechen: Ein üppiger, breitschultriger, alkoholreicher Wein, in dem die Wärme der provenzalischen Sonne optimal eingefangen zu sein scheint. Vom Dichter Frédéric Mistral stammt das Lob: «Ein königlicher, kaiserlicher, päpstlicher Wein.» Hier kann vielleicht zu Unrecht der Eindruck entstehen, daß ein roter Châteauneuf-du-Pape nur aus Farbe, Kraft und Alkohol besteht. In Wirklichkeit kann es ein in Duft, Geschmack und Abgang herrlich nuancierter Wein sein. Man denke einmal nur an den Duft: Es ist ein Bukett, in dem man manchmal Kirschen entdecken kann (vor allem bei jungem Châteauneuf), aber auch Anklänge von

Weitere interessante Châteauneuf-du-Pape:
- Clos de l'Oratoire des Papes
- Domaine Font de Michelle
- Domaine du Haut des Terres-Blanches
- La Petit Bastide
- Château de la Font du Loup
- Domaine de la Tour Saint-Michel
- Domaine Raymond Usseglio
- Domaine Yves Serguier & Fils
- Lucien Barrot & Fils
- René Laugier
- Domaine des Sénéchaux
- Domaine de Marcoux
- Domaine Henri Bonneau
- Domaine Jean Versino
- Cuvée du Tastevin (Lucien Barrot)
- Domaine de la Janasse
- Domaine Durieu.

Château de Vaudieu ist ein großes, weißes Gebäude aus dem Jahre 1767, das der Familie Meffre vom gleichnamigen Handelshaus in Gigondas gehört. Angepflanzt sind 85 ha, und zwar mit 85% Grenache. Die Trauben werden in der Regel entrappt; sie gären in Edelstahltanks. Der Rotwein ruht etwa 1½ Jahre in Holzfudern und besitzt eine dezente Qualität. Château de Vaudieu ist der einzige Meffre-Wein, der auf dem Gut selbst abgefüllt wird.

Direkt hinter der Burgruine von Châteauneuf-du-Pape liegt ein kleines, mit Steinen übersätes Plateau. Hier liegen die 10 ha der Domaine des Pontifes. Die Bepflanzung besteht aus 65% Grenache, 10% Syrah, 5% Cinsault, 5% Mourvèdre und 15% anderen Sorten. Der Wein wird traditionell erzeugt, reift in Fudern und kommt bei den Caves Saint-Pierre in die Flasche. Fülle, Kraft, eine tiefdunkle Farbe, etwas Holz und Ausgewogenheit sind in besseren Jahren typisch für diesen Wein.

Château Saint-André ist ein weiteres Gut in Châteauneuf-du-Pape, dessen Wein von den Caves Saint-Pierre (die dabei als Union Vinicole firmiert) vertrieben wird. Das 100 ha große Weingut gehört André Rey in Gigondas. Rebsorten: 60% Grenache, 25% Syrah, 15% Cinsault. Der Wein wird traditionell vinifiziert, reift jedoch nicht auf Holz. Sein Bukett kann fesselnd sein; manchmal riecht man etwas von provenzalischen Kräutern und Kirschen. Breiter Geschmack. Reintönig und gut.

Les Cèdres, der Châteauneuf-du-Pape des Hauses Paul Jaboulet Aîné, wird aus gekauften Weinen (meist 85% Grenache und 15% Syrah) zusammengestellt. Die Qualität übertrifft diejenige so mancher selbständiger Güter. Der Wein besitzt einen Hauch Frucht, eine feste Farbe, einen geschmeidigen, kraftvollen Geschmack, der weder schwer noch fruchtig ist. In den Kellern von Tain-l'Hermitage läßt man dem Wein 15–24 Monate Reife in 227-Liter-Fässern angedeihen.

Die Familie Brotte führt in Châteauneuf-du-Pape das wichtige Gut Père Anselme. Weine dieses Guts werden auch unter den Namen Jean-Pierre Brotte, Laurent Charles Brotte und Brotte & Armenier verkauft. Die meisten Weine riechen und schmecken häufig etwas glatt; es mangelt ihnen an Charakter. Dennoch kann der Châteauneuf-du-Pape sehr gelungen sein: generös, muskulös, tieffarben. Er wird auch in einer aparten, etwas krummen Flasche verkauft, La Fiole du Pape.

schwarzen Johannisbeeren, Pflaumen, Quitten, Lorbeer, Zimt, Veilchen, Gewürzen, Trüffeln und geröstetem Kaffee. Natürlich ist meist auch ein Anklang von Holz vorhanden, zum Beispiel über ein Vanillearoma. Daher ist ein guter roter Châteauneuf-du-Pape ein entschieden interessanterer Wein als etwa ein Girondas: Der Gaumen kann hier einfach mehr erleben. Natürlich kann man von einem Châteauneuf-du-Pape nicht die Eleganz und Finesse eines großen Bordeaux erwarten; dafür ist der Wein zu muskulös, zu anders strukturiert. Dennoch erwies es sich bei Blindverkostungen manchmal als recht schwierig, einen alten Châteauneuf-du-Pape von einem alten Bordeaux zu unterscheiden.

Weißer Châteauneuf-du-Pape
Der weiße Châteauneuf-du-Pape ist vielleicht auf eine Initiative der Päpste zurückzuführen, die einen nicht zu schweren Meßwein wünschten. Er ist relativ selten, jedoch begegnet man ihm heute häufiger als früher. Die Produktion beläuft sich zur Zeit auf 2–3 Prozent der Gesamterzeugung, mit steigender Tendenz. Dies sind etwa 2500–3000 hl der 90000–100000 hl, die vom Châteauneuf-du-Pape jährlich erzeugt werden. Früher war der Wein in der Regel recht plump und säurearm. Dank einer verbesserten Vinifikation hat jedoch der weiße Châteauneuf-du-Pape beträchtlich an Reiz gewonnen. Einige Sorten halten einen Vergleich mit einem weißen Burgunder ohne weiteres aus, bei einem erheblich günstigeren Preis. Als Traubengut sind Grenache blanc, Clairette blanc, Bourboulenc, Roussanne, Terret blanc und Picpoul zugelassen. Zu meinen persönlichen Favoriten gehören – in willkürlicher Reihenfolge – die Weißweine von Domaine de Nalys, Domaine de Mont-Redon, Domaine de la Serrière, Domaine du Père Caboche, Domaine Trintignant, Terre Ferme, Domaine des Cabrières und Domaine de la Solitude. Doch habe ich auch von Château Fortia, Clos des Papes, Clos du Mont-Olivet, Comte Jean de Lauze und Château de Beaucastel erfreuliche Weißweine verkostet.

Die Wappenflasche
In den zwanziger Jahren wurden von Châteauneuf-du-Pape nur einige Tausend Flaschen abgefüllt. Heute sind es jährlich mehrere Millionen. Ein Teil davon, etwa zwei Millionen Stück, hat eine besondere Form und am Hals das Wappen von Châteauneuf-du-Pape. Die Flaschenform ist seit 1938 für das Syndicat des Vignerons geschützt, in dem etwa 85% der Winzer zusammengeschlossen sind. Nicht alle haben das Recht, «la bouteille écussonnée» – die Wappenflasche – zu benutzen; dieses Recht ist den Selbstabfüllern vorbehalten. Außerdem hat Châteauneuf-du-Pape ein eigenes Weinglasmodell, das an dem kurzen, bauchigen Kelch mit Namen und Wappen von Châteauneuf-du-Pape in Goldprägung und dem gerippten Stiel zu erkennen ist.

Oben:
Gabriel Meffre, Eigentümer des Hauses Meffre und des größten privaten Weinguts Frankreichs. Er begann im Jahre 1936 – fast ohne Mittel.

Mitte:
Roger Meffre – nicht mit Gabriel verwandt –, der auf seiner Domaine Saint-Gayan hervorragende Weine erzeugt

Links unten:
Pierre Amadieu vom gleichnamigen Handelshaus. Etwa 40% der verkauften Weine stammen vom eigenen Grund.

Rechts unten:
Einer der Keller von Amadieu. Das Haus verfügt über einen 160 Meter langen Stollen, der in einen Ausbaukeller umgewandelt wurde.

Mit 120 ha ist die Firma Pierre Amadieu der größte Rebengrundbesitzer von Gigondas. Außer 65% Grenache stehen hier unter anderem 25% Syrah, der höchste Prozentsatz in der Appellation. Die Trauben werden nicht entrappt, und der Wein reift mindestens 18 Monate in Fudern. Tiefdunkle Farbe, fleischiger Geschmack, mit ausgeprägtem Holz und Tannin. Es wird nur eine Qualität erzeugt, die unter verschiedenen Etiketten verkauft wird. Aller Gigondas von Amadieu kommt von eigenem Boden.

Der sehr dynamische Familienbetrieb Meffre hat seinen Sitz in Gigondas schräg gegenüber von Amadieu. Das Haus ist Eigentümer von 950 ha, wovon etwa 110 ha in Gigondas. Sie sind auf mehrere Güter verteilt. Der beste Wein kommt von Château Raspail (55 ha): tieffarben, rund, üppig und stark. Dieser Wein reift 12–15 Monate in Fudern und anschließend mindestens 6 Monate in der Flasche. Wie alle Meffre-Weine wird auch Château Raspail einer Kältebehandlung unterzogen.

Die einst sehr große Rebfläche von Château Raspail wurde geteilt. Eine Parzelle von 18 ha bildet die Domaine Raspail-Ay von François Ay. Dieser führende Winzer verwendet schätzungsweise 75–85% Grenache für seinen Wein. Die Trauben werden entrappt; die Gärung dauert relativ lange. Etwa die Hälfte der Ernte wird nach dem Ausbau auf Holz in Flaschen abgefüllt. Dieser Wein wird weder geschönt noch filtriert. Es ist ein nobler, intensiv schmeckender Gigondas, der schön nachtönt.

Zusammen mit seiner Frau, seinem Sohn Frédéric und seiner Tochter Marie-Thérèse bearbeitet Roger Combe 26 ha, davon 9 ha in Gigondas (weitere 16 ha in Vacqueyras). Man arbeitet traditionell auf diesem Gut, und der Wein reift einige Monate bis ein Jahr in Eichenholzfässern. Der Gigondas, der als L'Oustau Fauquet verkauft wird, ist ein Wein von tiefer Farbe und konzentriertem Geschmack. Er tönt lange und kraftvoll im Mund nach. Seine Nase hat manchmal erdige Töne, wie Unterholz.

Die Domaine Saint-Gayan ist Eigentum von Roger Meffre. 14 der 30 ha liegen in Gigondas. Die Trauben werden nicht entrappt und gären lange. Es wird nur geschönt, nicht filtriert. Der Ausbau dauert zwischen 8 und 12 Monate und erfolgt in Eichenfudern oder *demi-muids.* Basis des Weins ist mit etwa 75% die Grenache-Traube. Typisch für diesen Gigondas ist häufig eine fast schwarze Farbe und ein muskulöser, nachtönender Geschmack. Der Alkoholgrad kann über 14% liegen.

Gigondas

Wo Gigondas gelegen ist, ist schon von weitem festzustellen. Der Ort liegt nämlich am Fuße der Dentelles de Montmirail, einer bizarren Bergkette, deren Silhouette tatsächlich an ein lückenhaftes Gebiß erinnert. Die senkrecht aufragenden Wände sind ein beliebtes Ziel für Bergsteiger. Gigondas, dessen «s» meist ausgesprochen wird, manchmal auch nicht, entstand in der Römerzeit; damals wurde hier auch schon Wein erzeugt. Der erste Weinschriftsteller, der römische Geschichtsschreiber Plinius, äußerte sich lobend über die Weine, die an den Hängen des Ouvèze-Tals geerntet werden, in dem Gigondas gelegen ist. Die ersten Rebstöcke wurden hier von den Veteranen der Zweiten Legion in die Erde gesenkt, die im 1. Jahrhundert v. Chr. auch Orange gegründet hatten. Der Name Gigondas ist vom lateinischen «iocunditas» abgeleitet, was «fröhliche Stadt» bedeutet. Schon damals kannte man also die erfreulichen Wirkungen des lokalen Weins.

Kleiner, ruhiger Ort
Im 14. Jahrhundert wurde der Weinbau in Gigondas durch die Erzbischöfe von Orange sehr gefördert. Diese hatten in der Nähe eine Residenz, Saint-André, in der sie sich häufig aufhielten. Auf dem kieshaltigen Plateau rings um diesen Sitz wurden Weinberge angelegt, so daß die Keller der geistlichen Herren stets gut gefüllt waren. Heute ist Gigondas ein kleiner Ort mit etwa 700 Einwohnern. Es liegt an den Ausläufern des nahen Gebirges, die Straße endet hier. So verirrt sich kaum einmal ein Fremder hierher, wenn es nicht gerade ein Bergsteiger oder Weinfreund ist. Rings um das Dorf und oberhalb davon findet man die Reste der Befestigungswälle einer Burg, zu denen man über einige Feldwege gelangt. Überragt wird Gigondas von der hochgelegenen Kirche, von der aus man eine herrliche Aussicht hat. Im Innern gibt es einige sehenswerte Holzskulpturen.

Keine Olivenbäume mehr
Mit einer Fläche von 2711 ha ist Gigondas eine der größten Gemeinden des Départements Vaucluse. Etwa 1200 ha dienen dem Weinbau. Früher standen hier auch viele Olivenbäume, die jedoch nach den strengen Frösten der Jahre 1929 und 1956 verschwanden. Ansonsten wächst hier fast nichts, da der Boden zu arm ist. Man kann zwei Bodentypen unterscheiden: Die höher gelegenen Abschnitte bestehen aus sehr leichtem, sehr warmem sand- und kalkhaltigem Boden, die gut vor Austrocknung geschützt sind. In den tieferen Teilen, näher am Flüßchen Ouvèze, wird die Landschaft flacher und der Boden schwerer; er enthält hier unter anderem Lehm und Rundkiesel. Die Gigondas-Weinberge liegen in einer Höhe von 160–400 m, so daß sie durchweg vor Nachtfrösten geschützt sind. Dies ist einer der Gründe dafür, daß die Ernten in Gigondas sehr gleichmäßig ausfallen. Nur in wirklich schwierigen Jahren, wie etwa 1977, bleibt der Ertrag unter der normalen Menge. Fäulnis tritt hier nur sehr selten auf, da der Boden durchlässig ist und die Weinberge gut belüftet werden.

Jean Gorecki von Le Mas des Collines gehört zu denjenigen, die traditionell arbeiten. In dem etwa 20 ha großen Weinberg stehen 60% Grenache, 20–25% Syrah und 15–20% Cinsault. Mourvèdre kommt hier nicht vor. Der Wein wird manchmal 1 Jahr auf Holz ausgebaut. Der 1980er von Gorecki war der beste Gigondas (schwarze Farbe, Holz und reife Frucht in Duft und Geschmack, sehr intensiv, langer Abgang), aber auch die anderen Jahrgänge waren von sehr guter Qualität.

Auf lehm- und kalkhaltigem Boden, teilweise mit Kies, hat Raymond Boutière 15 ha unter Reben. Weitere 12 ha hat er in Sablet gepachtet. Der Wein aus Gigondas wird aus 65% Grenache, 25% Syrah, Cinsault und Mourvèdre und 10% weiteren Trauben hergestellt, also genau nach Vorschrift. Die Früchte werden nicht entrappt. Nach 18–24 Monaten im Fuder entsteht ein dunkelroter, kraftvoller Wein mit manchmal fast schwülem Duft und Geschmack, manchmal auch mit etwas Frucht.

Neben den 20 ha in Vacqueyras gehören zu dem Gut Château de Montmirail auch 27 ha in Gigondas (65% Grenache, 35% Syrah, und weitere Sorten). Eigentümer Maurice Archimbaud und sein Schwiegersohn Jacques Bouteiller entrappen die Trauben nur teilweise: die Syrah-Trauben vollständig, die Grenache-Trauben zu etwa 30%. Etwa 6 Monate Ausbau im Fuder. Erst kurz vor der Abfüllung wird der Wein einmal leicht filtriert. Ein imponierender, typischer Gigondas ist das Ergebnis.

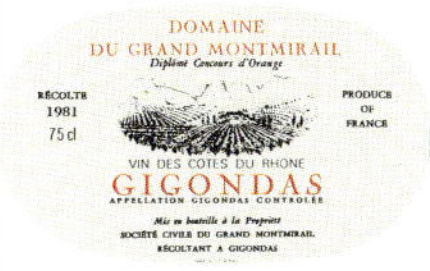

Denis Cheron vom Hause Pascal in Vacqueyras bearbeitet für einen Teil der Ernte die Domaine du Grand-Montmirail. Das Gut umfaßt 26 ha und liegt sehr geschützt am Fuße der Dentelles du Montmirail. Die Trauben gelangen hier meist zu optimaler Reife, wodurch ein tieffarbener, kraftvoller, körperreicher Wein entsteht. Dieser Gigondas wird nicht auf Holz ausgebaut, sondern lagert in kühlen, unterirdischen Betontanks.

Die seit 1956 tätige Genossenschaft in Gigondas hat etwa 120 Mitglieder. Erzeugt werden verschiedene Sorten Gigondas. Recht frisch und elegant ist der Cuvée du Président, der nach dem Verfahren der Macération carbonique erzeugt und mindestens 18 Monate im Fuder ausgebaut wird. – Der meistverkaufte Wein ist der Baumanière. Zur Hälfte Macération carbonique, fast 2 Jahre Faßreife. Guter Geschmack (mit Holz, feinem Tannin, etwas Frucht), tiefe Farbe.

Unten:
Der Ort Gigondas mit seinen Ruinen in der Nachmittagssonne

Weitere interessante Gigondas
- Paul Jaboulet Aîné, Tain-l'Hermitage
- Chapoutier, Tain-l'Hermitage
- Domaine du Terme, Gigondas
- Guigal, Ampuis
- Domaine du Colombier, Tassin-la-Demi-Lune
- Château Saint-André, Gigondas
- Domaine des Bosquets, Gigondas
- Domaine Les Goubert, Gigondas
- Domaine de Longue-Toque, Gigondas
- Domaine La Tourade, Gigondas.

Überwiegend Grenache
Vor dem Zweiten Weltkrieg war über die Hälfte des Gigondas Rosé. Auch heute noch wird dieser Weintyp erzeugt, jedoch in erheblich geringerem Umfang (etwa 10%). Auch die Rebsorten haben sich geändert. Früher spielte die Grenache-Rebe in diesem Gebiet eine überragende Rolle. Die meisten Weine wurden sogar ausschließlich aus dieser Rebsorte hergestellt. Dies wurde jedoch vom Gesetzgeber nicht mehr akzeptiert, als Gigondas im Jahre 1971 die eigene Appellation Contrôlée erhielt. Der Anteil der Grenache-Rebe wurde auf maximal 65% beschränkt, während gleichzeitig mindestens 25% Syrah, Mourvèdre und/oder Cinsault vorgeschrieben wurden. Für den eventuellen Rest kann man sich beliebiger Côte-du-Rhône-Sorten bedienen. Diese Vorschriften unterschieden sich nicht von denjenigen für die Côte du Rhône Villages, wozu Gigondas schon seit 1953 gehört hatte. Bis 1971 nahm man es allerdings mit diesen Regeln nicht sonderlich genau. Mit der Einführung der kontrollierten Herkunftsbezeichnung war es damit jedoch vorbei. Mittlerweile werden die Winzer allerdings ihrer Zustimmung zur Appellation nicht mehr recht froh, denn die Grenache-Rebe ist es gerade, die dem Gigondas seine Persönlichkeit verleiht. Obwohl die Bepflanzung praktisch überall mit dem Gesetz in Einklang sein dürfte, habe ich stark den Eindruck, daß Grenache bei der Zusammenstellung des Weins meist reichlicher verwendet wird, als rechtlich zugelassen ist. Ich würde sagen, daß die besseren Weine aus mindestens 85% Grenache hergestellt werden. Das Syndicat des Vignerons de Gigondas hat mittlerweile Schritte eingeleitet, um etwa diese Situation zu legalisieren. Hierzu hat man einen Antrag eingereicht, den Grenache-Anteil auf 75% anheben zu dürfen.

Umweltsünden
Mit der Einführung der Appellation Contrôlée ging es mit Gigondas steil aufwärts. Der Wein wurde über die Gruppe der Côtes du Rhône Villages hinausgehoben, wurde binnen kurzem sehr bekannt und hervorragend verkauft. Dies hatte wiederum zur Folge, daß die angebaute Fläche von etwa 800 ha im Jahre 1971 auf rund 1200 heute zunahm. Viel mehr ist einfach aufgrund der landschaftlichen Gegebenheiten auch nicht möglich. Man sieht jetzt schon einige sehr

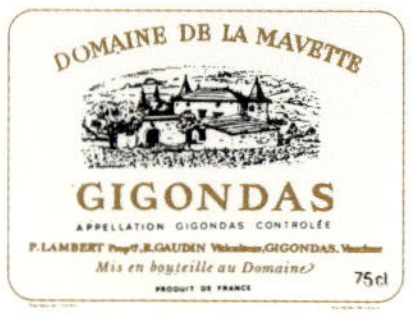

Pierre Lambert und Roland Gaudin arbeiten seit 1975 zusammen. Sie nannten ihr Weingut Domaine de la Mavette. Es besteht aus 6 ha (davon über 5 in Gigondas) mit 75% Grenache, 15% Syrah sowie 10% Mourvèdre und Cinsault. Traditionelle Vinifikation. Der Wein reift zunächst 1 Jahr in Tanks, anschließend rund 1½ Jahre in Fudern. Undurchsichtiger, mukulöser roter Gigondas mit viel Holz und reifen Früchten. Man erzeugt auch einen gelungenen Gigondas Rosé.

Die Domaine Les Pallières wird von den Brüdern Pierre und Christian Roux geleitet. Sie erzeugen tieffarbene Lagerweine nach alter Art, die 3 Jahre in Fudern reifen. Die Qualität ist gut, wenn auch Geschmack und Abgang manchmal etwas trocken sein können. Der Weinberg in Gigondas umfaßt 25 ha, auf dem die Rebsorten Grenache (65%), Syrah (10–12%), Cinsault und Mourvèdre (18–20%) sowie weitere Sorten (5%) stehen.

Man erreicht Château du Trignon (insgesamt 51 ha, u. a. Sablet, Rasteau) über einen «Schleichweg» in Sablet, doch liegt das Gut in der Gemeinde Gigondas. Dort erzeugt Eigentümer André Roux auch Rotwein, und zwar von 9 ha (etwa 60% Grenache, 25% Cinsault, 12% Syrah, 3% Clairette sowie Mourvèdre). Man vinifiziert nach dem Verfahren der Macération carbonique. Nicht ganz gesunde Trauben werden zuvor ausgesondert. Köstlicher Geschmack, frisch und sehr reintönig.

Der Keller von Georges Faraud befindet sich am Eingang des alten Dorfs. Dieser Winzer hat 12 ha mit 65% Grenache, 18% Cinsault, 12% Syrah und 5% Clairette. Die Trauben werden nicht entrappt, die Weine nicht geschönt und nicht filtriert. Sie reifen mindestens 2 Jahre in Fudern. In Duft und Geschmack ist das Holz stark im Vordergrund. Im übrigen ist es durchweg ein guter, manchmal auch ein sehr guter Gigondas, tiefdunkel und fest.

Eine der drei Genossenschaften, die Gigondas erzeugen, ist der Betrieb in Vacqueyras. Der Gigondas wird hier traditionell vinifiziert, aber bewußt etwas leichter, etwas weniger alkoholreich gemacht, als für einen Gigondas üblich ist. Dennoch hat der Wein eine tiefrote Farbe. Die Nase kann mit einer Spur Minze sehr interessant sein. Angenehmer, nicht zu wuchtiger Geschmack mit Geschmeidigkeit und etwas Frucht.

Unten:
Gigondas hat eine eigene Genossenschaft.

Weitere interessante Côtes du Ventoux (Seite gegenüber):
- Domaine Verrière, Goult
- Domaine Troussel, Carpentras
- Coopérative Mormoiron
- Paul Jaboulet Aîné, Tain-l'Hermitage
- Gely & Fils, Entrechaux
- Domaine des Anges, Mormoiron
- Coopérative Puyméras
- Coopérative Beaumes-de-Venise
- Coopérative Bedoin
- Pierre Amadieu, Gigondas
- Coopérative Villes-sur-Auzon
- Domaine de Champ-Long, Entrechaux
- Augustin Ribas, Caromb.

hochgelegene Weingärten, die offenbar mehr Schatten als Sonne haben. Der Drang zur Erweiterung hat in einigen Fällen zu schweren Eingriffen in die Landschaft geführt. Für die Domaine des Bosquets etwa, einen der Weinberge der Familie Meffre, die mit 950 ha größter privater Weingutbesitzer Frankreichs ist, wurde in der Nähe des Orts ein Hügel nicht nur abgeholzt, sondern zum größten Teil auch abgetragen und -gesprengt, um zwei Terrassen für Rebstöcke zu schaffen. Die Arbeiten an diesem Projekt nahmen volle dreieinhalb Jahre in Anspruch, sehr zum Zorn und Ärger vieler Dorfbewohner. Man kann nur hoffen, daß nicht noch mehr Natur rings um Gigondas der Weinproduktion um jeden Preis geopfert wird. Es spricht immerhin für die Familie Meffre, daß man auf dem Gut unverzüglich mit der Wiederaufforstung begann und 6000 Pinienbäume pflanzte.

Sehr weitläufig sind auch die Rebgärten der Firma Pierre Amadieu im Hinterland von Gigondas: Sie umfassen etwa 150 ha, davon 120 Gigondas und 30 Côtes du Ventoux. Um diese anlegen zu können, wurden steinige Hänge entwaldet und terrassiert und Straßen gebaut. Sympathisch ist wenigstens, daß die Weinberge mit dem Mist einer eigenen Herde von 400 Schafen gedüngt werden.

Geringer Ertrag

Der Wein ist in Gigondas die wichtigste Existenzgrundlage. Von den etwa 700 Einwohnern leben mindestens 650 vom Wein. In der Gemeinde sind etwa 220 Winzer tätig; etwa 120 sind einer Genossenschaft angeschlossen. Sie bringen ihre Trauben zu den Caves Coopératives von Gigondas, Vacqueyras oder Sablet. Etwa 80 Winzer vinifizieren und verkaufen selbständig. Weitere 20 Winzer verkaufen ihre Trauben an Handelshäuser. Sie alle arbeiten mit einem relativ niedrigen Ertrag. Pro Hektar sind 35 hl zugelassen, jedoch wird diese Menge wegen des armen Bodens praktisch nie erreicht. Selbst in üppigen Jahren bleibt der Durchschnittsertrag unter 34 hl, während 31–32 hl ungefähr die Norm sind. Was leicht erreicht wird, ist dagegen der Mindestalkoholgehalt von 12,5%: Ein Gigondas bringt es in der Regel ohne weiteres auf 13–14%.

Ausgezeichnet zu Wild

Als Wein ist der rote Gigondas ein wahrer Muskelprotz, kräftig, massiv und körperreich, von tiefdunkler Farbe, manchmal sogar undurchsichtig. Sein breiter Geschmack füllt den Mund unwiderstehlich. Ich kann es sehr gut verstehen, daß ein Gigondas-Erzeuger seinen Wein als «anstürmendes Rhinozeros» beschrieb. Einen Gigondas trinkt man also gewiß nicht zu leichten Sommergerichten; es ist vielmehr ein Wein für den Winter, wenn es abends draußen stürmt und drinnen Wild oder kräftige, rustikale Speisen serviert werden. Nuancen oder Finesse darf man bei diesem Wein allerdings nicht erwarten; in Duft und Geschmack ist er deutlich weniger nuanciert als etwa derjenige von Vacqueyras oder Châteauneuf-du-Pape. Dennoch gehört der Genuß eines guten Gigondas zu den angenehmen Erlebnissen. Nach etwa 3 Jahren wird der Wein allmählich trinkfertig, und die besseren Sorten haben dann immer noch Kraft genug, um noch weitere 7–10 Jahre liegen zu können.

Unten:
Die Genossenschaft La Montagne Rouge in Villes-sur-Auzon gehört zu den besseren der Côtes du Ventoux.

Ganz unten links:
Die Silhouette des Mont Ventoux; im Vordergrund der Rebgarten der Domaine St. Sauveur in Aubignan.

Ganz unten rechts:
In Carpentras betreiben einige Genossenschaften gemeinsam ein Probier- und Verkaufslokal.

Im Jahre 1967 begann Jean-Pierre Perrin von der Domaine de Beaucastel in Châteauneuf-du-Pape mit dem Verkauf eines guten Côtes du Ventoux unter der Marke La Vieille Ferme. Der Wein war und ist ein großer Erfolg. Perrin, ein diplomierter Önologe, bezieht seinen Wein von etwa 10 Lieferanten, denen er technische Hilfestellung gibt. Perrin baut den Wein in Tanks und Fudern aus und verkauft ihn nach 1½ Jahren. Herrlicher, kräftiger Geschmack mit Nuancen von Kräutern, Pfeffer Obst.

Jérôme Quiot ist ein sehr aktiver Winzer, Eigentümer der Domaine du Vieux Lazaret in Châteauneuf-du-Pape und von 12 ha Côtes du Ventoux (bei Caromb). Die Trauben werden teilweise entrappt. Der Wein reift nicht auf Holz. Sein Geschmack ist durchweg sehr gut, sehr intensiv und von angenehmer Geschmeidigkeit und etwas Frucht im Duft geprägt. Dieser Wein wird unter verschiedenen Namen angeboten, so als Les Arnevels und Domaine du Vieux Lazaret.

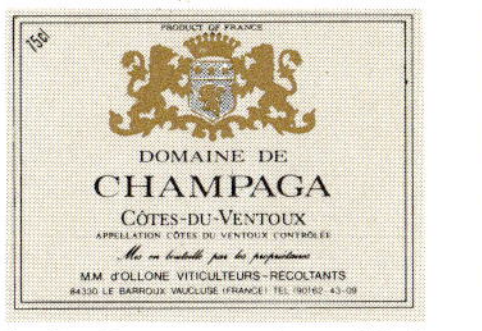

In Le Barroux, einem kleinen Dorf am Westfuß des Mont Ventoux, liegt die Domaine de Champaga. Sie ist Eigentum der Familie d'Ollone und umfaßt 16 ha. Der lehm- und kalkhaltige Boden ist mit Grenache, Cinsault und Syrah bepflanzt. Vor der Abfüllung durchläuft der Wein einen einige Monate dauernden Ausbau auf Holz. Sein Geschmack ist fest und geschmeidig zugleich, mit einer Spur Frische und etwas Frucht. Sehr köstlich.

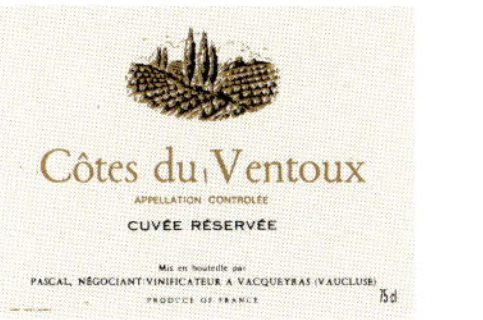

Die Firma Pascal in Vacqueyras erzeugt aus angekauften Trauben stets einen besonders gelungenen roten Côtes du Ventoux. Hierfür werden grundsätzlich keine Carignan-Trauben verwendet; Eigentümer Cheron findet sie qualitativ nicht befriedigend. Dafür enthält der Wein einen recht hohen Anteil Cinsault. Er zeichnet sich durch seinen eleganten, lebendigen Geschmack aus, in dem deutliche Anklänge von Frucht vorhanden sind. Volle, tiefe Farbe, tadellose Ausgewogenheit.

Côtes du Ventoux

Der Mont Ventoux ist der höchste Berg im Südosten Frankreichs. Dieser «Riese der Provence» erhebt sich 1912 m über den Meeresspiegel und liegt so mächtig in der Landschaft, daß man eigentlich eher von einem Massiv sprechen müßte als von einem einzelnen Berg. Bis in den Sommer hinein ist der kahle Gipfel manchmal mit Schnee bedeckt. Zu Füßen des grauen Mont Ventoux erstreckt sich vor allem in südlicher Richtung eine liebliche Landschaft, die meist mit Obstbäumen, aber auch grünen Weingärten bedeckt ist. Dies ist die Wiege des Côtes du Ventoux, ein Distrikt, dem im Jahre 1973 die Appellation Contrôlée verliehen wurde. Die Appellation ist mit nicht weniger als 51 Gemeinden eine der umfassendsten des Rhônetals. Die Produktion stammt hauptsächlich aus einem gewaltigen natürlichen Amphitheater, das im Norden, Osten und Süden vom Mont Ventoux und dem damit verbundenen Plateau de Vaucluse etwa auf Höhe von Carpentras gebildet wird. Jedoch wird auch außerhalb dieses zentralen Rebgebländes viel Côtes du Ventoux hergestellt, vom nahegelegenen Vaison-la-Romaine bis 45 km weiter südlich in Apt.

Überwiegend Rotwein
Der Wein kommt in den Varianten rot, weiß und rosé vor. Die beiden letzteren spielen qualitativ keine große Rolle, doch kann vor allem der Rosé recht angenehm sein. Wie beim Côtes du Rhône beträgt der zulässige Ertrag 50 hl/ha. Bei den Trauben für Rotwein und Rosé unterscheidet der Gesetzgeber zwischen primären und sekundären Sorten. Zur ersteren Kategorie gehören Grenache noir, Syrah, Cinsault, Mourvèdre und Carignan; Sie müssen zusammen mindestens 80% der Stöcke ausmachen, wobei jedoch der Carignan-Anteil höchstens 30% der gesamten Bestockung erreichen darf. Von den neun sekundären Sorten sind sieben weiß. Die Weißweine müssen zu mindestens 70% aus Clairette und/oder Bourboulenc erzeugt werden. Für alle Weißweine gilt ein Mindestalkoholgehalt von 11%.

Quantitäten, Qualitäten
Es gibt etwa 4000 Côtes du Ventoux-Erzeuger. Fast alle bringen ihre Trauben zu einer der 16 Genossenschaften. Nur 25 Winzer vinifizieren ihren Wein selbst. Das Anbaugebiet hat ein Potential von 10000 ha, wovon jedoch weniger als die Hälfte für die Erzeugung eines Côtes du Ventoux genutzt wird. Die Produktion schwankt zwischen 165 000 und 200 000 hl, ohne die 10–15%, die jährlich nicht zugelassen werden. Im allgemeinen kann man sagen, daß der rote Côtes du Ventoux eine schlankere Version des Côtes du Rhône ist. Die besseren Sorten sind charmante, geschmeidige, fruchtige, recht leichte Weine, die jung am angenehmsten schmecken. Es gibt jedoch auch kräftigere Qualitäten mit tieferer Farbe. Wie schon erwähnt, kann Rosé (etwa ein Zehntel der Gesamtproduktion) in diesem Gebiet ebenfalls reizvoll sein; ein wirklich guter weißer Côtes du Ventoux ist dagegen die große Ausnahme.

Links:
Kipploren voll Trauben warten bei der Genossenschaft von Tavel. Der Wein des Betriebs ist korrekt, aber nicht außergewöhnlich.

Links unten:
Einige köstliche Flaschen von Château de Trinquevedel

Rechts unten:
Château d'Aquéria, eines der führenden Güter in Tavel

Seite gegenüber:
Heiligenstatuen auf der Kirche wachen über Tavel.

In Tavel gibt es einen öffentlichen Waschplatz, der trotz dem Wohlstand immer noch benutzt wird. An einem Donnerstag sah ich sechs Frauen, die hier von Hand Wäsche wuschen – und natürlich den neuesten Dorfklatsch austauschten.

Das Syndicat des Propriétaires-Viticulteurs de Tavel wurde schon 1902 gegründet. Im Jahre 1928 wurden die Distriktsgrenzen festgelegt.

Im Osten des Ortes hat man die Reste einer römischen Siedlung entdeckt. In einem Brunnenschacht fand man viele Traubenkerne.

Weitere interessante Tavels:
- Château de Manissy, Tavel
- L'Espiègle, Paul Jaboulet Aîné, Tain-l'Hermitage
- Pascal, Vacqueyras
- Clos du Palais, Tavel
- Domaine de Montolivet, Tavel
- Chapoutier, Tain-l'Hermitage
- Edouard Lefèvre, Tavel
- Domaine de Tourtouil, Tavel
- Domaine de Lanzac, Tavel
- Domaine du Vieux Relais, Tavel
- Les Trois Logis, Tavel.

Tavel

«Tavel 1er Rosé de France»: So steht es in riesigen Lettern auf dem Dach der Genossenschaft von Tavel. Die Botschaft richtet sich vor allem an die Autofahrer, die in einigen hundert Meter Entfernung auf der Schnellstraße La Languedocienne am Dorf vorbeifahren. Die Erzeuger von Tavel sind stolz auf diesen Rosé. Wer den Ort besucht, wird in Prospekten und auch sonst immer wieder daran erinnert, daß Philipp der Schöne (1268–1314) nach dem Genuß eines Bechers Tavel – hoch zu Roß – ausgerufen haben soll, daß es keinen guten Wein außer dem Tavel gäbe. Man liest auch, daß Ludwig XIV. diesen Wein bei Hofe ausschenken ließ, daß im Jahre 1765 ein Kardinal in Rom den Erzbischof von Avignon um mehr Tavel bat, da dieser besser schmecke als Burgunder, und daß der Wein von Schriftstellern wie Balzac, Alphonse Daudet, Frédéric Mistral und Brillat-Savarin gepriesen wurde. Tavel hat auch eine eigene Weinbruderschaft, und Lucien Privat und Léon Broche komponierten das Chanson «Vive le vin de Tavel». Kein Zweifel, der Tavel ist ein berühmter Wein.

Rettende Genossenschaft
Trotz der ruhmreichen Vergangenheit und der heutigen Größe war es um den Tavel in der ersten Hälfte dieses Jahrhunderts schlecht bestellt. In den 30er Jahren drohte der Wein sogar überhaupt zu verschwinden. Die Weingärten waren zersplittert und klein, die Stöcke überall dürr und wenig produktiv. Immer mehr Parzellen wurden aufgegeben und verwilderten. Die Gründung der Genossenschaft im Jahre 1938 brachte schließlich die Rettung. Der Ertrag blieb zwar mit 15–20 hl/ha vorläufig noch gering, jedoch war nun zumindest die Weinbereitung effizienter. Das Gebiet umfaßte damals etwa 370 ha Rebfläche. Bis in die 50er Jahre änderte sich hieran praktisch nichts, und auch der Ertrag wurde kaum besser. Dann kamen jedoch die ersten Traktoren, und im Jahre 1956 wurde gleichzeitig mit einem Rodungsprojekt eine Melioration durchgeführt. Das gleiche geschah nochmals im Jahre 1965. Der Ertrag stieg schließlich auf rund 35 hl (genehmigt sind 42), und die Rebfläche nahm auf etwa 825 ha zu. Jährlich erzeugt Tavel zwischen 29 000 und 36 000 hl Wein – und zwar ausschließlich Rosé. Hiervon liefert die Genossenschaft etwa die Hälfte.

Heterogener Boden
Rings um Tavel liegen unterschiedliche Böden. Die alkoholreichsten Weine werden westlich des Orts gewonnen, wo der Boden aus alluvialer Erde mit Rundkieseln besteht. Etwas leichter sind die Tavels im Westen, wo man durchlässiges, kalkhaltiges Gestein findet. Wiederum leichter als diese sind die Weine im Südosten, wo Sand und Lehm vorherrschen. Als ideal gilt eine Kombination der drei Bodenarten, jedoch habe ich auch ausgezeichnete Weine von Gütern mit nur einer Bodenart verkostet. Wenig bekannt ist die Tatsache, daß der Boden von Tavel noch eine zweite Spezialität liefert, nämlich einen marmorähnlichen Stein. Im Tavelgebiet, zu dem auch die etwa 70 ha der Gemeinde Roquemaure gehören, sind etwa 160 Winzer aktiv.

Vorschriften
Der Tavel Rosé kann aus nicht weniger als 9 verschiedenen Traubensorten erzeugt werden: Grenache, Cinsault, Syrah, Mourvèdre, Carignan, Calitor, Clairette, Bourboulenc und Picpoul. Der Carignan-Anteil ist auf 10% begrenzt, der Anteil aller übrigen Sorten auf jeweils 60%. Für Cinsault gilt ein Mindestanteil von 15%, womit man den Wein etwas leichter und eleganter zu machen sucht. In der Vergangenheit bestand die Tendenz, den Rosé hauptsächlich aus Grenache herzustellen, wodurch der Wein zu schwer und alkoholreich wurde. Die besseren Güter arbeiten heute mit 40–55% Grenache. Syrah und Mourvèdre sind erst seit 1969 zugelassen.
Tavel kann auf zweierlei Art erzeugt werden. Die häufigste und beste Methode ist diejenige, bei der die Beerenhäute 2–4 Stunden am Most belassen werden. Der Gesetzgeber erlaubt allerdings auch die Herstellung von Rosé durch starkes Pressen der Trauben, ein Verfahren, daß für den Rosé aus Lirac nicht zugelassen ist.

Mit seinen 50 ha gehört Château d'Aquéria, Eigentum von Paul de Bez, zu den größten Gütern von Tavel. Die Bepflanzung besteht aus 45% Grenache, 20% Cinsault, 15% Clairette und 20% Mourvèdre, Bourboulenc und Picpoul. Der Wein wird zweimal filtriert und klärt sich durch die Winterkälte. Seit 1982 findet grundsätzlich kein biologischer Säureabbau mehr statt. Der Tavel besitzt einen recht eleganten Geschmack mit Frucht, eine zarte Frische und eine gute Qualität.

Die Brüder Roudil (Aimé, Maurice, Henri) betreiben zusammen mit ihrer Schwester Mireille die Domaine Le Vieux Moulin. Die Keller liegen – eine Ausnahme – in Tavel selbst. Auf den 40 ha stehen hauptsächlich Grenache und Cinsault. Nach der Gärung bleibt der Rosé 1 Jahr in Metalltanks. Ich habe die Erfahrung gemacht, daß der Wein anschließend innerhalb von 2 Jahren getrunken werden kann. Dann genießt man Fruchtigkeit (Erdbeeren, Himbeeren), robusten Geschmack und Frische.

Georges Bernard ist Besitzer der Domaine de la Genestière in Tavel. Der Grund umfaßt 35 ha, unter anderem mit 50% Grenache und 20% Cinsault (Syrah und Mourvèdre kommen nicht vor). Die Abfüllung findet im Frühjahr nach der Ernte statt. Der Wein besitzt einen kernigen Geschmack mit einem zarten Hauch Frucht, ein wenig *terroir* und ist außerordentlich gefällig. Er führt auch den Namen Domaine de Longval.

Armand Maby, Sohn Roger und Schwiegersohn Jacques Borrenny betreiben gemeinsam die Domaine Maby. In Tavel umfaßt diese 40 ha, mit Reben nach den Vorschriften bepflanzt. Man arbeitet unter anderem mit Edelstahltanks für die Maischegärung. Die sehr klare Farbe des Weins besitzt häufig einen ausgeprägten Rotton, dem das Orange der meisten anderen Tavel-Weine fehlt. Der Geschmack ist lebendig, würzig, fleischig und abgerundet; manchmal ist ein Mangel an frischen Säuren bemerkbar.

Château de Trinquevedel, Besitz von François Dumoulin, liegt im Südosten Tavels. Der Rebgarten (25 ha) trägt 43% Grenache, 21% Cinsault, 18% Clairette, 7% Carignan, 4% Syrah, ferner noch andere Sorten. Durchschnittsertrag 35 hl/ha. Reiches, ziemlich blumiges Bukett, sehr stilvoll, runder Geschmack mit etwas Frucht. Es gibt auch eine kräftigere *cuvée* mit goldenem Etikett.

Die Nachfahren von Louis Allauzin betreiben heute das Weingut Prieuré de Montézargues. Die 30 ha liegen auf einem sandhaltigen Hang mit einigen steinigen Parzellen. Bepflanzung: Grenache 55%, Cinsault 15%, Carignan 10%, übrige 20%. Edelstahltanks für die Maischegärung, Gärtanks aus Beton. Der Wein ist höchst ansprechend und wird zunehmend auf dem Gut selbst abgefüllt.

In der Regel wird der Tavel umgehend abgefüllt. Wenn der Wein überhaupt lagert, dann meist in Beton- oder Metalltanks.

Nicht wirklich fesselnd

Beim Tavel muß man alles vergessen, was man sich unter einem Rosé vorstellt. Es ist kein leichter, frühlingshafter Picknickbegleiter, sondern ein trockener, vollschmeckender, ernsthafter Wein mit Niveau. Man sollte ihm auch nicht zu unbedacht zusprechen, denn sein Alkoholgehalt liegt meist zwischen 12,5 und 13%. In seiner Jugend hat er eine zartrosa Farbe, jedoch beginnt er meist schon innerhalb eines halben Jahres einen orangefarbenen Ton anzunehmen. Er spielt im Laufe der Zeit immer mehr ins Braune. Der Orangeton zeigt sich nicht bei allen Tavels gleich stark. Ich habe Sorten gesehen, die auch nach 3 Jahren deutlich einen rosa, teilweise sogar leicht kirschroten Farbton hatten. In Duft und Geschmack der besseren Tavels entdeckt man Frucht, aber auch einen würzigen, manchmal fast pfeffrigen Ton und eine gewisse Frische. Auch *terroir* kommt vor sowie der etwas runde, etwas fette Geschmackseffekt, der vom natürlichen Glycerin herrührt. Im übrigen fällt bei allem Tavel die recht kräftige Struktur auf. Trotz seiner großen Reputation ist es jedoch kein Wein mit viel Finesse, kein wirklich nuancenreicher Rosé. Auch den allerbesten Tavels fehlt es an Tiefe und Nuancen, um wirklich überzeugen zu können, wiewohl ein Glas Tavel durchaus eine Wohltat sein kann. Ich will allerdings nicht verschweigen, daß ich vom Tavel wiederholte Male enttäuscht war. Zu viele Winzer und Weinhändler können diesen Wein offenbar so problemlos verkaufen, daß sie sich kaum um größtmögliche Qualität bemühen müssen. So wird der Tavel leider seinem Ruf häufig nicht gerecht.

Zu jung – zu alt

Die Meinungen darüber, wann man einen guten Tavel trinken soll, gehen auseinander. Einige Winzer geben an, daß ihr Wein schon bald nach der Abfüllung zu konsumieren ist; andere empfehlen einige Jahre Flaschenreife. Einer erzählte mir sogar ganz ernsthaft, daß er mit dem Gedanken spiele, einen zwei Jahre alten Wein mit dem Etikett eines einjährigen Weins zu verkaufen, weil ihm der Gedanke unerträglich sei, daß sein Wein zu jung getrunken werden könnte. Nach der Verkostung von mindestens 30 Tavels aus verschiedenen Jahren denke ich persönlich, daß der Rosé nicht viel älter als 2, höchstens 3 Jahre werden sollte. Danach nehmen Frische und Fruchtigkeit stark ab. Nicht selten wird der Wein in durchsichtige Flûtes abgefüllt. Dies geht vermutlich auf Château d'Aquéria zurück, das 1934 allen Tavel so nach Amerika versandte. Die USA sind auch heute noch ein bedeutender Abnehmer dieses Rhône-Rosés.

Links:
Auf einem Plateau bei Roquemaure grenzen eine Anzahl von Kellern aneinander, nämlich diejenigen von Château Saint-Roch, Domaine de Castel Oualou und von Jean-Claude Assémat.

Mitte:
Jean-Claude Assémat, der in Dijon Önologie studiert hat und herrliche Weine erzeugt. Keiner seiner Weine reift auf Holz, damit ihnen ihre Fruchtigkeit erhalten bleibt.

Unten:
Marc Lombardo, der zusammen mit seinem Bruder Joseph für die erstklassigen Weine der Domaine du Devoy verantwortlich ist.

Die Domaine de Castel Oualou gehört Marie Pons-Mure: 51 ha mit 40% Grenache, 20% Cinsault, 20% Syrah, 10% Mourvèdre und 10% weißen Reben. Der Wein wird vom Schwiegersohn Jean-Marie Assémat gekonnt vinifiziert. Sofern auf Holz ausgebaut wird, dann nur ganz kurz. Der rote Lirac hat häufig eine sehr tiefe Farbe und delikaten Geschmack mit Anklängen von Frucht. Qualität: hervorragend; ebenso die des charmanten, reintönigen Rosé und des erfrischenden weißen Lirac.

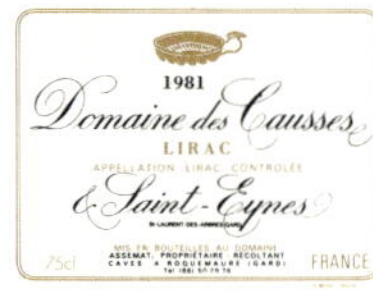

Nach der Melioration von 350 Parzellen begann Jean-Claude Assémat im Jahre 1963 mit dem Aufbau seines Weinguts. Heute verfügt er über 40 ha, davon 34 ha in Lirac, die auf 2 Güter verteilt sind: Die Domaine des Causses & Saint-Eynes liefert die festeren Weine, die Domaine des Garrigues die eleganteren. Dies gilt für Rotwein wie Rosé. Alle Weine haben vorzügliche Qualität, doch gefällt mir die Réserve Syrah (60–70% Syrah) vom ersteren Gut am besten. Ein runder, fruchtiger Wein.

Die Domaine du Devoy ist Eigentum der Brüder Marc und Joseph Lombardo. Auf den 35 ha stehen nur blaue Reben; überwiegend Grenache sowie etwas Cinsault, Mourvèdre und Syrah. Der Rotwein ist mit seinem feinen Bukett und dem recht festen und dabei eleganten Geschmack wirklich exzellent. Seine anfängliche Härte verliert der Wein nach etwa 3 Jahren. – Es wird außerdem sehr wenig Rosé von recht guter Qualität erzeugt.

Lirac

Roquemaure am Westufer der Rhône ist heute ein Durchgangsort an einer der Straßen von Orange nach Avignon wie viele andere auch. Wer durch den Ort fährt, wird kaum daran denken, daß er einst einer der bedeutendsten Versandhäfen für Rhôneweine war. Von hier aus wurden nicht nur große Mengen Weins nach Paris verschifft, sondern auch ins Ausland. Die Glanzzeit von Roquemaure begann Anfang des 18. Jahrhunderts. Der extrem strenge Winter 1709/1710 hatte die nördlichen Rhône-Weinberge so stark in Mitleidenschaft gezogen, daß die Pariser Weinhändler sich erstmals in die weiter südlich gelegenen Gebiete begaben. Offenbar gefiel der Wein von Roquemaure und Umgebung gut. Denn wenige Jahre später herrschte im Hafen reger Betrieb von ein- und ausfahrenden Weinschiffen. Um 1750 galt Roquemaure als das Weinzentrum des Gebiets. Neben den Nachbargemeinden Lirac und Saint-Laurent-des-Arbres erhielt die Gemeinde die Erlaubnis, in die Fässer die Buchstaben CDR (Côte du Rhône) und den Jahrgang einzubrennen. Mit der Einführung der Eisenbahn verlor Roquemaure seine Bedeutung als Umschlagplatz, jedoch blieb der Weinbau von Bedeutung.

Überwucherte Weinberge
Im Jahre 1863 wurden die Weinberge als erste in Frankreich von der Reblaus heimgesucht. Der Eigentümer von Château de Clary in Lirac hatte amerikanische Rebstöcke kommen lassen, mit denen dieser Schädling eingeschleppt wurde. Es sollten lange Jahre vergehen, bis man Abhilfe fand. Für die meisten Winzer von Roquemaure und Umgebung dauerte es allerdings zu lange. Der größte Teil der Weinberge wurde aufgegeben, und bald wuchs dort Wald. Teilweise wurden auch Oliven- oder Obstbäume gepflanzt.
Erst im Laufe der 30er Jahre dieses Jahrhunderts begann man wieder zaghaft mit dem Weinbau; 1947 wurde dann die Appellation Contrôlée mit dem Namen Lirac geschaffen. Sie umfaßt die Gemeinden Lirac, Roquemaure, Saint-Laurent-des-Arbres und Saint-Geniès-de-Comolas. Die Belebung, die von dieser Anerkennung ausging, war recht bescheiden, denn die Produktion nahm kaum zu. Erst im Laufe der 60er Jahre entwickelte sich Lirac zu einem Gebiet von Bedeutung.

Beginn mit Rosé
Es waren vor allem Rückwanderer aus Algerien, die der Gegend neue Impulse gaben, Leute wie etwa Charles Pons-Mure und seine Frau Marie. Sie berichtete mir, wie sie im Jahre 1962 in der Gegend von Roquemaure begannen. Der Weinberg umfaßte nur 5 ha, und das Wohnhaus war eine Ruine. Es mußten Bäume gerodet, Gräben aufgefüllt und Rebstöcke gepflanzt werden. Man litt tatsächlich Not. Im Haus kam man jahrelang nur über eine wackelige Leiter in den ersten Stock. Schon bald merkten sie, daß der Wein von Lirac völlig unbekannt war. Deshalb erwarben Charles und Marie einen Hektar Grund in Tavel: So konnten sie auf Messen und bei ähnlichen Veranstaltungen den Menschen den Unterschied zwischen den Rosés von Lirac und Tavel demonstrieren. In den Anfangsjahren wurde nicht nur auf diesem Gut ausschließlich Rosé erzeugt, sondern praktisch auch auf allen anderen. Lirac mußte sich mit einem Dasein im Schatten des großen Tavel als eine billigere Variante abfinden.

Überwiegend Rotwein
Nach und nach begann sich jedoch die Situation zu bessern. Der Wein wurde bekannter, und die Winzer bekamen mehr Selbstvertrauen. Der Schwerpunkt verlagerte sich auf Rotwein. Heute ist der Rosé in Lirac nur mehr ein Nebenprodukt. Schätzungsweise zwei Drittel der Produktion sind Rotwein. Einige Güter erzeugen praktisch keinen Rosé mehr. Bei Rotwein und Rosé aus Lirac wird zwischen primären und sekundären Rebsorten unterschieden. Zur ersten Gruppe, die maximal 60% ausmachen darf, gehören Grenache noir, Cinsault, Mourvèdre und Syrah. Grenache muß zumindestens 40% angebaut sein. Zur zweiten Gruppe gehören Clairette, Bouboulenc, Ugni blanc, Maccabeu, Picpoul, Calitor und Carignan (höchstens 10%). Der Mindestalkoholgehalt für alle Arten Lirac beträgt 11,5%. Der Hektarertrag wurde auf 35 hl festgelegt.

Viele Gesichter
Auf der Suche nach einem roten Lirac kann man sehr elegante, feine Weine finden; einer der Erzeuger beschrieb den roten Lirac als «den Margaux des Rhônetals». Es gibt jedoch auch andere Stilrichtungen. Viele rote Liracs besitzen Farbe, Festigkeit und Frucht. Ich habe Kirschen, Schwarze Johannisbeeren, Pflaumen und Erdbeeren in Duft und Geschmack entdeckt. Daneben gibt es Weine, die in klassischer Manier eine lange Holzlagerung erhalten haben. Eigenartigerweise findet man diesen etwas altmodischen Weintyp bei vielen Lirac-Erzeugern in Tavel. Der rote Lirac ist also ein Wein mit vielen Gesichtern. Dies liegt jedoch nicht nur an der Rebsortenwahl und der Vinifikation, sondern auch an den unterschiedlichen Böden. Man findet hier nämlich sowohl Terrassen mit großen Steinen als auch kieshaltigen Sandboden, lehm- und kalkhaltige Parzellen sowie Lagen mit Lehm und Sand. Zwei Dinge

Hinter dem verfallenen Château de Ségriès liegen die Keller, in denen die Rotweine, Rosés und Weißweine des Guts erzeugt werden. Jean-François de Régis hat die 20 ha Rebfläche von seiner Familie gepachtet. Die wichtigsten Reben sind Grenache, Cinsault, Syrah, Clairette und Ugni blanc. Mir sagt der Rotwein am meisten zu. Er kann in manchen Jahren nach Obst duften und besitzt einen charaktervollen Geschmack, etwas Tannin und manchmal eine Spur Bitterkeit.

Zusammen mit seinen Söhnen Jean-Jacques und André betreibt Antoine Verda die 40 ha der Domaine du Château de Saint-Roch. Die Rebsorten sind: 50% Grenache, 20% Cinsault, 12% Syrah, 12% Mourvèdre und 6% weiße Sorten. Nach der Gärung reift der Rotwein 6–9 Monate in Fudern. Die besten *cuvées* ruhen anschließend noch 2 Jahre in der Flasche. Die Weine – auch die weißen – haben eine gute Qualität. Zweite Marke: Cuvée Princes d'Orange.

Die Domaine Maby liegt in Tavel, jedoch gehören auch 30 ha in Lirac dazu. Man verfügt über Gärtanks aus Edelstahl und Fuder für den Ausbau, in denen der rote Lirac La Fermade 3 Jahre lagert. Der Wein hat meistens einen sehr angenehmen Geschmack, etwas Frucht und eine gewisse Eleganz. Tiefe Farbe, schöne Harmonie. – Der weiße Lirac hat mich weniger beeindruckt.

Georges Bernard von der Domaine de la Genestière (Tavel) besitzt auch 12 ha Lirac. Diese sind unter anderem mit Grenache, Mourvèdre, Syrah und einigen weißen Reben bepflanzt. Auf diesem Gut wird nicht der Wein geschönt, sondern der Most. Der rote Lirac reift 2 Jahre in Fudern. Es ist ein tieffarbener, recht gehaltvoller Wein mit Holz in Nase und Geschmack. Derselbe Wein wird auch unter dem Namen Domaine de Longval verkauft.

Die Domaine Le Vieux Moulin in Tavel, Eigentum der Familie Roudil, erzeugt auch etwas roten Lirac. Dieser Wein kommt von 3 ha. Man läßt ihn 8–10 Tage gären und anschließend etwa 12 Monate in Fudern reifen. Die Qualität ist köstlich; häufig viel Frucht in der Nase (Erdbeeren) und ein abgerundeter, recht fester Geschmack.

Mitte:
Lirac ist nicht nur eine Appellation und ein Wein, sondern auch ein Ort. Die Ernte ergibt jährlich etwa 20000 hl.

Ganz unten:
Château de Ségriès bei Lirac. Es ist verfallen und wird nicht mehr bewohnt. Die Weine von den umliegenden Flächen werden in einem separaten, später gebauten Keller vinifiziert und gelagert.

Weitere interessante Liracs:
– Château de Clary, Roquemaure (rot)
– Domaine Pelaquié, St-Victoria-Coste (rot)
– Domaine de la Tour, St-Laurent-des-Arbres (rot, Rosé)
– Château d'Aquéria, Tavel (rot).

sind es wohl, die allen roten Lirac auszeichnen: Zum einen präsentieren sie sich leichter, milder, weniger schwer und voluminös als viele Weine vom Ostufer, was auch an dem relativ hohen Anteil der Cinsault-Rebe liegen kann. Zum zweiten ist hier aller Wein von sehr korrekter durchschnittlicher Qualität: Ein roter Lirac ist in der Regel ein verläßlicher Wein.

Rosé und Weißwein
Wenn die Roséweine heute auch sehr in der Minderzahl sind, so verdienen sie doch alle Aufmerksamkeit. Ich finde sie im allgemeinen etwas delikater als diejenigen von Tavel, etwas frischer, leichter, feiner und fruchtiger. Andererseits sind sie weniger markant und ausgeprägt. Der Rosé darf hier nur nach dem Saigné-Verfahren erzeugt werden, bei dem der Most seine Farbe dadurch erhält, daß man ihn kurz an den Beerenhäuten beläßt. In Tavel ist auch das Pressen der Trauben zulässig, ein weniger feines Verfahren zur Erzeugung von Rosé. Schließlich gibt es auch noch weißen Lirac, der es auf einen Anteil von 4% der Erzeugung bringt. Er muß zu mindestens 33% aus der Clairette-Rebe hergestellt werden. Die übrigen Trauben sind – mit einem Anteil von jeweils höchstens 25% – Bourboulenc, Ugni blanc, Maccabeu, Grenache blanc, Picpoul und Calitor. Der weiße Lirac ist nicht immer ein gelungener Wein. Es mangelt ihm manchmal an Rasse, an Nervigkeit, an Säuren. Wer einen guten weißen Lirac entdeckt, hat allerdings einen Wein von herrlicher Frucht und zarter Frische im Glas. Die angepflanzte Fläche der Appellation Lirac beträgt etwa 700 ha, während mindestens das Vier- bis Fünffache möglich wäre. Das bedeutet, daß eines Tages ebensoviel Lirac wie Châteauneuf-du-Pape erzeugt werden könnte.

Links unten:
In Ruoms ist man bei der U.C.O.V.A. willkommen, der großen Abfüll- und Vertriebsorganisation im Süden des Départements Ardèche. Anfang August feiert man in Ruoms ein großes Weinfest.

Mitte unten:
Winzer Léon Brunel von der Domaine de Belvezet

Rechts unten:
Ardèche-Landschaftsszene

Guten Vin de Pays de l'Ardèche aus Gamay und Syrah macht die Genossenschaft Saint Désirat-Champagne im Norden des Départements.

Er dürfte der führende Winzer des Vivarais sein: Léon Brunel. Dieser höchst dynamische Mann bearbeitet 23 ha Rebfläche (40% Grenache, 40% Syrah, 20% weitere Sorten). Der Wein seiner Domaine de Belvezet besitzt eine tiefe Farbe und im Duft wie im Geschmack eine angenehm konzentrierte Frucht. Der Wein hat Anspruch auf die Cru-Bezeichnung Saint-Remèze (die Gemeinde, in der Brunel wohnt). Auch der Vin de Pays ist vorzüglich, vor allem die Syrah-/Merlot-Art.

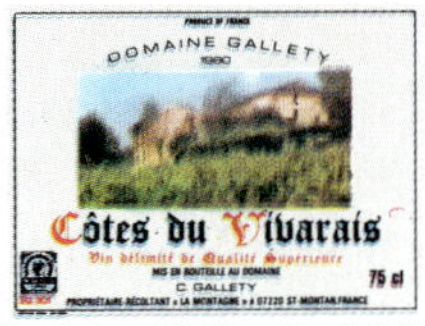

Im Jahre 1975 wollte Michel Gallety nicht mehr Geschäftsmann sein und wurde Winzer. Er kaufte ein Weingut in Saint-Montan und gab ihm den Namen Domaine Gallety. Es umfaßt 10 ha mit Grenache (50%), Cinsault (30%), Syrah (10%) und Carignan (10%). Der Wein wird nach dem Verfahren der Macération carbonique erzeugt. Unter anderem aufgrund des hohen Cinsault-Anteils ist der Geschmack sehr lebendig, elegant und fruchtig. Ein leichter, angenehmer Wein, jung und kühl zu trinken.

In einer stillen Landschaft bei Lagorce bestellt Francis Dupré die 35 ha seiner Domaine de Vigier. Grenache, Syrah und Cinsault machen jeweils ein Viertel der Stöcke aus. Der Rest sind sonstige Sorten. Dupré stellt jedes Jahr Wein aus verschiedenen Sorten zusammen. Die Mischung mit dem höchsten Syrah-Anteil gefällt mir am besten: Tiefe Farbe, aromatisch, kraftvoll, fleischig. Daneben wird auch ein reiner Syrah-Wein hergestellt; auch dieser ist sehr lohnend.

1924 wurde die Genossenschaft von Orgnac-l'Aven als erste in Ardèche gegründet. Sie gehört zur U.C.O.V.A.-Gruppe, verkauft aber die Hälfte der Produktion direkt. Die 83 Mitglieder bestellen 400 ha lehm- und kalkhaltigen Boden. Sie sind die einzigen Erzeuger des Cru-Orgnac. Ihr bester Wein ist für mich der rote Cuvée Réservée, der je zur Hälfte aus Grenache und Syrah erzeugt wird. Es ist ein recht fester, recht fruchtiger Wein, der einem Côtes du Rhône ähnelt.

Die interessantesten Weine, die der modern ausgerüstete Betrieb U.C.O.V.A. in Ruoms abfüllt und vertreibt, sind die reinsortigen Vins de Pays des Coteaux de l'Ardèche von Reben wie zum Beispiel Cabernet-Sauvignon, Syrah, Merlot und Chardonnay. Gemeinsam mit dem Burgunder-Haus Louis Latour erzeugt man auf 50 ha den sehr gelungenen Chardonnay Latour, der hauptsächlich für die Vereinigten Staaten bestimmt ist.

Côtes du Vivarais

Das wunderschöne, gebirgige Département Ardèche, das viele Franzosen immer noch das Vivarais nennen, obwohl dieser Name seit der Französischen Revolution offiziell nicht mehr existiert, erstreckt sich am westlichen Ufer der Rhône. Eine Reihe von Ardèche-Weinen aus dem Norden des Départements sind bereits in den vorangegangenen Kapiteln besprochen worden, so Saint-Joseph, Cornas und Saint-Péray. Dieses Kapitel ist den Weinen aus dem südlichen Abschnitt gewidmet, die als Côtes du Vivarais bezeichnet werden. Ihr Herkunftsbereich liegt ungefähr in einem Kreis um den Fluß Ardèche. Die Mittellinie dieses Kreises verbindet die Orte Ruoms und Pont-Saint-Esprit, wo die Ardèche in die Rhône mündet. Der Côtes du Vivarais kommt hauptsächlich aus neun Ardèche-Dörfern, jedoch gehören auch vier Gemeinden aus dem angrenzenden Département Gard zum Gebiet. Das Potential dieses Anbaugebietes liegt bei 8000 ha. Bepflanzt sind bis heute 2000 ha, wovon nur die Hälfte Côtes du Vivarais liefert.

Zwei Qualitäten
Man unterscheidet zwei Sorten Côtes du Vivarais, und zwar den einfachen und denjenigen mit dem Namen eines Cru. Es gibt drei Crus, nämlich Orgnac (Weine aus den Gemeinden Barjac, La Bastide-de-Virac, Le Garn, Montclus, Orgnac-l'Aven und Saint-Privat-de-Champclos), Saint-Montant (aus Larnas und Saint-Montant) und Saint-Remèze (aus Bidon, Gras, Saint-Remèze). Für die Crus gelten strengere Vorschriften als für die einfachen Weine, jedenfalls was die Rebsorten betrifft. Normaler Rotwein oder Rosé mit dem Namen Côtes du Vivarais muß zu mindestens 60% aus Grenache, Syrah, Cinsault, Mourvèdre und/oder Picpoul erzeugt werden. Bei den Crus sind es 75%, wobei Picpoul nicht mehr zugelassen ist. Die sekundären Trauben für normalen Côtes du Vivarais sind Carignan und Aubun mit einem Anteil von höchstens 40%. Bei den Crus ist nur die Carignan-Rebe mit einem Anteil von höchstens 25% zugelassen. Ähnliches gilt auch für die Weißweine, von denen nur geringe Mengen erzeugt werden und die meist nicht interessant sind. Der Ertrag für alle Sorten ist auf 45 hl/ha begrenzt. Einfache Weine müssen mindestens 10,5% Alkohol enthalten, die Crus 11%.

Nahe bei den Rhône-Weinen
Côtes du Vivarais gehört zur Kategorie der Vins Délimités de Qualité Supérieure. Dies sehr zum Leidwesen der besseren Winzer. Man hat daher zwei Anträge eingebracht, einen auf Erteilung einer eigenen Appellation und einen weiteren für die Aufnahme in die Herkunftsbezeichnung Côtes du Rhône. Vor allem dieser Antrag scheint sehr berechtigt: Einige Vivarais-Weinberge liegen nicht weiter von der Rhône entfernt als so mancher Weinort an der Ostseite des Tals. Teilweise wird schon in einer Entfernung von 5–10 km vom Fluß Wein erzeugt, und das aus genau den gleichen Trauben. Allerdings kann man einen durchschnittlichen Côtes du Vivarais noch nicht mit einem durchschnittlichen Côtes du Rhône gleichsetzen. Der Wein ist meist doch etwas leichter und frischer. Dies bezieht sich zunächst einmal auf die Weine der U.C.O.V.A., eines Betriebs, der praktisch die gesamte Produktion von 19 Genossenschaften im südlichen Ardèche abfüllt und verkauft. Das entspricht etwa 85% allen Weins von den Côtes du Vivarais. Ein Kuriosum ist der Umstand, daß die besten Weine dieser Gruppe nicht die V.D.Q.S. Côtes du Vivarais, sondern die noch niedriger eingestuften Vins de Pays des Coteaux de l'Ardèche sind. Wegen der weniger strengen Rebsorten-Vorschriften kann nämlich in dieser Kategorie Wein aus noblen Rebsorten wie den blauen Sorten Cabernet-Sauvignon und Merlot oder der weißen Chardonnay erzeugt werden, und dieser Wein kann von erstaunlich guter Qualität sein.

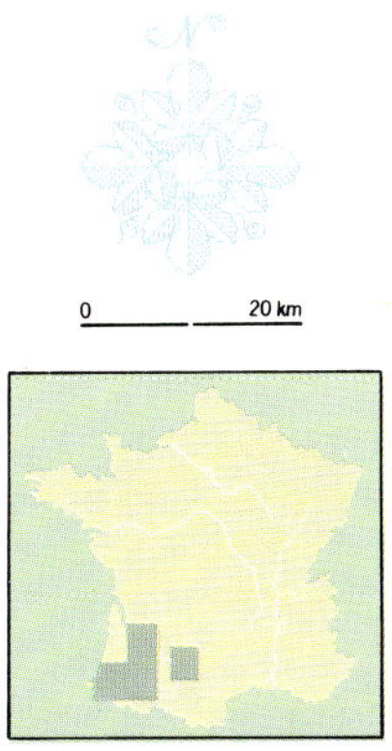

BERGERAC
Montravel
Pécharmant
Monbazillac
Côtes de Saussignac
Rosette

CÔTES DE DURAS
CÔTES DU MARMANDAIS
CÔTES DE BUZET
CÔTES DE SAINT-MONT
MADIRAN
TURSAN
JURANÇON
BÉARN
IROULEGUY

CAHORS
LAVILLEDIEU
CÔTES DU FRONTONNAIS
GAILLAC

Auf untenstehender Karte noch nicht genannt ist Côtes du Brulhois, ein Wein, der im November 1984 vom Vin de Pays zum Vin Délimité de Qualité Supérieure hochgestuft wurde. Sein Anbaubereich liegt südlich der Stadt Agen ungefähr in der Verlängerung der Appellation Buzet. Praktisch die gesamte Erzeugung liegt in Händen von zwei Genossenschaften, der Cave Coopérative de Goulens-en-Brulhois und derjenigen von Donzac. Neben den regionalen Rebsorten wie Tannat werden auch Cabernet-Reben verarbeitet.

Der Südwesten

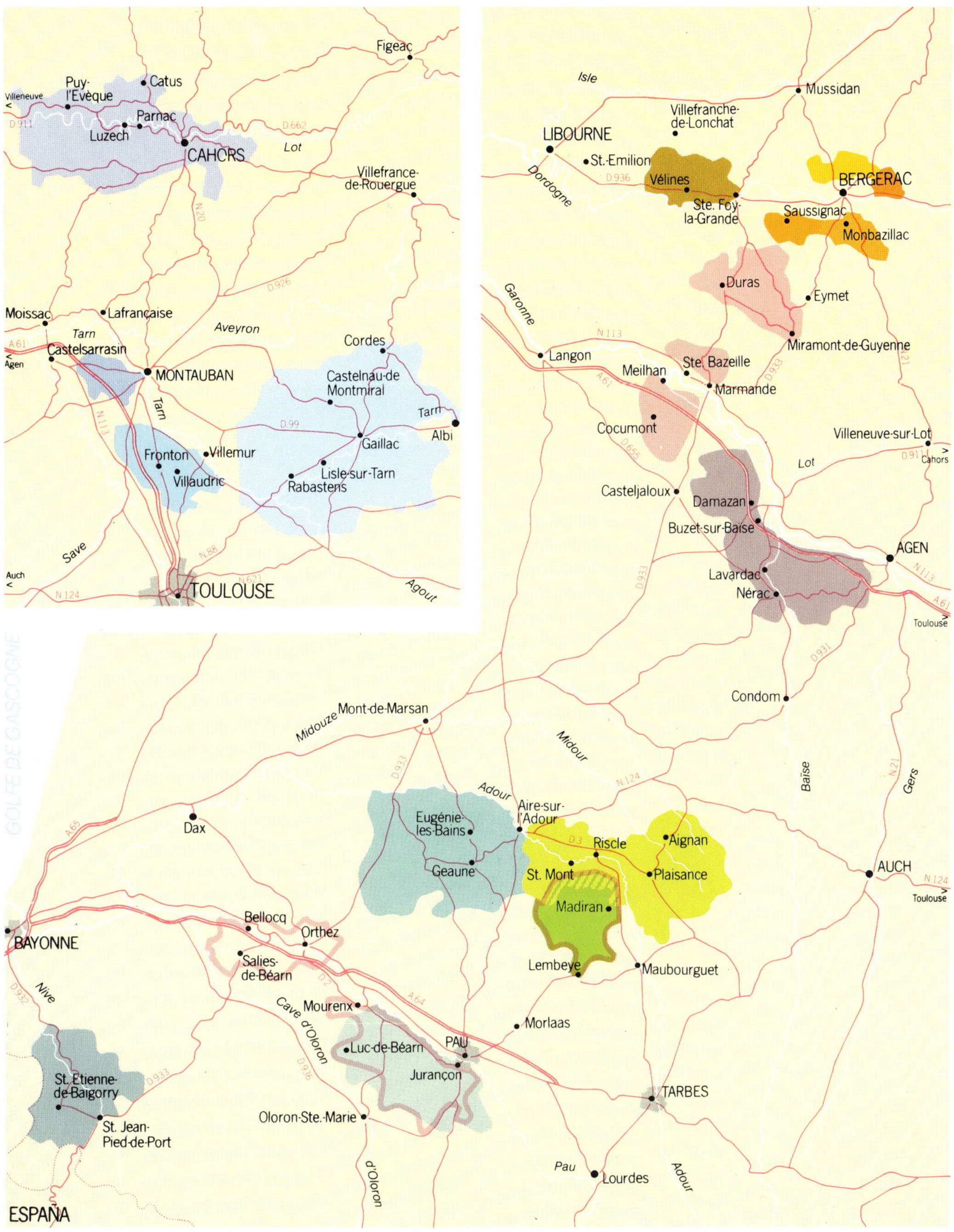

Wer im In- oder Ausland Weinlisten und Weinkarten studiert, muß den Eindruck bekommen, daß im Südwesten Frankreichs nur ein einziger Wein von Bedeutung erzeugt wird: Bordeaux. Die Stellung des Bordeaux ist überragend, und wenn Importeure oder Restaurateure überhaupt andere Weine aus dem Südwesten führen, dann nur in ganz geringer Auswahl. Ich fürchte fast, daß die Händler auf ihren Einkaufsreisen nicht weiter kommen als bis Bordeaux und daß andere Weine aus diesem Teil Frankreichs, wenn überhaupt, über Handelshäuser aus Bordeaux bezogen werden. Das alles ist die Folge eines Mangels an Wissen und somit an der verdienten Wertschätzung. Im Gegensatz zur landläufigen Meinung, daß das Hinterland von Bordeaux, das früher das Haut-Pays genannt wurde, bloß Lieferant billiger, zweitrangiger Bordeaux-Imitationen ist, befindet man sich hier in einer Schatzkammer voll markanter, authentischer Weine, die vielfach aus sehr gebietstypischen Trauben hergestellt werden und außerordentlich vielfältig in ihrer Art sind. Bei meinen Reisen durch dieses weitläufige, höchst reizvolle Gebiet, das zu neun Départements gehört, wurde ich ein ums andere Mal von guten, ja fesselnden Weinen überrascht. Außerdem erzeugt man im Südwesten herrliche Weinbrände, wie den Armagnac, und eine reiche Vielfalt von Likören. Obendrein gibt es wenig französische Gegenden, in denen man so gut essen kann.

Auf der nebenstehenden Übersichtskarte ist angegeben, wo die einzelnen Gebiete liegen, die auf den nächsten Seiten beschrieben werden.

Links:
Eine der 10 Genossenschaften des Départements Dordogne ist die Cave Coopérative von Sigoulès. Als erster Betrieb in der Gegend schaffte sie schon im Jahre 1975 eine sehr moderne Kelteranlage an

Unten:
Sanft abfallender Rebhang in Bergerac

Ein Ort außerhalb des eigentlichen Weingebiets Bergerac ist Sarlat. Er ist wegen der auf das 15. und 16. Jahrhundert zurückgehenden Straßen und der vielen Kunstzeugnisse einen Besuch wert. Hier findet alljährlich ein Kunstfestival statt.

Für den weißen Bergerac wurde ein Antrag auf offizielle Anerkennung als Méthode champenoise- Wein eingereicht.

Seite gegenüber, Mitte:
Der alte Hafen von Bergerac. Von hier aus wurden früher viele Fässer Wein verschifft, auch ins Ausland.

Seite gegenüber, unten:
Alte Ansichtskarte von Bergerac. Die Aufnahme entstand um die Jahrhundertwende. Die Kirche steht noch; das Straßenbild wird jedoch von Automobilen und Parkuhren beherrscht. Ein vielbesuchter Treffpunkt in Bergerac ist das Café des Sports, unweit der Kirche.

Seite gegenüber, links oben:
Die Côtes de Saussignac schließen sich im Westen an Monbazillac an. Eines der führenden Güter ist Château Court-les-Mûts.

Seite gegenüber, rechts oben:
Château La Jaubertie (Colombier) ist eines der schönsten Weinschlösser des Bergerac. Man erzeugt hier auch gute Weine. Seit 1973 gehört es dem Engländer Henry Ryman. Das Gebäude stammt aus dem 16. Jahrhundert und war einst Wohnsitz der Maitresse Heinrichs IV.

Bergerac

Die Départements Gironde und Dordogne sind einander benachbart. Die Grenze zwischen ihnen bestimmt nicht nur die Verwaltungszonen, sondern trennt auch zwei Weine. Westlich dieser Linie heißen die Weine noch Bordeaux, östlich davon Bergerac, Montravel und so weiter. Zur Linken genießen die Weine weltweiten Ruf, zur Rechten muß man noch schwer an der eigenen Identität arbeiten. Es ist fast ein Kuriosum, daß die Weine der Dordogne weniger bekannt sind als das Département selbst, das gerade auch für seine Küche berühmt ist. Die Franzosen selbst bezeichnen es häufig noch mit seinem alten Namen als das Périgord. Diese historische Provinz, deren Hauptstadt der 1800 Jahre alte Ort Périgueux ist, umfaßte das gesamte heutige Département Dordogne sowie einen Teil des Départements Lot. Wegen seiner undurchdringlichen, dunklen Wälder wird der nordöstliche Teil des Gebiets auch Périgord noir genannt, während die meist aus Kalkgestein aufgebaute, offenere Landschaft des Südens Périgord blanc heißt. Vier Flußsysteme durchziehen das Gebiet: die Dordogne und ihr Nebenfluß Vézère mit den sehenswerten Schluchten, die Isle, an der Périgueux liegt, die Dronne im Norden und der Dropt im Süden.

Prähistorische Funde

Schon früh ließen sich hier Menschen nieder. Nirgendwo sonst in Frankreich förderte man so viele prähistorische Funde zutage wie hier, vor allem in der Nähe von Eyzies. Im gesamten Pé-

rigord gibt es viele Höhlen mit Wandmalereien aus vorgeschichtlichen Zeiten. Am berühmtesten sind die Höhlen von Lascaux, die jedoch heute für die Öffentlichkeit nicht mehr zugänglich sind. Besuchen kann man dagegen unter anderem die Höhlen von Rouffignac, die 1956 zufällig entdeckt wurden. Auch die jüngere Vergangenheit lebt im Périgord noch in den vielen Raubritterburgen und den friedlicheren Schlössern. Zu den beeindruckendsten Châteaux gehören Beynac, Gastelnau, Hautefort, Montfort, Lanquais, Fénélon (zugleich Museum für Auto-«Oldtimer»), Biron, Bonaguil, Losse, L'Herm und Puyguilhem. Auch befestigte Ortschaften (Bastides) findet man noch häufig, vor allem an der Grenze zur Gironde. Romantische mittelalterliche Stadtzentren kann man etwa in Sarlat und Périgueux bewundern.

Berühmte Küche

In den 70er Jahren führte die Redaktion des «Nouveau Guide Gault-Millau» unter der französischen Bevölkerung eine Umfrage durch, welche Gegend die beste Küche hätte. Mit Abstand die meisten Punkte sammelte das Périgord. Dies dürfte wohl nicht nur an den regionalen Kochrezepten gelegen haben, sondern auch an den vielen köstlichen Zutaten, die von hier kommen. Die schwarzen Trüffeln sind ja weltbekannt und haben seit 1973 auch eine

Die im Jahre 1942 gegründete Genossenschaft von Monbazillac erzeugt seit 1980 auch Rotwein. Hierzu tätigte man Investitionen in Höhe von 3 Millionen Francs, unter anderem für die modernen rotierenden Gärtanks aus Edelstahl. Angestrebt wird eine Erzeugung von 5000 hl. In all seiner Einfachheit schmeckt der Wein geschmeidig, reintönig und angenehm. Hellrote, recht tiefe Farbe. In dem Betrieb sind 160 Winzer zusammengeschlossen.

Das sehenswerte, von Touristen viel besuchte Château Michel de Montaigne ist Eigentum von Madame Mähler-Besse aus Bordeaux und liefert einen der besseren roten Bergeracs. Von den 18 ha sind 15,5 mit blauen Trauben bepflanzt, und zwar je zur Hälfte mit Cabernet und Merlot. Der Rotwein ruht 2 Jahre in Eichenfässern. Er schmeckt anfänglich etwas hart, gewinnt jedoch im Laufe der Zeit an Weichheit und Eleganz.

Château Bellevue in Lamothe-Montravel, Eigentum der Familie Gachet, ist die Wiege eines der besten roten Bergeracs. Die Rebfläche umfaßt 10 ha mit 60% Merlot, 20% Cabernet-Franc und 20% Cabernet-Sauvignon. Der Wein, den das Haus Pierre Jean abfüllt, besitzt meist einen vorzüglichen Geschmack, ist ausgewogen und komplett und verfügt über eine gute Struktur. Die Farbe ist meist tiefrot.

eigene Appellation Contrôlée. Die Trüffeln waren es auch, die das Gebiet vor dem wirtschaftlichen Ruin bewahrten, als Ende des vorigen Jahrhunderts die Reblaus alle Weingärten verwüstete. Weiterhin ist das Périgord bedeutender Produzent von Walnüssen, aus denen unter anderem auch Likör gemacht wird. Eine lange Tradition hat ebenso die Gänsezucht, weshalb auch «Pâté de foie gras», «Confit d'oie» und «Billettes d'oie» zu den regionalen Spezialitäten gehören. Steinpilze sind eine weitere Spezialität, und etwa 15% der französischen Erdbeeren kommen aus dem Département Dordogne. Zu erwähnen ist auch der Anbau von Tabak. Schließlich darf man ja den Wein nicht vergessen. Wenn auch sein Renommee noch hinter jenem des Bordeaux zurückbleibt, so ist er doch genauso alt wie dieser.

Verbindungen nach Holland

Die Konkurrenz zwischen den Winzern von Bordeaux und denjenigen aus dem Hinterland war jahrhundertelang recht heftig. Auf Drängen der Bordelaiser gab der englische König Heinrich III., damals Herrscher in diesem Teil Frankreichs, Anweisung, alles anzuhalten, was aus Bergerac in das Gebiet von Bordeaux gelangte: Menschen, Wein, und was sonst noch kam. Den Winzern von Bergerac gelang es jedoch, nach England zu exportieren. Auch später ließen sie sich nicht die Butter vom Brot nehmen. Als Bordeaux wieder französisch war, ersannen die Einwohner der Stadt allerlei Vorschriften, um die Durchfuhr von Bergerac-Weinen zu erschweren. Auf Gewaltanwendung mußten sie allerdings verzichten, denn der französische König hatte einst selbst eingegriffen, als man tatsächlich eine Blockade errichtet hatte. Nun versuchte man es mit allerlei Listen, wie etwa der Vorschrift, daß kleinere, unübliche Faßgrößen benutzt werden mußten. Der Hintergedanke dabei war nicht nur, daß der Transport dadurch erschwert wurde, sondern es wurden auch die Steuern nach der Anzahl der Fässer bemessen. Mit Elan und Intelligenz setz-

Die Weine von Château de Panisseau in Thénac wurden vielfach ausgezeichnet. Die Familie Becker erzeugt sowohl einen ansprechenden roten Bergerac (Cabernet-Sauvignon, Cabernet-Franc und Merlot, jeweils zu gleichen Teilen) als auch einen trockenen weißen (sowohl rein Sauvignon als auch 65% Sémillon, 20% Chenin und 15% Sauvignon). Auch der Rosé von diesem 50 ha großen Gut, reinsortiger Cabernet-Sauvignon, ist häufig sehr gelungen.

In der Gemeinde Thénac bestellt Daniel Dumez die 18 ha seines Château Caillevet. Die lehm- und kalkhaltigen Hänge haben Südlage. Etwa 80% der Erzeugung sind rote Côtes de Bergerac. Es ist ein gut strukturierter, angenehmer Wein aus Cabernets und Merlot. Außerdem erzeugt Dumez Bergerac Rosé (Cabernet-Franc, Merlot), weißen Côtes de Bergerac (Sémillon) und Bergerac Sec (Sémillon, Sauvignon). Alle Weine wurden prämiert.

Nachdem der Engländer Henry Nicholas (Nick) Ryman Château La Jaubertie im Jahre 1973 gekauft hatte, vergrößerte er die Rebfläche und erzeugt heute einige vortreffliche Weine. Köstlich ist der Bergerac Sec, eine charmante, zart-frische Komposition aus Sauvignon und Sémillon (etwa zu gleichen Teilen). Auch der Rosé und der Rotwein (ab 1982) sind zu empfehlen. Der Weinberg liegt in Colombier und umfaßt 38 ha. Fast alle Reben werden maschinell gelesen.

Seite gegenüber, oben:
Das Gebiet Bergerac hat eine eigene Weinstraße.

Seite gegenüber, unten:
Château Michel de Montaigne in Saint-Michel-de-Montaigne. Das unter Denkmalschutz stehende Schloß steht Besuchern offen.

Oben:
Sinniger Wandtext bei der Genosschenschaft von Le Fleix: « Trinkwasser ist akzeptabel, aber ein alter Bergerac ist doch viel besser. »

Mitte:
Henry Nicholas (« Nick ») Ryman vom Château La Jaubertie

Unten links:
Trüffeln werden mit speziell abgerichteten Schweinen gesucht. Saison ist von November bis März.

Unten rechts:
Frisch geerntete schwarze Trüffeln. Sie sind ihr Gewicht in Gold wert.

ten sich die Leute aus Bergerac über diese Schikanen hinweg und eroberten sogar einen sehr wichtigen Absatzmarkt: die Niederlande. Die Holländer hatten zwar schon seit Jahrhunderten Wein in Bergerac eingekauft, wurden aber erst im 17. und 18. Jahrhundert die wichtigsten Kunden des Gebiets. Im Jahre 1682 beispielsweise versandte Bergerac 106 000 *tonneaux*, wovon 63 500 nach Holland gingen, 18 000 nach England und der Rest in französische Häfen. Hierbei spielte auch eine Rolle, daß Ende des 17. Jahrhunderts nach der Aufhebung des Edikts von Nantes viele Hugenotten aus dem Périgord in die Niederlande auswanderten und sich dort große Mengen ihres heimischen Weins kommen ließen. Dank stetig steigender Nachfrage nahm auch die Rebfläche ständig zu. Mitte des vorigen Jahrhunderts waren im Périgord etwa 100 000 ha unter Reben, das sind über 10% der Gesamtfläche.

Anbau zurückgegangen
Der meiste Wein war damals weiß und mehr oder weniger süß. Dies blieb auch so bis zum Beginn unseres Jahrhunderts. Allerdings waren bis dahin viele Weinberge verschwunden, die man nach der Reblauskatastrophe nicht mehr bepflanzt hatte. Der Rückgang setzte sich auch später fort. In seinem 1921 erschienen Buch «Le Périgord» erwähnt Curnonsky noch die Weine von Brantôme, Ballans und Monsaguel, die es heute nicht mehr gibt. Das gleiche gilt für die Rebflächen von Sarlat und anderer Orte. Krisen und Weltkriege folgten aufeinander, und nach 1945 änderte sich dann der Geschmack des Publikums. Nun waren plötzlich Rotwein und trockene Weißweine gesucht. Dadurch nahm der Bestand an Weinbergen noch weiter ab. Heute sind noch etwa 20 000 ha mit Reben bepflanzt, ein Fünftel der früheren Fläche. Etwa 40% der Ernte entfällt auf die Genossenschaften. Es ist eine Ironie der Geschichte, daß fast die Hälfte allen Weins, vor allem weißer und roter Bergerac, heute von Handelshäusern in Bordeaux verkauft und nicht selten auch abgefüllt wird. Diese Firmen setzen den Bergerac meist irgendwo an das Ende ihrer Kataloge als preiswerten Ersatz für Bordeaux, was der Profilierung des Bergerac nun auch nicht gerade förderlich ist. Im Jahre 1982 war die Hälfte der Erzeugung noch Weißwein (einschließlich des Vin liquoreux Monbazillac),

Auf seinem Château du Treuil de Nailhac in Monbazillac macht Armand Vidal verschiedene Sorten Wein, darunter auch einen trockenen weißen Sauvignon. 7 ha sind mit dieser Rebsorte bepflanzt. Der Wein besitzt eine gute Qualität; er weist meist ein zartblumiges Bukett und einen gefälligen, frischen, fast saftigen Geschmack auf. Der Monbazillac von Vidal ist auf Seite 87 besprochen.

Außer rotem Bergerac und Monbazillac erzeugen Pierre Alard und sein Sohn Serge auf Château Theulet auch einen Bergerac Sec aus der Sauvignon-Traube. Obwohl auch die anderen Theulet-Weine sehr ansprechend sind, ziehe ich doch diesen vor. Der Sauvignon schmeckt lebendig und sauber, und man entdeckt im Hintergrund häufig etwas vom Kiesboden, aus dem er stammt. Das Gut umfaßt etwa 50 ha, wovon ein Viertel diesen trockenen weißen Bergerac liefert.

Seit 1977 betreibt die Genossenschaft von Le Fleix die Domaine de la Vaure in Le Fleix. Sie umfaßt 20 ha Rebfläche (davon 13 ha für Rotwein und 7 ha für Weißwein). Der Weißwein ist nicht zu leicht in der Struktur und, mit seinem frischen, sauberen Geschmack und der hellen Farbe, höchst reizvoll. Er wird erzeugt aus 55% Sauvignon, 25% Sémillon, 10% Muscadet und 10% Ugni blanc.

Bei der Genossenschaft von Sigoulès – 1939 gegründet, rund 325 Mitglieder, über 1000 ha – habe ich verschiedene gute Weine probiert, unter anderem einen erfrischenden Sauvignon. Daneben lernte ich auch einen vorzüglichen weißen Côtes de Bergerac kennen, sehr reintönig, ziemlich fruchtig (Richtung Birne) und mild. Dieser Wein wird hier ausschließlich aus Sémillon-Trauben erzeugt. Der rote 1982er erhielt auf einem regionalen Wettbewerb eine Goldmedaille.

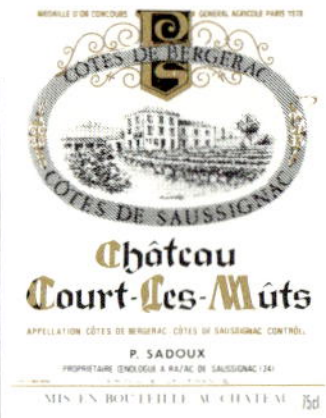

In Razac-de-Saussignac liegt Château Court-Les-Mûts. Es ist Eigentum der Familie Sadoux. Der Weinberg umfaßt 22 ha, wovon zwei Drittel mit weißen Trauben. Einer der besten Weine ist der weiße Côtes de Saussignac, dessen Geschmack je nach Jahrgang zwischen halbsüß und süß schwankt. Daneben wird auch ein ansprechender Bergerac Sec erzeugt.

Weitere interessante Bergeracs:
- Château Le Mayne, Sigoulès (rot, trocken weiß)
- Domaine Constant, Lamonzie-St. Martin (rot)
- Château Montarut, Villefranche-de-Lonchat (rot)
- Château du Chayne, Pomport (rot)
- Château Le Paradis, St. Perdoux (rot)
- Château La Rayre, Colombier (Sauvignon)
- Château de Géraud, Pomport (rot)
- Château Bonnières, Fougeyrolles (rot)
- Coop. Le Fleix (Sauvignon)
- Domaine Les Terrasses, Monestier (trocken, weiß)
- Château de Masburel, Fougeyrolles (rot)
- Château de Fayolle, Saussignac (rot, trocken weiß)
- Château Le Raz, St. Médard-de-Guçon (rot)

jedoch wird erwartet, daß der Rotwein noch vor 1990 die überragende Rolle spielen wird.

Bergerac rouge

Die Herkunftsbezeichnung Bergerac umfaßt 93 Gemeinden mit einem Potential von 50 000 ha. Hiervon ist weniger als ein Drittel angepflanzt. Bergerac gibt es als Rotwein, Rosé und Weißwein. Der meistproduzierte Wein ist bereits mit 115 000–190 000 hl im Jahr der Rotwein. Die zulässigen Rebsorten sind Cabernet-Sauvignon, Cabernet-Franc, Merlot, Malbec, Fer Servadou und Mérille. Die meisten Winzer haben allerdings nur die ersten drei Sorten angepflanzt. Sie sind auch die typischen Bordeaux-Reben. Dennoch ist roter Bergerac nicht das gleiche wie Bordeaux. Ein anderer Untergrund und ein vielleicht etwas rauheres Klima ergeben einen leichteren Typ Wein, der häufig einen etwas gewöhnlichen Geschmackston aufweist. Wirklich konzentrierte, fleischige oder üppige Weine habe ich bei meiner Rundreise und bei späteren Verkostungen eigentlich nicht entdeckt. Ich fand die meisten Weine auch nicht sehr fesselnd. Dies gilt sowohl für die Genossenschaftsweine als auch für diejenigen von einzelnen Domänen. Ich vermute, daß beim roten Bergerac die Qualitätsmöglichkeiten noch längst nicht ausgeschöpft sind. Einer der Gründe kann der Mangel an Finanzkraft sein; sie könnte wohl einen niedrigeren Ertrag, eine bessere Vinifikation, eine angemessene Holzreife und eine strengere Auswahl möglich machen.

Roter Côtes de Bergerac

Der Mindestalkoholgehalt für roten Bergerac wurde auf 10% festgesetzt. Wein, der ausschließlich aus Cabernet und Merlot hergestellt wurde und mindestens 1% Alkohol mehr aufweist, kann als Côtes de Bergerac verkauft werden. Der Ertrag – 50 hl/ha – und alle übrigen Vorschriften sind für Bergerac und Côtes de Bergerac gleich. Da 11% Alkohol meist ohne weiteres erreicht werden, könnte viel Wein als Côtes de Bergerac angeboten werden. In der Praxis werden jedoch nur ein Sechstel bis ein Siebtel des Rotweins als Côtes de Bergerac deklariert. Beim Verkosten habe ich zwischen rotem Bergerac und Côtes de Bergerac praktisch keine Unterschiede entdeckt. Man könnte höchstens sagen, daß letzterer im Durchschnitt etwas mehr Festigkeit besitzt. – Noch seltener ist der Bergerac Rosé. Hiervon werden jährlich rund 2000 hl erzeugt. Er schmeckt trocken und kann sehr erfrischend sein. Fast aller Rosé von Bergerac wird bei Genossenschaften erzeugt.

Gelungene weiße Sauvignon-Weine

Weißen Bergerac gibt es in verschiedenen Versionen; gemeinsam ist allen Typen der zulässige Ertrag (50 hl/ha) und die vorgeschriebenen Rebsorten. Primäre Sorten sind Sémillon, Sauvignon, Muscadelle und Chenin blanc. Daneben sind bis zu 25% Ugni blanc zugelassen, jedoch höchstens bis zum Anteil der Sauvignon-Rebe. Der trockenste Typ des weißen Bergerac heißt Bergerac Sec. Die Erzeugung stieg in den 70er Jahren von durchschnittlich 45 000 hl auf durchschnittlich 75 000 hl kräftig an. Vor allem die Nachfrage nach reinen Sauvignon-Weinen nahm erheblich zu, und das mit Grund. Nicht selten hält ein Sauvignon aus Bergerac einem Vergleich mit gleichwertigen Weinen aus Bordeaux oder anderen Gebieten stand. Damit soll nicht gesagt sein, daß der normale Bergerac Sec unbedingt ein geringerer Wein ist; auch hiervon habe ich sehr erfreuliche Flaschen verkostet. Bei den Sauvignon-Weinen findet man aber doch durchweg etwas mehr Frische, Lebendigkeit und Rasse. Der meiste Bergerac Sec kommt von kalkhaltigem Lehmboden. Der Wein muß zwischen 10 und 13% Alkohol enthalten. Zwei Drittel der Produktion stammen von den Genossenschaften.

Halbsüß weniger gefragt

Seit jeher wird in Bergerac halbsüßer Weißwein erzeugt, und man tut dies auch heute noch. Ein solcher Wein trägt den Namen Côtes de Bergerac, eventuell mit dem Zusatz Moelleux. Die Produktion ist rückläufig und sank von durchschnittlich 65 000 hl in den 70er Jahren auf derzeit etwa 35 000 hl. Dieser halbsüße Wein ist allerdings auch nicht mehr zeitgemäß: Man möchte entweder etwas Trockenes oder etwas Süßes trinken, aber nichts, was irgendwie dazwischen liegt. Für den weißen Côtes de Bergerac schreibt das Gesetz einen Alkoholgehalt von mindestens 11% vor sowie zwischen 18 und 54 g/l Restzucker. Diesen Weintyp findet man noch häufig auf Privatgütern; von den Genossenschaften kommt weniger als die Hälfte der Gesamterzeugung. Ein höherrangiger Côtes de Bergerac kommt aus den fünf Orten Saussignac, Gageac, Rouillac, Monestier und Razac-de-Saussignac. Heute heißt dieser Wein Saussignac (früher Côtes de Saussignac). In Geschmack und Charakter ähnelt er etwa einem Monbazillac (s. S. 86 f.) Ein guter Saussignac ist ein ausgeprägt süßer Wein. Der Most muß mindestens 196 g/l natürlichen Zuckers aufweisen, was 25g weniger ist als der vorgeschriebene Mindestgehalt beim Monbazillac. Jährlich kommen zwischen 1000 und 2500 hl Saussignac auf den Markt. Einige Erzeuger vermischen den Wein mit einfachem Côtes de Bergerac, das heißt er wird nicht unter dem eigenen Namen deklariert.

Ausgedehntes Gebiet

Es ist nicht so, daß aller Bergerac und Côtes de Bergerac aus der näheren Umgebung der Stadt Bergerac kommt. Das Gebiet erstreckt sich 40 km nach Westen, 30 km nach Süden, und auch im Norden und Osten findet man Weinberge. Es sind weitläufige Rebflächen an Hängen oder auf Plateaus, aber häufig auch kleine Parzellen zwischen anderen Kulturen oder Wald.
Es gibt eine Weinstraße, die durch viele Dörfer führt. Auf den größeren Weingütern ist man immer zu einer Verkostung willkommen. Wer sich eine Anzahl repräsentativer Flaschen besorgen will, kann sich im Sommer auch in einer Weinhandlung gegenüber dem Maison du Vin in Bergerac eindecken. Der Laden liegt im alten Zentrum, in der Nähe des jetzt ruhigen Hafens, in dem früher die nach Holland fahrenden Schiffe mit Tausenden von Fässern Wein beladen wurden. Ein wahrhaft symbolischer Ort.

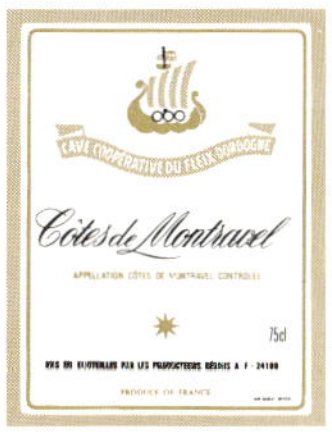

Im Dorf Le Fleix (wie «Flee» gesprochen) gibt es eine große Genossenschaft mit etwa 400 Mitgliedern. Man erzeugt ein umfangreiches Sortiment von Weinen, darunter einige sehr gelungene Weißweine. Die gute Qualität ist unter anderem auf die moderne Ausrüstung zurückzuführen. In seiner Art sehr gelungen ist der halbsüße Côtes de Montravel. Das gleiche gilt für den fruchtigen, trockenen Montravel und den Bergerac Sec aus der Sauvignon-Traube.

Die Brüder Jean und Léopold Guillemier besitzen in Bonneville 47 ha Rebengrund. Ihr Gut heißt Château du Bloy. Sie arbeiten dazu noch unter den Namen Château des Coteaux de Bloy und Château Fonguillane. Neben einem ansprechenden roten Côtes de Bergerac erzeugen sie unter anderem einen Montravel ausschließlich aus der Sauvignon-Rebe, die auf 3 ha angepflanzt ist. Es ist ein reintöniger, geschmeidig-frischer Wein mit ein wenig *terroir*-Ton.

Auf einem kleinen Hügel in der Nähe der Ortschaft Montpeyroux liegt die Domaine de Fontfrède von Jean Rautou. Sie ist 14 ha groß, wovon 9 ha Montravel und Côtes de Montravel liefern. Der Montravel, ein reinsortiger Sauvignon, besitzt einen zart-frischen, geschmeidigen, angenehmen Geschmack. Der Côtes de Montravel wird nur in guten Jahren abgefüllt. Der rote Bergerac ist nicht unangenehm.

Rechts: Die Edelstahl-Gärtanks der Genossenschaft in Le Fleix

Unten: Die Landschaft von Montravel; umgeben von Reben ein Hügel mit einer Burgruine. Der Boden enthält überwiegend Lehm und Kalk.

Weitere interessante Montravel:
- Domaine de la Roche-Marot, Vélines
- Domaine de Libarde, Vélines
- Marc Chavant, Bourg-de-Ponchapt.

Montravel

In der Ebene von Lamothe-Montravel wurde am 17. Juli 1453 eine entscheidende Schlacht zwischen Engländern und Franzosen geschlagen. Mit der Niederlage der Briten endete ihre 300 Jahre währende Herrschaft über das südwestliche Frankreich (Aquitanien). Heute ist der Schauplatz der damaligen Kämpfe Teil der Appellation Montravel. Diese erstreckt sich im Westen von Bergerac bis zur Grenze nach Bordeaux. Sie umfaßt 15 Gemeinden oder Teile davon. Die Appellation Montravel, die aus dem Jahre 1937 stammt, gilt nur für trockenen Weißwein. Die primären Rebsorten sind Sémillon, Sauvignon, Muscadelle, Ondenc und Chenin blanc. Daneben dürfen bis zu 25% der Reben aus Ugni blanc bestehen, sofern der Sauvignon-Anteil mindestens ebenso hoch ist. Im Wein müssen 10–13% Alkohol und weniger als 4 g/ l Restzucker enthalten sein. Allgemein kann man sagen, daß der Montravel einen gefälligen und runden Geschmack von zarter Frische aufweist. Es gibt jedoch auch herbere Sorten, vor allem die reinsortigen Sauvignon-Weine.

Auch halbsüße Varianten

Im Appellationsbereich sind etwa 4000 ha mit Rebstöcken bepflanzt, wobei es sehr große Rebgärten, aber auch zahlreiche kleine gibt. Die Erzeugung beträgt etwa 180 000 hl, wovon jedoch noch nicht einmal ein Fünftel als Montravel verkauft wird. Die meisten Erzeuger bieten den Wein nämlich als Bergerac an. Die Produktion von trockenem Montravel erreicht zwischen 16 000 und 32 000 hl im Jahr. Hinzu kommen noch etwa 2500 hl Côtes de Montravel und Haut-Montravel. Hierbei handelt es sich um zwei Herkunftsbezeichnungen für halbsüße Weißweine, die aus bestimmten Orten im gleichen Gebiet kommen. Côtes de Montravel ist mit etwa 1500 hl die wichtigere der beiden. Das Recht auf die Erzeugung dieses Weins steht neun Gemeinden zu. Der Haut-Montravel (etwa 1000 hl) kann aus fünf Ortschaften kommen. Von den 15 Gemeinden, aus denen der Montravel-Bereich besteht, ist Saint-Seurin-de-Prats die einzige, in der nur trockener Montravel erzeugt werden darf. Alle anderen können auch Côtes de Montravel oder Haut-Montravel liefern. Die Basis für diese beiden Weine sind Sémillon, Sauvignon und/oder Muscadelle. Weiterhin sind vorgeschrieben ein Restzuckergehalt von 8–54 g/l und ein Mindestalkoholgehalt von 11%. Der Ertrag für alle Montravel-Sorten wurde auf 50 hl/ha festgesetzt.

Rosette

Nicht ohne Grund erzeugt Montravel hauptsächlich trockenen Wein. Der halbsüße oder Moelleux paßt wie gesagt, nicht so recht in unsere Zeit, und er besticht auch nicht gerade durch seine Persönlichkeit. Man darf annehmen, daß die Erzeugung von Côtes de Montravel und Haut-Montravel eher abnehmen als zunehmen wird. Dieses Schicksal hat bereits einen ähnlichen Wein ereilt, den Rosette. Dieser halbsüße Weißwein (ebenfalls zwischen 8 und 54 g/l Restzucker) wird im Norden der Stadt Bergerac in einem Teil der Gemeinde selbst sowie in fünf anderen Ortschaften erzeugt. Während in den 70er Jahren noch durchschnittlich etwa 1100 hl hergestellt wurden, ist die Produktion heute auf unter 200 hl gesunken. Der Rosette ist also schon fast verschwunden.

Links:
Mit einer Flasche Monbazillac auf dem Tisch hält die Weinbruderschaft «Le Consulat de la Vinée de Bergerac» eines ihrer Kapitel ab. Sie wurde nach dem Vorbild einer ähnlichen Vereinigung aus dem Jahre 1254 im Jahre 1954 gegründet. Die Aufnahme entstand im Keller unter dem Maison du Vin in Bergerac, der teilweise aus dem 12. Jahrhundert stammt.

Links unten:
Armand Vidal, unter anderem Eigentümer von Château du Treuil de Nailhac und jahrelang Vorsitzender des Winzerverbandes

Seite gegenüber, unten:
Château de Monbazillac wurde im 16. Jahrhundert unter Franz I. erbaut. Heute dient es als Museum. Es ist rings von Reben umgeben.

Weitere interessante Monbazillacs:
- Château le Caillou, Rouffignac
- Château de Malfourat, Monbazillac
- Domaine de Gendre-Marsalet, Monbazillac
- Château de Planques, Bergerac
- Château Ladesvignes, Pomport
- Domaine de la Marche, St. Laurent-des-Vignes
- Domaine La Truffière Tirecul, Monbazillac
- Château Haute-Fonrousse, Sigoulès
- Château de Sanxet, Pomport.

Monbazillac

Um das Jahr 1080 wurde in Bergerac ein Kloster gegründet, das dem Heiligen Martin geweiht war. Eines der Güter, das die Abtei als Schenkung erhielt, war Mont Bazailhac. Die Mönche rodeten dort die Hänge und pflanzten Reben. Das war der Beginn des Weinbaus im heutigen Monbazillac-Bereich. Er ist einige Kilometer südlich von Bergerac auf und an einem Plateau gelegen, das von den Tälern der Dordogne, der Gardonnette und der Comme eingerahmt wird. Im Laufe der Zeit erwarb sich Monbazillac einen guten Ruf. Vor allem im 16. Jahrhundert erlebte das Gebiet eine glorreiche Zeit. 1532 traten verschiedene Vorschriften in Kraft, in denen nicht nur Erzeugung, Transport und Verkauf des Weins geregelt wurden, sondern beispielsweise auch der Zeitpunkt der Lese. Die Urkunden berichten auch, daß ab Mai kein Vieh mehr in die Weinberge durfte und ab August keine Menschen, außer mit Zustimmung des Eigentümers. Aus dieser Zeit stammt wohl auch die Anekdote von den beiden Pilgern, die in Rom beim Papst eine Audienz erhielten. Als dieser fragte, woher sie kamen, antworteten sie: «Aus Bergerac.» Als der Papst nicht reagierte, fügten sie hinzu: «Bei Monbazillac.» Da erhob der Papst segnend seine Hand und murmelte: «Vinum bonum» (guter Wein).

In Holland beliebt

Im Kapitel über Bergerac wurde bereits berichtet, daß nach der Aufhebung des Edikts von Nantes im Jahre 1685 viele Protestanten aus dem Périgord flüchteten. Es waren etwa 40 000 an der Zahl. Viele von ihnen ließen sich in den Niederlanden nieder, und sie machten den Bergerac-Wein in ihrer neuen Heimat bekannt. Nach und nach kamen so die Holländer auf den Geschmack. Vor allem der Monbazillac wurde sehr populär. Von Libourne aus, das damals noch Seehafen war, gingen zu Zeiten 120 bis 150 mit Wein beladene Schiffe jährlich auf die Reise in die Niederlande. Im Jahre 1734 schrieb ein im Bordeaux-Gebiet niedergelassener Handelsvertreter, die Weine von Monbazillac hätten bei den Holländern eine solche Wertschätzung erreicht, daß die Weine von Langon überhaupt nicht mehr gefragt waren. Es ist bezeichnend, daß bis vor kurzem auf Monbazillac-Etiketten noch die Ausdrücke Marque Hollandaise oder Vieille Marque Hollandaise zu finden waren. Früher kredenzten französische Botschafter den Monbazillac auch als Friedenswein. Talleyrand zum Beispiel führte ihn auf dem Wiener Kongreß ein.

Aus der Mode

Der Monbazillac ist ein süßer Weißwein. Dieser Weintyp war nicht nur im 19. Jahrhundert sehr gesucht, sondern auch noch in den ersten Jahrzehnten unseres Jahrhunderts. Das Gebiet erholte sich ohne weiteres wieder von der Reblauskatastrophe, und bis zum Ausbruch des Zweiten Weltkrieges setzte man problemlos 100 000 hl pro Jahr ab. Die Probleme begannen jedoch nach 1945. Süßer Wein kam aus der Mode, und viele Erzeuger konnten sich nur mit extrem niedrigen Preisen halten. Darunter litt natürlich die Qualität des Monbazillac. Der Großteil der Weine besaß höchstens mittelmäßiges Niveau und war außerdem sehr stark geschwefelt. Auch mit dem Ertrag nahm man es weniger genau. Er war mit Verleihung der Appellation Contrôlée im Jahre 1936 auf 40 hl/ha festgesetzt worden. Bis 1939 wurde diese Grenze praktisch nie erreicht, während sie Ende der 40er, Anfang der 50er Jahre häufig überschritten wurde. Dann wurden 40 hl als Monbazillac deklariert und die Überproduktion als Bergerac oder Côtes de Bergerac verkauft. Infolge dieser Praktiken wurde ein in Jahrhunderten aufgebautes Renommee innerhalb weniger Jahrzehnte praktisch völlig ruiniert. Monbazillac war nichts weiter mehr als irgendeiner aus der Masse der preiswerten, halbsüßen Weißweine Frankreichs.

Gestiegene Qualität

In den 70er Jahren setzte sich die Erkenntnis durch, daß man so nicht weiter arbeiten konnte. Man verschärfte die Kontrollen zur Einhaltung der Weingesetzgebung, und man beschloß, den Ertrag auf 25–30 hl im Normalfall zu begrenzen. Dadurch stieg die durchschnittliche Qualität des Monbazillac erheblich. Ein Winzer sagte mir im Jahre 1982: «Wenn wir diese Maßnahmen nicht ergriffen hätten, wäre das Ende des Monbazillac unvermeidlich gewesen.» In den 70er Jahren begann man langsam wieder mit Öffentlichkeitsarbeit für den Monbazillac, was zuvor wegen der mäßigen Qualität wenig Sinn hatte. Die Probleme sind jedoch noch nicht überwunden. Nicht alle Winzer sind gleichermaßen um beste Qualität bemüht – hie und da gibt es sogar Pasteurisierung – und der Absatz läßt zu wünschen übrig. Das Potential des Gebiets liegt bei 108 000 hl, jedoch schafft man es mit Mühe und Not, gerade 60 000 hl auf

Seit 1960 ist Château Monbazillac Eigentum der Genossenschaft in Monbazillac, und damit auch der 22 ha große Weinberg. Fast die gesamte Ernte wird an Ort und Stelle an die etwa 30 000 Besucher verkauft, die das Schloß alljährlich anlockt. Man macht den schönen, sehr guten, 20 Monate in Tanks reifenden Wein aus 80% Sémillon, 15% Sauvignon und 5% Muscadelle. Große Jahre waren unter anderem 1976 und 1980.

Armand Vidal bestellt mit Sohn und Tochter auch die fast 10 ha von Château du Treuil de Nailhac in Monbazillac. Die Bepflanzung besteht aus etwa 60% Sémillon, 20% Sauvignon und 20% Muscadelle. Der Monbazillac ruht 1 Jahr in Tanks und anschließend ein weiteres Jahr in Eichenfudern. Elegante, frische Fülle.

Nach dem Tode ihres Vaters im Jahre 1978 verkaufte Mademoiselle Bardin einen Teil des Weinguts Vieux Vignoble du Repaire, behielt jedoch selbst 6 ha. Hiervon erzeugt sie neben einem roten Bergerac auch einen Monbazillac: einen runden, festen Wein, der lange in 600-Liter-Holzfässern liegt, nicht selten 3 Jahre. Das in Monbazillac gelegene Gut geht auf das Jahr 1663 zurück.

Die Familie Borderie ist Eigentümerin von drei Gütern, auf denen eine große Zahl verschiedener Weine erzeugt wird. Der beste Monbazillac kommt von Château Poulvère (70% Sémillon, 20% Muscadelle, 10% Sauvignon). Es ist ein Wein, der reifen muß und nach einiger Zeit ein schönes Bukett entwickelt sowie einen stilvollen, recht süßen Geschmack. Das Gut umfaßt einschließlich Bergerac 68 ha.

Einer der besten Monbazillacs der Gemeinde Pomport kommt von Château Le Fagé. Es ist meist ein ausgewogener, elegant-süßer Wein, der vorzüglich reifen kann. Maurice Gerardin stellt ihn her. Er bearbeitet 40 ha, wovon 30 ha Sémillon (65%), Muscadelle (25%) und Sauvignon (10%). Vor der Abfüllung lagert der Wein 3 Jahre in Tanks.

Château Septy liegt auf einem Hügel in der Gemeinde Pomport. An der Nordseite erstrecken sich die Rebgärten in Richtung Dordogne-Tal, an der Südseite nach Pomport. Die Anteilseigner haben das Gut im Jahre 1969 an die Genossenschaft von Monbazillac verpachtet. Die 18 ha – ausschließlich Sémillon und Sauvignon – liefern einen erfreulichen, elegant-süßen Wein mit einer schönen Nachtönung.

dem Markt unterzubringen. Es ist bezeichnend, daß die Genossenschaft von Monbazillac 1980 auch mit der Erzeugung von Rotwein begann. Dieser Betrieb liefert etwa ein Drittel des Monbazillac. Ich denke, daß die kommende Generation über die Zukunft des Montbazillac entscheiden wird. Wenn der Absatz nicht weiter zurückgeht, die Jugend auf dem Land bleibt und sich auf Qualität festlegt, gibt es Hoffnung.

Nordlage
Die Appellation Monbazillac umfaßt die Gemeinden Monbazillac, Pomport, Colombier und Rouffignac sowie einen Teil von Saint-Laurent-des-Vignes. Von den etwa 4500 zugelassenen Hektar sind 2500–2700 bepflanzt. Der Boden besteht hauptsächlich aus kompaktem Lehm mit Kalk und etwas Kies. Die Weinberge liegen in einer Höhe von 50–180 m, und zwar – für Weinberge recht ungewöhnlich – nach Norden statt nach Süden oder Osten. Unter normalen Umständen ist die Besonnung in diesem Fall für einen natürlich süßen Wein nicht ausreichend. In diesem besonderen Fall wird jedoch der Hang und das dahinterliegende Plateau von kleinen Tälern, Mulden und anderen Geländeeinschnitten unterbrochen, die die Sonnenwärme einfangen und speichern. Der Name Monbazillac bedeutet wahrscheinlich «Feuerberg» oder «Goldberg».

Edelfäule
Das Gesetz schreibt vor, daß die Trauben für den Monbazillac nur in überreifem Zustand geerntet werden dürfen, nachdem sie von der *pourriture noble*, der Edelfäule, befallen wurden. Diese Form der Fäulnis bewirkt, daß die Trauben einen Teil ihrer Flüssigkeit verlieren, wodurch der Zuckergehalt relativ zunimmt. Außerdem reichert sich im Fruchtfleisch Glyzerin an, und die Trauben – und damit der Wein – erhalten ein ganz besonderes Aroma. Die Franzosen bezeichnen es als *rôti*; es erinnert an den Duft von gekochten Pflaumen. Die Edelfäule wird vom Bakterium Botrytis cinerea verursacht, das sich nur unter besonderen Witterungsbedingungen vermehren kann. Der Herbst muß warm sein, mit Nebel und Dunst am Vormittag und Sonne und Trockenheit am Nachmittag. Diese Bedingungen sind in Monbazillac dank der nahegelegenen, oben erwähnten Flüsse erfüllt. Ein Nachteil der Edelfäule liegt darin, daß man die Trauben erst spät ernten kann, wodurch natürlich die Gefahr von schlechtem Wetter und Mißernten zunimmt. Außerdem werden die Früchte nicht gleichmäßig befallen, so daß häufig mehrere Erntegänge erforderlich sind. Nimmt man noch den niedrigen Ertrag hinzu, der auf den besseren Gütern kaum einmal über 25 hl/ha hinauskommt, dann wird man verstehen, daß ein guter Monbazillac niemals billig sein kann. Auf Château La Borderie lieferte im Jahre 1975 eine Parzelle nur 7 hl/ha. Die Trauben hatten soviel Zucker, daß

Château Pion (Pomport) gehört einer Gruppe von Anteilseignern, darunter auch reine Weinfreunde. Betrieben wird das Weingut von der Genossenschaft von Monbazillac. Der Rebgarten umfaßt 13 ha; außerdem verfügt man über eine 2 ha große Versuchsparzelle für Anpflanzungsexperimente. Blaßgoldener Wein mit einer kultivierten Süße und teilweise auch angenehmen Nuancen (unter anderem Honig). Tönt harmonisch nach.

Das französische Landwirtschaftsministerium ist Eigentümer von Château La Brie. Das Schlößchen in Monbazillac ist seit 1966 an die lokale Genossenschaft verpachtet. Der aus Sémillon, Sauvignon und Muscadelle zusammengestellte Wein ist meist nicht wirklich breit oder wuchtig, besitzt aber einen frisch-süßen, graziösen, in jeder Hinsicht korrekten Geschmack. Die Rebfläche beträgt 25 ha.

Rechts:
Das Dorf Monbazillac mit seiner kleinen Kirche

Rechts unten:
Sanft gewellte Weinlandschaft um Monbazillac

Links unten:
Château La Borderie in Monbazillac

Etwa 30 Winzer haben sich zum Groupement des Grands Vins Vieux de Monbazillac zusammengeschlossen. Die Mitglieder bringen nur mindestens dreijährige Weine heraus, die erst geprüft werden, bevor sie einen numerierten Streifen mit Cyrano-Siegel erhalten. Siehe das Etikett von Château du Treuil de Nailhac auf der vorhergehenden Seite.

die Gärung 1 Jahr lang dauerte und der Wein schließlich 15,6% Alkohol aufwies.

Drei Rebsorten
Für die Bereitung von Monbazillac sind drei Rebsorten zugelassen, und zwar Sémillon, Sauvignon und Muscadelle. Von diesen dreien ist Sémillon mit etwa zwei Drittel die häufigste. Die Sémillon-Traube verleiht dem Wein Alkohol, Qualität und Stil und viel von seiner Süße. Sauvignon fügt Finesse, Frucht und Frische in Duft und Geschmack hinzu. Muscadelle ist eine sehr aromatische Traube, die dem Wein einen leichten Muskatton verleiht. Einige Erzeuger haben auf den Anbau von Muscadelle verzichtet. Einer der Gründe hierfür ist die Anfälligkeit dieser Rebsorte für die *pourriture grise*, eine sehr gefürchtete Art der Fäulnis. Der Most für einen Monbazillac muß mindestens 221 g/l Zucker enthalten. Nach der Gärung verbleiben hiervon durchweg noch 80–100 g. Der Mindestalkoholgehalt wurde auf 11% festgesetzt. In der Praxis erreichen die meisten Monbazillacs zwischen 12 und 13%.

Kein echter Dessertwein
Nach dieser Beschreibung des Monbazillac könnte man versucht sein, ihn in eine Linie mit dem Sauternes zu stellen. Dieser berühmte Bordeaux-Wein wird ja auch aus edelfaulen Trauben hergestellt, noch dazu den gleichen Sorten, und auch derselbe Süßegrad gilt für den Most. Beim Sauternes liegt lediglich der gesetzliche Höchstertrag niedriger (25 hl) und der Mindestalkoholgehalt höher (12,5%). Dennoch sind es zwei völlig verschiedene Weine. So enthält der Monbazillac durchweg weniger Süße, und auch in Fülle, Tiefe und Länge bleibt er zurück. In Duft und Geschmack ist praktisch immer eine unverkennbare Frische, und die Süße, die man schmeckt, ist von eleganter Art. Ich persönlich finde auch, daß das *Rôti*-Element bei fast allen verkosteten Monbazillacs sehr im Hintergrund bleibt, während man es bei den meisten Sauternes doch sofort wahrnimmt. Für mich ist der Monbazillac daher auch viel weniger ein Dessertwein als der Sauternes. Dem Wein mangelt es häufig an Süße und Kraft, um sich mit Nachspeisen messen zu können. Dagegen eignet sich der Monbazillac sehr gut, um an einem späten Sonntagnachmittag ein Stück Sandkuchen zu begleiten oder beim Abendessen eine feine Geflügelpastete. Fischgerichte mit süßen Saucen können ebenfalls geeignete Tafelbegleiter sein, desgleichen Gerichte mit weißem Fleisch. Auch zu gezuckerten, gebrannten oder gerösteten Nüssen mundet der Wein vortrefflich, oder man trinkt ihn einfach so am Abend oder als Aperitif. Schließlich sei noch angemerkt, daß ein guter Monbazillac ohne weiteres reifen kann, auch einige Jahrzehnte, wenn man will.

Links unten:
Bei der Domaine du Haut-Pécharmant steht mitten in der Weinlandschaft eine Steintafel, mit deren Hilfe man sich in der weiteren Umgebung orientieren kann

Rechts unten:
Die Domaine du Haut-Pécharmant

Andere interessante Pécharmants
– Château Champarel, Pécharmant
– Château La Renaudie, Bergerac (hergestellt durch die Genossenschaft Monbazillac)
– Château Corbiac, Bergerac

Château de Tiregand in Creysse ist ein beeindruckendes Gebäude, dessen Keller aus dem Jahre 1668 stammen. Der Rebgarten umfaßt 33 ha. Erzeugt wird vor allem Pécharmant (45% Merlot, 30% Cabernet-Sauvignon, 15% Cabernet-Franc, 10% Malbec). Es ist ein tieffarbener, geschmeidiger, recht kräftiger Wein, der 2 Jahre in *demi-muids* ausgebaut wird. Eigentümerin ist Gräfin de Saint-Exupéry. Zweite Marke für einfacheren Wein: Clos de la Montalbanie.

In der Gemeinde Bergerac bestellen Madame Roches und ihr Schwiegersohn die 18 ha der Domaine du Haut-Pécharmant, die 40% Merlot, 35% Cabernet-Sauvignon, 15% Malbec, 10% Cabernet-Franc tragen. Ein gutes Zehntel der Trauben wird entrappt. Der Wein – sehr gehaltvoll, maßvoll Tannin, gute Qualität – reift zunächst 1 Jahr in Stahltanks und anschließend 12–14 Monate in *demi-muids*.

Die schwierig zu findende Domaine du Grand Jaure liegt bei Lembras und ist Eigentum von Georges Baudry. Der Weingarten umfaßt 8,5 ha auf überwiegend stark kieshaltigem Grund. Baudry erntet seine Trauben am liebsten vollreif, entrappt kaum und läßt sie lange gären. Dadurch entsteht ein tiefdunkler Wein mit ausgeprägter Nachtönung. Der Geschmack ist stets hervorragend, während das Bukett sich erst im Laufe der Zeit entwickelt.

Die tadellos unterhaltenen 30 ha von Chartreuse de Peyrelevade sind mit 40% Cabernet-Sauvignon, 40% Cabernet-Franc und 20% Merlot bepflanzt. Der Wein wurde jahrelang von der Genossenschaft in Bergerac abgefüllt, jedoch tut dies Eigentümer Gilbert Dusseau seit 1981 selbst. Sein Pécharmant, der in der Jugend etwas rauh ist, duftet angenehm. Er ruht 1 Jahr auf Holz.

Jean Borderie wohnt in Monbazillac, besitzt aber in Pécharmant ein Gut von 5,8 ha mit dem Namen Les Grangettes. Die Reben sind zu fast gleichen Teilen Cabernet-Sauvignon, Cabernet-Franc und Merlot. Der Wein wird nur kurz auf Holz ausgebaut. Er zeichnet sich meist durch einen mundfüllenden, lebendigen Geschmack aus. Das Bukett ist eher bescheiden.

Pécharmant

Im Nordosten von Bergerac liegt zwischen Route Nationale 21 und Départementale 32 eine stille Landschaft mit kurvenreichen Sträßchen, sanft gewellten Hügeln und Höhenzügen. Der Boden enthält außer Sand und etwas Lehm vor allem Kies. Dies ist die Wiege des bekanntesten Rotweins aus der Dordogne, des Pécharmant. Es gibt auch einen Weiler Pécharmant, der heute zur Gemeinde Bergerac gehört. Zur Appellation gehören außerdem die Orte Lembras, Creysse und Saint-Sauveur. Der Rotwein Pécharmant stammt von etwa 180 ha Rebgärten. Diese Fläche kann noch um 20–40 ha erweitert werden.

Gerade nur 30 Winzer
Die Rebsorten für den Pécharmant sind Cabernet-Sauvignon, Cabernet-Franc, Merlot und Malbec. Die Malbec-Rebe ist allerdings wegen ihrer Anfälligkeit für Pflanzenkrankheiten stark im Rückgang begriffen. Der Höchstertrag ist auf 40 hl/ha festgesetzt, 10 hl weniger, als für Bergerac und Côtes des Bergerac zugelassen sind. Der Mindestalkoholgehalt ist 11%. Erzeugt wird Pécharmant von etwa 30 Winzern. Etwa 20 von ihnen haben sich der Genossenschaft von Bergerac angeschlossen. Diese stellt denn auch über die Hälfte der 3700–7300 hl her, die dieses kleine Gebiet jährlich erbringt. Die Qualität des Genossenschaftsweins ist in Ordnung, aber nicht mehr. Den besten Pécharmant findet man bei den selbst vinifizierenden Domänen.

Veränderter Stil
Als Pécharmant im Jahre 1946 die Appellation Contrôlée erhielt, machte man hier einen Wein, der jahrzehntelang reifen mußte, bevor man ihn trinken konnte. Inzwischen hat sich jedoch der Stil des Weins gewandelt. Eine kürzere Gärdauer und auch das teilweise oder vollständige Entrappen der Trauben haben dazu beigetragen. Auch der Ausbau auf Holz wurde verkürzt. Jean Borderie etwa (Les Grangettes) lagert seinen Pécharmant ganz bewußt nur kurz in Holzfässern. Der weitere Ausbau erfolgt bei ihm in Tanks aus Edelstahl oder emaillierten Tanks, «um dem Wein Frucht und Frische zu erhalten.» Trotz dieser moderneren Vinifikation ist ein guter Pécharmant immer noch ein recht fester und in seiner Jugend sogar verschlossener Rotwein. Mindestens 5 Jahre Flaschenreife sollte man ihm schon gönnen. Sein Duft ist meist bescheiden, sein Geschmack sehr fleischig. Der Pécharmant besticht nicht durch große Finesse, jedoch paßt er zu Niederwild und gebratenem oder geschmortem Fleisch ganz vorzüglich.

Links:
Das liebliche Dropt-Tal, von dessen Hängen viel Côtes du Duras kommen

Unten:
Im Zentrum von Duras

Seite gegenüber, unten:
Lucien Salesse von der Domaine de Ferrant

Seite gegenüber, Mitte:
Régis Lusoli von der Domaine des Cours

Seite gegenüber, oben:
Der Mann, der die Herkunftsbezeichnung Côtes du Duras wiederbelebte: Jean Fourcaud. Er hat verschiedene Ämter; so ist er Direktor der Genossenschaft in Duras und Berater der Genossenschaft in Landerrouat.

Weitere interessante Côtes de Duras:
– Domaine de Durand, St. Jean-de-Duras (Sauvignon)
– Jean Paquier, Esclottes (Sauvignon)
– Château de Gorrichon, Villeneuve-de-Duras (rot)
– Domaine de la Boissière, Soumensac (rot)
– Château Roc de Saint-Sernin (rot)

Für Côtes de Duras gilt ein Höchstertrag von 50 hl/ha sowie ein Mindestalkoholgehalt von 10%.

Die primären weißen Trauben für Côtes de Duras sind Sauvignon, Sémillon, Muscadelle, Mauzac, Pineau de la Loire und Ondenc. Weiterhin sind höchstens 25% Ugni blanc zugelassen, sofern der Sauvignon-Anteil mindestens ebenso hoch ist.

Côtes de Duras

Der Appellationsbereich Côtes de Duras liegt im äußersten Norden des Départements Lot-et-Garonne und bildet einen Keil zwischen den Départements Gironde und Dordogne. Im Westen wird er von den Weingärten von Entre-Deux-Mers begrenzt, im Osten von den Rebhügeln von Bergerac. Den südlichen Abschluß bildet das Flüßchen Dropt. Die Appellation umfaßt 15 Gemeinden im Kanton Duras. Die Burg über dem Ort zieht viele Touristen an. Sie wurde im Jahre 1306 von Betrand de Got, Neffe des Papstes Clemens V., gebaut, der uns schon im Kapitel Châteauneuf-du-Pape begegnet ist. Nach der Schleifung der Burg entstand auf den Fundamenten der alten Bastion eine neue, beeindruckende Festung mit vier Türmen. Von hier aus hat man einen herrlichen Blick über das Tal des Dropt. Die Côtes de Duras erreichen hier mit den sanft abfallenden grünen Hügeln, den Eichen, Pflaumenbäumen, Äckern und Rebgärten einen landschaftlichen Höhepunkt.

Entscheidung für Qualität

Côtes de Duras erhielt die Appellation Contrôlée schon im Jahre 1937. Erst im Laufe der 70er Jahre wurden die Weine auch außerhalb der näheren Umgebung bekannt. Dies ist vor allem das Verdienst eines Mannes: Jean Fourcaud. Als Weintechniker in Diensten des Institut National des Appellations d'Origine kam er 1958 erstmals in diese Gegend. Es war ein warmer Sommertag, und er mußte die Bestockung kontrollieren. Zu seinem Entsetzen fand Fourcaud

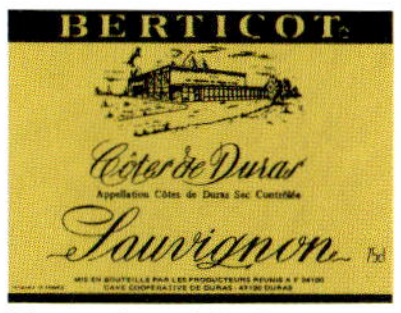

Unter dem Markennamen Berticot bietet die Genossenschaft von Duras ihre besten Weine an. So auch den köstlichen Sauvignon, einen trokkenen, ausgezeichneten Weißwein, sauber, erfrischend und elegant im Geschmack, von dem 2000–2500 hl hergestellt werden. Insgesamt erzeugt der Betrieb 18 000–20 000 hl. Die gut 90 Mitglieder bearbeiten ungefähr 400 ha. Die Genossenschaft ist unter anderem mit ihren emaillierten Stahltanks und Edelstahltanks vorzüglich ausgerüstet.

Nicht nur die Weißweine, sondern auch die Rotweine der Genossenschaft gehören zu den besten von Duras. Sie werden ganz oder teilweise nach dem Verfahren der Macération carbonique bereitet. Zu letzterer Kategorie gehört der Cabernet-Sauvignon, ein schön ausgewogener, köstlicher Wein mit reichlich Frucht und einer sehr tiefen Farbe. Auch der Merlot (100% Macération carbonique) ist hervorzuheben. Innerhalb von 4 Jahren trinken.

Die Genossenschaft von Landerrouat liegt gerade nicht mehr im Distrikt Duras, vielmehr im Département Gironde, erzeugt jedoch außer Bordeaux eine Reihe von Côtes de Duras. Die Weine haben nicht das gleiche Niveau wie diejenigen der Genossenschaft von Duras. Sie sind jedoch alles andere als unangenehm. Von allen verkosteten Weinen gefiel mir der Sauvignon am besten: ein recht lebendiger Wein, aromatisch und mit grünen Reflexen in der Farbe.

Der Bürgermeister von Esclottes ist auch Winzer: Lucien Salesse von der Domaine de Ferrant. Sein Gut ist 15 ha groß, wovon 4 ha mit blauen Trauben und 11 ha mit weißen (u. a. 3 ha Sauvignon) bepflanzt sind. Die Rotweine schmecken leicht und fruchtig; sie sind für den frühen Konsum gemacht. Bei den Weißweinen sticht der Sauvignon hervor: ein gefälligfrischer, angenehmer Wein mit der nötigen Portion Rasse. Salesse baut auch Pflaumen und Getreide an.

Régis Lusoli hat 12 ha Reben, wovon die Hälfte Sauvignon sind. Sein Weingut, die Domaine des Cours, liegt in Sainte-Colombe. Der Sauvignon von Lusoli besitzt stets gute Qualität und einen lebendigen Geschmack, der ebenso frisch wie elegant ist. Außerdem habe ich hier auch angenehme Rotweine verkostet, die aus 50% Merlot, 25% Cabernet-Sauvignon und 25% Cabernet-Franc erzeugt werden.

Das äußerlich schlichte Château Les Savignattes in Esclottes wird von Maurice Dreux bewohnt. Er bestellt 20 ha Rebfläche. Im Jahre 1982 waren hiervon 3 ha mit Sauvignon bestockt, jedoch möchte Dreux diese Fläche innerhalb der nächsten Jahre verdoppeln. Sein Wein aus dieser Traube zeigt durchweg einen köstlichen, eleganten, fast saftigen Geschmack.

in den Weingärten die unterschiedlichsten Sorten, die regellos durcheinander gepflanzt waren. Sogar Hybriden waren vorhanden, unedle Rebsorten, die sich nur für den allereinfachsten Tafelwein eigneten. Die Untersuchung führte zu vielen Diskussionen mit den Winzern – und zu einem Bericht. Darin stand, daß es für Côtes de Duras zwei Möglichkeiten gab: entweder die Herkunftsbezeichnung streichen oder konsequente Hinwendung zur Qualität. Um die Winzer zu überzeugen, daß man hier durchaus Qualitätswein erzeugen konnte, ließ Fourcaud im gleichen Jahr in verschiedenen Kellern nach Sorten getrennt vinifizieren. Das Experiment gelang, die Winzer waren überzeugt. So kam es, daß im Jahre 1960 unter Leitung von Jean Fourcaud eine Coopérative d'Assemblage gegründet wurde, die es sich zur Aufgabe gemacht hatte, getrennt ausgebaute Weine zu verarbeiten. 1965 entstand hieraus eine übliche Genossenschaft, die Cave Coopérative de Duras.

Keine Bordeaux-Imitation

Die etwa 2000 ha der Côtes de Duras liegen nahe bei Bordeaux. Die Versuchung ist daher groß, einen ähnlichen Rotweintyp zu erzeugen. Von Anfang an war jedoch Jean Fourcaud entschlossen, den Bordeaux nicht zu imitieren, sondern eine eigene Identität zu schaffen. Daher gibt es bei der Genossenschaft von Duras keine klassische Vinifikation, sondern die Macération carbonique. Dieses Verfahren wird hier mit großer Sorgfalt angewandt. Wenn man nämlich diese Art der intrazellulären Gärung nicht sehr genau verfolgt, verliert der Wein seine Persönlichkeit. Während der Gärung wird der Most daher tagtäglich verkostet. Die Rotweine der Genossenschaft sind sehr reintönig, aromatisch und fruchtig. Jean Fourcaud sagte mir: «Wir sind hier fast mehr eine Früchte-Kellerei als eine Weinkellerei. Wir erhalten die Frucht.» Für den roten Côtes de Duras (wie auch für den Rosé) sind nur Cabernet-Sauvignon, Cabernet-Franc, Merlot und Malbec zugelassen.

Andere Stilrichtungen

Natürlich wird nicht aller Côtes de Duras wie in der erwähnten Genossenschaft hergestellt. Ich habe bei privaten Winzern, die etwa 40–50% der Produktion liefern, klassischere, bordeauxartige Rotweine mit mehr Kanten, mehr Tannin und weniger Frucht getrunken. Es gibt zwar einige unabhängige Güter, die gerne mit der Macération carbonique arbeiten würden, dies jedoch nicht bezahlen können. Der Côtes de Duras ist unbekannt und die Rentabilität entsprechend gering. Im ganzen Gebiet gibt es deshalb auch höchstens zwei Winzer die allein vom Weinbau leben. Sonst haben alle noch andere Kulturen, vor allem Pflaumenbäume und Tabak. Der Boden ist unterschiedlich: Neben kies- und lehmhaltigen Formationen kommen auch Sandböden mit großen Steinen vor. Im Untergrund findet man häufig Kalkstein.

Exzellenter Sauvignon

Der Rotwein hielt in Duras erst vor relativ kurzer Zeit seinen Einzug. Seit jeher ist das Gebiet Weißweinlieferant; auch heute noch macht der Weißwein drei Viertel der Jahreserzeugung von 100 000 hl aus. Früher war der Wein in aller Regel halbsüß. Auch heute noch wird vor allem aus der Sémillon ein lieblicher Typ Côtes de Duras erzeugt. Der trockene Wein ist jedoch stark im Vordringen, und dies sehr zu Recht. Die Sauvignon-Traube liefert hier nämlich einen außerordentlich gelungenen Wein, der im ganzen Südwesten seinesgleichen sucht. Ich erinnere mich noch gut an das erste Glas Sauvignon, das ich bei der Genossenschaft von Duras verkosten konnte. Es war eine Offenbarung: Ein wirklich exzellenter trockener Wein, aromatisch, von reicher Geschmacksfülle und ungemein reintönig. Daneben wies er ein ausgezeichnetes Gleichgewicht zwischen Eleganz und Frische auf. Was mich ebenfalls sehr beeindruckte, war das Fehlen des recht gemüseartigen, grasigen, grünen Aromas, das viele Sauvignons aus anderen Gebieten häufig kennzeichnet. Auch außerhalb der Genossenschaft habe ich sehr gute Sauvignons kennengelernt. Zweifellos wird dieser Wein in der Zukunft auf starkes Interesse stoßen, nicht nur zu Lasten der süßeren Sorten Weißwein, sondern teilweise wohl auch des Rotweins. Ich nehme an, daß der Sauvignon zur Spezialität dieses Gebiets werden wird.

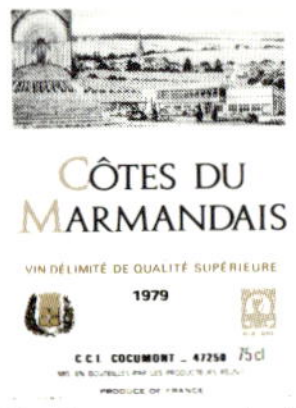

Die Genossenschaft in Cocumont wurde 1957 gegründet, hat 380 Mitglieder und erzeugt unter anderem einen guten roten Côtes du Marmandais. Es ist ein tieffarbener Wein mit etwas Rauhheit und Tannin, wohl ausgewogen und auch stilvoll. Man unterzieht ihn einer Kältebehandlung und so ist manchmal auch Frucht zu schmekken. In einem guten Jahr ist einige Flaschenreife zu empfehlen. Auch Weißwein und Rosé der Genossenschaft sind nicht unangenehm.

Im Jahre 1948 wurde die Genossenschaft von Beaupuy gegründet, der heute etwa 500 Winzer angeschlossen sind. Der Rotwein schmeckt problemlos und recht rund, manchmal fast etwas fest, und ist nicht sehr aufregend. Der akzeptabelste Wein dieses Betriebs war für mich der weiße Côtes du Marmandais, der aus Sauvignon, Sémillon und Muscadelle erzeugt wird. Es ist ein frischer, leichter, sauberer Wein. Ein netter Durstlöscher für den Sommer.

Die Domaine des Geais in Saint-Martin-Petit macht den besten roten Marmandais von allen: einen in seiner Jugend purpurfarbenen Wein mit Frucht in Duft und Geschmack, einem sauberen Abgang und einer tadellosen Balance. Erzeugt wird er aus 35% Cabernet-Sauvignon, 35% Cabernet-Franc und 30% Merlot von Pierre Boissonneau und Sohn Christian. Ihr Weingarten ist nur 2 ha groß (sie verfügen jedoch über weitere 20 ha Bordeaux). Der Wein reift 18 Monate in Tanks.

Unten:
Schiffbarer Kanal zur Garonne, der quer durch das Marmandais verläuft

Rechts:
Gegenüber der Genossenschaft von Cocumont liegt ein Rebgarten, in dem zu Versuchszwecken verschiedene Rebsorten angepflanzt werden, darunter auch unbekannte, neue Sorten.

Das Gebiet Côtes du Marmandais (27 Gemeinden) liegt im Département Lot-et-Garonne etwa 90 km von Bordeaux entfernt. Außer Trauben und Tomaten baut man hier auch viel Getreide an und betreibt Viehzucht.

Der Wein muß mindestens 10% Alkohol enthalten. Gesetzlicher Höchstertrag: 50 hl/ha.

Côtes du Marmandais

Etwa 20 Straßenkilometer südlich von Duras liegt der Ort Marmande. Das etwa 18 000 Einwohner zählende Städtchen an der Garonne besitzt eine schöne Kirche, die in ihren ältesten Teilen auf das 13. Jahrhundert zurückgeht. Eine Galerie bietet Zugang zu einem Garten und einer Terrasse, von der aus man den Blick über das Flußtal genießt, das rings um Marmande sehr flach ist. Man züchtet hier vor allem Tomaten, Getreide und Vieh, vereinzelt sind auch Obstbäume zu finden. Am Rand des breiten Tals, wo das Gelände allmählich sanft ansteigt, liegen die Weinberge. Von ihnen stammt der Côtes du Marmandais, seit 1955 ein Vin Délimité de Qualité Supérieure. Die Rebflächen erstrecken sich sowohl nördlich als auch südlich der Garonne. Im Norden ist die Produktion bei der Genossenschaft von Beaupuy, im Süden bei derjenigen von Cocumont konzentriert. In Beaupuy sind 99% der regionalen Winzer organisiert, in Cocumont 95%. Man kann den Côtes de Marmandais daher wahrhaftig als einen sehr «genossenschaftlichen» Wein betrachten.

Vorgeschriebene Rebsorten
Im Jahre 1975 traten neue Vorschriften in Kraft, die auch die Bepflanzung betrafen. So verbot der Gesetzgeber einige weniger noble Rebsorten. Côtes du Marmandais rot oder rosé darf heute nur aus Cabernet-Sauvignon, Cabernet-Franc, Merlot (zusammen höchstens 75% der Rebstöcke), Abouriou, Fer Servadou, Malbec, Gamay und Syrah (ab Ernte 1990 zusammen höchstens 50% der Rebstöcke) erzeugt werden. Die lokale, etwas rustikale Sorte Abouriou machte in den 70er Jahren gut ein Drittel des Rebenbestandes aus; man ist jedoch dabei, diesen Anteil zu halbieren. Der Weißwein muß zu mindestens 70% aus der Sauvignon-Traube erzeugt werden. Daneben sind Sémillon und Ugni blanc, letztere bis maximal 30% zugelassen. Weißwein und Rosé spielen hier nur eine geringe Rolle; Rotwein überwiegt.

Starke Gegensätze
Vor allem bei der Genossenschaft von Cocumont nimmt die Produktion rasch zu. Immer mehr Mitglieder verlegen sich ganz auf den Weinbau. Der Betrieb arbeitet mit modernen Geräten und verfügt über einen Versuchsrebgarten, in dem neue oder verbesserte Rebsorten erprobt werden. Über das eigene Vertriebssystem werden die Weine problemlos abgesetzt; in der Regel hat man sogar zu wenig Côtes du Marmandais. Anders ist die Situation in Beaupuy. Der Gegensatz zwischen den beiden Genossenschaften ist groß. Hier stagniert die Produktion – auch deshalb, weil durch das Wachstum des nahen Marmande Rebflächen verloren gehen –, die Apparaturen sind veraltet, der Wein zeigt qualitativ deutlich geringeres Niveau. Die angebaute Rebfläche umfaßt etwa 2300 ha, jedoch wird diese Zahl durch Neuanpflanzungen südlich der Garonne zweifellos zunehmen.

Unten:
Faßkeller von Château Saint-Didier-Parnac

Rechts:
Zarte Auxerrois-Pflänzchen zwischen schotterigem, kalkhaltigem Felsgestein

Im Jahre 1969 wurde La Route du Vin de Cahors geschaffen. Fünf Jahre davor war die Weinbruderschaft «La Confrérie du Vin de Cahors» gegründet worden.

Der Cahors wird häufig als «Milch der Alten» bezeichnet. Die Winzer sagen auch, daß man den Cahors erst beim zweiten Glas richtig schmeckt, weil der Wein so charaktervoll ist, daß man sich erst daran gewöhnen muß.

Für Cahors wurde ein Höchstertrag von 50 hl/ha festgelegt. Der Mindestalkoholgehalt beträgt 10,5%.

Margarethe II. von Dänemark ist mit Henri de Laborde de Monpezat aus Cahors verheiratet. Hin und wieder wohnen sie in ihrem Château de Caix.

Cahors

Die Hauptstadt des Départements Lot, das in Frankreich vielfach noch mit dem historischen Provinznamen Quercy bezeichnet wird, ist Cahors. Wie unter anderem das Diana-Tor beweist, das den Eingang zu den römischen Bädern bildete, geht der Ort auf den Beginn unserer Zeitrechnung zurück. Das Zentrum der Stadt liegt auf einer Art Halbinsel, denn es wird an drei Seiten vom Lot umströmt, der hier eine scharfe Biegung macht. Die Verbindung mit dem Westufer wird durch den Pont Valentré hergestellt, eine einzigartige befestigte Brücke mit drei imposanten Türmen, erbaut im Jahre 1308. Wegen seiner strategisch günstigen Lage – je 200 km vom Atlantik, vom Mittelmeer und den Pyrenäen entfernt, am Kreuzungspunkt wichtiger Straßen und an einem damals schiffbaren Fluß – war Cahors früher ein wichtiges Handelszentrum. Bemerkenswert ist auch, daß es in der deutschen Stadt Kleve eine Kavarinerstraße gibt: Leute aus Cahors hatten sich hier im Mittelalter als Finanzmakler niedergelassen. Cahors wurde jedoch auch noch aus einem anderen Grund berühmt: wegen seines guten Weins.

Reben für den König

Einen der ersten Hinweise auf den Wein von Cahors findet man in einer Urkunde aus dem 7. Jahrhundert in der sich der Bischof von Verdun bei seinem Amtsbruder in Cahors für zehn Fässer «edlen Falerner» bedankt. Zu jener Zeit galt der aus Italien stammende Falerner als der absolute Gipfel des Weingenusses; die gebrauchte Bezeichnung war daher ein großes Kompliment. Im Jahre 1225 wurde der Cahors sogar auf dem Londoner Markt notiert. Im 14. Jahrhundert stieg der Ruhm des Cahors weiter, als Johannes XXII., der aus Cahors stammte, Papst in Avignon wurde. Er ließ diesen Wein regelmäßig in seinen Palast kommen. Zwei Jahrhunderte später begeisterte sich der französische König Franz I. so sehr für den Cahors, daß er Auftrag gab, Reben aus der Gegend in Fontainebleu anzupflanzen. So machte sich denn auch eines Tages ein Winzer namens Rivals mit 30 Maultieren, die mit Rebenschößlingen und Weinfässern beladen waren, auf den Weg in den fernen Norden. Ebenfalls im 16. Jahrhundert, genauer gesagt im Jahre 1531, erließen die Räte von Cahors Vorschriften bezüglich der Rebsorten. So mußten etwa alle «exotischen Pflanzen» aus den Weinbergen verschwinden.

Jahrhundertelanger Boykott

Vor dem Aufkommen von Bahn und Auto wurde fast aller Wein über den Lot Richtung Garonne und anschließend nach Bordeaux verschifft. Die Reise war schwierig und gefährlich. Hatte man das Ziel jedoch endlich erreicht, dann war noch längst nicht alles ausgestanden. In Bordeaux ließ man nämlich nichts unversucht, den Wein von Cahors zu boykottieren, wie man es ja auch mit anderen Weinen aus dem Haut-Pays tat. Man erhob besonders hohe Steuern und Abgaben, verbot die Anlieferung von Cahors-Wein zwischen September und Ende November (der Hauptversandzeit), stellte nur beschränkte Lagermöglichkeiten zur Verfügung und erfand immer neue Hemmnisse. Erst 1776 wurde der Boykott definitiv beendet, als Ludwig XVI. die Privilegien von Bordeaux weitgehend aufhob und aller französische Wein frei in den Verkehr gebracht werden durfte.

Links:
Die Genossenschaft von Parnac

Unten:
Château de Haute-Serre

Seite gegenüber, unten:
Der Pont Valentré bei Cahors. Im mittleren Turm befindet sich ein Metallkäfig, in dem früher Ehebrecherinnen im Lot versenkt wurden. Eine weitere Sehenswürdigkeit von Cahors ist die romanische Kathedrale. Früher besaß die Stadt eine eigene Universität, die im 14. Jahrhundert von Papst Johannes XXII. gegründet wurde. Cahors hat etwa 22000 Einwohner.

Im Jahre 1973 kaufte Marc Delgoulet mit einigen Partnern das völlig heruntergekommene Château de Chambert in Floressas und machte es zu einem Mustergut, das heute rund 51 ha angebauter Rebfläche umfaßt (75% Auxerrois, 15% Merlot, 10% Tannat). Der Wein reift 1 Jahr in gebrauchten Bordeaux-Fässern und ist der beste Cahors, den ich kenne: tieffarben, fleischig, nuanciert, fruchtig, nobel. Ein Juwel. Eine einfachere Qualität heißt Les Hauts de Chambert.

In naher Zukunft wird die Rebfläche von Château St. Didier-Parnac etwa 85 ha umfassen. Es ist das größte Gut von Cahors, Eigentum der Familie Rigal, die auch mit Weinen handelt. Die Reben sind: 80% Auxerrois, 15% Merlot und 5% Tannat. Der Wein, der 12–18 Monate im Faß ausgebaut wird, besitzt Kraft und Klasse nebst einem deutlichen Ton von Eichenholz. Einen noch besseren Cahors erzeugt das Haus Rigal von den 27 ha seiner Domaine Prieuré de Cénac in Albas.

Verbindungen nach Rußland
Im 19. Jahrhundert nahm die Weinerzeugung im Département Lot erheblich zu. Der französische Autor Jullien berichtete 1816 von 40000 ha angebauter Rebfläche. Ein halbes Jahrhundert später war man bereits bei 58000 ha angelangt. Etwa die Hälfte der Ernte wurde in der Gegend selbst verbraucht. Die andere Hälfte wurde versandt oder kam in die Brennerei. Der dort erzeugte Branntwein muß von guter Qualität gewesen sein. Viel Cahors wurde mit Bordeaux verschnitten, jedoch wurde der Wein auch unter dem eigenen Namen exportiert. Eines der Abnehmerländer war Rußland. Zar Peter der Große soll viel Cahors getrunken haben, da dieser Wein seine von einem Magengeschwür verursachten Beschwerden linderte. Heute wird in Rußland übrigens ein Wein erzeugt, der Kagor oder Caorskoe vino heißt, also mit ganz deutlichem Anklang an Cahors.

Katastrophen
Im letzten Viertel des 19. Jahrhunderts mußte das Département Katastrophe auf Katastrophe überstehen. Um 1880 vernichtete die Reblaus fast alle Rebstöcke, und was sie verschonte, wurde ein Opfer von Schwarzflecken-Krankheit und echtem Mehltau. Diese Krankheit, bei der Stengel und Blätter einschrumpfen, die Trauben aufplatzen und die Triebe selbst absterben, wurde erstmals 1878 beobachtet. Durch den Bau der Eisenbahnen wurde der Süden Frankreichs erschlossen, so daß nun auch billige Midi-Weine das Land zu überschwemmen begannen. Der Beginn dieses Jahrhunderts war nicht weniger unerfreulich. Der Mehltau trat 1910, 1915, 1930 und 1932 erneut auf. Der Gesetzgeber trennte das Cahors-Gebiet von Bordeaux ab. Und in den 30er Jahren schließlich kamen 15 Millionen Hektoliter algerischen Weins auf den französischen Markt. Es war unmöglich geworden, den Cahors zu einem anständigen Preis zu verkaufen. Viele Winzer verließen damals ihre Heimat: Zwischen 1880 und 1960 halbierte sich die Einwoh-

In der Nähe von Puy-l'Evêque liegt der 40 ha große Rebgarten Clos Triguedina der Familie Baldès. Hier wird ein klassischer Typ Cahors erzeugt, tiefdunkel in der Farbe, sehr konzentriert, vital und von kraftvollem Geschmack. Die Basis des Weins bilden 70% Auxerrois, 15% Merlot und 15% Tannat. Eine besonders exquisite Version heißt Prince Probus. Sie lagert etwa 2 Jahre auf Holz.

Im Jahre 1971 kaufte Jean Jouffreau in Puy-l'Evêque das Château du Cayrou. Der 30 ha große Rebgarten wurde vollständig erneuert. Die Rebstöcke (70% Auxerrois, 20% Merlot, 10% weitere Sorten) werden jetzt an 1800 km Draht gezogen. Nach einem Ausbau in verschiedenen Faßtypen und Tanks entsteht ein intensiver, wohlschmeckender Wein mit ausgeprägter Persönlichkeit. Ein zweiter, weniger charaktervoller, aber ebenfalls sehr korrekter Wein von Jouffreau ist Clos du Gamot.

Clos des Batuts ist ein Rebgarten von 33 ha leichter Hanglage in Puy-l'Evêque. Eigentümer ist die Familie Teyssèdre. Der Wein, der aus etwa 75% Auxerrois, 20% Merlot und 5% Tannat erzeugt wird, zeichnet sich nicht nur durch seine schöne tiefe Farbe und den kompakten, konzentrierten Geschmack aus, sondern auch durch Frucht und schönen Abgang. Er wird vinifiziert von Marc Delgoulet vom Château de Chambert.

Ein gut strukturierter, kraftvoller, tanninreicher Wein von der Domaine de la Pineraie genießt in der Gegend selbst einen sehr guten Ruf. Es ist ein Wein für den Liebhaber des traditionellen Cahors-Typs und sehr gut zum Aufbewahren. Robert Burc bestellt mit seiner Familie 20 ha. Die Reben sind: 95% Auxerrois und 5% Merlot. Das Weingut liegt bei Puy-l'Evêque.

Im Jahre 1970 begann man mit der Anlage des jetzt 40 ha großen Rebgartens von Château de Haute-Serre auf einem kieshaltigen Kalkplateau bei Cieurac. Heute ist dieses Weingut eines der bekanntesten und meistbeschriebenen von Cahors. Eigentümer ist Georges Vigouroux. Er entschied sich für eine Bepflanzung mit 70% Auxerrois, 15% Merlot und 15% Tannat. Sehr korrekter Wein, dem nur eine Spur Tiefe und Klasse fehlt.

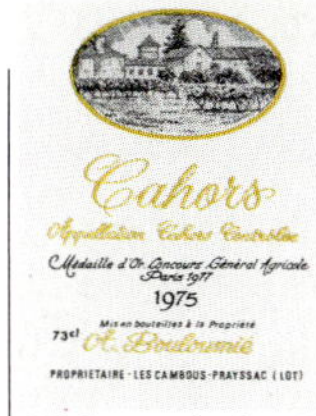

Nicht nur in der Gegend selbst, auch außerhalb gewinnt André Bouloumié (Preyssac) regelmäßig Auszeichnungen mit seinem gut strukturierten, tieffarbenen, konzentrierten Cahors. Er erzeugt ihn aus 70% Auxerrois, 20% Merlot und 10% Tannat. Der Weinberg, 8 ha groß, liegt sehr geschützt auf Hängen. Nicht selten baut Bouloumié seinen Wein 3–4 Jahre auf Holz aus.

nerzahl von Lot auf 150 000 Menschen. Was in den ersten Jahrzehnten des Jahrhunderts neu angepflanzt wurde, geschah ohne Plan und Ziel, man verwendete die unterschiedlichsten Rebsorten durcheinander, auch Hybriden. Manchmal pflanzte man sogar Trüffeleichen in die Weinberge. Bis nach 1945 wurde kein guter Cahors-Wein mehr erzeugt: Alles verschwand anonym in einfachen Zechweinen. Der einst gefeierte Wein von Cahors war nur mehr eine Legende.

Aufschwung nach dem Frost

Die Wiedergeburt des Weinbaus begann zögernd im Jahre 1947, als in Parnac eine Genossenschaft gegründet wurde. Diesem Betrieb gelang es, den Rückgang aufzuhalten. 1951 wurde Cahors sogar in den Kreis der Vins Délimités de Qualité Supérieure aufgenommen. Dann kam der strenge Frost des Jahres 1956, dem die Frosteinbrüche im April und Mai 1957 folgten. Fast alle Rebstöcke erfroren, und man mußte wieder von vorne beginnen. Auf Initiative der Genossenschaft beschränkte man sich diesmal auf noble Rebsorten, unter anderem die für dieses Gebiet so typische Auxerrois-Rebe (ein Synonym für Malbec, auch Cot genannt). Schon nach wenigen Jahren stellte sich der Erfolg ein, denn 1962 erzielte der Cahors bereits den doppelten Preis von Tafelweinen. Diese Tatsache ließ auch die letzten Zweifler ihre Bedenken aufgeben, und von diesem Zeitpunkt an nahm die mit edlen Rebsorten bepflanzte Fläche rasch zu. 1962 zählte man 208 ha, 1972 585 ha und 1982 bereits 1800 ha. In Kürze erwartet man die Steigerung auf 2700 ha, die einen durchschnittlichen Ertrag von 140 000–150 000 hl bringen sollen. Seit 1971 hat Cahors den Status einer Appellation Contrôlée. Damit war das Comeback des Cahors endgültig.

Kalkhaltige Plateaus

Aus Cahors kommt ausschließlich Rotwein. Das Herkunftsgebiet umfaßt 45 Gemeinden im Bereich des Lot-Tals. Weitaus die meisten Gemeinden liegen im Westen der Stadt Cahors über eine Strecke von etwa 40 km verteilt. Der Fluß hat unzählige Windungen. So beträgt die Entfernung zwischen Cahors und dem ebenfalls uralten Puy-l'Evêque in Luftlinie 25 km, während man auf der Straße das Dreifache zurücklegen muß. Zu beiden Seiten des Lot, einer Verballhornung des keltischen Worts Olt, liegen kalkhaltige Plateaus, die sogenannten «causses». Der Kalk ähnelt in seinem Aufbau sehr demjenigen von Chablis. Dieser arme Boden läßt kaum andere Kulturen zu als den Weinbau. Mageres Gestrüpp, dichte Wäldchen, Wacholdersträucher, Wildkräuter und hartes Gras beherrschen hier das Bild. Die Kalkplateaus erheben sich bis über 300 m Höhe. Der höchste Weingarten von Cahors, derjenige von Château de Haut-Serre, liegt in einer Höhe von 309 m. Es gibt auch fruchtbarere Höhenzüge mit vergleichsweise wenig Kalk und mehr Lehm; auch hier gedeiht die Weinrebe.

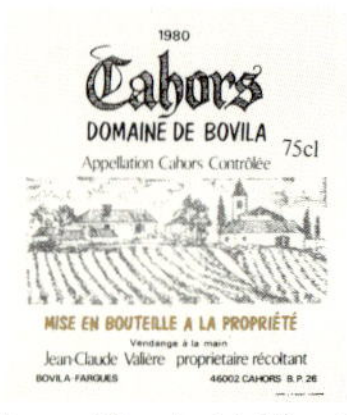

Jean-Claude Valière bearbeitet in Bovila-Fargues 20 ha Rebfläche mit 80% Auxerrois, 10% Merlot und 10% Tannat und Jurançon. Der Name des Guts ist Domaine de Bovila. Nach dem Entrappen gären die Trauben in emaillierten Betontanks. Der Ausbau nimmt gut 1½ Jahre in Anspruch, davon 9 Monate in Tanks und 9–10 Monate in kleinen Holzfässern. Es ist ein gekonnt gemachter Rotwein, recht fest und mit einer langen Nachtönung.

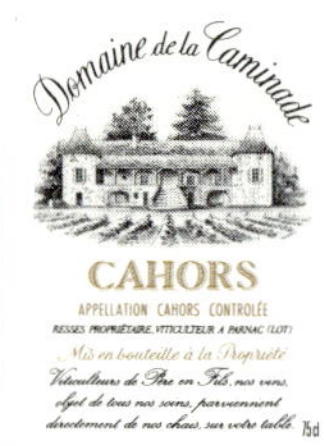

In der Gemeinde Parnac liegen die 16 ha der Domaine de la Cominade, Eigentum der Familie Resses. Sie erzeugen ihren Cahors aus 70% Auxerrois, 15% Merlot und 15% Tannat. Der Boden ist sehr kiesreich. Alle Trauben werden entrappt. Der Wein reift mindestens 18 Monate in Tanks, jedoch sind auch 48 Monate möglich. Reiche Qualität, eine rubinrote, etwas undurchsichtige Farbe und eine feste Struktur sind einige seiner Merkmale.

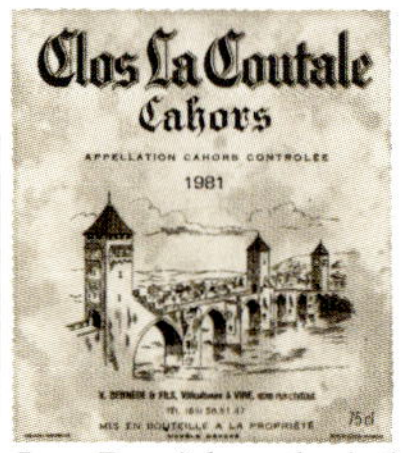

Jean Bernède und sein Sohn Philippe sind Eigentümer von Clos La Coutale in Vire bei Puy-l'Evêque. Auf dem 30 ha großen Weinberg stehen 70% Auxerrois sowie 30% Merlot und Tannat. Die Trauben werden entrappt, der Ausbau dauert 6–24 Monate. Es ist ein recht klassischer Cahors, tieffarben, tanninreich und gut zu lagern. Die Qualität ist sehr gut.

Le Castellas ist ein etwa 12 ha großer Rebgarten in Cournou im Besitz der Familie Roucanières. Der Wein wird nach dem Keltern in Fudern ausgebaut und vom Handelshaus Rigal & Fils in Parnac vertrieben. In allen Phasen kümmert man sich sehr sorgfältig um den Wein. Le Castellas wird auf kalkhaltigem Boden erzeugt. Auf seinem Höhepunkt ist es ein tieffarbener Wein mit einem trüffelartigen, intensiven Bukett und einem sehr vollen, geschmeidigen Geschmack, der eine gewisse Fruchtigkeit aufweist.

Von allen Weinen, die die Genossenschaft von Parnac anbietet, gefällt mir derjenige von der Domaine des Landes am besten. Dieses Gut ist Eigentum von Dominique Cavaille in Parnac, jedoch wird der Wein von der Genossenschaft vinifiziert, aus: 70% Auxerrois, 15% Merlot und 15% Tannat. Der Wein besitzt eine recht tiefe Farbe und einen robusten, köstlichen Geschmack mit Anklängen von Frucht. Auch der Abgang, in dem Tannin zum Vorschein kommt, ist ansprechend.

Weitere interessante Cahors:
- Domaine de Quattre, Baget-en-Quercy
- Domaine du Cèdre, Vire-sur-Lot
- Mas de Larroque, Caillac
- Domaine du Pic, Douelle
- Domaine Lou Camp del Saltre, Prayssac
- Domaine de Paillas, Floressas
- Domaine de la Coustarelle, Prayssac
- Verschiedene Weine des Hauses Luc E. Reutenauer, Pech d'Angély
- Jean Galbert, Puy-l'Evêque
- Métairie Grande du Théron, Prayssac
- Domaine de Goudou, Vire-sur-Lot.

Unten:
Marc Delgoulet, der auf Château de Chambert einen vorzüglichen Wein erzeugt.

Auch im Flußtal

Nicht alle Weinberge des Gebiets wurden auf den Plateaus angelegt. Man findet auch viele Rebstöcke auf tiefer gelegenem Gelände, sogar im Flußtal und an dessen Rändern. Der Kalk der Hügel hat sich dort mit dem Geschiebe des Lot vermischt. Das Tal und seine Terrassen enthalten hauptsächlich Sand und Kies. In diesen tieferen Lagen reifen die Trauben etwas schneller, da die Sonnenwärme teilweise im Tal gespeichert wird. Die mittlere Jahrestemperatur der Stadt Cahors liegt übrigens etwas unterhalb derjenigen von Bordeaux. In Bordeaux werden 17,3°C gemessen, in Cahors 16,6°C. Man hört häufig, daß ein guter Cahors nur von den Plateaus kommen kann. Meine Erfahrung ist jedoch, daß auch die Weine aus dem Tal qualitativ sehr interessant und manchmal denjenigen vom Kalkboden sogar überlegen sein können. Eine allgemeine Regel kann man also nicht aufstellen. Aus der Tatsache, daß in diesem Gebiet über 480 Winzer tätig sind, ergibt sich, daß der durchschnittliche Besitz sehr klein ist. Etwa 230 Winzer bringen ihre Trauben zur Genossenschaft von Parnac. Die übrigen verkaufen den Wein an Handelshäuser oder direkt mit eigenem Etikett.

Die Auxerrois-Rebe

Das Gesetz schreibt vor, daß Cahors-Wein zu mindestens 70% aus der Auxerrois-Traube hergestellt werden muß. Während dieselbe Traube unter dem Name Malbec etwa in Bordeaux einen sehr leichten Rotwein ergibt, der schnell trinkfertig ist, ist in Cahors der daraus erzeugte Wein dunkel, fest und tanninreich. Das ist eine Wirkung des Bodens und des Klimas. Über die Herkunft der Traubensorte weiß man nichts Sicheres. Sie ist schon seit Jahrhunderten im Südwesten Frankreichs bekannt, jedoch ist es nicht ausgeschlossen, daß ihre wahre Heimat in Italien liegt. Die blaue Auxerrois-Rebe (nicht zu verwechseln mit ihrem weißen, der Pinot blanc verwandten Namensvetter, den man unter anderem im Elsaß und in Luxemburg antrifft) ist stark für das Durchrieseln anfällig. Diese Erscheinung tritt bei Regenfällen während der Blütezeit auf; dabei verkümmern viele Fruchtansätze, so daß der Stock viel weniger Trauben ergibt. In Cahors ist es jedoch gelungen, die Gefahr des Durchrieselns teilweise durch bessere Pflanzverfahren und einen anderen Rebschnitt zu begrenzen. Die Auxerrois-Trauben werden in der Regel ganz oder teilweise entrappt, um dem Wein nicht übermäßig viel Tannin zu verleihen. Weitere zugelassene Rebsorten sind Merlot (höchstens 20%), Tannat (höchstens 20%) und Jurançon noir (zur Zeit maximal 30%, ab Ernte 1990 höchstens 10%).

Schwarze Weine

Der Cahors wurde und wird häufig auch als «Schwarzer Wein» bezeichnet. Eine scheinbar logische Erklärung liegt in der tiefdunklen Farbe, die der Cahors manchmal haben kann. In Wirklichkeit kam jedoch früher der «schwarze» Farbton auf recht künstliche Weise zustande. So lesen wir bei dem bereits erwähnten Jullien von drei Sorten Cahors, den Vins rosés (hellroten Weinen von Primeur-Art), den Vins rouges (normalem Rotwein) und den Vins noirs. Diese Vins noirs waren vor allem als Verschnittweine für die manchmal mageren Produkte aus Bordeaux gedacht. Es scheint verschiedene Verfahren zu ihrer Herstellung gegeben zu haben. Eines bestand darin, daß die Trauben vor dem Einfüllen in die Gärbottiche erhitzt wurden. Bei einem anderen wurde ein Teil der Beerenhäute erhitzt und später dem Most zugefügt. Praktisch in allen Fällen ließ man das Traubengut extrem lange gären und an der Maische, um möglichst viel Farbstoff und Tannin zu extrahieren. Im Grunde ist Vin noir also keineswegs ein positiver Begriff. Dennoch kokettiert man in Cahors damit, was sich unter anderem an einigen schwarzen Etiketten zeigt.

Qualitätsunterschiede

Assoziationen zu dunklen, tanninreichen Weinen sind auch in anderer Hinsicht häufig nicht berechtigt. Die Genossenschaft etwa, die rund 40% allen Cahors erzeugt, hat in ihrem Angebot keinen einzigen Wein, der das Prädikat «schwarz» verdienen würde. Der Betrieb liefert im Gegenteil problemlose, recht neutrale Produkte, die schnell trinkfertig sind. Dies gilt sogar für die Weine der Domänen, die man vertreibt. Es ist bedauerlich, daß diese Genossenschaft, der das Gebiet schließlich das Überleben verdankt, sich nicht mehr auf Weine mit Charakter und Qualität konzentriert. Man kann nur hoffen, daß die Zukunft hier Veränderungen bringen wird. Auch von den meisten Handelshäusern habe ich wenig denkwürdige Cahors-Weine verkostet. Die besten Erzeugnisse kommen von selbst vinifizierenden Winzern. Ein wahrhaft guter Cahors ist ein Wein mit tiefroter, etwas düsterer Farbe und einem konzentrierten, charaktervollen Geschmack, der lange im Mund nachtönt. Bei diesen Weintypen wird das Straffe der Auxerrois-Rebe fast immer durch die Rundungen, das Fleisch und die Frucht der Merlot-Rebe ergänzt und bereichert. Der Merlot-Anteil liegt meist um die 15%. Ein guter Cahors kann in der Flasche ohne weiteres 10 Jahre oder länger reifen. Auch die edelsten Weine sind nach 4–5 Jahren bereits geschmacklich ausgereift. Die besten Weine von Cahors gehören neben denjenigen von Madiran zu den roten Spitzenerzeugnissen aus dem Südwesten Frankreichs.

Unten:
Im stillen Buzet-sur-Baïse

Rechts:
Die Genossenschaft von Buzet erzeugt überwiegend Rotwein. Rosé (1000–2000 hl) und Weißwein (300 hl) spielen fast keine Rolle. Der Markt für Rotwein wird hier übrigens stark von der Situation in Bordeaux beeinflußt. Wenn z. B. der Jahrgang in Bordeaux nur mäßig ist, in Buzet dagegen gut (wie etwa 1977), wollen die Importeure trotzdem den Wein von Buzet häufig nicht einmal verkosten.

Weitere interessante Buzets:
- Château Pierron, Nérac
- Château Sauvagnères, Sainte-Colombe-en-Brulhois
- Domaine de Versailles, Montagnac-sur-Auvignon

Buzet

Am 17. Juni 1973 war das ganze, sonst sehr stille Buzet-sur-Baïse, ein Dorf im Département Lot-et-Garonne, auf den Beinen. Musikkapellen und Majoretten paradierten durch die Straßen, der Wein floß in Strömen, und abends gab es nicht nur ein Feuerwerk, sondern auch ein Diner für 850 Gäste. Der Grund für die Feier: Die Côtes de Buzet waren zur Appellation Contrôlée aufgerückt. Sie und ihre Weine gehörten jetzt offiziell zur Weinelite Frankreichs. Dafür waren erhebliche Vorarbeiten erforderlich gewesen. Bis zum Beginn dieses Jahrhunderts wurde der Rotwein von Buzet wie jene von Cahors, Bergerac und andere Weine aus dem Haut-Pays regelmäßig als Bordeaux verkauft. Im Jahre 1911 wurde das Gebiet von Bordeaux gesetzlich begrenzt, so daß Buzet plötzlich seinen Markt verlor. Die Produktion und die Rebflächen gingen stark zurück. Viele Winzer wichen auf andere Kulturen aus, und diejenigen, die weiterhin Wein erzeugten, gaben die Qualität zugunsten der Quantität auf. Die Anzahl der Weinberge mit Hybriden (unedlen Rebsorten) nahm zu. Die Situation wurde schließlich so unerträglich, daß im Jahre 1946 einige Winzer einen Verband zur Verteidigung der Côtes de Buzet gründeten. Ihre Anstrengungen waren nicht vergeblich, denn 1953 wurde Côtes de Buzet ein Vin Délimité de Qualité Supérieure.

Großes Wachstumspotential
Der Gesetzgeber muß optimistisch gewesen sein, denn 1953 gab es schon beinahe keinen Côtes de Buzet mehr. Die gesamte Rebfläche betrug etwa 38 ha, noch nicht einmal die Hälfte von Château Lafite-Rothschild in Bordeaux. Natürlich hätten noch mehr Weinberge einen Côtes de Buzet liefern können, aber mehr gab es bei der Gründung der Genossenschaft Buzet-sur-Baïse im Jahre 1955 nun einmal nicht. Dieser Betrieb stellte ein umfassendes Programm für die Neuanpflanzung auf, und auch die Anlage neuer Rebgärten wurde gefördert. Im Jahre 1972 verfügte man bereits über 419 ha Côtes de Buzet. Der Lohn der Mühen war schließlich die Appellation Contrôlée im folgenden Jahr, und seither hat das Wachstum eher noch zugenommen. 1982 standen rund 900 ha im Ertrag, und mittelfristig hofft man, die Anbaufläche in jeweils zehn Jahren zu verdoppeln. Möglichkeiten hierzu gibt es im Überfluß: Das Herkunftsgebiet umfaßt theoretisch 15800 ha in 27 Gemeinden. Seine Bezeichnung wurde Anfang 1986 offiziell von «Côtes de Buzet» in «Buzet» abgeändert. Zur Zeit wird fast aller Wein von der Genossenschaft erzeugt.

Am Südufer der Garonne
Die Landschaft, in der der Buzet geboren wird, ist sanft gewellt, grün und lieblich. Obstgärten mit Pflaumen und anderen Früchten wechseln hier mit Rebgärten und Wäldern. Die Gegend ist ein beliebtes Jagdgebiet (Wachteln, Tauben Rebhühner), und überall hält man sich Gänse, u. a. für die Gänseleberpastete, versteht sich, die berühmte Pâté de foie gras. Die Rebgärten folgen über eine Länge von etwa 40 km dem südlichen Ufer der Garonne. Die Breite des Gebiets erreicht maximal 15 km. Mehrere Nebenflüsse der Garonne durchschneiden das Gebiet, so daß man hier sehr häufig alluviale und kieshaltige Böden findet. Daneben tritt auch Kalk und Sand auf. Für den Rotwein sind Merlot, Cabernet-Sauvignon, Cabernet-Franc und Malbec zugelassen. Malbec wird jedoch kaum angepflanzt. In den meisten Fällen wird der rote Buzet aus 40% Merlot, 30% Cabernet-Sauvignon und 30% Cabernet-Franc erzeugt. Daneben gibt es auch Buzet Rosé, der jedoch nicht sehr interessant ist. Das gleiche gilt für den Weißwein, der auf der Grundlage von Sémillon, Sauvignon und Muscadelle erzeugt

Unten:
Einer der Musterweinberge der Genossenschaft. In der Nähe befindet sich auch eine moderne Kelterzentrale, die Cave Espiens. Sie wurde 1978 von der Genossenschaft in Betrieb genommen.

Die Bruderschaft «La Confrérie Vinicole des Côtes de Buzet» besteht seit 1979. Das große Jahreskapitel findet am letzten Sonntag im September statt. In unregelmäßigen Abständen erscheint auch eine Zeitschrift: Les Amis des Côtes de Buzet. Die Wörter «des Côtes» werden wohl bald aus den Namen gestrichen werden.

Der erste Direktor von Buzets Genossenschaft war Jean Marmillod, vormals *régisseur* von Château Lafite-Rothschild.

Einige Sehenswürdigkeiten von Buzet sind das befestigte Dorf Vianne mit den Wällen und der romanischen Kirche, das alte Schloß von Xaintrailles, die Burg von Buzet und die befestigte, aus dem 11. Jahrhundert stammende Kirche von Saint-Pierre-de-Buzet.

Genossenschaftsmitglieder, die ihre Trauben mechanisch lesen wollen, müssen dies 48 Stunden vorher anmelden, damit die Trauben begutachtet werden können. Die Früchte für den Cuvée Napoléon und für die Châteaux-Weine werden nicht maschinell gelesen.

Die Genossenschaft stellt auch einen Marc d'Aquitaine her, der 5 Jahre reift.

Die Genossenschaft bietet ihr normales Sortiment Rotweine unter verschiedenen Etiketten in verschiedenen Farben an. Die Abbildung zeigt eines der verwendeten Modelle. Der Wein ist übrigens in allen Fällen und für alle Länder identisch. Der einfache rote Buzet ist stets ein geschmeidiger, korrekter Wein, sehr ansprechend, mit feinem Tannin.

Seit 1973 bringt die Genossenschaft einen besseren Typ roten Buzet heraus, den Cuvée Napoléon. Der Wein besitzt mehr Farbe, mehr Holz, mehr Tannin und eine robustere Struktur. Hierfür werden die besten Trauben (ein Drittel Merlot, ein Drittel Cabernet-Sauvignon, ein Drittel Cabernet-Franc) von den besten Böden verwendet. Außerdem erhält der Wein einen längeren Ausbau auf Holz als der einfache rote Buzet, nämlich 9–12 Monate.

Die Genossenschaft hat damit begonnen, die Trauben von verschiedenen Gütern getrennt zu vinifizieren und abzufüllen. Eines davon ist Château de Gueyze, ein zwischen 1973 und 1978 geschaffenes Weingut von 90 ha in Bruch. Die Stöcke sind also noch relativ jung, weshalb es diesem roten Buzet noch etwas an Rückhalt mangelt. Es ist aber dennoch ein angenehmer Wein mit einem würzigen Ton in Duft und Geschmack. Die Qualität kann in den nächsten Jahren nur besser werden.

Das bekannteste unabhängige Gut der Appellation Buzet ist Château de Padère in Ambrus. Geschäftsführer für die Anteilseigner ist Jean-Pierre Bloud. Die 39 ha tragen 35% Merlot, 30% Cabernet-Sauvignon, 30% Cabernet-Franc und 5% Malbec. Die Erweiterung auf 68 ha (mit etwas weniger Merlot) ist vorgesehen. Mechanische Lese (fast 90%), kein Holzausbau. Recht tiefe Farbe, etwas Tannin, etwas Frucht. Sehr angenehm.

wird. Der höchstzulässige Ertrag für Rotwein und Rosé wurde auf 40 hl/ha festgelegt; bei Weißwein sind es 45 hl/ha.

Eine Halle voller Holzfässer
Angesichts der überragenden Rolle der Genossenschaft von Buzet möchte ich kurz auf diesen Betrieb und seine Arbeitsweise eingehen. Bei seiner Gründung im Jahre 1955 umfaßte er etwa 120 Mitglieder gegenüber 500 heute. Diese müssen sich verpflichten, die Trauben möglichst unversehrt anzuliefern. Danach werden die Früchte entrappt. Die anschließende Gärperiode dauert 12–15 Tage. Die Temperatur wird sorgfältig überwacht; 28–30°C sind das Maximum für den Rotwein. Nach Ablauf der Gärung werden alle Weine einer Kältebehandlung unterzogen: 10 Tage lang werden sie auf −5°C gekühlt. Danach folgt eine erste Filtrierung. Der nächste Arbeitsschritt ist sehr wichtig und auch typisch. Der normale Rotwein kommt nämlich zum Ausbau (2–6 Monate) in kleine Eichenholzfässer, die sogenannten *barriques bordelaises* mit einem Inhalt von 225 l. Zu diesem Zweck hat die Genossenschaft eine klimatisierte Halle gebaut, in der durchschnittlich etwa 4000 Fässer liegen. Es dürfte in Frankreich wohl kaum eine zweite Winzergenossenschaft mit einem solchen Fässervorrat geben. Allein der Wert des Holzes ist beträchtlich; im Jahre 1982 lag der Preis für ein Faß bei 600 Franc. Für die Herstellung und Pflege der *barriques* hat der Betrieb einen eigenen Küfer angestellt. Man kann ihn als «Nachfahren» der 18 *maîtres-tonneliers* ansehen, die es 1757 in Buzet gab. Bei der Genossenschaft hat ein Weinfaß eine normale Lebensdauer von 10 Jahren. Zurück zur Arbeitsweise: Während der Lagerzeit wird der Wein alle 2½ Monate abgezogen; danach wird er geschönt und ein zweites Mal filtriert.

Verwandtschaft mit Bordeaux
Die Genossenschaftsweine werden mit großer Sorgfalt abgefüllt und anschließend gelagert. Das Fassungsvermögen der Keller beträgt 4 Millionen Flaschen. Zu Zeiten mußte man diese Kapazität voll ausnutzen, da es etwas dauerte, bis der Markt das stark gestiegene Angebot aufnehmen konnte. Vom 1973er z. B. (rund 1,7 Millionen Flaschen) konnte man zunächst nur 10% absetzen. Heute gehören solche Probleme der Vergangenheit an. Auch kommerziell ist dieser immer noch wachsende Betrieb – seit 1955 mehr als 20 Erweiterungen – durch und durch gesund. Sowohl in Frankreich als auch im Ausland findet der Buzet immer mehr Liebhaber. Das ist verständlich, denn der Wein bietet guten Gegenwert für sein Geld. Er ähnelt einem roten Bordeaux, ist dabei aber etwas zugänglicher, weniger verhalten. Große Finesse oder Tiefe hat der Wein nicht zu bieten, dafür aber eine sehr ordentliche und gleichzeitig zuverlässige Qualität.

Unten:
Hector de Galard (links) und Patrick Germain, die gemeinsam das beeindruckende Weingut Château Bellevue la Forêt schufen. Beide sind zu 50% beteiligt. Alle Hügel des jetzt 100 ha großen Rebgartens sind von einem Entwässerungssystem durchzogen.

Rechts:
In der Abfüllhalle von Château Bellevue la Forêt

Fronton besitzt eine alte Kirche mit schönen Deckengemälden.

La Commanderie des Maîtres Vignerons du Frontonnais ist der Name der regionalen Weinbruderschaft.

Ein gutes Restaurant und Hotel am Ort ist «Villa les Pins» in Vacquiers.

Die erzeugte Menge des Côtes du Frontonnais ist größeren jährlichen Schwankungen unterworfen. Im Jahre 1981 erntete man zum Beispiel 50000 hl, 1982 70000 hl.

Schon mehrmals hat die Genossenschaft von Fronton den Wein für die französische Olympiamannschaft geliefert. Deshalb taufte man den besten Rotwein auch Cuvée Olympique. Dieser Wein schmeckt durchweg sehr reif, geschmeidig und gefällig und hat eine Farbe mittlerer Tiefe. Der einfache rote Côtes du Frontonnais ist noch etwas schlichter. Er wird unter verschiedenen Etiketten geliefert. Kommerziell arbeitet die Genossenschaft mit dem Haus Eschenauer in Bordeaux zusammen.

Bei der Genossenschaft von Villaudric erzeugen rund 40 der 200 Mitglieder einen Côtes du Frontonnais. Der Wein wird traditionell vinifiziert, und zwar in modernen Metalltanks. Die Exportqualität wird einer Kältebehandlung unterzogen. Es gibt zwei Sorten Rotwein, den einfachen Villaudric (geschmeidig, recht fest, wegen der Frucht besser jung trinken) und den Pierre de Ségur (straffer, kraftvoller, mehr Farbe). Ich ziehe den Villaudric vor – wenn ich in Frankreich bin.

Côtes du Frontonnais

Als Papst Calixtus II. am 19. Juli 1119 in der Gegend der Wein von der «négret» kredenzt wurde, fand er diesen so herrlich, daß eine lobende Erwähnung zu Papier gebracht wurde. Ähnlich lobend äußerten sich am 1. November 1632 Ludwig XIII. und sein Minister Richelieu. Aus diesen Zeugnissen geht hervor, daß im Frontonnais schon seit langem Wein erzeugt wird. Die Landschaft liegt etwa in der Mitte zwischen Toulouse und Montauban, zwischen Tarn und Garonne. Die ersten Spuren des Weinbaus stammen aus der Merowingerzeit (etwa 450–570 n. Chr.), als Wälder gerodet wurden, um Rebstöcke zu pflanzen. Einen großen Namen hatten die Weine des Frontonnais, das nach der Ortschaft Fronton genannt wird, allerdings nie. Jahrhundertelang wurden sie über den Fluß nach Bordeaux verschifft, wo sie mit anderen Weinen verschnitten wurden. 1951 wurde das Gebiet als VDQS eingestuft, und 1975 erfolgte die Zuerkennung der Appellation Contrôlée. Erst danach nahmen Produktion und Bekanntheitsgrad zu. Noch in den 60er Jahren lachte man über den Winzer Jean-René Chabanon, als er beschloß, ausschließlich vom Wein leben zu wollen. Heute gibt es im Gebiet neben den vielen Genossenschafts-Mitgliedern 75 Privatgüter, von denen etwa 20 den Wein selbst abfüllen und verkaufen.

Traditionelle Rebsorte

Der offizielle Name der Appellation ist Côtes du Frontonnais. Der Boden ist vielfach arm, trocken, hart und schwierig zu bearbeiten. Man findet hier viele Silizium- und Eisenverbindungen. An einigen Stellen, so etwa bei Campsas, enthält der Boden rötlichen Lehm. Das trockene und warme Klima ähnelt demjenigen von Toulouse. Diese Witterungsbedingungen sind optimal für die Négrette-Rebe, die traditionelle Sorte des Frontonnais. Ähnlich etwa Malbec und Tannat, braucht sie sehr viel Sonne und ist empfindlich gegen Regen. Die Winzer der Gegend wissen auch, daß man sie vorzugsweise vor der Vollreife ernten muß, um für den Wein etwas Säure zu erhalten. Mechanisches Ernten ist vorläufig noch nicht möglich, da diese Sorte sehr oxidationsempfindlich ist. Wenn die Trauben einmal abgeliefert sind, muß sehr sorgfältig vinifiziert werden. Problemlos ist die Négrette-Traube also sicherlich nicht. Rotwein oder Rosé der Côtes du Frontonnais muß zu mindestens 50 und darf höchstens zu 70% aus Négrette hergestellt werden. Andere vorgeschriebene Sorten sind Malbec, Mérille, Fer Servadou, Syrah (jeweils höchstens 25%), Cabernet-Sauvignon, Cabernet-Franc (zusammen höchstens 25%) sowie Gamay, Cinsault und Mauzac (zusammen höchsten 15%).

Steigende Produktion

Nach zögernden Anläufen in den 50er und 60er Jahren wurde die Rebfläche der Côtes du Frontonnais in den 70er Jahren beträchtlich erweitert. Heute stehen etwa 1300 ha im Ertrag. Man erwartet, daß sich diese Zahl auf etwa 2000 ha erhöhen wird, vor allem aufgrund der Umwandlung von Vin de Pays-Rebgärten zum Appellations-Niveau. Weitaus der meiste Wein stammt von einer der beiden Genossenschaften, deren Mitglieder insgesamt über etwa 1100 ha Côtes du Frontonnais verfügen. Die Betriebe liegen in Fronton (gegründet 1946) und Villaudric (gegründet 1949).

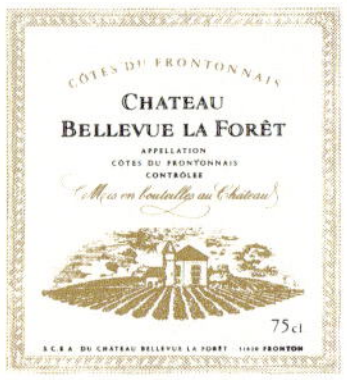

Im Jahre 1974 kauften Patrick Germain und Hector de Galard die 135 ha von Château Bellevue la Forêt. Damals umfaßte der Weinberg 25 ha, heute 100 (möglich sind 115). Die Trauben werden entrappt. Der Wein, der einer Kältebehandlung unterzogen wird, ist jung und kühl zu trinken. Er besitzt einen geschmeidigen Geschmack und in seiner Jugend angenehme Frucht. Eine der Zweiten Marken ist Marquis de Terraube.

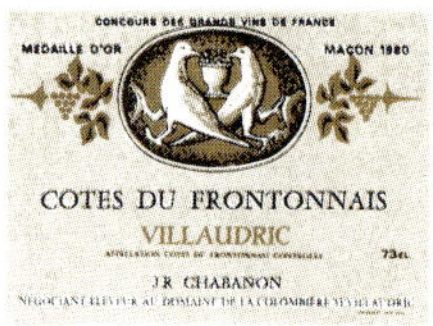

1973 begann Jean-René Chabanon † mit der Macération carbonique zu arbeiten, um dem Wein der Domaine de la Colombière (35 ha mit 60% Négrette, 25% Cabernets, 15% hauptsächlich Syrah und Gamay) mehr Frucht und Farbe zu geben. Sein Nachfolger François de Driesen hält es genau so. Vor allem der mit Jahrgang verkaufte Cuvée Chabanon ist ausgezeichnet. Vor der Abfüllung wird der Wein 2–2½ Jahre in Betontanks gelagert.

Regelmäßig wird Robert Trégan für seinen herrlichen Rotwein mit Preisen bedacht. Dieser Wein wird erzeugt aus 40% Négrette, 25% Cabernet-Franc, 25% Gamay und 10% Mauzac. Demnächst wird auch etwas Malbec angepflanzt. Das Gut Domaine Bois d'Huguet liegt in Campsas und umfaßt 8 ha. Trégan vinifiziert traditionell und läßt den Wein einige Monate in unterirdischen Tanks reifen.

Mit der tatkräftigen Unterstützung von Frau und Kindern kultiviert André Bonhomme 20 ha Côtes du Frontonnais Fronton. Sein Weingut heißt Domaine de Bel Air und ist bepflanzt mit 50% Négrette, 35% Cabernet-Franc, Fer Servadou, Mérille, Syrah sowie 15% Gamay und Mauzac. Der traditionell vinifizierte Wein besitzt einen reintönigen, fleischigen, geschmeidigen Geschmack und einen etwas verhaltenen Duft.

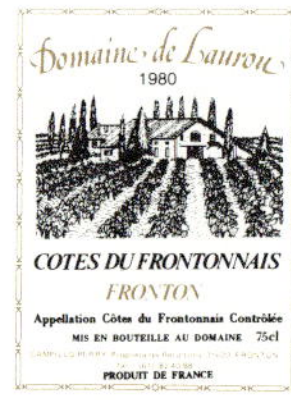

Etwa 4 km nordwestlich von Fronton liegen die 70 ha der Domaine de Laurou. Etwa 30 ha hiervon geben den Côtes du Frontonnais Fronton. Der wiederholt prämierte Wein entsteht aus 50% Négrette, 25% Cabernet-Sauvignon und Cabernet-Franc sowie 25% Syrah, Cinsault, Malbec und Mauzac. Eigentümer ist die Familie Campillo-Perry.

Links unten:
Der inzwischen verstorbene Jean-René Chabanon von der Domaine de la Colombière.

Rechts unten:
Liegende rotierende Gärtanks der Coop. Villaudric.

Weitere interessante Côtes du Frontonnais:
- Domaine de Coutinel, Labastide-St. Pierre (auch Rosé)
- Domaine Les Dauban, Escaoudomillas
- Domaine Caze, Villaudric (rot, Rosé)
- Domaine de Baudare, Labastide-Saint-Pierre (rot, Rosé)
- Château Montauriol, Villaudric (von der Genossenschaft dort).
- Château de Cransac, Fronton (von der Genossenschaft dort).
- La Palme, Fronton

Konkurrenz
Für Außenstehende ist es unverständlich, daß ein doch recht kleines Gebiet wie das Frontonnais zwei Genossenschaften hat, die noch dazu nur knapp 5 km voneinander entfernt liegen. In der Gegend selbst hat man hierfür jedoch eine einfache Erklärung: Es besteht nämlich schon seit Jahrhunderten eine starke Rivalität zwischen Fronton und Villaudric. Die Bewohner der beiden Orte heiraten prinzipiell nicht untereinander, jede Gemeinde hat ihre eigene Kirche und ihre eigenen Traditionen – und deshalb auch ihre eigenen Genossenschaften. Es ist daher nur folgerichtig, daß beide Betriebe auch ihren eigenen Stil haben. Die Cave Coopérative von Fronton entrappt beispielsweise alle Trauben, während Villaudric die Rappen gerade an den Trauben beläßt. Das größere Unternehmen ist Fronton; hier sind 600 Winzer zusammengeschlossen, die zwischen 80000 und 140 000 hl erzeugen. Die entsprechenden Zahlen für Villaudric: 300 Mitglieder und 30 000–35 000 hl. In beiden Fällen ist nur ein Teil des Weins Côtes du Frontonnais, denn es wird auch viel Vin de Pays und Vin ordinaire hergestellt. Der Frontonnais-Anteil nimmt jedoch ständig und rasch zu. Ein dritter großer Erzeuger ist Château Bellevue la Forêt mit etwa 100 ha Côtes du Frontonnais. Der bereits erwähnte Jean-René Chabanon bestellt zur Zeit 35 ha.

Meist jung zu trinken
Im allgemeinen ist der rote Côtes du Frontonnais – mindestens 35 % der Erzeugung – kein wirklich tieffarbener Wein. Das Tiefdunkle, Undurchsichtige, das man in anderen Gebieten des Südwestens des öfteren antrifft, ist hier die Ausnahme. Das hängt zum Teil mit der Négrette-Rebe zusammen. Auf Château Bellevue la Forêt machte man die Entdeckung, daß Fruchtigkeit und Bukett dieser Traube am besten erhalten blieben, wenn man den Most bei einer Temperatur von höchstens 24–25° C langsam gären läßt. Der einzige Nachteil dabei ist, daß man etwas Farbe und Tannin opfert. Ohnehin gibt es im Frontonnais keine Tradition für tieffarbene, schwere Lagerweine. Im Gegenteil: Immer wieder sagten mir die Winzer, daß ihre Vorstellung von einem Côtes du Frontonnais ein problemloser, schnell trinkfertiger Wein sei. So ist es verständlich, daß dieser Rotwein sich meist nicht zum Lagern eignet. Die meisten von mir verkosteten Weine schmeckten 1 bis höchstens 2 Jahre nach der Ernte am besten. Danach bauten sie stark ab, und ihre so angenehme Fruchtigkeit verschwand. Allerdings gibt es auch Ausnahmen. Es gibt einige Erzeuger, die einen festeren, farbtieferen Weintyp bringen.

Drei Varianten
Ein Côtes du Frontonnais kann unter drei verschiedenen Namen angeboten werden. Die Qualitätsanforderungen für diese Weine sind identisch, die Ursprungsbereiche jedoch nicht. Der reguläre Côtes du Frontonnais kann aus einer oder mehreren der 20 Gemeinden der Appellation kommen. Für einen Côtes du Frontonnais mit dem Zusatz «Fronton» sind 14 dieser Orte zugelassen, 4 im Département Haute-Garonne, und 10 in Tarn-et-Garonne. Schließlich gibt es noch den Côtes du Frontonnais «Villaudric», der aus 6 Gemeinden in der Haute-Garonne stammt. Vermutlich hat sich die Rivalität zwischen Fronton und Villaudric auch bis auf die Herkunftsbezeichnungen erstreckt ... Ein reizvolles Detail ist, daß die Gemeinde Fronton sowohl bei Frontonnais «Fronton» als auch bei Frontonnais «Villaudric» angegeben ist. – Der Rosé aus dieser Gegend hat meist wenig Persönlichkeit, und es mangelt ihm durchwegs an Säure. Der Mindestalkoholgehalt für Rotwein und Rosé wurde auf 10,5 % festgesetzt, der Ertrag auf 50 hl/ha. – Einen weißen Côtes du Frontonnais gibt es nicht.

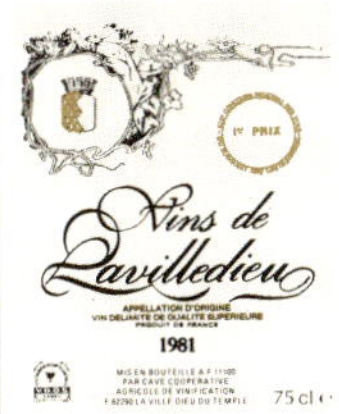

Da das Klima hier sowohl Cabernet-Reben als auch Syrah gut gedeihen läßt, liegt der rote Vin de Lavilledieu etwa in der Mitte zwischen einem einfachen Bordeaux und einem Côtes du Rhône. Der Geschmack ist geschmeidig, und man kann den Wein jung trinken. Er reift nicht auf Holz und wird auf Flaschen im Bordeaux-Typ abgefüllt. Der Mindestalkoholgehalt für roten Lavilledieu ist 10,5%; für weißen, der jedoch nicht mehr erzeugt wird, war er 11%).

Links unten:
Reich ist man im Weingebiet Lavilledieu nicht. Es gibt noch Bauern, die sich keinen Traktor leisten können.

Rechts unten:
Die Genossenschaft von Lavilledieu. Der Betrieb wird sich in den kommenden Jahren stark vergrößern.

Das Weingebiet gehört zum Département Tarn-et-Garonne.

Einige Erntezahlen für den Wein von Lavilledieu:
1977 – 75 hl
1978 – 120 hl
1979 – nichts
1980 – nichts
1981 – 260 hl
1982 – 700 hl
Die Erzeugung soll auf 15000 hl zunehmen.

Außer Lavilledieu erzeugt die Genossenschaft auch drei Sorten Vin de Pays sowie Schaumwein. Unter den Schaumweinen gibt es einen Rosé, für den auch Muskattrauben verwendet werden.

Lavilledieu

Westlich der Stadt Montauban rahmen die Flüsse Tarn und Garonne eine Landzunge ein. Eineinhalb Jahrhunderte v.Chr. bauten die Römer hier Befestigungen gegen die Gallier. Sie brachten aus ihrer Heimat die Rebe mit. Im Mittelalter gewann der Weinbau auch hier an Bedeutung, als Mönche vor allem zum Zweck des Reben-Anbaus die Wälder rodeten. Im 14. Jahrhundert besetzten die Engländer das Gebiet. Wenig später wurden über den Fluß die ersten Weinfässer nach Bordeaux und von dort nach Britannien verschifft.

Im Jahre 1947 wurde diesem Rebland die kontrollierte Herkunftsbezeichnung zuerkannt. Die Weine erhielten den Namen Vins de Lavilledieu. Der Appellationsbereich umfaßt 13 Gemeinden; eine von ihnen ist La Ville-Dieu-du-Temple. Das Gelände besteht aus einer Reihe von Terrassen, deren feinsandige Oberschicht auf einer kompakten, fast undurchdringlichen Lehmschicht ruht.

Mit dem Wiederaufbau beschäftigt

Lavilledieu ist nicht einmal im Südwesten Frankreichs ein Begriff, und außerhalb davon schon gar nicht. Dies ist auf den strengen Frost des Jahres 1956 zurückzuführen, der hier praktisch den gesamten Rebenbestand vernichtete. Nur wenige Parzellen überlebten die Katastrophe. Im Jahre 1981 zum Beispiel lieferten ganze 5 ha einen Lavilledieu, und zwar genau 260 hl. Man arbeitet jedoch am Wiederaufbau. Noch vor 1990 sollen 400 ha im Ertrag stehen und 15000 hl Wein liefern. Die treibende Kraft hinter diesen Plänen ist die im Jahre 1949 gegründete Genossenschaft in La Ville-Dieu-du-Temple. In diesem Betrieb sind 1390 Winzer aus etwa 100 Gemeinden organisiert, also nicht nur aus dem Bereich der Appellation. Die meisten erzeugen Vin de Pays, jedoch gelang es der Genossenschaft, einige von ihnen für die Wiedergeburt von Lavilledieu zu interessieren. Zur Zeit ist der Betrieb noch der einzige Erzeuger von Vins de Lavilledieu, und man investiert entsprechend. Man erwartet jedoch, daß sich demnächst einige größere Güter von der Genossenschaft trennen werden.

Sechs bevorzugte Rebsorten

Es wird in der Appellation bisher nur Rotwein erzeugt. Die primären Rebsorten hierfür (mindestens 80% der Rebstöcke) sind Négrette (mindestens 35%), Mauzac, Bordelais, Morterille und Chalosse. Bis zu einem Anteil von 20% dürfen daneben die folgenden Rebsorten angepflanzt werden: Syrah, Gamay, Jurançon noir, Picpoul, Milgranet und Fer Servadou. Bei all dieser Rebenvielfalt verlegen sich die Genossenschaftsmitglieder auf sechs Sorten: Négrette, Gamay, Syrah, Cabernet-Sauvignon, Cabernet-Franc und Tannat. Es ist abzusehen, daß die gesetzlichen Vorschriften bezüglich der Rebsorten entsprechend dem von der Genossenschaft so eingereichten Plan geändert werden. Die angelieferten Trauben werden nicht entrappt, sie werden nach klassischer Art vinifiziert. Im Jahr nach der Ernte wird der Wein abgefüllt. Der rote Vin de Lavilledieu ist ein geschmeidiger, angenehmer Wein, der etwa in der Mitte zwischen einem einfachen Bordeaux und einem Côtes du Rhône liegt.

Links:
Auf der ersten Seite des Gästebuchs von Winzer Jean Cros (Cahuzac-sur-Vère) findet man diese Darstellung, da Franz I. 1533 Gaillac besucht und den lokalen Schaumwein kennenlernt.

Seite gegenüber:
Kleiner Markt im Zentrum von Gaillac. Im Vordergrund die Fontaine de Griffoul aus dem 14. Jahrhundert. Das etwa 12 000 Einwohner zählende Gaillac ist gallo-römischen Ursprungs. Ausführlicher kann man sich mit der Geschichte des Orts im Schloßmuseum vertraut machen. Am Wochenende vor dem 15. August feiert man in Gaillac ein Weinfest.

In Albi befindet sich das bedeutende Toulouse-Lautrec-Museum, in Castres ein Goya-Museum.

Die Gemeinden von Gaillac Premières Côtes sind Broze, Cahuzac-sur-Vère, Castanet, Cestayrols, Fayssac, Lisle-sur-Tarn, Montels und Senouillac.

Lisle-sur-Tarn feiert ein eigenes Weinfest an dem Sonntag, der dem 14. Juli am nächsten ist.

Es gibt eine eigene Gaillac-Flasche. Diese «bouteille syndicale» hat eine etwas gedrungene Form mit einem flach auslaufenden Fuß.

Gaillac Primeur kommt immer am 15. November auf den Markt.

Einschließlich der Genossenschaften gibt es etwa 45 Erzeuger von Pétillant de Raisin.

Gaillac

Wenn man Toulouse in nordöstlicher Richtung auf der Straße nach Albi verläßt, kommt man nach einiger Zeit am Städtchen Gaillac vorbei, dem Zentrum der Appellation. Man nimmt an, daß die Rebe schon im 1. Jahrhundert bei Gaillac heimisch wurde. Der Name dürfte auf das keltische Wort «gallad» zurückgehen, was «Fruchtbare Ebene» bedeutet, oder auf «gall», einen Hinweis auf Gallien. Im 10. Jahrhundert ließen sich in Gaillac Benediktinermönche nieder. Der Ort wurde befestigt, und die Zahl der Bewohner nahm zu. Als offizielles Gründungsjahr gilt das Jahr 972. Deshalb wurde auch 1972 das 1000jährige Bestehen mit großem Aufwand gefeiert. Unter dem Einfluß der Mönche entwickelte sich Gaillac zu einem wichtigen Handelszentrum. Der Ort liegt nämlich am Tarn-Fluß, der damals eine wichtige Verbindungsroute zum Atlantik bildete. Hauptumschlagsgut war der Wein.

Frühe Herkunftsangabe

Spätestens im 12. Jahrhundert, möglicherweise aber auch schon früher wurden Gaillac-Weine außerhalb der näheren Umgebung verkauft. Zu den Abnehmern gehörten Händler in Bordeaux, Rouen und Paris. 100 Jahre später bekam das Gebiet einen königlichen Abnehmer: Heinrich III. von England ließ seit 1253 jährlich 20 Fässer Wein an seinen Hof kommen. Trotz der ständigen Boykottbestrebungen der Stadt Bordeaux (s. S. 82 und 93) gelang es Gaillac doch, die Ausfuhr von Wein ständig zu steigern. Im 14. Jahrhundert schuf man für den heimischen Wein sogar ein Markenzeichen: Allen Fässern wurde der Hahn des Stadtwappens eingebrannt, womit man bereits die späteren Bestrebungen der kontrollierten Herkunftsbezeichnung vorwegnahm. So kamen die Gaillac-Weine zu ihrem Namen Vins du coq. In der zweiten Hälfte desselben Jahrhunderts brachen für das Gebiet schwere Zeiten an. Es kam zum Krieg mit England, der Wohlstand ging verloren, und die Pest raffte viele Menschenleben dahin. Die Einwohnerzahl ging im Jahre 1374 auf 303 Menschen zurück und sank bis 1388 auf gerade noch 64 Menschen. Ende des 15. und Anfang des 16. Jahrhunderts überzogen erneut Pest und Hungersnot das Land.

Hoher Besuch

Wenn auch später im 16. Jahrhundert nochmals Religionskriege ausbrachen, schien sich der Weinort bis dahin bereits neuen Ruf erworben zu haben. Ein Domherr schrieb damals über die Einwohner von Gaillac: «Sie sind sehr fleißig bei ihrer Arbeit und in der Mehrzahl Winzer und Küfer.» 1529 entstand auch eine Winzergilde, die «Compagnha de Poda». Aus ihr entwickelte sich in unserem Jahrhundert die sehr aktive Weinbruderschaft «L'Ordre de la Dive Bouteille». Ein Höhepunkt in den Annalen der Stadt ist der Besuch von König Franz I. mit seinem Gefolge im Jahre 1533. Der Fürst besuchte den Markt, scheint zu seiner vollen Zufriedenheit Schaumwein getrunken zu haben und erhielt als Geschenk 20 Faß Weißwein und 30 Faß Rotwein. Danach bescherte der Weinbau den Bewohnern von Gaillac immer ein sicheres Auskommen. Mit dem Bau der Eisenbahnen wurde jedoch der wichtige Pariser Markt für billigere Weine aus den südlicheren Gegenden zugänglich – die Linie Paris–Albi–Toulouse wurde im Jahre 1864 eröffnet: Der Absatz ging zurück. Etwa fünfzehn Jahre später kam das endgültige Aus, als die Reblaus alle Pflanzungen vernichteten.

Schwere Probleme

In der ersten Hälfte dieses Jahrhunderts begann man mit Neubepflanzungen. Jetzt gab man jedoch weißen Reben den Vorzug, und Gaillac wurde hauptsächlich ein Gebiet für Weißweine, die süß, perlend oder schäumend waren. Bis zum Zweiten Weltkrieg verkaufte man den Wein recht gut. Dann gab es erneut Probleme: Das Publikum wandte sich von den süßen Weinen ab und den trockenen zu, und überdies kam Weißwein überhaupt aus der Mode. Die Folgen für den Weinbau in Gaillac illustrieren die folgenden Zahlen: Im gesamten Département Tarn, zu dem Gaillac gehört, wurden zwischen 1930 und 1936 etwa 35000 ha Rebfläche von gegen 30000 Winzern bestellt. Der Ertrag lag bei durchschnittlich 1,2 Millionen Hektoliter pro Jahr, wovon nur ein geringer Teil als Gaillac angeboten wurde. Zwischen 1960 und 1966 gingen die entsprechenden Zahlen zurück auf 27000 ha, 24000 Winzer und 900000 hl. Das

Château Larroze ist Eigentum der Familie Cros in Cahuzac-sur-Vère. Der 5 ha große Weinberg ist ausschließlich mit der Mauzac-Rebe bepflanzt. Trotz dieser Beschränkung entsteht ein manchmal erstaunlich nuancierter Weißwein mit einem Duft, in dem man Blumen und Gewürze entdeckt. Auch der Geschmack – fein und elegant – ist aromatisch und leicht würzig. Ein großer Gaillac.

Neben Château Larroze besitzen Jean Cros und seine Söhne Jean-François und Jean-Etienne noch 31 weitere Hektar, die unter anderem Gaillac liefern. Außer einem reizvollen roten Primeurwein erzeugen sie dort auch einen einfachen roten Gaillac aus 40% Duras, 37% Merlot, 18% Cabernet-Sauvignon und 5% Syrah. Es ist ein tieffarbener Wein, würzig in Duft und Geschmack, der in seiner Jugend viel Frucht (Kirschen, Erdbeeren) enthält und eine vorzügliche Qualität besitzt.

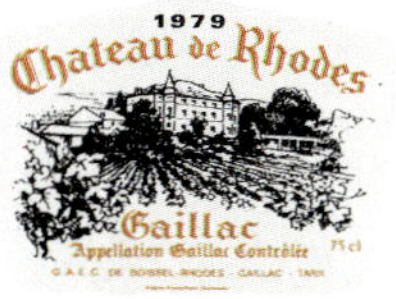

Im Jahre 1968 beschlossen René Rieux, René Assié und Guy Laborie, ihre Rebgärten zu einem Gut zusammenzufassen. Sie waren – etwas außerhalb von Gaillac – ohnehin Nachbarn. Das neue Gut bekam den Namen G.A.E.C. de Boissel-Rhodes. Es umfaßt 31 ha Rebfläche, wovon drei Viertel Gaillac liefern. Der beste Rotwein ist Château de Rhodes (aus Duras, Braucol und Syrah). Er ist weder zu leicht noch zu schwer und weist ein gutes Gleichgewicht zwischen *terroir* und Tannin auf.

Unter dem Namen René Rieux bringt G.A.E.C. de Boissel-Rhodes ihre moussierenden Weine heraus. Der köstlichste ist für mich der halbsüße, der nach der Méthode gaillacoise erzeugt wird. Der Wein besticht durch sein reintöniges, leicht süßes Parfum und seinen ebenso weichen Geschmack, in dem man die Muskat-Traube zu erkennen glaubt. Erzeugt wird er unter anderem aus 80% Mauzac. Reinsortig Mauzac ist die süße Version: Es ist, als ob man beim Trinken Trauben äße.

Jean David ist ein qualitätsbewußter Winzer in Lisle-sur-Tarn. Etwa ein Viertel der 52 ha seiner Domaine Clément Termes liefert Gaillac. Der Weißwein hat einen sympathischen, charaktervollen, Geschmack mit etwas *terroir*. Rebsorten: Mauzac, L'en de l'el, Muscadelle. Der einfache Rotwein ist geschmeidig und fruchtig. Auch ein 15–18 Monate ausgebauter Wein kommt auf den Markt – in Bordeauxflaschen. Er hat eine hellere Farbe und ein reiferes Aroma.

In der großen Küche der Domaine de Labarthe in Castanet bekam ich einige sehr gelungene Weine zu verkosten. Den Gaillac Sec fand ich sehr gut; es ist einer der besten seiner Art: von milder Frische, lebendig, harmonisch und nuanciert. Auch der Gaillac Moelleux wußte mit seiner eleganten Süße sehr zu gefallen. Es ist ein Wein, der meist reifen kann. Daneben schmeckte auch der Rotwein sehr ansprechend. Das Gut umfaßt 22 ha (vor allem Hanglage) und gehört Jean Albert.

Die 1949 gegründete Genossenschaft Labastide-de-Lévis ist die älteste und größte des Départements Tarn. 630 Mitglieder bearbeiten 1980 ha in 55 Gemeinden. Der Betrieb verkauft etwa 60% des weißen Gaillac und etwa 33% des Rotweins und Rosés. Die Ausrüstung ist modern. Die meisten Weine schmecken recht flach; einer der ansprechendsten ist der Gaillac Perlé, ein wohlschmeckender und korrekter Wein (85% Mauzac, 15% L'en de l'el). Auch die Schaumweine sind nicht schlecht.

Die Genossenschaft von Rabastens ist der zweitgrößte Erzeuger von Gaillac (600 Mitglieder). Es gab eine schwierige Zeit, als das benachbarte Handelshaus Gravir im Jahre 1981 in Konkurs ging: Es hatte die Hälfte des Weins abgenommen. Die Genossenschaft übernahm es. Nicht wenige Weine sind von kümmerlichem Niveau. Zu den besten gehören der Schaumwein und der Gaillac Rosé. Man arbeitet mit verschiedenen Namen und Etiketten. Viel Wein wird engros verkauft.

Jean Fonvieille, Louis Pradel und Yves Pagès arbeiten unter dem Namen Les Trois Clochers zusammen. Jeder von ihnen erzeugt seinen eigenen Wein. Sie werden dann in einem gemeinsamen Keller in Saint-Salvy verschnitten, abgefüllt und verkauft. Die Gruppe gehört zu den besten Erzeugern des Gebiets. Zu empfehlen: die Rotweine (aus Duras, Braucol, Merlot, Cabernets, Syrah) und die Weißweine (still oder perlend, aus den Sorten Mauzac, L'en de l'el und etwas Muscadelle).

Die Domaine de Balages (13 ha) liegt am Südufer des Tarn bei Lagrave. Der Boden ist hier stark kieshaltig. Eigentümer Félix Candia entschied sich für eine Bepflanzung mit 60% Duras, 25–30% Braucol und Fer Servadou sowie etwas Syrah und Cabernet-Sauvignon. Sein Rotwein wird traditionell bereitet und gehört zum besten, was das Gebiet zu bieten hat. Er reift 2 Jahre, teils in Betontanks, teils auf Holz.

Weitere interessante Gaillacs:
- Château de Frauseilles, Cordes (rot)
- Château de Taziès, Gaillac (rot)
- Henry Cunnac, Cordes (rot, moussierend)
- Domaine de Lécusse, Broze (rot)
- Château Labastidié, Florentin (rot)
- Domaine des Bouscaillous, Montels (rot, weiß moelleux)
- Domaine de Pialenton, Brans (rot, rosé)
- Domaine des Terrisses, St. Laurent-Gaillac (weiß)
- Jacques Auque (Mas de Bonal), Gaillac (weiß, trocken)
- Domaine de Mazou, Lisle-sur-Tarn (rot, weiß Perlwein)
- Mas d'Aurel, Donnazac (weiß trocken, rot)
- Domaine de Gradde, Campagnac (Perlwein weiß)
- Domaine de Tres Cantous, Gaillac (rot, weiß trocken)
- Domaine de Roucou Cantemerle (gleicher Eigentümer wie oben; rot, weiß trocken und moussierend)
- Domaine de Moussens, Cestayrols (rot, Rosé)

Einst haben die Benediktiner-Mönche den Weinbau in Gaillac sehr gefördert, auch in qualitativer Hinsicht. So empfahlen sie hochwertige Rebsorten, verboten die Düngung und bestimmten den Beginn der Lese.

Im Frühjahr wird in Gaillac eine Weinkönigin gewählt.

Die Genossenschaften erzeugen 60% des Gaillac, die unabhängigen Winzer 40%.

heißt mit anderen Worten, daß das Département im Laufe von 30 Jahren ein Viertel seiner Rebgärten, seiner Winzer und seiner Weinproduktion einbüßte. Auch das Preisgefüge stimmte nicht mehr. Bis in die 60er Jahre wurde Gaillac zum selben Preis verkauft, wie ein Vin ordinaire, oder höchstens 12–18% darüber. Die meisten lokalen Handelshäuser waren inzwischen verschwunden. Es wurde höchste Zeit, daß etwas unternommen wurde.

Übergang zu Rotwein

In gemeinsamen Beratungen beschlossen die Gaillac-Erzeuger einschließlich der Genossenschaften, die heute zwei Drittel allen Gaillacs auf den Markt bringen, es erneut mit der Erzeugung von Rotwein zu versuchen. Bei der Neuanpflanzung sollten blaue Reben den Vorzug erhalten, bei der Erschließung neuer Rebflächen ebenfalls. So entstanden zwischen Ende der 60er und Anfang der 80er Jahre im Gebiet 2500 ha Weinbaufläche mit roten Reben. Der Rückgang der gesamten Rebfläche im Département Tarn setzte sich jedoch fort, so daß sie schließlich bei 22000 ha lag. Im Jahre 1970 wurden die Rotweine und Rosés von Gaillac in die Appellation Contrôlée aufgenommen, die für Weißwein schon seit 1938 bestand. Die Höherstufung der Rebflächen hat zweifellos dazu geführt, daß zumindest die Phase der deprimierend schlechten Verkäufe beendet ist. Dennoch ist man in Gaillac noch längst nicht aller Probleme ledig. Dies geht allein schon aus der Tatsache hervor, daß jährlich nur der Wein von höchstens 1200–1400 ha tatsächlich als Gaillac deklariert wird – noch nicht einmal ein Drittel des Potentials. Der Rest wird freiwillig zu Vin de Pays des Côtes du Tarn herabgestuft. Dem breiten Publikum sind nach wie vor roter Gaillac und Gaillac Rosé kaum ein Begriff. Zudem sind die Qualitäten, die in größerem Umfang in den Handel kommen, nicht gerade die besten. Dies betrifft hauptsächlich die in jeder Hinsicht billigen Weine der drei Genossenschaften.

Jährliches Weinfest

Trotz dieser Probleme gibt man in Gaillac nicht auf. Ein Beispiel hierfür ist die jährliche Fête du Vin in Gaillac, die immer Scharen von Besuchern anzieht. Auch auf die Qualität hat man ein Auge. Der bereits erwähnte Ordre de la Dive Bouteille zeichnet jährlich die besten Weine des Gebiets aus. Daß Gaillac ausgezeichnete Weine hervorbringen kann, habe ich persönlich bei meinen Besuchen in einer Reihe von Weingütern festgestellt. Was mir dabei auch auffiel, war die große Vielfalt von Weinen. Es kommt nicht selten vor, daß ein einziges Gut fünf bis sechs verschiedene Sorten Gaillac erzeugt: Zwei bis drei Typen Weißwein, Gaillac Rosé, normalen Rotwein und Gaillac Primeur. Typisch ist auch die Verwendung einiger Rebsorten, die man anderswo fast nicht findet.

Weiße Varianten

Die 73 Weingemeinden von Gaillac liegen zu beiden Seiten des Tarn. Am südlichen Ufer ist der Boden meist arm und kieshaltig. Hier werden überwiegend Rotweine erzeugt. Nördlich des Tarn – der Appellationsbereich erstreckt sich bis hin zu dem mittelalterlichen Städtchen Cordes – ist der Boden etwas unterschiedlicher aufgebaut: Es gibt hier fruchtbare Parzellen, aber auch harten Granit. Bevorzugt sind hier weiße Trauben angebaut. Weißer Gaillac muß aus mindestens 15% Sauvignon und/oder der alten Sorte L'en de l'el erzeugt werden (von «loin de l'œil»). Diese Rebe verleiht dem Wein aus der Mauzac-Rebe, der weitaus am häufigsten angepflanzten weißen Sorte, Charakter und Frische. Daneben sind Sémillon, Muscadelle und Ondenc zugelassen. Auf der Basis dieser Reben erzeugen die Winzer verschiedene Produkte, und zwar trockenen Weißwein (häufig Gaillac sec genannt), eine süße Variante, Gaillac doux (mindestens 70 g/l Restzucker, Gaillac Premières Côtes (meist noch etwas süßer, stammt aus 8 berechtigten Gemeinden), Gaillac perlé (der *sur lie* abgefüllt wird, wodurch leichte Kohlensäure vorhanden sein kann) und moussierenden Gaillac. Von diesem moussierenden Wein gibt es zwei Versionen, den meist trockenen nach der Méthode champenoise und den halbsüßen nach der Methode gaillacoise. Dieses Verfahren ähnelt weitgehend der Méthode rurale, die beim Clairette de Die (S. 47–48) und beim Rosé de Cerdon (S. 22) beschrieben wurde: Durch Filtrierung oder Kühlung wird die Gärung unterbrochen, woraufhin der Wein abgefüllt wird und in der Flasche weitergärt. Dabei wird dem Wein in keiner Phase Zucker zugesetzt. Bei der Flaschengärung entsteht ein Depot, das bei dem ursprünglichen Gaillac-Verfahren in der Flasche bleibt und durch dégorgement entfernt wird. Dieses aufwendige Verfahren findet nur noch bei Weingütern Anwendung. Bei den Genossenschaften füllt man den Wein – wie das auch in anderen Gebieten meist geschieht – einfach in frische Flaschen um. Dort zählt eben Effizienz mehr als Tradition.

Charakteristische blaue Trauben

Beim roten Gaillac unterscheidet der Gesetzgeber zwischen primären und sekundären Reben. Zu den primären, deren Anteil mindestens 60% ausmachen muß, gehören Duras, Braucol (=Fer Servadou oder Fer), Gamay, Négrette und Syrah. Duras ist eine sehr typische Rebe für Gaillac. Sie ähnelt etwas der Carignan-Rebe, liefert jedoch ein weniger rustikales Produkt. Der Wein besitzt eine recht undurchsichtige, nicht übermäßig tiefe Farbe, einen guten Säuregrad, Tannin, und einen angenehmen Duft. Auch die Braucol-Rebe ist ganz typisch für dieses Gebiet. Man findet sie auch anderswo im Südwesten, jedoch nirgendwo so häufig wie in Gaillac. Der Wein daraus ähnelt irgendwie einem Cabernet-Sauvignon. Die besten Rotweine von Gaillac enthalten praktisch immer einen hohen Anteil an Duras und Braucol. Die sekundären blauen Rebsorten sind zugleich die wichtigsten Sorten des Bordeaux-Gebietes: Cabernet-Sauvignon, Cabernet-Franc und Merlot. Neben normalem rotem Gaillac erzeugt man auch Gaillac Primeur. Hierfür ist ausschließlich die Gamay-Rebe zugelassen. Es kommt allerdings vor, daß man unter Umgehung der Vorschriften andere Reben – etwa Merlot – zufügt. Der Primeurwein muß außerdem mittels der Macération carbonique hergestellt werden. Insgesamt ist der rote Gaillac noch kein charakterfester Wein. Es gibt nicht nur erhebliche Unterschiede zwischen dem normalen Wein und dem Primeur, sondern auch der normale rote Gaillac kann sehr unterschiedlich ausfallen. Es gibt Winzer, die auch hierfür viel Gamay und die Macération carbonique anwenden; ihr Wein steht in starkem Gegensatz zum klassischen Typ des Gaillac, für den *terroir* und Tannin sehr typisch sind. Bei anderen wiederum liegt der Schwerpunkt auf der Syrah-Rebe, oder sie setzen gerade eine Vielzahl von Rebsorten ein. Diese große Vielfalt hat natürlich auch einen Vorteil: Bei jedem Besuch, bei jeder Verkostung gibt es ständig Überraschun-

Rechts:
Karte der Weingärten von Gaillac

Mitte:
Winzer Jean Cros, der mit seinen beiden Söhnen in Cahuzac-sur-Vère herrliche Rot- und Weißweine erzeugt.

Unten:
Die Genossenschaft von Labastide-de-Lévis

In Saint-Lieux-les-Lavaur fährt vom 14. Juli bis Ende August täglich ein nostalgischer Dampfzug ab, der Chemin de Fer Touristique de Tarn.

gen. Gerade durch seine vielen Gesichter ist der rote Gaillac ein fesselnder Wein.

Gaillac Rosé
Für Gaillac Rosé galten jahrelang andere Rebenzusammensetzungen als für die Rotweine, ein ganz ungewöhnlicher Fall. Im September 1984 hat der Gesetzgeber dies jedoch bereinigt. Trotzdem ist der Gaillac Rosé kein wirklich interessanter Wein geworden. Für Rotwein und Rosé gilt ein Höchstertrag von 55 hl/ha, für den trockenen weißen und den moussierenden Gaillac 60 hl/ha. Für Gaillac Premières Côtes liegt der zulässige Höchstertrag mit 45 hl/ha bedeutend niedriger. Alle Weißweine der Herkunftsbezeichnung Gaillac müssen mindestens 10 % Alkohol aufweisen. Für Rotwein und Rosé beträgt der entsprechende Wert 10,5 %.

Pétillant de Raisin
Pétillant de Raisin ist eine Kreation, die in den 50er Jahren entstand, als der weiße Gaillac sehr schlecht verkauft wurde. Es ist ein leicht alkoholischer «Wein» mit 3 % Alkohol. Er wird fast ausschließlich aus der Mauzac-Rebe hergestellt, deren primäres Aroma außerordentlich fruchtig ist. Der Saft dieser Traube durchläuft eine langsame, kühle Gärung, die unterbrochen wird, bevor aller Zucker umgewandelt ist. So besitzt das Getränk eine natürliche Süße und dazu etwas perlende Kohlensäure (Druck unter 3 bar). Der Pétillant de Raisin ist als alkoholarmes und doch weinähnliches Getränk recht erfolgreich. Durch diesen Erfolg sehen sich auch andere Gebiete veranlaßt, ein solches fruchtiges, perlendes Produkt zu erzeugen.

Den besten Madiran überhaupt macht die Familie Laplace in Aydie: Vater Pierre und Söhne Jean-Luc, François und Bernard. Sie besitzen 22 ha und haben weitere 7 ha gepachtet. Die Rebsorten: 50% Tannat, etwa 35% Cabernet-Franc, etwa 15% Cabernet-Sauvignon. Der Wein ist tieffarben, sehr aromatisch, verfügt über weiches Tannin, hat einen langen Abgang und ist außerordentlich reintönig. Man kann ihn lange aufheben, aber auch schon nach 2–3 Jahren trinken.

In der Genossenschaft von Crouseilles sind 380 Winzer zusammengeschlossen. Sie bestellen unter anderem etwa 400 ha Madiran, und es sollen noch mehr werden. Die Rotweine hiervon werden aus 50% Tannat, 40–45% Cabernet-Franc und 5–10% Cabernet-Sauvignon erzeugt. Man verarbeitet nur vollkommen gesunde Trauben. Der beste Madiran ist der Rôt du Roy, der mehr Farbe, Aroma, Fülle und Fleisch hat als die normale Cuvée.

Die Genossenschaft von Saint-Mont erzeugt außer Côtes de Saint-Mont (s. S. 109) und einfacheren Weinen auch Madiran. Dessen Qualität ist so gut, daß der Wein wiederholt ausgezeichnet wurde. Die beste Cuvée erhält 1–2 Jahre Ausbau. Sie zeichnet sich häufig durch gute Ausgewogenheit und den lebendigen, angenehmen Geschmack aus, der geschmeidig und etwas weniger tanninbetont ist als bei anderen Weinen aus der Gegend (50% Tannat).

Aller Madiran von der Genossenschaft in Castelnau-Rivière-Basse wird vom Handelshaus Menjucq in Morlaas angekauft. Man läßt dort die 2000–2500 hl 5–6 Monate in Fudern reifen und füllt sie dann auf Flaschen ab. Der Wein besitzt einwandfreie Qualität und ist recht geschmeidig mit etwas Tannin im Abgang. Grundlage sind 55% Tannat sowie 45% Cabernet-Franc und Cabernet-Sauvignon.

Eine weitere Spezialität des Familienbetriebs Menjucq ist der Madiran von Château de Fitère in Cannet. Die gut 22 ha sind bepflanzt mit 65% Tannat und 35% Cabernet-Franc. Der Wein wird auf dem Gut 2 Jahre in Fudern ausgebaut, bevor er abgefüllt wird. Vitaler Geschmack, in dem neben Tannin auch eine deutliche Geschmeidigkeit vorhanden ist. Kann gut reifen.

Ein sehr renommiertes Weingut in Corbères ist Château de Peyros von Denis de Robillard. Viele Autoren äußern sich lobend über den Wein. Der Rebgarten umfaßt 23 ha mit 55% Cabernet-Franc und 45% Tannat. Der Wein reift 18 Monate in Fudern. Die Qualität finde ich etwas ungleichmäßig. So schmeckte der 1970er sehr gut, während der 1979er ein recht grasiges Aroma hatte und es ihm an Konzentration mangelte.

Madiran

Etwa 30 km nördlich von Pau enden die letzten Ausläufer der Pyrenäen. Sie sind durchschnittlich 250 m hoch und bestehen aus einer Anzahl kleiner Hügelrücken, zwischen denen sich Täler ausbreiten. Dies ist die Wiege des Madiran, eines der renommiertesten Rotweine des Südwestens. Ausgrabungen haben gezeigt, daß es hier schon im 2. und 3. Jahrhundert n. Chr. Weinbau gab. Die entscheidende Förderung ging jedoch auch in diesem Landstrich von Mönchen aus. Wo sich heute die Ortschaft Madiran befindet, wurde im Jahre 1030 eine Klostergemeinschaft gegründet. Ein Jahrhundert später kamen die Benediktiner, die hier eine Abtei bauten. Nach der Überlieferung sollen sie aus dem Burgund, genauer aus ihrem Mutterhaus in Vougeot, die Tannat-Rebe mitgebracht haben, die Rebsorte, die dem Madiran seinen typischen Charakter gibt. Der Name Madiran wurde übrigens erst Jahrhunderte später für den Wein gebraucht. Die Gegend selbst hieß früher Vic Bilh, und so damals auch der Wein. Über die nahe Adour und ihre Nebenflüsse konnten die Weine im 16. Jahrhundert nach Bayonne verschifft werden, von wo aus sie in die Niederlande, nach Hamburg und Bremen versandt wurden. Im 17. Jahrhundert schrieb ein Autor, daß die Weine jedes Jahr von den Engländern und Holländern geholt wurden, und nochmals ein Jahrhundert später zählten sogar Finnland und Rußland zu den Abnehmern.

Neubeginn

In diesem Jahrhundert war es über 50 Jahre lang sehr still um den Madiran. Nach der Reblaus-Katastrophe und anderen Krisen wurden die Äcker mit wenig geeigneten Reben bepflanzt. Bemerkenswert ist die Tatsache, daß man in Madiran schon 1906 ein eigenes Syndikat ins Leben rief, um die Authentizität des Weins zu verteidigen. Den Bemühungen war allerdings wenig Erfolg beschieden. Als im Jahre 1948 die Appellation Contrôlée geschaffen wurde, wurde praktisch nichts mehr erzeugt. Auch die Gründung einer Genossenschaft, derjenigen von Crouseilles, brachte zwei Jahre später kaum einen Zuwachs im Ertrag. 1953 etwa umfaßte das gesamte Madiran noch ganze 6 ha. Ein Problem bestand auch darin, daß man noch nicht über die Techniken verfügte, um in großem Maßstab bestimmte vorgeschriebene, fast verschwundene Rebsorten wie die Tannat-Rebe zu vermehren. Dies gelang erst in den 70er Jahren. Deshalb nahm eigentlich erst in diesem Jahrzehnt die Anbaufläche deutlich zu. Von et-

Seite gegenüber, unten:
Die sanft gewellte Landschaft von Madiran; im Vordergrund ein uraltes Kirchlein.

Seite gegenüber, rechts unten:
Der Name Madiran kommt wahrscheinlich von Mariae Donarium. In der Dorfkirche steht eine Statue der Notre Dame-des-Vignes mit einer Traube in der Hand.

Links unten:
Pierre Laplace, der zusammen mit seinen drei Söhnen auf dem eigenen Gut in Aydie wirklich vorzügliche Weine erzeugt

Rechts unten:
Die Genossenschaft in Crouseilles. Dieser Betrieb war jahrelang der einzige Erzeuger von Madiran. Etwa 180 der rund 380 Mitglieder liefern zur Zeit Trauben für einen Madiran.

Gegen 10 an Madiran angrenzende Gemeinden produzieren den Vin de Pays Bigorre, einen Rotwein auf der Grundlage von Cabernet-Sauvignon und Cabernet-Franc mit – im Gegensatz zum Madiran – ganz wenig Tannat.

Die Familie Vigneau erzeugt schon seit mindestens vier Generationen einen Madiran. Das Gut heißt Pouquet (nach einem Vorfahren) mit dem Zusatz Clos de L'Eglise. Es liegt in Crouseilles. Auf den 7,25 ha stehen 60% Cabernets und 40% Tannat. Der Wein, der 1 Jahr reift, ist ein klassischer Lagerwein, das heißt er ist anfangs rauh und herb. Man sollte ihn frühestens nach 5–6 Jahren trinken.

Alain Brumont gehört nicht nur das Familiengut Bouscassé in Maumusson (22 ha mit 50% Tannat, 25% Cabernet-Franc, 25% Cabernet-Sauvignon), sondern er kaufte auch Château Montus (35 ha, wovon 6 ha mit weißen Trauben) sowie mit Freunden noch ein drittes Gut (15 ha, wird bepflanzt). Außerdem sicherte sich Brumont 200 gebrauchte Fässer von Château Mouton Rothschild, in denen als erster der 1980er Bouscassé 4 Monate reifte.

Einige Kilometer außerhalb des Dorfes Madiran liegt Château de Perron, seit 1976 Eigentum von Jean-Paul Crouzet. Der Weinberg umfaßt 8 ha mit 50% Tannat, 20% Cabernet-Franc, 20% Cabernet-Sauvignon und 10% Fer Servadou. Der Wein repräsentiert den klassischen Typ Madiran: tiefdunkel, streng in seiner Jugend, tanninreich, aber auch mit Frucht. Flaschenlager ist zu empfehlen.

Für Madiran gilt ein Höchstertrag von 45 hl/ha. Der Alkoholgehalt muß mindestens 11% betragen.

Die Madiran-Flaschen wurden früher stehend im Sand gelagert. Dadurch erzielte man eine konstante Temperatur.

Nicht nur Ludwig XIV. und Ludwig XV. tranken Madiran, sondern auch Englands Heinrich IV.

Weitere interessante Madirans**:**
- Domaine Lalanne, Maumusson
- Domaine Barréjat, Maumusson
- Domaine de Crampilh, Aurions-Idernes
- Jacques Achilli, Cannet
- Domaine Pichard, Soublecause
- Domaine de Diuse, Carlin

wa 100 ha um 1970 stieg sie auf etwa 700 ha um das Jahr 1980. Dies ist jedoch noch nicht das Ende des Wachstums; man rechnet mit einer Steigerung auf 1200 ha. Jahrelang war die Genossenschaft von Crouseilles der einzige Erzeuger von Madiran. Inzwischen haben sich zwei weitere Genossenschaften, Castelnau-Rivière-Basse und Saint-Mont, sowie 30–40 selbständige Winzer hinzugesellt. Von den Genossenschaften kommen insgesamt zwei Drittel der Erzeugung.

In drei Départements
Das Gebiet gehört drei verschiedenen Départements an. Der größte Teil gehört zu den Pyrénées-Atlantiques, wo aus 28 Gemeinden Madiran kommen kann. Als nächstes folgt Hautes-Pyrénées mit 6 Orten (einschließlich Madiran) und schließlich Gers mit 3 Gemeinden. Das Klima zeichnet sich aus durch milde Winter, trokkene Sommer und ein feuchtes Frühjahr. Kalk tritt im Boden besonders häufig auf, nicht selten zusammen mit Lehm. Daneben gibt es Lehm- und Kiesformationen. Die meisten Rebstöcke findet man auf Hängen. Auch in den Tälern gibt es Weingärten, die jedoch durch Nachtfröste gefährdet sind. Weitläufige Rebflächen sind hier die Ausnahme. Vor allem unter den Genossenschaftswinzern gibt es viele, bei denen die Rebe nur eine Nebenkultur ist. Deshalb sind die Parzellen auch so zahlreich und zersplittert.

Immer kürzere Reifezeit
Madiran gibt es nur als Rotwein. Er muß zu mindestens 40 % aus der Tannat erzeugt werden, die, wie der Name schon andeutet, einen tanninreichen Wein liefert. Deshalb ist hier auch das Entrappen vorgeschrieben. Damit soll verhindert werden, daß der Wein noch mehr Gerbstoff aufnimmt. Die Tannat-Trauben sollten vorzugsweise voll ausgereift geerntet werden; deshalb liegt der Lesezeitpunkt meist sehr spät. Reine Tannat-Weine sind häufig etwas schwach im Aroma und kurz. Deshalb hat der Gesetzgeber weitere Rebsorten zugelassen: Cabernet-Franc (hier Bouchy genannt), Fer-Servadou (hier Pinenc genannt) und Cabernet-Sauvignon. Weiterhin besagen die Vorschriften für Madiran, daß der Wein frühestens nach 6 Monaten zum Verkauf angeboten werden darf. 1948 waren da noch 33 Monate vorgeschrieben, 1966 waren es noch 18 Monate, 1975 noch 12 Monate gewesen. Es ist möglich, daß auch die heutige Vorschrift einer 6-monatigen Reifezeit ersatzlos gestrichen wird. Es ist übrigens nicht festgelegt, worin der Madiran reifen muß. Bei den meisten Erzeugern geschieht dies nicht auf Holz, sondern in Beton- oder Stahltanks. Es gibt auch keinen einzigen Küfer mehr im Gebiet.

Eigene Persönlichkeit
Der Madiran genoß schon vor Jahrhunderten einen guten Namen. Der Wein überstand lange Reisen und konnte lange lagern. Wie es heißt, soll der Madiran vor allem bei französischen Geistlichen sehr beliebt gewesen sein, die schon immer einen kräftigen Trunk zu schätzen wußten. Der Madiran hat sich eigentlich bis heute seinen guten Namen bewahrt. Dies ist sicher nicht zuletzt darauf zurückzuführen, daß in diesem Gebiet erstmals die Zuerkennung der Appellation Contrôlée von einer Verkostung abhängig gemacht wurde. Es fiel mir auch auf, daß die durchschnittliche Qualität der von mir verkosteten Weine ungewöhnlich korrekt war. Es waren zwar auch leichtere und sogar magere Weine dabei, jedoch wurde allermeist der klassische Typ eines Madiran angeboten. Darunter verstehe ich einen tiefroten, häufig fast undurchsichtigen Wein mit reichlich Tannin und einem nuancenreichen Geschmack. In seiner Jugend ist der Wein etwas abweisend, jedoch wird er nach 2–3 Jahren immer freundlicher und zugänglicher. Auch das Bukett entfaltet sich dann. Dank der Tannat- und der recht aparten Fer Servadou-Rebe besitzen Duft und Geschmack eine ganz eigene Persönlichkeit. Das Aroma kann manchmal lederartig sein oder an Wacholderbeeren und Lorbeer (manchmal mit einer Spur von Lakritze) erinnern, wobei man jedoch auch Frucht entdecken kann, vor allem Kirschen und Johannisbeeren.

Bei weitem der größte Erzeuger von Pacherenc du Vic-Bilh ist die Genossenschaft von Crouseilles. Im Jahre 1982 besaßen die Mitglieder 11 ha mit PacherencReben, und eine Erweiterung auf 30 ha ist vorgesehen. Damit soll die Erzeugung auf etwa 1000 hl steigen. Der Wein wird ohne Jahrgang verkauft und besitzt eine ordentliche Durchschnittsqualität. Gelegentlich wird auch ein vollsüßer, mundfüllender Moelleux erzeugt.

Der Prototyp eines feinen, delikaten Pacherenc du Vic-Bilh wird bei den Vignobles Laplace in Aydie erzeugt. Es ist ein kultiviert duftender, zart-frischer und charaktervoller Wein mit Nuancen von Gewürzen und Kies. Leider wird nur sehr wenig erzeugt. Die Familie Laplace verfügt nur über 1 ha weiße Reben: Arrufiac, Gros Manseng, Petit Manseng und Courbu.

Alain Brumont von der Domaine Bouscassé in Maumusson hat 4 ha mit weißen Reben bepflanzt. Darauf erzeugt er sowohl den trockenen Pacherenc du Vic-Bilh (Arrufiac, Sauvignon, Gros Manseng) als auch eine liebliche Version (Petit Manseng). Der trockene Wein gefällt mir am besten. Eine Besonderheit ist, daß dieser *sur lie* abgefüllt wird, wodurch seine Frische optimal erhalten bleibt. Reintönig und recht leicht in der Art.

Pacherenc du Vic-Bilh wird schon im 9. und 11. Jahrhundert erwähnt.

Die Erzeugung beträgt nur etwa 1000 hl pro Jahr, jedoch ist eine Steigerung auf das Doppelte möglich.

Unten:
Die Landschaft, in der nicht nur Madiran, sondern auch Pacherenc du Vic-Bilh geboren wird. Haupterzeuger dieses Weißweins sind 6 Gemeinden, nämlich Crouseilles, Portet, Lasserre, Madiran, Vialé und Aubous.

Weitere interessante Pacherenc du Vic-Bilh:
- Domaine de Teston, Maumusson
- Domaine du Crampilh, Aurions-Idernes
- Domaine Lalanne, Maumusson.

Seite gegenüber, unten:
Die Genossenschaft von Saint Mont, die nicht nur die Hälfte des Côtes de Saint Mont erzeugt, sondern auch einen gelungenen Madiran. Das Gebiet Côtes de Saint Mont liegt übrigens wie Armagnac überwiegend im Département Gers. Ein kleinerer Teil gehört zum Département Landes.

Seite gegenüber, rechts oben:
André Dubosc (Jahrgang 1945), der die Genossenschaft von Saint Mont leitet und ganz allgemein für die Appellation Côtes de Saint Mont viel getan hat.

Pacherenc du Vic-Bilh

Es gibt zwar keinen weißen Madiran, aber dennoch wird im Madiran-Gebiet Weißwein erzeugt. Er heißt Pacherenc du Vic-Bilh. Das Gebiet von Pacheranc du Vic-Bilh ist mit demjenigen von Madiran identisch – die gleichen Gemeinden, der gleiche Boden. Allerdings wird vom Weißwein sehr viel weniger erzeugt: Die Ertragsfläche macht kaum 25 ha aus. Man rechnet mit einer Zunahme, doch liegt vorläufig höchstens eine Verdoppelung im Bereich des Möglichen. In dieser Hinsicht hat Pacherenc du Vic-Bilh mit Madiran nicht Schritt gehalten. Zu Beginn der 50er Jahre war die Erzeugung beider mit einigen Dutzend Hektoliter auf das gleich niedrige Niveau gesunken. Madiran erholte sich, während sein weißes Gegenstück quantitativ auf niedrigem Niveau blieb. Das mag darauf zurückzuführen sein, daß in diesem Teil Frankreichs ohnehin viel Weißwein erzeugt wird, so daß der Bedarf an einer weiteren Sorte nicht sehr groß ist. Außerdem ist ein schwieriger Name wie Pacherenc du Vic-Bilh auf jedem Markt ein Problem, sogar in Frankreich selbst.

Seltene Rebsorte
Die vorgeschriebenen Rebsorten für diesen Weißwein sind Arrufiac, Courbu, Gros Manseng, Petit Manseng, Sauvignon und Sémillon. Kennzeichnend für den Pacherenc du Vic-Bilh ist vor allem die Arrufiac-Rebe; es gelang erst 1975, diese sehr gebietstypische, seltene Rebsorte in nennenswertem Umfang zu vermehren. Winzer aus der Gegend äußerten mir gegenüber die Erwartung, daß man im Laufe der nächsten Jahre den Pacherenc du Vic-Bilh ausschließlich aus Arrufiac, Gros Manseng und Petit Manseng erzeugen werde. Der Hektarertrag wurde auf 40 hl begrenzt, 5 hl weniger als für den Madiran vorgeschrieben sind.

Trocken oder lieblich
Es gibt zwei Versionen von Pacherenc du Vic-Bilh, eine trockene und eine liebliche (moelleux); häufiger ist die trockene. Der süßere Typ kann nur in sonnenreichen Jahren erzeugt werden. Ich finde an diesem Wein nichts auszusetzen, aber auch nichts zu loben. Der Zucker scheint die Delikatesse zu verdecken, die bei den besseren, trockenen Sorten feststellbar ist. Ein guter trockener Pacherenc du Vic-Bilh weist eine hellgelbe Farbe und ein aromatisches, mildes Bukett auf, in dem man Anklänge von Gewürzen und Kies entdeckt. Ähnliches gilt für den Geschmack: Er hat durchweg eine angenehme Frische, aber keine aggressiven Säuren. Im allgemeinen ist der Pacherenc du Vic-Bilh ein Weißwein von liebenswerter Art. Der Alkoholgehalt muß mindestens 11 % betragen, erreicht jedoch meist 12 % oder mehr.

Der Weißwein der Union des Producteurs-Plaimont (3 regionale Genossenschaften) ist ein gutes Produkt mit viel Frische, einem Hauch von Frucht (saftige Äpfel) und Kies, einer hellen Farbe und einem eher leichten Geschmack. Angenehm als Aperitifwein oder als Begleiter zu Muscheln und anderen Meeresfrüchten. Erzeugt wird er aus 5 Rebsorten. Nach dem Zentrifugieren gärt der Most bei sehr niedrigen Temperaturen.

Die etwa 1200 Mitglieder der Union des Producteurs-Plaimont erzeugen zwei Drittel des Côtes de Saint Mont. Dem Rotwein (70% Tannat, 10% Fer Servadou, 20% Cabernets) mangelt es noch etwas an Fleisch und Tiefe, jedoch schmeckt er nicht unangenehm. Daneben gibt es noch eine kleine Menge eines trockenen Rosés, der vielleicht etwas neutral ist, aber doch erfrischend. Die Union erzeugt auch einen ansprechenden Vin de Pays des Côtes de Gascogne.

Mit seinem Rotwein bekommt Mario Tonon von der Domaine de la Bergalasse (Aurensan) immer wieder Auszeichnungen. Die Ursprünge des Guts gehen auf das 15. Jahrhundert zurück. Es besteht aus 25 ha. Blaue Reben: 12 ha Tannat, 4 ha Cabernets. Weiße: 9 ha mit vier Sorten. Die blauen Trauben werden entrappt. Nach der Gärung wird der Rotwein unterschiedlich lange auf Holz ausgebaut.

Im 16. und 17. Jahrhundert wurden die Weine von Saint Mont über den Fluß und Bayonne bereits nach England und Holland verschifft.

Die Côtes de Saint Mont umfassen 49 Gemeinden. Der Rotwein muß mindestens 10% Alkohol enthalten; für Rosé und Weißwein sind 10,5% festgelegt. Für den Ertrag gelten maximal 50 hl/ha.

Einen erfreulichen roten Côtes de Saint Mont erzeugt auch die Domaine de Maries in Labarthète-et-Viella.

Die Genossenschaft von Saint Mont füllt den Vin de Pays Côtes de Gascogne vom Château de Sandemagnan des Meisterkochs Michel Guérard ab (s. a. S. 111). Dieser Weißwein schmeckt geschmeidig, zartfrisch und leicht fruchtig.

Côtes de Saint-Mont

Seit März 1981 gibt es im äußersten Südwesten des Départements Gers ein neues VDQS-Gebiet: Côtes de Saint Mont. Die recht junge Einstufung bedeutet nicht, daß der Weinbau hier noch keine lange Tradition hätte. Ganz im Gegenteil: Wahrscheinlich haben schon die Römer in diesem stillen Winkel Frankreichs Wein erzeugt. Fest steht in jedem Fall, daß der Weinbau seit dem 4. Jahrhundert hier heimisch ist. Seit dem Jahr 1050 erhielt er neue starke Impulse, als die Mönche von Cluny hier das Kloster Saint Mont gründeten. Die Gegend mit ihren vielen Hügeln lebte im vorigen Jahrhundert sogar ausschließlich vom Wein. Etwa 30–40 % der Hänge waren mit Reben bepflanzt, und der Wein bildete die einzige Einkommensquelle. Auf vielen Hügeln standen damals stattliche Häuser. Der Einfall der Reblaus bedeutete um die Jahrhundertwende das Ende des Weinbaus und des Wohlstands. Erst nach dem Zweiten Weltkrieg wandte man sich wieder intensiver dem Weinbau zu. 1947 wurde die Genossenschaft von Saint Mont gegründet, vier Jahre später kamen die Caves Coopératives von Aigan und Plaisance hinzu.

Strenge Kontrolle

Die drei Betriebe, die seit 1976 unter dem Namen Union des Producteurs Plaimont zusammenarbeiten, setzten alles daran, die Quantität und Qualität der regionalen Weine zu steigern. Der Lohn ihrer Mühen war die Zuerkennung des Prädikats Vin Délimité de Qualité Supérieure. Vor allem die Genossenschaft von Saint Mont hat unter Leitung ihres Direktors André Dubosc Bahnbrechendes geleistet. Als Dubosc bei Amtsantritt im Jahre 1973 feststellte, daß der Betrieb dringend neue Installationen brauchte, organisierte er für eine Gruppe von Mitgliedern eine Studienreise nach Deutschland – und heute verfügt die Genossenschaft über modernste technische Einrichtungen. Außerdem führte Dubosc strenge Qualitätsvorschriften ein. So werden jedes Jahr die Trauben von einer Kommission aus den Reihen der Winzer selbst beurteilt – streng und in aller Öffentlichkeit: Jeder weiß, wessen Trauben nicht akzeptiert wurden …

Schwerpunkt Weißwein

Côtes de Saint Mont wird heute auf etwa 800 ha erzeugt. Angestrebt wird eine Rebfläche von 1800 ha. Zur Zeit sind etwa 75 % der Produktion Rotwein; man versucht jedoch, ein Gleichgewicht zwischen Rotwein und Weißwein herzustellen. Die blauen Trauben gedeihen am besten auf den Ost- und Südhängen; dort ist der Boden körnig und enthält Kieselerde und etwas Lehm. Die Tannat-Trauben müssen von mindestens 70 % der «blauen» Rebflächen kommen. Die sekundären Sorten sind Fer Servadou, Cabernet-Sauvignon, Cabernet-Franc und Merlot. Die weißen Rebsorten stehen hauptsächlich auf den steileren Westhängen, wo der Boden aus Lehm und Kalk zusammengesetzt ist. Mindestens die Hälfte muß Arrufiac, Clairette und/ oder Courbu sein. Daneben sind auch Gros Manseng und Petit Manseng zugelassen. Der rote Genossenschaftswein schmeckt im allgemeinen geschmeidig, sympathisch und einfach, der weiße reintönig, leicht, frisch und erquikkend.

Der Schwerpunkt der Erzeugung liegt bei der Genossenschaft von Bellocq (etwa 85 Mitglieder) auf dem Rosé de Béarn (drei Viertel der insgesamt 10000 hl Béarn). Die einfache Version enthält 60% Tannat und 40% Cabernet. Es ist ein trockener, recht schlichter Wein. Deutlich besser ist der Cabernet aus etwa 80% Cabernet-Trauben (hauptsächlich Cabernet-Franc) und 20% Tannat. Hergestellt wurde er erstmals im Jahre 1979 auf Initiative von Henri Meyer.

Die Genossenschaft von Crouseilles liegt im Madiran-Gebiet (s. S. 106), liefert jedoch auch Béarn. Der Rosé ist geschmeidig und erfrischend, jedoch ziehe ich hier den Rotwein vor (Marke: Poule au Pot). Es ist eine Art kleiner Madiran aus den Rebsorten Cabernet (etwa 60%) und Tannat (40%). Guter, etwas leichter und nicht sehr tiefer Geschmack mit Geschmeidigkeit und etwas Tannin.

Estibes ist eine der Marken und Etiketten, unter denen das Haus Menjucq in Morlaas einen Rosé de Béarn herausbringt. Der Wein besitzt durchweg über 11,5% Alkohol und einen frischen, frühlingshaften Geschmack. Bei Menjucq hat man sich für einen Wein entschieden, der hauptsächlich aus Cabernet-Franc erzeugt und als Weißwein vinifiziert wird, das heißt die Trauben werden abgepreßt, nicht mit vergoren. Dies erklärt auch den sehr hellen, rosafarbenen Ton.

Unten:
Die Genossenschaft von Bellocq, der größte Erzeuger von Béarn

Rechts:
Der Mann, der nicht nur die Appellation von Béarn, sondern auch diejenige von Jurançon gerettet hat: Henri Meyer. Außerdem verdanken ihm viele Genossenschaften ihre Entstehung.

Béarn hat eine eigene Bruderschaft, La Jurale de Bellocq.

Der Höchstertrag für Béarn wurde auf 50 hl/ha festgesetzt, der Mindestalkoholgehalt auf 10,5%.

Einen korrekten Béarn Rosé habe ich auch bei der Domaine de Bouscassé in Maumusson verkostet.

Béarn

Die einstige Provinz Béarn ist heute Bestandteil des Départements Pyrénées-Atlantiques. Das Gebiet, das den ganzen Osten des Départements umfaßt, beschrieb Curnonsky einmal als «eine große Feinschmecker-Gegend». Hier soll ja auch die Sauce Béarnaise entstanden sein, die vor allem gebratenes Fleisch vorzüglich begleitet. Der Name Béarn geht auf die Venarni zurück, einen gallischen Stamm, der zur Zeit der römischen Eroberungszüge in der Nähe der heutigen Stadt Pau saß. Mit ihrer Vielzahl von Hügeln bildet die Landschaft den Übergang zwischen den Pyrenäen und den Ebenen des Landes. Einige Weine von Béarn (Jurançon, Madiran usw.) sind gesondert beschrieben; dieses Kapitel gilt dem Gebietswein von Béarn, der eine eigene Appellation Contrôlée trägt.

Drei Zonen
Die meisten der 83 Gemeinden, die einen Béarn-Wein liefern können, liegen im Département Pyrénées-Atlantiques. Nur 9 Gemeinden befinden sich außerhalb davon: 6 in den Hautes-Pyrénées, 3 in Gers. Diese Gemeinden bilden jedoch kein zusammenhängendes Gebiet. Der Weinbau ist auf drei Zonen verteilt: Bellocq und Salies-de-Béarn (nordwestlich von Pau), Jurançon (südlich und südwestlich von Pau) und Madiran (nördlich und nordöstlich von Pau). Weitaus der meiste Wein kommt aus der ersten Zone, wo die Genossenschaft von Bellocq auf 200–300 ha etwa 10000 hl Wein erzeugt. Die beiden anderen Zonen zusammen umfassen noch nicht einmal 100 ha Rebgärten. Darin kommt jedoch lediglich zum Ausdruck, daß Béarn in Jurançon und Madiran nur ein Nebenprodukt ist, während er in Bellocq gerade eine Hauptrolle spielt.

Die Spezialität: Rosé
Nach dem Zweiten Weltkrieg war es um den Béarner Wein sehr schlecht bestellt. Ein Mann schaffte es, die Appellation zu retten: Henri Meyer, der 1947 die Genossenschaft von Bellocq gründete. Er war es auch, der den Rosé de Béarn zu einer regionalen Spezialität machte. Schon 1948 erzielte dieser Wein den dreifachen Preis eines normalen Tafelweins. Rosé de Béarn wurde zu einem Begriff. In den 70er Jahren gab es Probleme, die Meyer zum Rücktritt veranlaßten. Die Weinqualität sank deutlich ab. Heute ist jedoch Meyer wieder am Ruder; unter seiner Leitung wurde ein neuer Typ des Béarn Rosé geschaffen, der hauptsächlich aus Cabernet besteht. Es ist ein außerordentlich angenehmer, rosenfarbener Wein von leichter Frucht und einer zarten Frische im Geschmack. Insgesamt hat der Gesetzgeber für den Béarn Rosé 6 Rebsorten zugelassen: Tannat, Cabernet-Franc, Cabernet-Sauvignon, Fer Servadou, Manseng noir und Courbu noir. Für den roten Béarn – einfach, recht leicht, gefällig – ist der Tannat-Anteil auf 60% begrenzt. Es wird auch weißer Béarn erzeugt, und zwar aus 7 zugelassenen Rebsorten. Es ist allerdings kein beeindruckender Wein.

Die Genossenschaft von Geaune erzeugt außer einem einfachen Tursan (11% Alkohol) auch eine etwas bessere Version mit 12%. Beide Kategorien gibt es als Weißwein, Rotwein und Rosé. Der ansprechendste Wein, den weißen Cuvée de L'Impératrice der höheren Kategorie, trank ich erstmals im Restaurant von Michel Guérard: mild-würziger Geschmack und Nachgeschmack, fast liebliches Bukett, aber nur wenig Tiefe oder Nuancen.

Das bekannteste und beste Weingut von Tursan ist die Domaine de Perchade-Pourruchet in Peyros. Sie wird geführt von der Familie Dulucq, die über einen 13 ha großen Rebgarten verfügt. Man erzeugt einen ansprechenden Rotwein, der in jungen Jahren etwas rauh schmeckt, aber später freundlicher wird. Er besteht aus 55% Tannat, 30% Cabernet-Franc und 15% Cabernet-Sauvignon. Im Jahre 1981 begannen die Dulucqs mit dem Holzausbau ihres Rotweins, der bis zu 8 Monate dauern kann.

In der Gemeinde Vieille-Tursan bearbeitet M. Darricau etwa 20 ha Rebfläche mit sehr kiesreichem Untergrund. Das Gut heißt Domaine de la Castèle. Die Abfüllung übernimmt das Haus Menjucq (auf dem Etikett als Grands Chays du Roy angegeben) in Morlaas. Weißwein und Rosé sind weiter nicht interessant. Auch der Rotwein ist keine Größe, aber doch auch nicht schlecht. Man schmeckt einen Hauch von Johannisbeeren und etwas Tannin. Im übrigen aber ist der Wein sehr einfach, flach und kurz.

Oben:
Eine der Tursan-Gemeinden ist Eugénie-les-Bains, wo Meisterkoch Michel Guérard Triumphe feiert.

Unten:
Die Genossenschaft in Geaune

Tursan

Das Département Landes ist vor allem wegen seiner Nadelwälder berühmt; im äußersten Südosten gibt es jedoch auch Rebgärten. Der beste Wein, der hier erzeugt wird, ist der Tursan, seit 1958 ein VDQS. Zum Herkunftsbereich gehören 41 Gemeinden, davon 39 in Landes und 2 in Gers. Das Hauptproduktionsgebiet liegt um Geaune, einen alten, befestigten Ort mit einer interessanten gotischen Kirche. In Geaune ist der Sitz der einzigen Genossenschaft von Tursan. Sie vereinigt etwa 400 Mitglieder, die zusammen ebensoviele Hektar Tursan bearbeiten. Private Güter gibt es hier nicht mehr als fünf. Sie verfügen insgesamt über etwa 40 ha. Zwischen dem 12. und dem 18. Jahrhundert wurden die Weine weit in die Welt verschifft, so nach London, Sevilla, Rotterdam, Hamburg. Heute findet man einen Wein von Tursan kaum einmal außerhalb der Grenzen Frankreichs. Paris ist eigentlich die am weitesten entfernte Stadt, die ein Tursan heute erreicht.

«Barocke» Schlichtheit
In der ersten Hälfte dieses Jahrhunderts lieferte das Gebiet fast ausschließlich Weißwein. Die Erzeugung von Rotwein und Rosé ist jüngeren Datums. Zur Zeit bereitet die Genossenschaft jährlich etwa 3000 hl weißen Tursan, 6000 hl Rotwein und 2000 hl Rosé. Der weiße Tursan wird hauptsächlich aus der Barroque-Traube erzeugt, einer nicht sehr noblen Rebsorte. Der Wein daraus oxidiert sehr schnell. Typisch ist für ihn eine gelbliche Farbe, ein etwas weicher, recht flacher Duft und ein leicht würziger, ebenfalls ziemlich flacher Geschmack. Aus gutem Grund experimentiert die Genossenschaft mit einem reinen Sauvignon-Wein. Die Sauvignon-Rebe ist eine der 8 zusätzlichen Rebsorten, die der Gesetzgeber zugelassen hat, jedoch nur bis zu 10%. Man hofft, daß bei einem Gelingen des Sauvignon-Experiments die Vorschrift geändert werden kann.

Rotwein und Rosé
Die Rebsorten für Rotwein und Rosé sind Cabernet-Sauvignon, Cabernet-Franc, Fer Servadou (zusammen mindestens 25%) und Tannat. Der rote Tursan erreicht kaum einmal mehr als das Niveau eines schlichten, rauhen, etwas derben Landweins; kurz und flach, aber doch nicht unangenehm. Problematischer ist für mich doch der Tursan Rosé. Es ist durchweg ein ziemlich matter Wein ohne Frucht oder Charme, manchmal auch direkt aggressiv. Für alle Tursan-Weine gilt ein Höchstertrag von 45 hl/ha. Der Mindestalkoholgehalt für Weiß- und Rotwein beträgt 10,5%, für Rosé 11%. Ob der Tursan Zukunftsaussichten hat, mag bezweifelt werden. Die heutige durchschnittliche Weinqualität gibt wenig Hoffnung, und man hat inzwischen auch Weinberge zugunsten anderer Kulturen gerodet.

Die 350 Mitglieder der Genossenschaft bearbeiten zusammen 350 ha, die 10000–12000 hl Jurançon und rund 1000 hl einfacherer Weine liefern. In der Regel sind gut drei Viertel des Jurançon trocken. Der beste Jurançon Sec trägt auf goldenem Etikett den Namen Peyre Or und den Jahrgang. Es ist ein ausgeglichener, sauberer Wein mit einer Andeutung von Nuancen. Er kann vorzüglich reifen. So probierte ich unter anderen einen noch sehr lebendigen 1962er.

Das Haus Menjucq in Morlaas hat sich immer sehr für die regionalen Weine eingesetzt, so auch für den Jurançon. Man führt verschiedene Sorten, darunter die trockenen und die süßen Weine von Château Jolys in Gan. Der etwa 35 ha große Rebgarten mit Petit und Gros Manseng liegt auf einem steilen Hang. Der einfache Jurançon hat am meisten zu bieten: Stilvoller, eleganter Geschmack, reintönig und von frischer Süße. Eigentümer des Guts ist Pierre-Yves Latrille.

Bei La Chapelle de Rousse (Gemeinde Jurançon) liegen die 4,5 ha des Cru Lamouroux. Petit Manseng (40%), Gros Manseng (40%) und Courbu (20%) liefern – neben einem Sec, der wegen zu hohen Alkoholgehalts mit einer grünen Kapsel als normaler Jurançon verkauft wird – einen vortrefflichen süßen Jurançon, der eine gelbe Kapsel trägt. Dieser Wein reift mindestens 1–1½ Jahre in Holzfässern. Jean Chigé und Schwiegersohn Richard Ziemek leiten des Gut.

Alfred Barrère bearbeitet in Lahourcade 15 ha Rebfläche, die über verschiedene Parzellen verteilt sind. Aus Gros Manseng und Courbu erzeugt er einen reizvollen Sec mit dem Namen Clos de la Vierge. Der köstlichste süße Wein ist der Crème de Tête von Clos Cancaillaü (ein Name, der auf cailloux, Kiesel, zurückgeht). Kultivierter, zartfrischer Geschmack. Hergestellt aus 80% Petit Manseng und 20% Courbu. Faßausbau.

Es werden jährlich 20000–25000 hl Jurançon erzeugt, und zwar meist zu gleichen Teilen trockener und halbsüßer Wein.

Im Jahre 1599 ließ Heinrich IV. einige Rebstöcke aus dem Jurançon in Schloß Fontainebleau anpflanzen. Es heißt, daß sich hieraus das rankende Grün entwickelte, das die Fassade des Schlosses bedeckt.

Die französische Schriftstellerin Colette beschrieb den Jurançon einmal als «einen feurigen, gebieterischen Fürsten, heimtückisch wie alle großen Verführer» (« ...un prince enflammé, impérieux, traître comme tous les grands séducteurs: le Jurançon»).

Unten:
Wer von der Weinbruderschaft Vigurie Royale de Jurançon inthronisiert wird, erhält diese Urkunde.

Weitere interessante Jurançons:
- Cru Cahaupé von Henri Ramonteu, Monein (süß und trocken)
- Clos Uroulat von Charles Hours, Monein (süß und trocken)
- Clos Mirabel von Robert Dubois, Jurançon (trocken)
- Clos Joliette von Jeanne Migné, Jurançon (süß)
- Domaine Ruiné, Monein (süß)
- Pierre-Yves Latrille, Monein (süß)

Die schönste Weinlandschaft Frankreichs dürfte wohl das Jurançon sein. Es wird im Süden und Südwesten der Stadt Pau von saftig grünen Hügeln gebildet, die den Pyrenäen vorgelagert sind. Diese Hügel sind meist steil und bis zu 400 m hoch. Die Verbindung zwischen ihnen bilden Höhenzüge, auf denen Kühe weiden und auch unter anderem Mais angebaut wird. In den Tälern ist die Vegetation von fast exotischer Pracht, vor allem auf den sonnigen Südhängen. Dort steht auch die Rebe. Prächtig ist das Spiel des Lichts in den verschiedenen Jahreszeiten. Im Sommer dämpft ein feiner Dunst bis zum späten Vormittag alle Kontouren. Im Herbst ist das Sonnenlicht greller und verleiht den welkenden Blättern einen goldenen Glanz. Während dieses Altweibersommers werden noch häufig so hohe Temperaturen erreicht, daß man in Sommerkleidern zur Lese geht. Wenig später fällt jedoch bereits der erste Schnee. Das Jurançon – ein kleines Weinparadies.

Königlicher Ruhm

Wann hier die ersten Reben gepflanzt wurden, ist nicht genau bekannt. Man vermutet jedoch, daß die Römer den Weinbau einführten. Die frühesten Dokumente, die Jurançon als Weinbaugebiet erwähnen, stammen aus dem 14. Jahrhundert. Damals verpachtete ein Kloster an einen Bauern einen Rebgarten mit der Auflage, daß er diesen vorschriftsgemäß bestellen solle. Einen festen Platz in der französischen Geschichte erwarb Jurançon jedoch erst 1553. Damals wurde im Schloß von Pau der kommende König Heinrich IV. geboren. Sein Großvater, Henri d'Albret, König von Navarra, rieb die Lippen des Neugeborenen mit Knoblauch ein und ließ seinen Enkel anschließend einen Schluck Jurançon trinken. So wurde dieser Wein mit einemmal weithin berühmt und erhielt sogar den Beinamen Vin du roi. Der schöne Brauch, Neugeborenen etwas Jurançon einzuflößen, hat sich bis in unsere Tage erhalten. Seit dem 16. und 17. Jahrhundert wurde der Wein exportiert, vor allem nach Hamburg und Amsterdam. Im vorigen Jahrhundert versandte man auch viel Jurançon in die Vereinigten Staaten. Innerhalb und außerhalb Frankreichs erwarb sich der Wein einen guten Namen: Jurançon war einer der bekanntesten Weine aus dem Südwesten Frankreichs überhaupt.

Drohender Untergang

Die Zeiten änderten sich, als auch hier die Reblaus die Rebenbestände ruinierte. Von diesem Rückschlag konnte sich das Gebiet nur mühsam wieder erholen. Es brauchte mehr als fünf Jahrzehnte dafür. Krisen im Weinhandel, in der Wirtschaft sowie zwei Weltkriege brachten den Jurançon an den Rand des Abgrunds. Die Lage war so verzweifelt, daß man sich sogar zum Panschen hinreißen ließ. Häufig wurde der Wein gezuckert, und was manche Handelshäuser als Jurançon verkauften, hatte eigentlich mit dem ursprünglichen Produkt nicht mehr viel gemeinsam. So wurde der gute Name des Jurançon ruiniert. 1949 war von Jurançon als Weingebiet nicht mehr viel übriggeblieben. Der durchschnittliche Besitz betrug ganze 1,5 ha, und man erntete nicht mehr als 12–15 hl pro Hektar. Die Tage des Jurançon schienen gezählt.

Rettender Önologe

Dann kam Henri Meyer, Önologe, Biologe und Agronom. Er war der Mann, der die Herkunftsbezeichnung Béarn zu neuem Leben erweckt hatte (s.S. 110), und nun wollte er im Jurançon ähnliches versuchen. Meyer analysierte die Probleme und beschloß dann, mit drei ausgewählten Winzern den Wein so auszubauen, wie dies seiner Meinung nach sein mußte. Ort der Experimente war die Genossenschaft von Bellocq (Béarn). Anschließend verkaufte Meyer die Weine in Paris – ohne Probleme und zu einem guten Preis. Dies öffnete vielen Winzern im Jurançon die Augen. Ein Jahr darauf gründete Meyer die erste regionale Genossenschaft in Gan. Außerdem ließ er in einem Neuanpflanzungs-Programm wieder Qualitätsreben anpflanzen. Seine wichtigste Tat war jedoch – er schuf einen neuen Typ Jurançon, den Jurançon Sec. Bislang war aller Wein traditionell süß. Meyer bewirkte hier mit seiner Genossen-

Unten:
Zwei alte Ansichten der Stadt Pau zu Beginn dieses Jahrhunderts. Auf der linken Aufnahme sind der Boulevard des Pyrénées mit dem Hôtel de France (das nicht mehr existiert) zu sehen. Dieser Boulevard verbindet das Schloß von Pau mit dem schönen Parc Beaumont, in dem sich eine Spielbank befindet. Die rechte Aufnahme zeigt die Place Royale, im Hintergrund die Pyrenäen.

Immer wieder ausgezeichnet werden die Weine der Domaine Bru-Baché in Monein. Eigentümer Georges Bru-Baché erzeugt unter anderem einen nuancierten, köstlich duftenden Jurançon aus Petit und Gros Manseng. Der Wein ruht zwei Winter in Eichenfässern und kann anschließend noch jahrelang reifen. Leider ist die Produktion begrenzt: Das Gut ist nur 4 ha groß.

Außer Flachs hat Vincent Labasse in Monein auch Reben angepflanzt. Sein 5 ha großer Rebgarten trägt 75% Gros Manseng, 15% Petit Manseng und 10% Courbu. Besonders gefällt mir sein Jurançon Sec, ein frischer, aromatischer, nuancierter Wein mit Frucht. Auch der Jurançon, der 1 Jahr auf Holz ruht, ist von sehr guter Qualität.

Der auffallendste Weinberg von Jurançon ist wohl die außerordentlich steile Lage im Besitz von Alexis Mondinat und Sohn Jean (in Gan). Sie ist 2,6 ha groß und liefert nur einfachen Jurançon sowie etwas roten Béarn. Der Weißwein reift in Holzfässern und besitzt eine blaßgoldene Farbe, ein gering entwickeltes Bukett und einen Geschmack, der mild und frisch zugleich ist. Man muß den Wein einige Jahre ruhen lassen.

Entdeckt in dem vorzüglichen Restaurant La Table des Cordeliers in Condom: den Jurançon Sec von Raymond Gaillot in Monein. Es war ein kühler und reintönig schmeckender Wein, nicht zu leicht und mit einem sympathischen Duft. Die 6 ha mit 60% Gros Manseng und 40% Petit Manseng liegen in Monein. Man arbeitet hier mit Gärtanks aus Edelstahl. Der einfache, ebenfalls gute Jurançon reift 1 Jahr auf Holz.

schaft eine Änderung. Man hatte erkannt, daß der Markt für süße Weine immer enger wurde und beschloß daher, einen trockeneren Weintyp zu erzeugen. Hierzu versicherte man sich auch der Hilfe von Professor Peynaud aus Bordeaux, was unter anderem zu der Erkenntnis führte, daß der trockene Jurançon dem biologischen Säureabbau zu unterziehen war. Auch kommerziell strebte man eine sichere Basis an. Die Genossenschaft schloß Verträge mit den Häusern Menjucq in Morlaas und D.G.V.F. in Biarritz ab.

Nebenkulturen
Die Genossenschaft von Gan hat sich inzwischen zu einem gutgehenden Betrieb entwikkelt, in dem sich etwa 350 Winzer zusammengeschlossen haben. Man erzeugt etwa die Hälfte allen Jurançons. Gleichzeitig fand der Jurançon Sec allgemein Anklang. Von geringen jährlichen Schwankungen abgesehen, wird normalerweise die Hälfte der Ernte trocken vinifiziert. Bei der Genossenschaft liegt der Anteil der trockenen Weine sogar bei 80%. Insgesamt umfaßt das Jurançon heute etwa 650 ha Rebfläche. Der Wein wird mittlerweile zwar gut verkauft, aber doch nicht so gut, daß man ausschließlich vom Weinbau leben könnte. Selbst die größten Güter sind auf Nebeneinkünfte angewiesen. Wie sehr der Weinbau mit anderen landwirtschaftlichen Tätigkeiten verflochten sein kann, erlebte ich nachdrücklich bei einem kleinen Winzer, dessen Keller gleichzeitig Kuhstall war. Der Ertrag hat stark zugenommen. Selbst ein sehr qualitätsbewußtes Gut wie Cru Lamouroux kommt auf 35–40 hl/ha.

Ausschließlich regionale Trauben
Die Appellation Jurançon geht auf das Jahr 1936 zurück, wurde jedoch 1975 revidiert, um den Jurançon Sec gesetzlich zu verankern. Das Gebiet umfaßt 25 Gemeinden im Département Pyrénées-Orientales. Die vorgeschriebenen Rebsorten sind Petit Manseng, Gros Manseng, Courbu, Camaralet und Lauzet. Die beiden letztgenannten kommen praktisch nicht mehr vor und dürfen zusammen für den einfachen Jurançon nicht mehr als 15% ausmachen. Die beherrschende Traube beim süßen Jurançon ist Petit Manseng; sie hat kleine Beeren mit nur vier Kernen und liefert wenig Saft, der Zuckergehalt ist dagegen hoch. Für Jurançon Sec wird hauptsächlich die Gros Manseng-Traube verwendet. Sie liefert mehr Saft, mehr Rasse und weniger Süße. Die dritthäufigste Sorte ist die Courbu-Rebe, die den Manseng-Weinen etwas Rundungen verleiht. Die Rebsorten sind ungefähr wie folgt verteilt: 60% Gros-Manseng, 30% Petit-Manseng und 10% Courbu. Die genannten Sorten sind absolut bodenständig und kommen außerhalb des Südwestens nirgendwo anders in Frankreich vor.

Überreife Trauben
Der klassische, traditionelle Jurançon-Typ trägt auf dem Etikett keine nähere Bezeichnung. Wenn lediglich «Jurançon» angegeben ist, handelt es sich immer um den süßen Weintyp. Der Gesetzgeber fordert, daß der Jurançon aus überreifen Trauben erzeugt wird, die von der Edelfäule befallen sind. Es handelt sich um dieselbe *pourriture noble*, die auch im Bordeaux-Gebiet Sauternes und im Monbazillac auftritt. In der Verordnung für Jurançon ist auch festgelegt, daß die Trauben in mehreren Durchgängen gelesen werden müssen, wobei jedesmal nur die reifsten Früchte gepflückt werden. Im allgemeinen beginnt die Ernte frühestens Mitte Oktober. Auf manchen Gütern geht die Lesezeit manchmal bis in den Dezember. Der zuläs-

C. C. 6 PAU. – Place Royale et Pyrénées.

109 PAU. – *Le Boulevard des Pyrénées et l'Hôtel de France. – LL.*

Links:
Die wunderschöne, romantische Weinlandschaft des Jurançon. Der Morgennebel hat sich soeben gelichtet.

Unten:
Château Jolys, von dessen Weinberg ausgezeichnete Jurançons erzeugt werden. Das Schloß liegt auf einem Hügel. Die Eigentümer wissen, daß schlechtes Wetter im Anzug ist, wenn man von hier aus die Pyrenäen sehen kann.

Seite gegenüber, oben links:
Im sattgrünen Garten des Cru Lamouroux zeigen Jean Chigé und sein Schwiegersohn Richard Ziemek ihren Jurançon. Auf diesem Gut werden die Trauben normalerweise in drei bis vier Durchgängen gelesen, wenn sie optimal reif sind.

Seite gegenüber, oben rechts:
Louis Menjucq vom Handelshaus Menjucq in Morlaas (im Norden von Pau). Die Firma ist auf die regionalen Weine spezialisiert.

Seite gegenüber, unten:
Die steilste Lage von Jurançon ist diejenige von Alexis Mondinat in der Gemeinde Gan. Die Aufnahme rechts zeigt die heutige Rebanlage. Auf der alten Schwarzweißaufnahme steht Mondinats Vater, der einem Bekannten den damals von ihm gerade angelegten Rebberg zeigt. Das Stückchen Wiese und der Holzschuppen waren damals schon vorhanden.

sige Ertrag für Jurançon beträgt 40 hl/ha. Dies ist ebensoviel wie die für Monbazillac zugelassene Menge, aber beträchtlich mehr als die 25 hl, die für Sauternes gelten. Der Most für den Jurançon muß auf natürliche Weise mindestens 212 g/l Zucker enthalten. Der Alkoholgehalt muß bei mindestens 12 % liegen.

Nicht wirklich üppig
Die Vorschrift betreffend die Edelfäule läßt vermuten, daß der Jurançon ein ausgeprägt süßer Wein ist, den man vor allem zu Desserts trinkt. Tatsächlich ist der Wein aber nicht wirklich üppig. Sein Säuregehalt ist in der Regel doppelt so hoch wie bei Sauternes, so daß der Jurançon fast immer einen deutlich frischen Akzent besitzt. Das ist nicht nur durch die Art der Trauben bedingt, sondern auch durch die hohe Lage der Rebgärten und den Boden, der an vielen Stellen neben Lehm auch Kies und Kalk enthält. Die besten Sorten Jurançon besitzen eine kultivierte, verhaltene Süße, die sich mit der Frische tadellos die Waage hält. Das Aroma ist nicht überwältigend: Mit einiger Mühe kann man zarteste Anklänge von Zimt, Sommerblumen, Honig, gekochten Pflaumen oder gebrannten Nüssen und anderem entdekken. Besser als süßere Konkurrenten eignet sich der Jurançon als Tafelbegleiter zu Vor- und Hauptspeisen. Der Wein kann hervorragend reifen, meist ohne weiteres 5–10 Jahre.

Jurançon Sec
Beim trockenen Jurançon muß stets der Zusatz «Sec» angegeben werden. Für die Erzeugung dieses Weins gelten andere Normen. Insbesondere liegt der Maximalertrag mit 50 hl/ha höher. Außerdem müssen keine überreifen Trauben verarbeitet werden, sondern einfach voll ausgereifte. Der Most muß 187 g/l Zucker enthalten. Nach der Gärung dürfen hiervon höchstens noch 3 g/l zurückgeblieben sein. Hinsicht-

lich des Alkohols wurde eine Ober- und eine Untergrenze vorgeschrieben, die bei 12,5 beziehungsweise 11 % liegen. Vor allem die Obergrenze macht manchem Winzer zu schaffen, insbesondere denjenigen, die über vollbesonnte Hänge verfügen. Hiervon kommen häufig trokkene Weine, die leicht 13 % Alkohol oder mehr erreichen. Obwohl sich dann diese Jurançons in Duft- und Geschmackscharakter nicht oder nur wenig von anderen trockenen Weinen unterscheiden, dürfen sie nicht als Jurançon Sec verkauft werden, sondern gelten als Jurançon. Das kann den Verbraucher schon verwirren. Die betroffenen Erzeuger greifen daher zu anderen Mitteln, um den Unterschied zwischen ihren Jurançons deutlich zu machen, indem sie etwa für den süßen Wein eine gelbe und für den trokkenen eine grüne Kapsel verwenden. Im allgemeinen ist der Jurançon Sec ein Weißwein, dessen doch ausgeprägte Herbheit in einen zartgeschmeidigen, lebendigen Geschmack verpackt ist. Ich finde ihn etwas weniger interessant als die süße Variante, aber man kann ihn doch mit Genuß trinken. Außer mit Fluß- und Meeresfischen harmoniert der Wein auch gut mit Geflügel und fettreichem Käse. Der süße Jurançon wird meist mit Jahrgang angeboten, der Jurançon Sec dagegen ohne.

Prämierende Bruderschaft
Auf der Vorder- oder Rückseite von Jurançon-Flaschen findet man manchmal ein weißes Etikett. Es trägt eine Nummer und ist von der Viguerie Royale du Jurançon, der regionalen Weinbruderschaft, signiert. Die Viguerie wurde im Jahre 1953 gegründet, in der Zeit also, da man hart am Wiederaufstieg des Gebiets arbeitete. Neben den üblichen Festen und Inthronisationen führt diese Bruderschaft auch eine Prämierung von Jurançon-Weinen durch. Hierfür dürfen alle Erzeuger auf freiwilliger Basis ihren Wein vorstellen. Die gelungensten Weine dürfen mit dem Etikett der Bruderschaft verkauft werden; sie sind dann «viguerié». Das Etikett bedeutet also eine Qualitätsgarantie. Die Bruderschaft hat seinerzeit eine entsprechende Initiative ergriffen, weil nicht wenige Jurançons schlicht ungenießbar waren. Es ist nun allerdings nicht so, daß alle guten Weine unbedingt dieses Etikett tragen; manche Erzeuger wollen die fünf Centimes je Etikett nicht bezahlen, oder sie sehen den Nutzen des Gütesiegels für ihren Wein nicht ein. Das Motto dieser rührigen Bruderschaft lautet: «Jurançon, digne de roi, digne sois» – «Jurançon, eines Königs wert, sei seiner würdig.»

Dem Irouleguy Rosé kann ich nicht viel abgewinnen. Der Rotwein dagegen hat sehr wohl Charakter. Es ist ein etwas rauher Wein, der aber einen ehrlichen Geschmack und eine gewisse Geschmeidigkeit aufweist. Lebhafte, tiefrote Farbe. Gewonnen wird er aus 80% Tannat und 20% Cabernet. Köstlich zu gut gewürzten Speisen, gebratenem Fleisch und zu dem herrlichen regionalen Schafskäse. Roter Irouleguy wird nach 8 Monaten abgefüllt, Rosé nach 5 Monaten.

Der beste Wein der im Jahre 1954 gegründeten Genossenschaft in Saint-Etienne-de-Baïgorry ist der Cuvée Réservée. Hierfür verwendet man 70% Cabernet und 30% Tannat. Wie beim einfachen Rotwein werden die Trauben entrappt, und die Gärung dauert 4–8 Tage. Die Farbe dieses Weins ist etwas leichter und zarter. Außerdem duftet er freundlicher und besitzt im Geschmack auch eine gewisse Weichheit neben einer Spur Frische. Irouleguy-Weine werden immer jahrgangslos verkauft.

Unten:
Die Ausläufer der Pyrenäen prägen die Landschaft des Irouleguy.

Ganz rechts:
Die Genossenschaft, in der aller Irouleguy erzeugt wird

Rechts:
Unter dem Namen Baïgorry wird ein würziger Schafskäse verkauft, der ganz vorzüglich zu dem regionalen Rotwein paßt.

In der baskischen Sprache heißt die Cabernet-Rebe Acheria und die Tannat-Rebe Bordelesa.

Um 1950 wurde Irouleguy von einigen Handelshäusern als Markenname gebraucht, auch für einfache Midi-Weine. Damit ist es jedoch endgültig vorbei.

Irouleguy

Die Weinbaugeschichte von Irouleguy, einer Weingegend fast an der spanischen Grenze, beginnt im 15. Jahrhundert, als sich bei Roncevaux in den westlichen Pyrenäen Mönche niederließen. Dort konnten die Brüder jedoch keinen Wein erzeugen, da die – heute noch existierende – Abtei zu hoch lag. Besser geeignet waren hierfür die beiden Ableger in Anhaux und Irouleguy. Bis 1910 hieß der Wein «Xacoli» (wie «Chakoli» gesprochen), dann änderte man den Namen in «Irouleguy». Zu Beginn dieses Jahrhunderts umfaßte das Gebiet noch 500 ha. Zwischen 1910 und 1912 fiel jedoch alles der Reblaus zum Opfer. Wenig später brach der Erste Weltkrieg aus, so daß man erst 1932 mit der Neubepflanzung begann. Genau 20 Jahre später bekam Irouleguy den Status eines Vin Délimité de Qualité Supérieure. 1970 folgte die Appellation Contrôlée.

Nur von der Genossenschaft

Theoretisch könnte es drei Sorten Irouleguy geben: Rotwein, Rosé und Weißwein. Weißwein kommt jedoch nicht mehr vor. Nach dem letzten Weltkrieg ging die Nachfrage so stark zurück, daß man sich heute auf Rotwein und Rosé beschränkt. Die gesamte Erzeugung erreicht nicht mehr als durchschnittlich 2500 hl pro Jahr, etwa je zur Hälfte Rotwein und Rosé. Man hofft jedoch, auf 3000 hl pro Jahr zu kommen, und zwar durch eine neue Anpflanzung von 35 ha, womit die Ertragsfläche auf 120 ha zunehmen soll. Aller Irouleguy wird von der Genossenschaft von Saint-Etienne-de-Baïgorry erzeugt, in der 225 Winzer zusammengeschlossen sind. Die winzigen Parzellen sind weit verstreut – ein halber Hektar hier, einige Ar dort. Der Boden ist von unterschiedlicher Struktur und enthält Eisen, Lehm, Kalk und Marmor. Daneben findet man auch Stellen von grünem Marmor mit gelben Adern. Das Klima ist relativ mild, und im Sommer lockt die grüne, hügelige Landschaft viele Wanderer an.

Rauhe Art

In den neun Gemeinden, die zusammen die Appellation bilden, setzt sich die Bepflanzung aus den drei Rebsorten Cabernet-Franc, Cabernet-Sauvignon (etwa zu gleichen Teilen) und Tannat zusammen. Der Cabernet-Anteil muß mindestens 50% betragen. Die recht schroffe Art vor allem des roten Irouleguy paßt gut zu der doch etwas rauhen Landschaft und der deftigen Küche. Wir befinden uns hier im Baskenland, wo ein stolzes Volk seine eigene Sprache spricht, seine eigene Musik macht und seine eigene Küche hat. Es gibt auch einen baskischen Weintanz: La danse du verre. Die Basken selbst sind die größten Konsumenten des Irouleguy, so daß kaum etwas für den Export übrig bleibt. Die Genossenschaft schickt lediglich etwas Wein in den Westen der Vereinigten Staaten, wo viele Basken wohnen. Wer aber in die Gegend kommt, wird als echter Weinfreund zum baskischen Mahl den baskischen Irouleguy genießen.

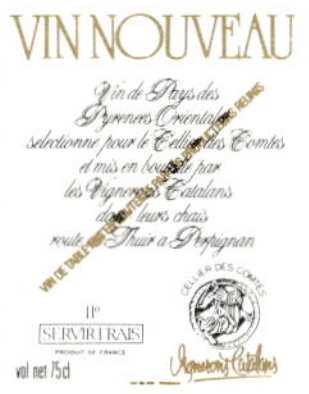

Außer Weinen von Appellation-Contrôlée-Niveau liefert das Roussillon auch Vin de Pays und Schoppenweine. Jedes Jahr wird ein Teil der Vin de Pays als Primeurwein verkauft, und zwar meist als Vin de Pays des Pyrénées-Orientales. Die Qualität dieses Carignan/Grenache/Cinsault/Merlot-Weins kann sehr gut sein. Bei verschiedenen Verkostungen schlug dabei der Wein der Vignerons Catalans ähnliche Erzeugnisse aus anderen Gebieten.

Einer der fesselndsten Vins de Pays ist der Cabernet von Mas Chichet. Dieser etwa 30 ha große Rebgarten liegt in der Ebene von Elne und gehört Paul Chichet. Er erzeugt verschiedene Weine, auch einen guten Rosé. Doch ist der rote Cabernet seine Spezialität, ein Vin de Pays Catalan aus Cabernet-Franc und Cabernet-Sauvignon. Der Wein wird sorgfältig selektiert und reift in Eichenfudern.

Unten: Weiße Häuser vor grünen Rebhängen: Das Dorf Banyuls

Rechts: Der Sitz der Vignerons Catalans in Perpignan. Diese Erzeugergruppe hat sich besonders für die Verbesserung der Qualität der Roussillon-Weine eingesetzt.

Seit 1981 gibt es im Roussillon eine Weinstraße.

Der Name der regionalen Weinbruderschaft ist «Commanderie Majeure du Roussillon».

In der Gegend gibt es viele Thermalquellen, so etwa bei Boulou.

Roussillon

Das Roussillon ist das südlichste Weingebiet des französischen Festlands. Es liegt am Ostrand der Pyrenäen, dort wo sie zum Mittelmeer abfallen. Nach Salvador Dali ist der Bahnhof von Perpignan, der Hauptstadt des Gebiets, nicht weniger als der Mittelpunkt des Universums. Diesem recht uninteressanten Bauwerk hat Dali auch sein surrealistisches Werk «La gare de Perpignan» gewidmet. Aufgrund seiner Lage ist das Roussillon schon jahrhundertelang Übergangsgebiet zwischen Frankreich und Spanien. Im 8. und 7. Jahrhundert v.Chr. kamen die Griechen hierher, angelockt durch die Hoffnung auf Bodenschätze. Aller Wahrscheinlichkeit nach brachten sie auch die Rebe hierher. Die ersten Bewohner des Gebiets waren sie allerdings keineswegs: Bei Tautavel wurden die Reste des ältesten Menschen Europas gefunden, der vor 400000–500000 Jahren lebte. Zu den späteren Herren des Rousillon gehörten auch die Sarazenen, die zwischen 714 und 828 hier herrschten. Im Jahre 759 fügte Pippin der Kleine das Gebiet zu Aquitanien hinzu, dem französischen Südwesten. Etwa 500 Jahre später wurde das Roussillon Eigentum des Königreichs Mallorca. Es folgten fast 400 Jahre spanischer Herrschaft. Erst 1642 wurde das Gebiet endgültig französisch. Im Roussillon ist der spanische Einfluß immer noch deutlich. Die Bewohner sprechen katalanisch, die Sprache, die auch in Barcelona und Umgebung gesprochen wird. Kunst und Kultur scheinen in vielem eher spanisch als französisch zu sein.

Schneckenmahlzeit
Seit dem 12. Jahrhundert wurde der Weinbau im Roussillon, dem heutigen Département Pyrénées-Orientales, ernsthaft betrieben. Das war unter anderem auf die Templer zurückzuführen, die sich hier anno 1138 in einer gebirgigen Gegend südwestlich von Perpignan niederließen. Nach einer der ersten offiziellen Zählungen im Jahre 1741 besaß das Roussillon damals 9000 ha Rebfläche; gegen Ende dieses Jahrhunderts war man bei 20000 ha angelangt. Im Jahre 1882 erreichte die Rebfläche mit 76000 ha den höchsten Stand. Heute werden etwa 58000 ha bearbeitet. Obwohl der Weinbau also zu allen Zeiten eine große Rolle spielte, kannten die Bewohner des Roussillon doch keinen Überfluß, im Gegenteil: Wegen der recht isolierten Lage profitierte diese Gegend weniger als andere Gebiete Frankreichs von der zunehmenden Wohlfahrt. Es ist noch nicht einmal so lange her, daß die Bauern dort fast täglich Schnecken als Hauptmahlzeit aßen. Weinbergschnecken gab es im Roussillon zu allen Zeiten in Überfluß. So lautet auch eine Redensart: «Je mehr Schnecken man ißt, desto mehr werden es.» Nach wie vor kommen Schnecken hier regelmäßig auf den Tisch, auch in den Restaurants. Ein sehr beliebtes Gericht ist die «cargolade»: gesalzene und gepfefferte Schnecken, über der Glut von Rebzweigen gegrillt. Dazu gibt es «aïoli», eine scharfe Knoblauchmayonnaise.

Tourismusland
Obwohl es im Roussillon auch heute noch kaum Industrie gibt, hat sich die wirtschaftliche Lage nach dem Zweiten Weltkrieg dramatisch verbessert. Hieran hat auch der Tourismus großen Anteil – das Gebiet gehört nicht nur nach

Ansicht der Einheimischen zu den reizvollsten Frankreichs. Im Département Pyrénées-Orientales gibt es 30 km Sandstrand und eine ebensolange Felsküste. Das Roussillon hat aber weit mehr zu bieten als nur Strand. In diesem Grenzgebiet steigt das Gelände innerhalb einer Entfernung von nur 50 km von Meereshöhe bis auf die 2785 m des Mont Canigou an. Im Frühjahr kann man also morgens am Strand liegen und mittags in den Bergen Skifahren. Weiterhin gibt es in der Gegend viele alte, romantische Dörfer, sehenswerte Kirchen, Klöster und Schlösser. Viele der Dörfer waren früher Grenzbastionen, die wie Adlernester auf steilen Felsen thronen. Stellvertretend für viele sei hier nur Latour-de-France genannt.

Obstlieferant

Neben dem Tourismus hat sich auch die Landwirtschaft in den letzten Jahrzehnten gut entwickelt. Vor allem als großer Obstgarten hat sich das Roussillon einen Namen gemacht – Aprikosen, Kirschen, Pfirsiche, Birnen, Äpfel, Himbeeren und Erdbeeren. Viel Obst wird auch gleich an Ort und Stelle zu Fruchtsäften und köstlichen Konfitüren verarbeitet. Zentrum des Obstbaus ist die Ebene von Perpignan, ein gewaltiges, von Hügeln und Bergen umschlossenes Amphitheater, wo der Boden durch die Schlammablagerungen der Flüsse Agly, Têt und Tech fruchtbar ist. Auch das Klima begünstigt den Landbau. Es ist hier warm und trocken. Die Trockenheit wird noch durch den häufigen Wind verstärkt, der hier mindestens jeden dritten Tag kräftig weht. Etwa die Hälfte des Jahres hat man es mit dem Tramontane zu tun, einem trockenen Nordostwind; im Januar und Februar erreicht er Spitzengeschwindigkeiten von 160 km pro Stunde. Im Frühjahr und Herbst herrscht dagegen die Marinada vor, ein meist feuchter Seewind.

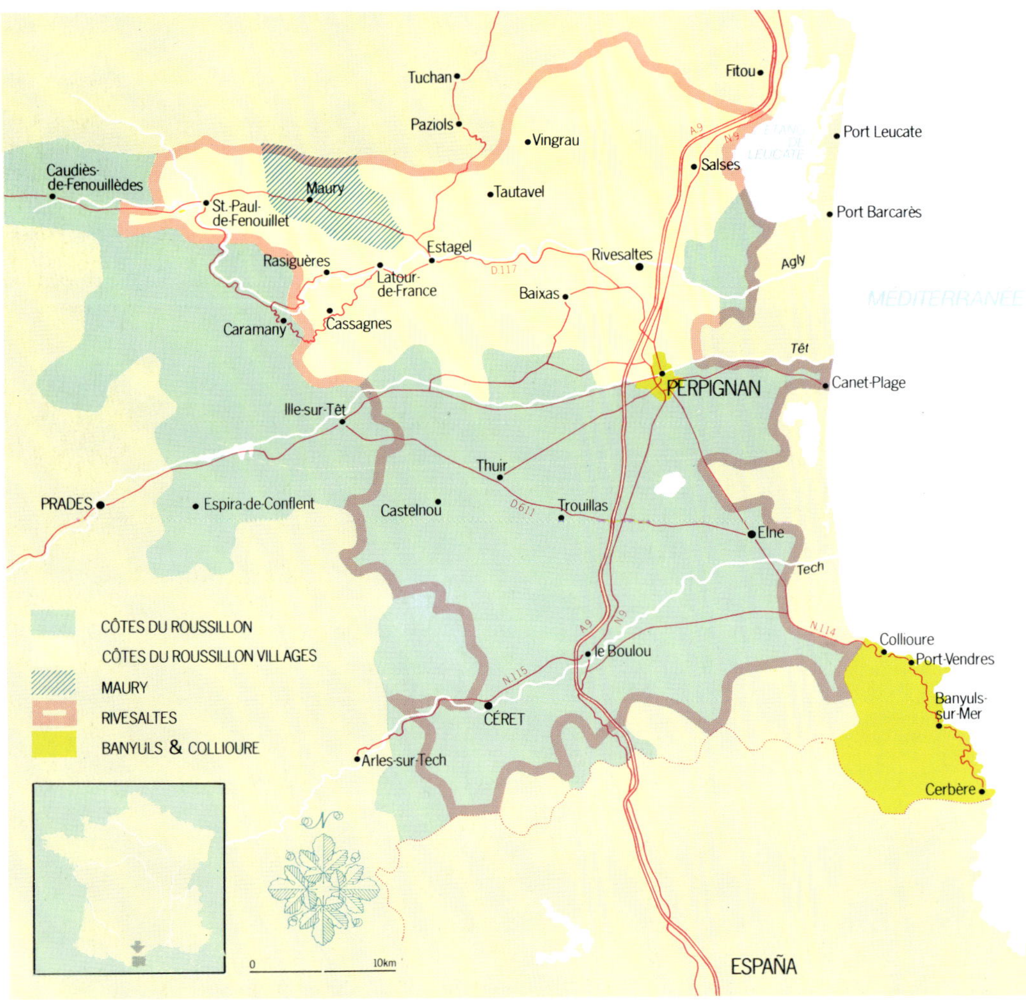

Vielfältiges Weinspektrum

Die am häufigsten kultivierte Frucht ist jedoch die Weintraube: Etwa 40 % der landwirtschaftlich nutzbaren Fläche dienen dem Weinbau, sowohl in der Ebene als auch auf den Hügeln. Der Boden, in dem die Rebstöcke wurzeln, ist sehr unterschiedlich. Im Roussillon kommen folgende Bodentypen vor: Lehm mit und ohne Kalk, kieshaltiger Sand, Schiefer, Lehm mit feinem Sand, Schottersteine und andere mehr. So kann hier ein reiches Spektrum von Weinen entstehen. Neben Tafelweinen unterschiedlichen Niveaus (Rotwein, Weißwein, Rosé) liefert das Gebiet auch viele Vins doux naturels. In dieser Kategorie von Weinen – bei denen die Gärung durch Beigabe von Alkohol abgebrochen wird, so daß Restzucker zurückbleibt – steht das Roussillon mit etwa 90 % der französischen Gesamterzeugung unangefochten an der Spitze. Die bekanntesten Namen sind Rivesaltes, Muscat de Rivesaltes und Banyuls.

Vorsprung gegenüber dem Languedoc

Nach 1960 sind im Weinbau des Roussillon dramatische Änderungen eingetreten, die sämtlich der Qualität förderlich waren. Viel eher als das angrenzende Languedoc hat sich dieses Gebiet von dem Druck befreien können, nur simple Alltagsweine erzeugen zu müssen. Damals kam ein Prozeß in Gang, der sich auch heute noch fortsetzt: Überproduktive Weingärten auf der Ebene wurden zu Gunsten besserer, aber weni-

Seite gegenüber, rechts oben: Das Kloster von St. Martin-de-Canigou mit dem romanischen Kreuzgang. Es ist auf einem Felsen erbaut. Die Klosterkirche stammt aus dem Jahre 1009.

Seite gegenüber, links oben: Eines der malerischen Dörfer

Seite gegenüber, unten: Karte des Roussillon mit den einzelnen Weingebieten, die sich teilweise erheblich überschneiden.

Unten: Rebgärten bei Tautavel. Auf den braungefärbten Parzellen steht die Carignan-Rebe.

Rechts: Von den höher gelegenen Roussillon-Weingärten aus hat man teilweise einen herrlichen Blick.

***Weitere interessante Côtes du Roussillon (Villages)*:**
Außer den auf den folgenden Seiten 120/121 vorgestellten Weinen verdienen auch die folgenden eine Erwähnung:
- Domaine de Canterrane, Trouillas
- Cave Coopérative Tautavel
- Domaine du Clos Saint-Georges, Trouillas
- Boudan & Fils, Rivesaltes
- Domaine de la Casenova, Trouillas
- Cave Coopérative Estagel
- Cave Coopérative Rasiguères
- Cave Coopérative Cassagnes
- Cave Coopérative Vingrau
- Orcatel, Vignerons Catalans, Perpignan

ger produktiver Hanglagen aufgegeben. Gleichzeitig wurden in großem Umfang geringe Rebsorten durch Sorten von besserem Niveau ersetzt. Auch auf dem Gebiet der Vinifikation gab es große Fortschritte. Diese Anstrengungen waren schließlich nicht umsonst. Schon 1977 erhielt das Gebiet für Côtes du Roussillon und Côtes du Roussillon Villages, die zusammen etwa 20 Millionen Liter Wein pro Jahr erzeugen, eine Appellation Contrôlée. Die Vins doux naturels, jährlich etwa 65 Millionen Liter, waren damals bereits als A.O.C.-Weine eingestuft. Qualitativ gewann das Roussillon damit einen erheblichen Vorsprung gegenüber dem Languedoc, wo sich das Gros der Weine auf V.D.Q.S.-Niveau bewegt. Es trifft die stolzen Einwohner des Roussillon sehr, daß nach wie vor von Languedoc-Roussillon gesprochen wird, wie wenn diese Gebiete eine Einheit bildeten. Kulturell und geographisch ist diese Gleichsetzung nicht berechtigt, und was die Weine angeht ebenfalls nicht.

Die Vignerons Catalans
Das Roussillon ist ein Weingebiet mit relativ kleinen Besitzungen. Die Winzer verfügen im Durchschnitt über 6 ha. So kommt es auch, daß es in der Gegend fast 100 Genossenschaften gibt. Diese waren es, die den Anstoß zu allen Verbesserungen gaben. Eine entscheidende Rolle spielten dabei die Vignerons Catalans, eine im Jahre 1964 gegründete Gruppe junger, qualitätsbewußter Winzer. Heute sind unter diesem Namen über 50 Genossenschaften zusammengefaßt, die etwa 6500 Winzer vertreten. Von Beginn an haben sich die Vignerons Catalans voll hinter das Prinzip «Die besten Rebsorten auf dem richtigen Boden» gestellt, und sie schufen die entsprechenden Anreize, indem sie etwa an die Winzer, die dieses Prinzip befolgten, Prämien ausschütteten. Nach wie vor experimentieren die Vignerons Catalans mit verschiedenen Rebsorten. Als ich die Hauptniederlassung in Perpignan das letzte Mal besuchte, hatte man allein 20 weiße Rebsorten in Versuchsparzellen gepflanzt. Man berichtete mir damals, daß vor allem die Chardonnay-Rebe sehr ermutigende Resultate lieferte, aber auch Malvoisie und Marsanne. Auch auf dem Gebiet der Vinifikation haben die Vignerons Catalans Schwerstarbeit geleistet und gewaltige Investitionen getätigt. So gab die Gruppe innerhalb von fünf Jahren 60 Millionen Francs für Geräte aus, mit denen man die Macération carbonique durchführt. Auch die Alterung des Weins wurde nicht vergessen. Immer mehr Genossenschaften lassen einen Teil ihres Rotweins in Fässern reifen, meist dem kleinen Bordeaux-Modell. Die Fässer liegen wegen des warmen Klimas häufig in klimatisierten Kellern. Alle diese Bemühungen wurden auch kommerziell belohnt, so daß immer mehr Winzer auf die Linie der Vignerons einschwenken. Die Entwicklung ist indes noch längst nicht am Ende angelangt. Man hat sich nicht weniger vorgenommen, als das Roussillon in den nächsten Jahrzehnten zu einer der führenden Weinregionen Frankreichs zu machen.

Ein frischer, lebendiger weißer Côtes du Roussillon mit Blumenbukett ist der Taïchat von den Vignerons Catalans. Er wird aus der Maccabeu-Rebe erzeugt. Die Weinberge liegen auf relativ kühlem Gelände: 300–400 m hoch, und die Trauben werden gelesen, bevor sie voll ausgereift sind. Die Mehrzahl der anderen weißen Roussillon-Weine bleibt qualitativ hinter dem Taïchat zurück.

Der beste Rosé des Roussillon ist vielleicht derjenige von der Genossenschaft in Rasiguère, einem Dorf, in dessen Rebgärten sich viel Schiefer befindet. Der Betrieb hat sich auf Rosé spezialisiert. Grundlage sind 65% Carignan, 15% Grenache, 10% Cinsault und 10% Maccabeu. Der Wein besitzt einen sehr geschmeidigen Geschmack, reichlich Frucht und etwa 13% Alkohol.

Im Jahre 1981 wurde das Château Cap de Fouste offiziell eröffnet, ein repräsentativer Besitz der Vignerons Catalans. Der vorzüglich ausgerüstete Betrieb (u. a. mit Gärtanks aus Edelstahl) verfügt über eine Rebfläche von etwa 65 ha. Einer der Weine ist ein auf Holz ausgebauter roter Côtes du Roussillon, tieffarben und mit köstlichem Geschmack. Gute Balance zwischen Frucht und Holz zeichnet ihn aus. Das Weingut liegt in Villeneuve-de-la-Raho.

Château de Jau in Cases-de-Pène ist ein wunderschönes Gut, dessen 210 ha sich in drei verschiedenen Gemeinden sowohl im Agly-Tal als auch in höheren Lagen befinden. Jeden Sommer führt man hier eine außerordentlich sehenswerte Ausstellung zeitgenössischer Kunst durch. Der rote Côtes du Roussillon ist ein konzentrierter, gut strukturierter Wein, der 1½ Jahre in Fudern liegt (Carignan, Grenache, Syrah und Mourvèdre).

Die Familien Noury und Jaubert bestellen gemeinsam 100 ha auf drei verschiedenen Lagen. Ihr Keller liegt in St. Jean Lasselle. Ein höchst erfreulicher Rotwein ist der Chantail, der aus Carignan (Macération carbonique), Grenache und Cinsault erzeugt wird. Der Wein zeigt Festigkeit und Frucht. Mehr Holz und Tannin findet man in dem klassisch vinifizierten Côtes du Roussillon, der 6 Monate auf Holz ausgebaut wird.

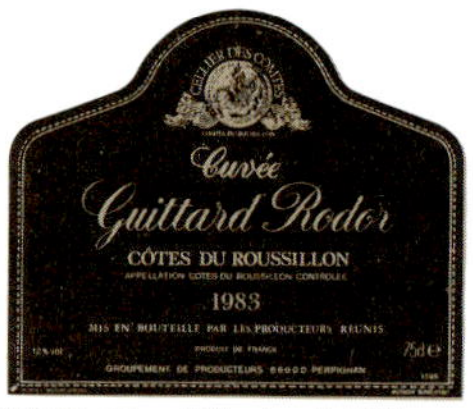

M. Guittard Rodor ist Eigentümer von 28 ha lehm- und kieshaltigem Rebengrund in Montesquieu. Die Reben sind: 60% Carignan, 25% Syrah, 15% Grenache. Die Syrah-Rebe verleiht dem Wein einen üppigen Geschmack und ein leicht würziges Bukett. Es ist ein sehr gelungener Côtes du Roussillon, der nach dem Verfahren der Macération carbonique erzeugt wird. Die Abfüllung besorgen entweder die Celliers des Comtes oder die Vignerons Catalans.

Côtes du Roussillon

Das Gebiet, in dem der Côtes du Roussillon gewonnen wird, umfaßt 18 Gemeinden oder Teile davon, die in der östlichen Hälfte des Départements Pyrénées-Orientales liegen. Nur das Têt-Tal, zwei breite Küstenstreifen und einige kahle Bergmassive gehören nicht zur Appellation. Die Rebfläche beträgt knapp 4500 ha, auf denen im Durchschnitt über 200 000 hl geerntet werden. Etwa 90% sind Rotwein. Die Produktion von Rosé bewegt sich zwischen 10 000 und 12 000 hl, diejenige von Weißwein um 8000 hl, mit steigender Tendenz. Bei Rotwein und Rosé unterscheidet der Gesetzgeber primäre und komplementäre Trauben. Die erste Kategorie muß mindestens 70% der Reben ausmachen. Zu ihr gehören Carignan (seit der Ernte 1982 auf höchstens 70% der Rebfläche begrenzt), Grenache, Lladoner Pelut und Cinsault. Die ergänzenden Trauben sind die blauen Sorten Mourvèdre und Syrah, sowie die weiße Sorte Maccabeu, die bis zu 10% im Rotwein enthalten sein darf. Weiterhin ist festgelegt, daß ab Ernte 1985 Côtes du Roussillon-Rotwein und -Rosé von mindestens drei verschiedenen Rebsorten kommen muß, wobei die beiden Hauptsorten nicht mehr als 90% ausmachen dürfen. Weißer Côtes du Roussillon darf nur aus Maccabeu-Reben und Tourbat (der Malvoisie-Rebe des Roussillon) bereitet werden.

Die Villages-Version

Aus der Gruppe der Côtes du Roussillon-Gemeinden haben 25 das Recht, einen höherrangigen Weintyp zu erzeugen, den roten Côtes du Roussillon Villages (etwa 75 000 hl von knapp 15 000 ha). Alle diese Gemeinden liegen nördlich des Têt-Tals, auf teilweise hochgelegenem, armem Boden. Vielfältig abgestuftes Braun ist der in der Landschaft vorherrschende Farbton. Ein Großteil der Villages-Gemeinden befinden sich im und um das Agly-Tal. Die Vorschriften für den Côtes du Roussillon Villages unterscheiden sich in Einzelheiten von denjenigen für den Côtes du Roussillon. Gleich sind sie darin, daß der Wein von mindestens drei Rebsorten kommen muß und die beiden Hauptsor-

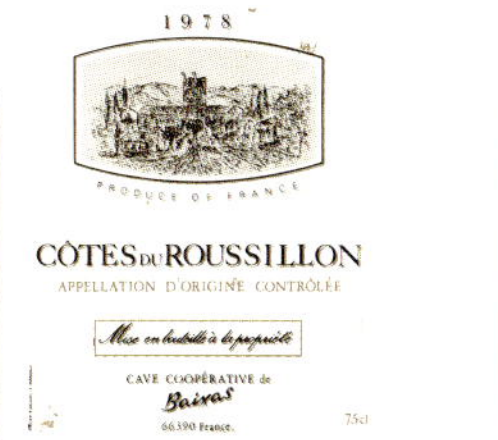

Die im Jahre 1923 gegründete Genossenschaft von Baixas hat etwa 500 Mitglieder, die rund 1800 ha bearbeiten. Sie ist die zweitgrößte Cave des Départements. Außer einem sehr guten Muscat de Rivesaltes (s. S. 123) erzeugt man auch einen sympathischen roten Côtes du Roussillon sowie einen auf Holz ausgebauten Côtes du Roussillon Villages. Der erste Wein hat etwas mehr Frucht und Geschmeidigkeit.

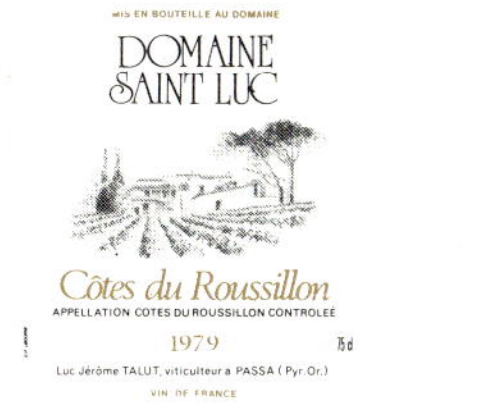

Nicht aller Côtes du Roussillon von der Domaine Saint Luc (rund 40 ha in Passa) hat mir immer geschmeckt. So verkostete ich in Belgien einen ziemlich mäßigen Wein. Doch erzeugt Eigentümer Luc-Jérôme Talut in der Regel einen guten Rotwein, und zwar aus 50% Carignan, 30% Grenache, 10% Cinsault und 10% Syrah (sämtlich unter Anwendung der Macération carbonique). Der Wein kann sehr geschmeidig und aromatisch schmecken und mit Tannin unterlegt sein. Er reift 1 Jahr in Tanks.

Rings um das Dorf Elne liegen etwa 80 ha Rebgärten. Der Grund ist hier flach und kieshaltig. Die lokale Genossenschaft erzeugt hauptsächlich aus Carignan und Grenache einen Rotwein mit dem Namen Réserve du Château Saint-Martin. Dieser reift ein Jahr in kleinen Bordeaux-Fässern und besitzt eine tiefdunkle Farbe, einen Holzton im zarten Bukett und einen geschmeidig-weichen Geschmack, in dem das Holz wiederkehrt. Ein überaus ansprechendes Erzeugnis.

Auf den schieferhaltigen Hängen über dem Agly-Tal liegen die 40 ha des Mas de la Dona. Eigentümer Jacques Baissas (selbst dynamischer Direktor der Vignerons Catalans) erzeugt hier einen guten Côtes du Roussillon Villages: tiefdunkel, mundfüllend, und Anklänge von reifem Obst. Die Trauben sind 70% Carignan (wird reduziert), 20% Grenache, 5% Syrah und 5% Maccabeu. Etwa ein Drittel der Ernte gärt nach dem Verfahren der Macération carbonique.

Rings um das Dorf Caramany liegen Hänge mit hohem Granit-Anteil. Hier gedeihen nicht nur Carignan und Grenache, sondern auch etwas Syrah. Die örtliche Genossenschaft hat als eine der ersten des Gebiets auf die Macération carbonique umgestellt. Der Wein zeichnet sich durch Festigkeit, Geschmeidigkeit, Frucht und eine sympathische Persönlichkeit aus. Den einfachen Caramany ziehe ich vorläufig noch dem holzgereiften vor.

Seite gegenüber:
Weinlese im Roussillon. Auf dem Berg im Hintergrund kann man eine Burgruine erkennen.

Links unten:
Das auf Seite 117 beschriebene Schneckengericht Cargolade. Die Tradition verlangt, daß man nach jeweils drei bis vier Schnecken ein Glas Wein trinkt.

Rechts unten:
Das Dorf Caramany, wo die lokale Genossenschaft einen vorzüglichen Côtes du Roussillon erzeugt.

Im Roussillon arbeiten knapp 20000 Winzer, die fast alle einer der 77 Genossenschaften angeschlossen sind. Nur gut 150 arbeiten in eigener Regie.

ten zusammen höchstens 90% ausmachen dürfen. Der maximale Carignan-Anteil wurde ebenfalls 1982 auf 70% reduziert. Der Ertrag wurde auf 45 (gegenüber 50 hl/ha) beschränkt. Der Mindestalkoholgehalt beträgt 12% (gegenüber 11,5%). Zwei Orte dürfen auf dem Etikett ihren Namen an die Bezeichnung Côtes du Roussillon Villages anhängen: Caramany und Latour-de-France. Der Herkunftsbereich des Caramany-Weins beschränkt sich auf die Gemeinde selbst, während der Latour-de-France auch aus Teilen von vier umliegenden Orten kommen darf. Beides sind Genossenschaftsweine, und beide sind von guter Qualität. Der Latour-de-France wird weitgehend von der Firma Nicolas aufgekauft und ist am bekanntesten. Ich persönlich bevorzuge jedoch den Caramany, der etwas mehr Frucht, Charakter und Klasse besitzt.

Carignan am idealen Platz

An der Gesetzgebung für beide Typen Côtes du Roussillon kann man ablesen, daß die Carignan-Rebe hier eine große Rolle spielt, da ihr Anteil gesetzlich beschränkt wird. Keineswegs bedeutet das jedoch, daß man die Carignan-Rebe zurückdrängen möchte. Das Roussillon ist im Gegenteil eines der wenigen Gebiete, in denen diese Rebe wirklich gute Resultate liefert. Das ist sowohl dem Boden wie dem Klima zuzuschreiben. Die Carignan-Traube braucht für eine optimale Reife viel Zeit, und diese Forderung wird durch das spezifische Roussillon-Klima voll erfüllt. Eine weitere wichtige Facette ist das Alter der Rebstöcke. Altes Holz liefert bedeutend besseren Wein als junges – und im Roussillon wurden etwa 40% der Carignan-Fläche vor 30 Jahren oder mehr angelegt. Auch der Vinifikation widmet man hier große Aufmerksamkeit. Die Rebe liefert eigentlich einen Rotwein von schwachem Aroma und recht hartem, tanninbetontem Geschmack. Man fand schließlich heraus, daß die Macération carbonique die Lösung für beide Probleme zugleich war. Durch dieses Verfahren entwickelt die Carignan nämlich interessante Aromen (manchmal leicht pfeffrig, manchmal vanille-, manchmal kräuterartig, manchmal fruchtig), und das Tannin wird gemildert. Dabei geht der Wein keineswegs auf das Niveau eines Primeurweins zurück, der innerhalb weniger Monate getrunken werden muß. Es bleibt vielmehr eine gute Struktur erhalten, so daß der Wein meist ohne weiteres 2–4 Jahre durchhält, vor allem, wenn er Villages-Niveau besitzt. Man schätzt, daß zur Zeit etwa ein Drittel des Côtes du Roussillon mittels der Macération carbonique erzeugt wird. Bei Caramany ist sogar ausdrücklich vorgeschrieben, daß mindestens 60% der Ernte in dieser Weise gären müssen.

Faßreife setzt sich durch

Aber auch ein Carignan-Wein von alten Stökken, der unter Anwendung der Macération carbonique erzeugt wurde, ist noch kein wirklich fesselnder, nuancenreicher Wein. Deshalb müssen mindestens zwei weitere Reben die Carignan-Rebe ergänzen. Vor allem Mourvèdre und Syrah bringen interessante Duft- und Geschmackselemente ein. Dies gilt in geringerem Maße auch für die Grenache-, die verwandte Lladoner pelut- und die Cinsault-Rebe (Kurzbeschreibungen dieser Rebsorten s. S. 129). Ein weiterer Aspekt ist der Ausbau auf Holz. Wie bereits im Kapitel Roussillon berichtet (s. S. 119), haben die Vignerons Catalans hiermit eifrig experimentiert. Bei einem der angeschlossenen Betriebe sah ich drei verschiedene Faßgrößen (225, 350 und 600 l), in denen ein Teil der Ernte gelagert wurde. Auch die Art des Eichenholzes wird sorgfältig ausgewählt. Nicht alle Verkostungen sind ein Erfolg. Ich habe einmal eine Serie von Weinen verkostet, in denen das Holz so sehr dominierte, daß Frucht und Charme der Weine völlig untergingen. Zweifellos wird man im Roussillon auch diesen Teil der Weinbereitung zu beherrschen lernen.

Die Genossenschaft von Paziols (Aude) erzeugt neben Fitou schon seit einigen Jahrzehnten als Spezialität einen Rivesaltes ausschließlich aus der weißen Maccabéo-Rebe (lokale Schreibweise von Maccabeu). Es ist ein bleichgoldener Wein, recht elegant, fruchtig und ziemlich süß. Bei diesem Betrieb ziehe ich ihn sogar dem Muscat de Rivesaltes vor. Der Maccabéo wird – im Gegensatz zu den meisten Rivesaltes-Weinen – mit Jahrgang verkauft.

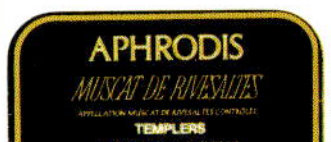

Bei einer Rundfahrt auf der Seine wurde im Jahre 1980 in Paris der Wein Aphrodis offiziell aus der Taufe gehoben, ein Muscat de Rivesaltes, der in einer stilvollen, verzierten Flasche herauskommt. Es ist ein von verschiedenen Genossenschaften stammender Markenwein mit festem Geschmack, einem ausgeprägten Muskatduft, einer zartgoldenen Farbe und einem guten Abgang mit einem leichten Bitterton. Zu Recht hat dieser ansprechende Wein viel Erfolg.

Ein intensiver, köstlicher Muskatgeschmack – man glaubt in frische Trauben zu beißen – prägt den Muscat de Rivesaltes von Château de Jau in Cases-de-Pène (s. a. S. 120). Der Wein wird erzeugt aus Muscat à petits grains (wobei Most und Beerenhäute lange zusammenbleiben) und nur dem Saft von Muscat d'Alexandrie. Auch der einfache rote Rivesaltes (Grenache noir, Maccabeu) von diesem vorzüglichen Gut ist sehr gelungen.

Einer der Weine von Château de Nouvelles in Tuchan (Aude, Bezirk Fitou) ist der Muscat de Rivesaltes. Eigentümer Robert Daurat-Fort hat 14 ha mit Muskattrauben bepflanzt. Der Ertrag kommt auf ganze 20–22 hl/ha. Der Wein besitzt gute Qualität, schmeckt fest und wirkt etwas reifer als viele andere. In seiner Art ebenfalls sehr angenehm ist der rote Rivesaltes, der auf Holz ausgebaut wird und von 30 ha mit 60% Grenache noir, 20% Maccabeu und je 10% Grenache blanc und gris stammt.

In Trouillas bearbeitet die Familie Montès 50 ha Rebfläche. Hiervon erzeugt sie 6 Sorten Wein, darunter einen sympathischen roten Côtes du Roussillon, einen Rivesaltes Doré (aus Grenache blanc und Maccabeu), einen Rivesaltes Rouge (ausschließlich aus Grenache noir-Trauben, wobei die Beerenhäute lange im Most bleiben) und einen Muscat de Rivesaltes (überwiegend aus Muscat d'Alexandrie, aber trotzdem ein sehr ansprechender Dessertwein).

Einen sehr guten, vielfach mit Preisen bedachten Muscat de Rivesaltes erzeugt das Gut Etienne Amouroux. Seine 65 ha liegen in Tresserre. Hiervon sind 2,5 ha mit Muscat à petits grains und 6,5 ha mit Muscat d'Alexandrie bepflanzt. Die beiden werden gemischt und liefern einen fruchtigen, aromatischen Vin doux naturel. Auf dem Gut erzeugt man auch Rivesaltes und Tafelweine.

Rivesaltes und Maury

Es war Roussillon, wo man gegen Ende des 13. Jahrhunderts das Prinzip der Vins doux naturels entdeckte. Arnau de Vilanova, Arzt und Dekan der Universität von Montpellier, beschäftigte sich damals mit der Destillation von Wein. Bei einer seiner Untersuchungen, die er in Perpignan durchführte, fügte er einem noch gärenden Wein einmal Branntwein zu. Die Gärung hörte daraufhin auf, und im Wein blieb Restzucker zurück. Am 17. November 1299 erhielt Vilanova die königliche Urkunde, mit der seine Entdeckung patentiert wurde. Es ist anzunehmen, daß das Verfahren nicht nur deshalb entwickelt wurde, um einen neuen, interessanten Weintyp zu kreieren, sondern auch, vielleicht sogar vor allem deshalb, um den Wein zu konservieren. Durch die landschaftlichen Gegebenheiten ist es hier, vor allem in der Ebene, sehr schwierig, große, kühle Keller anzulegen. Die Folge ist natürlich, daß die Weine in der Wärme rasch oxidieren. Dieses Problem stellte sich damals viel schärfer, da Weinflasche und Korken noch nicht erfunden waren. Dank dem Zusatz von Alkohol und einem höheren Zuckergehalt blieben die Weine länger gut; so war die Entdeckung für das Gebiet außerordentlich wichtig.

Große Vergangenheit

Der Weinbau und später auch der Handel mit verstärktem Wein konzentrierte sich vor allem um den Ort Rivesaltes im Norden von Perpignan. Der Name kommt von «rives altes», «hohe Ufer». Das Dorf und seine Rebgärten liegen in der Nähe des Flusses Agly. Es sollte jedoch noch einige Zeit dauern, bis der Wein selbst als Rivesaltes bekannt wurde. In der Literatur begegnet man ihm unter anderem als Vin d'Espagne, Vin nectar und Vin des dieux. Im Jahre 1792 jedoch berichtet ein Arthur Young, daß man ihm das Dorf Rivesaltes zeigte, wo «der berühmteste Wein Frankreichs» erzeugt wurde. Die gesetzliche Herkunftsbezeich-

La cirque de Vingrau ist ein von kahlen Bergen umschlossenes Tal, in dem jedes kleine Fleckchen mit Reben bepflanzt ist. Die im Jahre 1913 gegründete, knapp 200 Mitglieder starke Genossenschaft von Vingrau erzeugt verschiedene Sorten Wein, darunter einen sehr köstlichen Muscat de Rivesaltes. Dieser Wein hat stets einen sehr fruchtigen Duft und Geschmack. Mit Genuß probierte ich auch den roten und den weißen Rivesaltes.

Die Genossenschaft von Tuchan (s. a. S. 146) hat eine große Terrasse allein dazu bestimmt, daß dort Flaschen mit Rivesaltes den Elementen ausgesetzt werden. Der dabei entstehende Rivesaltes Rancio trägt den Markennamen Galera. Es ist ein orange-brauner Wein von apartem Geschmack, süß und mit einem madeira-artigen Ton. Der Wein bleibt 9–12 Monate in Flaschen und lagert anschließend in Fässern.

Während der Maury der lokalen Genossenschaft nicht sehr fesselnd ist, ist derjenige von Mas Amiel uneingeschränkt zu empfehlen. Er besitzt Stil und Eleganz. Eigentümer Charles Dupuy besitzt 130 ha, die zu 95% mit Grenache noir bepflanzt sind. Der Wein reift zunächst 1 Jahr in Korbflaschen und anschließend 5 oder 9 Jahre in Eichenfudern: ein für unsere Zeit äußerst ungewöhnliches Verfahren. Direktor des Guts ist Pierre-Jean Julian.

Seite gegenüber, rechts unten: Château de Jau (bei Cases-de-Pène) bietet seinen Besuchern jeden Sommer eine Kunstausstellung.

Seite gegenüber, links unten: In der Ortschaft Rivesaltes. Ein Winzer dort sagte mir, daß der lokale Wein für ihn ein «leiblicher Bruder des Port» sei.

Unten: In Rivesaltes wurde der berühmte Marschall Joffre geboren. Auf dem Dorfplatz hat man ihm ein Denkmal errichtet.

Die Appellation Maury umfaßt die Gemeinde Maury und Teile der Orte Tautavel, Rasiguères, St. Paul-de-Fenouillet und Lesquerde. Drei Genossenschaften und etwa 20 unabhängige Güter erzeugen den Wein.

Wenn der Wein die Voraussetzungen für einen Rivesaltes nicht erfüllt, wird er als Grand Roussillon verkauft, eine etwas einfachere Herkunftsbezeichnung aus dem Jahre 1972.

Der Most von Muscat de Rivesaltes muß wie der von Rivesaltes mindestens 252 g/l Zucker enthalten. Der Gesetzgeber hat 1972, 36 Jahre nach Rivesaltes, die Appellation Muscat de Rivesaltes geschaffen.

In den Schalen der Muskattrauben befinden sich die meisten Aroma- und Geschmacksstoffe. Deshalb müssen die Trauben reif, gesund und vollkommen unbeschädigt angeliefert werden.

Es gibt einen «Rundweg Rivesaltes», der teils im Norden und teils im Süden von Perpignan liegt.

Weitere interessante Weine:
- Château de Rey, Rivesaltes (Rivesaltes, weiß)
- Terre Ardente «Carte Noire», Fontanel & Fils, Caves (Rivesaltes, rot)
- Domaine Campagina, St. André (Muscat)
- Genossenschaft Tautavel (Muscat)
- Domaine Saint-Luc, Passa (Muscat)
- Château Cap de Fouste, Villeneuve-de-la-Raho (Muscat)
- Domaine de Canterrane, Trouillas (Muscat)
- Domaine de Garria, Pollestres (Muscat)
- Paul Lafage & Fils, Maury (Maury).

nung Rivesaltes datiert aus dem Jahre 1936. Die Appellation umfaßt 86 Gemeinden im Département Pyrénées-Orientales sowie 9 weitere im angrenzenden Aude. Mit Ausnahme dieser Aude-Gemeinden liegt das Gebiet innerhalb der Grenzen der Côtes du Roussillon und Côtes du Roussillon Villages (siehe hiervor). Die Gebiete überschneiden sich, und viele Winzer erzeugen sowohl unverstärkten als auch verstärkten Wein. Es gibt etwa 11000 Weinbauern, die einen Rivesaltes machen.

Einige Varianten

Die primären Rebsorten für Rivesaltes sind Muscat à petit grains, Muscat d'Alexandrie, Grenache noir, blanc und gris, Maccabeu und Malvoisie. Die sekundären Rebsorten Carignan, Cinsault, Syrah und Listan sind bis zu einem Anteil von 10% zugelassen. Vom Rivesaltes gibt es verschiedene Varianten. Die häufigste ist der Rivesaltes Blanc oder Doré. Er wird stets aus Grenache blanc, Grenache gris und/oder Maccabeu erzeugt. Die Trauben werden sofort abgepreßt und somit als Weißwein vinifiziert. Die 5–10% neutraler Weingeist (96%ig und jünger als 1 Jahr) werden dem klaren Most zugesetzt.
Grundlage des Rivesaltes Rouge ist die Rebsorte Grenache noir, deren Beerenhäute nach dem Entrappen der Trauben am Most belassen werden. Dieser Typ Rivesaltes kann gut reifen. Ein Wein, der mindestens 6 Jahre alt ist, wird Rivesaltes Rancio genannt. Gelagert wird er entweder in Holzfässern oder in Glasbehältern mit einem Fassungsvermögen von etwa 60 l. Diese Behältnisse werden im Freien aufgestellt, wo sie der Hitze des Sommers und der Kälte des Winters ausgesetzt sind. Die Flaschen werden grundsätzlich nur zur Hälfte gefüllt, damit der Wein noch schneller oxidiert. Normaler weißer und roter Rivesaltes wird ebenfalls gelagert, und zwar ausschließlich oder teilweise auf Holz. Eine Ausnahme ist der meist ausschließlich aus der Maccabeu-Rebe erzeugte weiße Rivesaltes, der gerade möglichst frisch und fruchtig gehalten wird und bei dem jeglicher Kontakt mit Holz vermieden wird. Er ist nicht selten ein sehr gelungener Wein.

Muscat de Rivesaltes

Auch ausschließlich aus Muskattrauben kann ein Vin doux naturel von besserer Qualität erzeugt werden, der Muscat de Rivesaltes. Hierfür kommen sowohl Muscat à petits grains als auch Muscat d'Alexandrie in Frage. Die erstere Rebe, auch Muscat de Frontignan oder Muscat de Rivesaltes genannt, ist gegen Trockenheit, Mehltau und Fäulnis empfindlich. Außerdem ist sie frühreifend: Die Lese beginnt durchweg bereits im September. Die süßen Früchte werden daher teilweise auch eine Beute von Vögeln, Bienen und Wespen. Deshalb wurde Muscat à petits grains nach und nach durch Muscat d'Alexandrie (oder Muscat à gros grains) ersetzt. Die aus Afrika stammende Rebe ist stärker, kann Trockenheit gut vertragen und liefert gleichmäßigere Ernten. Die beiden Weine sind jedoch sehr unterschiedlich; derjenige aus Muscat à petits grains bietet deutlich mehr Frucht, Finesse und Klasse. Deshalb darf seit 1972 für Neubepflanzungen nur diese Rebe verwendet werden, und zwar so lange, bis der Weinberg zur Hälfte daraus besteht. Dieser Beschluß konnte gefaßt werden, da es gelang, eine widerstandsfähigere Art dieser Rebsorte zu entwikkeln. In der Regel ist ein Muscat de Rivesaltes ein feinerer, fruchtigerer und gleichzeitig auch süßerer Wein als Rivesaltes. Für beide Sorten gilt ein Mindestalkoholgehalt von 15% sowie ein maximaler Hektarertrag von 30 hl. Während der normale Rivesaltes sich eher zum Aperitif eignet, ist der Muscat de Rivesaltes ein hervorragender Dessertwein. Ich habe den Muscat sowohl zu Käse (Roquefort, Ziegenkäse) als auch zu süßen Nachspeisen sehr genossen. Auch zwischen Käse und Gebäck bildet der Wein einen perfekten Übergang. Im Durchschnitt werden jährlich 100000 hl Muscat de Rivesaltes erzeugt.

Maury

Etwa 25 km westlich von Rivesaltes liegt der Ort Maury, ebenfalls im Agly-Tal. Hier findet man zwischen zwei Bergketten neben granithaltigem Boden auch markante Rebgärten auf dunklem Schiefergestein. Maury ist das Herz eines kleinen Gebiets, die Wiege des Vin doux naturel Maury. Die Rebsorte Grenache noir muß hier nach dem Gesetz mindestens die Hälfte der Bepflanzung repräsentieren; die übrigen Rebsorten und Vorschriften sind identisch mit denjenigen von Rivesaltes. Der Maury ist ein Rotwein. Der Alkohol wird zugesetzt, solange der Most noch mit den Schalen gärt; er entzieht der Maische zusätzlich Farb- und Aromastoffe sowie auch Tannin. Das Potential für Maury beträgt etwa 40000 hl, jedoch wird nur ein Zehntel davon als Maury verkauft. Das meiste wird freiwillig als Rivesaltes deklariert. Der Grund besteht zum Teil darin, daß Rivesaltes bereits nach einem Jahr in den Handel gebracht werden darf, Maury dagegen erst nach zwei Jahren.

Schon seit über 15 Jahren erzeugt die G. I. C. B. (eine Gruppe von 5 Genossenschaften) einen Banyuls Primeur. Ganz korrekt ist diese Bezeichnung nicht, denn auch dieser Wein reift mindestens 10 Monate. Er wird nach dem Verfahren der Macération carbonique aus verschiedenen Rebsorten erzeugt, darunter 60% Grenache noir und 5% Carignan. Es ist ein recht hübscher Wein mit Frucht (Brombeeren, Himbeeren) in Duft und Geschmack. Undurchsichtig rote Farbe. Köstlich als Aperitif oder zu Obst.

Die G. I. C. B. führt ein breites Spektrum von Weinen. Einer der besten ist der Banyuls Grand Cru Mas de la Serra. Dieser Markenwein enthält unter anderem 75% Grenache und 10% Carignan. Alkoholgehalt 17,5%. Der Wein weist 75 g/l Zucker auf und wird als Demi-Sec bezeichnet. Schöner, geschmeidig-runder, nicht übermäßig süßer Geschmack, der deutlich vom Holzausbau geprägt ist. Bräunliche Farbe mit orangen Reflexen.

Gründer der G. I. C. B. war Henry Vidal. Ihm zu Ehren wurde einer der besten Weine Cuvée Président Henry Vidal genannt. Dieser Banyuls Grand Cru ist nuanciert im Geschmack und tönt am Gaumen harmonisch nach. Der Wein stammt unter anderem von 75% Grenache noir und 10% Carignan. Er reift zunächst in Fudern, dann in kleinen Eichenfässern und schließlich weitere 2–3 Jahre in der Flasche. Seine elegante Süße wird von 18,5% Alkohol abgestützt.

Der renommierteste unabhängige Winzer der Appellation ist Dr. André Parcé in Banyuls-sur-Mer. Seine Domaine du Mas Blanc ist 13 ha groß, wovon 9 Banyuls liefern (75% Grenache noir, 15% Grenache gris, 10% Carignan). Sein früh abgefüllter Rimage ist ein köstlicher, fruchtiger, einem jungen Vintage Port ähnelnder Wein. Auch der Dry ist exzellent und zeigt nach 10 Jahren noch Frucht.

Banyuls und Collioure

Das letzte Stückchen französische Küste vor der Grenze Spaniens besteht hauptsächlich aus bizarren Felsformationen. Vier hübsche Hafenstädtchen findet man hier, und zwar von Nord nach Süden Collioure, Port-Vendres, Banyuls-sur-Mer und Cerbère. Diese Gemeinden bilden zusammen das Herkunftsgebiet des Banyuls, eines Vin doux naturel. Schon vor unserer Zeitrechnung müssen auf den Hängen hier Reben gestanden haben; aber erst seit dem 18. Jahrhundert wandte man sich ernsthaft dem Weinbau zu. Wegen der isolierten Lage (Transportmöglichkeiten gab es jahrhundertelang nur zu Wasser) wurde der Wein von Banyuls viel weniger bekannt als etwa derjenige von Rivesaltes. In unserem Jahrhundert führte dies zu einer schweren Krise. Nach dem Zweiten Weltkrieg gab es nur noch ein einziges Handelshaus, das Banyuls führte, und auch der Zusammenschluß der fünf regionalen Genossenschaften zum Groupement Interproducteurs du Cru Banyuls (G.I.C.B.) brachte zunächst kaum Erfolg.

Rebland für junge Winzer
Erst im Laufe der 70er Jahre wurde wieder Geld verdient. Indirekt half hierbei auch die Natur mit, als im Jahre 1971 schwere Regenfälle zu Überschwemmungen führten, die sogar Menschenleben forderten. Man beschloß daher, die kahlen Hänge wieder zu bepflanzen. Wald kam wegen der Brandgefahr nicht in Frage; man entschied sich daher für die Rebe. Das G.I.C.B. hatte sich inzwischen selbst intensiver um den Vertrieb der eigenen Weine gekümmert, und dies mit Erfolg. Heute hat der Banyuls im Spektrum der Vins doux naturels sowohl in Frankreich als auch im Ausland einen festen Platz. 2500 ha liefern zwischen 30000 und 55000 hl Banyuls. Gegen 2000 Winzer bestellen den Boden, doch leben nur etwa 250 von ihnen ausschließlich vom Weinbau. Der Rest bearbeitet die meist kleinen Parzellen zum Nebenerwerb. In den Genossenschaften sind etwa 1250 Winzer zusammengeschlossen; das G.I.C.B. erzeugt 60% allen Banyuls'. Zu Beginn dieses Jahrhunderts haben sehr viele junge Menschen die Gegend verlassen. Deshalb wurde im Jahre 1980 eine Gesellschaft mit dem Namen Vigne Rocheuse gegründet, die es jungen Menschen ermöglicht, sich zu Winzern auszubilden zu lassen, und ihnen darüber hinaus Land zur Verfügung stellt. Dadurch möchten die Genossenschaften verhindern, daß Weinberge verloren gehen. Grund ist in Banyuls sehr knapp, man läßt die Weinberge niemals brachliegen.

Wasserrinnen
Die Landschaft besteht zum großen Teil aus steilen Schieferhängen, die mit einer dünnen Bodenschicht bedeckt sind. Viele Stöcke stehen auf Terrassen. Auffallend sind die Steinrinnen in der Form eines Hahnenfußes: Sie dienen zur Ableitung von überflüssigem Regenwasser. Dieses System wandten schon die Templer an, die auch hier den Weinbau zu neuem Leben erweckt hatten. Trotz dieser Entwässerung wird immer noch viel Boden zu Tal gespült. Die

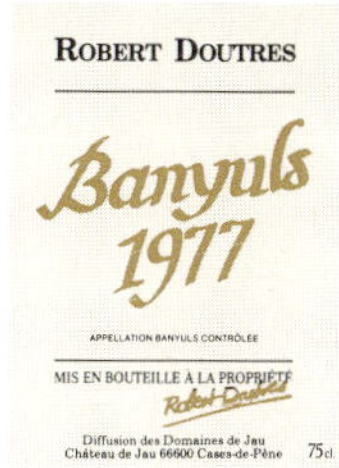

Robert Doutres ist der talentierte Régisseur und Gérant von Château de Jau in Cases-de-Pène. Das Gut verfügt auch über 6 ha im Banyuls-Bereich zwischen Port-Vendres und Banyuls-sur-Mer. Die Bepflanzung besteht ausschließlich aus alten Stöcken Grenache noir. Der Wein reift 2 Jahre in Tanks und Fudern, weitere 2 Jahre in der Flasche und ist von sehr guter Qualität.

Unter dem Markennamen Guy de Barlande bringt die G. I. C. B. ihren Collioure auf den Markt. Erzeugt wird er aus 70% Grenache noir und 30% Carignan. Es mangelt dem Wein etwas an Tiefe und Finesse, aber er schmeckt doch angenehm – dank seiner Ausgewogenheit, einem leichten Holzton und zuverlässiger Reife. Sehr tiefe Farbe und 12,5–13% Alkohol.

Etwa 4 ha hat Dr. André Parcé von der Domaine du Mas Blanc für Collioure reserviert, mit 40% Mourvèdre, 40% Syrah und 20% Grenache noir. Der Wein, der den Namen Cuvée Les Piloums trägt, reift 1 Jahr in einem kühlen Keller in Eichenfässern. Fast lieblicher Geschmack mit samtigen Rundungen und einer undurchsichtig roten Farbe.

Links:
Wandfliesen, deren Text besagt, daß Banyuls die Hochburg des Sardana-Tanzes ist.

Seite gegenüber, rechts oben:
Das Banyuls-Gebiet, auf Fliesen farbig dargestellt

Seite gegenüber, links unten:
Typischer Terrassenweinberg

Seite gegenüber, rechts unten:
Weine reifen hoch über Banyuls im Freien der Abfüllung entgegen.

Mitte links:
Banyuls paßt perfekt zu Schokolade-Gerichten, wie diesem Granité aus Zartbitterschokolade, einer Schöpfung von Meisterkoch Michel Guérard.

Rechts unten:
Die Weinlandschaft Banyuls

Die Weinbruderschaft von Banyuls heißt Templiers de la Serre.

Winzer müssen daher alle zwei Jahre den erodierten Boden wieder nach oben transportieren. Viele Parzellen können nur von Hand bearbeitet werden. Zudem ist auch der Ertrag gering; er liegt im Durchschnitt unter 20 hl/ha, während der Gesetzgeber 30 hl festgelegt hat. Der Banyuls ist also sehr arbeitsintensiv und liefert geringe Ernten. So kann dieser Wein niemals billig sein. Hergestellt wird er hauptsächlich aus Grenache noir-Reben. Weitere primäre Sorten sind Grenache blanc und gris, Maccabeu, Malvoisie, Muscat à petits grains und Muscat d'Alexandrie. Bis zu höchstens 10% sind weiterhin Carignan, Cinsault und Syrah zugelassen. Von diesen wird die Carignan-Rebe bevorzugt, da man festgestellt hat, daß sie die Qualität des Weins noch etwas verbessern kann.

Vorgeschriebene Lagerung

Es gibt zwei Haupttypen von Wein, Banyuls und Banyuls Grand Cru. Für den einfachen Wein ist im Gegensatz zur Grand Cru-Qualität das Entrappen der Trauben nicht vorgeschrieben. In beiden Fällen wird der zusätzliche Alkohol hinzugefügt, wenn sich die Beerenhäute noch im Most befinden. Die Grundlage des Banyuls müssen mindestens 50% Grenache noir sein; beim Banyuls Grand Cru sind es 75%. Der wichtigste Unterschied zwischen beiden Weinen ist die Reifedauer. Für Banyuls sind mindestens 10 Monate (in Tanks oder Holzfässern) vorgeschrieben, für Banyuls Grand Cru mindestens 30 Monate (ausschließlich Holzfässer verschiedener Größe, auch sehr große). Teilweise werden Fässer mit Banyuls Grand Cru ins Freie gestellt, so daß der Wein durch die Witterungseinflüsse stark oxidiert. Manche Grand Cru-Sorten werden vom Erzeuger erheblich länger gelagert als 30 Monate; sie ergeben die speziellen Cuvées. Den Banyuls Grand Cru, und nur diesen, gibt es also auch als Dry oder Sec, mit weniger als 54 g/l Zucker gegenüber 75–105g/l beim normalen Grand Cru. Als Rancio werden besonders stark oxidierte Weine bezeichnet; die Bezeichnung wird jedoch sehr selten gebraucht. Der Banyuls liegt etwa in der Mitte zwischen Madeira und Port. Ich habe so manchen jungen Banyuls verkostet, der sehr einem jungen, ganz feinen Vintage Port ähnelte. Banyuls ist auch einer der ganz wenigen Weine, die Nachspeisen mit Schokolade perfekt begleiten können. Es gibt auch einen Banyuls Rosé.

Weiche Rundungen

Auch ein roter Tafelwein wird hier geboren, der Collioure. Er erhielt die Appellation Contrôlée im Jahre 1971. Er kommt von nur 50 ha. Die primären Reben sind Grenache noir und Mourvèdre, denen zwischen 25 und 40% Carignan, Cinsault und Syrah hinzugefügt werden müssen. Der Ertrag wurde auf 40 hl/ha begrenzt. Collioure muß auf Holz reifen, und zwar schreibt der Gesetzgeber hierfür 9 Monate vor. Im Grunde kann man den Collioure als eine Art unverstärkten Banyuls betrachten. Der Wein fällt damit in die gleiche Kategorie wie etwa ein Coteaux Champenois oder ein roter Sancerre: Es ist eher eine recht teure Kuriosität als ein wirklich interessantes Erzeugnis. Auffälligstes Merkmal dieses Rotweins sind seine weichen Rundungen.

Unten:
Der Pont du Gard, der in der Römerzeit sowohl als Aquädukt wie auch als Brücke diente. Das Wasser kam aus Quellen bei Uzès und wurde nach Nîmes geleitet. In dieser Stadt sind noch viele Gebäude römischen Ursprungs erhalten.

Rechts:
Fässer von Château de Belle Coste im Gebiet Costières du Gard. Für den Holzausbau verwendet man im Languedoc diese großen Fässer, doch werden auch Fässer kleineren Typs, so aus Bordeaux, verwendet.

In Narbonnes und Béziers gibt es ein Rugby-Fest, während man in Nîmes und Montpellier Stierkampf-Feste feiert.

Eine der Weinbruderschaften ist «Les Chevaliers de la Belle Aude et du Languedoc».

Im Languedoc liegen fast 30% aller französischen Weinberge.

Die Bordeauxflasche stammt eigentlich aus dem Languedoc, aus Frontignan. In Bordeaux wird dieser Flaschentyp auch häufig «La Frontignan» genannt. Es heißt, daß die Flasche durch den Marquis de Lur Saluces (vom Château d'Yquem) aus Frontignan nach Bordeaux gebracht worden sein soll.

Zwischen 1560 und 1704 war die Gegend Schauplatz blutiger Religionskriege. In vielen Städten brachen immer wieder Kämpfe zwischen Katholiken und Protestanten aus.

Languedoc

Das Languedoc im tiefen Süden Frankreichs bildet den Übergang zwischen dem Massif Central und den Stränden des Mittelmeers. Dieses weite Gebiet bildet schon seit Menschengedenken die natürliche Verbindung zu Spanien. Unzählige Völkerstämme sind durch dieses Gebiet gezogen oder unterwarfen es ihrer Herrschaft. Nach dem Rückzug der Griechen führte im Jahre 218 v. Chr. Hannibal seine Truppen durch das Land, um über das von ihm beherrschte Spanien nach Italien zu gelangen. Sein Feldzug scheiterte jedoch, und knapp ein Jahrhundert später kamen in umgekehrter Richtung die Römer, um ihrerseits die iberische Halbinsel zu erobern. Sie blieben etwa 500 Jahre und gründeten unter anderem die Stadt Narbonne. Der Prokonsul Cneius Domitius Aenobardus ließ vom Rhônetal bis Spanien eine Straße bauen, die Domitienne. Nachdem das Gebiet in der Folgezeit nacheinander von den Westgoten, den Mauren und den Grafen von Toulouse unterworfen worden war, wurde es im Jahre 1229 von der französischen Krone annektiert. Dies war unmittelbar nach dem blutigen Kreuzzug, den der französische König hier gegen die ketzerischen Albigenser geführt hatte. Nur Montpellier gehörte noch bis 1349 zum Fürstentum Mallorca.

Drei Départements
Der Name Languedoc taucht erstmals im 13. Jahrhundert auf. Er bezieht sich auf den örtlichen südfranzösischen Dialekt (langue d'oc), in dem «ja» nicht «oui» heißt, sondern «oc». Das Languedoc war früher erheblich größer als heute. Es umfaßte neun heutige Départements und war nach Aquitanien die zweitgrößte Provinz des Landes. Heute versteht man unter Languedoc nur mehr die Départements Gard, Hérault und Aude, die einst als Bas-Languedoc bezeichnet wurden. Dank dem mediterranen Klima und dem fruchtbaren Schlamm, den viele Flüsse ablagerten, spielte hier die Landwirtschaft zu allen Zeiten eine große Rolle. Vor

Unten:
Karte des Languedoc mit den einzelnen Weindistrikten

Rechts:
Das Weindorf Cucugnan, wo unter anderem gelungene Vins de Pays erzeugt werden

Nachdem die Einstufung der Côtes de la Malepère als VDQS zunächst gescheitert war, kam es Anfang 1983 doch dazu. Der Wein – hauptsächlich Rotwein, daneben etwas Rosé – kommt aus dem Gebiet von 26 Gemeinden. Diese liegen im Département Aude, bei der Stadt Carcassonne. Theoretisch stehen 500 ha zur Verfügung, jedoch wird zur Zeit nicht einmal die Hälfte ausgenutzt. Primäre Trauben für roten Côtes de Malepère sind Merlot, Malbec und Cinsault (jeweils höchstens 60%). Daneben sind bis insgesamt 30% die folgenden Sorten zugelassen: Cabernet-Sauvignon, Cabernet-Franc, Grenache, Lladoner pelut und Syrah. Ertrag 50 hl/ha, Mindestalkoholgehalt 11%. Zu den besseren Gütern gehören Château de Malvies in Malvies und Château de Lamothe in Routier.

allem Getreide wurde hier angebaut. Seit dem vorigen Jahrhundert leben jedoch die Bauern im Languedoc hauptsächlich vom Wein.

Niedriger Ertrag

Wenn auch einige Gewächse des Languedoc (wie z. B. Saint-Georges d'Orques in Saint-Drézéry) schon seit dem 9. Jahrhundert exportiert wurden und auch die Römer bereits Wein nach Italien verschifften, war der Weinbau in der Gegend doch jahrhundertelang nur von regionaler Bedeutung. Erst im 17. Jahrhundert änderte sich dies, als der Canal du Midi eröffnet wurde. Er verband die Garonne – und damit den Atlantik – direkt mit dem Mittelmeer, was den Weinhandel und den Weinbau stark stimulierte. Damals entwickelte sich auch Sète zu einem wichtigen Hafen. Erzeugt wurden damals hauptsächlich zwei Typen Wein: Qualitätswein und Brennwein. Die Weinberge für Qualitätswein befanden sich praktisch ausschließlich an den Hängen und waren mit Reben wie Terret noir, Picpoul noir, Alicante (Grenache), Espar (Mourvèdre) und Monastel à jus blanc bepflanzt. Der Ertrag lag durchweg unter 20 hl/ha, unter anderem deshalb, weil fast nie gerodet wurde und die Stöcke daher sehr alt waren. Die Brennweine lieferten die damals sehr bekannten Branntweine (Eaux-de-vie) aus dem Languedoc. Ein Großteil ging in die Niederlande. Auch Bordeaux nahm viel Branntwein ab: Man pflegte dort die *barriques* (225 l), die verschifft wurden, mit 4–5 Litern Destillat aufzufüllen, um den Wein zu sterilisieren und zu konservieren.

Das 18. Jahrhundert

Im 18. Jahrhundert wurden immer mehr Reben angepflanzt. Schließlich nahm das solche Ausmaße an, daß der französische König für die Getreideerzeugung fürchtete. Deshalb erließ er im Jahre 1731 ein Pflanzverbot. Diese Maßnahme war vermutlich nur von vorübergehender Wirksamkeit, denn die Erzeugung – vor allem von Brennwein – nahm weiter zu. Im Jahre

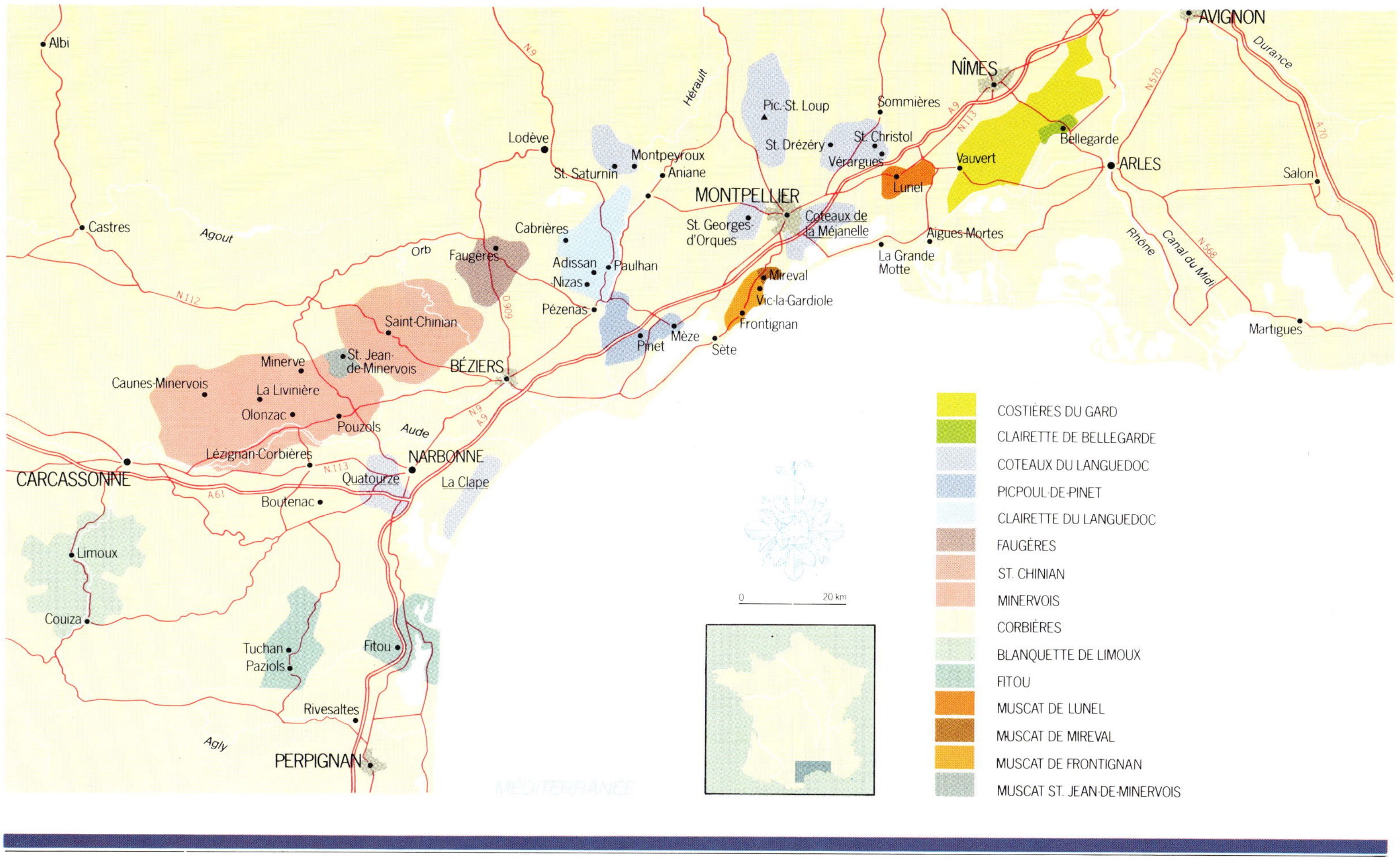

1791 wurden im Hafen von Sète 200 000 l Branntwein umgeschlagen, die aus etwa 2 000 000 hl Wein gebrannt worden waren. Der Branntwein war auch bei den Heeren Napoleons sehr beliebt. In der ersten Hälfte des vorigen Jahrhunderts gab es allein im Département Hérault zwischen 250 und 300 Brennereien, die Privatbrennereien nicht mitgerechnet. 1830 wurden 500 000 hl Eau-de-vie erzeugt. Bis dahin wurde immer auch noch Qualitätswein erzeugt. So stellt Jullien in seiner «Topographie des tous les Vignobles connus» einige Weine aus dem Languedoc auf die gleiche Stufe wie diejenigen von Saint-Emilion in Bordeaux und von Mercurey und Givry im Burgund. Qualität war allerdings schon damals eher die Ausnahme als die Regel. Der Bau der Eisenbahnen führte dazu, daß schließlich auch die letzten Qualitätbastionen kapitulieren mußten.

Aufkommen der Monokultur

Eine der ersten Bahnlinien Frankreichs führte von Sète nach Montpellier. Sie wurde 1838 eröffnet, und weitere Verbindungen kamen in rascher Folge hinzu. Mit einem Schlag war es möglich geworden, große Mengen Wein und Branntwein preisgünstig zu transportieren. So stand plötzlich auch den Parisern preiswerter südfranzösischer Wein zur Verfügung. Bei immer mehr Menschen kam der Wein täglich auf den Tisch. Der Weinkonsum der Hauptstadt stieg von etwa 2 Millionen Hektoliter um das Jahr 1840 auf rund 5 Millionen Hektoliter gegen Ende des vorigen Jahrhunderts. Die Weinreben eroberten nun das Languedoc im Sturm, wobei man die nicht sehr produktiven Hänge zugunsten der ertragsstarken Ebenen aufgab. Für die Neubepflanzung nahm man keine edlen, sondern ertragreiche Reben. Quantität erhielt den Vorzug vor Qualität. Es ging nur darum, möglichst viel Wein zu einem möglichst geringen Preis zu erzeugen. Allein im Département Hérault nahm die Ertragsfläche von 75 000 ha im Jahre 1815 auf rund 225 000 ha um das Jahr 1870 zu. Im gleichen Zeitraum stieg die Produktion in diesem Département von 1,1 Millionen Hektoliter auf 15,2 Millionen Hektoliter Wein. Eine Verdreifachung der Oberfläche ging mit einer um mehr als das Zwölffache gestiegenen Menge einher – diese Zahlen sprechen eine deutliche Sprache. Branntwein wurde damals praktisch kaum mehr erzeugt, denn der Wein wurde ohnehin gut genug verkauft.

Proteste

Nachdem die Folgen der Reblauskatastrophe überwunden waren, blieb das Languedoc auch in unserem Jahrhundert die Weinkammer Frankreichs, der Lieferant meist einfacher Tafelweine, die erst mit algerischem, später mit italienischem und spanischem Wein verstärkt werden mußten. Die einzige Herkunftsbezeichnung galt für die Vins doux naturels. Erst um 1940 begann man sich in einigen Anbauzentren wieder zögernd auf Qualität zu besinnen. Nach dem Zweiten Weltkrieg verstärkte sich dieser Trend, so daß immer mehr Vins Délimités de Qualité Supérieure anerkannt wurden. Die einstmals aufgegebenen Hänge wurden wieder bepflanzt, noble Rebsorten kamen zurück. Im Département Aude gibt es mittlerweile mehr Weine mit Herkunftsbezeichnung (VDQS oder AOC) als ohne. In Hérault und Gard ist man noch nicht so weit: Qualitätswein repräsentiert hier nur ein Sechstel beziehungsweise ein Viertel der Gesamterzeugung. Das Monopol der Massenweine hatte die Weinbauern des Languedoc wiederholt in große Schwierigkeiten gebracht. Beispiele sind die Krisen von 1875 und der Aufstand des Jahres 1907. Auch heute gibt es wieder Probleme, unter anderem wegen des sinkenden Weinverbrauchs in Frankreich selbst und der zunehmenden Konkurrenz aus Drittländern. Die Winzer brachten sich wiederholt durch ihre Proteste in die Schlagzeilen, wobei es auch zu Ausschreitungen kam. An einer der Zufahrtsstraßen nach Narbonne steht ein schlichter Gedenkstein an der Stelle, wo im Jahre 1977 ein Winzer ums Leben kam.

Die Zukunft gehört der Qualität

Proteste sind jedoch keine Lösung, Subventionen und Destillation der Überschüsse ebensowenig. Das Languedoc kann nur dann als Weinbaugebiet überleben, wenn man sich auf Qualität besinnt. Man hat dies hier auch schon längst erkannt. Doch kann man nicht eine Mentalität, die in Generationen gewachsen ist, innerhalb weniger Jahre ändern. Zudem ist die Umstellung von Massenwein auf Qualitätswein auch ein finanzielles Problem. Man muß ja nicht nur roden und neupflanzen, sondern auch eine andere Arbeitsweise einführen und Apparaturen anschaffen. Der Weg mag also lang sein. Die stärksten Impulse gehen zur Zeit von den wirklich hervorragend arbeitenden Comités Interprofessionnels für die Coteaux du Languedoc und Corbières, Fitou und Minervois aus. Die Weinuniversität von Montpellier bildet jährlich eine ansehnliche Zahl Fachleute aus, und es gibt in der Gegend verschiedene Gruppen, Betriebe, Institute und Stiftungen, die sich die Förderung des Qualitätsweinbaus zum Ziel gesetzt haben. Gleichzeitig wird von amtlicher Seite die Rodung von Weingärten in der Ebene zugunsten anderer Kulturen propagiert, einer der Gründe dafür, daß es im Languedoc mittlerweile Zehntausende von Winzern weniger gibt: Zwischen 1956 und 1976 allein betrug der Rückgang 23 000 Bauern.

Das Kalifornien Frankreichs

Wenn die Qualitätsmöglichkeiten des Languedoc voll ausgenützt werden , dann könnte dem Gebiet eine ruhmreiche Zukunft bevorstehen. Der in Frankreich wohnende Amerikaner Jon Winroth drückte es einmal so aus: «Das Languedoc ist das Kalifornien Frankreichs. Hier ist alles möglich.» Es hat sich gezeigt, daß die unterschiedlichen Mikroklimata und Bodensorten des Languedoc doch eine unglaubliche Vielfalt interessanter Weine liefern könnten. Das Spektrum reicht von frischen, leichten Weißweinen bis hin zu üppigen, süßen Vins doux naturels; von fruchtigen, geradlinigen roten Primeurweinen bis zu holzgereiften Edelgewächsen, von köstlichen Schaumweinen bis hin zu leicht perlenden Rosés.

Veränderung bei den Reben

Der Übergang von Quantität zu Qualität kommt am stärksten bei den Rebensorten zum Ausdruck. Bessere Weine sind nur mit besseren Reben möglich. Was die blauen Sorten betrifft, so ist die Aramon-Rebe zum Glück stark im Rückgang begriffen. Zu Beginn der 50er Jahre war noch die Hälfte der Languedoc-Weingärten mit dieser überaus ertragsstarken Rebe bepflanzt, vor allem in den Départements Hérault und Gard. Fünfzehn Jahre später war dieser Anteil bereits auf die Hälfte reduziert. Die wichtigsten neugepflanzten Reben waren Carignan, Cinsault und Grenache. Auch die Syrah-Rebe erwarb sich einen festen Platz in den

Seite gegenüber, rechts oben: Professioneller Degustationsraum, in dem alle Weine von Corbières, Minervois und Fitou auf die Zulassung zur Herkunftsbezeichnung geprüft werden. Der Raum befindet sich in einem Gebäudekomplex bei Lézignan-Corbières.

Seite gegenüber, links oben: Weingärten im Languedoc, unweit Minerve

Quer durch das Languedoc verläuft die Autobahn La Languedocienne, Frankreichs Hauptverkehrsader nach Spanien

Außer Wein liefert dieses Gebiet auch sehr viel Obst.

Rechts unten: Im Languedoc wurden einige neue Badeorte aus dem Boden gestampft, die sich häufig recht futuristisch ausnehmen. Der bekannteste ist La Grande Motte mit seinem Pyramidengebäude.

Rechts: «An die Herren Weingegner: Der Esel trinkt Wasser ... der Mensch aber, der nicht so dumm ist, trinkt den Wein von unseren Hängen.» So steht es – im Französischen allerdings gereimt – auf einer Tafel bei Faugères.

Im Département Gard, also im Languedoc, liegen einige Rhône-Appellationen wie Lirac und Tavel, das heißt sie werden zum Rhônetal gerechnet.

Weingärten, ebenso die Mourvèdre. In den 70er Jahren kamen Cabernet-Sauvignon und Merlot in größerem Umfang hinzu. Vor allem der durchschlagende Erfolg der Cabernet-Sauvignon-Rebe läßt erwarten, daß sie im Languedoc einmal eine bedeutende Rolle spielen wird – genauso, wie es in Kalifornien der Fall war.

Die wichtigsten blauen Trauben

Von den nachfolgend immer wieder erwähnten, vor allem blauen Rebsorten sollen hier die wichtigsten charakterisiert werden. Andere sind im Kapitel Rhône (S. 28–30) ausführlicher beschrieben.

Carignan – sehr häufig angepflanzt; bei weitem die wichtigste blaue Rebe. Eignet sich hervorragend fur die Macération carbonique, was auch immer häufiger geschieht. Liefert für sich genommen gefällige, jedoch nicht wirklich fesselnde Weine. Mischung mit anderen Trauben ist daher wichtig, was ebenfalls immer häufiger geschieht. Ist in der Gegend seit dem 4. Jahrhundert heimisch.

Cinsault oder *Cinsaut* – liefert feine, aromatische Weine mit weniger Alkohol als die Carignan-Rebe. Niedriger Säuregehalt. Werden mit Carignan-Weinen verschnitten, um diesen etwas Geschmeidigkeit und Eleganz zu geben. Die Trauben können etwa 10 Tage vor den Carignan-Trauben gelesen werden.

Grenache noir – eine «Zuckermaschine», die auf armen Böden am besten gedeiht. Gibt Carignan-Weinen vor allem Alkohol, Körper und Ausgewogenheit.

Lladoner pelut – eng mit Grenache noir verwandt. Als Pflanze etwas robuster, als Wein etwas weniger alkoholreich.

Syrah – wie die Grenache-Rebe aus dem Rhônetal wohlbekannt. Wird wegen ihrer Farbe, ihres Aromas und Tannins angepflanzt.

Mourvèdre – kapriziöse Sorte, verlangt tiefe Böden und reift spät, in der Regel 2 Wochen nach der Carignan-Rebe. Der Wein erhält reichlich Tannin und einen festen Kern.

Cabernet-Sauvignon – Rückgrat aller großen Médoc-Weine. Farbe, Rasse, Tannin und Frucht (Schwarze Johannisbeeren).

Merlot – ebenfalls eine Bordeaux-Traube, jedoch aus den Bereichen Saint-Emilion und Pomerol, wo charaktervollere, kräftigere Weine erzeugt werden.

Eigene Flaschenform

Das Image als Massenprodukt ist eine schwere Bürde für den Languedoc. Es wird großer Anstrengungen bedürfen, um in Frankreich und im Ausland das Ansehen dieses Weingebiets zu verbessern, auch wenn die Zahl der Qualitätsweine ständig zunimmt. Um dem Languedoc auch äußerlich ein neues Gesicht zu geben, hat man 1972 eine eigene Flasche eingeführt, die Bouteille occitane. Sie ist ein Entwurf von Guy Bouchet und besitzt einen schlanken Hals und einen breiten, tiefen Bauch. Gaston Bonheur meinte hierzu: «Diese Flasche ist ein Symbol für unsere Geschichte. Sie ist ein harmonischer Kompromiß zwischen der römischen Amphore – wegen ihres Halses – und dem gallischen Faß – wegen ihrer Rundungen.» 1980 wurden bereits über acht Millionen Bouteilles occitanes abgefüllt. Ob diese Zahl noch stark steigen wird, muß die Zukunft zeigen. Fest steht jedenfalls, daß viele Erzeuger nach wie vor anderen Flaschenformen (die auch ein größeres Etikett zulassen) den Vorzug geben und daß Importeure häufig lieber mit dem vertrauten Bordeaux- oder Burgundermodell arbeiten. Jedenfalls kann ein Languedoc-Erzeuger, der seinen Wein optisch gegenüber anderen hervorheben will, dies auch tun, und das kann durchaus eine wirksame Werbung sein.

Das Gut Mas Carlot von Albin Laurent umfaßt 70 ha, wovon 55 ha Trauben für die drei Sorten Costières du Gard liefern. Nur 5% bestehen aus Carignan. Grenache, Syrah, Mourvèdre und ... Cabernet-Sauvignon ergeben einen sehr guten Rotwein, geschmeidig und fruchtig. Noch besser der Cuvée de Milas: tiefdunkel, mundfüllend, reiches Bukett. – Der hervorragende weiße Costières du Gard könnte dem Geschmack nach ein reinsortiger Sémillon in Art eines trockenen Graves sein.

Seit Louis de Belair 1977 die Domaine de Rozier von seiner Familie übernahm, hat er hier unglaublich viel Zeit, Mühe und Geld investiert. Sein Ziel war es, einen Wein von bestmöglicher Qualität zu erzeugen. Der Anteil Carignan – die Stöcke sind teilweise sehr alt – wurde und wird zugunsten von Grenache und Syrah auf 25–30% verringert. Dank diesen Anstrengungen erzeugt die Domaine de Rozier heute schöne Rotweine mit Farbe, Fleisch, Tannin und Rasse.

In Costières du Gard gibt es um die 2500 Weinerzeuger, von denen etwa 40 (einschließlich Genossenschaften) selbst abfüllen. Einer dieser Winzer ist der Holländer Leo Grootemaat vom Mas Aupellière in Gallician. Er besitzt 22 ha und arbeitet traditionell. Die Rotweine reifen mindestens 1 Jahr in Fudern. Es gibt zwei rote Cuvées, den Syrah (dunkel, fleischig, Anklänge von reifem Obst; Burgunderflasche) und den Mourvèdre (straffer und tanninreicher; Bordeauxflasche).

Château de la Tuilerie liegt bei Nîmes. Von den 300 ha sind 40 ha mit Reben bepflanzt. Der rote Costières du Gard und der Rosé werden ausschließlich aus Cinsault, Grenache und Syrah erzeugt. Pierre-Yves Comte und seine Frau arbeiten mit viel Einsatz und sehr qualitätsbewußt. So ist ihr Wein auch vielfach ausgezeichnet worden. Köstlich fand ich den Rosé, saftig und mildfruchtig. Auch der Rotwein ist sehr angenehm. Hübscher Probierraum.

Seit 1979 ist Bertrand du Tremblay Eigentümer von Château de Belle-Coste/Domaine de Bellevue, einem Gut mit 50 ha Rebfläche in Caissargues. Die Reben sind 50% Grenache, 20% Carignan, 20% Cinsault und 10% Syrah. Man arbeitet traditionell. Der Rotwein reift mindestens 1 Jahr in Fudern. Die beste Qualität heißt Cuvée de Saint-Marc, ein durchweg aromatischer wohlschmeckender Wein (Himbeerton), der zu Recht häufig prämiert wird. – Frischer, reintöniger Rosé.

Unten:
Château de Belle-Coste in Caissargues

In den Costières du Gard gibt es eine Weinstraße und eine Bruderschaft, den «Ordre de la Boisson de la Stricte Observance».

Weitere interessante Costières du Gard:
- Mas des Tourelles, Beaucaire (rot)
- Mas St. Louis-la-Perdrix, Bellegarde (rot, rosé)
- Domaine de l'Amarine, Bellegarde (rot, weiß)
- Mas de la Courbade, Plateau de Garons (rot)
- Domaine des Consuls, Jonquières (rot)
- M. Blondé, Manduel (rot)
- Château de Campuget, Manduel (rot, rosé)
- Mas Goubin, Nîmes (rosé)
- Cave Coopérative Gallician (rot)

Costières du Gard

Der Distrikt Costières du Gard ist im äußersten Osten sozusagen die Eingangshalle des Languedoc. Er erstreckt sich über eine Länge von 60 km und ist durchschnittlich 20 km breit. Die stark befahrene Straße Nîmes-Arles bildet gewissermaßen die Achse. Begrenzungen bilden im Norden die Autoroute Languedocienne und im Süden der Kanal, der die Rhône mit Sète verbindet. Die Römer brachten die Rebe hierher und prägten das Gebiet auch in anderer Weise. So findet man in Nîmes – außer dem berühmten Pont du Gard – noch eine Vielzahl römischer Bauten, so das herrliche Amphitheater und das Maison Carré mit seinen 30 Säulen. Auch in kleineren Orten der Costières du Gard findet man Erinnerungen an die lateinische Herrschaft, beispielsweise in Jonquières-Saint-Vincent.

Kiesböden
Die Landschaft der Costières du Gard hat dem Auge wenig zu bieten. Auch die meisten Ortschaften machen einen irgendwie grauen, verschlafenen Eindruck oder werden immer mehr von den einförmigen Neubauvierteln der Pendler beherrscht. Ein großer Teil der Weinlandschaft ist ausgesprochen flach; stellenweise erheben sich Hügel, die bis zu 130 m hoch sein können. Neben der Rebe gibt es auch andere Kulturen, Obst (Kirschen, Tafeltrauben), Gemüse und Getreide. In den 26 Gemeinden, die den Herkunftsbereich des Costières du Gard bilden, sind vor allem die kieshaltigen Böden mit Reben bepflanzt. Diese Kiesschicht erreicht an einigen Stellen, zum Beispiel bei Gallician, eine Mächtigkeit von 10 m.

Weinkontraste
Die Costières du Gard werden in absehbarer Zeit zur Appellation Contrôlée erhoben werden. Etwa 75% der Erzeugung sind Rotwein, rund 20% Rosé und knapp 5% Weißwein. Für den Rotwein sind nicht weniger als 10 Rebsorten zugelassen. Die häufigste von ihnen ist die Carignan-Rebe, die früher ein sehr starkes Übergewicht hatte; heute wurde ihr Anteil jedoch auf höchstens 50% begrenzt. Bei den besseren Gütern spielt allerdings diese Sorte kaum mehr eine Rolle. Hier findet man stattdessen Grenache, Syrah, Mourvèdre sowie die eigentlich illegale Sorte Cabernet-Sauvignon, die hier ausgezeichnete Resultate liefert. Die unterschiedlichen Bepflanzungen liefern auch sehr unterschiedliche Weine. Die große Masse der roten Costières du Gard schmeckt leicht und uninteressant, woran teilweise auch die hohen Erträge schuld sind; jedoch gibt es zum Glück auch eine Reihe sehr ansprechender Weine. Sie bilden zwar eine kleine Minderheit, aber es gibt sie doch. Desgleichen findet man gefällige Rosés und Weißweine. Erzeugt werden als Costières du Gard jährlich etwa 130 000 hl auf etwa 3000 ha. Diese Menge könnte noch erheblich zunehmen, denn es sind insgesamt 8000 ha als Weinbaugrund ausgewiesen.

Rechts:
Albin Laurent vom Mas Carlot in Bellegarde. Außer guten Rotweinen erzeugt er auch einen sehr gelungenen Clairette de Bellegarde.

Unten, Mitte:
Auf dem Mas St. Louis-la-Perdrix werden reizvolle Rotweine, Rosés und Weißweine erzeugt, darunter ein Clairette Bellegarde. Das Gut liegt in einer stillen Landschaft bei Bellegarde.

Unten, rechts:
Probierlokal der Genossenschaft von Bellegarde. Der Betrieb erzeugt auch Schaumweine, darunter eine Komposition aus Clairette und Muskattrauben.

Mitte:
Régisseur Baptiste Prone vom Mas St. Louis-la-Perdrix

Der wichtigste unabhängige Erzeuger von Clairette de Bellegarde ist Albin Laurent vom Mas Carlot (s. a. Costières du Gard). Er besitzt 15 ha mit Clairette-Reben. Der Wein schmeckt köstlich: geschmeidig, frisch, reintönig und charaktervoll mit einer Spur *terroir* im Abgang. Das Bukett hat Charme. Man füllt den Wein *sur lie* ab, um seine Frische optimal zu erhalten.

Das Gut St. Louis-la-Perdrix ist Eigentum von Geneviève Lamour, deren Mann Philippe in der französischen Weinwelt eine bekannte Persönlichkeit ist. Auf 58 ha erzeugt das Gut erfreuliche Rotweine und Rosés Costières du Gard. Daneben macht man auf 4 ha einen sehr sympathischen, saftigen Clairette de Bellegarde. Der Costières wird als Mas St. Louis-la-Perdrix angeboten, der Clairette als Domaine St. Louis-la-Perdrix.

Clairette de Bellegarde

Die Römer waren die Gründer der etwa auf halbem Wege zwischen Nîmes und Arles gelegenen Orschaft Bellegarde. Das Dorf liegt zu Füßen eines Hügels, auf dem die Reste einer alten Burg zu finden sind. Dank einer Umfahrungsstraße ist Bellegarde von starkem Durchgangsverkehr verschont. Die Gemeinde ist nicht nur Teil des Herkunftsbereichs Costières du Gard, sondern bildet auch einen eigenen Weinbereich mit der Bezeichnung Clairette de Bellegarde. Diese Appellation Contrôlée besteht seit 1949 und liefert ausschließlich trokkenen Weißwein. Clairette ist die einzige zugelassene Rebe, doch drängen einige Winzer auf Zulassung der Sorte Grenache blanc. Ich fände es schade, wenn ihrer Forderung entsprochen würde, da dies dem Clairette de Bellegarde seine Originalität nähme. Lange Zeit schrieb das Gesetz einen Hektarertrag von höchstens 45 hl vor. In der Praxis wurde jedoch die Aufstockung auf 50 hl so problemlos akzeptiert, daß man diese Menge eher als Durchschnittswert betrachten konnte. Daher wurde der Höchstertrag 1984 offiziell auf 60 hl/ha angehoben.

Kleiner Genossenschaftswein
Clairette de Bellegarde hat nicht mehr als 80 ha Rebfläche. Hiervon kommen in einem guten Jahr reichlich 4000 hl Wein. Davon entfallen rund 3000 hl auf die Genossenschaft in Bellegarde, deren Gebäulichkeiten sich an der Umfahrungsstraße befinden. Eine große, liegende Metallflasche weist Vorüberkommende auf ein kleines Probelokal hin. Der Betrieb hat 300 Mitglieder, von denen die meisten Costières du Gard und Vin ordinaire erzeugen. Leider ist der Genossenschaftswein, der einer Kältebehandlung unterzogen wird, für die Qualität, die ein Clairette de Bellegarde erreichen kann, nicht repräsentativ. Die Weine, die ich verkostete, fand ich geschmacklich ziemlich platt; ein sehr einfaches, nichtsagendes Produkt. So trifft es ganz gut zu, daß eines der Hotels von Bellegarde Le Petit Vin Blanc heißt.

Jung trinken
Daß es auch anders geht, beweisen einige Privatgüter, die sehr wohl einen reizvollen Clairette de Bellegarde erzeugen: Er kann ein sehr charmanter, aromatischer Wein von feiner Herbe, reintönig und bukettreich sein. Manchmal weist er auch einen kleinen *terroir*-Ton auf. Harte oder aggressive Säuren fehlen. Man sollte den Wein jung trinken, da Clairette-Weine zu schneller Oxidation neigen. Der beste Clairette de Bellegarde, den ich fand, kam vom Mas Carlot. Dieser Wein wird von seinem Erzeuger, Albin Laurent, *sur lie* abgefüllt, was der Frische sehr förderlich ist. In der brütenden Hitze, die im Sommer über dem Languedoc liegt, kann ein solcher Clairette de Bellegarde ein wahrer Hochgenuß sein.

Eigentümer von Château Carrion-Nizas in Nizas ist Bernard Gaujal. Er bearbeitet 50 ha, wovon die Hälfte einen roten Coteaux du Languedoc liefert, der aus 60% Grenache, 20% Cinsault und 20% Merlot zusammengesetzt ist. Es ist ein köstlicher, geschmeidiger Wein mit einem festen Kern und Anklängen von Holz (7 Monate Ausbau in Fudern aus ungarischer Eiche). Daneben erzeugt man aus Cabernet-Sauvignon und Merlot auch einen guten Vin de Pays.

Neben seinem vorzüglichen Clairette du Languedoc (s. S. 140) liefert Château La Condamine-Bertrand auch einen ansprechenden roten Coteaux du Languedoc. Er wird vollständig nach dem Verfahren der Macération carbonique bereitet, und zwar aus der Carignan-Rebe mit etwas Grenache. Der Wein besitzt einen samtenen Geschmack mit einem leichten Holzton, der von 5–6 Monaten Ausbau in Holzfudern herrührt. Auch der trockene Rosé ist zu empfehlen.

Das Dorf Beaulieu liegt 15 km nordöstlich von Montpellier. Hier befindet sich Château de Beaulieu mit dem von Le Nôtre, dem Meister des französischen Gartenstils, entworfenen Park. Der Weinberg umfaßt 45 ha (65% Carignan, 20% Cinsault, 10% Grenache, 5% Syrah). Eigentümer Baron Pierre de Ginestous erzeugt einen tiefdunklen, fleischigen, und gleichzeitig recht eleganten Wein, der geschmeidig ist und häufig zarte Obsttöne aufweist.

Rechts: Eines der stillen Dörfer des Languedoc. Der Kontrast zu den häufig mondänen Küstenorten ist groß.

La Clape, Quatourze, Saint-Drézéry, Pic-Saint-Loup, Saint-Georges-d'Orques hatten im Jahre 1951 den VDQS-Status erhalten. Im Jahre 1952 waren Saint-Christol, 1954 Vérargues, 1955 Montpeyroux, Saint-Saturnin sowie Cabrières und 1960 Coteaux de la Méjanelle in die gleiche Kategorie eingestuft worden.

Coteaux du Languedoc

Eigentlich beginnen die ersten Rebenhänge der Coteaux du Languedoc schon bei Nîmes. Sie erstrecken sich in Luftlinie über eine Entfernung von knapp 120 km bis hinter Narbonne. Wie der Name dieser Herkunftsbezeichnung schon sagt, liegen die Weinberge an den Coteaux, den Hügeln des Languedoc, also nicht in der Ebene, wo die billigen Massenweine erzeugt werden. Diese Coteaux bilden den Rand eines gewaltigen «Amphitheaters», das sich in einem unregelmäßigen Halbkreis vom Golfe du Lion (Löwengolf) bis etwa 40 km ins Landesinnere hinzieht. Der Boden ist hier arm, meist kies- und kalkhaltig. Teilweise kommt auch Schiefer vor. Ende 1985 fiel die Entscheidung, Coteaux du Languedoc in die Appellation Contrôlée aufzunehmen. Die neue Herkunftsbezeichnung umfaßt etwa 50 000 ha Rebfläche in 121 Gemeinden. Von ihnen dürfen 49 den Namen des Orts oder Bezirks auf dem Etikett angeben. Sie gehören 11 Crus-Appellationen an, die alle in diesem Kapitel beschrieben werden; hinzu kommt noch Picpoul de Pinet (nur Weißwein mit 11 Gemeinden, s. S. 141). Von 45 weiteren Gemeinden darf der Wein nur als Coteaux du Languedoc verkauft werden, während die restlichen 27 Dörfer ihren Wein auch als Faugères oder Saint-Chinian (s. S. 138 und 139) anbieten dürfen.

Große Hoffnungen
Mit den 121 im Jahre 1985 ausgewählten Gemeinden ist die Herkunftsbezeichnung Coteaux du Languedoc noch nicht endgültig festgeschrieben. Man erwartet, daß noch mindestens 30 weitere Gemeinden in nächster Zeit ebenfalls zugelassen werden.
Die erzeugte Menge Coteaux du Languedoc belief sich im Jahre 1983 auf 420 000 hl und wird sich vermutlich schon 1990 verdoppelt haben; eine weitere Verdoppelung nach diesem Zeitpunkt ist durchaus möglich. Man ist also voller Optimismus. Mit der Aufnahme der Coteaux du Languedoc in die Appellation Contrôlée und der damit verbundenen Erweiterung des Erzeugungsgebiets sollte das Languedoc einen großen Schritt in Richtung Qualität machen. Die anonymen, häufig mit ausländischen Weinen verschnittenen Vins de table werden immer mehr durch Languedocweine eigener Prägung von privaten Gütern, Handelshäusern und Genossenschaften verdrängt werden.

Die Rebsorten
Wie groß auch der Optimismus sein mag, so gibt es doch noch viele Probleme zu beseitigen. Eines der größten sind die gepflanzten Reben. Für Rotweine sind drei Hauptsorten vorgeschrieben, von denen jede nicht mehr als die Hälfte der Stöcke ausmachen darf. Dies sind Grenache noir oder die nahe verwandte Sorte Lladoner pelut noir, ferner Mourvèdre und Syrah. Ab Ernte 1985 muß die Grenache-Rebe mindestens 10% der Bepflanzung ausmachen, ab 1990 20%. Die Anteile an Mourvèdre und Syrah müssen im gleichen Zeitraum auf 5% bzw. 10% zunehmen. Für die weniger noblen Sorten Carignan und Cinsault gibt es keine vorgeschriebenen Mindestanteile. Schließlich werden zusätzliche Sorten wie Counoise (oder Aubun), Grenache rosé, Terret noir und Picpoul noir ab 1990 ganz verboten sein. Bis dato dürfen sie zusammen oder einzeln noch je höchstens 10% der Bestockung ausmachen. So die offiziellen Vorschriften, die in den Coteaux du Languedoc allerdings heftig umstritten sind.

Fundamentale Fehler
Man ist in der Gegend der Ansicht, daß man in den überregionalen Behörden, das heißt also in Paris, grundlegende Fehler bezüglich der Coteaux du Languedoc gemacht hat. So halten südfranzösische Fachleute die Rodung der zusätzlichen Rebsorten für völlig verfehlt. Sie behaupten, daß das vorgesehene Verbot ab 1990 durch keine ausreichenden Untersuchungen untermauert ist, vor allem hinsichtlich der Rebsorten Grenache rosé, Counoise und Terret noir. Weiterhin plädiert man für die Einführung weiterer Sorten neben den bisher zugelassenen. Die häufigsten Sorten für Coteaux du Languedoc (80% der Erzeugung) sind Carignan, Grenache und Cinsault. Vor allem die Carignan-Rebe ist weit verbreitet; in vielen Gemeinden beträgt ihr Anteil 45–55%. Theoretisch können die drei genannten Sorten durchaus gute, charaktervolle Qualitätsweine liefern – sofern ihr Ertrag 30–40 hl/ha nicht übersteigt. Wird diese Grenze überschritten, geht die Qualität rapide zurück. Einen derart niedrigen Ertrag kann sich allerdings in den Coteaux du Languedoc niemand leisten. Ein Durchschnittsertrag von 60 hl/ha gilt als wirtschaftlich unerläßlich. Dies aber bedeutet, daß neben den Basistrauben andere Reben angepflanzt werden müssen, die den sonst zu leichten Weinen Farbe, Rückhalt, Aroma und Finesse geben.

Merlot und Cabernet: Positive Resultate
Als aromagebende Reben ließ der Gesetzgeber Syrah und Mourvèdre zu. In den Coteaux du Languedoc hält man diese Auswahl jedoch für zu beschränkt. Die Syrah-Rebe nämlich liefert nur dann interessante Ergebnisse, wenn die Stöcke ausgewachsen sind und der Ertrag niedrig bleibt, wie es im nördlichen Rhônetal der Fall ist. In den Coteaux du Languedoc ist der Hektarertrag meist zu hoch, was zu einer Einbuße an Aroma und Struktur führt. Die Mourvèdre-Rebe hat andere Nachteile: Sie gedeiht nur auf tiefen Böden gut. Unter anderen Bedingungen gibt es mit Mourvèdre meist Probleme, weshalb viele Winzer im Languedoc nicht viel davon halten. So können also weder Syrah noch Mourvèdre das Qualitätsproblem lösen, das in diesem Gebiet besteht. Deshalb fordert man mit Nachdruck andere aromatische Rebsorten: Merlot und Cabernet-Sauvignon. Es hat sich gezeigt, daß die Merlot-Rebe sowohl den Duft als auch den Geschmack der Weine verbessert, meist ohne daß ihre Anwesenheit vordergründig feststellbar ist. An verschiedenen Stellen hat man in den Coteaux du Languedoc Versuche mit Merlot angestellt, häufig in Vergleichen mit der Syrah-Rebe. In allen Fällen wurde festgestellt, daß die Merlot-Rebe bei identischem, ja gar bei höherem Ertrag (80–90 hl/ha) und bei gleichem Alkoholgehalt (12%) unbestreitbar den besseren Wein lieferte. Gerade den Anbau der Merlot-Rebe hat man jedoch von Paris aus stark eingeschränkt. Auch die Cabernet-Sauvignon-Rebe lieferte ermutigende Resultate. In den Coteaux du Languedoc ist man daher der Ansicht, daß der Gesetzgeber 10-15% von diesen beiden Rebsorten zulassen muß.

Andere Kandidaten
Die Wunschliste der Languedociens ist jedoch noch länger. So hält man Untersuchungen mit anderen Rebsorten für unerläßlich, auch mit solchen, die hier im vorigen Jahrhundert noch eine große Rolle spielten, heute jedoch vollkommen verschwunden sind. Vor allem denkt man hier an die Sorte Monastel noir à jus blanc. Aber auch für die Tempranillo-Rebe interessiert man sich. Sie soll an vielen Stellen ein guter Ersatz für die Carignan-Rebe sein, zum Bei-

Links:
Auf der Domaine Vaillé in Salelles du Bosc werden die blauen Trauben angeliefert. Bernard Vaillé sieht zu, wie sie von einer Maschine angequetscht und entrappt werden.

Links unten:
Winzer Jerôme d'Ormesson mit einigen seiner Weine, darunter Château de St. Ferréol aus Paulhan

Unten:
Sanft ansteigende Rebgärten bei Salles du Bosc

Der Höchstertrag für Coteaux du Languedoc wurde auf 50 hl/ha festgesetzt, der Mindestalkoholgehalt auf 11%. In der Praxis kommen jedoch die meisten Weine ohne weiteres auf 12%.

Château de St. Ferréol liegt bei Paulhan und ist von 28 ha Rebgarten umgeben. Die Bepflanzung besteht aus 43% Grenache, 20% Cinsault, 15% Carignan sowie einer Reihe weiterer Sorten. Gelesen wird hier mechanisch. Eigentümer Jérôme d'Ormesson gibt dem Rotwein ein halbes Jahr Faßausbau. Dem Wein mangelt es vielleicht etwas an Rasse und Konzentration, was er jedoch durch seinen angenehmen, recht fleischigen Geschmack wieder wettmacht.

Jean-Philippe Servière ist Eigentümer der Domaine du Grés St. Paul in Lunel. Dieses Gut besteht aus 60 ha Rebfläche, die Jean-Philippe noch um weitere 10 ha (u. a. 3 ha Muscat de Lunel) vergrößern möchte. Sein roter Coteaux du Languedoc wird hergestellt aus 35% Grenache, 30% Carignan, 25% Cinsault und 10% Syrah. Der Wein duftet gut und hat geschmeidigen, angenehmen Geschmack. Das Haus Jeanjean besorgt die Abfüllung, auch für die geringere Version ohne Jahrgang.

Die Genossenschaft von Saint-Christol wurde 1941 gegründet und hat heute 200 Mitglieder. Man erzeugt neben Land- und Tafelweinen etwa 10000 hl Coteaux du Languedoc, wovon ein Teil den Namen Coteaux de Saint-Christol trägt. Hierbei handelt es sich um Rotwein und Rosé. Der beste Rotwein heißt Péché de Bacchus und hat eine tiefe Farbe, einen festen Geschmack und 13% Alkohol. Keiner der Weine reift auf Holz.

spiel in Pic-Saint-Loup. Die Tempranillo-Rebe liefert bei gleichem Ertrag einen Wein, vergleichbar einem Wein aus Carignan-Trauben, hat jedoch den Vorteil, daß sie zwei Wochen früher reift. Dadurch könnte man die Trauben noch vor dem Herbstregen lesen. Monastel noir und Tempranillo sind heute in Spanien weit verbreitet, letztere vor allem in der Rioja.

Das Problem der Genossenschaften

Außer dem Problem der Rebsorten gibt es auch noch andere Hemmnisse. Von Beginn dieses Jahrhunderts an haben die Behörden das Languedoc zur Produktion anonymer Massenweine verurteilt. Man mußte einfach einen in jeder Hinsicht billigen Wein erzeugen. Es spricht für sich, daß erst im Jahre 1961 die Herkunftsbezeichnung Coteaux du Languedoc in der Kategorie VDQS geschaffen wurde (fünf der heutigen Crus-Appellationen war zehn Jahre vorher das VDQS-Niveau zuerkannt worden). Als Folge dieser «Massenmentalität» stattete man die Genossenschaften für die Coteaux du Languedoc nicht in gleicher Weise aus wie diejenigen in der Ebene. Technisch war man wohl bestens gerüstet, doch nur für Quantität, nicht für Qualität. Heute sind die Genossenschaften, von denen etwa 60% des Coteaux du Languedoc stammen, ein großes Problem. Viele dieser Betriebe sperren sich gegen alle Neuerungen, da sie nicht einsehen, warum sie ihre Arbeitsweise ändern sollten. Häufig ist auch die Führung schwach und das technische Wissen unzureichend. Zum Glück gibt es aber auch andere Betriebe, die gerade sehr fortschrittlich sind, wie etwa die Genossenschaft von Saint-Saturnin. Dringend vonnöten sind auch Weiterbildungsmaßnahmen, und zwar sowohl bei den genossenschaftlichen wie auch bei

Links:
Mobile Abfüllstation bei der Genossenschaft von Gabian

Darunter:
Coteaux du Languedoc-Rebgarten im herbstlichen Kleid

Links unten:
Die Genossenschaft von Saint-Christol liegt an einer Straßenkreuzung. Der unterste Wegweiser bezeichnet die Weinstraße der Coteaux du Languedoc. Es gibt drei Rundfahrten, die zusammen 300 Kilometer lang sind.

Unten:
Domaine du Mas de Carrat, ein führendes Gut in Saint-Drézéry

Auf einem bewaldeten Hügel bei Fontanès liegt die Domaine de la Roque von Jean Lauriol und seinem Bruder André. Jean erzeugt einen der besseren Rotweine der Appellation Pic-Saint-Loup. Es ist ein Wein mit Farbe, Kraft, Frucht und Tannin. Die Rebfläche soll von 30 ha im Jahre 1982 auf 40 ha im Jahre 1992 zunehmen. Die wichtigste Rebe ist Cinsault, gefolgt von Carignan und Grenache; ferner Syrah und verschiedene Sorten, darunter Merlot und Cabernet-Sauvignon.

Die dynamische Genossenschaft von Saint-Saturnin erzeugt außer Weißwein und Rosé auch einen leichten Rotwein, den Vin d'une Nuit. Die Beerenhäute werden hierfür 18–30 Stunden am Most belassen. Bei weitem der beste Wein ist der traditionell vinifizierte Rouge Cardinal: gesunde, tiefrote Farbe, reintöniger, prägnanter Geschmack und – in seiner Jugend – häufig etwas Erdbeere im bescheidenen Bukett. Eine festere Sorte ist der Saint-Saturnin de Lusion.

Der einzige Erzeuger in Cabrières ist die 1936 gegründete Cave Coopérative. 130 Winzer sind darin zusammengeschlossen. Als die große Spezialität gilt der trockene Rosé l'Estabel, für den nur Wein der ersten Pressung verwendet wird. Das fertige Produkt wird in eine schlanke Véronique-Flasche abgefüllt. Typische Merkmale sind eine blaßrosa Farbe und ein recht frischer Geschmack, geschmeidig, sehr sauber und mit zarten Anklängen von Frucht.

den privaten Erzeugern. Schließlich und endlich besteht auch ein deutlicher Investitionsbedarf für moderne Geräte. Es gibt also noch viel zu tun, wenn man auch seit 1961 schon beachtliche Fortschritte erzielt hat.

Coteaux de Vérargues
Die 11 Crus-Appellationen der Coteaux du Languedoc haben meist einen ganz eigenen Charakter und eigene Spezialitäten. Sie sollen daher alle nachfolgend kurz beschrieben werden, und zwar der Reihe nach von Osten entlang dem Bogen des natürlichen Amphitheaters nach Westen. Die erste Appellation ist die mit Muscat de Lunel (S. 158) verwobene Appellation Coteaux de Vérargues. Hier grenzen Weinberge mit weißen Muskattrauben häufig an Rebflächen mit blauen Trauben für den Coteaux du Languedoc. Außer Vérargues selbst, einem winzigen Dorf mit etwa 500 Einwohnern, gehören noch 8 weitere Ortschaften zum Herkunftsgebiet, darunter Lunel, Lunel-Vieil und Boisseron mit seinem aus 32 Bögen bestehenden Viadukt. Erzeugt werden hier 17 000–20 000 hl meist eleganter, geschmeidiger Rotweine sowie frische Rosés.

Yvon Ortola ist ein qualitätsbewußter Winzer, der vermutlich den besten Wein von Quatourze erzeugt. Seine Domaine Notre-Dame de Quatourze umfaßt 28 ha mit Carignan (50%), Grenache (15%), Cinsault (15%), Syrah (10%) und Mourvèdre (10%). Der Rotwein reift ein Jahr im Tank, hat eine rubinrote Farbe und einen recht gut strukturierten Geschmack. Dieser Quatourze zeigt sich etwa 5 Jahre nach der Ernte von seiner besten Seite.

Château de l'Engarran liegt im Herkunftsbereich Saint-Georges-d'Orques, jedoch wird der Wein normalerweise als einfacher Coteaux du Languedoc verkauft. Das Schloß aus dem 18. Jahrhundert ist von einem kieshaltigen Weinberg von 25 ha umgeben. Die Reben sind Carignan, Grenache und Cinsault. Eigentümer Alain Grill baut sie getrennt aus. Der Rotwein wird ein Jahr in Eichenfudern gelagert und hat eine gute Qualität. Davon zeugen auch die fast alljährlichen Prämierungen.

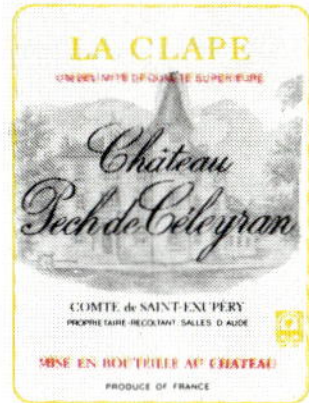

Im äußersten Norden von La Clape liegt Château Pech de Céleyran mit 80 ha Rebengrund, wovon 40 Anspruch auf die Herkunftsbezeichnung haben. Graf de Saint-Exupéry vinifiziert seinen Rotwein traditionell, das heißt unter anderem, er läßt seinen Wein mindestens 3 Jahre in Eichenfudern reifen und ein weiteres Jahr in der Flasche. Das gilt nur für den La Clape, nicht für den leichteren, manchmal durch das Haus Chantovent abgefüllten Coteaux du Languedoc.

Ein Besitz, der auf La Clape (Fleury d'Aude) einen vortrefflichen Weißwein liefert, ist die Domaine de Rivière-le-Haut. Eigentümer Jean Segura besitzt 13 ha mit Terret blanc (50%), Malvoisie (30%), Grenache (10%) und Carignan (10%). Bei der Gärung wird keine schweflige Säure eingesetzt. Die Gärtemperatur ist mit etwa 16° relativ niedrig. Das Ergebnis ist ein sehr reintöniger, geschmeidiger, tadelloser Geschmack mit zarten Andeutungen von Frucht.

Als Louis Spitaleri 1962 die Domaine du Mas de Carrat (Saint-Drézéry) kaufte, war sie stark heruntergekommen. Spitaleri und seine Familie mußten daher jahrelang mit vollem Einsatz arbeiten, um hieraus das heute vollwertige Weingut zu machen. Es umfaßt jetzt 28 ha Reben, vor allem Grenache (40%), Carignan und Cinsault sowie etwas Syrah und Merlot. Der Wein kann eine tiefdunkle Farbe und einen mundfüllenden Geschmack mit Eindrücken von Holz und Frucht (Kirschen) aufweisen.

Unten:
Die Landschaft von Pic-Saint-Loup wird von dem gleichnamigen Berg beherrscht.

Rechts unten:
Die Domaine de la Roque gehört zu den besseren Erzeugern von Pic-Saint-Loup.

Das Dorf Saint-Georges-d'Orques verdankt den letzten Teil seines Namens den großen irdenen Krügen, die man hier gefunden hat. Sie stammen aus den ersten Jahren unserer Zeitrechnung und dienten zur Aufbewahrung von Wein oder Öl. Man nannte sie orcuas, ourques oder dourques.

Coteaux de Saint-Christol
Die Weine von Saint-Christol waren schon im 13. Jahrhundert bekannt. Im Jahre 1788 befahl Ritter Suffren, Herr von Saint-Christol und Admiral von Frankreich, daß seine Fässer mit einem Siegel zu versehen seien, um ihre Echtheit zu gewährleisten. Um die Jahrhundertwende hatte Saint-Christol einen berühmten Kunden, Zar Nikolaus II. Man findet hier hauptsächlich recht feste, recht geschmeidige Rotweine von angenehmer Art, jedoch ohne ausgeprägte Persönlichkeit. Die Erzeugung beträgt etwa 6500 hl pro Jahr.

Saint-Drézéry
In Saint-Drézéry erntet man am wenigsten von allen 11 Appellationen der Coteaux du Languedoc: jährlich nicht mehr als 2000 hl. Dabei war der Wein von Saint-Drézéry vor allem im 9., 14., 18., und 19. Jahrhundert bis weit über die Grenzen Frankreichs hinaus bekannt, vor allem in Nord-Europa. Ich nehme an, daß hier viele Winzer ihren Beruf aufgegeben haben, da der magere, unfruchtbare Boden profitables Arbeiten fast unmöglich machte. In manchen Abschnitten wirkt die Hügellandschaft hier tatsächlich unwirtlich und verlassen. Dennoch erzeugt so mancher hier gute Rotweine, tieffarben und fleischig.

Coteaux de Méjanelle
Ein gewisser Abraham Gölnitz beschrieb im Jahre 1626 die Weine der Coteaux de la Méjanelle als «die generösesten Weine Frankreichs» (d. h. reich an Alkohol, Geschmack, Duft). Heute wäre dieses Lob doch etwas übertrieben, obwohl man hier recht anständige Rotweine findet, die teilweise aber eher leicht sind. Die Rebgärten sind nur wenige Kilometer von der Großstadt Montpellier entfernt, so daß die Winzer keine Absatzprobleme haben. Vor allem an den Wochenenden strömen viele Besucher in die Keller. Die Erzeugung bewegt sich zwischen 8500 und 12 000 hl. Zum Herkunftsbereich gehören vier Gemeinden bzw. Teile davon: Castelnau-le-Lez, Mauguio, Montpellier und Saint-Aunès.

Pic-Saint-Loup
Diese Appellation ist nach dem gleichnamigen, 658 m hohen Berg genannt, der weithin die Landschaft beherrscht. Weinbau wird hier schon seit Menschengedenken betrieben. In der abwechslungsreichen Landschaft setzen Hügel mit bewaldeten Kuppen inmitten der Rebberge reizvolle Akzente. Da auf dem lehm- und kalkhaltigen Boden von Pic-Saint-Loup die Carignan-Rebe überrepräsentiert war, mußte ihr Anteil reduziert werden. Seit 1984 darf der Wein nicht mehr als 50% Carignan enthalten. Wenn diese Grenze überschritten wird, verliert der Wein das Recht auf die Bezeichnung Pic-Saint-Loup und wird zu einem anonymen Coteaux du Languedoc. Genossenschaften verarbeiten hier über 90% der 25 000–37 000 hl Rotwein. Es ist ein Wein, der farbintensiv und vollständig sein kann – mit der Betonung auf «kann». Die wichtigsten der 13 Herkunftsgemeinden sind Saint-Mathieu-de-Tréviers, Fontanès und Courconne.

Saint-Georges-d'Orques
Im 17. Jahrhundert wurden die Weine von Saint-Georges-d'Orques nach England, in die Niederlande, nach Rußland und in die Schweiz versandt. Seit 1730 war ein Brandzeichen vorgeschrieben, das an beiden Stirnseiten aller Fässer angebracht werden mußte, und 1756 erging an die Bewohner des Orts die Aufforderung, «all ihr Sorgen und Streben» auf die Erzeugung eines guten Weins zu richten, damit dessen Ruf erhalten bleibe. Endlich verglich Jullien in seinem großen Werk von 1816 den Wein mit einem Bourgogne Passetoutgrains. Dieser Cru hatte also eine ruhmreiche Vergangenheit. Heute umfaßt der Herkunftsbereich nicht nur Saint-Georges-d'Orques selbst, sondern noch 4 weitere Gemeinden, die eigentlich schon westliche Vororte des ständig wachsenden Montpellier sind. Genossenschaften und einige private Winzer liefern jährlich um die 11 000 hl Wein, vor allem Rotwein, der recht robust ist.

Montpeyroux
Das Weindorf Montpeyroux (etwa 800 Einwohner) war einst Residenz der Erzbischöfe von Montpellier. Deshalb gibt es hier noch Reste von Befestigungswerken. In der felsigen Landschaft wechseln Weingärten mit Eichenwäldern ab. Die lokale Genossenschaft spielt die überragende Rolle. Sie liefert anständige, feste, aber nicht sehr aufregende Rotweine. Man ist weder für die Macération carbonique (für die Erzeugung fruchtiger, trinkfertiger Weine) noch für die Lagerung auf Holz ausgerüstet, die für klassisch ausgebaute Weine erforderlich ist. Jahreserzeugung um 11 000 hl.

Seite gegenüber, rechts oben: Lesezeit bei der Genossenschaft von Saint-Saturnin

Seite gegenüber, links oben: Die Genossenschaft von Cabrières, seinerzeit die erste Cave Coopérative von Hérault, die in eigener Regie abfüllte, und zwar seit 1946.

Seite gegenüber, unten: Die manchmal trostlose Weinlandschaft von La Clape

Links unten: Die Familie Jany vom Château de la Condamine-Bertrand bei Paulhan. Das Gut erzeugt außer einem wohlschmeckenden roten Coteaux du Languedoc auch den allerbesten Clairette du Languedoc (s. S. 140).

Rechts unten: Château Rouquette sur Mer auf La Clape

Die Phokäer beuteten bei Cabrières Kupferminen aus.

Weitere interessante Weine:
Coteaux du Languedoc
– Domaine Jougla, Prades-sur-Vernazobres
– Domaine St. Jean de Bébian, Pézenas
– GFA des Sauvanes, Laurens
– Michel Bricage, Lignan-sur-Orbieu
– Domaine de Lavabre, Claret
– Domaine des Crès-Ricards, St. André-de-Sagonis
– Château de la Devèze, Vérargues
– Domaine Vaillé, Salelles du Bosc
Coteaux de Saint-Christol
– Gabriel & Serge Martin, Saint-Christol
Coteaux de la Méjanelle
– Château de Flaugergues, Montpellier
– Roger Teissier, Montpellier
– Mas de Calage, Saint-Aunes
Pic-Saint-Loup
– Cave Coopérative Valflaunes
Saint-Georges-d'Orques
– Château de l'Engarran, Laverune
La Clape
– Château de Moujan, Narbonne
– Domaine de Mire l'Etang, Fleury d'Aude
– Domaine de Pech Redon, Narbonne
– Domaine de Ricardelle de la Clape, Narbonne
– Domaine de Vires, Narbonne
– Domaine de l'Angel, Armissan
– Château de Salles d'Aude, Salles d'Aude.

Eine Reihe vortrefflicher (Coteaux du) Languedoc-Weine kommt aus dem Hause DF-Services, das zu gleichen Teilen Jean Demolombe und Andrée Ferrandiz gehört. Ein weiteres vertrauenswürdiges Haus ist DGR in Carcassonne, spezialisiert auf Domänen-Abfüllungen.

Unweit von Narbonne-Plage liegt auf La Clape das große Gut Château Rouquette sur Mer. Es umfaßt 400 ha, wovon ein Zehntel mit Reben. Der rote La Clape wird erzeugt aus 55% Carignan, 40% Grenache und 5% Syrah. Der Wein schmeckt geschmeidig, angenehm und leicht fruchtig. Er wird 3–6 Monate auf Holz ausgebaut. Eigentümer Jacques Boscary und seine Frau Dominique stellen auch ansprechende Rosés und Weißweine her.

Domaine de Grangeneuve liegt auf La Clape und ist Eigentum der Familie De Braquilange. Das Gut umfaßt 20 ha mit 70% Carignan, 20% Grenache und 10% Cinsault. Die Vinifikation erfolgt ausschließlich nach dem Verfahren der Macération carbonique. Stilvoller, recht eleganter Geschmack mit ausgesprochener Frische und Anklängen zarter Frucht. Korrektes Bukett.

Saint-Saturnin

Die 1951 gegründete Genossenschaft von Saint-Saturnin gehört zu den aktivsten weit und breit. Alle Erzeuger dieser Appellation (etwa 430 ha) sind hier zusammengeschlossen. Von gerade 10 000 Flaschen in den Anfangsjahren hat der Betrieb inzwischen eine Steigerung auf 2,5–3 Millionen Flaschen erzielt, die in einer modernen, im Herbst 1982 fertiggestellten Halle abgefüllt werden. Die Reben auf dem kalk-, lehm- und kieshaltigen Boden bestehen aus 55% Carignan, 15% Grenache, 15% Cinsault, 10% Syrah (mit steigender Tendenz) und 5% sonstigen Sorten. Hieraus entsteht ein würziger, farbtiefer Wein wie der Rouge Cardinal. Die Winzer erhalten für ihre Grenache und Syrah mehr als für die anderen Sorten – sofern sie die Trauben an bestimmten Tagen anliefern. In dieser Weise kontrolliert die Genossenschaft den Zeitpunkt der Lese.

Cabrières

Der Name Cabrières kommt von «chèvres» – Ziegen: Im Jahre 1880 gab es in dieser Gemeinde 1250 Ziegen und 500 Schafe. Heute steht in dem Ort, der zwischen dem Tal des Boyne und dem 485 m hohen Pic de Vissous liegt, der Wein im Vordergrund. Die Spezialität ist der Rosé, jener Vin vermeil (karmesinroter Wein), der schon seit 1357 in den Urkunden erwähnt wird. Es ist ein geschmeidiger, reintöniger Wein aus 50% Cinsault und 50% Carignan. Die Gemeinde Cabrières ist übrigens die einzige im Département Hérault, in der alle Weingärten das Recht auf eine Herkunftsbezeichnung haben. Der Boden enthält viel Schiefer sowie Lehm und Kalk. Aller Wein, das sind 5500–6500 hl pro Jahr, wird von der lokalen Genossenschaft erzeugt.

Quatourze

Die Weingärten von Quatourze befinden sich im Südwesten von Narbonne, jedoch noch innerhalb der Gemeindegrenzen. Sie bedecken ein Plateau, dessen rötlicher, magerer Boden nicht nur Lehm und Kalk, sondern auch viele große, rundgeschliffene Steine enthält. Diese begünstigen das Reifen der Trauben, da sie tagsüber die Sonnenwärme speichern und nachts wieder abgeben. Dadurch entstehen recht ansprechende Rotweine, meist von intensiver Farbe. Erzeugt werden etwa 12 000 hl.

La Clape

Zwischen Narbonne und dem Löwengolf erhebt sich das Massiv von La Clape, eine wilde Hügellandschaft mit Erhebungen bis zu 214 m Höhe, tief eingeschnittenen Tälern, Kiefernwäldern, grauen Felsen und öden Plateaus. Ein stärkerer Kontrast zu der fruchtbaren Ebene um Narbonne oder auch den luxuriösen Ferienwohnungen von Narbonne-Plage ist kaum vorstellbar. In der verlassenen, steinigen Landschaft von La Clape wächst fast nichts – außer der Rebe. Sie ist hier schon seit dem 2. Jahrhundert v. Chr. heimisch. Man findet sie meist auf mageren, trockenen, rötlichen Böden. Die Rotweine sind in ihrer Jugend im allgemeinen etwas hart. Nach einigen Jahren entwickeln sie sich zu eleganten, angenehmen Weinen. Daneben gibt es köstliche Weißweine aus der Malvoisie-Rebe; wenn sie aus der Maccabeu-Rebe hergestellt werden, wird der Wein zu einem Vin de Pays des Côtes de Pérignan herabgestuft. Auf La Clape wird am meisten von allen 11 Appellationen der Coteaux du Languedoc erzeugt: Man kommt im Durchschnitt auf 24 000–25 000 hl pro Jahr.

Unten:
Das von Hügeln und Weinbergen umgebene Dorf Faugères. Es liegt im Département Hérault..

Seit dem Jahrgang 1985 darf der Wein nur aus höchstens 50% Carignan erzeugt werden. Gleichzeitig mußten die Anteile von Grenache, Lladoner pelut, Mourvèdre und Syrah entsprechend erhöht sein. Für Faugères gilt ein Ertrag von 50 hl/ha und ein Mindestalkoholgehalt von 11%.

Weitere interessante Faugères:
– Domaine de Fraisse, Autignac
– B. Vidal, La Liquière
– Guy Roque, Caussiniojouls
– Cave Coop. Faugères
– Chaûteaux Haut-Fabrèges, Cabrerolles.

Etwa die Hälfte von allem Faugères wird von der Genossenschaft in Laurens mit ihren 380 Mitgliedern erzeugt. Der Betrieb verfügt über moderne Geräte, so auch für die Macération carbonique und das Kühlen des Mosts. Der Ausbau auf Holz soll verstärkt werden. Im oberen Bereich des Sortiments findet man Weine guter Qualität.

Jean Vidal ist nicht nur engagierter Förderer des Faugères, sondern auch ein qualitätsbewußter Winzer (Château la Liquière). Er bestellt 30 ha Rebgarten mit 35% Carignan, 35% Grenache, 15% Cinsault, 13% Syrah und 2% Mourvèdre. Man arbeitet ohne Unkrautvernichtungsmittel und wendet für die Vinifikation die Macération carbonique an.

Die Brüder Christian und Jean-Pierre Viguier von der Domaine de Saint-Aimé haben ihre Keller im Weiler La Liquière und besitzen rund 32 ha Rebfläche. Etwa die Hälfte hatte im Jahre 1983 Anrecht auf Appellation Faugères; durch Neubepflanzung soll dieser Anteil allmählich erhöht werden. Carignan, Cinsault und Grenache sind die wichtigsten Reben. Der Rotwein ist charaktervoll, fleischig und hat meist keinen Mangel an Alkohol.

Im Jahre 1977 kaufte die Familie Luvac das beeindruckende Château de Grézan, ein auf das 12. Jahrhundert zurückgehendes Gebäude in Laurens. Man bepflanzte 15 ha zusätzlich, so daß die gesamte Rebfläche auf 70 ha zunahm. Davon liefern rund 20 ha Faugères (50% Grenache, 15% Cinsault, 13% Carignan, 6% Syrah, 6% Mourvèdre). Der Jahrgangswein reift 12 Monate in Fudern und besitzt einen lebendigen Geschmack mit Fruchtaromen (vor allem Schwarze Johannisbeeren).

Am Rande der Ortschaft Faugères liegt der moderne Keller des Gilbert Alquier. Zusammen mit zwei Söhnen bestellt er 25 ha, sämtlich auf Schieferboden und bepflanzt mit Carignan, Grenache, Syrah und Mourvèdre. Die Qualität des roten Faugères ist sehr gut. Der Wein besitzt eine tiefe Farbe, einen korrekten Duft mit einem Hauch reifem Obst und einen fleischigen Geschmack, der geschmeidig ist, aber auch etwas Tannin aufweist.

Faugères

Nach der Überlieferung soll es bei den Eseltreibern, die früher von Bédarieux nach Béziers zogen, die Redensart gegeben haben: «Se vos de bons vins passa Pétafy.» Was etwa bedeutet: «Wenn Du guten Wein willst, gehe über den Pétafy-Paß.» Über diesen Paß stieg man nämlich in jene Gegend hinab, die heute Faugères heißt. Man pries übrigens nicht nur ihren Wein, sondern auch den Branntwein Fine de Faugères. Im Jahre 1948 wurde das Gebiet in die Reihen der Vins Délimités de Qualité Supérieure aufgenommen, woraufhin es sich zu den Coteaux du Languedoc zählen durfte. Seit 1982 hat Faugères den Status der Appellation Contrôlée; das benachbarte Saint-Chinian wurde zur gleichen Zeit ebenfalls höhergestuft. Der Herkunftsbereich umfaßt die Gemeinden Autignac, Cabrerolles, Caussiniojouls, Faugères, Fos, Laurens (Frankreichs älteste Gemeinde) und Roquessels. Diese Orte liegen zwischen dem Orb-Tal und der Ebene von Béziers am Fuße des Espinouse-Gebirges.

Stark zunehmende Erzeugung

Die Landschaft von Faugères ist an vielen Stellen recht hügelig und felsig. Flache Abschnitte und fruchtbare Böden sind hier die Ausnahme. Der Boden enthält vor allem Schiefergestein und eignet sich eigentlich nur für eines: den Weinbau. Der Hektarertrag darf nach dem Gesetz 50 hl erreichen, jedoch liegt der Durchschnitt eher bei 40 hl. Die Erzeugung hat seit den 60er Jahren stetig zugenommen, und zwar von damals 12 000 hl auf etwa 80 000 hl zu Beginn der 80er Jahre. Man hofft, diese Menge noch vor 1990 zu verdoppeln, wozu die Erhebung in die Appellation Contrôlée den Anreiz liefert. Die Erzeugung liegt in Händen von drei Genossenschaften und etwa 20 privaten Winzern. Gesamte Rebfläche rund 1900 ha.

Anpassung der Rebsorten

Faugères kann als Rotwein, Rosé oder Weißwein auf den Markt kommen. In der Praxis sind jedoch Rosé und Weißwein sehr selten. Der Rotwein ist das Haupterzeugnis. Mit dem Rebensortiment ist man hier noch nicht so weit wie etwa in Saint-Chinian, vor allem was die Existenz von Syrah und Mourvèdre betrifft. Dieser Rückstand dürfte jedoch bald aufgeholt sein, da ab 1985 der Anteil dieser Sorten einzeln oder zusammen mindestens 5% betragen muß, ab 1990 10%. Gleichzeitig muß der Grenache-Anteil auf 20% zunehmen, während die Carignan-Rebe 50% nicht übersteigen darf. Dies alles wird sich zweifellos auf das Aussehen, den Duft und den Geschmack auswirken. Ich nehme an, daß der Faugères noch an Farbe, Bukett und Kraft gewinnen wird. Die besseren Erzeuger in der Gegend bringen allerdings bereits tieffarbene, kernige Weine heraus, Weine, die schon früh trinkfertig sind, aber auch ohne weiteres einige Jahre reifen können.

Links unten:
Vater André Jougla und Sohn Alain von der Domaine Jougla

Rechts unten:
Die herrliche Landschaft von Saint-Chinian. Anfang der 80er Jahre erzeugte man zwischen 110000 und 120000 hl Saint-Chinian, jedoch soll diese Menge noch zunehmen.

Weitere interessante St-Chinians:
- GAEC Madalle, St. Nazaire-de-Ladarez
- Château Coujan, Murviel
- Domaine de Cazals-Vieil, Cassenon
- Domaine de Milhau, Puisserguier
- Clos Bagatelle, St. Chinian
- A. Libes-Caveillé, St. Nazaire-de-Ladarez
- Union des Caves Coopératives, Cébazan

Die im Jahre 1965 gegründete Genossenschaft von Berlou hat knapp 90 Mitglieder, die 453 ha bearbeiten. Der Saint-Chinian Schisteil ist ein tieffarbener Rotwein, fein und sympathisch duftend, mit einem mundfüllenden, herzhaften Geschmack, in dem man reifes Obst entdeckt. Ein sauberes, harmonisches Erzeugnis, traditionell aus 60% Carignan, 20% Grenache noir und 20% Cinsault vinifiziert. Derselbe Wein wird teilweise als Coteaux du Languedoc Cuvée des Albières verkauft.

Ein führendes, häufig ausgezeichnetes Gut ist die Domaine Jougla (auch Domaine des Jouglas) in Prades-sur-Vernazobres. Nach leichtem Quetschen der Trauben lassen André Jougla und sein Sohn den Wein in Stahltanks gären. Anschließend folgt ein einjähriger Ausbau in Fudern. Dieser Saint-Chinian besticht durch seine tiefdunkle Farbe, einen mundfüllenden, am Gaumen haftenden Geschmack und die Anwesenheit von Obst und Holz. Die Jouglas bearbeiten rund 26 ha.

In der Ortschaft Cazerdarnes besitzen Gérard Calmette de Gualy und seine Frau Françoise 24 ha Rebfläche, wovon 20 Anrecht auf die Appellation Saint-Chinian haben. Man läßt den Wein 2–3 Wochen in großen Fässern aus ungarischer Eiche gären. In diesen Fudern erfolgt auch der meist 1½ Jahre dauernde Ausbau. Es entsteht dadurch ein tanninreicher Wein, dem einige Jahre Flaschenlager guttun. In dem romantischen Keller werden gelegentlich zwischen den Weintonnen Diners abgehalten.

Der handwerklich arbeitende Jean-Claude Grasset besitzt außer 15 ha im Minervois auch 12 ha Saint-Chinian. Der Keller befindet sich in Prades-sur-Vernazobres. Dort reift auch der Saint-Chinian 1 Jahr in Fudern. Erzeugt wird der Wein aus Carignan (50%), Cinsault, Grenache, Syrah und Alicante. Auffallend an diesem Wein sind die tiefe Farbe und ein frischer Geschmackston. Die Familie Grasset war schon vor 1700 im Weinbau tätig.

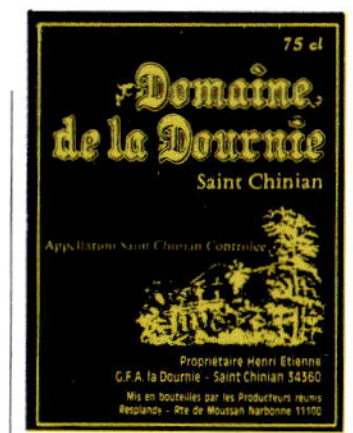

Die direkt in Saint-Chinian gelegene Domaine de la Dournie ist Eigentum von Henri Etienne. Die 44 ha Rebfläche tragen 40% Carignan, 30% Grenache, 20% Cinsault und 10% weitere Sorten. Alle Trauben werden nach dem Verfahren der Macération carbonique verarbeitet. Der Wein ist meist von tiefdunkler Farbe, fruchtig, schmeckt fleischig und tönt gut nach.

Saint-Chinian

Zwischen Faugères im Osten und dem Minervois im Westen erstrecken sich die Weinberge von Saint-Chinian. Mit etwa einem Viertel der Gesamtproduktion war diese Gemeinde bei weitem der größte Anbaubereich der Coteaux du Languedoc, bis dieser im Jahre 1982 zur Appellation Contrôlée erhoben wurde und damit aus der Coteaux-Gruppe ausschied. Allerdings galt diese Höherstufung nur für die besten Böden, diejenigen, die schiefer- und kalkhaltigen Kies enthielten. Alles andere blieb einfacher Coteaux du Languedoc, weshalb nicht alle Winzer über die Entscheidung des Institut National des Appellations d'Origine erfreut waren. Die Landschaft ähnelt etwas derjenigen von Faugères, ist jedoch weniger hügelig. Außerdem liegt das Gelände um Faugères zwischen 240 und 250 m hoch, um Saint-Chinian nur bei etwa 125 m. Die Tatsache, daß das Land hier rauh und felsig ist, kommt auch im lokalen Dialekt zum Ausdruck, den man hier selbst als «steinig» (rocailleux) bezeichnet.

Elitegruppe
Zum Herkunftsbereich Saint-Chinian gehören 20 Gemeinden beziehungsweise Teile davon. Als die besten Gemeinden gelten allgemein die Orte Babeau-Bouldoux, Berlou, Prades-sur-Vernazobres, Roquebrun und Saint-Nazaire-de-Ladarez. Es sind gerade die am höchsten gelegenen Gemeinden, ihre Rebberge ziehen sich an den Ausläufern des Espinouse-Gebirges hin. Der Boden enthält hier vor allem Schiefergestein. Aller Grund dieser Orte wurde daher auch ohne weiteres in die neugeschaffene Appellation Contrôlée aufgenommen. Zentrum des Ganzen ist Saint-Chinian, ein hübscher Ort in dem breiten Vernaison-Tal. Seit 1980 gibt es hier ein Maison des Vins, wo die Weine aller Erzeuger angeboten werden.

Herzhafter, reicher Geschmack
Es wird erzählt, daß man den Rotwein von Saint-Chinian im vorigen Jahrhundert in einigen Pariser Krankenhäusern den Rekonvaleszenten gab, um den Genesungsprozeß zu beschleunigen. Der Wein ist auch heute noch tieffarben, kräftig und sonnendurchglüht. Die besseren Sorten haben einen herzhaften Geschmack, der den Mund gut füllt, ohne dabei plump oder welk zu sein. Am besten schmecken sie in der Regel nach 2–3 Jahren. Es wird auch ein Saint-Chinian-Rosé erzeugt, der jedoch zuviel Kraft und Alkohol besitzt, um noch erfrischend zu sein. Schon vor der Einführung der Appellation Contrôlée hatte eine Reihe von Erzeugern, so auch die ausgezeichnete Genossenschaft von Berlou, den Anteil der Carignan-Rebe in den Weingärten überwiegend zugunsten der Grenache-Rebe reduziert. Gleichzeitig nimmt der Syrah-Anteil deutlich zu, teilweise gemeinsam mit Mourvèdre. Wie in Faugères hat auch hier der Gesetzgeber eine Frist gesetzt, bis bestimmte Rebsorten einen bestimmten Anteil erreicht haben müssen. So darf seit der Ernte 1985 Carignan höchstens noch 50% ausmachen, während der Grenache-Anteil bis 1990 mindestens 20%, der Syrah- und/oder Mourvèdre-Anteil 10% betragen muß. Eine Steigerung der Produktion von Saint-Chinian ist noch möglich; von den verfügbaren 4000 ha sind nur etwa die Hälfte angepflanzt.

Hierunter:
Die Genossenschaft von Adissan

Links unten:
Bernard Jany bei seinem Château La Condamine Bertrand

Rechts unten:
Flaschen mit Clairette du Languedoc von der Domaine Vaillé. Die Qualität ist durchweg korrekt.

Höchstertrag 60 hl/ha, Mindestalkoholgehalt 12%

Eigentümerin Marie-Josée Jany und ihr Mann erzeugen auf dem Château La Condamine Bertrand einen erlesenen Weißwein, stilvoll, elegant und nuanciert mit einem Hauch von Gewürzen. Der Geschmack ist frisch, und man entdeckt auch eine Spur *terroir*. Man arbeitet mit Gärtanks aus Edelstahl, in denen die Temperatur unter 16°C gehalten wird. Die Hälfte des Mosts wird erst auf 10° abgekühlt. Daneben erzeugt man hier auch gute Coteaux du Languedoc (rot und Rosé).

La Clairette ist der Name der Genossenschaft in Adissan. Früher hatte ihr Clairette-Wein einen guten Ruf. Zur Zeit ist die Qualität nicht mehr als ordentlich. Der Wein besitzt einen zartfrischen Geschmack mit einer deutlichen Tendenz zur Süße. Die 286 Mitglieder könnten 6000 hl Clairette du Languedoc erzeugen, deklarieren jedoch nur 1000 hl als solchen. Die Genossenschaft erzeugt hauptsächlich Rotwein und Rosé; das Niveau ist sehr mäßig.

Bei Aspiran erhebt sich der Komplex der Cave Pilot, wo etwa 40 Genossenschaften ihre Weine abfüllen lassen und lagern. Von hier aus werden die Weine auch überwiegend verkauft. Alles im großen Maßstab, und das schmeckt man auch. Selbst dem Clairette du Languedoc «Dry» fehlt es an Rasse und Frische, und dieser ist immerhin die beste Qualität der Vignerons de Céressou. Unter dieser Firma arbeiten 8 Genossenschaften zusammen, andere unter dem Namen Les Vignerons Languedociens.

Seit 1975 ist Jean Louis Randon Eigentümer von Château Saint André in Pézenas. Er hat den Rebgarten dieses Guts vollständig erneuert. Neben Rotweinen wird hier ein köstlicher Clairette du Languedoc erzeugt. Es ist ein Wein, für den der Most bei niedrigen Temperaturen gärt, der eine auffallende Frische besitzt, saftig und fruchtig ist und über Charme verfügt. Jean Louis Randon hat 5 ha mit der gleichnamigen Rebe bepflanzt.

Clairette du Languedoc

Trockene Weißweine sind im Languedoc sehr selten, und die es gibt, sind von sehr einfacher Qualität. Doch ein Herkunftsbereich zeigt, daß es sehr wohl möglich ist, in dieser warmen, sonnenreichen Landschaft gute Weißweine zu erzeugen: Clairette du Languedoc. Auf der Karte erkennt man ihn als ein ungleichmäßiges Dreieck zwischen den Städten Pézenas und Clermont-l'Hérault, 8 Gemeinden umfassen: Adissan (der Clairette d'Adissan genoß früher einen großen Ruf), Aspiran, Cabrières, Ceyrac, Fontès, Paulhan, Pérat und Saint-André-de-Sagonis. Für diesen Weißwein ist nur die Clairette-Rebe zugelassen, mit der rund 1200 ha bepflanzt sind. Der weitaus größte Teil der Ernte wird von Genossenschaften vinifiziert.

Frühe Anerkennung
Wie lange diese Weißwein-Enklave im Languedoc schon besteht, ist nicht bekannt. Angeblich soll die erste Anpflanzung von Weißweinreben schon vor Beginn unserer Zeitrechnung erfolgt sein. Die ersten vier Jahrzehnte unseres Jahrhunderts hat man hauptsächlich an die Wermut-Industrie geliefert. Diese Situation behagte jedoch den Winzern immer weniger. Deshalb gründete man im Jahre 1941 das Syndicat de Défense de Clairette. Ziel war es, die Qualität des Weins zu verbessern und sein Ansehen zu heben. Kurz nach dem Zweiten Weltkrieg erhielt Clairette du Languedoc die Anerkennung für die hohe Qualität, die Appellation Contrôlée.

Großer Kontrast
Ein Weingut hat die frühe Anerkennung in wirklich beispielhafter Weise honoriert: Château La Condamine Bertrand. Hier wird ein wahrhaft erlesener Clairette du Languedoc erzeugt. Ich würde sagen, daß dies der beste trokkene Weißwein aus dem Languedoc und Roussillon überhaupt ist. Im Gegensatz hierzu stehen die Genossenschaftsweine, wo man offensichtlich Masse statt Klasse sucht. Vor allem die halbe Million Flaschen, die Les Vignerons de Céressou verkaufen (u. a. unter dem Namen Clairdoc), sind von außerordentlicher Mittelmäßigkeit. Dieser Gruppe gehören nicht weniger als 8 Genossenschaften an, von denen 6 im Herkunftsbereich Clairette du Languedoc arbeiten. Die Genossenschaftsweine sind auch bei weitem nicht immer trocken. Der Gesetzgeber erlaubt, daß der Clairette du Languedoc in verschiedenen Süßegraden auf den Markt gebracht wird. Es war sogar davon die Rede, hier verstärkte Süßweine zu machen, Vins doux naturels wie in Frontignan, Lunel undsoweiter. So ist Clairette du Languedoc ein betrübliches Beispiel für ein Gebiet, in dem alle Möglichkeiten für distinguierte Weine vorhanden sind, aber kaum ausgenutzt werden. Es wäre zu wünschen, daß mehr selbständige Erzeuger dem Beispiel von La Condamine Bertrand folgten.

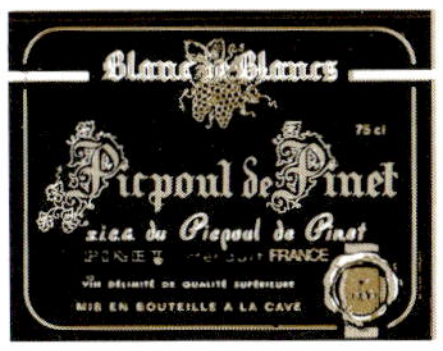

Als die Genossenschaft von Pinet im Jahre 1923 gegründet wurde, zählte sie 46 Mitglieder. Heute sind es etwa 360. Sie bearbeiten rund 1000 ha, wovon um 200 ha mit Picpoul bepflanzt sind. Der Picpoul de Pinet von diesen Trauben besitzt 11,8–11,9% Alkohol sowie einen frischen, leichten, etwas straffen Geschmack mit einer Spur *terroir*. Die Genossenschaft erzeugt 75 000 hl im Jahr, vor allem einfache Landweine, die meist offen verkauft werden.

Unter dem Markennamen Hugues de Beauvignac bringt die Genossenschaft von Pomérols ihren Picpoul de Pinet auf den Markt. Die 320 Mitglieder besitzen 700 ha, davon 20 ha mit Picpoul. Die Genossenschaft ist für die Vinifikation trockener Weißweine bestens ausgerüstet. Dies ist zweifellos der Grund für die große Reintönigkeit des Picpoul de Pinet, eines im übrigen sehr herben und straffen Weißweins. Die Genossenschaft wurde 1932 gegründet.

Ludovic Gaujal war der Initiator der Appellation Picpoul de Pinet und gründete auch die Genossenschaft in Pinet. Das Etikett des Guts Gaujal zeigt sein Bild. Mit 7 ha ist das Gut der größte unabhängige Erzeuger von Picpoul de Pinet. Der in eine Bordeauxflasche abgefüllte Wein hat Charakter, Reintönigkeit und jene frische Herbe, die so charakteristisch ist. Er ist das Werk von Claude Gaujal und seinem Sohn. Sie erzeugen daneben einen vorzüglichen Vin de Pays des Côtes de Thau.

Im Zentrum von Pomérols befindet sich gegenüber den beiden Cafés am Ort die Domaine Genson. Sie ist Eigentum der Familie Bezard-Falgas. Von den 33 ha tragen 5 ha Picpoul-Reben. Der Rest liefert Landwein (rot und Rosé). Der weiße Picpoul de Pinet ist von recht rustikaler Art: ein etwas derber Wein, herb und ziemlich hart. Paul Bezard (seine Frau ist eine Falgas) empfahl mir u. a., mit seinem Wein einen Kir zuzubereiten (mit einem Schuß Likör aus Schwarzen Johannisbeeren).

Links unten: Das Dorf Pinet

Für Picpoul de Pinet gilt ein Höchstertrag von 50 hl/ha und ein Mindestalkoholgehalt von 11,5%.

Rechts unten: Das Schloß von Pinet, das Ludovic Gaujal im Jahre 1900 erbauen ließ

Unten: Ludovic Gaujal mit seinem Wein; auf dem Etikett ist sein Vorfahre abgebildet, der den gleichen Namen trug.

Picpoul de Pinet

Der Distrikt Picpoul de Pinet wird von der Schnellstraße La Languedocienne und dem Bassin de Thau eingerahmt. Der Wein ist hier weiß, und dies schon seit Generationen. Früher belieferte man vor allem die Erzeuger von Wermut. Die lokale Rebe Picpoul ergab nämlich Weine von 13–13,5% Alkohol, die schnell maderisierten. Mit Kräutern versetzt schmeckte der Wein akzeptabel, pur dagegen gar nicht. Heute dagegen läßt sich der Picpoul de Pinet sehr gut trinken. Dank der Fortschritte der Weinwissenschaft lernte man nicht nur, die Trauben besser zu vinifizieren, sondern man erkannte auch die Bedeutung einer zeitigen Lese. Die 4 Erzeuger von Picpoul, 2 Genossenschaften und 2 unabhängige Güter, ernten ihre Trauben heute, bevor sie voll ausgereift sind, also spätestens Ende September oder Anfang Oktober. Die Früchte enthalten dann mehr Säuren und weniger Zucker, was den Wein frischer und leichter macht. So erreicht der Alkoholgehalt auch höchstens noch 12%.

Bescheidener Picpoul-Anteil
Der Herkunftsbereich des VDQS Picpoul de Pinet umfaßt die Gemeinden Pinet, Pomérols, Florensac, Mèze, Castelnau-de-Guers und Montagnac. Von Bedeutung sind eigentlich nur die beiden erstgenannten. Auf etwa 230 ha stehen Picpoul-Reben, die für den regionalen Weißwein auch die einzige zugelassene Sorte ist. Die weißen Reben machen allerdings nur einen Teil der Gesamtbepflanzung aus, denn allein die Mitglieder der beiden Genossenschaften bewirtschaften immerhin 1600 ha mit blauen Reben. Diese liefern Landweine unter dem Namen Vin de Pays des Côtes de Thau (unter welcher Bezeichnung auch etwas Rosé und Weißwein verkauft wird). Man kann nur hoffen, daß Picpoul de Pinet mit der Zeit nicht vom Rotwein verdrängt wird. Bei all seiner Einfachheit ist es doch ein sehr erfreulicher Wein.

Herbe Frische
Die Picpoul- ist mit der Folle blanche-Rebe verwandt, die im Loire-Tal den Wein Gros Plant du Pays Nantais ergibt. Dieser ist kein Schmeichler; der Picpoul de Pinet ebenfalls nicht. Er schmeckt etwas herb, etwas reserviert, etwas kühl. Der Duft ist sehr verhalten. Viel Tiefe, Länge oder Abstufungen darf man bei diesem Wein nicht erwarten. Andererseits ist der Picpoul de Pinet ein angenehmer, leichter Durstlöscher, der nicht nur als Aperitif an seinem Platz ist, sondern auch als Begleiter zu kalten Speisen, Muscheln, Schnecken, Spargel undsoweiter. Die Kombination gerade mit Spargeln sei, so sagte mir ein Winzer, «remarquable» – bemerkenswert. Es ist indes möglich, daß die Qualität des Weins noch besser wird. Einige Erzeuger haben moderne Geräte angeschafft, und auch die Qualitätsprüfung für die Herkunftsbezeichnung soll früher stattfinden, statt Ende März bereits im Januar. Diese Neuerung wird dazu führen, daß der Wein früher abgefüllt werden kann, was seiner Frucht und Frische zweifellos zugute kommt.

Weit abgelegen in den Bergen von Alaric befindet sich bei Ribauté die Domaine de Cicéron. Hier erzeugte Michel Péresse köstliche Rotweine, Weißweine und Rosés. Das Gut geriet jedoch in Schwierigkeiten. Péresse mußte es verkaufen, so daß es 1985 in andere Hände überging. Unter all dem litt leider die Qualität der Weine. Es bleibt zu hoffen, daß sie wieder das frühere Niveau erreicht.

Georges Bertrand ist nicht nur weintechnischer Berater der Vignerons du Val d'Orbieu, sondern auch selbst talentierter Winzer. Seine Domaine de Villemajou ist 50 ha groß, bepflanzt mit 60% Carignan, 20% Grenache, gut 12% Syrah, 6% Cinsault und etwas Cabernet-Sauvignon. Ausbau zunächst 1½ Jahre in Tanks und anschließend 6 Monate in kleinen Bordeaux-Fässern. Ein aromatischer, tieffarbener, nuancierter Wein von reicher Qualität ist meist das Ergebnis.

Château Le Bouïs liegt an der Grenze zwischen den Corbières und La Clape (Coteaux du Languedoc) und also nicht weit vom Meer. Eigentümer Pierre Clément hat 36 ha mit Reben angepflanzt. Die blauen Sorten sind Carignan (70%), Grenache (10%), Cinsault (10%), Syrah und Mourvèdre (10%). Etwa ein Fünftel der Ernte reift 2 Jahre in Fudern. Neben seinem guten Rot- und Weißwein erzeugt das Gut auch einen beachtlichen Corbières Rosé Perlant.

Mitte:
Michel Péresse, der Mann, der jahrelang die besten Corbières-Weine erzeugte. Er sah sich leider gezwungen, seine Domaine de Cicéron zu verkaufen. Ende 1985 arbeitete Péresse für Nicolas in Südfrankreich als Weineinkäufer

Unten:
Reife, volle Trauben liegen zum Entrappen bereit. Die wichtigsten Rebsorten für roten Corbières sind Carignan, Grenache, Cinsault, Syrah und Mourvèdre; Cabernet-Sauvignon wird zunehmend angebaut. Weiterhin sind zugelassen Picpoul, Lladoner pelut und Tenet. Weißer Corbières darf unter anderem aus Grenache blanc, Malvoisie, Maccabeu, Clairette, Muscat, Picpoul und Tenet blanc erzeugt werden.

Corbières

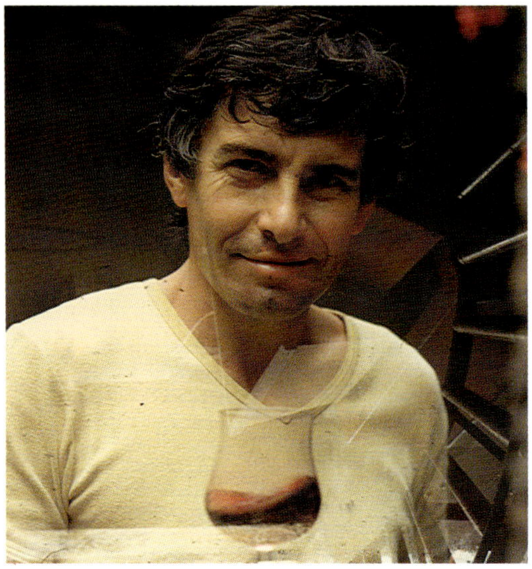

Die Weinlandschaft Corbières liegt als riesiges Rechteck im Süden des Départements Aude. Die nördliche Begrenzung bildet etwa die Linie Narbonne-Carcassonne. Weite Teile der Gegend sind sehr gebirgig. Diese Felsenlandschaft bildete früher ein natürliches Verteidigungswerk. Die Karolinger errichteten an strategisch günstigen Plätzen im Gebirge eine Reihe von Festungen, eine Art Maginot-Linie, die das Reich vor den Arabern schützen sollte. In den Corbières ist der Boden meist arm, die Niederschlagsmenge gering. So kommt es, daß hier praktisch nur die Rebe gedeihen kann. Dies war auch zur Römerzeit schon so. Von Narbonne aus – im 1. Jahrhundert n. Chr. die größte Stadt Galliens und der wichtigste Hafen in diesem Teil des Mittelmeers – wurden damals große Mengen Wein an die verschiedensten Bestimmungsorte verschifft. Nach dem Rückzug der Römer hatte der Weinbau in den Corbières allerdings – und bis in das 20. Jahrhundert hinein – nur noch regionale Bedeutung. Jahrhundertelang war in dieser armen Gegend neben der Schafzucht vor allem die Holzwirtschaft die Einkommensquelle. Erst nach der Erholung von den Folgen der Reblauskatastrophe und dem Bau der Eisenbahnen begann man in den Corbières an einem eigenen Profil zu arbeiten, an der Qualität und an einem Charakter, durch den sich der Corbières von dem Meer von Gros Rouge aus dem übrigen Midi unterscheiden sollte. Das ist mittlerweile durchaus gelungen. Qualitativ gehören die Corbières zu den interessantesten Weinen des Languedoc, und die Herkunft ist dann auch Ende 1985 zur Appellation Contrôlée erklärt worden.

Unterschiede in Boden, Klima und Wein

Die gesamten Corbières umfassen etwa 90 Gemeinden mit rund 200 000 ha. Nur für einen Teil davon, nämlich 27 000 ha, gilt die Appellation Contrôlée. Als Corbières noch ein Vin Délimité de Qualité Supérieure war, hielt man 42 000 ha für angemessen. Die Rebfläche wurde also drastisch beschränkt. Zur Zeit stehen etwa 10 000–15 000 ha im Ertrag. Mengenmäßig kann dieses Gebiet also noch kräftig wachsen. Man findet hier unterschiedliche Bodenarten,

In dem Dorf Fabrezan bestellen die drei Schwestern Tallavignes die 59 ha des Weinguts Château de la Boutignane. Die Trauben – Carignan (84%), Grenache, Syrah, Cinsault – gären nach dem Verfahren der Macération carbonique. Normalerweise kommt der Wein nicht mit Holz in Berührung, sondern reift 1–1½ Jahre in Tanks. Der Wein gefällt durch seine tiefdunkle Farbe, Geschmeidigkeit, Frucht und schönen Abgang.

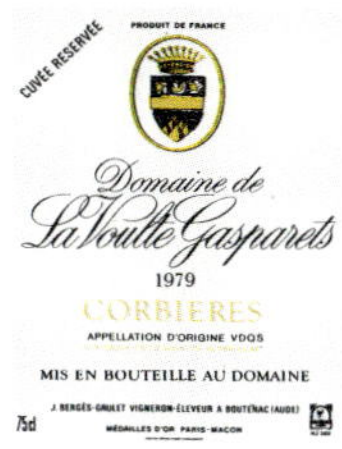

Jean Bergès' Domaine de la Voulte-Gasparets liegt in Boutenac. Sie umfaßt 50 ha, wovon 41 ha Corbières liefern. Die Rebsorten sind: 55% Carignan, 25% Grenache, 15% Cinsault und 5% Syrah. Vor der Abfüllung wird der Wein 12–18 Monate in Betontanks und Holzfudern gelagert. Dieser unter Anwendung der Macération carbonique bereitete Wein hat durchweg einen sehr eleganten, reintönigen Geschmack und einen bescheidenen Duft.

An gut besonnten Hängen in einem kleinen, geschützten Tal bei Saint-Laurent de la Cabrerisse liegen die 30 ha, auf denen Joël de Bermond de Vaulx seinen Corbières gewinnt. Die Bepflanzung besteht aus Carignan, Grenache, Cinsault und Syrah. Die Weine werden sorgfältig vinifiziert und sind nicht nur geschmeidig, sondern auch sehr ansprechend. Der Name des Weinguts ist Domaine des Moulins de Saint-Laurent.

Weitere interessante Corbières:
- Château de l'Ille, Peyriac-de-Mer
- Château de Luc, Luc-sur-Orbieu
- Château de Saint-Jean, Peyriac-de-Mer
- Château Vaugelas, Camplong
- Château de Villenouvette, Lézignan-Corbières
- Domaine de l'Ancien Prieuré de St. Amans, Bizanet
- Henri Gualco, Cruscades
- Cave Pilote Villeneuve-Corbières
- Château de Fabrezan, Fabrezan
- Domaine du Parc, Conilhac-Corbières
- Château d'Ardolou, Ribauté
- Les Vignerons des Coteaux Occitans, Lézignan-Corbières
- Domaine de St. Joseph, St. Laurent-de-Cabrerisse
- Château du Roc, Montbrun-des-Corbières
- Château Beauregard, Bizanet
- Paul Herpe, Narbonne
- Cave Coopérative Tuchan
- Cave Coopérative Ribauté
- Château Saint-Auriol, Lagrasse
- Château du Grand Caumont, Lézignan
- Domaine de Campredons, Bizanet
- Domaine de Mandourelle, Villesque-des-Corbières
- Cave Coopérative Côtes d'Alaric, Camplong
- Château des Etang de Colombes, Lézignan-Corbières

Unten:
Im Keller von Château de la Boutignane in Fabrezan

Es gibt auch Corbières Supérieures – etwa 30000 hl pro Jahr –, der aus einer begrenzten Anzahl von Gemeinden kommt und bei dem als Mindestalkoholgehalt nicht 11%, sondern 12% für Rotweine und 12,5% für Weißweine und Rosés gelten.

Die Weinbruderschaft des Gebiets nennt sich «Illustre Cour des Seigneurs de la Corbière». Sie besteht seit 1971.

In Lézignan-Corbières befindet sich bei den Caves Jaury-Serres ein hübsches Weinmuseum.

Genossenschaften erzeugen etwa zwei Drittel allen Corbières.

unterschiedliche Mikroklimata, und damit verschiedene Typen Wein. In den Corbières-Maritimes, einem etwa 10 km breiten Küstenstreifen, enthält der Boden viel Kalk, und das Meer bringt Kühlung und Feuchtigkeit. In den Hautes-Corbières dagegen tritt häufig Schiefer auf, und das Klima ist rauher. Die Maritimes liefern sehr leichte, aromatische Weine, während aus dem Hautes-Corbières Weine mit mehr Farbe, Kraft und Konzentration kommen. Wieder anders sind Boden und Klima in den zentralen Corbières, einer leicht hügeligen Landschaft unter anderem um die Orte Lézignan, Fabrezan und Boutenac. Aus dem Etikett ist jedoch nicht zu ersehen, welche Art von Corbières-Wein die Flasche enthält, denn die genannten Zonen sind gesetzlich weder begrenzt noch anerkannt. Man arbeitet jedoch an einer eigenen Herkunftsbezeichnung für die drei Zonen, und auch die Schaffung von Corbières-Villages wird erwogen. Es soll sich dabei um Weine aus den besseren Gemeinden mit einem Höchstertrag von etwa 40 hl/ha (statt 50), einem Alkoholgehalt von mindestens 12% (statt 11%) und einem vorgeschriebenen Faßlager von 8–9 Monaten handeln.

Besseres Gärverfahren

Der Schwerpunkt der Corbières-Erzeugung ist der Rotwein, der normalerweise 95% der Gesamtproduktion ausmacht; auf Rosé entfallen 4%, auf Weißwein 1%. Die Grundrebe für roten Corbières (und den Rosé) ist seit jeher Carignan. In den 70er Jahren kam für die Carignan-Rebe ein neues Vinifikationsverfahren auf, die Macération carbonique. Normalerweise ergibt die Carignan-Rebe wenig Aroma; dies hat sich jedoch durch die Einführung der Macération carbonique völlig geändert. Ein Winzer erzählte mir: «Bei traditioneller Vinifikation würde man dem Wein aus der Carignan-Rebe 3 Punkte von 10 geben, bei Vinifikation mittels der Macération carbonique 8 Punkte – so groß ist der Unterschied.» Immer mehr Corbières-Erzeuger wenden sich deshalb diesem Verfahren zu, teilweise für die ganze Ernte, manchmal auch nur für einen Teil. In einem Gebiet wie dem Beaujolais ist die Macération carbonique ebenfalls weit verbreitet. Dort liefert diese Behandlung sehr leichte, geschmeidige Weine, die jung getrunken werden müssen. Eigenartigerweise ist die Wirkung bei der Carignan-Rebe genau entgegengesetzt: Die Weine werden gerade fester und können besser reifen. Dadurch wird es wieder interessant, solchen Corbières einige Monate auf Eichenholz zu lagern. Zugleich mit der Macération carbonique setzt sich auch der Ausbau auf Holz immer mehr durch – zumindest bei denjenigen Winzern, die sich dies alles leisten können, denn sowohl die Gärapparaturen als auch die Holzfässer erfordern erhebliche Investitionen.

Beratung über Rebsorten

Aus der Carignan-Rebe werden zwar zur Zeit sehr viel bessere Weine gemacht als ehedem, jedoch bedeutet dies keinesfalls, daß man die ursprüngliche Monopolstellung dieser Rebe beibehalten will. Im Gegenteil: Der sehr aktive, sehr fachkundige Conseil Interprofessionnel des Vins de Fitou, Corbières, Minervois rät den Winzern mit Nachdruck, auch andere Sorten zu verwenden. Diese Empfehlung stützt sich auf eine sorgfältige Studie aus dem Beginn der 60er Jahre. In den Kellern dieser Organisation hat man drei Jahre lang verschiedene Rebsorten getrennt ausgebaut und anschließend in allen nur denkbaren Verhältnissen gemischt. Der Schwerpunkt lag dabei auf Carignan, Cinsault und Grenache noir. Jede Cuvée wurde anschließend durch eine gemischte Jury von Fachleuten geprüft, der Winzer, Händler, Makler, Önologen, Restaurateure, Weinaufkäufer angehörten. Eine Mischung setzte sich deutlich durch: 60% Carignan, 20% Cinsault, 20% Grenache noir. Um absolut sicherzugehen, daß diese Formel tatsächlich gute Resultate erbringt, überprüfte der Conseil noch zwei weitere Ernten auf dieser Grundlage. Erst danach folgte die offizielle Empfehlung einschließlich einer schriftlichen Anleitung für die Winzer. In der Folgezeit wurde auf den besseren Gütern der Anteil der Carignan-Rebe tatsächlich stark reduziert, häufig auf 55–60%. Außer Grenache und/oder Cinsault wurde in vielen Fällen auch etwas Syrah und teilweise auch Mourvèdre sowie Cabernet-Sauvignon angepflanzt. Die besseren Winzer haben sehr sorgfältig die richtigen Rebsorten für die richtigen Böden ausgewählt.

Der rote Corbières von der Domaine de Fontsainte (50 ha) ist häufig ein Wein mit einer tiefdunklen Farbe und einem vollen, kräftigen, runden Geschmack. Er ist das Werk von Yves Labourcarie, der in Boutenac wohnt. Die Gärung der beiden Rebsorten, die verwendet werden, nämlich Carignan und Grenache, erfolgt unter Anwendung der Macération carbonique. Der Wein reift 9–12 Monate in Tanks und anschließend noch einmal so lange in Fässern mit 600 l Inhalt.

In Bizanet bearbeitet Marie Rouanet 22 ha Rebfläche ihrer Domaine de Cave Neuve. Die Rebsorten sind: 60% Carignan, 20% Grenache, 10% Syrah und 10% Cinsault. Alle Früchte werden der Macération carbonique unterzogen. An dem wiederholt mit Goldmedaillen ausgezeichneten Wein gefällt die dunkle Farbe, der konzentrierte Duft (beerenartig) und der geschmeidige, kräftige Geschmack, in dem die Beeren wiederkehren. Es mangelt dem Wein höchstens etwas an Rasse und Holz.

Château Gaussan ist ein altes, im 19. Jahrhundert restauriertes Schloß, das vom Ehepaar Fougère bewohnt wird. Sie erzeugen hier auf 50 ha (Carignan, Cinsault, Grenache, Syrah) einen gelungenen, recht stilvollen Corbières. Dieser wird unter Anwendung der Macération carbonique bereitet und reift 1–2 Jahre in Eichenfudern. Das Gut liegt in der Nähe von Bizanet.

Der rote Corbières von der Domaine de Jérémie ist im allgemeinen ein eher schlanker Wein mit einem zartfrischen Ton. Kein konzentriertes, markantes Erzeugnis also, aber dennoch sehr köstlich. Eigentümer des 33 ha großen Guts ist die Familie Jaussan. Die Carignan-Rebe überwiegt mit einem Anteil von 80%. Traditionelle Vinifikation, 1 Jahr Faßausbau.

Zusammen mit seiner Frau Michèle und den Kindern bestellt Lionel Faivre die 115 ha von Château de Caraguilhes bei Saint-Laurent de la Cabrerisse. Die Rebsorten sind: 50% Carignan, 20% Grenache, 10% Cinsault, 10% Alicante und 10% sonstige. Vinifiziert wird traditionell. Der Rotwein – geschmeidig, nicht zu leicht und nicht zu schwer – reift einige Monate in Fudern. Verschiedene Flaschenformen und Etiketten.

Die Domaine de Montjoie in Saint-Laurent de la Cabrerisse erzeugt einen kraftvoll strukturierten Corbières, der neben Geschmeidigkeit auch Tannin aufweist. Der Wein kommt von 37 ha, die mit 90% Carignan und 10% Grenache sowie Cinsault bepflanzt sind. Die Eigentümer Madame Guiraud und Monsieur Foulquier arbeiten mit der Macération carbonique und füllen ihren Wein erst ab, nachdem er 12–18 Monate in Tanks geruht hat.

Selbstvertrauen steigt

Wenn es auch auf dem Gebiet der Weintechnik in den letzten Jahrzehnten große Fortschritte gegeben hat, so kann doch von einem allgemeinen Qualitätsimage noch keine Rede sein. In erster Linie liefern die Corbières nach wie vor große Mengen sehr einfacher, gewöhnlicher Weine, die bei vielen den Eindruck bestätigen, daß es sich um ein zweitrangiges Weingebiet handelt. Weiterhin können sich noch längst nicht alle Erzeuger für die neue Lehre erwärmen: Mangel an Mut, Selbstvertrauen, Wissen und Begeisterung ist für viele Winzer typisch; vor allem für die Mitglieder der Genossenschaften, von denen zwei Drittel der Gesamterzeugung stammen. Die Corbières sind auch nach außen hin keine Gegend, die von Lebenslust und Vitalität strotzt. Die Dörfer machen einen wenig wohlhabenden, baulich überalterten und stillen Eindruck. Wegweiser zu den Weingütern sind selten, Probierlokale ebenfalls. In vielen anderen französischen Weingebieten lädt man gerne Vorüberkommende zur Probe ein, versucht man, den Wein direkt abzusetzen. In den Corbières ist davon recht wenig zu sehen. Einer der Winzer meinte hierzu: «Bis vor kurzem fanden wir unsere Weine nicht gut genug, um für sie zu werben; je besser jedoch die Qualität wird, um so mehr steigt unser Selbstvertrauen.» Im Jahre 1970 füllten nur 5 Güter ihren Wein selbst ab; heute sind es bereits 140–150.

Die Gruppe Les Vignerons du Val d'Orbieu bringt ein breites Spektrum echter Corbières heraus und zwar Weißwein, Rotwein und Rosé. Die besseren Sorten sind auffallend guter Qualität, so etwa der Castelmaure, ein herrlicher roter Corbières, der aromatische, fruchtige Resplandy und der Wein mit dem Schriftzug von Georges Bertrand. Der Betrieb arbeitet unter verschiedenen Namen, unter anderen: Les Vignerons du Septimanie, Les Producteurs Réunis und Les Vignerons du Midi.

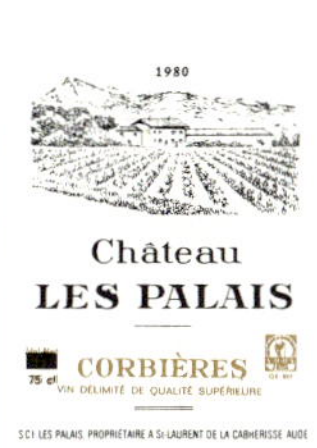

Der Rebgarten von Château Les Palais (St. Laurent-de-la-Cabrerisse) umfaßt nicht weniger als 110 ha. Der Kellerkomplex ist entsprechend weitläufig und besteht aus einem alten und einem modernen Teil. Winzer Bernard de Volonta erzeugt einen tieffarbenen, guten Corbières. Vor allem seine spezielle, holzgereifte Cuvée verdient besondere Beachtung. Rebsorten: 70% Carignan, 17% Grenache, 6% Syrah, 5% Mourvèdre, 2% sonstige.

Françoise Surbezy-Cartier ist Eigentümerin von Château des Ollieux in Montseret. Ihr 40 ha großer Rebgarten trägt 70% Carignan, 15% Cinsault, 10% Grenache und 5% Syrah. Alle Trauben durchlaufen die Macération carbonique, die rund 2 Wochen dauert. Vor der Abfüllung reift dieser tadellose Corbières 1 Jahr in Tanks. In seiner Jugend schmeckt er am besten.

Seite gegenüber, links unten: Georges Bertrand, der talentierte Winzer von der Domaine de Villemajou und gleichzeitig Berater der Vignerons du Val d'Orbieu in Narbonne

Seite gegenüber, unten: Die Corbières-Landschaft bei Saint-André-de-Roquelongue

Unten: Leseszene. Die Weingüter in diesem Gebiet haben zunehmend Schwierigkeiten, Arbeitskräfte zu finden.

Rechts: Jean Bergès von der Domaine de la Voulte-Gasparets. Er war jahrelang Vorsitzender des Verbandes der Corbières-Erzeuger.

Dynamische Gruppe

Mit einer besseren Qualität und mehr Selbstvertrauen allein ist den Corbières allerdings noch nicht geholfen. Der Wein muß auch verkauft werden, und zwar zu einem reellen Preis. Jahrzehntelang hatte man in den Corbières Probleme mit dem Absatz. Die regionalen Handelshäuser waren nämlich nur auf einen Typ Wein spezialisiert: den billigen Massenwein. Unterscheidungen wurden kaum vorgenommen, höchstens nach dem Alkoholgrad. Der Corbières war für die Handelshäuser einer der vielen einfachen Midi-Weine, und auf dieser Basis wurden die Winzer auch bezahlt. Schließlich griff man zur Selbsthilfe. Im Jahre 1967 gründeten sieben Winzer, die es leid waren, daß der Handel ihre Weine nicht honorieren wollte, die Gruppe Les Vignerons du Val d'Orbieu. Ziel der jungen Vereinigung war es, die eigenen Produkte selbst abzufüllen und zu verkaufen und dabei nach größtmöglicher Qualität zu streben. Heute ist die Gruppe zum größten Lieferanten von Corbières geworden, und die Zahl der Mitglieder nimmt ständig zu. Es sind mittlerweile weit über 150 Privatwinzer geworden, und darüber hinaus sind fast 10 Genossenschaften angeschlossen. Alle Mitglieder erzeugen ihre Weine selbst, wobei sie ständig beraten werden; den Vertrieb übernehmen ganz oder teilweise Les Vignerons du Val d'Orbieu. Das Angebot beschränkt sich schon längst nicht mehr auf Corbières – fast das gesamte Languedoc ist in dieser dynamischen Gruppe repräsentiert. Zweifellos blieb der Erfolg der Gruppe auch dem traditionellen Handel nicht verborgen, der allmählich entdeckte, daß der Markt sogar Qualitätsweine aus dem französischen Süden akzeptierte.

Auch optische Überraschungen

Auf dem Gebiet des Weins gibt es also in den Corbières viel zu entdecken. Ich bin davon überzeugt, daß diese Weinlandschaft vor dem Ende unseres Jahrhunderts in weiten Kreisen als eine der besseren des Languedoc angesehen werden wird, als ein Herkunftsbereich dessen Weine sich ohne weiteres mit den Gewächsen aus viel bekannteren Gebieten messen können, auch was das Preis-Qualitätsverhältnis betrifft. Mit dem zunehmenden Renommee werden auch mehr Besucher kommen, für die es hier Naturschönheiten und Sehenswürdigkeiten zu entdecken gibt. Vor allem die höhergelegenen Teile der Corbières sind höchst malerisch und noch unberührt. Eine stets wechselnde Landschaft mit Bergen, Hügeln und Tälern erfreut das Auge. Besondere Sehenswürdigkeiten sind u.a. die Schluchten von Galamus und Orbieu, die Wälder von Fanges und Rialcesse, Rennes-le-Château mit dem herrlichen Rundblick, die berühmten Abteien von Lagrasse und Fontfroide und das romantische Dorf Cucugnan, dem Alphonse Daudet in seinen «Lettres de Mon Moulin» ein Denkmal setzte. Natürlich darf auch Narbonne mit seinen Museen und dem beeindruckenden erzbischöflichen Palais nicht vergessen werden. Auch in den kleinen, verschlafenen Weindörfern gibt es für den Besucher optische Überraschungen. Hinter den unansehnlichen Fassaden vieler Häuser verbirgt sich nicht selten ein sehenswertes Inneres mit herrlich bearbeiteten Deckenbalken, mächtigen Kaminen, reicher Täfelung und erlesenem Mobiliar. Dies sind noch Zeugnisse des Wohlstands, den die Eisenbahn hier vorübergehend brachte. Diese große Zeit ist nun vorbei, jedoch weist vieles darauf hin, daß die Zukunft wieder bessere Zeiten bringen wird. Als ich einen Winzer fragte, wieviele Hektar man in den Corbières braucht, um gut davon leben zu können, antwortete er: «Zum Leben braucht man mindestens 10 ha; daß man hier gut leben könnte, das gibt es noch nicht. Eines Tages wird es jedoch soweit sein, davon bin ich und sind viele andere mit mir überzeugt.»

Côtes du Carbadès et de l'Orbiel

Im Norden und Nordosten von Carcassonne (und damit praktisch an der Grenze zu Corbières und Minervois) liegt ein unbekanntes Rebgelände mit dem schwierigen Namen Côtes du Carbadès et de l'Orbiel. Es umfaßt 14 Gemeinden, auf deren Gebiet etwa 200 ha mit Reben bepflanzt sind. Erzeugt wird ausschließlich Rotwein und Rosé. Als primäre Rebsorten – zusammen mindestens 60% – gelten Grenache, Cinsault, Mourvèdre, Syrah und Carignan (letztere höchstens 30% der Gesamtfläche); daneben sieht das Gesetz noch 8 sekundäre Rebsorten vor, darunter Cabernet-Sauvignon und Merlot. Der Höchstertrag wurde auf 50 hl/ha festgesetzt, der Mindestalkoholgehalt auf 11%. Die Einstufung als Vin Délimité de Qualité Supérieure geht auf das Jahr 1973 zurück und ist vor allem dem Einsatz des Comte de Cibeins zu verdanken. Er besitzt neben seinen gut 50 ha Corbières (Château de Cabriac) auch 25 ha Côtes du Carbadès et de l'Orbiel (Domaine de Raissac).

Links:
Das Weindorf Tuchan

Unten:
Das Probierlokal der Genossenschaft von Tuchan. In der Tür steht der Präsident der Coopérative, Maurice Borde.

Die 9 Weinorte von Fitou sind Fitou, Cascatel, Caves-de-Treilles, La Palme, Leucate, Paziols, Treilles, Tuchan und Villeneuve-Corbières.

Weitere interessante Fitous:
- Cave Pilote Villeneuve-Corbières
- Cave Coopérative Cascatel-Corbières
- Paul Herpe, Narbonne
- Domaine Abelanet, Fitou
- Terre Rouge (Fontanel & Fils), Caves.

Alle Winzer von Tuchan (1000 Einwohner, 1000 ha Rebfläche) sind Mitglied der örtlichen Genossenschaft. Mit 15 000 hl Fitou ist diese der größte Erzeuger der Appellation. Daneben werden noch 25 000 hl anderer Wein erzeugt. Die rund 415 Mitglieder bringen einen Teil ihrer Trauben in Trögen von maximal 50 kg Fassungsvermögen zur Macération carbonique. Man führt verschiedene Sorten Fitou, darunter den wohlschmeckenden, festen, freundlichen Rocflamboyant.

Die Genossenschaft von Paziols hat 257 Mitglieder. Das Weinspektrum besteht aus verschiedenen Sorten, darunter Fitou (12 000 hl, knapp die Hälfte allen Fitous). Ein Teil dieses Weins wird mittels Macération carbonique erzeugt. Die übrigen Trauben werden hier entrappt. Das hängt mit dem kalkhaltigeren Boden zusammen, der einen geschmeidigeren Wein ergibt als der Schiefer und blaue Marmor von Tuchan. Der Fitou von Paziols schmeckt geschmeidig, frisch und hat einen würzigen Kern.

Das bedeutendste unabhängige Weingut von Fitou ist Château de Nouvelles in Tuchan. Eigentümer Robert Daurat-Fort besitzt 80 ha Rebfläche, wovon 36 ha Fitou liefern. Reben: 60% Carignan, 30% Grenache und 10% Syrah. Durchschnittsertrag: 32 hl/ha. Der Wein bleibt mindestens 2–3 Jahre in Fudern und wird häufig erst nach 5 Jahren verkauft. Die Qualität ist hoch. Dieser Fitou besitzt einen gut strukturierten, aromatischen, runden Geschmack.

Fitou

Im riesigen Languedoc ist Fitou in mancherlei Hinsicht eine Ausnahme. Während zum Beispiel viele Anbaubereiche schon seit Jahrzehnten um die Appellation Contrôlée kämpfen, gilt sie für das verhältnismäßig kleine Fitou schon seit 1948. Eine weitere Besonderheit ist dessen Lage: Es besteht aus zwei Enklaven in Corbières. Die eine liegt am Mittelmeer und umfaßt 5 Gemeinden, die andere, weiter im Landesinneren, besteht aus 4 Gemeinden. Ein graues, steil aufragendes Berggebiet, das an den höchsten Stellen bis 700 m hoch ist, bildet die Grenze zwischen den beiden Teilen. Funde von Amphoren und anderen Weinrequisiten zeigen, daß hier schon die Römer Weinbau betrieben. Wie es heißt, soll der Fitou schon die Tafel von Ludwig XIII. Wie auch von Ludwig XIV. geziert haben.

Niedriger Ertrag
Die Appellation umfaßt eine Rebfläche von rund 2000 ha. Hiervon werden jährlich etwa 50 000 hl Fitou erzeugt. Diese Menge kann noch auf 80 000 hl anwachsen. Der maximale Hektarertrag ist niedrig; 40 hl sind zulässig (10 hl weniger als in Corbières), jedoch wird auch diese niedrige Grenze bei weitem nicht erreicht. Durchschnittlich erntet man nicht mehr als 25–35 hl/ha. Das ist eine Folge des trockenen, sonnigen Klimas und der häufig armen Böden, die von unterschiedlicher Art sein können. Im Fitou kommen neben leichten, schieferhaltigen Böden auch kompakte Lehm- und Kalkböden vor; auch Zwischenstufen sind da und dort zu finden. Die Weine vom Meer schmecken häufig etwas streng und hart, während jene aus dem Landesinneren mehr Körper, Farbe und Konzentration aufweisen. Diesen Typ Fitou ziehe ich persönlich vor. Er unterscheidet sich doch deutlich vom Corbières. Der Wein ist etwas großzügiger, kräftiger, alkoholreicher (vorgeschrieben sind mindestens 12%) und enthält außerdem etwas mehr Tannin. Ein guter Fitou schmeckt herrlich zu bodenständigen Wildgerichten. Im Weindorf Tuchan kennt man sich hiermit aus: Dort werden am nahegelegenen Mont Tauch jedes Jahr bis zu 100 Wildschweine geschossen.

Streng geregelte Reifedauer
Fitou ist immer ein Rotwein. Erzeugt wird er meist aus 75% Carignan (höchstzulässiger gesetzlicher Anteil) und 25% Grenache. Die Grenache-Rebe kann durch ihre nächste Verwandte Lladoner pelut noir oder bis zu höchstens 10% der Gesamtmenge durch Cinsault, Maccabeu, Mourvèdre, Syrah oder Terret noir ersetzt werden. In der Praxis geschieht dies allerdings nur in den seltensten Fällen.
Weiterhin hat der Gesetzgeber festgelegt, daß aller Fitou mindestens 9 Monate reifen muß, bevor er in den Handel kommt. Die Winzer selbst halten es noch strenger: Normalerweise wird die Hälfte der Ernte 1 Jahr zurückgehalten, so daß man immer 2 Jahre Vorrat hält. Auch in solch konsequenter Qualitätspolitik ist Fitou als Ausnahmeerscheinung zu betrachten.

Eine klare Farbe, ein reintöniger Duft und ein geschmeidig-frischer, runder, leicht fruchtiger Geschmack – dies sind die Kennzeichen eines der allerbesten weißen Minervois, des Château de Paulignan. Der Wein wird aus nur angequetschten Trauben erzeugt, und es findet keine zweite Gärung statt. Die Rebsorten sind je zur Hälfte Marsanne und Maccabeu. Das Gut (55 ha, davon 6 ha für Weißwein) liegt in Trausse und gehört der Familie Tallavignes.

Château de Paraza (in der Gemeinde Paraza bei Lézignan) ist das Zentrum eines großen Weinguts, das 140 ha umfaßt. Eigentümerin ist Madame de Bertier. Von 40 ha wird ein hervorragender Rosé erzeugt. Es ist ein funkelnd rosafarbener Wein mit einem trockenen, erfrischenden Geschmack, geschmeidig und leicht fruchtig. Die Rebsorten sind Grenache (40%), Cinsault (40%) und Syrah (20%). – Auch die rote Cuvée Special verdient besondere Beachtung.

Im Minervois selbst wurde der Wein von der Domaine Meyzonnier (8 ha in Pouzols) schon mehrfach zum Besten gekürt. Die beste Cuvée dieses Weinguts ist in der Tat beeindruckend: tieffarben, sehr konzentriert, viel Frucht (Schwarze Johannisbeeren), geschmeidig und ausgewogen. Jacques Meyzonnier erzeugt ihn unter Anwendung der Macération carbonique aus 50% Carignan, 20–25% Cinsault und 15–20% Grenache; der Rest ist Syrah. Kein Ausbau auf Holz.

Die Gruppe «Les Vignerons du Val d'Orbieu» in Narbonne führt verschiedene Sorten Minervois unter verschiedenen Etiketten und mit verschiedenen Namen (z. B. Les Vignerons du Midi, Les Vignerons du Septimanie). Die Weine sind fast immer von recht ansprechendem Niveau. Carignan, Grenache und Cinsault sind in der Regel die Grundlage. Die beste Selektion trägt den Namen von Georges Bertrand.

Von einer 40 ha großen Rebfläche mit 40% Grenache, 40% Carignan, 10% Syrah, 5% Cinsault und 5% Alicante erzeugt das Château du Vergel einen tieffarbenen, eleganten Rotwein mit Frucht und Frische. Das Gut liegt in Ginestas. Eigentümer Bernard Mazard erzeugt seinen Wein in traditioneller Manier und läßt 1 Jahr Ausbau in Burgunderfässern und ein weiteres Jahr Flaschenreife folgen.

Unten:
Das Dorf Minerve, das sich am Zusammenfluß zweier Flüsse still in die Landschaft schmiegt

Ganz rechts unten:
In Minerve steht dieser Gedenkstein an die 180 Märtyrer, die hier im Jahre 1210 in den Flammen umkamen. Im Ort gibt es auch ein archäologisches Museum.

Für den Minervois gilt ein gesetzlicher Ertrag von 50 hl/ha und ein Mindestalkoholgehalt von 11%.

Minervois

Aller Wahrscheinlichkeit nach waren es die Römer, die auch im Minervois die ersten Rebstöcke pflanzten. Die Zehnte Römische Legion hatte an der Stelle, wo heute das Dorf Minerve liegt, ein befestigtes Lager, und wo die Legionäre waren, gab es auch bald Wein. Schon in der Römerzeit genoß der Minervois-Wein einen guten Ruf; Plinius der Jüngere erwähnte ihn in seinen Briefen. Es wurde auch viel Wein nach Rom verschifft, und in diesem Zusammenhang gab es im Jahre 69 v. Chr. einen Weinskandal. Der Prokonsul von Narbonne, ein gewisser Fonteius, soll auf den Wein eine illegale Exportsteuer erhoben haben. Es kam deshalb zu einem aufsehenerregenden Prozeß, in dem kein geringerer als Cicero als Verteidiger auftrat. Die Weinrebe behauptete hier stets ihren Platz, wenn man einmal von der Zeit der maurischen Besetzung absieht. Etwas anderes wächst hier auch kaum. Man sieht weit und breit nur Rebgärten; in ganz geringem Umfang werden daneben auch Oliven, Obst und etwas Gemüse angebaut. Bei einer statistischen Untersuchung vor einigen Jahren zeigte es sich, daß von insgesamt 2500 landwirtschaftlichen Betrieben, die es im Minervois gibt, nur gerade 18 nichts mit Weinbau zu tun hatten.

Höhenunterschiede

Das Minvervois schließt sich nördlich an Corbières an; die natürliche Grenze bildet das Aude-Tal. Von diesem Tal aus steigt das Land in nördlicher Richtung stufenweise an und geht schließlich in die Ausläufer der Montagne Noire über. Der Höhenunterschied zwischen den höchsten Hügeln des Gebiets und der Talsohle schwankt zwischen 560 m im Osten und etwa 800 m im Westen. Es hat eine ovale Gestalt mit einer Länge von 32 km und einer Breite von 25 km. In der Nähe des Aude-Tals wirkt die Landschaft kultiviert und freundlich. Je tiefer man jedoch in das Gebirge eindringt, desto wilder und unwirtlicher wird die Gegend. Hier

Unten:
Das uralte Dorf Minerve wurde auf einem steilen, 500 m hohen Felsen erbaut und hat eine Kirche aus dem 11. und eine Burg aus dem 9. Jahrhundert.

Beim roten Minervois muß der Mindestanteil von Grenache, Lladoner pelut, Syrah und/oder Mourvèdre zusammen allmählich von 20% im Jahre 1985 auf 30% im Jahre 1990 ansteigen. Für Syrah und/oder Mourvèdre muß der für 1985 geltende Anteil von 5% auf 10% zunehmen.

In der Gegend findet man außer malerischen Dörfern und Burgruinen auch Dolmen und Menhire; die Vergangenheit ist hier noch sehr lebendig.

Seit über einem halben Jahrhundert ist Château de Blomac in Blomac Eigentum der Familie De Thélin. Der heutige *gérant* ist Jean du Thélin. Das Gut hat 35 ha Rebfläche innerhalb der Herkunftsbezeichnung Minervois. Die Bepflanzung besteht aus vier Rebsorten. Spezialität dieses im zentralen Minervois gelegenen Weinguts ist der Cuvée Tradition, ein reinsortiger Carignan-Wein, der unter Anwendung der Macération carbonique erzeugt wird.

Marc Remaury in Azillanet bestellt die 30 ha der Domaine du Pech-d'André. Von diesem Weinberg liefert etwa die Hälfte einen Minervois auf der Grundlage von Syrah, Grenache, Mourvèdre, Cinsault und Carignan. Nach 6 Monaten in Tanks wird der Wein abgefüllt. Er besitzt meist eine tiefdunkle Farbe und einen reizvollen, recht reichen, geschmeidigen Geschmack. Köstlicher Duft mit feinen Früchten.

In Caunes-Minervois, wo Château de Villerambert steht, wird schon seit Jahrhunderten Wein erzeugt. Schloßbesitzer Marceau Moureau hat 35 ha, die einen Minervois liefern. Die Reben sind Carignan (70%), Grenache (10%), Cinsault (10%), Syrah (5%) und Terret noir (5%). Hier wird noch sehr traditionell gearbeitet, und man verkauft nur ausgereifte Weine (3–4 Jahre Faßlager, etwa 1 Jahr Flaschenreife). Hervorragenden Wein erzeugt Moreau auch auf Château Villegly Moureau.

Marcel Julien ist der Besitzer von Château de Villerambert-Julien in Caunes-Minervois. Dieses Gut umfaßt 60 ha. Die Carignan-Rebe spielt die Hauptrolle; daneben sind Cinsault, Syrah, Grenache und Mourvèdre angepflanzt. Die Gärung erfolgt traditionell, und der Wein reift einige Zeit in Fudern. Der Geschmack ist gut, kann aber anfänglich auch etwas hart sein. Man sollte dem Wein daher einige Jahre Flaschenlager geben.

Georges Blanc ist nicht nur einer der größten Nelkenlieferanten Frankreichs, sondern auch Winzer, und zwar in La Livinière. Seine Domaine Sainte-Eulalie umfaßt rund 20 ha und liefert einen wirklich herrlichen Rotwein. Dieser besitzt einen eleganten Geschmack von reicher Qualität mit Frucht (u. a. Pflaumen) und Geschmeidigkeit. Rebsorten: 60% Carignan (Macération carbonique), 20% Grenache, 10% Syrah, 10% Cinsault.

gibt es auch erheblich weniger Regenfälle: Die vier Flüsse, die das Minervois durchschneiden, sind drei Viertel des Jahres trocken. Die meisten Dörfer entstanden hier denn auch um Wasserquellen.

Ebene und Hügel
Der Boden im Minervois ist unterschiedlich. In der Ebene findet man die fruchtbaren, lehmhaltigen Böden, die häufig mit großen runden Steinen übersät sind. Weiter oben in den Hügeln tritt vor allem Kies und Kalk auf, teilweise mit Schiefer durchmischt. Beide Bodenarten liefern guten Wein. Der Wein aus der Ebene ist meist geschmeidig und schmeckt jung am besten, während der Wein aus den höheren Teilen mehr Festigkeit besitzt und reifen kann. In den Bergen findet man hin und wieder auch Rebstöcke auf stark marmorhaltigem Boden mit einer dünnen Oberschicht, jedoch ist die Qualität der hier erzeugten Weine nicht immer optimal. Zwei Winde beherrschen das Klima: der «Cer», der aus dem Norden und Westen kommt und kühle Luft und häufig auch Trokkenheit bringt, und der «Marin», der warme, feuchte Seeluft heranführt. In der felsigen Hügellandschaft wechseln Weinberge mit Hängen und Plateaus, wo Unterholz, Kräuter und Wildblumen üppig wuchern, die die reine, klare Luft des Minervois mit einem manchmal betäubenden Duft erfüllen.

Der Ort Minerve
Das Herz des Minervois ist nach wie vor Minerve. Dieses uralte Dorf verdankt seinen Namen der keltischen Bezeichnung «men erba», was «bewaldeter Fels» bedeutet. Minerve liegt wie ein Adlernest hoch auf einem schmalen Felsen an der Stelle, an der sich die Flüsse Cesse und Briant vereinigen. Man erreicht das Dorf über zwei natürliche Brücken, Felsgelände, durch das sich der Fluß selbst einen Tunnel geschaffen hat. Das kleine Minerve besteht nur aus wenigen Straßen; es wohnen dort auch nicht mehr als etwa 100 Menschen. Ruinen von Toren, Wällen und anderen Befestigungen sind stumme Zeugen seiner kriegerischen Vergangenheit.

Märtyrer
In ganz Europa, aber vor allem in Südfrankreich verbreitete sich im 12. Jahrhundert eine religiöse Strömung, die sich gegen die katholische Kirche auflehnte: die Sekte der Katharer oder Albigenser. Sie schworen allem Irdischen ab, denn die Erde und alles Sichtbare war nach ihrer Lehre vom Teufel geschaffen. Sie verwarfen die katholische Hierarchie, die Sakramente, die Ehe. Papst Innozenz III. verfolgte die Ketzer mit aller Härte. Er rief zum Kreuzzug auf, wobei allen Teilnehmern derselbe Ablaß gewährt wurde wie den Kreuzfahrern in das Heilige Land. Der Franzose Simon de Montfort erhielt von seinem König den Auftrag, die Strafexpedition zu leiten. Er zog mit Feuer und Schwert durch das Midi, geplünderte Städte und Tausende von Toten zeichneten seine Bahn. Eines der Bollwerke der Katharer war Minerve, wo sich im Jahre 1210 Guilhaume de Minerve mit einer Gruppe von Glaubensgenossen verschanzt hatte. Sieben Wochen lang dauerte die Belagerung, bis die Verteidiger durch Wasser- und Nahrungsmangel zur Übergabe gezwungen wurden. 180 der Ketzer weigerten sich, ihrem Glauben abzuschwören: sie warfen sich als Märtyrer auf den Scheiterhaufen. Ein kleiner Gedenkstein bei der romanischen Kirche von Minerve erinnert noch daran. Heute ist das Dorf ein vollkommen friedlicher, manchmal auch festlicher Ort. Seit 1976 kommen jedes Jahr Tausende zur Enfestoulida, einem Fest von sehr regionalem Gepräge mit Gesang, Tanz, köstlichem Essen und Wein. Es wird an den dritten Wochenenden im Juli und August abgehalten. Während der Saison kommen jedoch auch außerhalb dieser Festtage viele Besucher nach Minerve.

Erhebliches Potential
Minerve ist eine der 61 Gemeinden, die Minervois-Wein erzeugen können. Von diesen Dörfern liegen 45 im Département Aude, 16 in Hérault. Man hat berechnet, daß im ganzen Gebiet 33 000 ha Weinbaugrund vorhanden sind. Fast die Hälfte davon, 18 000 ha, gehören zur Zeit zur Herkunftsbezeichnung Minervois. Davon sind jedoch nur 6000 ha mit den zugelassenen Rebsorten bepflanzt. Es wäre also ohne weiteres möglich, die Erzeugung von Minervois-Wein zu verdoppeln. Zur Zeit beträgt sie zwischen 200 000 und 300 000 hl pro Jahr. Wie

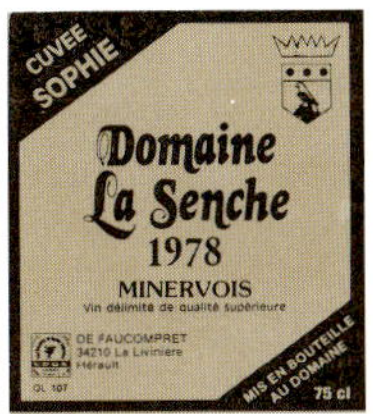

Auf dem kieshaltigen, armen Boden von La Livinière bewirtschaftet Madame de Faucompret die 36 ha ihrer Domaine La Senche. Die Reben sind Carignan, Grenache, Cinsault. Man arbeitet hier traditionell, und der Wein wird 2–3 Jahre in Fudern gelagert. Er zeigt in Duft und Geschmack Anklänge von Holz und eine angenehme Abrundung. Er wurde wiederholt prämiert.

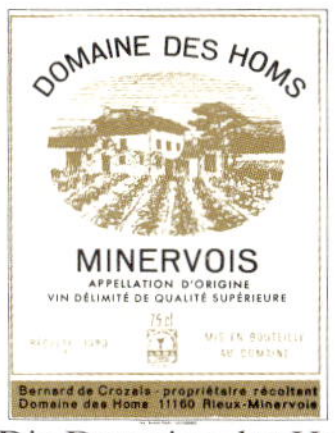

Die Domaine des Homs in Rieux-Minervois ist Eigentum von Bernard de Crozals. Die 20 ha sind bepflanzt mit Carignan (gut zwei Drittel), Cinsault und ein wenig Syrah. Die Vinifikation erfolgt traditionell. Für den Ausbau des Weins (etwa 1 Jahr) werden sowohl kleine Holzfässer als auch Betontanks gebraucht. Neben einer ausgesprochenen Eleganz hat der Wein auch einen abgerundeten Geschmack.

Seit 1437 gehört Château de Pouzols derselben Familie. Heute ist es Eigentum von Baron Charles de Fournas Fabrezan. Für die Vinifikation ist Baronesse Solange verantwortlich. Von den 75 ha Rebfläche liefern etwa 50 ha Minervois (Carignan, Grenache, Cinsault, Mourvèdre). Der Wein wird nach dem traditionellen Verfahren erzeugt. Im Charakter ist er etwas rustikal aber er schmeckt doch angenehm. Der Wein präsentiert sich allermeist mit viel Farbe.

Winzer Pierre Fil in Mailhac nannte sein Gut einfach Domaine Pierrefil. Es umfaßt 12,5 ha mit 45% Carignan, 30% Grenache, 15% Syrah und 10% Cinsault. Die gesamte Ernte wird unter Anwendung der Macération carbonique vinifiziert. Hieraus entsteht ein erfreulicher Wein mit einem angenehmen Fruchtbukett und einem recht leichten, sauberen, geschmeidigen Geschmack. Ein Minervois, den man innerhalb von 1–2 Jahren nach seiner Geburt trinken sollte.

Weitere interessante Minervois:
- Cave Coopérative La Livinière
- Château de Gourgazaud, La Livinière
- Château Naucaderie, Laure-Minervois
- Jean-Claude Grasset, Beaufort-Minervois
- Château du Donjon, Bagnoles
- Château d'Agel, Agel
- Roger Marcouire, Minerve
- Cave Coopérative Trausse
- Cave Coopérative Les Crus de Montouliers
- Cave Coopérative Caunes-Minervois
- Cave Coopérative Pouzols
- Cave Coopérative Aigne (Weißwein)
- Domaine de Barroubio, St. Jean-de-Minervois
- Domaine de Prat Majout, Laure-Minervois
- Domaine de Cabezac, Bize-Minervois
- Château de Villegly, Villegly
- Domaine de Fabas, Laure-Minervois
- Domaine de Mayranne, Minerve
- Coopérative Costos-Roussos, Trausse-Minervois

Unten: Baron und Baronesse de Fournas Fabrezan vom Château de Pouzols und ihr Schloß

Die regionale Weinbruderschaft heißt «Les Compagnons du Minervois».

Das Minervois hat eine eigene Flasche, La Minerve, in die nur ausgewählte Weine abgefüllt werden dürfen. Die Flasche ähnelt dem Bordeaux-Modell und trägt einige Wappen an der Schulter.

stark die Erzeugung zunehmen wird, hängt vor allem davon ab, wie gut der Markt den Minervois aufnimmt. Wie bei Corbières und anderen Languedoc-Appellationen muß auch hier beim Handel und beim Verbraucher das tiefverwurzelte Vorurteil überwunden werden, daß aus dem Midi nur Weine minderwertiger Qualität kommen können.

Sinkender Carignan-Anteil
Nach dem verheerenden Einfall der Reblaus entschieden sich die Winzer des Minervois unglücklicherweise für minderwertige, aber sehr produktive Rebsorten. Bei der Neuanpflanzung wurden Carignan, Grenache, Morastel und andere noble Rebsorten, die hier im 18. Jahrhundert gestanden hatten, durch Aramon und häufig sogar durch Hybriden ersetzt. Klasse wurde durch Masse verdrängt. Erst nach Jahrzehnten begann man, den Fehler einzusehen. So setzte, wenn auch sehr langsam, ein Prozeß des Umdenkens ein, zum großen Teil das Verdienst des im Jahre 1922 gegründeten Syndicat pour la Défense et la Délimitation du Cru Minervois.

Im Jahre 1951 erhielt das Minervois die eigene Herkunftsbezeichnung, und zwar auf dem VDQS-Niveau. Bis dahin war die Aramon-Rebe vielerorts schon vollständig durch die Carignan ersetzt worden. Im Durchschnitt lag ihr Anteil bei den Minervois-Gütern bei 90% oder mehr. Wie in den Corbières hat man inzwischen auch eingesehen, daß die Carignan-Rebe nicht alleinseligmachend ist. Deshalb trat im Jahre 1981 eine Neuregelung in Kraft, in der bestimmte Fristen festgesetzt wurden, bis wann die Carignan-Rebe zugunsten anderer Sorten reduziert werden mußte. Seit der Ernte 1985 darf die Carignan-Rebe nicht mehr als 70% der Bepflanzung ausmachen. Gleichzeitig muß der Gesamtanteil von Syrah und Mourvèdre mindestens 5% betragen, während weitere 15% für eine Auswahl aus Grenache noir, Lladoner pelut noir und wiederum Syrah und/oder Mourvèdre reserviert sind. Ab 1990 gilt dann für die Carignan-Rebe eine Höchstgrenze von 60%.

Unaufdringliche Eleganz
Der Charakter des roten Minervois, des hier bei weitem am häufigsten erzeugten Weins, kann kurz und bündig mit «unaufdringliche Eleganz» umschrieben werden. Insgesamt sind die Minervois-Weine etwas schlanker als ihre Nachbarn aus Corbières, ohne wirklich leicht zu schmecken. Ausnahmen sind allerdings möglich: Ich habe wiederholt festgestellt, daß die besseren Weine aus diesen beiden Herkunftsbereichen nur sehr schwer voneinander zu unterscheiden sind. Der Aufstieg zur Qualität ist im Minervois ganz deutlich bemerkbar, und ich gehe davon aus, daß sich diese Entwicklung durchsetzen wird. Übrigens verdienen nicht nur die Rotweine alle Aufmerksamkeit; ich habe auch einige außerordentlich gelungene Rosés und Weißweine verkostet. Liebhaber von gutem Wein tun gut daran, die Entwicklung des Minervois weiter zu verfolgen – um so mehr, als es 1985 die Appellation Contrôlée erhalten hat, und zwar rückwirkend auf die Ernte 1984.

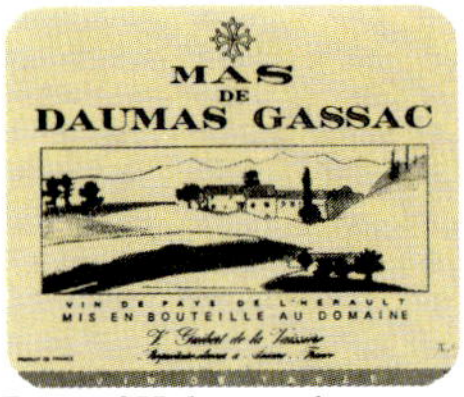

Der auf Holz ausgebaute, nicht filtrierte Rotwein von Mas de Daumas gehört zu den allerbesten des Languedoc-Gebiets. Er zeichnet sich durch tiefdunkle Farbe und ein ausladendes Bukett aus, das schon beim Einatmen immer mehr Nuancen zeigt. Auch in dem konzentrierten, geschmeidigen Geschmack entdeckt man immer neue Nuancen. Der Wein kann vom zweiten Jahr an getrunken werden, gewinnt jedoch in der Flasche noch an Klasse. Auch der Rosé von diesem Gut ist köstlich.

Auf den 32 ha der Domaine de Saint-Jean de Bébian in Pézenas findet man nicht weniger als 13 verschiedene Rebsorten. Die wichtigsten sind Grenache (30%), Syrah (16%), Mourvèdre (16%) und Cinsault (15%). Auch einige weiße Sorten sind vorhanden, die dem Rotwein etwas Weichheit und Geschmeidigkeit verleihen sollen. Nach Eigentümer Alain Roux liegt der Durchschnittsertrag nicht über 30 hl/ha. Der Wein duftet reich und interessant, und auch der Geschmack überzeugt.

Guy Benin besitzt in Thézan-les-Béziers 64 ha Rebfläche. Die eine Hälfte des Guts besteht aus lehm- und kalkhaltigem Löß, die andere aus trockenem Kiesboden. Es sind verschiedene Rebsorten angepflanzt. Für seinen besten Wein – den roten Vin de Pays des Coteaux de Murviel, mit Jahrgang – verwendet Benin nur noble Sorten, unter anderem Cabernet und Merlot. Beim Verkosten erinnerte mich dieser Wein sehr stark an Bordeaux: recht eleganter, vorzüglicher Geschmack mit Stil.

Vins de Pays Languedoc

Im Jahre 1968 führte der französische Gesetzgeber eine Weinkategorie zwischen den «Herkunftslosen» Vins de Table und der Gruppe Vins Délimités de Qualité Supérieure ein. Diese Kategorie erhielt die Bezeichnung Vin de Pays, was etwa unserem Landwein entspricht. Auf dem Etikett muß stets angegeben werden, aus welchem Gebiet der Wein stammt. Fünf Jahre nach der Einführung der Vins de Pays wurden die Vorschriften genauer gefaßt. Es wurden unter anderem die Rebsorten, der Hektarertrag (zwischen 70 und 90 hl) und der Mindestalkoholgehalt (der zwischen 9% in Nordfrankreich und teilweise 11% im Süden schwankt) festgelegt. Außerdem wurde eine analytische und organoleptische Qualitätsprüfung vorgeschrieben. 1979 wurden die Vorschriften weiter eingeengt. Weitaus der meiste Vin de Pays kommt aus dem Languedoc. Die Départements Gard, Hérault und Aude liefern etwa 3 Millionen Hektoliter dieses Weintyps. Das sind etwa drei Viertel der gesamten französischen Landwein-Produktion.

Drei Sorten

In dem Gesetz über die Herkunftsbezeichnungen werden drei Sorten Vin de Pays unterschieden:
Regionale Weine, die aus verschiedenen französischen Départements stammen. Die organoleptische Prüfung wird nicht nur einmal, sondern zweimal durchgeführt. Beispiel: Vin de Pays d'Oc.
Départementsweine, die aus einem bestimmten Département stammen. Beispiel: Vin de Pays de l'Hérault.
Distriktsweine, die aus einem gesetzlich begrenzten Gebiet innerhalb eines Départements oder auch innerhalb zweier aneinandergrenzender Départements stammen. Beispiel: Vin de Pays des Coteaux de Murviel.
Falls gewünscht, kann der Hersteller verschiedene Einzelheiten auf dem Etikett angeben, so etwa Erntejahr, Rebsorte (sofern es sich nur um eine einzige handelt), Ort der Abfüllung, Herstellungsverfahren oder Weintyp (sur lie, Vin de Primeur usw.), eventuelle Prämierungen und natürlich den Namen des Weinguts, der Genossenschaft oder des Handeshauses. Die Benutzung der Begriffe Château und Clos ist jedoch verboten.

Teilweise erstaunlich gut

Da die Herstellungsnormen für Vins de Pays weniger streng sind als für die höheren Niveaus (größerer Ertrag, großzügigere Bepflanzungsvorschriften, geringerer Mindestalkoholgehalt), besitzt die große Masse der Landweine eine einfachere Qualität als die Weine der Klassierungen VDQS oder Appellation Contrôlée. Es gibt jedoch auch gegenteilige Fälle. Ich kenne nicht wenige Vins de Pays, die sogar AC-Weine weit überragen. Die Erklärung für diese Erscheinung liegt eigenartigerweise in eben der Gesetzgebung, die geringere Qualitäten zuläßt. Da nämlich beispielsweise die Rebsorten weniger streng definiert sind, können die Erzeuger von Vins de Pays viel großzügiger bestimmte noble Rebsorten anpflanzen, die in den höheren Kategorien meist nur beschränkt zugelassen und nicht selten sogar verboten sind. Man denke etwa an die blauen Sorten Cabernet-Sauvignon und Merlot sowie die weißen Chardonnay-Riesling und Sauvignon. Wenn man dann den Ertrag niedrig hält, sorgfältig vinifiziert und die Weine erstklassig ausbaut, können natürlich verblüffend gute Resultate entstehen. Vor allem im Languedoc mit seinem sonnigen Klima und den sehr unterschiedlichen Bodenarten gibt es hierfür viele Beispiele. Das beeindruckendste ist zweifellos der Wein von Mas de Daumas.

Geologisches Wunder

«Das kann doch nicht sein», soll der verstorbene Henri Enjalbert ausgerufen haben, als er den Boden von Mas de Daumas untersuchte. Der Professor aus Bordeaux hatte nämlich hier im Herzen vom Languedoc, bei Aniane, einen Bodentyp entdeckt, der praktisch mit jenem der Côtes d'Or in Burgund identisch war. Das bedeutete natürlich, daß hier potentiell sehr große Weine entstehen konnten. Enjalbert war so fasziniert, daß er diesem Phänomen sogar eine Schrift widmete. In «Un vignoble de qualité dans le Languedoc» erklärt er u. a., wie an dieser Stelle im Gassac-Tal dank einem geologischen Wunder ein besonderer Boden entstehen konnte. Diese Entdeckung veranlaßte den Eigentümer des Guts, Aimé Guibert, nur noch allerhöchste Qualität anzustreben. Nach langem Drängen gelang es ihm sogar, den berühmten Emile Peynaud, Önologieprofessor von weltweitem Ruf aus Bordeaux, als Berater zu gewinnen. Peynaud war wiederum so von der Möglichkeit fasziniert, in Südfrankreich einen Wein von höchstem Niveau erzeugen zu können, daß er für seine Beratung kein Honorar haben wollte.

Nach kalifornischer Art

Peynaud und Guibert waren sich einig, daß, unter anderem wegen des Klimas, ein Reben-Sortiment wie im Burgund nicht ratsam war. Man verzichtete daher auf die Pinot noir-Rebe. Man orientierte sich vielmehr am kalifornischen Vorbild, da man überzeugt war, daß die Cabernet-Sauvignon-Rebe, die dort hervorragende Weine liefert, auch hier optimal gedeihen müßte. Daher wurden die besten Böden mit dieser Rebe bepflanzt; aus ihr wird überwiegend der rote Mas de Daumas erzeugt. Auf anderen Parzellen wurden daneben Petite Syrah, Merlot, Malbec, Cabernet-Franc und andere Sorten angepflanzt. Hieraus wird auch der trockene Rosé erzeugt. Insgesamt verfügt das Gut über 7,5 ha Cabernet-Sauvignon und 5 ha andere Sorten. Aimé Guibert pflegt seine Stöcke biologisch, das heißt ohne Unkrautvernichtungsmittel oder Insektizide.

Tieffarben und distinguiert

Die Vinifikation erfolgt fachkundig und mit Sorgfalt. Das Lesegut wird in kleinen Trögen angeliefert, aus denen die Trauben von Hand selektiert werden. Nach dem Entrappen gären die Früchte in Edelstahltanks. Anschließend reift der Rotwein 20–30 Monate in Eichenholzfässern aus Bordeaux. Professor Peynaud schrieb jährlich einen Anteil von 10% neuen Fässern vor. Die meisten der gebrauchten *barriques* kommen aus den Châteaus Margaux und Palmer. Diese und noch weitere Details ergeben einen außerordentlich distinguierten Rotwein, tieffarben und aromatisch. Auch den leicht perlenden Rosé finde ich köstlich: Es ist ein Wein, für den ich zahlreiche viel renommiertere Tavels stehenlassen würde.

Sand-Weingärten

Während die Ausbeute an Mas de Daumas häufig nicht einmal 50 000 Flaschen im Jahr erreicht, gibt es Landwein-Erzeuger, die mit anderen Maßstäben arbeiten – und dabei doch

Vor etwa 900 Jahren wurde bei der heutigen Ortschaft Servian eine Kapelle gebaut. Sie dient jetzt als Weinmuseum und ist das Herz der Domaine Prieuré d'Amilhac. Eigentümer sind seit 1970 die Brüder Max und Régis Cazottes. Die Ertragsfläche der Domäne soll auf 95 ha mit 17 Rebsorten erweitert werden. Ich habe hier sehr ansprechende Weine verkostet, darunter eine weiße Komposition aus Chardonnay und Sauvignon und den Cabernet-Sauvignon Cuvée Jean de Bonsi.

Seite gegenüber:
Véronique und Aimé Guibert bei einer Mahlzeit im Freien auf ihrem Mas de Daumas

Links unten:
Durchschnitt durch den besonderen, stark kieshaltigen Grund, der Mas de Daumas zu einem so einmaligen Weingut macht

Rechts:
Mas de Daumas vom besten Teil seines Weinbergs aus gesehen.

Gute Vins de Pays kommen unter anderem auch von Domaine de Salelles (Salelles), Abbaye de Valmagne (Pézenas), Domaine de l'Ile de Sainte-Rose (Coursan), Domaine Marceau Moureau (Villerambert). Ansprechende Weine führt auch die Gruppe Les Vignerons du Val d'Orbieu (Narbonne).

zumindest anständige, teilweise sogar sehr erfreuliche Weine machen. Ich denke hier vor allem an das Salz-Unternehmen Salins du Midi, das Ende des vorigen Jahrhunderts auch Weinbetrieb wurde und zur Zeit zwischen 20 und 25 Millionen Flaschen pro Jahr verkauft (bekannteste Marke: Listel). Als um das Jahr 1870 die Reblaus unaufhaltsam alle französischen Weingärten verwüstete, entdeckte man, daß der Parasit auf einem einzigen Bodentyp nicht leben konnte, nämlich auf Sand. Deshalb beschlossen die Salins de Midi, an der Mittelmeerküste aus Dünen Weinberge zu machen. Man ging sehr zielstrebig zu Werke. Das Gelände wurde planiert, und in relativ kurzer Zeit waren gute 1200 ha Rebfläche vorbereitet. Bis zum Zweiten Weltkrieg kam von dort ausschließlich einfacher Massenwein. Während des Krieges verschwanden die Weingärten, da der Küstenbereich vermint wurde, nach dem Krieg wurden etwa 35 000 Minen ausgegraben. Salins du Midi stand damals vor der Wahl, entweder wieder wie früher zu bestocken oder auf Qualität zu setzen. Man entschied sich für die Qualität.

Gewaltige Investitionen
Unter der Führung eines jungen Agraringenieurs, Pierre Julian, der später Direktor wurde, lief ein umfangreiches Neubepflanzungsprogramm an. Dabei wurde von Anfang an die Möglichkeit einer mechanischen Bearbeitung der Weinberge berücksichtigt. Die ertragsstarken Rebsorten verschwanden voll-

Im Zentrum von Lézignan-Lacèbe liegt das sorgfältig unterhaltene Schloß von Ormesson. Der zugehörige Rebgarten umfaßt 32 ha mit 7 Rebsorten, darunter Cabernet-Sauvignon und Merlot. Nach der mechanischen Lese werden die Früchte entrappt und gären dann bei niedrigen Temperaturen. Nach einem Holzausbau – 1–1½ Jahre – in Fudern oder kleinen Fässern ist der Wein fertig. Der Domaine d'Ormesson besitzt Farbe, Frucht, Fülle und Charme. Jérôme d'Ormesson bereitet diesen Wein.

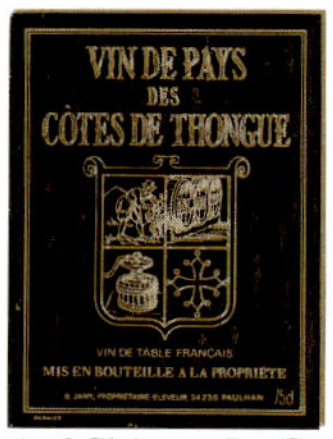

Auf Château La Condamine Bertrand erzeugen Bernard und Marie-Josée Jany verschiedene Weine, darunter auch den roten Vin de Pays des Côtes de Thongue. Die Basis des Weins ist Merlot (70%), ergänzt durch Grenache und Carignan. Der Wein besitzt einen angenehmen Geschmack, abgerundet, wie man es von der Merlot-Traube erwarten kann. Die Trauben werden entrappt, Gärzeit 1–3 Wochen. Frisch getrunken schmeckt dieser Wein am besten.

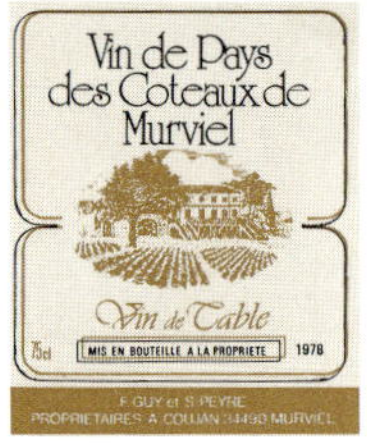

Château Coujan, das den Herren Guy und Peyre gehört, liegt im Distrikt Saint-Chinian und hat etwa 100 ha Rebfläche. Hier zog ich den roten Vin de Pays des Coteaux de Murviel dem Saint-Chinian vor. Er enthält unter anderem Cabernet-Sauvignon und Merlot und reift etwa 2 Jahre in Fudern aus Eichenholz. Der Duft ist nicht sehr auffällig, jedoch ist der Geschmack durchweg sehr gelungen. Man entdeckt Holz und Frucht, und ausgeprägte Eleganz ist diesem Wein eigen.

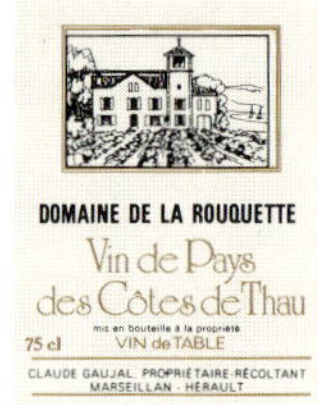

Neben seinem lobenswerten weißen Picpoul de Pinet erzeugt Ludovic Gaujal auch einen roten Vin de Pays des Côtes de Thau. Dieser kommt unter dem Namen Domaine de la Rouquette auf den Markt. Für die beste Qualität wird nur Merlot verwendet. Der Wein hat eine tiefe Farbe, duftet rein – man muß an Bordeaux denken – und schmeckt vorzüglich – auch hier wieder eine gewisse Straffheit à la Bordeaux. Der Wein reift mindestens 6 Monate auf Holz. Die Rebfläche beträgt über 80 ha.

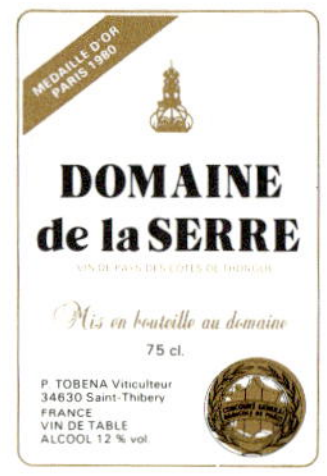

Die Domaine de la Serre liegt in der Nähe alten vulkanischen Gebietes in Saint-Thibéry. Sie ist 35 ha groß. Eigentümer Monsieur Tobena erzeugt verschiedene Sorten Wein, darunter einen sehr gelungenen roten Vin de Pays des Côtes de Thongue (40% Grenache, 40% Carignan, 7–10% Syrah, 10–13% Cinsault). Geschmeidiger, charaktervoller Geschmack mit etwas Tannin. Die eine Hälfte der Trauben wird entrappt, die andere Hälfte durchläuft eine Macération carbonique.

Als größter Rebflächenbesitzer Frankreichs erzeugen die Salins de Midi ein breites Spektrum von Weinen, deren Qualität von «ordentlich» bis «mehr als gut» reicht. Einer der erfreulichsten Rotweine, ausschließlich aus Cabernet-Sauvignon, ist Cuvée Régence von der Domaine du Bosquet. Eine Hälfte der Ernte reift 9 Monate in Fudern, die andere 12 Monate in *barriques*. Im Geschmack sind Anklänge von reifen Schwarzen Johannisbeeren und Eichenholz ganz deutlich.

ständig. Ihren Platz nahmen blaue Rebsorten – wie Cabernet-Sauvignon, Merlot, Grenache, Cinsault – und weiße Rebsorten – wie Sauvignon, Ugni blanc, Clairette, Riesling und Chardonnay – ein. Weiterhin nahm man große Investitionen im technischen Bereich vor. Schon 1958 füllte man selbst ab. Der Anfang war bescheiden, doch nahm der Absatz dann rapide zu. Von den eigenen Weingärten, etwa 1700 ha, kommen heute etwa 15 Millionen Flaschen. Für noch einmal halb soviel werden Trauben aus den Départements Gard und Var zugekauft. Auch sie werden in den eigenen, perfekt ausgerüsteten Kellern verarbeitet.

Seeklima

Man wird sich nun fragen, ob man auf Sand wirklich Qualitätswein machen kann, und dann noch dazu in großem Maßstab? Die Praxis zeigt, daß man es kann. Der Sand der Listel-Weingärten ist vollkommen salzfrei, da er nicht aus dem Meer stammt, sondern im Laufe der Zeit aus dem Rhône-Tal vom Wind hierher verfrachtet wurde. Er lagerte sich vor allem rings um die alte Festungsstadt Aigues-Mortes ab. Die Struktur des Sands ist lose, und er enthält etwa 20% Kalk. Im Winter läßt man zwischen den Rebstöcken Gerste oder Roggen wachsen, um eine Dünenbildung zu verhindern. Im Frühjahr wird dieses Getreide abgemäht und bleibt als Mulchdecke liegen. Das Klima der meisten Listel-Weinberge ähnelt etwa dem von Bordeaux. Wie im Médoc befindet sich das Gros der Sand-Weingärten zwischen großen Süß- und Salzwasserflächen. Wegen des ständig wehenden Windes ist die durchschnittliche Sommertemperatur nur ein halbes Grad höher als in Bordeaux. Schließlich hat man in vielen Versuchen optimale Varianten jeder Rebsorte für diesen Boden zu finden versucht. Zu den besten Weinen von Salins du Midi gehören der Sauvignon Blanc, der Blanc de Blancs *sur lie*, der Listel Gris (fruchtiger, leichter Rosè, von dem allein in Frankreich über 6 Millionen Flaschen verkauft werden), der weiße Domaine de Villeroy, der moussierende Brut de Listel, der Chenin Blanc, der Listel Cabernet und der rote Domaine du Bosquet.

Seite gegenüber, links:
Max Cazottes von der Domaine Prieuré d'Amilhac in Servian

Seite gegenüber, rechts:
Salins du Midi-Rebgarten bei Aigues-Mortes, mit weißen Salzhalden im Hintergrund

Unten:
Im Zentrum von Limoux

Links:
Dieses dem Wein gewidmete Mosaik begrüßt die Besucher von Limoux.

Vin de Blanquette ist ein moussierender, reinsortiger Mauzac.

Neun unabhängige Erzeuger von Blanquette de Limoux haben sich unter der Marke Maistres Blanquetiers zusammengeschlossen. Diese Marke und die hierfür geschaffene Flasche sind für ihre besten Cuvées bestimmt.

Weitere interessante Blanquettes de Limoux:
- Le Berceau (Ets. Vergnes), Saint-Hilaire
- Domaine de Fourn (G. F. A. Robert), Pieusse
- Philippe Collin, Magrie
- Vve Auguste Tailhan (Tournié & Fils), Limoux
- Domaine de Mayrac, Couiza
- Domaine Pierre Jacques, Limoux
- Georges Roger Antech, Limoux
- Domaine de Treilhes, Gardie
- Ernest Bissa, Espéraza (stille Limoux)

Blanquette de Limoux

Das Städtchen Limoux, Wiege des moussierenden Blanquette de Limoux, liegt 24 km westlich von Carcassonne und rund 100 km nördlich von Perpignan. Rings um Limoux erstrecken sich sanfte grüne Hügel, deren Hänge vielfach mit Reben bepflanzt sind. Der Ort liegt an der Aude und besitzt eine reizvolle historische Altstadt. Vor allem der Hauptplatz mit dem Brunnen, den alten Fassaden und den Bobengängen ist sehr romantisch. Er ist auch das Zentrum des Karnevals, den man hier volle drei Monate lang feiert.

Einmaliger Karneval
Der Karneval in Limoux hängt mit dem Wein zusammen und geht auf die Römerzeit zurück. Damals durften nämlich die Sklaven einmal im Jahr ihren Herren die Wahrheit sagen. Um nicht erkannt zu werden, beschmierten sie sich zur Sicherheit das Gesicht mit Weinhefe. Es wurde also schon damals in Limoux Wein erzeugt. Wie es die Sklaven einst machten, so machen es heute die Bürger. Während des Karnevals schiebt sich die Menge zu Musik, die einst die Traubentreter bei ihrer Arbeit begleitete, langsam um den Platz. Jeder versucht, sich durch Verkleidung unkenntlich zu machen. Eheleute verkleiden sich sogar in getrennten Zimmern. Während des Fests neckt man sich mit lauten Zurufen. Das Opfer muß raten, wer sein Gegenspieler ist. Gelingt es ihm, ist der Lohn ein Glas Blanquette de Limoux; wenn nicht, muß es ein Glas ausgeben. In der Karnevalszeit finden jedes Wochenende solch Karnevalsumzüge statt, und zwar an den Samstagen einer, an den Sonntagen drei.

Medizin
Die Geschichte des Blanquette de Limoux reicht also bis in die ferne Vergangenheit zurück. Man kann nicht ausschließen, daß er sogar der älteste Schaumwein der Welt ist. Schon 931 wurde in Limoux ein Erlaß herausgegeben, der die Qualität des Weins schützen sollte. In den späteren Jahrhunderten wird der Blanquette de Limoux immer wieder erwähnt. Im Jahre 1772 verschrieb doch tatsächlich ein Pariser Arzt, Paul José Barthez, den Wein als Arznei: täglich 123 g gegen Nervenschwäche und Blutarmut. Trotz all dem blieb der Blanquette de Limoux doch ein Wein, der vor allem in der Gegend selbst getrunken wurde. Erst nach dem Zweiten Weltkrieg wurde in Frankreich wie auch im Ausland erheblich mehr abgesetzt. Diese Entwicklung wurde durch eine Kräftekonzentration erreicht: 1946 entstand nämlich die Société des Producteurs de Blanquette de Limoux, eine Genossenschaft von Winzern. Zunächst blieb jedoch der erhoffte Erfolg aus; zehn Jahre lang stagnierte die Erzeugung bei 300 000 Flaschen. Nach der Einstellung eines neuen kaufmännischen Direktors wiesen die Verkaufszahlen jedoch plötzlich steil nach oben. 1966 erreichte der Absatz 1,2 Millionen Flaschen und 1985 näherte man sich der 10 Millionen-Grenze. Das erwies sich als zuviel. Man drosselte die Produktion um ein Drittel. Zur Zeit entfallen auf die 650 Genossenschaftsmitlieder knapp 75% der Gesamterzeugung des Gebiets.

Neue Reben
Die Grundlage für den Blanquette de Limoux ist die Mauzac-Rebe. Dieser verdankt der Wein auch den ersten Teil seines Namens, da die Blätter an der Unterseite weiß bereift sind. Früher war neben Mauzac auch die Clairette-Rebe zu finden. Diese lieferte jedoch einen rasch oxidierenden Wein und wurde deshalb ab 1978 für nicht mehr zulässig erklärt. Ein rundes Dutzend Jahre vorher hatte man in der Genossenschaft erkannt, daß das Rebensortiment problematisch war. Einerseits ergab die Clairette-Rebe zu mäßige Ergebnisse, und andererseits lieferte die Mauzac-Rebe allein einen recht nuancenarmen Wein. Man suchte also nach weiteren ergänzenden Reben und dachte an die Chardonnay-Rebe aus dem Burgund und die Chenin blanc-Rebe aus dem Loire-Tal. Nach jahrelangen Versuchen beschloß man mit behördlicher Genehmigung, beide endgültig einzuführen. Heute sind etwa 70% des Rebenbestandes Mauzac, 15% Chardonnay und 15% Chenin blanc. Mauzac ist die Basis, Chardonnay liefert Bukett und Finesse, Chenin blanc Frucht und Säure.

Eigene Hefezellen
Nach der Lese werden die Trauben sofort abgepreßt. Anschließend wird der Saft zentrifugiert, um eine stürmische Gärung zu vermeiden. Dann werden Hefen aus eigener Zucht hinzugefügt, woraufhin sofort die alkoholische Gärung einsetzt. Nicht aller Most darf für den Blanquette de Limoux verwendet werden: Je 150 Kilo Trauben nur die ersten 100 Liter. Nach Beendigung der Gärung stellt man aus den verschiedenen Weinen Cuvées zusammen. Diese kommen dann unter Zusatz einer zuckerhaltigen Weinlösung und ausgewählter Hefezellen in die Flasche. Dort beginnt anschließend eine zweite Gärung. Die dabei entstehende Kohlensäure bleibt im Wein, wodurch der Blanquette de Limoux zu seinen Bläschen kommt. Die Flaschen ruhen dann mindestens 1 Jahr, bis das bei dieser *prise de mousse* entstandene Depot entfernt wird. Man arbeitet hierfür zunehmend mit vollautomatischen *gyropalettes*, Metallbehältern für rund 400 Flaschen, die regelmäßig in

Die Genossenschaft von Blanquette erzeugt verschiedene Qualitäten. Die einfachsten Sorten werden ausschließlich aus der Mauzac-Rebe erzeugt, so der Cuvée Aldéric (mit schwarzem oder weißem Etikett). Es kommt jedoch nicht nur auf die verwendeten Trauben an, sondern auch auf die Pressungen. Für die einfachsten Sorten wird auch Saft von der zweiten, teilweise dritten Pressung genommen. Der Cuvée Aldéric ist ein zartfrischer, eleganter Schaumwein. Tadellos.

Der Cuvée Diamant wird mit Jahrgang angeboten. Es ist ein Wein, der etwa 10% Chardonnay und Chenin blanc enthält. Grundsätzlich wird nur der Saft von der ersten Pressung, die *tête de cuvée*, verwendet. Der Wein moussiert anhaltend und zeigt eine helle Farbe und einen frischen, sauberen, eher leichten Geschmack, der ihn zu einem vorzüglichen Aperitif macht. Ein ganz ähnlicher Blanquette de Limoux ist Cuvée Diaphane.

Der beste Wein der Genossenschaft, stets mit Jahrgang, heißt Sieur d'Arques. Er wird nur aus der ersten Pressung hergestellt. Neben der Mauzac-Traube sind auch 30% Chardonnay und Chenin blanc enthalten, und zwar zu gleichen Teilen. Der Wein hat eine delikate Struktur. Sein Duft ist reintönig, sein Geschmack schlank. Die kleinen Bläschen entfalten sich mild im Mund. In der hellen Farbe ist ein Stich ins Grüne vorhanden.

einer bestimmten Weise gedreht und gerüttelt werden, bis sich alles Depot am Korken abgelagert hat.

Sorgfältig erzeugt
Bei Blindverkostungen mit anderen moussierenden Weinen schneidet der Blanquette de Limoux stets gut ab. Es ist ein mit sehr viel Sorgfalt und Sachkunde gemachter Wein, zudem sehr reintönig und von elegantem Charakter. Der Wein schmeckt leichter als ein durchschnittlicher Champagner, da kein Saft von blauen, sondern ausschließlich der Saft von weißen Trauben verarbeitet wird. Das Preis-Qualitätsverhältnis ist sehr gut, was den Erfolg dieser südfranzösischen Kreation mit erklärt. Neben dem moussierenden Wein erzeugt das Gebiet auch einen weißen Stillwein, der stets trocken ist. Er trägt den Namen Limoux Nature. Ich persönlich bin nicht sehr begeistert davon. Es ist ein durchweg wenig charmanter, eher saurer Wein, der qualitativ nicht sehr überzeugt.

Seite gegenüber, oben:
Die Genossenschaft von Limoux, mit einer Karte des Distrikts an der Wand.

Seite gegenüber, ganz links:
Zwei weitere lokale Spezialitäten sind Pfefferkuchen und Nougat.

Seite gegenüber, unten:
Unter diesem Bogengang auf dem Hauptplatz von Limoux bewegt sich auch der Karnevalszug hindurch.

Unten:
Yves Pastourel vor und mit seinem Château de la Peyrade

Rechts:
Direktor Christian Acier von der Genossenschaft Frontignan. Vor dem Betrieb steht die abgebildete Riesenflasche.

Die Genossenschaft Frontignan (knapp 400 Mitglieder) gehört zu den ältesten Frankreichs. Der gut ausgerüstete Betrieb erzeugt mehr als drei Viertel der gesamten Ernte. Hektarertrag im Durchschnitt nicht über 20–21 hl. Der Wein ist ordentlich, fest, hat ein gutes Muskataroma und einen ansprechenden Abgang. Vor der Abfüllung wird der Wein, der vielfach ausgezeichnet wurde, 1 Jahr gelagert. Alkoholgehalt 15,4–15,6%; Zuckergehalt 128–130 g/l.

Seit 1978 ist Yves Pastourel Eigentümer von Château de la Peyrade, einem 23 ha großen Gut zwischen Frontignan und Sète. Er macht einen vorbildlichen Wein, einen der besten Vins doux naturels von ganz Frankreich. Merkmale sind unter anderem eine blaßgoldene Farbe und ein verfeinerter Duft mit Anklängen von Frucht, Honig und Akazie. Der nuancenreiche Geschmack hat Stil, der Abgang ist ausgezeichnet. Alkoholgehalt 16%, Zuckergehalt 128 g/l.

Muscat de Frontignan

Bei Frontignan, heute ein stark frequentierter Durchgangsort an der Straße Sète-Montpellier, wird schon seit 2000 Jahren Muskatwein erzeugt. Wiederum ist es der uns schon häufig begegnete römische Geschichtsschreiber Plinius der Jüngere, der den Muskatwein von Frontignan erwähnt. Wie auch bei den anderen Vins doux naturels des Languedoc ist Muscat à petits grains die einzig zulässige Traube. Sie darf hier ausschließlich zur Weinerzeugung angepflanzt werden; als Tafeltraube ist sie verboten. Während der Gärung werden 5–10% reiner Weingeist zugefügt. Damit stoppt man die Gärung, so daß mindestens 125 g/l Zucker zurückbleiben. Der Alkoholgehalt des Muscat de Frontignan schwankt meist zwischen 15,4 und 16%. Vorgeschrieben sind mindestens 15%.

Wachsende Genossenschaft
Der größte Teil des Weins wird hier von der lokalen Genossenschaft erzeugt. Im Jahre 1982 stammten etwa 80% der Gesamterzeugung von diesem Betrieb, und es wird erwartet, daß der Anteil auf 94% zunehmen wird. Die Zahl der Mitglieder geht auf 400 zu. Die Weinberge befinden sich vorwiegend an den kalkhaltigen, nach Süden gelegenen Hängen der Montagne de la Gardiole. Zur Appellation gehören theoretisch 2100 ha. Für den Weinbau werden hiervon etwa 780 ha benutzt. Eine größere Zunahme ist nicht in Sicht, um so weniger, als der Häuserbau immer mehr Grund verschlingt. Die meisten Winzer sind auch nicht auf eine Erweiterung angewiesen, da der Wein für sie nur ein Nebenerwerb ist: Im Jahre 1982 verfügte jedes Genossenschaftsmitglied im Durchschnitt nur über 1,7 ha.

Zuverlässiges Erzeugnis
Der Muscat de Frontignan ist in Frankreich ein sehr erfolgreicher Wein. Für den Export bleibt kaum etwas übrig. Wenn man einmal vom Genossenschaftswein ausgeht, dann ist der Muscat de Frontignan etwas weniger verfeinert als einige andere Muskatweine Frankreichs; er tönt dafür etwas länger im Mund nach. Der Geschmack ist kräftig, das Bukett ebenso. Rundungen und eine gewisse Reife findet man ebenfalls. Im Glas zeigt der Wein einen warmen Goldton. Es ist sicher beruhigend für den Konsumenten, daß jährlich aller Muscat de Frontignan von einer 20-köpfigen Jury anonym verkostet wird, wobei meist einige 100 hl zurückgewiesen werden.

Die Jahresproduktion der Genossenschaft von Mireval beläuft sich auf etwa 3000 hl Muscat de Mireval. Die Trauben werden so spät und so reif wie möglich gelesen, wodurch der Wein besonders viel Alkohol und Zucker bekommt. Der Wein reift in Edelstahltanks etwa 1½ Jahre an der Umgebungsluft. Exportiert wird nur sehr wenig.

Links unten:
In Mireval leben etwa 900 Menschen.

Rechts unten:
Im Zentrum des Dorfs steht dieses Tor aus dem 14. Jahrhundert.

Ganz rechts:
Der Muscat de Mireval wird in einer auffälligen Flasche verkauft.

Rechts:
Die kleine lokale Genossenschaft

Für alle Vins doux naturels aus dem Languedoc gilt ein Höchstertrag von 28 hl/ha (Ausnahme mit 25 hl/ha: Muscat de Lunel), ein Mindestalkoholgehalt von 15% und ein Mindestzuckergehalt von 125 g/l.

Muscat de Mireval

Die Muskatwein-Appellationen Frontignan (siehe vorige Seite) und Mireval grenzen aneinander. Weinberge der Gemeinde Vic-la-Gardiole sind auf beide Gebiete verteilt. Mireval selbst liegt im Nordosten von Frontignan an einer Umgehungsstraße, die den starken Verkehr zwischen Sète und Montpellier aus dem Ort fernhält. Bis auf den Wein eines Winzers, der auch Rosé erzeugt, kommt aller Muscat de Mireval von der örtlichen Genossenschaft, der 80 Winzer angehören.
Die Genossenschaft in Mireval hat sich den Namen «Le Cave de Rabelais» gegeben. Dieser große französische Schriftsteller und Arzt des 16. Jahrhunderts war nämlich voll des Lobes über den Wein von Mireval. So läßt er zum Beispiel seine berühmte Romanfigur Pantagruel sagen: «Il n'y a de bon que de Mirevaulx» – «Es gibt nur einen guten Wein – den von Mireval.» Rabelais hatte den Wein während seines Medizinstudiums in Montpellier kennengelernt.

Mehr Alkohol, mehr Zucker
In der Genossenschaft versucht man stets, die Trauben – ausschließlich Muscat à petits grains – mit größtmöglichem Reifegrad und Zuckergehalt zu lesen. Die Mitglieder werden deshalb angehalten, die Lese in mehreren Durchgängen vorzunehmen. Der Typ Vin doux naturel, der hier erzeugt wird, hat etwas mehr Alkohol (in der Regel 16,7%) als vergleichbare Weine. Beim Verkosten konnte ich dies durch den leichten Eindruck der Schärfe, der sich auf der Zunge einstellte, deutlich feststellen. Der Zuckergehalt liegt um 130 g/l, teilweise bei 134 g/l. Auch dies ist erheblich mehr als in Frontignan. Für den Ausbau wendet man eine recht ungewöhnlich Methode an: Der Wein wird zwei Winter und einen Sommer lang den wechselnden Außentemperaturen ausgesetzt, die zwischen −2 und +45°C schwanken. Das Resultat ist ein kerniger, fester, reintöniger Wein mit einem goldenen Glanz. Man würde ihn fast besser als Abschluß nach dem Dessert trinken, als dazu. Man könnte die mit Muskattrauben bepflanzte Fläche – gegen 100 ha – noch um mindestens 50 ha erweitern, jedoch war man bei der Genossenschaft noch nicht sicher, ob man dieses Potential ausnutzen sollte oder nicht.

Die Gründung der Genossenschaft im Jahre 1946 bedeutete für den Muscat de Saint-Jean-de-Minervois die Rettung. Zu diesem Zeitpunkt war nämlich die Erzeugung der ganzen Appellation auf nur 100 hl zurückgegangen. Heute stellt die Genossenschaft durchschnittlich 1500–1700 hl her, das sind 90% der Gesamterzeugung. In seinem dritten Jahr kommt der Wein, der reich und verfeinert zugleich ist, auf den Markt.

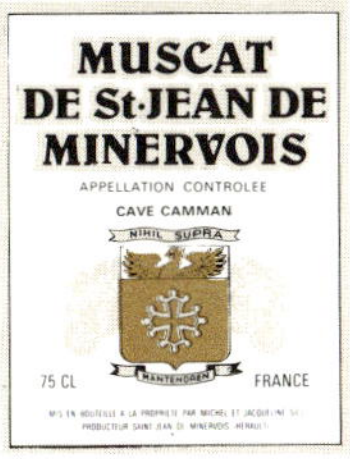

Im Herkunftsbereich besitzen Michel Sigé und sein Schwager etwa 12 ha mit Muskattrauben. Der Wein davon wird nach 1–1½ Jahren abgefüllt. Die Qualität ist so überragend, daß Michel Sigé keine neuen Kunden mehr annehmen kann. Es war für mich ein Privileg, den Wein verkosten zu dürfen: zartes Gelb, feiner Duft, elegant im Geschmack mit Nuancen von Früchten. Ein Fest für die Sinne.

Die Familie Simon bestellt in Saint-Chinian die 16 ha vom Clos Bagatelle und erzeugt hiervon einen häufig prämierten Rotwein. Außerdem besitzt sie 4 ha in Saint-Jean-de-Minervois. Von dieser Parzelle kommt ein interessanter Muskatwein, in dem man manchmal deutliche Anklänge von Aprikosen riechen und schmecken kann. Ein sehr ansprechendes Erzeugnis.

Ganz unten:
Einer der Wegweiser bei Saint-Jean-de-Minervois weist den Besucher zu der lokalen Genossenschaft.

Unten:
Ein Muskatstock im stark kies-, schotter- und kalkhaltigen Gelände

Rechts:
Michel Sigé, der auf seinem Gut Cave Camman einen erlesenen Wein erzeugt

Um Saint-Jean-de-Minervois werden jährlich einige Dutzend Wildschweine geschossen.

Ein weiterer interessanter Muscat de Saint-Jean-de-Minervois kommt von der Domaine de Barroubio am Ort.

Muscat de Saint-Jean-de-Minervois

Weit im hügeligen Hinterland des Minervois liegt der kleine Ort Saint-Jean-de-Minervois. Er ist umgeben von Plateaus, die mit großen und kleinen Steinen übersät sind. Unter dieser Schotterschicht liegt viel Kalk. Der blaugraue Ton der Steine gibt der Landschaft zusammen mit dem Weiß des Kalks im Winter ein trostloses Gepräge. Dieser Eindruck wird noch durch die kaum je unterbrochene Stille verstärkt. In den anderen Jahreszeiten ist das Bild jedoch freundlicher. Dann stehen die kurzen, knorrigen Rebstöcke im Laub, das die Landschaft mit freundlichem Grün überzieht. Die hier angepflanzte Rebe ist Muscat blanc aux petits grains. Sie liefert den Muscat de Saint-Jean-de-Minervois, einen Vin doux naturel, der schon seit Jahrhunderten die lokale Spezialität ist. Bereits vor der Französischen Revolution hatte der Wein einen guten Namen. Die Menge war damals jedoch sehr gering. Erst nach dem Einfall der Reblaus sind die Winzer voll zur Muskatrebe übergegangen. Die Herkunftsbezeichnung als Appellation contrôlée erhielt Muscat de Saint-Jean-de Minervois im Jahre 1946. Im gleichen Jahr wurde auch die lokale Genossenschaft gegründet.

Sehr niedriger Ertrag
In der Genossenschaft sind etwa 65 Winzer zusammengeschlossen. Sie bearbeiten etwa 90% der 150 ha, die die Appellation umfaßt. Die bepflanzte Fläche wird allerdings stetig erweitert. Insgesamt könnten 300 ha mit Reben bepflanzt werden. Der zulässige Ertrag ist auf 28 hl/ha begrenzt. Selbst diese geringe Menge wird jedoch kaum einmal erreicht, da der Boden sehr arm ist und sich die stark zersplitterten, steinigen Weinberge kaum effizient bearbeiten lassen. So kommt man im Durchschnitt auf 15–18 hl, manchmal noch weniger. Michel Sigé von der Cave Camman erzählte mir, daß im Jahre 1977 ein Teil seiner Rebstöcke erfror, so daß er damals von jedem Hektar ganze 8 Hektoliter erntete. Aufgrund dieses geringen Ertrags stellen einige Winzer auch etwas Rotwein her, vor allem Minervois.

Fülle und Finesse
Ein guter Muscat de Saint-Jean-de-Minervois ist ein ausgezeichneter Wein, der qualitativ die anderen Vins doux naturels des Languedoc meist übertrifft. Ein gutes Beispiel ist der Wein der Genossenschaft. Er präsentiert sich in dicht-blaßgoldener Farbe, mit recht schwerem, aber reintönigem Fruchtbukett und einem köstlichen Geschmack, in dem Fülle, Finesse und Frucht vorzüglich miteinander harmonieren. Auch bei der Cave Camman habe ich einen exzellenten Wein verkostet, der vielleicht noch etwas weicher und eleganter war und ebenfalls eine vorzügliche Balance aufwies. Wie alle seine Vettern muß der Muscat de Saint-Jean-de-Minervois mindestens 15% Alkohol aufweisen sowie einen Restzuckergehalt von nicht weniger als 125 g pro Liter.

Die Genossenschaft von Muscat de Lunel erzeugt jährlich etwa 6000 hl, jedoch ist die Kellerkapazität dreimal so groß. Man läßt den Wein hier nämlich 3 Jahre reifen. In Vergleich mit Muskatweinen anderer Languedoc-Genossenschaften präsentiert die Coopérative von Lunel einen Wein mit viel Finesse und bestem Gleichgewicht. Er wird in eine eigene, an der Schulter etwas ausgebauchte und gerippte Flasche abgefüllt. Praktisch die gesamte Ernte wird in Frankreich verkauft.

Die Domaine de Belle Côte macht ihrem Namen Ehre: Sie liegt am höchsten Hang von Lunel. Der schotterübersäte Weinberg umfaßt rund 16 ha mit Muscat à petits grains. Seit 1981 füllen die Brüder Jean-Yves und Lucien Rostoll, die das Gut gemeinsam mit ihrem Vater im Jahre 1976 kauften, einen Teil ihres Weins selbst ab. Zuvor läßt man ihn 2 Jahre reifen. Er zeigt einen festen, sehr süßen, fast etwas wuchtigen Muskatton von gutem Niveau.

Ein Weingut, das in nächster Zeit ebenfalls Muscat de Lunel erzeugen wird, ist die Domaine du Grés St. Paul in Vérargues.

Unten:
Das Städtchen Lunel, in dem es im Sommer sehr unruhig sein kann, da hier der gesamte Verkehr nach La Grande Motte und anderen Badeorten hindurchgeht. Zu den Sehenswürdigkeiten gehört eine Kirche aus dem 17. Jahrhundert.

Rechts:
Jean Faciotti, Direktor der Genossenschaft von Lunel. Man beachte die markante Flaschenform mit der Rippung.

Muscat de Lunel

Languedoc

La Cité du Muscat – mit dieser Aufschrift auf den Ortstafeln wird der Besucher des Städtchens Lunel empfangen. Der Muskatwein ist hier König, und dies schon seit Jahrhunderten. Im 17. Jahrhundert hatte der Wein bereits ein großes Renommee, und 1760 bezeichnete ihn der engliche Schriftsteller Laurence Sterne sogar als «den besten Muskatwein von ganz Frankreich». Später gehörte der Muscat de Lunel auch zu den drei Weinen, die Pauline Borghese ihrem Bruder Napoleon in die Verbannung auf St. Helena schickte.
Die Weinberge von Lunel, von deren möglicher Anbaufläche von 400 ha rund 200 ha mit Muscat à petits grains bepflanzt sind, enthalten große Mengen kleiner und großer Steine. Die Schotterschicht ist teilweise über 20 m mächtig. Der zulässige Hektarertrag ist hier noch niedriger als in den drei zuvor behandelten Muskatwein-Appellationen des Languedoc: Er ist auf ganze 25 hl beschränkt.

Beinahe verschwundener Wein
Der Herkunftsbereich des Muscat de Lunel umfaßt Teile der Gemeinden Lunel, Lunel-Viel, Saturargues und Vérargues. Nahe Vérargues hat die Coopérative de Muscat de Lunel ihre Keller. Sie erzeugt fast allen Wein der Appellation, nämlich über 95%. Gegründet wurde die Genossenschaft von sieben Winzern im Jahre 1956. Heute zählt sie rund 70 Mitglieder. Es hätte übrigens nicht viel gefehlt, und der Wein von Lunel wäre vollständig verschwunden. Nachdem Ende des vorigen Jahrhunderts die Weingärten von der Reblaus vernichtet worden waren, wurde um Lunel jahrzehntelang praktisch kein Muskatwein mehr erzeugt. Der erste, der wieder – wenn auch in geringem Umfang – mit Neuanpflanzungen begann, war Jean Hugo; dieser Winzer und Künstler brachte 1936 erstmals wieder eine Ernte ein. Sieben Jahre später erhielt das Rebgebiet Muscat de Lunel die Appellation Contrôlée.

Harmonischer, reintöniger Wein
Bei der Genossenschaft gärt der Saft der reifen Muskattrauben bei einer Temperatur, die nicht über 25°C ansteigt. Wenn der Wein auf Flaschen abgefüllt wird, hat er 3 Jahre Lagerzeit hinter sich. Das fertige Produkt besitzt 15,3–15,4% Alkohol und weist in der Regel 128–130 g/l Zucker auf. Ich finde den Wein köstlich. Neben einer goldgelben Farbe und einer fruchtigen Nase bringt er auch einen mundfüllenden, reintönigen Geschmack, in dem ebenfalls Früchte und eine Spur *terroir* vorhanden sind. Es ist ein harmonischer, delikater Muskatwein von vorzüglicher Qualität.

Mitte:
Die Provence hat nicht nur Badestrände, Wälder, Weinberge und Obstgärten, sondern auch imposante Bergketten.

Unten:
Karte der Provence mit den einzelnen Weingebieten

Der Elsässer Marcel Ott kam Ende des vorigen Jahrhunderts in die Provence. Seine Nachfahren besitzen heute drei Güter, unter anderem Clos Mireille (50 ha, in La Londe-les-Maures). Die ersten Stöcke – Sémillon und Ugni blanc – wurden hier im Jahre 1925 gepflanzt. Der Wein besitzt ein markantes, leicht jodartiges Bukett. Der Geschmack ist rund, fast fett, gerade ausreichend frisch, und haftet lange am Gaumen. Das Gut gehört zu den Crus classés.

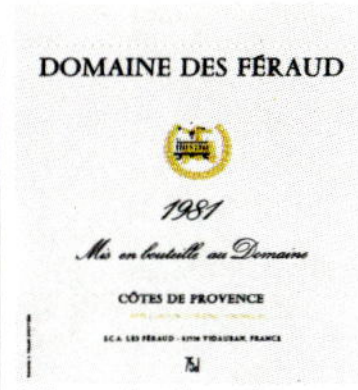

Einer der begehrtesten Weißweine der Provence kommt von der Domaine des Féraud (Vidauban). Er wird erzeugt aus je zur Hälfte Ugni blanc und Sémillon (oder auch Sauvignon? Ich möchte es meinen!). Doch auf diesem Besitztum erzeugt man auch einen exzellenten, liebenswürdigen Rotwein (50% Cabernet-Sauvignon, 25–30% Syrah, 20–25% Grenache) und einen sehr guten Rosé (Cinsault, Grenache, Tibouren). Der Rebgarten umfaßt 35 ha.

Zu den weißen Spitzenerzeugnissen der Provence gehört der Wein von der Domaine de Curebéasse. Das Gut liegt bei Frejus und umfaßt 17 ha. Auf die weißen Sorten – 60–70% Rolle, 30–40% Ugni blanc – entfallen nur etwa 2 ha. Reintöniger, eleganter Geschmack mit einer Spur von Gewürzen. Sehr sauber. Hellgrüne Farbe. Zu Recht hat dieser Wein viele Auszeichnungen erhalten. Eigentümer ist Jean Pacquette, der auch selbst die Weinbereitung leitet.

Im Jahre 1979 wurde die Domaine de Castel Roubine (Lorgues) Eigentum des Dänen Hallgren. Er begann eine umfassende Neubepflanzung: Man hoffte, bis 1985 auf 75 ha unter Reben zu kommen. Mein Lieblingswein von diesem Gut ist der weiße Côtes de Provence, der aus 90% Ugni blanc sowie etwas Clairette, Rolle und Sémillon bereitet wird. Frischer, guter, sauberer Geschmack. Auch der Rosé von diesem Cru classé ist reizvoll, und der Rotwein ist ebenfalls von guter Qualität.

Der Boden von Château de Gairoird bei Cuers enthält viel Kalk; aus diesem Grund ist das Château seit jeher für seinen Weißwein bekannt. Schloßherr Graf Deydier de Pierrefeu läßt die Trauben – 50% Ugni blanc, 40% Clairette, 10% Rolle – früh lesen, wenn sie noch etwas unreif sind. Der Wein schmeckt ausgeprägt trocken, etwas saftig, und man bemerkt ein wenig *terroir*. Die 27 ha liefern auch einen korrekten Rosé und Rotwein.

Provence

Geographisch und historisch besteht die Provence aus den Départements Vaucluse, Alpes de Haute-Provence, Bouches-du-Rhône, Var und Alpes-Maritimes. Als Weingebiet ist die Provence etwas kleiner: Das Département Vaucluse fällt nämlich größtenteils weg, da es überwiegend zum Rhônegebiet gehört. Jedoch auch mit dieser kleinen Einschränkung ist das Gebiet immer noch groß genug. Das bis weit in das Landesinnere hineinreichende Weingebiet, die Provence viticole, umfaßt immerhin das gesamte Land zwischen dem Rhônedelta und der italienischen Grenze. Der Name Provence geht auf die Zeit der Römer zurück, die das Gebiet schlicht Provincia Romana nannten. Die Römer waren indes keineswegs die ersten Invaso-

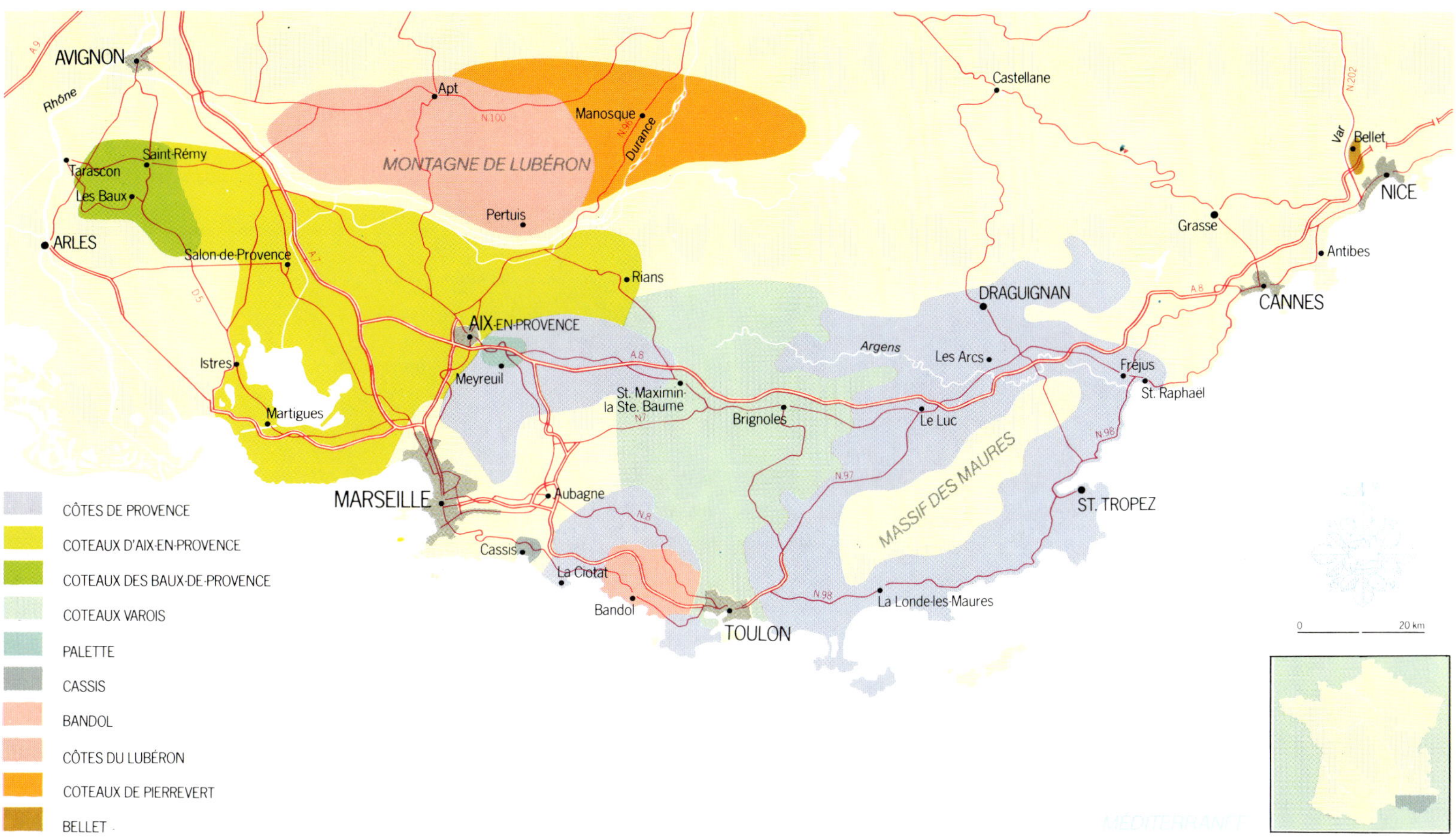

Die Familie Gruey, der auch die französische Ladenkette Casino gehört, ist seit 1979 Eigentümer von Château Grand'Boise bei Trets. Das Rebgelände umfaßt 41 ha, und die Keller sind hervorragend ausgestattet. Für die Rotweine ist eine gewisse Rauheit charakteristisch. Ich ziehe den Weißwein vor, der aus Rolle und Sémillon entsteht. Er hat einen erfrischenden, leicht mineralischen Geschmack.

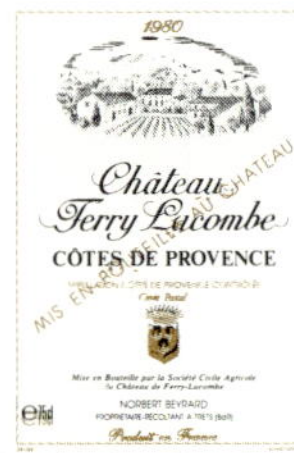

Ende der 70er Jahre kaufte der Pariser Norbert Beyrard das heruntergekommene Weingut Château Ferry Lacombe bei Trets. Die Bepflanzung wurde verbessert und erweitert, die Anlagen durchgreifend modernisiert. Außer einem eleganten Rotwein liefert der 25,5 ha große Rebgarten einen tadellosen Weißwein aus 90% Ugni blanc und 10% Clairette.

Über eine enge, kurvenreiche Straße gelangt man von Flassans aus zum Gut Commanderie de Peyrassol, Eigentum von Yves und Françoise Rigord. Ihr Côtes de Provence kommt von gut 50 ha. Der Weißwein schmeckt elegant und recht fein (Ugni blanc, Sémillon sowie etwas Rolle), der Rosé ist aromatisch und lebendig, und der Rotwein besitzt Frucht, Geschmeidigkeit und verhaltenes Tannin (Syrah, Cabernet-Sauvignon, Grenache, Mourvèdre; 6 Monate Ausbau auf Holz).

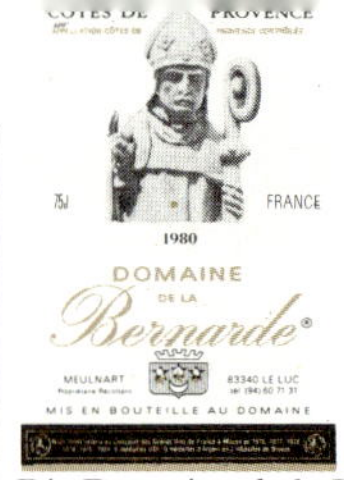

Die Domaine de la Bernarde bei Le Luc gehört Roland Meulnard und wurde vom Landwirtschaftsamt als Mustergut ausgewählt. Die Keller sind denn auch perfekt ausgerüstet. Die Weine gewinnen häufig Medaillen. Meine Vorliebe gilt dem Rosé, einem wirklich köstlichen Wein mit einer hellen orangerosa Farbe, viel Charme und ein wenig *terroir*. Auch der Rotwein ist meist sehr sympathisch. Das Weingut (32 ha) hat 10 Rebsorten angepflanzt.

In Les Arcs-sur-Argens bewirtschaften Victor Hoirs und sein Schwager Henri Beltrame die 34 ha von Château Saint-Pierre. Aus Clairette und Rolle erzeugen sie einen gelungenen Weißwein, aus Syrah, Mourvèdre und Grenache einen festen Rotwein. Der Rosé hat hier wohl die beste Qualität. Er schmeckt angenehm, besitzt einen stabilen Kern, und man riecht etwas Frucht. Erzeugt wird der Wein aus Grenache und Cinsault, die Gärung erfolgt bei niedrigen Temperaturen.

Links unten:
Dem in der Provence sehr beliebten Boulespiel widmet man sich bei jeder Gelegenheit.

Rechts unten:
Ziegenkäse aller Sorten

Ganz rechts unten:
Rosés aus verschiedenen Appellationen

Seite gegenüber, unten:
Ein Markt in der Provence

Seite gegenüber, oben:
Aus der Provence kommen weltberühmte Küchenchefs. Links ein Porträt von Auguste Escoffier (1846–1936), dem man in Villeneuve-Loubet ein Museum errichtet hat. Rechts das Porträt Roger Vergés, dessen Restaurant « Moulin de Mougins » man in Mougins bei Cannes findet.

ren. Schon im 6. Jahrhundert v.Chr. siedelten sich hier die Griechen an. Sie gründeten die Stadt Marseille (Massalia) und pflanzten die ersten Reben. Im 4. Jahrhundert v.Chr. mußten sie den Kelten weichen. Die Herrschaft der Römer beginnt im Jahre 122 v.Chr. Etwa fünf Jahrhunderte lang blieben die Römer in der Provence. Julius Caesar selbst gründete Forum Julii, das heutige Fréjus. Auch Nizza, Antibes und andere Städte sind römische Gründungen. Der Weinbau gewann steigende Bedeutung; provenzalischer Wein wurde regelmäßig nach Rom verschifft.

Anschluß an Frankreich
Es folgen 500 unruhige Jahre für die Provence. Westgoten, Franken, Araber, Sarazenen kämpfen um ihren Besitz oder treiben ihr räuberisches Unwesen. Erst mit dem 11. Jahrhundert übernehmen französische Fürsten die Herrschaft. Aus der Zeit der Grafen von Toulouse stammen viele romanische Kirchen. René d'Anjou war der letzte Herzog der Provence (s.a.S. 166), von ihm ging im Jahre 1481 die Herrschaft an Ludwig XI. über. Der endgültige Anschluß an Frankreich erfolgte im Jahre 1486. Nur Nizza blieb bis 1692 im Besitz des Herzogtums Savoyen. 1790 hörte die Provinz Provence auf zu bestehen, da sie in Départements aufgeteilt wurde. Dennoch ist die Provence heute nach wie vor für jedermann ein Begriff.

Mildes, sonniges Klima
Das 20. Jahrhundert entdeckte die Provence als Feriengebiet, vor allem wegen ihres milden Klimas. Man mißt hier jährlich 2700 bis 2800 Sonnenstunden, was erheblich mehr ist als die 1800 Stunden von Paris. Die durchschnittliche Sommertemperatur beträgt etwa 22°C; für einen Wintermonat wie den Januar liegt der Durchschnittswert bei 8°C. Die Niederschläge fallen hauptsächlich im Spätherbst und im zeitigen Frühjahr. Der aus den Alpen kommende Mistral weht recht häufig; er hält aber die Pflanzen, so auch die Reben, gesund.

Üppige Natur
Neben dem Klima ist auch die Landschaft von außerordentlichem Reiz: Die Provence ist eine der schönsten Gegenden Frankreichs. Man denke nur an die herrliche Côte d'Azur mit ihrer Felsenküste, den stillen Buchten und den weiten Sandstränden. Weiter im Landesinnern findet man beeindruckende, wild zerklüftete Gebirgslandschaften wie jene von Sainte-Victoire, Saint-Baume, Maures und Esterel. Teils sind die Berge grau und kahl, teils mit Wäldern bedeckt. Es gibt Schluchten von beeindruckender Schönheit, wie den Grand Canyon du Verdon, aber auch sanfte Flußtäler und Plateaus. Die Vegetation ist überall üppig. Neben Nadelbäumen, Palmen, Zypressen, Eichen und Kastanien findet man eine bunte Pracht wilder und gezüchteter Blütenpflanzen: Mimosen, Jasmin, Rosen, Veilchen, Iris und Narzissen, um nur eine kleine Auswahl zu geben. Verschiedene dieser Pflanzen werden in der Parfumindustrie verarbeitet, deren Zentrum in Grasse liegt. Auch Lavendel wird hier viel angebaut, und in der freien Natur wachsen neben Kakteen auch

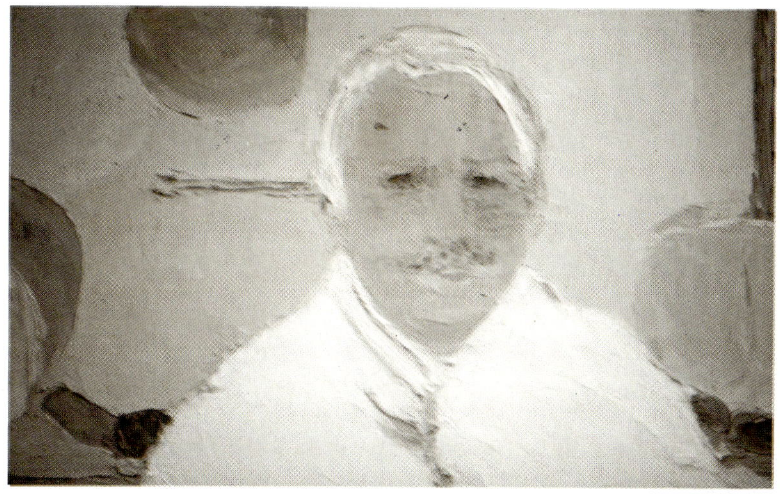

viele Gewürzkräuter wie Thymian, Estragon und Basilikum.

Bunte Märkte
Sonne und Boden begünstigen auch den Anbau vieler Obst- und Gemüsesorten. Ein Besuch auf einem provenzalischen Markt ist immer ein Fest. Die Stände quellen über von frischen Köstlichkeiten: Pfirsiche, Kirschen, Aprikosen, Feigen, auch viele Oliven, obwohl der strenge Frost des Jahres 1956 die Olivenbestände drastisch reduziert hat. Die Dörfer, vor allem diejenigen im Hinterland, sind meist klein, uralt und romantisch. Auf dem einzigen Platz im Ort, von schattenspendenden Platanen gesäumt, steht fast immer ein Brunnen. Auf einer kleinen Bank sitzen einige Leute, und meistens findet man irgendwo Männer beim Pétanque- oder Boulespiel. Eile scheint hier ein Fremdwort zu sein. Die Natur und die Dörfer der Provence sind so idyllisch, daß sich zu allen Zeiten die Künstler angezogen fühlten. Verständlich, daß hier jedes Jahr viele Kulturveranstaltungen stattfinden.

Die provenzalische Küche
Vor allem wegen der guten Verkehrsverbindungen nach Paris büßt die provenzalische Küche immer mehr von ihrer Originalität ein, aber es gibt sie noch. Fisch spielt eine wichtige Rolle. Im Mittelmeer werden noch viele Arten gefangen – Heringskönig zum Beispiel, Skorpionfisch, Gestreifte Seebarbe, Seebarsch und Anchovis, und natürlich Muscheln. Das berühmteste Gericht ist wohl die Boullabaisse, die Curnonsky als «die goldene Suppe» beschrieb, wohl auch wegen des verwendeten Safrans. Eine weitere bekannte Fischsuppe ist die Bourride. Beliebte Spezialitäten sind weiterhin Soupe au pistou (auf Gemüsebasis, mit einer Einlage aus Knoblauch, Basilikum und Käse), Pissaladiera (Zwiebelkuchen mit Anchovispüree und schwarzen Oliven), Ratatouille oder Ratatouia (Gemüseragout) und – weltberühmt – Salade niçoise. Wie im Languedoc und Roussillon kommt auch hier die Knoblauch-Mayonnaise (aioli) sehr häufig auf den Tisch. Die Mahlzeiten beschließt man oft mit regionalem Ziegenkäse, etwa dem bekannten Banon.

Raffiniert ist die echte provenzalische Küche andererseits nicht. Dafür waren die Menschen hier auch zu arm. Heute kann man jedoch in vielen guten Restaurants auf hohem Niveau essen. Einer der führenden Küchenchefs ist Roger Vergé in Mougins. In der Provence wurde auch der legendäre Koch Auguste Escoffier (1846–1936) geboren. Zu Ehren dieses großen Meisters hat man sein Geburtshaus in Villeneuve-Loubet als «Museum der Kochkunst» eingerichtet.

Vielbesuchtes Paradies
Man hat die Provence einmal als «ein irdisches Paradies» bezeichnet. Wenn man all die vielen Vorzüge dieser Gefilde betrachtet, ist dieses Urteil sehr berechtigt. Leider ist die Provence auch ein vielbesuchtes Paradies. Während der langen Saison wird das Gebiet von Touristen geradezu überschwemmt. Im Juli und August sind alle Campingplätze, Ferienwohnungen und Hotels bis 20 km landeinwärts restlos besetzt. Längs der Küste sind Verkehrsstaus an der Tagesordnung, und Parkplätze sind Mangelware. Ferienappartements schießen wie Pilze aus dem Boden, was so vielen Küstengegenden ihre Schönheit genommen hat. Auch in anderer Hinsicht wird der Tourismus zu einer schweren Belastung für die Provence: Durch Unachtsamkeit, teilweise auch durch Vorsatz wüten jedes Jahr verheerende Brände, denen bereits Tausende Hektar Wald zum Opfer gefallen sind.

Zahlreiche Appellationen
Die Weine der Provence gehören verschiedenen Distrikten und kleineren Herkunftsbereichen an. In den folgenden Kapiteln werden sie nacheinander behandelt: Côtes de Provence (der wichtigste Landwein), Coteaux d'Aix-en-Provence, Coteaux des Baux-de-Provence, Coteaux Varois, Palette, Cassis, Bandol, Bellet sowie weiter im Norden Côtes du Lubéron und Coteaux de Pierrevert.

Das Cru classé-Château Sainte-Rosaline (Les Arcs-sur-Argens), das früher ein Kloster war, steht unter Denkmalschutz. Das Weingut gehört den Nachfahren von Baron Henri de Rasque de Laval (gestorben 1984), der der Gründer des Syndicat des Côtes de Provence war. Der beste Wein ist der Rotwein: eine üppige Kreation auf der Basis von 60% Mourvèdre, 30% Cabernet-Sauvignon und 10% Syrah. Er reift mindestens 2 Jahre in Eichenfudern. Der Rebgarten umfaßt 52 ha.

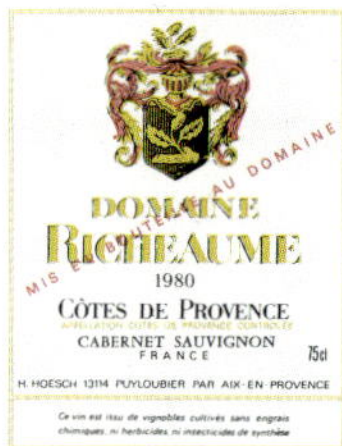

Die Domaine Richeaume (22 ha, Gemeinde Puyloubier) liegt am Fuße des Mont Sainte-Victoire. Der deutsche Besitzer Henning Hoesch hat den stilvollsten Keller der Provence, der gleichzeitig sehr modern ist. Er bearbeitet sein Land ohne Insektizide und sonstige Pflanzenschutzmittel, setzt kaum Schwefel ein und filtriert nur einmal. Die Rotweine sind hervorragend, und zwar sowohl der einfache (würzig, elegant, reintönig) als auch der Cuvée mit 60% Cabernet-Sauvignon.

Die Familie Fabre erzeugt auf der Cru classé-Domaine de l'Aumérade (Pierrefeu) Weißweine, Rosés und Rotweine von guter Qualität. Rotweine gibt es in verschiedenen Arten und Qualitäten, aber schon der einfachste (siehe Etikett) schmeckt fest, fruchtig und delikat. Der Cuvée Marie-Christine ist ein etwas robuster Wein. Carignan, Syrah, Grenache und Cinsault sind die blauen Reben. Total (u. a. Domaine de la Deidière) bestellt die Familie Fabre 420 ha Côtes de Provence.

Pierre Lemaître, aktiver Förderer der Côtes de Provence, besitzt bei Vidauban 20 ha Rebgarten. Seine Domaine Peissonnel liefert recht schlanke Rotweine, die sehr angenehm sind und einen «sommerlichen» Geschmack haben. Der Rotwein wird normalerweise aus 40% Cabernet-Sauvignon, 40% Syrah und 20% Mourvèdre erzeugt (ein Drittel der Trauben durchläuft stets die Macération carbonique); der Rosé besteht aus je einem Viertel der genannten Rebsorten sowie Grenache.

Bei Gassin (Halbinsel St. Tropez) liegt das Cru classé-Château Minuty von Etienne Matton. Der Rebgarten ist 36 ha groß. Geschmeidige, frische, etwas leichte Weine sind für dieses Gut typisch. Für die Rotweine werden die Trauben teilweise der Macération carbonique unterzogen. Die Temperatur wird während der Gärung sorgfältig überwacht. Carignan, Cinsault, Cabernet-Sauvignon, Syrah, Mourvèdre und Tibourne sind die blauen Trauben.

Christophe Rieder ist ein Schweizer Agrar-Ingenieur, seine Frau Ilse eine deutsche Önologin. Die beiden erzeugen auf ihrer Domaine des Planes in Roquebrune-sur-Argens einen sehr erfolgreichen Wein. Vor allem der Rotwein ist vorzüglich: tiefdunkle Farbe, schöner Duft und ein ausgezeichneter Geschmack, konzentriert, fruchtig, «zum Beißen». Cabernet-Sauvignon, Grenache, Mourvèdre, Syrah und Carignan sind die Reben. Das Gut ist 25 ha groß.

Côtes de Provence

Die Rebe ist in der Provence schon seit 2600 Jahren heimisch. Den ersten Wein erzeugten die Griechen und später die Römer. Auch nach England wurde schon im Mittelalter Provence-Wein exportiert; die feste Verbindung dorthin entstand, als Eleonore von Aquitanien durch ihre Heirat Königin von England wurde. Handelsverträge zwischen England und der Provence wurden sowohl von Karl II. (1292) als auch von Maria (1391) abgeschlossen und geschützt. Im 17. und 18. Jahrhundert wurden die Weine der Provenve nicht nur am französischen Hof, sondern auch vielerorts im Ausland geschätzt. Die Provence galt damals als Frankreichs zweitgrößtes Weinexportgebiet, das viele Devisen ins Land brachte. Es war aber gewiß nicht aller Wein aus der Gegend damals von makellosem Niveau. So schrieb Ende des 18. Jahrhunderts ein gewisser Achard, daß «die Provençaux mehr der Quantität als der Qualität verpflichtet sind.»

Terrassierte Weingärten

Wenn auch im vorigen Jahrhundert der Wein gegenüber Getreide, Oliven, Gemüse und Obst nur ein Nebenprodukt war, nahm die Rebfläche doch rasch zu. Zwischen 1800 und 1850 verdoppelte sich die Rebfläche immerhin auf 80 000 ha. Obwohl man hier schon seit dem Altertum einen hellroten Wein erzeugt, den Vorläufer des Rosé, waren es im 19. Jahrhundert doch vor allem kraftvolle Rotweine, die das Gebiet bekannt machten. Erzeugt wurden sie hauptsächlich aus der Mourvèdre-Traube, einer Sorte, die heute nur noch in Bandol eine größere Rolle spielt (s. S. 173). Diese Rotweine wurden mühelos verkauft. Die Rebstöcke standen in dieser Zeit meist auf halber Höhe an terrassierten Hängen. Über ihnen dehnten sich Olivengärten aus, darunter Obstgärten und Gemüsefelder. Die ebene Talsohle diente zum Anbau von Getreide. In der zweiten Hälfte des vorigen Jahrhunderts zerstörte zunächst die Mehltau-Krankheit Oidium (1851) und danach die Reblaus (1870) die Rebkulturen. Dies hatte nachhaltige Folgen.

Zurück zur Qualität

Als man mit Neuanpflanzungen begann, zeigte sich bald, daß die alte Art des Weinbaus zuwenig wirtschaftlich war. Die Winzer sahen sich gezwungen, die Stöcke weniger auf Hänge und Terrassen und mehr in die Ebene zu pflanzen. Weiterhin erwies es sich als unabdingbar, Reben mit gleichmäßigerem Ertrag zu suchen. So verschwand die Mourvèdre-Rebe fast völlig von der Bildfläche, an ihre Stelle trat die Carignan-Rebe. Nur wenige Pioniere entschieden sich allerdings für Qualität. Marcel Ott als einer von ihnen pflanzte im Jahre 1896 die ersten Stöcke blaue Cabernet-Sauvignon und weiße Sémillon. Ganz bewußt begann man auch wieder mit der Erzeugung von Rosé. So wandelte sich das ganze Gebiet, jedoch im allgemeinen nicht zum Besseren. Die meisten Winzer setzten auf hohen Ertrag bei niedriger Qualität. Dies sollte auch Jahrzehnte so bleiben. Erst 1932 beschlossen einige qualitätsbewußte Winzer, dagegen etwas zu unternehmen, und gründeten eine Interessengemeinschaft. Die Gründer repräsentierten nur vier Güter: Domaine de la Croix, Château Sainte-Roseline, Domaine du Comte de Lordat und Domaine des Clairettes. Die Zahl der Mitglieder nahm jedoch rasch zu. Im Jahre 1938 wurde ein offizielles Syndicat gegründet, das sich die Klassifikation als Appellation Contrôlée zum Ziel gesetzt hatte.

Seite gegenüber, links: Château Grand'Boise bei Trets

Seite gegenüber, rechts: Auf der sehr geschmackvoll eingerichteten Domaine Richeaume wird regelmäßig klassische Musik gespielt, und zwar sowohl in einem speziellen Konzertsaal wie auch im Freien am Teich. Eigentümer Henning Hoesch – auf dem Bild – spielt selbst Cello.

Links unten: So wurden früher die Rosenblätter für die provenzalische Parfumindustrie ausgelesen. Auch heute noch wird vor allem in der Stadt Grasse Parfum erzeugt.

Rechts unten: Château Minuty, eines der Güter auf der Halbinsel von Saint-Tropez

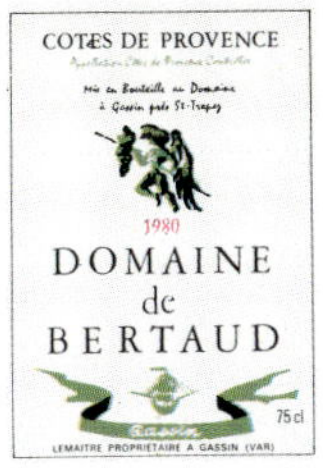

Die Domaine de Bertaud in Gassin ist 25 ha groß. Besitzer Yves Lemaître konzentriert sich vor allem auf Rot- und Weißweine, doch auch sein Rosé besitzt Niveau. Der Rotwein – aus Syrah, Mourvèdre und Cabernet-Sauvignon – zeichnet sich meist durch eine tiefe Farbe, ein angenehmes Bukett und einen geschmeidigen, freundlichen, lebendigen Geschmack aus, der mit etwas Tannin ausklingt.

Die Domaine de Rimauresq (Pignans) ist eine der ältesten der Provence und schon seit drei Jahrhunderten im Besitz der Familie Isnard. Dieser Cru classé umfaßt 26 ha. Für die Rotweine werden die Trauben – Syrah, Mourvèdre, Cinsault, Grenache, Carignan – traditionell vinifiziert. Nach einem Faßausbau von 3 Jahren entsteht ein durchweg tieffarbener, mundfüllender Wein mit Anklängen von Frucht und Holz.

Seit 1979 führen Vater André und Sohn André-Daniel die Domaine Saint-André de Figuière (16 ha in La Londe-les-Maures). Man arbeitet biologisch-dynamisch, also unter anderem ohne Pestizide. Der beste Rotwein ist der Cuvée Spéciale, der meist eine tiefrote Farbe, ein intensives Aroma und einen vitalen, reintönigen Geschmack besitzt, der harmonisch nachtönt (Mourvèdre, Carignan, Cinsault, Grenache; Ausbau nur in Fässern und auf der Flasche).

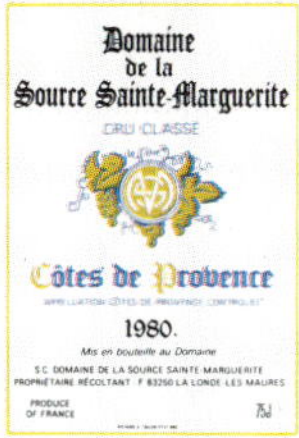

Das berühmte Restaurant L'Oustaú de Baumanière wählt seinen Côtes de Provence bei der Domaine de la Source Sainte-Marguerite. Dieser Cru classé liegt in La Londe-les-Maures. Eigentümer Jean-Pierre Fayard besitzt 10 ha. Der sehr gelungene Rotwein stammt von Cabernet-Sauvignon, Syrah, Mourvèdre, Cinsault, Grenache und wird in Fudern ausgebaut.

Das aus dem 18. Jahrhundert stammende Château de Selle gehört zu den Crus classés und ist Eigentum der Familie Ott. Der 40 ha große Rebgarten könnte nach entsprechender Vorbereitung des steinigen Bodens noch erweitert werden. Die mit großer Sorgfalt vinifizierten Weine können gut reifen. Dies gilt vor allem für den Rotwein (Cabernet-Sauvignon, Cinsault und Grenache). Der Wein hat ein gutes Gleichgewicht, einen ausladenden Geschmack und genügend Tannin.

Die Crus classés

Der Zeitpunkt der Gründung erwies sich als ungünstig. Ein Jahr später brach der Zweite Weltkrieg aus. Dennoch konnte man einen Teilerfolg erzielen. Ab 1941 durfte kein Côtes de Provence mehr als solcher verkauft werden, da der Wein keine geschützte Herkunftsbezeichnung besaß. Für etwa ein Dutzend Güter, die besseren, die selbst abfüllten, suchte man damals zusammen mit dem Institut National des Appellations d'Origine nach einer Lösung. So erfand man die Crus classés; mit diesem Prädikat konnten die Weine doch verkauft werden. Es war geplant, diese Klassierung nach dem Zweiten Weltkrieg wieder abzuschaffen. Doch geschah das Gegenteil, die Zahl der Crus classés nahm sogar noch zu. Im Jahre 1955 umfaßte die Gruppe 23 Güter. In Paris war man mit dieser Entwicklung nicht einverstanden, und so wurde festgelegt, daß keine neuen Mitglieder aufgenommen werden durften. Dadurch sank die Anzahl der Crus classés wieder, da einige Domänen seither aufgehört haben zu existieren. Die Liste der Mitglieder umfaßt jetzt 21 Namen. Großen Wert darf man dem Titel Cru classé nicht beimessen. Die Gruppe kennt weder Qualitätsnormen noch Sanktionen gegen die Mitglieder, die einen schlechten Wein machen: Ich habe einmal einen Wein verkostet, der wirklich von sehr dürftiger Qualität war. Außerdem haben sich neben dieser Gruppierung andere Güter nach oben entwickelt, deren Weine den Vergleich mit den besten Crus classés keineswegs scheuen müssen.

Die vollständige Liste

Nachfolgend die vollständige Liste der Crus classés (einige Güter und ihre Weine sind bei der Abbildung ihrer Etiketten beschrieben, die auf Seite 159 beginnen):

Domaine de Mauvanne
Coteaux de Ferrages
Domaine de la Source Sainte-Marguérite
Castel Roubine
Domaine de l'Aumérade
Domaine de la Clapière
Clos du Relars
Domaine de Rimauresq
Château Saint-Roseline
Château de Selle
Clos Mireille
Château Saint-Martin
Domaine de la Croix
Domaine de Saint-Maur
Clos Cibonne
Domaine du Galoupet
Domaine de Bregançon
Château Minuty
Domaine de la Grande Loube
Domaine du Noyer
Domaine du Jas d'Esclans.

Diese Liste ist, wie gesagt, kritisch zu betrachten. Sie umfaßt sehr gute Güter, aber leider auch solche von weniger hohem Anspruch.

Lange Weinstraße

Es hat lange gedauert, bis den Côtes de Provence das so heiß begehrte Prädikat der Appellation Controlée gewährt wurde. Erst 1977 war es soweit, nachdem der Wein zuvor über 25 Jahre Vin Délimité de Qualité Supérieur war. Der Appellationsbereich umfaßt 85 Gemeinden, davon 69 im Département Var, 15 in Bouches-du-Rhône und 1 in Alpes-Maritimes. Der Weinbau konzentriert sich vor allem rings um das Massif des Maures, das sich von Toulon aus parallel zur Küste nach Nordosten hinzieht. Die Weinberge liegen sowohl südlich als nördlich dieser Bergkette. Eine dritte größere Zone befindet sich weiter innerhalb des Départements Var auf einem sanft gewellten, kalkhaltigen Plateau, auf dem unter anderem die Orte Draguignan und Lorgues gelegen sind. Im Jah-

Oben:
Die Genossenschaft von Besse-sur-Issole trägt den eigentümlichen Namen L'Emancipatrice.

Mitte:
Der Innenhof von Château Sainte-Roseline bei Les Arcs-sur-Agens

Unten:
Der Weinort Les Arcs-sur-Agens, wo das Comité Interprofessionel des Vins Côtes de Provence und andere Weinorganisationen niedergelassen sind.

Ganz unten:
Graf Deydier de Pierrefeu von Château de Gairoird (Cuers) mit seinem sehr gelungenen Weißwein

Weitere interessante Côtes de Provence:
- Domaine du Jas d'Esclans, La Motte (rot)
- Domaine des Serres, Confaron (rot)
- Les Demoiselles, La Motte (Rosé, rot)
- Domaine de la Tour, La Ciotat (weiß)
- Domaine des Hauts de Saint-Jean, Les Arcs-sur-Agens (Rosé)
- Château Requier, Cabasse (rot)
- Domaine de la Malherbe, Bormes-les-Mimosa (Rosé)
- La Bastide Neuve, Le Cannet-des-Maures (roter Petite Syrah)
- Domaine de Saint-Pierre-les-Baux, Pierrefeu (rot)
- Domaine Le Val d'Anrieu, Gonfaron (Rosé)
- Domaine des Bertrands, Le Cannet-des-Maures (rot)
- Domaine de la Tour Sainte-Anne, Cuers (rot)
- Domaine des Campaux, Bormes-les-Mimosas (rot)
- Château Cannet, Le Cannet-des-Maures (rot, Rosé, weiß)
- Domaine de la Croix, La Croix Valmer (rot)
- Domaine des Pomples, Cabasse (Rosé)
- Coopérative Les Arcs-sur-Agens (rot, weiß)
- Coopérative Puget-Ville (rot)
- Coopérative Gonfaron (rot)
- L'Estandon, Bagnis & Fils, Cuers (Rosé)
- Les Arnevels, Fam. J. R. Quiot, Châteauneuf-du-Pape (rot)
- Domaine de la Navarre, Le Crau (rot).
- Domaine de Marchandise, Roquebrune-sur-Argens (rot)
- Domaine de la Croix de Bontar, Besse (rot)
- Château de Barbeyrolles, Gassin (Rosé, rot)
- Château Saint-Georges, Puyloubier (rot)
- Domaine de l'Île, Porqueyrolles (Rosé)
- Domaine des Aspras, Correns (weiß).

Im Jahre 1952 kaufte Maurice Giraud Château de Roux. Sein Schwiegersohn Paul Dyens führt heute zusammen mit seiner Familie das Gut. Für den Rotwein werden die Trauben nicht entrappt. Der Wein wird höchstens 2 Jahre auf Holz ausgebaut. Geschmeidiger, abgerundeter Geschmack, nicht zu schwer. Zusammengestellt wird der Wein aus 25–30% Cabernet-Sauvignon, etwa 30% Syrah sowie Cinsault und Grenache. Die 30 ha liegen bei Le Cannet-des-Maures.

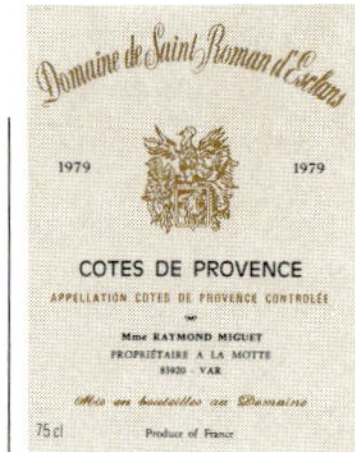

In La Motte gibt es mindestens 4 Güter mit dem «Esclans» in ihrem Namen. Eines davon ist die Domaine de Saint Roman d'Esclans, Eigentum der Damen Raymond und Miguet. Sie verfügen über 20 ha. Der Rote ist ihr bester Wein. Diese Kreation aus Grenache, Syrah und Cabernet-Sauvignon besitzt häufig einen schönen Fruchtgeschmack und eine gesunde Struktur. Der Wein reift 1 Jahr im Faß und 2 Jahre in der Flasche.

re 1981 wurde eine lange Weinstraße geschaffen, die durch viele Weinorte führt. Unterwegs kann man bei Dutzenden von Gütern und Genossenschaften Weine verkosten.

Gesichtslos
Innerhalb der Appellation sind etwa 20 000 ha als Weibauflächen ausgewiesen. Davon stehen zur Zeit etwa 15 000 ha im Ertrag. Man erwartet, daß man noch vor 1990 die 20 000 ha fast erreicht haben wird. Die Erzeugung, die zwischen 670 000 und 750 000 hl im Jahr beträgt, umfaßt Rotwein, Weißwein und Rosé. Der Rosé liefert etwa zwei Drittel der Gesamtproduktion. Das ist so machem ein Dorn im Auge. Ein Sprecher des Comité Interprofessionnel des Vins Côtes de Provence sagte mir: «Der Rosé ist ein gesichtsloses Produkt. Der Verbraucher betrachtet ihn als Wein, der zu allem paßt, oder gerade zu nichts. Rosé ist für die meisten Menschen ein Ferienwein, ein Sommerwein. Man trinkt ihn kühl, ohne darauf zu achten, was man eigentlich trinkt. Qualität spielt gar keine Rolle: Es ist eben ein Urlaubswein. Unter diesem Bild leidet die ganze Provence, die Winzer ebenso wie die Händler. Provenzalischer Wein wird nicht ernst genommen.»

Hoffnung auf Rotwein
In der Provence hofft man, dieses Problem im Laufe der Zeit dadurch zu bewältigen, daß man sich – wie schon im vorigen Jahrhundert – mehr auf den Rotwein konzentriert. Wenn man, so die Überlegung, beweisen würde, daß man in der Lage ist, gute, charaktervolle Rotweine zu machen, dann wird auch der Rosé eher als vollwertig akzeptiert werden. So lief Ende der 70er Jahre ein Programm an, das der qualitativen Verbesserung derRotweine dienen sollte. Man organisierte Informationsveranstaltungen für die Winzer, und das Comité Interprofessionnel begleitete mit eigenen Fachleuten die Vinifikation unter anderem bei den Genossenschaften. Damit wurden beachtliche Ergebnisse erzielt. Ich habe seinerzeit die Provence im Abstand von 5 Jahren ausgiebig bereist, und es war sehr

Die Weine von Vater und Sohn Negrel (in Trets) wurden immer wieder ausgezeichnet, und zwar sowohl der Rotwein als auch der Rosé. Ihr Gut heißt Mas de Cadenet und umfaßt 50 ha. Angepflanzt sind 4 blaue Rebsorten: Syrah, Grenache, Cinsault und Carignan. Der Rotwein besitzt einen guten Geschmack mit einem würzigen Kern und einem Hauch von reifen Früchten. Nur aus Cinsault und Grenache wird der Rosé erzeugt.

Les Maîtres Vignerons de la Presqu'île de Saint-Tropez ist eine Gruppe von 12 unabhängigen Gütern. Die einzelnen Güter keltern selbst, woraufhin die gemeinsame Organisation (in Gassin) eine Selektion durchführt, verschiedene Cuvées zusammenstellt und den Vertrieb unter dem gemeinsamen Namen besorgt. Der interessanteste Wein ist der rote Carte Noire mit seinem geschmeidigen, festen Fruchtgeschmack. Auch der Rosé ist beachtlich. Beide Weine jung trinken.

Bei Pierrefeu liegen die etwa 115 ha von Château La Gordonne. Das Gut gehört zu dem Unternehmen Salins du Midi (s. S. 150 und 151). Der Rotwein wird hauptsächlich aus Carignan und Cabernet-Sauvignon erzeugt. Es ist ein tieffarbener Côtes de Provence mit etwas Frucht, Lebendigkeit und einem guten Abgang. Er präsentiert sich schon sehr früh geschmeidig. Der Rosé ist deutlich weniger interessant.

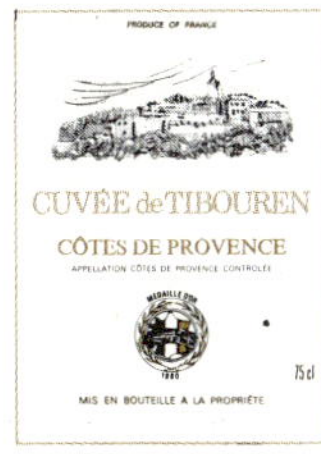

Eine der besten provenzalischen Genossenschaften ist die Coopérative von Ramatuelle. Sie wurde 1954 gegründet, und ihre gut 200 Mitglieder bearbeiten etwa 300 ha Côtes de Provence. Der gut ausgerüstete Betrieb hat 2 Spezialitäten: den roten Cuvée de l'Ormeau (hauptsächlich Grenache, 2–3 Jahre alt) und den Rosé Cuvée de Tibouren (auf der Basis der nur hier vorkommenden Tibouren-Rebe): ein fester, aromatischer, charaktervoller Wein.

Die Marke Pradel besteht seit 1948 und wurde von einem Weinhändler geschaffen, der sie im Jahre 1975 an Jean Cordier verkaufte, das bekannte Bordeaux-Haus. Entsprechendes Marketing und gute Werbung sichern den kommerziellen Erfolg der Pradel-Weine. Aus dem ganzen Angebot trinke ich den roten Pradel Elite am liebsten, einen einfachen, aber angenehmen Wein, fruchtig, pikant und geschmeidig. Der – teurere – Impérial hat mehr Holz, aber weniger Charme.

Links unten:
Immer mehr Erzeuger verkaufen den Wein direkt, so auch Château de Roux bei Le Cannet-des-Maures.

Rechts unten:
Rebgärten zu Füßen des Dorfes Ramatuelle. Hier arbeitet eine qualitätsbewußte Genossenschaft.

auffallend, wieviele wirklich gute Rotweine ich bei meinem zweiten Besuch gegenüber dem ersten Mal zu verkosten bekam.

Provenzalische Rebsorte
Die Rebsorten für den roten Côtes de Provence und den Rosé sind gleich. Als primäre Rebsorten sind zugelassen: Carignan, Cinsault, Grenache, Mourvèdre und Tibouren. Allein oder zusammen müssen diese Reben mindestens 70% der Bestockung ausmachen. Das Gesetz schreibt darüber hinaus vor, daß der Carignan-Anteil ab Ernte 1986 nur mehr 40% betragen darf. Die einzige echt provenzalische Rebe ist die Tibouren-Rebe, die meines Wissens nirgendwo sonst vorkommt. Es scheint, daß sie griechischen Ursprungs ist und schon von den griechischen Kolonisatoren der Provence mitgebracht worden war. Im vorigen Jahrhundert soll sie dann von einem Seemann aus Saint Tropez namens Antiboul ein zweites Mal eingeführt worden sein. Die Tibouren kann nur in warmem, trockenem Klima gedeihen, denn die Pflanze ist sehr empfindlich, und ihre Früchte faulen schnell. Neben den primären sind noch sekundäre Sorten zugelassen, und zwar die blauen Sorten Cabernet-Sauvignon, Calitor und Syrah (ab Ernte 1984 zusammen mit Mourvèdre mindestens 10%), die Rosé-Sorten Barbaroux und Roussanne du Var (zusammen höchstens 10%; letztere ab Ernte 1986 verboten), und die weißen Sorten Clairette, Rolle, Sémillon und Ugni blanc (zusammen höchstens 10%). Die gleichen vier weißen Sorten sind auch die einzigen, die für den weißen Côtes de Provence zugelassen sind. Der Ertrag für alle Weine wurde auf 50 hl/ha begrenzt; der Mindestalkoholgehalt beträgt 11%.

Probleme beim Rosé
Für den Rosé gibt es noch Bestimmungen zum Herstellungsverfahren. Erlaubt sind das Maische-Verfahren, wobei die Beerenhäute kurze Zeit am Most belassen werden, und das Preßverfahren bei dem die Trauben sofort abgepreßt werden und der Rosé seine Farbe durch den kurzen Kontakt mit den Schalen und durch die Farbstoffe des Safts selbst bekommt. Die Qualität der provenzalischen Rosés ist höchst unterschiedlich. Ihre Farbe kann von Blaßrosa bis Orangebraun reichen, der Geschmack von fruchtig und spritzig bis plump und flach. Die billigeren, geringeren Qualitäten überwiegen vorläufig noch, was dem Ansehen dieses Weins nicht gerade förderlich ist. Um diesem Problem auszuweichen, hat die Familie Ott für ihre Rosés die Bezeichnung Cœur de Grain erfunden. Ob dies allerdings, vor allem für den Export, einen Ausweg bietet, muß bezweifelt werden.

Viele Genossenschaftsweine
Auch vom roten Côtes de Provence gibt es viele unterschiedliche Qualitäten. Der Boden, die Traubenmischung, die Vinifikation und andere Aspekte bei der Entstehung des Weins sind nirgendwo genau gleich. Eine allgemeine Charakteristik kann man kaum geben. Man könnte höchstens sagen, daß roter Provence meist eine recht tiefe Farbe und einen ziemlich kräftigen, in der Regel geschmeidigen Geschmack besitzt. Je nach Erzeuger findet man dann mehr oder weniger Holz, Frucht, Abstufungen und Klasse. Auch beim weißen Côtes de Provence, der nur ein knappes Zehntel der Erzeugung ausmacht, ist die Qualität höchst uneinheitlich.

Bedauerlicherweise sind Mangel an Frische und ein Übermaß an Alkohol noch für sehr viele Weine typisch. Über die Hälfte (etwa 60%) aller Côtes de Provence wird von den 57 regionalen Genossenschaften erzeugt. Von den unabhängigen Winzern füllen knapp 200 selbst ab, doch ihre Zahl wird zunehmen.

Weinbruderschaften
In der Provence gibt es mehrere Weinbruderschaften. Die aktivste ist der «Ordre Illustre des Chevaliers de Méduse». Sie wurde ursprünglich im Jahre 1690 von einem Marineoffizier gegründet und gewann allmählich im ganzen Land, bis nach Paris, Lyon und Le Havre Mitglieder. Im Jahre 1951 wurde die Bruderschaft erneut ins Leben gerufen. Ihre Kapitel hält sie auf Château Sainte-Roseline in Les Arcs-sur Argens ab. Sodann gibt es die «Confrérie des Echansons», die «Confrérie Bacchique et Gastronomique des Comtés de Nice et de Provence» und die «Confrérie des Chevaliers de Provence». Sie alle haben es sich zum Ziel gesetzt, den Konsum des regionalen Weins zu fördern, vor allem außerhalb des Gebiets selbst. Die Provenzalen selbst haben eigentlich keinen Ansporn mehr nötig. Nicht ohne Grund steht auf der Weinkarte des hervorragenden provenzalischen Restaurants «L'Oasis» in La Napoule folgender Spruch: «Es ist zuviel Wein auf der Welt für die Messe und zu wenig, um Mühlen damit anzutreiben. Es bleibt also nichts anderes übrig, als den Wein zu trinken.»

Links:
Dieser imposante Brunnen aus dem Jahre 1860 steht auf der Place de la Libération in Aix-en-Provence an der Westseite des Cours Mirabeau.

Unten:
Der berühmte Cours Mirabeau von Aix-en-Provence

Seite gegenüber, links:
Georges Brunet von Château Vignelaure. In den Räumen seines Châteaus sieht man viel zeitgenössische Kunst.

Seite gegenüber, rechts:
Château de Fonscolombe bei Le Puy-Sainte-Réparade

Im kunstsinnigen Aix-en-Provence (hier findet jeden Sommer unter anderem ein Musikfestival statt) wurde am 19. Januar 1839 Paul Cézanne geboren. Sein Atelier kann besucht werden.

Weitere interessante Coteaux d'Aix-en-Provence:
- Domaine de Château de Pigoudet, Rians (rot)
- Château de Sainte-Croix, Charleval-de-Provence
- Château de Calissane, Lançon-de-Provence (rot)
- Coopérative Lambesc (Rosé)
- Domaine de Paradis (gleicher Eigentümer wie Château Fonscolombe), Le Puy-Sainte-Réparade (weiß)
- Commanderie de la Bargemone, Cuvée Tournebride, Saint-Cannat (rot)

Coteaux d'Aix-en-Provence

Schon einige Jahrhunderte vor dem Beginn unserer Zeitrechnung kannte man etwa 30 km nördlich des heutigen Marseille mehrere Quellen. Einige lieferten sogar warmes Wasser. Im Jahre 122 v. Chr. gründete der Konsul Sextius hier eine römische Siedlung. Der Ort erhielt den Namen Aquae Sextiae, Ursprung von Aix-en-Provence, einer der schönsten Städte der Provence. Den Wohlstand der Vergangenheit lassen noch die prächtigen Patrizierhäuser im Zentrum der Stadt erahnen. Die meisten dieser Bauten stammen aus dem 17. und 18. Jahrhundert, und einige tragen noch die Namen der Familien, die sie bewohnten. Auffallend ist, daß sie aus verschiedenfarbigen Steinen errichtet wurden. Mitten durch Aix-en-Provence läuft der Cours Mirabeau, eine von Platanen beschattete Avenue mit Läden, Kunstgalerien und Cafés; beliebter Treffpunkt der Bewohner von Aix ist das Café «Les Deux Garçons». Mitten in dieser schönen Anlage steht ein römischer Brunnen, dessen Wasser eine Temperatur von 34°C hat. Im Westen wird die Straße von einem weiteren prächtigen Brunnen aus dem 19. Jahrhundert abgeschlossen. An der Ostseite hält le bon roi René Wacht. In seiner Hand hält er eine Muskattraube.

Gelehrter Herrscher
König René hat Aix und die Umgebung wesentlich geprägt. Er war im 15. Jahrhundert der letzte Herzog der Provence, aus dem Hause Anjou, und gleichzeitig König von Sizilien. König René soll in Geologie, Mathematik und in den Rechtswissenschaften bewandert gewesen sein, malte, dichtete, komponierte und spielte mehrere Instrumente. Außerdem beherrschte er sechs Sprachen. Er hatte viel für den Weinbau übrig, den er während seiner Herrschaft sehr förderte. König René ließ die Muskattraube anpflanzen, und nach der Überlieferung soll dieser gelehrte Mann auch das Verfahren für den Vin clairet eingeführt haben, den Vorläufer des Rosé. Vorübergehend hießen die Weinberge rings um Aix-en-Provence auch Coteaux du Roy René. Ihr heutiger Name ist Coteaux d'Aix-en-Provence. Die Herkunftsbezeichnung stammt aus dem Jahre 1956.

Zurückgesetzt
Es war für die Winzer der Coteaux eine große Enttäuschung, als im Jahre 1977 die Côtes de Provence den Status der Appellation Contrôlée erhielten und die Coteaux-d'Aix-en-Provence übergangen wurden (die Coteaux des Baux-de-Provence übrigens auch). Als einen der Gründe hierfür nannte man in Paris die «Heterogenität» der Weinberge. Mit anderen Worten, die Qualität war zu uneinheitlich. Die Proteste der Winzer fruchteten schließlich: Seit der Ernte 1985 gibt es die Appellation Coteaux d'Aix-en-Provence Contrôlée. Ihre meisten Weingärten liegen im Norden und Westen der Stadt. Sie umfaßt 48 Gemeinden im Département Bouches-du-Rhône und 2 in Var. Theoretisch sind 5000–6000 ha als Boden für Qualitätsgewächse geeignet. Zur Zeit ist davon jedoch noch nicht einmal die Hälfte bepflanzt. Die Erzeugung liegt in Händen von etwa 45 Gütern und 20 Genossenschaften.

Relativ kühl
Früher, als der Wein rings um Aix-de-Provence noch eine untergeordnete Rolle spielte, standen die Rebstöcke meist auf Hügelterrassen, den sogenannten *bancaous*. Die Hänge wurden nicht wegen der günstigeren Sonneneinstrahlung bevorzugt, sondern deshalb, weil man sich die Ebene für den Anbau von Oliven und Mandeln freihalten wollte. Inzwischen sind die Weinberge nicht mehr auf den Terrassen zu finden. Wie in den Côtes de Provence geschah dies vor allem der rentableren Nutzung wegen, aber auch deshalb, weil der strenge Frost des Jahres 1956 viele Olivenbäume vernichtet hatte. Mandeln werden hier dagegen noch in großen Mengen erzeugt: Aix-en-Provence gilt als ein Mandelzentrum Europas. Die Weinberge der Coteaux d'Aix-en-Provence reichen bis in eine Höhe von 350 m; nördlich von Montagne Sainte-Victoire wird die Wirkung kühler Winde aus den Alpen spürbar. In weiten Teilen dieser Gegend ist es deshalb kühler als anderswo in der Provence, so daß eine Rebsorte wie Cabernet-Sauvignon hier gute Ergebnisse zeigt. In den Côtes de Provence gilt Cabernet-Sauvignon als sekundäre Rebe, in den Coteaux d'Aix-en-Provence als primäre. Knapp zwei Drittel der Erzeugung sind Rotweine. Die Gesamt-Erzeugung bewegt sich um die 100 000 hl.

Rebsorten
Rotweine und Rosés dürfen aus Cabernet-Sauvignon, Carignan, Cinsault, Counoise, Grenache noir, Mourvèdre und Syrah erzeugt werden. Jede dieser Rebsorten darf für sich nicht mehr als 50% der Bepflanzung einnehmen. Ab 1990 gilt ein höchstzulässiger Anteil von 40%. Ab Ernte 1995 soll der Anteil von Cabernet-Sauvignon und Carignan nur noch höchstens 30% betragen. Für weißen Côteaux d'Aix-en-Provence – nur 10–15% der Erzeugung – sind Bourboulenc, Clairette, Grenache blanc, Sauvignon, Sémillon, Ugni blanc und Vermentino vorgeschrieben. Für die Bepflanzung gelten

Château Vignelaure – erste Ernte 1970 – ist das führende Gut der Appellation. Eigentümer Georges Brunet bestellt 54 ha mit 60% Cabernet-Sauvignon, 30% Syrah und 10% Grenache. Diese ungewöhnliche Rebenkombination liefert einen beachtlichen Rotwein: elegant, charaktervoll, leicht würzig und mit Anklängen von reifem Obst. Der Wein wird etwa 2 Jahre in Fudern aus ungarischer Eiche ausgebaut.

Marquis Guy de Saporta führt das Château de Fonscolombe, ein Gut von nicht weniger als 166 ha bei Le Puy-Ste. Réparade. Unter demselben Namen wird auch der Wein der Domaine de la Crémade verkauft (100 ha). Von allen Weinen bevorzuge ich den roten Cuvée Spéciale (40% Carignan, 15% Cabernet-Sauvignon, der Rest Cinsault sowie Grenache). Recht geschmeidiger Geschmack mit Stil. Auch der Rosé Cuvée Spéciale ist sehr gelungen, ebenso der reintönige, erfrischende Weißwein.

Jährlich verkauft die Familie Bordonado etwa 1,3 Millionen Flaschen, und zwar von drei Gütern: Château La Coste (Le Puy-Ste. Réparade, 80 ha), Domaine de la Grand Séouve (Jouques, 32 ha), Domaine de la Boulangerie (Jouques, 42 ha). Von den Weinen, die ich verkostete, sind unter anderem der weiße und rote Domaine de la Grand Séouve zu empfehlen. Und der weiße Château La Coste besitzt einen zartfrischen, reintönigen Geschmack und ist sehr angenehm.

Einer der köstlichsten Rosés der Coteaux d'Aix-en-Provence kommt von Château de Beaupré: ein hellrosa, geschmeidiger, zartfrischer Wein, leicht fruchtig und reintönig. Er wird erzeugt aus 40% Grenache, 20% Cabernet-Sauvignon, 20% Syrah, 10% Carignan und 10% Cinsault. Der Rebberg ist 32 ha groß. Eigentümer Baron Double erzeugt daneben auch einen weißen und einen roten Coteaux d'Aix-en-Provence, die beide sehr korrekt sind. Das Gut liegt in Saint-Cannat.

Seit 1976 vinifiziert Jean Salen auf seiner Domaine Les Bastides (Le Puy-Ste. Réparade) seine Weine selbst, und er macht dies sehr sachkundig. Vor allem sein Rotwein wird weithin geschätzt. Im Cuvée Spéciale riecht man das Vanillearoma, das von der Holzlagerung herrührt (18–24 Monate in Fudern). Ein etwas herber, sauberer Geschmack, der mit zartem Tannin ausklingt. Grundlage des Weins sind 5 Rebsorten, dabei 40% Cabernet-Sauvignon.

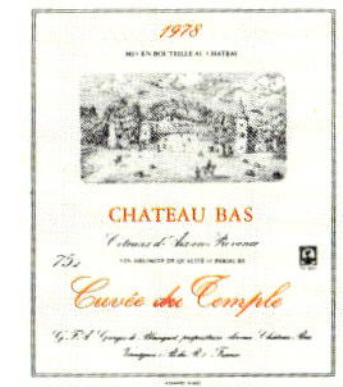

Im Jahre 1980 wurde Château Bas (Vernègues) Eigentum des Deutschen Georges de Blanquet, einem Hugenotten-Abkömmling. Er investierte einige Millionen Francs in das jetzt 40 ha große Gut. Die Rebsorten Syrah, Grenache und Cabernet-Sauvignon liefern hier einen reizvollen Rotwein, in dessen reintönigem, elegantem Geschmack man auch Anklänge von Frucht findet. Auch der Rosé (Cinsault und Grenache) verdient ein Kompliment. Der beste Rotwein heißt Cuvée du Temple.

hier folgende Beschränkungen: Bis zum 1990er Jahrgang darf keine Sorte mehr als 70% ausmachen. Ab 1991 müssen die Anteile von Sauvignon und Sémillon auf höchstens 30% und der Anteil von Ugni blanc auf höchstens 40% reduziert sein. Der Höchstertrag für alle Weine beträgt 60 hl/ha, der Mindestalkoholgehalt 11%.

Pionier Georges Brunet

Was König René im 15. Jahrhundert tat, leistete Georges Brunet in unserem Jahrhundert. Zu Beginn der 70er Jahre, als Coteaux d'Aix-en-Provence weniger bekannt war als heute, verschaffte er dem Gebiet einen Platz auf den besten Weinkarten des Landes. Plötzlich schrieb man über Coteaux d'Aix-en-Provence; die Weingegend erwarb einen gewissen Ruf und verlor ihre Anonymität. Brunet erreichte dies einfach dadurch, daß er einen ausgezeichneten Wein machte und diesen mit viel Geschmack und sicherem Gespür für Publizität herausbrachte. Das Weingut hieß Château Vignelaure nach dem gleichnamigen Weingut bei Rians. Georges Brunet bepflanzte seinen Weinberg mit 60% Cabernet-Sauvignon, was zu seiner Zeit wahrhaft revolutionär war. Es handelte sich allerdings um eine Rebsorte, die er gut kannte, denn Brunet hatte zuvor in Bordeaux den Grand Cru Classé Château La Lagune bewirtschaftet. Brunet entschied sich außerdem für eine vollkommen biologische Bearbeitung seines Weinbergs, ohne Insektizide, Herbizide oder Kunstdünger. Auf Vignelaure sind es die Vögel, die die Insekten niederhalten. Die Klasse und der Erfolg von Vignelaure gaben den Winzer-Kollegen von Brunet Selbstvertrauen. Er hatte bewiesen, daß die Coteaux d'Aix-en-Provence das Potential für Spitzenweine haben. Das Niveau, das man hier erreichen kann, liegt mindestens so hoch wie in den Côtes de Provence, was mittlerweile auch andere Weine beweisen. Nur haben noch nicht viele Weintrinker dies entdeckt.

Hierunter:
Wegweiser führen die Weinstraße der Coteaux von Baux und Aix entlang.

Unten:
Die Felsen von Les Baux mit den Ruinen

Weitere interessante Coteaux des Baux:
– Domaine de Lauzières, Mouriès
– Mas de Gourgonnier, Mouriès
– Domaine de la Vallongue, Eygalières.

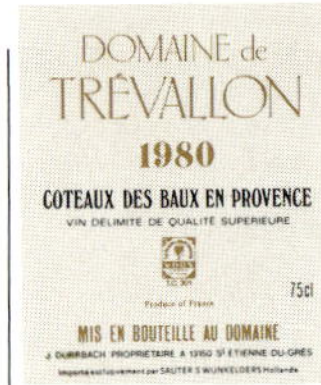

Der beste rote Coteaux des Baux-en-Provence kommt von der Domaine de Trévallon (16 ha in St. Etienne-du-Grès). Die Rebstöcke – 50% Cabernet-Sauvignon, 50% Syrah – stehen auf kalk- und kieshaltigen Hängen. Der 16 Monate in Fudern ausgebaute Wein besitzt eine tiefe Farbe, ein intensives und fesselndes Bukett (u. a. Schwarze Johannisbeeren und Himbeeren) und einen angenehm pikanten, nuancierten Geschmack. *Gérant* ist Eloi Dürrbach.

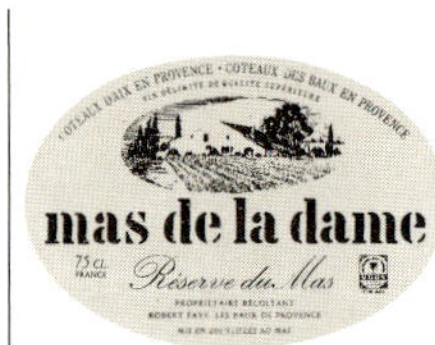

Mas de la Dame wurde von dem im Jahre 1978 verstorbenen Robert Faye großgemacht. Seine Tochter, Madame de Villemorin, und Monsieur Chatin haben heute die Leitung. Etwa 60% der 54 ha tragen Grenache. In den Rest teilen sich Cinsault, Syrah, Cabernet-Sauvignon und ein wenig Carignan. Der Rotwein ist geschmeidig und angenehm, vielleicht etwas glatt. Der organgefarbene Rosé hat einen ausgeprägten Obstton (Apfel, Pfirsich) und schmeckt köstlich.

Madame Hélène David ist seit dem Tode ihres Mannes Eigentümerin von Mas Sainte-Berthe am Fuß von Les Baux. Das Gut ist 30 ha groß. Ich trank hier mit Genuß den rosa-orangen, lebendigen, fruchtigen Rosé sowie den geschmeidigen, mundfüllenden Rotwein, der etwas *terroir* aufweist und 4–6 Monate in Fudern reift. Die blauen Reben setzen sich aus 50% Grenache sowie Cinsault, Carignan, Syrah, Mourvèdre und Cabernet-Sauvignon zusammen.

Das 45 ha große Weingut Terres Blanches liegt bei St. Rémy-de-Provence und ist Eigentum von Noël Michelin. Seinen Rotwein komponiert er aus 33% Cabernet-Sauvignon, 22% Grenache, 21% Mourvèdre, 9% Syrah und 15% sonstigen Sorten. Nach mindestens 1 Jahr Faßreife entsteht ein meist tieffarbener Wein, geschmeidig, gut ausgewogen, etwas Tannin. Es ist ein sehr korrektes Produkt, dem es jedoch etwas an Tiefe mangelt. Der beste Rotwein ist Cuvée Bérangère.

Coteaux des Baux-de-Provence

Die sieben westlichsten Gemeinden der Coteaux d'Aix-en-Provence dürfen ihre Weine mit der doppelten Herkunftsbezeichnung «Coteaux d'Aix-en-Provence/Coteaux des Baux-de-Provence» anbieten. Auf einigen Etiketten kommt dieses Wortungetüm auch tatsächlich vor. Die meisten Winzer begnügen sich jedoch mit dem letzten Teil, Coteaux des Baux-de-Provence, wobei das zweite «de» häufig durch «en» ersetzt wird. Der Gesetzgeber duldet dies stillschweigend. Die Landschaft wird hier beherrscht von der Alpilles-Kette und dem Felsplateau von Baux-de-Provence, 10 km südlich von Saint-Rémy-de-Provence. Der bizarre, 900 m lange Fels bewahrt die Reste des ehemaligen Les Baux – einer Stadt mit 6000 Einwohnern – sowie der Burg. Im Mittelalter residierten hier die Seigneurs von Baux, deren Macht weit reichte. Lange Zeit herrschten sie über 79 Orte in Südfrankreich, und sie verteidigten jahrhundertelang ihre Unabhängigkeit gegenüber den Grafen der Provence. Kriege, Intrigen und Verrat durchziehen ihre Geschichte, doch boten sie auch Troubadouren Zuflucht und Obdach und veranstalteten galante Feste. Mit dem Erlöschen ihrer Dynastie kam auch das Ende von Les Baux: Im Jahre 1632 gab Ludwig XIII. Befehl, die Stadt und die Burg dem Erdboden gleichzumachen. Die Ruinen locken heute jedes Jahr Tausende von Touristen an. In Baux-de-Provence gibt es hervorragende Restaurants, so das berühmte «L'Oustaù de Baumanière».

Schwergewicht auf Rotwein
Im weiten Umkreis um das Felsmassiv liegen die Weingärten der Coteaux des Baux-de-Provence. Sie umfassen knapp 200 ha. Es gibt zur Zeit etwa 10 Erzeuger in dieser Appellation; als sie im Jahre 1956 geschaffen wurde, waren es ganze drei. Eines dieser Güter war Mas de la Dame, mit 54 ha das größte in der Gegend. Die rechtlichen Vorschriften für Coteaux des Baux-de-Provence sind identisch mit denjenigen für die Coteaux d'Aix-en-Provence, auch hinsichtlich der Rebsorten. Man findet also auch hier die Rebsorten Cabernet-Sauvignon, Carignan, Cinsault, Counoise, Grenache noir, Mourvèdre und Syrah. Und gleicherweise liegt das Schwergewicht hier ebenfalls auf den Rotweinen. Ich habe jedoch auch köstliche Rosés verkostet. Die Qualität und vor allem der Charakter der Rotweine können bei den einzelnen Gütern sehr unterschiedlich sein. Neben traditionell arbeitenden Gütern, auf denen es zum Beispiel viele Grenache-Stöcke gibt, findet man auch solche, wo die Reben biologisch-dynamisch gepflegt werden und der Weinberg etwa viel Cabernet-Sauvignon trägt. Ähnliche Unterschiede bestehen auch bei Vinifikation und Ausbau. Trotz dieser Kontraste ist der Coteaux des Baux-de-Provence im allgemeinen ein recht zuverlässiger Wein; wirklich dürftige Qualitäten sind hier die Ausnahme. Wer der im Jahre 1981 geschaffenen Weinstraße folgt, darf sich daher auf viele schöne Entdeckungen freuen.

Eine tiefe Farbe, Vanille im Duft und ein reintöniger, gut strukturierter, fruchtiger Geschmack sind Merkmale des Cabernet-Sauvignon von der Domaine de Saint Jean (Villecroze). Aber auch der Cuvée de l'Héritier (vor allem Syrah und Grenache) und der Rosé (Cinsault) sind herrliche Weine. Das Gut umfaßt 17 ha, zu denen Allan Hirsch weitere 15 ha hinzugepachtet hat. Die Ausrüstung ist vorbildlich (u. a. Gärtanks aus Edelstahl).

Zwei englische Damen, Mrs. Pitt-Rivers und Mrs. Cundal, sind Eigentümer der Domaine des Chaberts in Garéoult. Ihr Rebgarten ist 26 ha groß, macht jedoch nur ein Zehntel des Gesamtbesitzes aus, auf dem auch Wälder und Olivenbäume stehen. Sie erzeugen einen tadellosen Rotwein, der Farbe, Stil und etwas Frucht besitzt (Cabernet-Sauvignon, Mourvèdre, Syrah, Grenache, Cinsault).

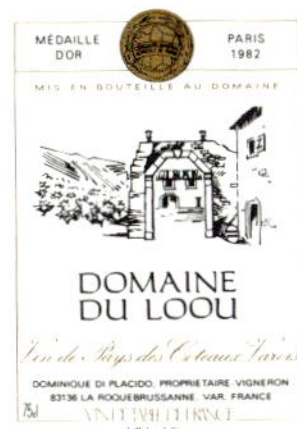

Die Domaine du Loou in La Roquebrussanne wurde von Dominique di Placido geschaffen. Er arbeitet mit Schwiegersohn Jean-Claude Giamarchi zusammen. Der Rebgarten ist 42 ha groß. Einer der ansprechendsten Weine ist der rote Cabernet-Sauvignon, ein festes, gut strukturiertes Erzeugnis, das 12–18 Monate auf Holz ausgebaut wird. Auch der einfache Rotwein schmeckt fest und gut (aus Grenache und Carignan).

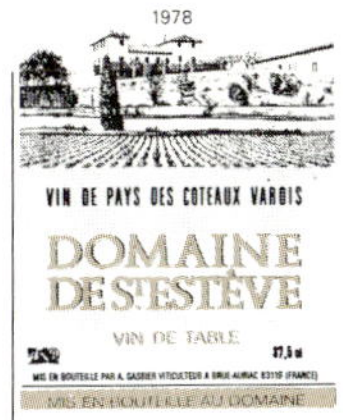

Bei Brue-Auriac liegen die 150 ha der Domaine de Saint-Estève. Sie ist Eigentum von Antony Gassier. Das sehr große Weingut erzeugt verschiedene Typen Wein. Meine Vorliebe gilt dem roten Coteaux Varois mit Jahrgang, der einige Zeit auf Holz gelegen hat, geschmeidig schmeckt und aus Mourvèdre, Syrah und Cabernet-Sauvignon zusammengestellt wird.

Zu den Weinbetrieben des Unternehmens Salins du Midi (s. S. 150, 151) gehört auch die Domaine de Saint-Hilaire in Ollières. Sie liegt in einer Höhe von 360 m, umfaßt rund 130 ha und ist umschlossen von etwa 1000 ha Eichenwald. Cabernet-Sauvignon ist die wichtigste Rebe. Sie ist die Grundlage des Les Hauts de la Marotte, des besten Weins von diesem Gut. Tiefdunkle Farbe, geschmeidiger Geschmack, würziger Kern. Der einfache Rotwein schmeckt weniger nuanciert.

Links unten:
Denyse und Allan Hirsch von der Domaine de Saint-Jean

Rechts unten:
Die bei Villecroze gelegene Domaine de Saint-Jean. In einem Probierlokal neben dem Haus wird im Sommer viel Wein an Touristen verkauft. Die Keller liegen in einiger Entfernung vom Haus auf einem kleinen Hügel.

Nach der Einstufung als VDQS wurden natürlich alle Etiketten geändert.

Weitere interessante Coteaux Varois:
- Clos de la Truffière, Saint-Maximim (rot)
- Cave Saint-André, Seillons-Source-d'Argens (Rosé, rot)
- Domaine de la Lieue, Brignoles (Rosé, rot)

Coteaux Varois

Der Name Coteaux Varois tauchte erstmals im Jahre 1945 auf; man bezeichnete hiermit den Landwein des Départements Var. Die 400 000 hl jährlicher Erzeugung wurden problemlos offen verkauft. Deshalb hatte auch niemand das Bedürfnis, seinen Coteaux Varois im Jahre 1949 als Vin Délimité de Qualité Supérieure anzumelden. In den 60er Jahren jedoch ging die Nachfrage nach Coteaux Varois zurück, und es kam zu einer Krise. Eine Gruppe von Winzern beschloß daraufhin, gemeinsam etwas zu unternehmen, und so gründete man im Jahre 1964 ein neues Syndicat de défense. Das Ziel war die Verbesserung der Qualität, die kontrollierte Herkunftsbezeichnung und ein besserer Absatz. Die Aufgabe erwies sich als nicht leicht zu bewältigen. Im Jahre 1973 konnte man jedoch den ersten Erfolg verbuchen: Der Wein wurde zum Vin de Pays des Coteaux Varois ernannt. Man hatte die unterste Sprosse der Leiter erreicht. Nun ging es darum, sich zum Vin Délimité de Qualité Supérieure emporzuarbeiten. Der entsprechende Antrag wurde schon bald eingereicht.

Boden und Lage
Die ersten Aktenordner mit Vorschriften und Anleitungen wurden im Jahre 1977 durchgearbeitet. In den darauffolgenden Jahren befaßte man sich vor allem mit dem Gelände, den Rebsorten und anderen Aspekten. Nach Plan sollten die Coteaux Varois 1982 in die nächste Kategorie aufrücken, jedoch wurde die Sache auf das Jahr 1983 verschoben. Von den 41 Gemeinden wurden 28 in die neue VDQS-Zone aufgenommen. Bei der Auswahl spielten zwei Kriterien eine wichtige Rolle: der Boden (man entschied sich für lehm- und kalkhaltigen Grund) und die Höhe des Orts. Zu hoch und daher auch zu kühl gelegene Gemeinden kamen nicht in Betracht. Neben den traditionellen südlichen Rebsorten wir Carignan, Cinsault, Grenache, Syrah und Mourvèdre wurde auch Cabernet-Sauvignon akzeptiert. Mit dieser Traube hatten nämlich einige Güter bei ihrem Vin de Pays beachtliche Ergebnisse erzielt. Ein Coteaux Varois ist immer ein Rotwein oder ein Rosé; Weißweine wurden ausgeschlossen. Dies übrigens zum großen Bedauern einiger Winzer, die aus Erfahrung wußten, daß sich kalkhaltiger Boden sehr gut für weiße Reben eignet. Als Höchstertrag sind 50 hl/ha, als Mindestalkoholgehalt 11% vorgeschrieben.

Amerikanisches Beispiel
Die erzeugte Menge von Coteaux Varois liegt zwischen 100 000 und 150 000 hl. Etwa 60% stammen von Uvivar, einer Gruppe von 28 Genossenschaften. Die interessantesten Weine jedoch kommen von etwa 70 unabhängigen Gütern. Vor allem aus der Cabernet-Sauvignon-Rebe versteht man hier herrliche Weine zu erzeugen. Pioniere auf diesem Gebiet waren Allan und Denyse Hirsch; er ist Amerikaner, sie Französin. Mit Hilfe amerikanischer und französischer Fachleute erzeugten sie im Jahre 1976 ihren ersten Wein ausschließlich aus der Cabernet-Sauvignon-Rebe. Ich entdeckte diesen Wein zufällig in einem kleinen Restaurant in Villecroze, wo auch das Weingut der Familie Hirsch liegt, die Domaine de Saint Jean. Für mich war der Wein eine Offenbarung: Dieser (damals noch) Vin de Pays übertraf qualitativ die meisten Côtes de Provence, die ich jemals verkostet hatte, Weine von Appellation Contrôlée-Niveau. Auch die anderen Weine dieses Guts beeindruckten sehr. Zweifellos ist in den Coteaux Varois das Potential für eine hohe Qualität vorhanden; es ist zu wünschen, daß immer mehr Winzer dies erkennen.

Die Weißweine von Château Simone werden aus 80% Clairette und 20% weiteren Sorten (vor allem Ugni blanc und etwas Sémillon und Muskatsorten) erzeugt. Der einfache Wein reift 2 Jahre auf Holz und behält lange seine Vitalität. Der Geschmack könnte etwas rassiger sein, ist aber distinguiert und geschmeidig. Etwa ein Drittel der weißen Ernte wird ein Jahr früher abgefüllt und durchläuft manchmal keine Milchsäuregärung. Diesen etwas herberen Wein taufte man Blanc de Blancs.

In guten Jahren ist der rote Château Simone ein mundfüllender, nuancierter Wein, der angenehm am Gaumen haftet: eine Symphonie von Duft- und Geschmacksimpressionen. Dieser elegante, tieffarbene Palette muß René Rougier zufolge 7–12 Jahre reifen. In den leichteren Jahren kann das Holz manchmal etwas dominieren. Fesselnd ist auch der Rosé, der jung getrunken werden will. Auch er besitzt Nuancen und Persönlichkeit.

Monsieur Vidalin in Le Thonolet ist der zweite Erzeuger von Palette. Seine Domaine Crémade umfaßt 5 ha mit 50% Grenache, 30% Mourvèdre und 20% Cinsault und liefert nur Rotwein. Weinbereitung und Verkauf liegen in Händen der Firma Chais de Beaulieu in Rognes. Ein korrekter Geschmack – nicht besser als ein einfacher Côtes de Provence –, eine recht tiefe Farbe und ein eher flaches Bukett sind Merkmale dieses Palette.

Links unten:
René Rougier mit den Weinen von Château Simone. Er wird unterstützt von seinem Sohn Jean-François.

Rechts unten:
Château Simone. Das Schloß, das Ende des vorigen Jahrhunderts seine heutige Form bekam, wird von der Familie Rougier bewohnt. In dem Hügel hinter dem Schloß liegen die kühlen Keller.

Rechts:
Eine der Rebparzellen von Château Simone. Gelesen wird auf diesem Gut normalerweise im Oktober, was für die Provence relativ spät ist.

Palette

Die kleinste Appellation von ganz Südfrankreich ist Palette. Sie verdankt ihren Namen einem Weiler westlich von Aix-en-Provence. In Palette selbst wird man allerdings vergeblich nach Weingärten suchen; diese liegen nämlich auf kalkhaltigen Böden in Meyreuil und Le Thonolet, und ein winziger Teil von Aix-en-Provence selbst gehört ebenfalls zur Herkunftsbezeichnung. Es gibt nur zwei Erzeuger von Palette: Château Simone und Domaine Crémade. Das erstgenannte Gut ist bei weitem das größere und erzeugt auch den besten Wein. Es liegt unter 100 ha Wald verborgen in der Nähe des Dorfs Meyreuil. Seit etwa 150 Jahren ist das Gut sowie das dazugehörige schöne Château in Händen der Familie Rougier. Der heutige Eigentümer, René Rougier, erzählte mir, daß sein Vater nach dem Zweiten Weltkrieg versuchte, ähnlich wie es für Château Grillet galt, für Château Simone eine eigene Appellation Contrôlée zu bekommen. Dies gelang ihm zwar nicht, jedoch wurde am 28. April 1948 die Herkunftsbezeichnung Palette geschaffen.

Alte Rebstöcke
Château Simone umfaßt 15 ha Rebfläche. 1982 wurden 2 ha zusätzlich angepflanzt. Die Rebflächen liegen nach Norden, was nach Meinung von René Rougier in der ohnehin heißen Provence nur ein Vorteil ist. Das Durchschnittsalter der Rebstöcke liegt bei 50 Jahren, ihr durchschnittlicher Ertrag zwischen 30 und 40 hl/ha (Höchstgrenze 40 hl). Für Palette läßt der Gesetzgeber eine reiche Palette von Rebsorten zu. Deshalb findet man im Weinberg von Château Simone an blauen Trauben neben etwa 40% Grenache sowie 30–40% Mourvèdre und Cinsault auch kleinere Mengen Syrah, Petit-Brun, Castets, Brun-Fourcat und Manosquin. Auf etwa 4 ha stehen weiße Trauben: Clairette, Ugni blanc und etwas Sémillon sowie Muscat (verschiedene Arten). Château Simone erzeugt zwei Drittel des roten Palette sowie allen Rosé und allen Weißwein.

Kultivierter Geschmack
Für den Rotwein werden meist alle Trauben entrappt. Nach der Gärung liegt der Wein 3 Jahre auf Holz. Der Rotwein wird manchmal geschönt (mit frischem Eiweiß), jedoch niemals filtriert. Die Summe dieser Details ergibt einen Wein, der sehr gut reifen kann. René Rougier empfiehlt, seinen roten Château Simone 7–12 Jahre nach der Ernte zu trinken. Dann hat man einen tiefdunklen, eleganten und kultivierten Wein mit feinen Nuancen im Glas, in dem auch das Holz deutlich vorhanden ist, doch nicht vorherrscht. Der Rosé kommt nach 18–24 Monaten Holzlagerung in die Flasche. Es ist ein charaktervoller Wein mit Holz- und Fruchttönen und ausgesprochenem Charme. Ein Jahr nach der Abfüllung schmeckt dieser Wein am besten. Vom weißen Château Simone gibt es zwei Arten: den einfachen, der 2 Jahre auf Holz reift, und den Blanc de Blancs, der 1 Jahr in Fudern verbringt. Ich persönlich habe eine leichte Vorliebe für den Blanc de Blancs, der etwas frischer schmeckt.

Unten:
Château de Fontcreuse

Links:
Der kleine Hafen von Cassis

Weitere interessante Cassis:
– Mas de Fontblanche/ Domaine J.-J.-Bodin-Bontoux, Cassis (weiß)
– Clos Boudard/Pierre Marchand, Cassis (weiß).

Die Domaine du Paternel umfaßt rund 15 ha, verteilt über 3 Parzellen. 12 ha sind mit weißen Reben bepflanzt: 45% Ugni blanc, ferner Marsanne, Clairette, Bourboulenc und Sauvignon. Der für die Weinbereitung zuständige Miteigentümer Jean-Pierre Santini achtet sehr auf Hygiene. Der Wein, dessen Farbe häufig ins Grünliche spielt, hat Nuancen, Rasse, Festigkeit und ein leichtes Blütenaroma mit Andeutungen von Obst (Aprikosen). So muß weißer Cassis sein.

Auf einem Plateau direkt bei Cassis liegen die 25 ha von La Ferme Blanche. Dieses Gut wird von François Paret geführt. Es befindet sich seit 1715 im Besitz der Familie. Die Hälfte der Reben sind weiße Sorten: 40% Clairette, 25% Ugni blanc, 15% Bourboulenc, 10% Marsanne und 10% Sauvignon. Der Wein zeigt eine klare Farbe und einen offenen, frischen Geschmack, ist nicht übermäßig voll, aber doch saftig und abgerundet.

Cassis

«Wer Paris gesehen hat und Cassis nicht, hat nichts gesehen.» Mit diesen Worten pries der provenzalische Dichter Frédéric Mistral den Hafenort Cassis. Und wirklich ist Cassis ein höchst reizvoller Ort mit typisch mediterranem Gepräge. Im Osten wird Cassis vom Ort La Ciotat durch das 416 m hohe Cap Canaille getrennt, das wie ein gewaltiger Schiffsbug ins Meer hineinragt. Weniger hohe Hügel schließen es gegen Norden und Westen ab. Dank dieser sehr geschützten Lage ist es in Cassis sehr warm und trocken, und das gilt auch für die Rebberge. Diese bevorzugte Lage hatte man schon in ferner Vergangenheit erkannt. Es ist nicht ausgeschlossen, daß die Phokäer hier die ersten Reben pflanzten, vielleicht sogar die Ugni blanc-Rebe, die Basisrebe für den weißen Cassis. Der Name «ugni» soll auf das altgriechische eugeneia zurückgehen, was «edler Stamm» bedeutet.

Früher Ruhm
Schriftliche Zeugnisse über die Weinberge von Cassis gibt es seit dem Jahre 1199. Bis in das 15. Jahrhundert spielte der Weinbau keine große Rolle; nur 40 ha waren Rebberge. Nach 1520 erfolgte jedoch eine erhebliche Erweiterung, die vor allem auf die Albizzi zurückzuführen ist, eine florentinische Familie. Gegen Ende des 16. Jahrhunderts umfaßte das Rebland Cassis etwa 200 ha. Mit der Erzeugung stieg auch der Ruhm. Im Jahre 1672 bat der Gouverneur von Burgund seinen Kollegen in der Provence, er möge ihm zwei kleine Fässer weißen Cassis schicken, da sich Ludwig XIV. zu Besuch angekündigt hatte. Im Jahre 1803 wird der Cassis in einem Atemzug mit den anderen großen Weißweinen Frankreichs, Hermitage und Condrieu, genannt, und er erzielt auch den gleichen Preis. Mitte des vorigen Jahrhunderts erlebte Cassis seine Glanzzeit. Es sind nicht weniger als 498 ha angepflanzt, und der Wein wird bis weit über die Region hinaus verschickt.

Rückgang
Heute sind nur noch 160 ha unter Reben; nach dem Einfall der Reblaus hat die Ertragsfläche niemals mehr die frühere Ausdehnung erreicht. Nach dem Zweiten Weltkrieg setzt sodann der Rückgang ein. Ursache ist vor allem das starke Wachstum des Ortes selbst: Wo Villen entstehen, müssen die Reben weichen. Im Gegensatz zum nahen Bandol bleibt das Weingebiet von Cassis auf die Gemeindegrenzen beschränkt. Die Zahl der Erzeuger ist auf ein Dutzend zurückgegangen, und bei mehreren Gütern gibt es Nachfolgeprobleme. Weitaus der meiste Wein wird an Restaurants, vor allem in Marseille und an anderen Orten der Côte d'Azur verkauft.

Kalkhaltiger Boden
Der Boden von Cassis enthält viel Kalk, aber auch lehmhaltige Formationen. Weiße Trauben gedeihen hier ausgezeichnet. So ist es nicht erstaunlich, daß bei weitem der meiste Cassis Weißwein ist, nämlich etwa zwei Drittel der 4000–5000 hl, die die kleine Appellation jährlich hervorbringt. Neben der bereits genannten Sorte Ugni blanc hat der Gesetzgeber folgende weiße Rebsorten zugelassen: Sauvignon, Bourboulenc (hier Doucillon genannt), Clairette, Marsanne und Pascal blanc. Auf den besseren Gütern findet man mindestens vier dieser Sorten. Ugni blanc verleiht dem weißen Cassis viel Alkohol und Charakter, jedoch wäre der Wein

Links:
Die Keller der Domaine du Paternel

Ganz links:
François Paret von La Ferme Blanche

Unten:
Von Felsen umschlossene Weinlandschaft

Seite gegenüber, unten:
Das auf einem Hügel erbaute Dorf Le Castellet

Seite gegenüber, rechts:
Die Brüder Paul (rechts) und Pierre Bunan vom Gut Moulin des Costes

Für Cassis gilt ein Höchstertrag von 40 hl/ha und ein Mindestalkoholgehalt von 11%.

Im Jahre 1686 ließ der Marschall de la Feuillade für Ludwig XIV. auf der Place des Victoires in Paris einen großen Brunnen aufrichten, 12,5 m hoch und von einer Statue des Sonnenkönigs gekrönt. Einige Jahre später schuf ein unbekannter Künstler eine kleinere Version des Brunnens (2,5 m hoch) für die Place Royale in Cassis. So entstand die Redensart: «Qui a vu la fontaine de Paris, si'il n'a pas vu celle de Cassis, n'a rien vu.» – «Wer den Brunnen in Paris, nicht aber den in Cassis gesehen hat, hat nichts gesehen.» Im Laufe der Zeit wurde das zu dem stolzen Spruch der Leute von Cassis, den wir an den Anfang dieses Kapitels gesetzt haben.

Gleich hinter dem Sportplatz von Cassis liegt der sanft abfallende Weinberg von Clos Sainte-Magdeleine und dessen Keller. Das 9 ha große Weingut ist seit 1976 an das Ehepaar François und Georgina Sack verpachtet. Der Weißwein ist herrlich: mundfüllend, aber auch frisch und von schönster Ausgewogenheit. Er wird erzeugt aus 35% Ugni blanc, 30% Marsanne, 30% Clairette und 5% Sauvignon. Die Gärung läuft in Stahltanks ab.

Cassis' einziges echtes Weinschloß ist Château de Fontcreuse. Joseph Maffei kaufte es im Jahre 1951 und erweiterte die Rebfläche auf 30 ha, wovon 22 ha für Weißwein bestimmt sind. Seit 1979 erzeugt Maffei auf einer 300–350 m hoch gelegenen, stark kalkhaltigen Parzelle eine geringe Menge Weißwein mit dem Namen Coteaux Cassidains – geschmeidig, fest, mit etwas mehr Klasse als der einfache weiße Cassis. Rebsorten: 40% Ugni blanc, 25% Marsanne, 25% Clairette, 10% Bourboulenc.

nur aus dieser Traube zu plump und zu schwer. Deshalb hat man im Laufe der Zeit den Ugni blanc-Anteil überall auf weniger als die Hälfte reduziert. Die Lese, vor allem der weißen Trauben, findet meist recht früh statt, in der Regel kurz nach der Fête du Vin, die am ersten Sonntag im September gefeiert wird.

Natürliche Festigkeit
Wegen des warmen Mikroklimas und des guten Bodens wachsen die Trauben in Cassis meist unter ausgezeichneten Bedingungen. Sie reifen gesund heran und besitzen genügend Zucker. Ein Winzer sagte mir: «Der Cassis kann dank der natürlichen Vorteile ein vollkommen natürlicher Wein sein. Ein Wein, von dem man nicht krank wird und auch keinen Kater bekommt, auch wenn man viel davon trinkt. Ich muß es wohl wissen.» Wegen der vielen Sonne ist der weiße Cassis ein kräftiger Wein mit meist 12–13% Alkohol. Er entfaltet sich breit im Mund, ohne schlaff oder wuchtig zu schmekken. Ein guter Cassis weist immer eine zuverlässige Frische auf. Einige Sorten zeigen sogar eine deutliche Spur Grün in ihrer goldblonden Farbe. Die Nuancen, die in Duft und Geschmack vorhanden sein können, gehen eher in Richtung blumig als fruchtig. Es ist ein Wein, der wirklich kühl gereicht werden darf, kühler vielleicht als so mancher andere Weißwein.

Rotwein und Rosé
Obwohl sich der Boden von Cassis optimal für die Erzeugung von Weißwein eignet, besteht doch ein Teil der Ernte aus Rotwein und Rosé. Bei den Winzern, bei denen ich mehrfach mein Erstaunen darüber äußerte, bekam ich meist die Antwort: «Die Kunden wollen es.» Beide Weine müssen zu mindestens 95% aus Grenache, Carignan, Mourvèdre, Cinsault und/oder Barbaroux erzeugt werden. Zusätzlich kann die Tannat-Rebe verwendet werden. Einen wirklich gelungenen Rotwein oder Rosé aus Cassis habe ich allerdings nie verkostet. Die Weine, die ich im Glas hatte, erwiesen sich immer wieder als sehr ausdrucksschwach. Häufig waren sie auch etwas rauh, teilweise auch oxidiert; manchmal läßt man in diesem warmen Klima den Rosé sogar noch 1 Jahr im Faß reifen. Es gibt in der Gegend eine Legende, nach der der Herrgott einst in Cassis eine Treppe zum Himmel beginnen ließ, damit für die himmlischen Heerscharen der Weg zu dem köstlichen Wein der Gegend nicht so weit wäre. Zweifellos bezieht sich diese Geschichte nur auf den weißen Cassis, denn die Qualität der beiden anderen Sorten ist nun wirklich nicht himmlisch.

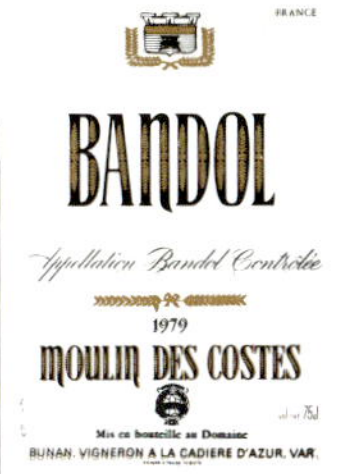

Wirklich exzellent ist die Qualität, die die Brüder Paul und Pierre Bunan mit ihrem Moulin des Costes bieten. Sehr fruchtig (Birne und Pfirsich), ein frischer, ausgewogener Rosé und ein eleganter, abgestufter Rotwein mit Anklängen von Holz und Früchten (im wesentlichen 63% Mourvèdre, 20% Grenache, 9% Syrah, 8% Cinsault, überwiegend entrappt; 18–24 Monate Ausbau). Mas de la Rouvière ist die Zweitmarke für einen identischen Wein.

Zusammen mit seinen Söhnen Jean-Marie und François führt Lucien Peyraud die Domaine Tempier: 25 ha, ⅔ Rotwein,, ⅓ Rosé. Der Rotwein wird erzeugt aus 60% Mourvèdre sowie Grenache, Cinsault und Carignan (alte Stöcke): ein tieffarbener Wein, charaktervoll, oft mit einem Aroma von kleinen roten Früchten (u. a. Kirschen). Häufig riecht man auch Vanille. Der Wein kann vorzüglich gelagert werden. – Köstlich ist auch der fruchtige und blumige Rosé.

Die etwa 20 ha der Domaine de Pibarnon liegen in einer Höhe von 350 m und sind seit 1977 Eigentum von Henri de Saint-Victor, einem Burgunder. Er macht einen sehr guten, wiederholt mit Goldmedaillen ausgezeichneten Rotwein (60% Mourvèdre, 20% Cinsault, 20% Grenache). Dunkle Farbe, fleischiger Geschmack, Aroma von Brombeeren – und für jahrelange Lagerung bestimmt. Die Trauben werden nicht entrappt. Auch der Bandol weiß und Rosé ist hier besonders gelungen.

Anfang der 60er Jahre gründete der Pariser Frauenarzt Claude Dray die Domaine du Val d'Arenc und fing damals schon mit 50% Mourvèdre an (dazu Grenache, Cinsault, Syrah). Außerdem ließ er Gärtanks aus Edelstahl aufstellen. Sein bester Wein, der ein goldenes Etikett trägt, ist der rote Cuvée de la Gravière. Er reift 3–4 Jahre in Fudern und ist ein in jeder Hinsicht eleganter Wein. Drays Motto: «Je fais ou bien, ou rien» – «Ich mache eine Sache gut – oder gar nicht.»

Bandol

Als sich die Römer um das Jahr 122 v. Chr. in der Provence niederließen, fanden sie rings um Bandol bereits Weinberge vor. Daß der Weinbau unter ihrer Herrschaft eine weitere Förderung erfuhr, beweisen die Amphoren, die man an der Küste von Bandol gefunden hat. Seit dem 11. Jahrhundert werden die Weinberge und Weine von Bandol regelmäßig erwähnt. Die Entscheidung, bei Bandol einen Hafen zu bauen, datiert aus dem Jahre 1754, jedoch wurde der Wein schon lange vorher in großen Mengen exportiert. Man warf damals einfach die vollen Fässer ins Meer, wo sie einige Hundert Meter vor der Küste von den Schiffen an Bord genommen wurden. Der Bandol wurde vor allem nach den Französischen Antillen verschifft, da man entdeckt hatte, daß der Wein eine lange Seereise nicht nur aushielt, sondern sich dabei sogar verbesserte. In der Zeit der Napoleonischen Kriege erhielt man die Erlaubnis, die Bandol-Fässer zur Kennzeichnung ihrer Herkunft mit einem großen «B» zu versehen. Nachdem wieder Frieden in Europa herrschte, wurde im Hafen mehr Wein umgeschlagen als jemals zuvor. Jährlich liefen etwa 1200 Schiffe Bandol an, die zwischen 60 000 und 65 000 Fässer an Bord nahmen. Der große Bedarf an Fässern bewirkte, daß sich in Bandol viele Küfer niederließen; jedes Jahr fertigten sie etwa 80 000 Fässer an, die sogenannten Cayennes, die 200 l faßten. Der Bandol wurde nicht nur in Frankreich bekannt, sondern auch in Italien, Nordeuropa und Nord- und Südamerika.

Wende im Jahre 1941

Pflanzenkrankheiten, die Reblaus und andere Probleme ruinierten nach 1868 die Ernte, die Rebgärten und den Ruf von Bandol. In den

Hierunter:
Der Weg zu den Gütern ist gut angezeigt.

Links:
Der höchstgelegene Weinberg von Bandol gehört der Domaine de Pibarnon.

Château Pradeaux ist Eigentum von Comtesse Arlette Portalis. Der Rebgarten umfaßt 25 ha mit etwa 70% Mourvèdre (Alter um 40 Jahre) sowie 30% Grenache und Cinsault. Der Durchschnittsertrag beläuft sich auf ganze 10–20 hl/ha. Die Trauben werden nicht entrappt, und der Wein reift mindestens 4 Jahre in Fudern. Das Ergebnis ist ein solider, fast Pauillac-artiger Wein, etwas reserviert, von tiefer Farbe und gediegener Qualität.

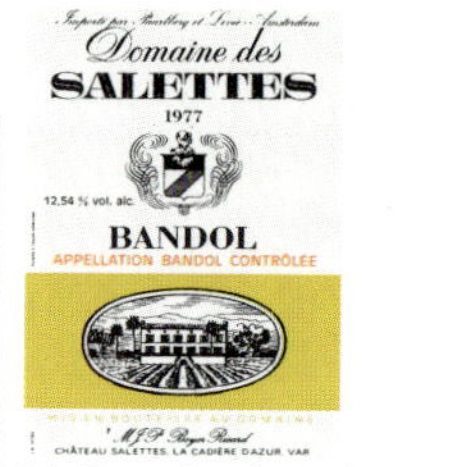

Die Domaine des Salettes (La Cadière) besteht seit 1602. Eigentümer Jean-Pierre Boyer verfügt über 12 ha Bandol, zu denen noch weitere 8 ha hinzukommen. Seinen Rotwein erzeugt er aus 50% Mourvèdre, 20% Cinsault, 20% Grenache und 10% Carignan (alte Stöcke). Die Trauben werden entrappt, der Wein reift 18 Monate in Fudern. Geschmeidiger, voller, gut strukturierter Geschmack mit Persönlichkeit. Kann lange aufbewahrt werden.

ersten vierzig Jahren des 20. Jahrhunderts gab es große Probleme. Es wurde mehr Vin ordinaire als Qualitätswein erzeugt, und außerhalb des Anbaubereichs selbst wurde praktisch kein Bandol mehr verkauft. Die Güter waren klein, (5–6 ha), und vom Wein allein konnte eigentlich niemand mehr leben. Die Wende kam im Jahre 1941, als Bandol die eigene Appellation Contrôlée erhielt. Das gab den Winzern, trotz des Krieges, großen Auftrieb. Zudem waren sie nun durch die Gesetzgebung gezwungen, ihr Rebensortiment zu verbessern. In den Jahren 1941 und 1942 wurden nur 2000 hl Bandol erzeugt. Heute beläuft sich eine Jahreserzeugung auf 26 000 hl, und man erwartet bis zum Jahre 1990 eine Zunahme auf 32 000–35 000 hl. Zur Zeit umfaßt die Appellation etwa 800 ha unter Reben, während das Potential auf 2000 ha geschätzt wird. Ob diese Zahl jemals erreicht wird, ist zu bezweifeln. Wie anderswo in der Provence geht auch hier durch den Bau von Ferienhäusern und -wohnungen viel landwirtschaftlich nutzbarer Grund verloren.

Schützende Hügel
Der Weindistrikt Bandol besteht aus den Gemeinden Bandol, La Cadière-d'Azur, Le Castelet und Sanary sowie Teilen der Gemeinden Le Beausset, Saint-Cyr-sur-Mer, Ollioules und Evenos. Die nächste Großstadt ist Toulon, 17 km östlich von Bandol, während Marseille 50 km weiter im Westen liegt. Das Gelände ist durchzogen und umgeben von langen Hügelrücken. Sie erreichen teilweise eine Höhe von 400 m und erfüllen damit eine Schutzfunktion. Etwas weiter im Norden übernimmt das breite, graue Massif de la Sainte-Baume, dessen höchster Gipfel bis 1116 m aufsteigt, einen ähnlichen Dienst. Mit 3000 Sonnenstunden im Jahre hält Bandol den Rekord an der Côte d'Azur. Der Mistral hält die Reben gesund und bewahrt sie vor Fäulnis. Im Frühjahr und Herbst bringt der Ostwind die Niederschläge, die im Jahresdurchschnitt 650 mm betragen. Aufgrund des bevorzugten Klimas, behaupten die Winzer von Bandol, kennen sie keine schlechten Jahre. Das bedeutet nicht, daß die Ernte immer gleich wäre: Schwankungen zwischen 4000 und 5000 hl sind die Regel.

Staubig-grüne Landschaft
Die häufigste Bodenart in der staubig-grünen Weinlandschaft von Bandol ist ein Sand-Kalkgemisch, aber auch eine Verbindung von Lehm und Kalk kommt vor. Neben ausgedehnten, ebenen Weinplateaus findet man auch stark konturierte Weinberge, die häufig terrassiert sind. Die Terrassenmauern oder *restanques* bestehen durchweg aus Steinplatten, die ohne Mörtel aufeinander geschichtet werden. Ihr Unterhalt ist sehr aufwendig. Die Straßen durch das Gebiet sind häufig kurvenreich und eng. Zum Glück sind die Wege zu den verschiedenen Gütern gut angezeigt. In Bandol sind um 280 Winzer aktiv. Etwa 240 von ihnen sind an eine Genossenschaft angeschlossen; die übrigen führen Vinifikation, Abfüllung und Verkauf in eigener Regie durch. Der Genossenschaftswein macht etwa ein Drittel der Gesamtproduktion aus.

Anspruchsvolle Mourvèdre-Rebe
Bandol ist hauptsächlich Rotwein und Rosé, wobei Rotwein im Zunehmen begriffen ist. Als primäre Rebsorten sind Mourvèdre, Grenache und Cinsault vorgeschrieben. Die Weine müssen aus mindestens zwei dieser Sorten hergestellt werden; insgesamt müssen sie 80% ausmachen. Sekundäre Reben sind Carignan, Syrah, Tibouren, Calitor und die noch bis zur Ernte 1986 zugelassene Mourvaison-Rebe. Für roten Bandol fordert das Gesetz mindestens 50% Mourvèdre. Daher ist Mourvèdre auch die bedeutendste Rebe von Bandol. Sie kommt ursprünglich aus Spanien und ist in Bandol schon seit dem 16. Jahrhundert heimisch. Sie war früher vermutlich die am häufigsten angepflanzte Rebe der Provence, während man sie heute vor allem noch in Bandol findet. Das hängt mit den Eigenschaften dieser Rebe zusammen: Für eine gute Entwicklung braucht sie einen sehr nährstoffreichen, tiefen Boden, der möglichst noch Kies enthält. Zudem ist sie trotz ihres starken Stamms eine empfindliche Rebe, die sich in warmem, trockenem Klima am wohlsten fühlt. Die Mourvèdre-Rebe treibt erst spät aus, später als die meisten anderen Sorten. Dies wirkt sich vor allem bei tiefgelegenen, kühlen Böden aus, wo Mourvèdre-Stöcke häufig noch im Mai nicht die kleinste Aktivität zeigen. Ein später Austrieb bedeutet natürlich auch eine späte Lese mit all den Problemen, die sich daraus ergeben. Ein sonniger Herbst ist also sehr wichtig. Alle diese Ansprüche der Mourvèdre-Rebe werden von kaum einem französischen Weingebiet erfüllt. In Bandol dagegen gedeiht diese blaue Rebe optimal.

Achtzehn Monate Faßlager
Als Bandol im Jahre 1941 die Appellation Contrôlée erhielt, war die Mourvèdre-Rebe auch hier fast verschwunden. Dank einiger qualitätsbewußter Winzer wurde sie jedoch wieder eingeführt; diese Winzer waren es auch, die die Behörden in Paris davon überzeugten, daß die Vergrößerung der Mourvèdre-Flächen gesetzlich fixiert werden müsse. Lucien Peyraud (Domaine Tempier) und Claude Dray (Domaine du Val d'Arenc) gehörten zu den ersten, die im größeren Umfang Mourvèdre pflanzten. Der Wein aus dieser Traube hat viel Farbe, viel Tannin und ein gutes Alkoholgerüst. In seiner Jugend schmeckt er recht rauh; deshalb ist für den roten Bandol auch eine Faßreife von mindestens 18 Monaten vorgeschrieben. Dafür werden fast nur Fuder benutzt; eine kleinere Faßgröße würde in diesem warmen Klima zu einer schnellen und starken Oxidation führen. Einige Erzeuger gehen regelmäßig über diesen Zeitraum von 18 Monaten hinaus; auf Château Pradeaux sind sogar 48 Monate üblich – 4 Jahre.

Ein provenzalischer Médoc
Bandol und Bandol ist nicht das gleiche. Ich habe sowohl sehr leichte, geschmeidige (und meist nicht sehr aufregende) Weine verkostet, als auch sehr tanninreiche Sorten. Nicht nur der Boden und das Mikroklima sind für das Endergebnis entscheidend, sondern auch der menschliche Faktor. So gibt es Winzer, die die Trauben stets entrappen, während ihre Nachbarn gerade darauf verzichten. Die Gärdauer, die Temperaturregelung, die Lagerung, das Filtrieren und viele andere Details spielen wie überall eine Rolle. Gemeinsam ist den meisten roten Bandols dennoch eine gewisse Reserviertheit, vor allem im Vergleich mit anderen Rotweinen aus der Provence. Man könnte sie fast provenzalische Médocs nennen, wobei sowohl elegante Weine à la Margaux zu finden sind als auch kräftigere, mehr Geduld erfordernde Weine ähnlich dem Pauillac. Die Mourvèdre-Rebe verleiht ihnen viel Charakter sowie

Im Jahre 1941 erzeugte das Gut La Laidière 6 hl, im Jahre 1981 waren es 400 hl (auf 15 ha). Der rote Bandol wird aus entrappten Trauben hergestellt, und zwar 60% Mourvèdre, 20% Grenache, 20% Cinsault. Es ist ein reizvoller Wein, nicht zu voll oder zu konzentriert, jedoch mit einem würzigen Kern. Daneben erzeugt man auch einen sehr korrekten Rosé und einen weißen Bandol. Das Gut ist in Händen von Jules und Freddy Estienne.

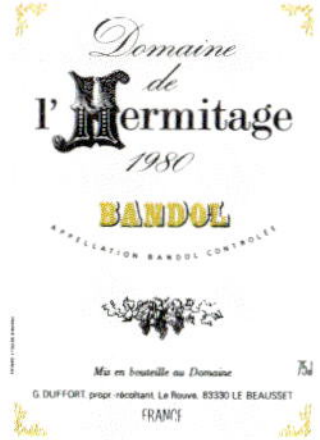

Im Jahre 1973 kaufte Gérard Duffort die vollkommen heruntergekommene Domaine de l'Hermitage. Zur Zeit stehen hier 9 ha im Ertrag, weitere 27 ha sind andernorts gepachtet. Der Rotwein kommt zu 56% von der Mourvèdre-Traube; die übrigen Sorten sind Grenache und Cinsault. Die Hälfte des Leseguts wird entrappt. Gärtanks aus Stahl. Rotwein, Rosé und auch Weißwein haben eine ordentliche Qualität ohne viel Nuancen oder eine markante Persönlichkeit.

Weitere interessante Bandols:
- Le Galantin, Le Plan-du-Castellet
- La Bastide Blanche, Ste. Anne-du-Castellet
- Domaine de Terrebrune, Ollioules
- Château Romassan, Le Castellet
- Coopérative Moulin de la Roque, La Cadière-d'Azur.

Unten:
Das schönste Weinschloß von Bandol ist Château Vannières bei La Cadière-d'Azur.

Rechts:
Lucien Peyraud von der Domaine Tempier

manchmal auch ein deutliches Fruchtaroma (Brombeeren und kleine rote Früchte). Hin und wieder entdeckt man sogar im Abgang eine Spur Süßholz.

Abfüllbestimmungen
Der Bandol-Rosé kann ein guter Wein sein, der den Mund angenehm füllt, ohne hoch im Alkohol zu sein. Die besseren Sorten sind fruchtig und recht erfrischend. Es ist vielleicht nicht zum Besten des Weins, daß man ihn 8 Monate reifen lassen muß. Ich könnte mir denken, daß die Rosès von Bandol an Frische gewinnen würden, wenn man sie früher abfüllen dürfte. Für den weißen Bandol gilt dies noch viel stärker. Eine vorgeschriebene Reifedauer von 8 Monaten ist für diesen Wein eigentlich ein Unsinn. Logischerweise ist es daher auch selten, daß man einen wirklich guten, wirklich frischen weißen Bandol findet. Das Gros der Weine schmeckt matt und plump. Weißer Bandol darf aus vier Rebsorten erzeugt werden: Bourboulenc, Ugni blanc, Clairette (zusammen mindestens 60%) und Sauvignon (maximal 40%). Alle Sorten Bandol müssen mindestens 11% Alkohol enthalten. Der Hektarertrag wurde auf 40 hl begrenzt. Sehr positiv ist es zu werten, daß seit dem 1. Januar 1985 aller Bandol ausschließlich im Distrikt selbst abgefüllt werden muß. Hiermit folgt man unter anderem dem Beispiel des Elsaß. Wer also einen 1985 abgefüllten Bandol kauft, hat damit die Gewähr der absoluten Authentizität – wie sie früher der Faßbrand gewährleistete.

In La Tour d'Aigues befinden sich die modernen Keller, in denen die Weine von 17 Genossenschaften (zusammen etwa 6000 Mitglieder) verschnitten, abgefüllt und verkauft werden. Eine der Marken der Union des Vignerons des Côtes du Lubéron ist Cellier de Marrenon. Die Weine sind recht flach und einfach. Dennoch kann vor allem der Rotwein angenehm und sauber schmecken. Der Weißwein ist von angenehmer Frische und weist einen Kieston auf.

Jean-Pierre Margan ist einer der besten der unabhängigen Winzer der Côtes du Lubéron. Sein Château La Canorgue (in Bonnieux) umfaßt 12 ha Rebgarten mit 30% Syrah, 30% Grenache, 20% Cinsault, 10% Mourvèdre und 10% sonstigen Sorten. Bei Syrah und Cinsault wird in der Regel die Macération carbonique angewandt. Der Rotwein hat eine tiefe Farbe, viel Frucht, eine angenehme Geschmeidigkeit und ist sehr reintönig. Eine gute Alternative zu einem Cru aus dem Beaujolais.

Immer wieder erringt die Domaine de l'Isolette (bei Apt) Medaillen für ihre Weine. Eigentümer Luc Pinatel bearbeitet 70 ha, liest teilweise maschinell, entrappt nicht alle blauen Trauben und läßt seinen Rotwein mindestens 18 Monate in Fudern reifen. Geschmeidigkeit, Holz und Festigkeit sind Merkmale des Rotweins (45% Syrah, 25% Grenache, 20% Cinsault, 10% Mourvèdre, 10% Carignan). Hier ist auch der Weißwein duftig, frisch und charaktervoll.

Links unten:
Jean-Pierre Margan von Château La Canorgue (Bonnieux)

Rechts unten:
Rebgärten in Lubéron. Der gesetzliche Höchstertrag ist 50 hl/ha bei einem Mindestalkoholgehalt von 11%.

Rechts:
In den Côtes du Lubéron gibt es etwa ein Dutzend selbständige Weingüter. Eines der wichtigsten ist die Domaine de l'Isolette bei Apt.

Ein zukunftsträchtiges, großes Gut mit sehr gelungenem Rosé und Rotwein ist Château Val-Joanis bei Ansouis. Die Familie Chancel erzeugt daneben auch einen sympathischen weißen Lubéron.

Côtes du Lubéron

Direkt nördlich der Coteaux d'Aix-en-Provence liegen die Côtes du Lubéron. Sie werden durch den Fluß Durance voneinander geschieden. Die nördliche Begrenzung der Côtes du Lubéron bildet das Flüßchen Calavon. Die Weinberge dieser Appellation befinden sich hauptsächlich an den Flanken der mehr als 1100 m aufragenden Montagne de Lubéron, die als Gesamtlandschaft unter Naturschutz gestellt wurde. Hier gibt es viele mittelalterliche Dörfer, eine herrliche Natur und eine Fülle von Sehenswürdigkeiten. Die Römer waren es, die die Rebe hierher brachten. Die Funde eines Sarkophages mit einer Bacchus-Darstellung sowie eines römischen Flachreliefs, das ein Ruderboot mit zwei Weinfässern zeigt, bewiesen es.

Genossenschaften tonangebend

Lubéron ist heute trotz des häufig herrschenden Wassermangels ein reines Agrargebiet. Kirschen sind neben Tafeltrauben, Melonen und anderem Obst ein Hauptprodukt der Gegend. Der Ort Apt gilt sogar als das weltweit bedeutendste Zentrum für kandierte Früchte. Neben diesen Kulturen hat sich die Rebe immer stärker durchgesetzt. Dies ist vor allem den Genossenschaften zu verdanken. Im Jahre 1921 wurde die erste Coopérative in Bonnieux gegründet. Heute werden schätzungsweise 95% der 80 000 bis 93 000 hl Côtes du Lubéron von Genossenschaften erzeugt. Diese Ertragsmenge kann theoretisch noch erheblich zunehmen, da von den 4500 ha, die als Weinbaugrund ausgewiesen sind, nur die Hälfte unter Reben stehen.

Auf dem Weg zu besseren Trauben

Vom Côtes du Lubéron, seit 1951 Vin Délimité de Qualité Supérieure, gibt es Rotwein, Weißwein und Rosé, wobei der Rote deutlich im Vordergrund steht. Im allgemeinen ist der rote Côtes du Lubéron ein geschmeidiger, angenehmer Wein mit Anklängen von Frucht. Es gibt jedoch auch ernsthaftere, holzgereifte Typen.

Als primäre Trauben (auch für den nicht sehr fesselnden Rosé) können Grenache, Cinsault, Syrah, Mourvèdre, Carignan (höchstens 50%) und Counoise verwendet werden. Vor allem bei den Genossenschaftsmitgliedern ist die Carignan-Rebe noch sehr häufig; der Anbau von Syrah und anderen, besseren Sorten wird jedoch stark gefördert. Sekundäre Trauben sind Pinot noir und Gamay; man hofft jedoch, die Erlaubnis zur Verwendung von 5% Cabernet-Sauvignon zu bekommen. Weißer Côtes du Lubéron schmeckt häufig etwas flach. Einen wirklich gelungenen Weißwein bekam ich nur selten zu verkosten. Primäre Reben sind Clairette und Bourboulenc, jedoch ist man bestrebt, auch die Ugni blanc-Rebe hinzufügen zu dürfen. Sie gehört zur Zeit neben Grenache blanc, Pascal blanc und Roussanne noch zu den sekundären Sorten. Die sekundären Sorten aller Weine dürfen nicht mehr als 30% ausmachen. Für Chardonnay und Sauvignon blanc hat man die entsprechenden Anträge eingereicht.

Die 52 ha Rebfläche – weitgehend in Hanglage – des Guts La Blaque sind überwiegend mit Grenache, Cinsault und Mourvèdre bepflanzt, daneben auch mit 4 Sorten weißer Reben. Der Rotwein ist geschmeidig, fein duftend, recht fruchtig und ein wenig flach. Der Rosé zeigt eine blaßrosa Tönung und weist einen sauberen, zartfrischen, recht leichten Geschmack auf. Der Weißwein enttäuscht. Das Gut liegt tief im Hinterland bei Pierrevert. Eigentümer ist Charles Pons-Mure.

Im Jahre 1973 ließ sich Claude Dieudonné in dieser Gegend nieder, und seit 1980 vinifiziert er selbst. Sein Weingarten umfaßt rund 63 ha. Das Sortiment blauer Reben besteht aus 30% Grenache, 30% Cinsault, 30% Cabernet-Sauvignon sowie etwas Syrah, Pinot noir und Gamay. Die Stöcke sind noch jung, die Weine daher leicht. Die Voraussetzungen für interessante Weine sind aber offenbar vorhanden. Das gilt auch für den Weißwein. Der Name des Guts: Domaine de Régusse.

Der rote Cateaux de Pierrevert muß mindestens 11% Alkohol haben, Weißwein und Rosé 11,5%.

Unten:
Die meisten jungen Rebflächen dieses Gebiets sind so angelegt, daß sie mechanisch bearbeitet und abgeerntet werden können.

Ganz rechts unten:
Monique und Claude Dieudonné von der Domaine de Régusse

Rechts:
Die Genossenschaft von Pierrevert ist selbst der größte Erzeuger von Coteaux de Pierrevert.

Coteaux de Pierrevert

Der Herkunftsbereich Coteaux de Pierrevert schließt im Osten an die Côtes du Lubéron an, liegt jedoch in einem anderen Département, nämlich Alpes de Haute-Provence. Auf dem Papier handelt es sich um ein sehr großes Gebiet, das nicht weniger als 42 Gemeinden umfaßt. Das Rebflächenpotential liegt nach Schätzungen bei mindestens 800 ha. Bisher wird allerdings hiervon nur ein Viertel genutzt. Am 10. August 1955 wurde den Coteaux de Pierrevert der Status des Vin Délimité de Qualité Supérieure zuerkannt. Damals brachten die Winzer ihre Trauben alle noch zu der einzigen regionalen Genossenschaft, die in der Ortschaft Pierrevert ihren Sitz hatte. Die höhere Einstufung war für Charles Pons-Mure aus Lirac (s. S. 76) Anlaß, ein neues Gut zu schaffen und dort den Wein selbst zu erzeugen und zu verkaufen. In den Jahren 1963/64 begann er mit der Anpflanzung. Heute umfaßt sein Weingarten über 50 ha. Jahrelang war Pons-Mure der einzige private Abfüller der Coteaux de Pierrevert. Seine Weine wurden immer wieder prämiert und erzielten gute Preise. Dies hat inzwischen andere veranlaßt, seinem Beispiel zu folgen.

Reine Luft
Der Boden ist überwiegend lehm- und kalkhaltig. Die meisten Rebgärt liegen westlich der Durance. Die Landschaft dort ist sehr hügelig, da sie im Grunde einen Ausläufer der Montagne de Lubéron bildet. Es wohnen nur wenige Menschen hier, und entsprechend ruhig ist die Gegend. Zentrum ist die Stadt Manosque mit ihren etwa 20 000 Einwohnern. Die Luft ist hier noch sauber: 4 Kilometer von der Domaine von Charles Pons-Mure entfernt steht das Observatorium von Saint-Michel. Der Wein der Coteaux de Pierrevert kommt als Rotwein, Weißwein und Rosé vor. Für alle Sorten gilt ein Höchstertrag von 50 hl/ha.

Leicht und einfach
Für Rotwein und Rosé haben die Winzer die Auswahl aus Carignan, Cinsault, Grenache, Mourvèdre, Ouillade, Petite Syrah und Terret noir. Daneben arbeitet man jedoch auch immer mehr mit Cabernet-Sauvignon, Pinot noir und Gamay. Für den Weißwein sind Clairette, Marsanne, Picpoul, Roussanne und Ugni blanc zugelassen. Daneben werden aber auch Chardonnay und Aligoté angepflanzt. Ich weiß, daß der Coteaux de Pierrevert von Burgunderhäusern für ihre Markenweine aufgekauft wird. Vielleicht ist dies der Grund für das Aufkommen der Burgunderreben Pinot noir, Gamay, Chardonnay und Aligoté. Die Rotweine schmecken recht leicht und sind nicht sehr tief. In all ihrer Einfachheit können sie aber doch durchaus angenehm sein. Die Rosés sind ebenfalls leicht sowie von geschmeidiger Frische. Die weißen Coteaux de Pierrevert, die ich verkostete, waren von mäßiger Qualität.

Im Jahre 1860 wurde ein Teil von Var den Alpes-Maritimes zugeschlagen. So kommt es, daß der Fluß Var seither nicht mehr im Département Var fließt.

Château de Crémat ist seit 1957 Eigentum der Familie Bagnis. Der weiße Bellet (85–90% Rolle) ist mit seinem samtig-frischen Geschmack sehr apart und haftet gut am Gaumen. Auch der Rotwein (60% Folle noire, 30% Cinsault, 10% Braquet, 10% Grenache) ist gelungen: zart duftend, mit herbem Geschmackston und ausgesprochener Eleganz. Er reift 2 Jahre auf Holz. Der Rosé kann fest, frisch und spritzig sein. Der Wein des Handelshauses Bagnis hat weniger Niveau.

Ghislain de Charnacé führt Château de Bellet und bewirtschaftet die zugehörigen 10 ha. Vor allem der Weißwein ist hier exzellent: klar von Farbe, frisch und klar im Geschmack, rassig. Die wichtigste Rebe ist Rolle, ergänzt durch Chardonnay. Ebenfalls zu empfehlen sind der Rosé (elegant und mit Nuancen) und der Rotwein (geschmeidig, ebenfalls elegant, nach kleinen roten Früchten duftend und mit Gewürzen im Geschmack).

Das einzige Weinplateau von Bellet gehört Jacques Schneider in St. Roman-de-Bellet. Daneben besitzt er auch Terrassenparzellen. Sein Gut Lou Clot de la Touré umfaßt 4 ha. Der Rotwein ist sein bestes Erzeugnis. Dieser Wein wird aus nichtentrappten Trauben erzeugt (etwa zu gleichen Teilen Folle noire, Braquet, Grenache, Cinsault) und reift auf Holz (wie auch Weißwein und Rosé). Holz ist auch in Duft und Geschmack vorhanden, die beide angenehm sind.

Durch harte Arbeit ist René Gomez zu seinem eigenen, 2 ha großen Rebgarten gekommen: Clos Saint-Vincent, vollständig auf Terrassen. Seine weißen Trauben sind Rolle (70%), Roussanne (20%) und Chardonnay (10%). Sie liefern den köstlichsten Wein. Er hat teilweise etwas Pfeffer im Duft und einen kultivierten, charaktervollen, zartfrischen Geschmack. – Der Rotwein reift hier mindestens 2 Jahre auf Holz.

Bellet

Charles Bagnis erinnert sich noch ganz gut, wie schön die Landschaft von Bellet war. 1947 war es ein romantisches Fleckchen Erde mit Olivenbäumen, Pinien, Blumen, Rebgärten und einigen Villen. Sie erinnerte ihn damals an die Toskana. Jenes Bellet gibt es jedoch nicht mehr: Dieser sehr hügelige Stadtteil von Nizza ist heute stark verbaut, und die einst so schönen Hänge sind durch Gewächshäuser verunstaltet, in denen Nelken gezüchtet werden. Früher waren die Nelkenkulturen Freilandkulturen, doch mußte man unter dem Druck der Konkurrenz zur Treibhauskultur übergehen. Im Jahre 1947 hätte das Institut National des Appellations d'Origine die sechs Jahre zuvor verliehene Herkunftsbezeichnung beinahe wieder aufgehoben. Die Weinberge waren nämlich in betrüblichem Zustand – teilweise war die Rodung in vollem Gange –, und was noch an Wein erzeugt wurde, war meist von mäßigem Niveau. Nur Jean Bagnis, dem Vater von Charles Bagnis und Eigentümer der Domaine Château de Crémat, ist es zu verdanken, daß der Beschluß noch einmal aufgeschoben wurde. In den darauffolgenden Jahren hauchte Bagnis dem Gebiet neues Leben ein. Er bewies, daß ein guter Bellet einen guten Preis erzielen kann. Das Roden hörte auf, und auch andere begannen (wieder) Qualitätswein zu erzeugen.

Natürliche Ventilation

Insgesamt könnten im Gelände von Bellet 700 ha mit Reben bepflanzt werden. In der Praxis sind es jedoch nur 60 ha, wovon wiederum nur 42–45 die Appellation Contrôlée Bellet in Anspruch nehmen. Allerdings ist der Weinbau hier kein Honiglecken. Fast aller Rebengrund liegt an 200–400 m hohen Steilhängen und besteht deshalb aus Terrassen. Anlage und Pflege solcher Rebgärten kostet viel Mühe und Geld. Zudem ist auch der Ertrag niedrig: 25–35 hl/ha, wobei 40 zulässig sind. Es besteht hier ein besonderes Mikroklima: Tagsüber weht der Seewind durch das nahe Var-Tal landeinwärts; nachts kehrt er als kühler Tramontane aus den Bergen zurück. So wird die Luft fortwährend gereinigt und die Trauben bleiben gesund. Hier ist es auch kühler als anderswo in der Provence. Meist findet die Lese daher erst Anfang Oktober statt.

Eigene Rebsorten

In Bellet erzeugt man etwa zu gleichen Teilen Weißwein, Rotwein und Rosé. Die Grundrebe für den weißen Bellet ist Rolle, während noch 7 weitere Sorten zugelassen sind. Die Rolle-Rebe liefert einen sehr trockenen Wein; deshalb vermischt man sie häufig mit einem kleinen Anteil Chardonnay. Die beiden charakteristischsten und am meisten angebauten blauen Trauben sind Folle noire (sehr empfindlich, braucht einen speziellen Schnitt) und Braquet, die sehr leichte, hellrote Weine liefert. Der rote Bellet reift praktisch immer auf Holz. Neben Tannin findet man häufig auch ein Aroma von feinen roten Früchten wie etwa Kirschen, Erdbeeren und Himbeeren. Die besseren Rosés haben Frische und Frucht zu bieten. Es gibt 20 bis 25 Erzeuger von Bellet, von denen nur 6 Winzer die Trauben selbst vinifizieren.

Seite gegenüber, oben: Château de Crémat. Die Keller gehen teilweise noch auf die Römer zurück.

Seite gegenüber, links unten: Unterhalb der markanten Kirche liegt Château de Bellet.

Seite gegenüber, rechts unten: Charles Bagnis bei der Arbeit in seinem Rebgarten. Der Boden in diesem Gebiet ist sand- und kalkhaltig, die Oberfläche mit Steinen bedeckt.

Links unten: Karte von Korsika mit den Appellationen

Rechts unten: Napoleon als Erster Konsul auf einem Brunnen in Ajaccio

Rechts: Auf der östlichen Ebene Korsikas breiten sich weitläufige Rebgärten aus.

Hierunter: Gedenktafel an Napoleons Geburtshaus in Ajaccio

Meist schon im Oktober bringen korsische Genossenschaften heute einen Primeurwein aus der Nielluccio-Rebe auf den Markt.

Korsika

«Ein Gebirge im Meer» – so beschrieb Guy de Maupassant einst Korsika. In der Tat ist diese Insel die höchste im Mittelmeer, und nicht weniger als zwanzig Berggipfel ragen höher als 2000 m aus dem Meer. Flaches Land ist hier die große Ausnahme: Fast 90% der Oberfläche liegen höher als 100 m. Trotz der langen Anwesenheit des Menschen ist die Natur noch weitgehend unberührt. Die Berge sind meist dicht bewachsen, entweder mit dem nach Kräutern und Wildblüten duftenden Maquis – einem schier undurchdringlichen Buschwald aus niedrigem Gestrüpp, das teilweise aber auch eine Höhe von sechs Metern erreicht – oder mit ausgedehnten Pinien-, Kastanien- und vor allem Eichenwäldern. Über ein Viertel der Fläche Korsikas besteht heute noch aus Wald. Nicht ohne Grund tauften die Phokäer die Insel Korsai, was «waldbedeckt» bedeutet. Die Landschaft ist höchst abwechslunsgreich. Einmal erinnert sie an die Côte d'Azur, dann wieder an Südspanien, anderswo an Schottland und nicht selten auch an die Alpen. Die Kontraste können sehr abrupt sein: In einem Umkreis von 50 km kann sowohl eine trostlose Wüste als auch eine liebliche Weinlandschaft anzutreffen sein. Quer durch die Insel verläuft ein großer Naturschutzpark. Die Küstenlinie ist etwa 1000 km lang, und man findet dort nicht nur steile Klippen, sondern auch kilometerlange Sandstrände.

Verschiedene Herrscher

Die Nordspitze Korsikas liegt 170 km vom französischen Festland entfernt. Die ersten Bewohner waren die griechischen Phokäer, die um das Jahr 565 v. Chr. die Hafenstadt Alalia etwa in der Mitte der Ostküste gründeten. Dieser Ort war sogar jahrelang die Hauptstadt ihres Reichs. Etrusker, Syrakusaner und Karthager siedelten ebenfalls auf Korsika. Im Jahre 259 v. Chr. begann die langwierige Eroberung der Insel durch die Römer. An der Stelle des früheren Alalia bauten sie die Stadt Aléria. Austern waren damals eine beliebte Speise. In einem nahegelegenen See entdeckte man zwei kleine Inseln, die aus hier abgelagerten Austernschalen bestanden. In der Nähe von Aléria fand man bei Ausgrabungen viele Gegenstände aus der Römerzeit und noch früheren Perioden. Sie sind in dem hübschen Ortsmuseum ausgestellt. Vor allem die etruskischen Vasen sind von be-

Links:
François Mercurey vom Gut Paviglià (Coteaux d'Ajaccio)

Für alle A.C.-Weine von Korsika gilt ein Mindestalkoholgehalt von 11,5% mit Ausnahme des Patrimonio, für den mindestens 12,5% vorgeschrieben sind.

An der Ostküste liegt die Durchschnittstemperatur etwas höher als an der Westküste. In Bastia mißt man im Sommer 21,6° und im Winter 10,3°. In Ajaccio sind es 20,5° beziehungsweise 9,6°.

Zwischen 1794 und 1796 gehörte Korsika zu England

Die Grenache-Rebe heißt hier Alicante Corse.

Das Gut Comte Péraldi (Coteaux d'Ajaccio) ist Eigentum des gelehrten Grafen Louis de Poix. Es umfaßt 40 ha Rebfläche auf überwiegend granithaltigem Boden. Die Reben sind 35% Sciacarello, 30% Grenache und 35% sonstige Sorten, vor allem Carignan und Cinsault. Die Trauben werden entrappt und gären nach Sorten getrennt. Der Rotwein reift 2 Winter in Betontanks. Frucht, Frische, Eleganz und Geschmeidigkeit sind seine hervorstechenden Eigenschaften.

François Mercurey, Eigentümer des Guts Paviglià, bearbeitet in den Coteaux d'Ajaccio 18 ha. Er entrappt seine blauen Trauben nicht, weshalb der Rotwein etwas farbtiefer ist als die meisten anderen und nicht zu wenig Tannin besitzt («un peu sauvage» – «ein bißchen ungezähmt», sagt Mercurey selbst). Ich ziehe persönlich den Rosé vor (geschmeidig, recht fest, reintönig) und den Weißwein (reinsortig Vermentino, etwas wenig Rasse, aber dafür Charme und Frucht).

Zartheit ist die hervorstechendste Eigenschaft in Duft und Geschmack des roten Clos Capitoro, eines freundlichen Coteaux d'Ajaccio mit einem würzigen Kern. Erzeuger ist die Familie Bianchetti. Der Rebgarten ist 15 ha groß und bepflanzt mit 46% Sciacarello, 31% Grenache, 19% Vermentino und 4% Rossola. Der Rotwein reift 3 Jahre in emaillierten Tanks.

eindruckender Schönheit. Nach dem Weggang der Römer wechselten die Besitzer der Insel in rascher Folge, zu denen unter anderen der Erzbischof von Pisa gehörte. Im Jahre 1347 nahm das rivalisierende Genua Korsika in Besitz. Seine Herrschaft sollte mehrere Jahrhunderte dauern. Noch heute findet man überall an der Küste befestigte Wachttürme, die die Genueser gebaut haben.

400 Jahre genuesische Herrschaft
Genua betrachtete die Insel vor allem als Einkommensquelle. So wurde hier auch aus rein geschäftlichen Gründen der Weinbau gefördert. Im Jahre 1572 wurden alle Familien verpflichtet, vier Rebstöcke zu pfanzen. Ein ähnlicher Erlaß kam am 20. Dezember 1658 heraus: Jeder Korse mußte mindestens sechs Obst- oder Olivenbäume anpflanzen und unterhalten oder wahlweise zwanzig Rebstöcke. Mit einer kurzen Unterbrechung zwischen 1533 und 1559 blieb Korsika bis zum Jahre 1729 italienisch. Dann begann der Unabhängigkeitskrieg des stolzen Volkes, der sich jahrzehntelang hinziehen sollte. 1769 kam die Insel unter französische Herrschaft. Im gleichen Jahr wurde Napoleon Bonaparte in Ajaccio geboren. Umsonst versuchten die Korsen, die Franzosen zu vertreiben – 1789 erfolgte die endgültige Annektion. Die sehr italienische Vergangenheit ist auf der Insel noch überall lebendig. Architektur, Traditionen, Lieder und Namen sind eher italienisch als französisch. Untereinander sprechen die Korsen auch einen mit dem Italienischen verwandten Dialekt.

Große Not
Unter der französischen Herrschaft entwickelte sich der Weinbau sehr stark, vor allem nach der Revolution. Zwischen 1789 und 1800 nahm die Rebfläche von 8000 auf 12 000 ha zu. Danach setzte sich das Wachstum etwas langsamer fort. Um 1870 sind auf der Insel 15 000 ha unter Reben. Zu dieser Zeit leben drei Viertel der Bevölkerung vom Wein. Dann bricht die Katastrophe herein: Im Jahre 1873 erscheint auch auf dieser Insel die Reblaus, die alle Rebstöcke vernichtet. Die Wirtschaft der Insel bricht vollkommen zusammen. Ein Teil der Bevölkerung wandert aus, bis nach Puerto Rico und Venezuela. Der Erste Weltkrieg fordert viele Menschenopfer. Korsika betrauert 40 000 Tote, im Verhältnis mehr als jeder andere Teil Frankreichs. Ähnliches geschieht im Zweiten Weltkrieg. Korsika wird als erstes Département befreit und stellt daher mehr Männer für das Heer der freien Franzosen als andere Départements. Bis 1960 ist die Rebfläche auf etwa 5000 ha zurückgegangen; sie liefern nicht einmal die Hälfte des Eigenverbrauchs.

Umfangreiche Neuanpflanzung
Die Wende kam zu Beginn der 60er Jahre. Damals kamen 17 000 *pieds noirs* auf die Insel, Rückwanderer aus Algerien. Sie ließen sich hauptsächlich in der östlichen Ebene nieder. Man hatte vor, dort verschiedene Kulturen anzulegen, vor allem Obstplantagen. Doch dann wurden alle Pläne wieder verworfen. Mit Hilfe der Regierung wurden in kurzer Zeit riesige Rebgärten angelegt, so daß die Rebfläche auf über 20 000 ha anstieg. In weniger als 10 Jahren war der Wein wieder zum wichtigsten Landbauprodukt Korsikas geworden. Leider hat in den meisten Fällen die Quantität das Übergewicht gegenüber der Qualität. Der größte Teil der Ernte besteht aus anonymen, simplen Weinen, die mit Tankschiffen nach Sète geschafft werden, um dort den Zechweinen des Languedoc etwas Farbe und Kraft zu geben. So dient der Wein von Korsika letztlich nur als Ersatz für den algerischen. Neben der Rebe konnte sich nur noch die Kultur der Clementine durchsetzen. Ebenfalls an der Ostküste entstanden viele Plantagen mit dieser Mandarinenart. Man hat sich jedoch zu wenig auf die Konkurrenz vor allem aus Spanien und Marokko eingestellt, so daß diese Kultur nicht der große Erfolg ist. Außerordentlich devisenträchtig ist dagegen der Tourismus. Immer mehr Menschen kennen diese Île de Beauté; Hunderttausende Urlauber kommen jährlich nach Korsika. Die Insel, auf der nur 300 000 Menschen wohnen, und vor allem Touristenzentren wie Porto Vecchio, sind diesem Ansturm kaum gewachsen.

Wirtschaftliche Probleme
Obwohl auf Korsika so manche Kulturpflanzen gedeihen könnten – die Winter sind mild, die Sommer warm, und im Gegensatz zu Sardinien, Elba oder Sizilien gibt es hier viele natürliche Quellen – führt die Monokultur der Weinreben dazu, daß etwa 80% aller Lebensmittel eingeführt werden müssen. Ähnliches gilt für Maschinen, chemische Erzeugnisse, Rohstoffe. Dies treibt die Kosten in allen Bereichen in die Höhe, und auch durch die etwas niedrigeren Verbrauchssteuern auf der Insel kann das nicht ausgeglichen werden. Außerdem müssen ja alle Erzeugnisse, auch der Wein, für den Export wieder verschifft werden, was sie nochmals verteuert. All dies führt dazu, daß Korsika erhebliche wirtschaftliche Probleme hat. Trotzdem versteht man es, das Leben zu genießen. Die Bewohner der Städte Ajaccio und Bastia, in denen mehr als ein Drittel der Bevölkerung wohnt, ziehen am Wochenende meist in das elterliche Dorf in den Bergen, um dort unter sich das Leben auf dem Lande zu genießen. Ein Jurist, der nach einem längeren beruflichen Aufenthalt auf dem Festland wieder nach Korsika zurückkam, sagte mir: «Auf dieser Insel gibt es noch echte Lebensqualität. Die Menschen haben hier noch für alles Zeit; man lebt weniger hektisch als auf dem Festland.»

Sieben Distrikte
Ende der 60er Jahre, Anfang der 70er Jahre begannen immer mehr Weinerzeuger, sich auf Qualität zu besinnen. Immer mehr Güter und Genossenschaften füllen selbst ab. Allmählich nahmen auch die kontrollierten Herkunftsbezeichnungen auf der Insel zu. Die erste war Patrimonio im Jahre 1968. Neuere Bezeichnungen stammen aus dem Jahre 1976, als die Appellation Contrôlée Vin de Corse näher definiert wurde. An diese Appellationsbezeichnungen können seitdem 7 Distriktsnamen angefügt werden: Patrimonio, Coteaux d'Ajaccio, Sartène, Figari, Porto-Vecchio, Coteaux du Cap Corse und Calvi. Dies alles ändert nichts daran, daß korsischer Wein noch immer unbekannt ist. Schließlich wird dieser Wein erst seit den 70er Jahren unter dem eigenen Namen verkauft, und das auch nur in geringen Mengen.
Von den heute 16 400 ha Rebfläche – das Areal ist stark geschrumpft – haben etwa 3700 ha Anspruch auf die Appellation Contrôlée. Sie liefern rund 70 000 hl Wein pro Jahr, womit hier weniger Wein als Schafsmilch erzeugt wird. Die Korsen selbst trinken den einheimischen Wein sehr gerne, die Touristen ebenfalls. Nur ein Teil des besseren Weins verläßt die Insel. Daß es nicht mehr ist, liegt vor allem daran, daß die Insel als Lieferant von Qualitätswein noch viel zu wenig bekannt ist. Ein beliebiges Beispiel:

Da nur ein Teil der Ernte zu einem angemessenen Preis in der Flasche verkauft werden konnte, verkleinerte Savaria Polidori de Rocca Serra ihre Domaine de San-Michèle von 80 ha auf etwas über 30 ha. Ihr roter Sartène hat häufig eine lebendige Farbe und einen unkomplizierten, angenehmen, festen Geschmack. Der Wein wird erzeugt aus Sciacarello, Cinsault, Grenache, Carignan und Barbarossa. Er reift vor der Abfüllung 1½ Jahre.

Rotwein ist nicht nur der meisterzeugte, sondern auch der interessanteste Wein der Genossenschaft von Figari. Man schmeckt die Sonnenwärme in diesem südlichsten Wein Frankreichs. Er ist daneben geschmeidig, ohne einen markanten Charakter zu zeigen. Er ruht 2 Jahre in Tanks und anschließend weitere 6 Monate in der Flasche.

Ein führendes korsisches Weingut ist die Domaine de Torraccia des dynamischen, hart arbeitenden Christian Imbert. Im Distrikt Porto-Vecchio schuf er einen 40 ha großen Rebgarten, der sowohl einen aromatischen, saftigen, trockenen Weißwein (u. a. 70% Vermentino) als auch einen ansprechenden Rosé (u. a. 60% Nielluccio) sowie einen sehr gelungenen, gehaltvollen, ausgewogenen Rotwein liefert (u. a. 40% Nielluccio, 35% Grenache, 1–3 Jahre Reifung).

Auf der östlichsten Ebene besitzen die etwa 120 Mitglieder der Genossenschaft von Aléria etwa 1600 ha. Von der Erzeugung bestehen normalerweise etwa 40% aus Vin de Corse. Der modern ausgerüstete Betrieb – die Weine durchlaufen unter anderem eine Kältebehandlung – bietet verschiedene Weinsorten an. Einer der ansprechendsten ist der rote Réserve du Président, ein reintöniger, geschmeidiger, gefälliger Wein mit nicht zu wenig Farbe und Frucht.

Weitere interessante Korsika-Weine:

Vin de Corse
- Château de Pianiccia, Tallone
- Corsigliese, Les Vignerons de Prezza-Village
- Domaine Vico, Ponte-Leccia

Coteaux d'Ajaccio
- Domaine Martini, Le Pont-de-la-Pierre

Sartène
- Domaine Fiumicoli, Sartène
- Santa Barba, Coopérative Sartène

Patrimonio
- Domaine di Ceppu, Casta
- Jean-Pierre Orenga de Gaffory, Patrimonio
- Clos Marfisi, Saint-Florent
- Clos de Bernardi, Patrimonio

Calvi
- Clos U Columbu, Lumio
- Domaine de Precoggio (u. a. mit der Marke Figarella) von SICA Borcalli, Calvi
- Domaine de Cantone, Route de Calenzana

Unten:
Rebgarten in den Coteaux d'Ajaccio. Diese Aufnahme entstand auf dem Weingut Comte Péraldi.

Rechts unten:
Graf Louis de Poix ist Eigentümer des Guts Comte Péraldi.

Wenig bekannt ist die Tatsache, daß der Ausgangskäse für den blauen Roquefort zu einem erheblichen Teil von Korsika stammt. Weitere Schafskäse, die auf der Insel selbst viel gegessen werden, sind der Golo (handwerklich gemacht und sehr zu empfehlen), der Corsica und der Casanozza.

Als vor einigen Jahren die Genossenschaft von Calenzana genau den gleichen Wein zum selben Preis sowohl als Vin de Corse wie auch unter einem Phantasienamen anbot, wurde von letzterem das Zwanzigfache verkauft.

Interessengruppe
Die fehlende Nachfrage und die geringe Zugkraft der Insel als Qualitätsweingebiet drückt die Preise. Daher gibt es in einigen Gebieten, vor allem denjenigen, die von den beiden großen Städten und Touristenzentren weiter entfernt sind, erhebliche Rentabilitätsprobleme. Voll Optimismus geplante Rebgärten werden schon wieder gerodet, so etwa bei Figari. Aber man gibt nicht auf. 1978 gründeten selbst abfüllende Guter der Appellation Contrôlée-Kategorie die Interessengruppe Uvacorse. Die etwa 50 Mitglieder sind in verschiedenen Bereichen aktiv. Man druckte Werbeprospekte, schuf eine Weinstraße, unternahm Studienreisen, organisierte Werbeveranstaltungen und entwarf eine eigene Flasche. Diese Flasche trägt am Hals das aus dem 17. Jahrhundert stammende Wappen von Korsika und wurde im Jahre 1980 mit dem «Verpackungsoskar» ausgezeichnet. Auch regionale amtliche Stellen wie das Crepac leisteten gute Arbeit. So organisiert dieses Komitee jedes Jahr einen Wettbewerb, bei dem die besten Weine Korsikas ausgezeichnet werden.

Eigene Rebsorten
Ganz bewußt halten die Korsen einige bodenständige Rebsorten in Ehren. Als primäre blaue Rebsorten für Rotwein und Rosé werden stets Sciacarello und Nielluccio vorgeschrieben, während es beim Weißwein Vermentino ist. Die Sciacarello muß meist als letzte von allen Trauben gelesen werden. Der Rotwein daraus hat eine recht leichte Farbe, und es mangelt ihm etwas an Gehalt. Alkohol dagegen besitzt er mehr als genug, ebenso Extraktstoffe und Säuren. Das Bukett kann leicht pfeffrig sein. Erst nach einiger Zeit kommen seine Aromen voll zur Entwicklung. Die Nielluccio-Rebe ist von völlig anderer Art. Wenn es gelingt, diese Rebe gesund zu erhalten (in Partrimonio etwa ist dies nicht immer ganz einfach), liefert sie einen tieffarbenen, recht korpulenten Wein. Man nimmt an, daß diese Rebe mit der italienischen Sangiovese-Rebe verwandt ist. Es leuchtet ein, daß Sciacarello und Nielluccio einander vorzüglich ergänzen. Die weiße Vermentino-Rebe (oder Malvoisie de Corse, bei Calvi auch Carbesso genannt) wird auch in Spanien und

Auf einem großen Plateau in der Ostebene, beim Mont Renoso, liegen die etwa 60 ha der Domaine de Marquiliani. Ihr Wein wird von der Genossenschaft in Aléria gekeltert und abgefüllt. Sehr belebend ist der frische, fruchtige Rosé, der in seiner Art vorzüglich ist – das eine Glas macht Appetit auf das nächste. Auch der auf Holz gereifte Rotwein ist beachtlich.

Die Genossenschaft von Casinca (in Arène-Vescovato, östliche Ebene) arbeitet eng mit der Coopérative von Aléria zusammen. Man führt gemeinsam die Marke Vignerons de l'Île de Beauté. Die etwa 155 Genossenschaftsmitglieder besitzen rund 950 ha. Neben Stillweinen werden auch Schaumweine erzeugt. In der Sant'Angelo-Serie findet man die besten Weine: einen zartfrischen Weißen, einen leichten Rosé und einen etwas rustikalen Roten mit ausgeprägtem *terroir*.

Die Domaine de la Ruche Foncière (Arène-Venzolasca, östliche Ebene) gehört den Brüdern François und Antoine Filippi. Ihr Vin de Corse Capo di Terra kommt von 45 ha Rebfläche. Die Brüder entrappen die blauen Trauben nicht und lassen den Rotwein etwa 2 Jahre reifen. Fruchtiger, geschmeidiger, blaßrosa Rosé und ein etwas leichter, etwas kurzer, etwas flacher Rotwein, sehr korrekt. Nielluccio ist mit 55% Anteil die wichtigste Rebe.

Die Spitze der trockenen Weißweine Korsikas kommt von der Spitze der Insel: von den Coteaux du Cap Corse. Dort erzeugt Toussaint Luigi von 6 ha Vermentino einen zartfrischen, reintönigen Wein, leicht saftig und mit Anklängen von Obst. Ein biologischer Säureabbau findet nicht statt, und im Mai nach der Ernte beginnt die Abfüllung auf Flaschen. Monsieur Luigi wohnt hoch auf einem Hügel in einem großen alten Haus hinter dem Dorf Rogliano.

Portugal häufig angepflanzt. Der aus ihr gewonnene Wein besitzt an sich wenig Säure und viel Alkohol. Um das eine Element zu begünstigen und das andere zu beschränken, ist es unerläßlich, frühzeitig zu lesen, was auch immer häufiger geschieht. Der zulässige Ertrag für Vin de Corse ist 50 hl/ha. Für die Distriktsappellationen reduziert er sich auf 45 hl. Im folgenden werden die einzelnen Distrikte kurz beschrieben.

Coteaux d'Ajaccio
In Ajaccio ist die Erinnerung an Napoleon noch sehr lebendig. Hiervon zeugen Denkmäler, die Namen von Straßen, Hotels, Cafés und natürlich Souvenirs. Die Winzer der Gegend sagen, daß Napoleon wahrscheinlich deshalb den burgundischen Chambertin so sehr liebte, weil er ihn am meisten an die Weine seiner Heimat erinnerte. Rings um Ajaccio liegen die 800–900 ha der Coteaux d'Ajaccio. Sie sind meist hügelig und enthalten im Boden viel Granit. In der Gegend gibt es häufig im Mai noch einen späten Kälteeinbruch, was sich nachteilig auf die durchschnittliche Erntemenge auswirkt. Der Ertrag schwankt hier zwischen 28 und 32 hl/ha. Auf den Coteaux d'Ajaccio stehen schätzungsweise 95% aller Sciacarello-Reben. Diese Traube ist hier für die Rotweine zu mindestens 40% vorgeschrieben. Die farbtiefsten Rotweine findet man bei Winzern, die die Sciacarello nicht entrappen. Auch einige ansprechende Weißweine werden hier auf der Basis der Vermentino-Rebe hergestellt.

Sartène
Südlich von Ajaccio liegt die an einen Hang gebaute alte Festungsstadt Sartène. Geprägt wird die Umgebung von drei Tälern und drei Bodenarten. Napoleon III. lobte «die große Finesse und das beachtliche Bukett» der Weine von Sartène.
Hier wurde für die Rebe viel gerodet. Eine große Genossenschaft gibt den Ton an; daneben gibt es noch vier unabhängige Produzenten. Erzeugt wird vor allem Rotwein und Rosé. Im allgemeinen sind diese Weine geschmeidig und kraftvoll. Primäre Rebsorten sind Nielluccio, Sciacarello und Grenache noir (zusammen mindestens die Hälfte, wobei die beiden ersten Sorten mindestens ein Drittel ausmachen müssen). Die sekundären Sorten sind Cinsault, Mourvèdre, Syrah, Barbarossa, Carignan und Vermentino, wobei die beiden letztgenannten einen Anteil von 20% nicht überschreiten dürfen. Die gleichen Vorschriften gelten für die Rotweine und Rosés von Figari, Porto Vecchio, Coteaux du Cap Corse, Calvi und Vin de Corse. Weißer korsischer Wein muß mindestens 75% Vermentino als Basis enthalten (in den Coteaux d'Ajaccio sogar 80%). Ugni blanc ist die zweite Rebe, die in den Coteaux du Cap Corse noch durch Codivarta ergänzt werden darf.

Figari
In den Jahren 1967 und 1968 bearbeiteten die Mitglieder der Genossenschaft von Figari noch 750 ha. Für diese Fläche ist der Betrieb auch angelegt. Inzwischen ist die Ertragsfläche jedoch durch Rodungen auf 120 ha zurückgegangen. Gleichzeitig verschwanden fast alle privaten Güter. Das ist die Realität in Frankreichs südlichstem Weingebiet. Die Genossenschaft unternimmt alle Anstrengungen, um – unter Beibehaltung der Qualität – für die Weine (60% Rotwein, 30% Rosé, 10% Weißwein) einen akzeptablen Preis zu erzielen. Denn andernfalls wird es Figari als Weingebiet bald nicht mehr geben. Die Landschaft, am Fuß eines hohen Berges, ist sehr vielgestaltig. In einer Felsformation meint man die Gestalt eines Mannes zu erkennen. Auch hier kamen Funde aus der Römerzeit zum Vorschein.

Porto-Vecchio
Auch in der Gegend des Ferienzentrums Porto Vecchio an der Ostküste ist der Weinbau stark zurückgegangen, was zum Teil natürlich mit den gestiegenen Bodenpreisen zusammenhängt. Die lokale Genossenschaft hat sich für einfache Massenweine entschieden. Die Herkunftsbezeichnung Porto-Vecchio hat dadurch stark an Bedeutung eingebüßt. Trotzdem findet man hier hervorragende Weine wie etwa jene der Domaine de Torraccia. Früher lieferte die Gegend viel Kork, und auch heute noch findet man hier zahlreiche Korkeichen.

Die östliche Ebene
Von Porto Vecchio bis südlich Bastia erstreckt sich ein Sandstrand von etwa 100 km Länge. Dahinter liegt die große östliche Ebene, die überwiegend mit Rebstöcken bepflanzt ist. Die Landschaft ist hier allerdings nicht ganz so flach, wie die Bezeichnung Ebene vermuten ließe; teilweise ist das Gelände deutlich gewellt. Einige große Güter und Genossenschaften geben den Ton an. Was an Qualitätswein erzeugt wird, trägt den Namen Vin de Corse ohne Zusatz. Daneben werden noch große Mengen Vins de Pays und Schankweine erzeugt. Die Lese erfolgt überwiegend maschinell. – Ein weiterer, sehr kleiner Landstrich, aus dem Vin de Corse kommt, ist Golo in Zentralkorsika bei dem Ort Ponte Leccia.

Seite gegenüber, oben:
Der beste trockene Weißwein von Korsika heißt Clos Nicrosi (Coteaux du Cap Corse), und der ihn herstellt ist Toussaint Luigi.

Seite gegenüber, unten:
Die alte Stadt Sartène

Unten:
Dominique Gentile von der Domaine Gentile mit seinem erlesenen Patrimonio

Mitte:
Die Kirche von Patrimonio

Rechts:
Einer der dynamischsten Winzer der Insel ist Christian Imbert (Domaine de Torraccia, Porto-Vecchio).

Eine goldene Glut, ein fast betäubender Duft, ein üppiger Geschmack und rund 17% Alkohol sind die Merkmale des Muscatellu von Toussaint Luigi, der auch den Clos Nicrosi erzeugt. Der Wein kommt von 3 ha mit Muscat à petits grains. Nach der Lese werden die Trauben neben dem Rebgarten in Holzkisten gelegt. So verdunstet Saft, und der Zuckergehalt der Früchte nimmt entsprechend zu. Ertrag 17–23 hl/ha.

Coteaux du Cap Corse
Der nördlichste Teil Korsikas besteht aus einer langen Landzunge, die bei Bastia beginnt. Wenn man die Luxusvillen und die blumenreiche Vegetation hinter sich gelassen hat, wird die Landschaft allmählich rauher. Nahe der äußersten Nordspitze liegt der kleine Weindistrikt Coteaux du Cap Corse. Verlassene Terrassen zeigen, daß der Weinbau hier früher eine große Rolle spielte. Einst waren etwa 1500 ha bepflanzt, heute höchstens noch 30 ha. Die Spezialität der Gegend sind trockene und süße Weißweine. Der trockene Clos Nicrosi ist zweifellos der beste Weißwein Korsikas. Die Muskatweine, die noch keine Herkunftsbezeichnung haben und daher eigentlich nicht versandt werden dürfen, werden aus Trauben erzeugt, die man nach der Lese in der Sonne trocknen läßt. Die Gärung wird durch Zusatz von Alkohol unterbrochen. Klimatisch sind die Coteaux du Cap Corse durch ständigen Wind vor allem aus südwestlicher Richtung charakterisiert, nicht gerade günstig für die Rebstöcke. Der Boden ist sehr kalkhaltig.
Sehr verwirrend ist die Tatsache, daß unter dem Namen Cap Corse auch ein Aperitif auf Weinbasis verkauft wird. Das braunrote Getränk mit 15–16% Alkohol enthält häufig Chinin und Kräuter, schmeckt bitter-süß und wird mit Eis getrunken. Vor dem Zweiten Weltkrieg betrug die Erzeugung jährlich fünf Millionen Flaschen. Die Weine für den Aperitif Cap Corse kommen von überall her – nur nicht aus den Coteaux du Cap Corse.

Patrimonio
Obwohl das an der Westküste direkt unterhalb der Landzunge gelegene Patrimonio als erstes die Appellation Contrôlée erhielt, hat sie den Winzern wenig genützt. Die regionale Genossenschaft begann zum Beispiel erst 1976 damit, selbst abzufüllen. Wie in den anderen Gebieten ist auch hier die Ertragsfläche für die Erzeugung von Qualitätswein rückläufig und beträgt zur Zeit etwa 250 ha. Vor der Einführung der Appellation Contrôlée war der Rosé die Spe-

In der im Jahre 1965 gegründeten Genossenschaft von Patrimonio sind etwa 30 Mitglieder zusammengeschlossen, die nicht ihre gesamte Ernte abliefern müssen. Sie verfügen durchschnittlich über 3–4 ha. Die beiden am häufigsten angepflanzten blauen Rebsorten sind Nielluccio und Grenache. Der köstlichste Genossenschaftswein ist für mich der Rosé U. Furnellu – ein erfrischender Sommerwein. Dem Rotwein mangelt es etwas an Konzentration, und er weist oft leichten Bitterton auf.

Einen der besten roten korsischen Weine erzeugt Dominique Gentile im Distrikt Patrimonio. Die wichtigste Rebe hierfür ist mit einem Anteil von 95% Nielluccio. Gentile entrappt die Früchte, arbeitet überwiegend mit Gärtanks aus Edelstahl und füllt früh ab. Der Wein hat eine recht tiefe Farbe, einen lebendigen Geschmack und geschmeidige Rundungen. Seit 1974 füllt Dominique Gentile selbst ab. Er besitzt 15 ha.

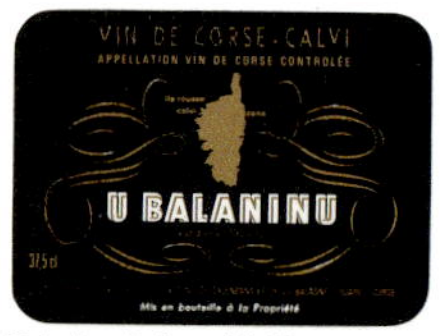

Die im Jahre 1967 gegründete Genossenschaft von Calenzana und Balagne erzeugt aus Vermentino-Trauben einen geschmeidigen, frischen weißen Calvi mit einer angenehmen Dosis Frucht. Die Trauben werden kurz vor der Vollreife gelesen, der Wein gärt bei niedrigen Temperaturen und durchläuft keinen biologischen Säureabbau. Der Markenname ist U Balaninu. Der Betrieb hat 23 Mitglieder, die etwa 400 ha bestellen. Recht passabel ist auch der Rotwein.

In La Balagne, am Fuß der Berge, liegt das Weingut Couvent d'Alzipratu, Eigentum von Maurice Acquaviva, Baron de la Grange und einem dritten Teilhaber. Der beste Wein hier ist der Rotwein: tiefdunkle Farbe, gehaltvoller Geschmack und Tannin im Abgang. Nielluccio und Cinsault sind die wichtigsten Reben. Der Wein reift 2 Jahre in glasausgekleideten Tanks. Insgesamt umfaßt das Gut 23 ha.

Der rote Calvi von Clos Landry ist ein korrektes Erzeugnis; es mangelt dem Wein lediglich etwas an Tiefe und Frucht. Erzeugt wird er unter anderem aus Grenache, Sciacarello und Nielluccio. In der Regel wird nur ein Drittel der Trauben entrappt. Der Rotwein lagert kurz auf Holz. Das 24 ha große, weitgehend von einer Mauer umschlossene Gut ist seit 1968 in Händen von Fabien Paolini.

Links unten:
Die Genossenschaft von Calenzana Balagne (Calvi) erzeugt eine steigende Menge eines höchst ansprechenden trockenen Weißweins.

Rechts unten:
Das Weingut Couvent d'Alzipratu (Calvi) zu Füßen der Berge

Etwa 45% der korsischen A.C.-Weine werden von Genossenschaften erzeugt.

Auf der Insel ist die Tendenz zu einer früheren Lese zu beobachten, so daß die Trauben etwas weniger Zucker enthalten und die Weine entsprechend weniger Alkohol.

zialität von Patrimonio, einfach deshalb, weil in den Weinbergen weiße und blaue Stöcke durcheinander gepflanzt waren. Nach dem Gesetz über die Herkunftsbezeichnung mußten weiße und blaue Sorten getrennt voneinander verarbeitet werden. Dies führte zunächst zu einer Überproduktion weißer, gewöhnlicher Weine. Heute liegt der Schwerpunkt auf Rotwein und Rosé, wobei Nielluccio die wichtigste Rebe ist (für den Rotwein sind mindestens 60% vorgeschrieben, für den Rosé 40%). Die zweite blaue Rebe ist Grenache. Es gibt sehr viel Wind in Patrimonio, und im Winter ist es oft neblig. Daher nennt man das Gebiet auch Nebbio (Nebel). Die Weingärten sind in Tälern zwischen zackigen Bergen und dem Meer gelegen. Im Ort Patrimonio gibt es eine schöne Kirche aus dem 16. Jahrhundert zu bewundern und an der gewundenen Hauptstraße stehen viele Schilder, die den Vorbeikommenden zum Probieren des Patrimonio einladen.

Calvi/La Balagne
Das größte Weingebiet Korsikas ist La Balagne; der von dort kommende Wein wird als Vin de Corse Calvi verkauft. Der Herkunftsbereich ist etwa 1000 ha groß. Auch hier wurde gerodet, jedoch vor allem alte, ertragsschwache Stöcke. Die 400 ha, die verschwunden sind, lieferten nur 10% der Ernte. Die Landschaft ist abwechslungsreich und erhebt sich bis etwa 800 m Höhe. Im Boden ist viel Kies vorhanden, teilweise einige Tonnen pro Hektar. Außer Rotweinen werden hier auch in zunehmendem Maße ansprechende Weißweine erzeugt. Vor allem die Genossenschaft von Calenzana/Balagne hat sich darauf spezialisiert. Da es in Calvi, Île Rousse und anderen Orten viel Tourismus gibt, werden die Weine auch leichter verkauft als anderswo auf der Insel. So sind hier die wirtschaftlichen Probleme geringer. Eine große Gefahr sind allerdings die alljährlich auftretenden schweren Waldbrände; kahle Hügel mit braunen, abgestorbenen Bäumen sind die traurigen Zeugen. Auch an anderen Orten sind durch die Brände bereits nicht wieder gutzumachende Schäden entstanden; man befürchtet mittlerweile auf Korsika bereits eine Störung des ökologischen Gleichgewichts. Das Gebiet von La Balagne, wo in den 60er Jahren in großem Umfang Reben gepflanzt wurden, hatte schon im 16. Jahrhundert einen guten Namen. Genuesische Makler kauften damals die gesamte Ernte auf, noch bevor die Trauben gelesen waren. Im Norden wird dieses Gebiet von der Agriaten-Wüste und im Süden von dem Hafenort Galéria begrenzt.

Unten:
Der alte Ort Estaign am Lot. In der Nähe wird etwas Wein erzeugt (s. folgende Seite). Die beeindruckende Burg war jahrhundertelang Eigentum der Familie d'Estaign. Auf der Brücke steht eine Statue des François d'Estaign, im 16. Jahrhundert Bischof und später heiliggesprochen. Heute ist die Burg von Estaign ein Kloster.

Die folgenden Seiten sind Weingebieten gewidmet, die eigentlich zu keiner der großen Regionen gehören, aber doch interessante oder sympathische Weine hervorbringen – teilweise sogar mit steigender Tendenz. Sie liegen zum Teil sehr isoliert, und wer sie bereisen will, muß viel Zeit übrig haben und gerne Auto fahren. Die Mühe lohnt sich jedoch meistens sehr, denn man wird gastfrei, ja herzlich aufgenommen. Man schätzt es noch, wenn Weinfreunde sich hierher bemühen.
Behandelt werden – in dieser Reihenfolge – die Herkunftsbereiche des Départements Aveyron; Côtes d'Auvergne; Côte Roannaise; Saint-Pourçain und Umgebung; Haut-Poitou und die zwei Weindistrikte Lothringens.

Weitere Gebiete

Der rote Marcillac enthält 10,5–11,5% Alkohol, hat viel Farbe und besitzt einen recht rustikalen Geschmack, der sehr frisch und geschmeidig zugleich ist. Ein typisches Beispiel ist der Wein der Coopérative du Vallon in Valady, in der etwa 60 Winzer zusammengeschlossen sind. Der 1962 gegründete Betrieb setzte sich für eine Verbesserung der Rebgärten ein: In guten Lagen wird wieder Terrassenbau betrieben. Der Herkunftsbereich dieses VDQS (Rotwein und Rosé) umfaßt 11 Gemeinden.

Kalk und Schiefer findet man in den Rebgärten von Estaign, die in 3 Gemeinden liegen. Erzeugt wird Rotwein (durchschnittlich 10–10,5% Alkohol), Rosé (etwa 11%) und ein wenig Weißwein (11%). Zugelassen sind 45 hl/ha. Vorsitzender der Winzer ist Pierre Rieu, der 0,7 ha Estaign besitzt. Sein Rotwein schmeckt frisch, ziemlich fest und etwas hart. Er wird erzeugt aus 80% Gamay sowie Cabernet-Franc, Négrette und Fer Servadou. Verkauft wird er im Sommer nach der Ernte.

Entraygues-sur-Truyère ist eine der 8 Gemeinden der Vins d'Entraygues et du Fel. Nahebei liegen die 4,5 ha von Jean-Marc Viguier. Damit ist er bei weitem der größte Winzer hier. Sein Rotwein hat Farbe und Frucht, eine gewisse Fülle, Tannin und einen herben Ton. Köstlich zu gebratenem Fleisch und würzigem Käse. Die Trauben (Gamay, Fer Servadou, Cabernet und andere) werden nicht entrappt. – Der feinherbe Weißwein kann gut reifen (95% Chenin blanc und 5% Mauzac).

Links:
Jean-Marc Viguier, der größte Erzeuger von Vin d'Entraygues et du Fel

Unten:
Die Hauptstraße von Entraygues-sur-Truyère

Einen weiteren guten Marcillac macht das Gut Coteaux de Cassagnes (Gros-Goutrens).

Aveyron

Marcillac
Es gibt in Frankreich Herkunftsbereiche, die wegen ihrer isolierten Lage zu keinem der größeren Gebiete gehören. In den meisten Büchern werden sie deshalb vergessen. Dabei kommen auch von dort erfreuliche Weine. Es schien mir daher reizvoll, auch einmal diese weniger bekannten, meist kleinen Weingefilde zu beschreiben. Es werden nur solche behandelt, die in meinen bisherigen Büchern über die Weine Frankreichs noch nicht oder nur am Rande erwähnt wurden. Die Reise geht diesmal von Süden nach Norden und beginnt im Département Aveyron. Hier gibt es drei kleine Reblandschaften. Die erste liegt etwa 20 km nordwestlich der Stadt Rodes und heißt Marcillac. Dort wird schon seit etwa tausend Jahren Wein erzeugt. Die Rebfläche beträgt etwa 150 ha. Sie wird dank der dynamischen Cave des Vignerons du Vallon in Valady, die für drei Viertel der Erzeugung verantwortlich zeichnet, wohl noch etwas zunehmen. Die Spezialität ist der Rotwein. Er muß zu mindestens 80% aus der Rebsorte Fer Servadou erzeugt werden, die hier Mansois heißt; daneben sind 8 weitere blaue Rebsorten zugelassen. Intensive Farbe und ein etwas rustikaler, aber recht ansprechender Geschmack sind für roten Marcillac typisch. Der gesetzlich zugelassene Ertrag ist 45 hl/ha.

Estaign
Im Jahre 1939 gab es rings um den alten Ort Estaign (am Lot) noch etwa 50 ha Rebgärten. Der verheerende Frost des Jahres 1956 dezimierte jedoch die Anbaufläche. Heute sind hier noch etwa 15 ha bepflanzt, wovon 10–11 ha einen Estaign liefern, einen Vin Délimité de Qualité Supérieure. Die Herkunftsbezeichnung geht wie bei den beiden anderen Aveyron-Weinen auf das Jahr 1965 zurück. In den Anfangsjahren war Estaign meist ein Rosé, während heute überwiegend Rotwein erzeugt wird. Die 10 Winzer arbeiten hierfür hauptsächlich mit der Gamay-Rebe, aber auch Cabernets, Négrette und Fer Servadou sind im steigendem Maße beteiligt. Um den kleinen Weinberg vor dem Untergang zu bewahren, hat man einzelne Parzellen zu einem Weinberg von 5 ha zusammengelegt. Sofern der Wein davon gut verkauft wird, will man die Anbaufläche verdoppeln. Roter Estaign kann durchweg einen frischen, etwas straffen Geschmack haben.

Vin d'Entraygues et du Fel
Wenn man von Estaign aus in dem hier wunderschönen Lot-Tal nach Norden fährt, kommt man in das Erzeugungsgebiet des Vin d'Entraygues et du Fel. Dieser Wein wurde im Jahre 902 erstmals erwähnt. Schiefergestein und Sand sind die beiden Bodentypen. Um 1860 gab es noch gut 1000 ha Reben, heute sind es nur noch 7–8 ha; diese liefern einen VDQS-Wein. Weißwein war früher tonangebend, heute jedoch ist es der Rotwein. Daneben wird auch etwas trokkener Rosé erzeugt. Der rote Vin d'Entraygues et du Fel besitzt durchweg eine tiefe Farbe und einen recht straffen Geschmack, in dem neben einer gewissen Herbe auch Frucht vorhanden ist (Schwarze Johannisbeeren, Erdbeeren). Die besseren Sorten können ohne weiteres 5 Jahre reifen. Von den neu zugelassenen blauen Trauben werden Gamay, Fer Servadou, Cabernet-Franc und Cabernet-Sauvignon bevorzugt. – Die weiße Variante besitzt neben Säuren häufig auch einen milden Ton. Normalerweise ist sie zu mindetsens 90% aus der Chenin blanc hergestellt. Auch dieser Wein kann gut reifen.

Im Weiler Le Crest liegen die Keller von Michel Blanc, der 10 ha Côtes d'Auvergne besitzt. Der Wein gärt bei ihm in Holzfässern und ist von guter Qualität. Dies gilt sowohl für den erfrischenden, zartrosa Rosé als auch für den frischen Rotwein, der ab April nach der Ernte abgefüllt wird. Beide Weine werden ausschließlich aus der Gamay-Traube erzeugt. Blanc ist einer der wenigen Winzer der Côtes d'Auvergne, die etwas exportieren.

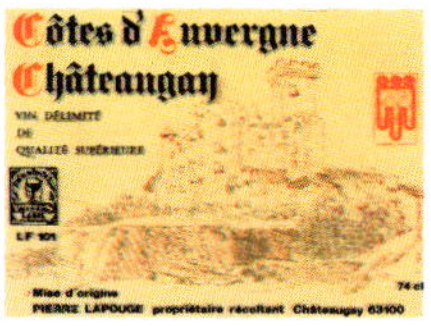

Pierre Lapouge ist einer der bekanntesten Winzer der Auvergne. Er besitzt unter anderem 7,4 ha in seinem Wohnort Châteaugay sowie weitere 2,6 ha in Chanturgue. Die Trauben (95% bzw. 85% Gamay) werden nicht entrappt, und der Rotwein reift 10–18 Monate in Fudern. Von den beiden Weinen ziehe ich den Châteaugay vor, der etwas geschmeidiger und fruchtiger ist. Beide schmekken fest und haben Farbe und Tannin. Der Châteaugay Rosé ist reintönig und erfrischend.

Nach 60 Jahren wurde im Frühjahr 1982 das Handelshaus Jean Rougeyron in Châteaugay aufgelöst. Daraufhin beschlossen Michel Rougeyron und sein Sohn Roland (mit dem Handelshaus verwandt), ihren Wein selbst abzufüllen. Sie hatten damit Erfolg. Ihr erster roter Châteaugay gewann in Paris eine Goldmedaille, desgleichen ihr erster Rosé. Sie bearbeiten etwa 5 ha und lassen den Rotwein mindestens 1 Jahr in Fudern reifen.

Unten:
Antonin Blanc, Winzer in Le Crest. Sein Sohn Michel leitet das Familiengut.

Rechts:
Blick auf Châteaugay

«Les Compagnons du Bousset d'Auvergne» ist der Name der regionalen Weinbruderschaft.

Weitere interessante Côtes d'Auvergne:
- Albert Charmensat, Boudes
- Claude Sauvat, Boudes
- Joseph Blanchot, Pérignat-lès-Sarliéves
- Paul Champroux, Corent
- Louis Chapelle, Corent
- Raymond Roumeuf, Orcet
- Jean-Baptiste Bayle, Aubière
- Bernard Boulin, Madargues
- Domaine Montorier, Corent.

Côtes d'Auvergne

Das Massif Central, das häufig auch Auvergne genannt wird, liefert schon seit Jahrhunderten Wein. Die Erzeugung ist hauptsächlich auf die Gegend von Clermont-Ferrand konzentriert, eine große Industrie-Stadt etwa 200 km östlich von Lyon. Die erste Erwähnung der Rebgärten stammt aus dem Jahre 480. Der Weinbau in diesem rauhen Land aus Bergen, Hügeln, Plateaus und Tälern entwickelte sich allmählich von einfachen Rebsorten hin zu den nobleren Typen. Sie kamen aus dem Burgund, dem Rhônetal und Savoyen. Teilweise wurden sie hier unter anderen Namen heimisch. Neyron (oder Langedet) war nichts anderes als die Pinot-noir-Rebe, Charpinei steht für Pinot meunier und Damas für Syrah. Im 17. Jahrhundert kam Lyonnaise alias Gamay noir à jour blanc hinzu. Diese Rebe erwies sich als besonders geeignet für den Anbau in der Auvergne, so daß sie sich zur wichtigsten Sorte entwickelte. Sie brachte im vorigen Jahrhundert Wohlstand in das Land. Damals waren in der Auvergne schätzungsweise 40 000 ha mit Reben bedeckt.

Starker Rückgang
Die Reblaus, der Erste Weltkrieg und andere Ursachen ließen die Anpflanzungen stark schrumpfen. Mit der Einführung der Herkunftsbezeichnungen wurde auch der Herkunftsbereich begrenzt. Von den 171 Gemeinden, die zunächst dazu gehörten, sind jetzt nur noch 54 übriggeblieben. Seit 1977 haben die Côtes d'Auvergne VDQS-Niveau. Die Gamay-Rebe steht auf etwa 80% der bepflanzten Fläche. Die einzige weitere blaue Rebsorte ist Pinot noir. Etwa drei Viertel der Erzeugung, die sich auf ungefähr 20 000 hl beläuft, sind Rotwein. Für die Weißweine ist ausschließlich die Chardonnay-Rebe zugelassen. Der Ertrag wurde auf 45 hl/ha festgelegt. Etwa 35 Winzer verkaufen ihre in eigener Regie abgefüllten Weine selbst. Die beiden Genossenschaften des Distrikts haben sich Ende 1982 zusammengeschlossen.

Fünf Crus-Appellationen
Neben dem einfachen Côtes d'Auvergne unterscheidet man noch fünf lokale Herkunftsbezeichnungen: Boudes, Chanturgue, Châteaugay, Corent und Madargues. Sie repräsentieren etwa 300 ha, das ist die Hälfte der Gesamtfläche. Châteaugay ist mit etwa 150 ha bei weitem die größte dieser Appellationen. Der Boden um den auf einem Hügel gelegenen Ort mit dem alten Schloß enthält Lehm und Kalk. Die Rotweine zeigen meist eine volle Farbe und haben einen festen Geschmack, Tannin und etwas Frucht. – Der Boden von Chanturgue ist eher vulkanisch: Diese Weine haben in der Regel mehr Tannin und Härte. Das ständig wachsende Clermont-Ferrand hat die Rebgärten hier auf etwa 15 ha schrumpfen lassen. – In Boudes (Basalt und Kalk) findet man relativ viel Pinot noir, während Corent (rein vulkanisch) für seinen Vin gris bekannt ist, einen «weiß» vinifizierten Rotwein. – Madargues war fast schon erloschen, wurde jedoch dank einer Melioration zu neuem Leben erweckt. Es umfaßt heute etwa 15 ha mit ungewöhnlich kalkhaltigem Boden.

Einen der allerbesten Côte Roannaise erzeugt Paul Lapandéry mit seinem Sohn (Saint-Haon-le-Vieux). Dieser Rotwein ist tieffarben, kraftvoll im Mund und kann gut reifen, wobei er an Ausgewogenheit gewinnt. Das Gut umfaßt 7,5 ha Steillagen. Die Trauben werden entrappt, der Wein mit frischem Eiweiß geschönt und 1–1½ Jahre auf Holz gelagert.

Mit seinem Rotwein hat Antoine Chargros wiederholt Auszeichnungen gewonnen. Der Wein wird meist geprägt durch eine recht tiefe Farbe und einen sehr geschmeidigen Geschmack mit Tannin und etwas Frucht. Aus einem guten Jahrgang kann er ohne weiteres 4–5 Jahre reifen. Chargros bearbeitet nur 2 ha bei Renaison. Der Wein gärt und reift bei ihm in *demi-muids*. Der Wein wird nicht filtriert; die Schönung erfolgt mit frischem Eiweiß.

Jean Vagneur-Tachon ist ein aktiver Winzer, dessen Rebgarten in Saint-Haon-le-Vieux von 7,5 auf 12 ha erweitert werden soll. Sein nicht filtrierter Rotwein besitzt einen frischen, reintönigen, etwas harten Geschmack, und er paßt sehr gut zu gebratenem Fleisch oder Käse. Vor der Abfüllung reift der Wein etwa 10 Monate in emaillierten Tanks. Das Weingut trägt den Namen Vignoble du Picatier.

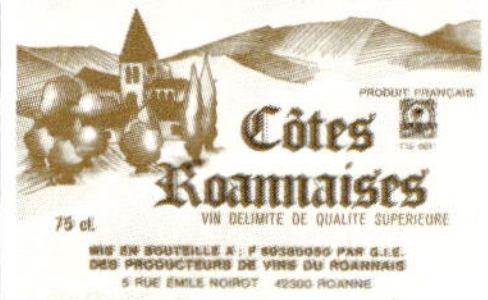

Die im Jahre 1980 gegründete «G.I.E. des Producteurs du Vin du Roannais» hat etwa 24 Mitglieder. Sie vinifizieren ihre Weine selbst. Ein Teil der Ernte wird von der Gruppe dann selektiert, zu einer einzigen Qualität verschnitten, abgefüllt und verkauft. Diesem Rotwein mangelt es manchmal etwas an Konzentration und Länge, jedoch hat er durchaus ein ordentliches Niveau. Keller und Probierlokal der Gruppe liegen in Villemontais.

Weitere interessante Côte Roannaise:
- La Tasse des Anges, Aimé Vergiat, Villemontais
- Auguste Néron, Villemontais
- Veuve Laurence Néron, Villemontais
- Clos du Pavillon, Maurice Lutz, Ambierlé
- Marcel Joathan, Ambierlé
- Robert Durier, Ambierlé
- Robert Sérol, Renaison
- Félix Viaz, St. André-d'Apchon
- Pierre Gaume, Lentigny
- Alain Demon, Ambierlé.

Links unten: Antoine Chargros, ein kleiner Winzer, der bei Renaison sehr guten Wein macht

Rechts unten: Die Landschaft der Côte Roannaise, wo außer Trauben noch vieles andere gedeiht

Ein Côte Roannaise wird ausschließlich aus der Rebsorte Gamay noir à jus blanc erzeugt. Der gesetzliche Ertrag wurde auf 40 hl/ha beschränkt.

Im Mai findet in Roanne alljährlich der Wein- und Käsemarkt statt.

Côte Roannaise

Manchen mag die französische Provinzstadt Roanne wegen des Drei-Sterne-Restaurants der Gebrüder Troisgros ein Begriff sein. Daß rings um Roanne Wein erzeugt wird, ist für fast jeden eine Überraschung. Dabei stehen in dieser Gegend schon seit Jahrhunderten Reben. Vermutlich waren es Benediktinermönche, die hier im 10. Jahrhundert den Weinbau entwickelten. Offenbar hatte der Wein von Roanne, der seinerzeit nach einer der Weingemeinden Vin de Renaison hieß, einen guten Ruf, denn um 1700 schafften jährlich etwa 10 000 Ochsenfuhrwerke Wein in Fässern zum Hafen von Roanne, von wo aus er über die Loire nach Paris verschifft wurde. Auf einer Weinkarte, die zur Zeit Ludwigs XIII. 1610–1643 entstand und als die älteste gilt, die man in Frankreich entdeckt hat, sind zwei Weine angegeben: Pommard und Roannais.

Steile Weinberge

Gegen Ende des vorigen Jahrhunderts hatte die Côte Roannaise (häufig auch in der Mehrzahl geschrieben) mehr Reben als das Beaujolais. Die Reblaus und andere Probleme, unter anderem die Anziehungskraft des wachsenden Roanne, reduzierten den Bestand erheblich. Heute sind in der Gegend 600 ha bepflanzt, wobei eine leichte Tendenz zum Wachstum besteht. Die meisten und besten Rebgärten liegen westlich von Roanne an der langgestreckten, schützenden Flanke des Mont de la Madeleine. Die Hänge sind teilweise sehr steil. So bearbeitet der Winzer Paul Lapandéry in Saint-Haon-le-Vieux eine 72° steile Lage. An den Hängen ist es trockener und wärmer als im Flußtal; eines der wenigen Jahre, in denen man Probleme mit Nachtfrösten hatte, war 1980. Nur wenige Winzer können allein vom Weinbau leben. Man findet daher auch noch andere Kulturen. Die einzige regionale Genossenschaft in der Nähe von Renaison ist geschlossen, jedenfalls für die Winzer des Roannais. Der Betrieb wurde von einer Gruppe aus dem Midi übernommen, die jetzt hier die eigenen Weine verkauft. Als Reaktion hierauf haben einige Dutzend Winzer sich zur «G.I.E des Producteurs de Vin du Roannais» zusammengeschlossen. Sie verfügen zusammen über etwa 100 ha.

Überwiegend Rotwein

In dem Herkunftsbereich mit seinen 24 Gemeinden ist nur eine Rebe zugelassen, nämlich die Gamay-Rebe, die auch im Beaujolais steht. Beide Gebiete weisen auch Granitböden auf. Erzeugt wird aus der Gamay-Rebe hauptsächlich Rotwein, doch gibt es auch etwas trokkenen Rosé. Trotz der Übereinstimmung in der Rebsorte und der Bodenart ist der Côte Roannaise kein Ebenbild des Beaujolais. Es gibt zwar eine gewisse Verwandtschaft, aber ansonsten hat der Wein eine andere Struktur: Er ist weniger fruchtig, etwas robuster und deutlich herber. Außerdem schmeckt der rote Roannais meist leichter. Man findet jedoch auch tieffarbene Lagerweine. Seit 1955 hat der Wein den Status eines Vin Délimité de Qualité Supérieure.

Links:
Winzer Jean Ray in Saulcet

Unten:
Das Dorf Saint-Pourçain-sur-Sioule kurz vor einem schweren Hagelunwetter, das im Jahre 1982 große Schäden in den Rebgärten anrichtete. Auch 1977 und 1971 gab es in der Gegend schwere Hagelschäden.

Für Saint-Pourçain wurde der Ertrag auf 50 hl/ha beschränkt, der Mindestalkoholgehalt beträgt 9,5%.

Die Genossenschaft betreibt in Saint-Pourçain ein einfaches Restaurant, «La Maison du Saint-Pourçain».

Die 1952 gegründete Genossenschaft von Saint-Pourçain mit ihren rund 300 Mitgliedern produziert drei Viertel allen Weins von Saint-Pourçain. Der Weißwein wird hauptsächlich aus Tressallier und Sauvignon gewonnen. Es ist ein reintöniges, sauber schmeckendes, leicht kohlensäurehaltiges Erzeugnis, geschmeidig und recht einfach. Man riecht die Sauvignon-Traube. Der Rotwein gefällt etwas weniger: Er scheint etwas flach und kurz.

Gérard Pétillat bestellt in Meillard die Domaine de Bellevue mit 14 ha. Höchst ansprechend ist sein weißer Saint-Pourçain, erzeugt aus gleichen Teilen Sauvignon und Chardonnay. Es ist ein gehaltvoller Wein mit Saft und Charme. Von den Rotweinen ziehe ich den reinsortigen Pinot noir-Wein Grande Réserve vor, der allerdings das Niveau des Weißweins nicht ganz erreicht. Sehr köstlich ist der Schaumwein von Pétillat, der ausschließlich aus Chardonnay erzeugt wird.

Auf dem etwa 8 ha großen Gut in Saulcet erzeugen Jean Ray und Sohn François ihren Weißwein aus 70% Tressallier, 15% Sauvignon und 15% Chardonnay. Sauvignon und Chardonnay riecht und schmeckt man deutlich. Ein sehr fester, frischer Wein von vorzüglicher Qualität. Basis des Rotweins: 85% Gamay und 15% Pinot noir. Rund die Hälfte der Trauben durchläuft eine Macération carbonique. Ergebnis: lebendige, recht tiefe Farbe, geschmeidiger, saftiger Geschmack mit etwas Frucht.

Saint-Pourçain und Umgebung

Die Geschichte von Saint-Pourçain-sur-Sioule kann bis zum Jahr 286 zurückverfolgt werden, als an der Stelle des heutigen Städtchens ein Kloster gegründet wurde. Später wurde einer der Äbte heiliggesprochen, nämlich Portianus, der Hüter der Schweine (pourceaux). So kamen Kloster und die spätere Gemeinde zu ihrem Namen. Saint-Pourçain-sur-Sioule ist ein Verkehrsknotenpunkt; außerdem vereinigen sich hier die Flüsse Allier und Sioule. Die Entfernung nach Paris beträgt 325 km – viele Reisende in Nord-Süd-Richtung legen hier einen längeren oder kürzeren Zwischenhalt ein. So werden auch beträchtliche Mengen des regionalen Weins verkauft, der Saint-Pourçain heißt. Im Musikpavillon richtet die Genossenschaft im Sommer einen Verkaufsstand ein, und auch anderswo wird der Wein angeboten. Die Verbundenheit mit dem Weinbau wird auch durch das Musée de la Vigne et du Vin erwiesen, das man direkt hinter der Kirche findet.

Weinstraße, Weinfeste
Rings um das heutige Saint-Pourçain-sur-Sioule wurde schon von den Römern Weinbau betrieben. Im Mittelalter und später waren die Weine von Saint-Pourçain bis weit über die nähere Umgebung bekannt. Sie wurden sogar bis nach Versailles verschickt. Im 18. Jahrhundert umfaßte das Rebland etwa 8000 ha. Heute ist es auf rund 900 ha geschrumpft. Davon liefern etwa 400–500 ha einen Saint-Pourçain, der seit 1954 den VDQS-Status hat. Die Weinbauzone umfaßt ein recht ausgedehntes Gelände, sie ist 5–6 km breit und erstreckt sich über eine Länge von rund 45 km. Es gibt auch eine «Route du Saint-Pourçain», die durch das gesamte Rebland führt. Im Februar kann man die Weine auf einem Weinmarkt ausführlich probieren. Speziell für die Touristen organisiert man im Juli die Wahl einer Weinkönigin, am letzten Wochenende im August ein Weinfest. Dann zieht eine lange Prozession von Prunkwagen durch Saint-Pourçain-sur-Sioule, von denen jede der 19 Weingemeinden mindestens einen ausgestattet hat.

Traditionelle weiße Rebe
Von Haus aus ist der Saint-Pourçain ein Weißwein. In den 60er und 70er Jahren waren jedoch die Verkaufszahlen rückläufig. Also stellten sich viele Winzer auf die Erzeugung von Rotwein um. Das tut manchen mittlerweile wieder leid, denn gegen Ende der 70er Jahre zog wiederum die Nachfrage nach Weißwein an, so sehr sogar, daß man sie heute nicht mehr befriedigen kann. Von den 15 000–20 000 hl die man im ganzen hervorbringt, sind zur Zeit nur 25–30% Weißwein. Auf Rotwein entfallen 60%, der Rest ist Rosé. Die ursprüngliche Basisrebe für den weißen Saint-Pourçain ist Tressallier. Allein liefert diese Sorte jedoch ziemlich saure Weine, so daß sie meist mit Sauvignon und/oder Chardonnay gemischt wird, die Frucht und Geschmeidigkeit einbringen. Manche Winzer erzeugen sogar schon Weißweine völlig ohne Tressallier ausschließlich aus Sauvignon und Chardonnay. Ihre Kundschaft wünscht es so. Dennoch können Sauvignon und Chardonnay nicht die Lösung aller Probleme sein, da sie frostempfindlicher sind als die Tressallier-Rebe. In einem Gebiet, in dem die Lese

Links:
Der Rebgarten der Domaine de Bellevue in Meillard, wo Gérard Pétillat köstliche Saint-Pourçains sowie einen moussierenden Wein erzeugt

Unten:
Das Zentrum von Saint-Pourçain-sur-Sioule mit den beiden markanten Türmen. Der Ort hat etwa 6000 Einwohner.

Weitere interessante Weine aus Saint-Pourçain:
- Joseph Laurent, Saulcet (rot)
- Elie Grosbot, Bransat (rot)
- Chérillat Frères, Saulcet (weiß, Rosé)
- GAEC des Burliers, Saulcet (weiß)
- Guy Nebout, Venteuil (weiß).

Der Châteaumeillant, der wie Côtes de Forez im Jahre 1956 Vin Délimité de Qualité Supérieure wurde, wird von etwa 25 Winzern erzeugt. Die Rebfläche liegt theoretisch bei 75 ha. Durch die kleine Weinlandschaft führt eine Weinstraße.

Roter Châteaumeillant muß mindestens 9,5% Alkohol enthalten, der Rosé (bzw. Vin Gris) 10%.

Der Herkunftsbereich Côtes du Forez besteht aus 21 Gemeinden. Hier gilt ein Hektarertrag von höchstens 40 hl und ein Mindestalkoholgehalt von 9%.

Côtes du Forez kommt von nicht mehr als 10 Erzeugern. Bei weitem der größte (drei Viertel der Ernte) ist die Genossenschaft in Boën-sur-Lignon mit etwa 250 Mitgliedern. Der Rotwein hat nicht allzuviel Charakter, ist aber doch in all seiner Einfachkeit für alle Tage recht angenehm (50% Macération carbonique).
Etwas mehr Kraft und Persönlichkeit hat der Rotwein von Georges Bouchand in L'Annet unweit Boën-sur-Lignon.

Frisch und leicht schmecken die Weine der Genossenschaft von Châteaumeillant. Der Rotwein hat meist etwas mehr zu bieten als der Vin Gris (Rosé) – ein Quentchen mehr Frucht und Niveau.
Zu den besseren unabhängigen Winzern gehören Maurice Lanoix (Domaine du Feuillat) in Beaumerle, Jean-Luc Desages in Le Siourdray, Henri Raffinat in Châteaumeillant und Marie-Thérèse Rigon in Châteaumeillant.

allermeist erst nach dem 1. Oktober beginnt, kann dies problematisch werden. Es ist klar, daß es sehr unterschiedliche weiße Saint-Pourçains gibt: einerseits den herben, etwas harten reinen Tressallier, andererseits charmante, saftige Weine aus Sauvignon und Chardonnay. Es sind auch die Weißweinreben Aligoté und Saint-Pierre-Doré (höchstens 10% zugelassen), jedoch ist ihr Anbau bescheiden.

Verschiedene Bodenarten
Die einzigen Reben für Rotwein und Rosé aus Saint-Pourçain sind Gamay noir à jus blanc und Pinot noir. Je nach Erzeuger können hieraus sehr unterschiedliche Weine entstehen. Das Spektrum reicht von traditionell vinifizierten, recht rauhen Sorten bis hin zu Weinen, die ganz oder teilweise unter Anwendung der Macération carbonique erzeugt werden und dadurch geschmeidiger und fruchtiger sind. Schwerpunkt der Rotweinerzeugung ist das Gelände im Norden, wo der Boden außer Sand und Lehm auch Kies und Kalk enthält. Weiter im Süden findet man Lehm- und Kalkformationen, die sich eher für Weißwein eignen. Im gesamten Saint-Pourçain sind etwa 320 Winzer aktiv. Fast alle sind an die einzige regionale Genossenschaft angeschlossen nur gerade etwa 20 Erzeuger füllen selbst ab und vertreiben direkt. Besonders gut geht es den Winzern hier nicht. Selbst Besitzer von großen, sogar renommierten Gütern können meist vom Wein allein nicht leben und müssen daneben Getreide anbauen oder Vieh züchten.

Côtes du Forez
Saint-Pourçain-sur-Sioule ist nordwestlich von Vichy gelegen. Im Südosten dieser Stadt liegt eine weitere kleine Weinzone, die Côtes du Forez. Hier werden – ausschließlich aus der Gamay-Rebe – vor allem Rotweine auf VDQS-Niveau erzeugt. Daneben macht man auch etwas Rosé. Das Gebiet umfaßt etwa 200–300 ha. Rund drei Viertel davon gehören Winzern, die der Genossenschaft von Boën-sur-Lignon angeschlossen sind. Die Weine der Gegend sind einfach, aber nicht unangenehm – das sympathische Glas für jeden Tag, mit einem frischen Ton. Bei den wenigen unabhängigen Winzern habe ich schlechtere Erzeugnisse verkostet.

Châteaumeillant
Etwa 100 km westlich von Saint-Pourçain-sur-Sioul und etwa 60 km südlich von Bourges findet man den kleinen Weindistrikt Châteaumeillant. Die eine Hälfte der 8 Gemeinden gehört zum Département Cher, die andere zu Indre. Der VDQS-Herkunftsbereich Châteaumeillant umfaßt nur Rotwein und Rosé, der hier meist Vin Gris genannt wird. Die Reben sind Gamay, Pinot noir und Pinot gris. Selbst der rote Châteaumeillant ist durchweg ein leichter, frischer Wein. Die besseren Sorten besitzen eine zarte Dosis Frucht. Die Genossenschaft von Châteaumeillant zählt etwa 60 Mitglieder, die 55 ha bearbeiten. Im ganzen umfaßt die kultivierte Rebfläche etwa 65–70 ha.

Links unten:
Kartons mit Genossenschaftswein stehen zum Versand bereit. Der Betrieb verzeichnet einen steigenden Exportanteil.

Rechts unten:
Monsieur und Madame Paul Chardonneau, die 5 ha Rebfläche besitzen. Die Trauben werden von der Genossenschaft verarbeitet.

Das Gebiet Haut-Poitou umfaßt 45 Gemeinden im Département Vienne und 2 Gemeinden in Deux-Sèvres.

Der Höchstertrag ist auf 50 hl/ha festgelegt, der Mindestalkoholgehalt auf 9,5% (Weißwein und Rosé) beziehungsweise 9% (Rotwein).

Etwa drei Viertel dessen, was die Genossenschaft von Neuville-de-Poitou an weißem Haut-Poitou erzeugt, ist reinsortiger Sauvignon. Der Wein besticht durch sein verführerisches Bukett. Der Geschmack ist ungewöhnlich trocken und geschmeidig dazu. So ist der Wein sein Geld wert, auch wenn er nicht viel Tiefe oder Länge bietet. Er trägt viele Etiketten, darunter vom Restaurant Les Frères Troisgros in Roanne und der Alliance Gastronomique Néerlandais in den Niederlanden.

Die Chardonnay-Traube liefert in Haut-Poitou eine weniger regelmäßige Ernte als die Sauvignon-Traube, aber man erzeugt doch eine gewisse Menge Pinot Chardonnay. Wenn dieser Wein gelungen ist, wie etwa 1981, hat er Finesse, Eleganz und Abstufungen. Ein typisches Merkmal ist seine Herbe. Während der Sauvignon so jung wie möglich getrunken werden sollte, am besten innerhalb eines Jahres, tun einem guten Pinot Chardonnay in der Regel 1½ Jahre Ruhe gut.

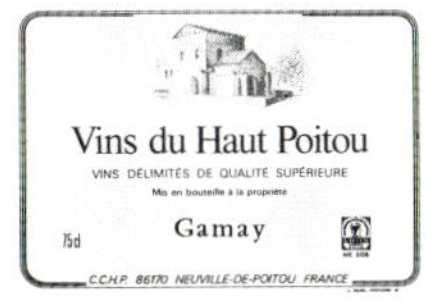

Ein dritter interessanter Wein der Genossenschaft von Neuville-de-Poitou ist der rote Gamay. Dessen Qualität nahm mit der Inbetriebnahme einer neuen Kelterhalle im Jahre 1980 auffällig zu. Der Wein besitzt meist eine klare, recht tiefe Farbe, Frucht in Duft und Geschmack und einen korrekten Abgang. Übermäßig geschmeidig ist er nicht: Er hat eher Kanten. Alles in allem schlicht ein höchst angenehmer Gamay, den man kühl trinken sollte.

Der in der geringsten Menge erzeugte Haut-Poitou der Genossenschaft ist der Rosé aus Cabernet-Trauben (etwa 1000 hl pro Jahr). Er wird zusammengestellt aus etwa zwei Dritteln Cabernet-Sauvignon und einem Drittel Cabernet-Franc. Ebenfalls seit dem Jahrgang 1980 wurde dieser Wein deutlich besser: Eine frische rosa Farbe, Frucht in der Nase und ein erfrischender, spritziger, frühlingshafter Geschmack mit Charakter zeichnen ihn aus. Jung trinken.

Haut-Poitou

Etwa auf gleicher Höhe wie Saint-Pourçain-sur-Sioule und Châteaumeillant, jedoch weiter im Westen liegt Poitiers. Die Stadt gehört zum Département Vienne, das eine Art Niemandsland zwischen Loire und Cognac bildet. Noch im vorigen Jahrhundert gab es im Département über 40 000 ha Reben, die jedoch von der Reblaus drastisch reduziert wurden. Die Weine des Poitou verschwanden fast völlig. Es gab zwar eine bescheidene Neubepflanzung, wobei man jedoch einfachen Sorten wie der weißen Folle blanche und blauen Hybriden den Vorzug gab. Namen- und charakterlose Vins ordiniares beherrschten das Bild völlig. Dieser Zustand sollte bis nach dem Zweiten Weltkrieg dauern. Im Jahre 1948 schlossen sich dann 72 Winzer zusammen und grundeten die Genossenschaft von Neuville-de-Poitou. Unter der Leitung ihres Direktors Daniel Gavid strebte man Qualität an. Man achtete nicht nur auf die Anpflanzung besserer Rebsorten, sondern änderte auch die Vinifikation.

Kalk im Boden

Trotz sekptischer Stimmen wurde das Programm ein voller Erfolg. Stück für Stück gewannen die Lagen an Qualität, und damit die Weine. Auch die Umsatzzahlen wiesen nach oben. Heute hat man etwa 1000 ha in Qualitätslagen umgewandelt, und die Bemühungen gehen weiter. Seit 1970 darf der Vin du Haut-Poitou den Titel Vin Délimité de Qualité Supérieure auf dem Etikett führen. Zum Distrikt gehören 47 Gemeinden, überwiegend westlich der Linie Poitiers-Châtellerault. Sanft gewellte, grüne Hügel prägen die Landschaft. Im Boden ist viel Kalk enthalten, was vor allem dem Niveau der Weißweine zugute kommt. Die Weinrebe steht hier in der Gesellschaft von Getreide, Gemüse und anderen Produkten. Auch Viehzucht spielt eine große Rolle.

Köstlicher Duft

Etwa 99% des Haut-Poitou werden von der Genossenschaft erzeugt. Die Zahl der Mitglieder ist auf fast 1250 angewachsen. Alle Winzer bringen ihre gesamte Ernte nach Neuville-de-Poitou. Die Genossenschaft stellt normalerweise 70 000 hl im Jahr her, davon immer noch viel Folle Blanche, der en gros verkauft wird. Noch vor 1990 möchte die Coopérative ein akzeptables Verhältnis zwischen Qualitäts- und Massenwein erreicht haben; man denkt an etwa 50 000 hl Haut-Poitou gegenüber 20 000 sonstigem Wein. Rund die Hälfte der Erzeugung von Haut-Poitou sind Weißweine. Hierbei steht Sauvignon deutlich im Vordergrund; die Mengen Chenin Blanc und Pinot Chardonnay sind minimal und werden kaum exportiert. In seiner Art ist vor allem der Sauvignon erstaunlich gut: sehr reintönig, verführerisch nach kleinen Blüten und Früchten duftend, von knisternder Trockenheit und dennoch ohne Kanten. Der Wein tönt im Mund nicht lange nach und bietet auch keine große Geschmackstiefe, übertrifft aber doch nicht wenige andere, bekanntere trockene Weißweine aus der Appellation Contrôlée-Kategorie.

Investitionen für Rotwein

Während der weiße Haut-Poitou schon lange Qualität besitzt, ist der Rotwein erst seit dem Beginn der 80er Jahre interessant geworden. Dies ist nicht zuletzt auf die großen Summen zurückzuführen, die die Genossenschaft in ihre Anlagen investiert hat. Ausschließlich für den Rotwein wurde ein völlig neues Kelterhaus ge-

Links:
Das Hauptbüro der Genossenschaft in Neuville-de-Poitou

Unten:
Zwei Aufnahmen von der modernen Kelterhalle, die speziell auf die Verarbeitung von Rotwein und Rosé abgestimmt ist. Die runden, liegenden Gärtanks können in Drehung versetzt werden, so daß der Rebensaft optimal von Farbe und Inhaltsstoffen der Beerenhäute profitieren kann.

Der gesetzliche Höchstertrag für Vins du Thouarsais ist 50 hl/ha. Weißwein und Rosé müssen mindestens 9,5% Alkohol enthalten, Rotwein 9%. Im Jahre 1966 wurden die Vins du Thouarsais in die VDQS-Kategorie aufgenommen.

Unweit des Schlosses von Oiron liegt der Keller von Michel Gigon, der mit rund 6 ha der größte Winzer des Thouarsais ist. Sein bester Wein ist der trockene weiße Chenin Haut-Bruyères, der einen frischen Geschmack besitzt und einen Hauch von Obst im Duft. Der Wein kann ohne weiteres 2–3 Jahre reifen. Dies gilt auch für den Chenin Demi-Sec Le Sorbé, der weicher ist und eine Art kleiner Vouvray sein könnte. Der rote Cabernet ist kurz und einfach, aber nicht unangenehm.

baut. Dort werden die Reben von modernsten Geräten aufgenommen und kommen dann in eine Batterie von 14 liegenden Edelstahltanks. Diese können während der Gärung gedreht werden, so daß den Beerenhäuten ein Maximum an Farbe entzogen wird. Seit 1980, dem Jahr, in dem die neue Halle in Betrieb genommen wurde, nahm die Qualität des Rotweins deutlich zu. Es ist ein frischer, nicht zu schwerer Gamay mit einer reizvollen Dosis Frucht. Für Rotwein und Rosé aus Haut-Poitou ist eine lange Reihe blauer Rebsorten zugelassen. Neben Gamay sind dies Pinot noir, Merlot, Cabernet-Sauvignon, Cabernet-Franc, Malbec, Grolleau (maximal 20%) und Gamay de Chandenay (maximal 20%). Aus den beiden Cabernets erzeugt die Coopérative noch kleinere Mengen eines höchst erfreulichen trockenen Rosés. Vorläufig ist man nicht an einer Höherstufung in die Appellation Contrôlée interessiert: «Der VDQS-Status paßt besser zum Image unserer Weine.»

Vins du Thouarsais
Zwei der 47 Haut-Poitou-Gemeinden befinden sich im Département Deux-Sèvres im Westen von Vienne. Weiter nördlich findet man im gleichen Département eine weitere VDQS-Appellation: Thouarsais. Sie umfaßt 16 Gemeinden rings um die auf einem Hügel liegende Stadt Thouars. Groß ist der Herkunftsbereich Vin du Thouarsais nicht: Die Erzeugung beträgt je nach Jahrgang zwischen 350 und 450 hl. Die Ertragsfläche beträgt nicht einmal 15 ha. Und 6 ha gehören dem größten und aktivsten Winzer, Michel Gigon. Außer ihm sind noch fünf weitere Bauern aktiv. Der Weißwein, der meist aus der Chenin blanc-Rebe hergestellt wird, ist hier der beste Wein. Er kann trocken sein oder *demi-sec.* Rotwein und Rosé werden aus Cabernets und/oder Gamay hergestellt. Das winzige, nicht sehr wohlhabende und kaum sehr zukunftsträchtige Thouarsais entstand nur durch die Eigenwilligkeit der ortsansässigen Winzer. Als nämlich im Jahre 1936 die Gemarkungen für die Herkunftsbezeichnungen festgelegt wurden, lehnten sie eine Aufnahme in die Appellation Anjou ab, die in einer Entfernung von nur 6 km beginnt und zu der die Weine aufgrund ihres Charakters eigentlich auch gehören.

Links:
Der Weinort Lucey in den Côtes de Toul. Im Vordergrund Zweige eines blühenden Mirabellenbaums.

Links unten:
Die 1000 Jahre alte Kathedrale von Toul

Rechts unten:
Jean-Marie Lelièvre von der «GAEC des Coteaux Toulois», einem Familiengut in Lucey

Weitere interessante Lothringer Weine:
Côtes de Toul
- Fernand Poirson, Bruley
- Michel Vosgien, Bulligny
- Yves Masson, Bulligny
- Laroppe Frères, Bruley

Vins de Moselle
- Centre d'Exploitation Fruitière, Laquenexy

Nachfolgend die Rebsorten der Côtes de Toul. Für Rotwein: Pinot meunier und Pinot noir. Für Weißwein: Aligoté, Aubin und Auxerrois. Für Vin Gris: mindestens 85% Gamay, Pinot meunier und/oder Pinot noir sowie höchstens 15% der drei genannten weißen Trauben. Höchstertrag 60 hl/ha.

Zum Herkunftsbereich Vins de Moselle gehören 15 Gemeinden.

Die blauen Rebsorten der Vins de Moselle: Gamay, Pinot noir und Pinot meunier. Weiße Sorten: Auxerrois, Meunier blanc, Pinot blanc, Sylvaner, Riesling und Gewürztraminer. Höchstertrag 40 hl/ha.

Eines der besten Güter der Côtes de Toul ist Lelièvre Frères in Lucey. Die drei Brüder besitzen etwa 10 ha, vor allem mit Gamay-Reben. Diese Rebe liefert einen zartrosa, sehr frischen, ganz leicht perlenden und leicht fruchtigen Vin Gris. Daneben erzeugen sie ausschließlich aus Pinot noir (etwa 1,5 ha) etwas Rotwein, der recht straff, einfach und kurz ist, aber in guten Jahren eine Verwandtschaft mit einem kleinen Burgunder zeigen kann. Ein weiteres Produkt ist ein moussierender Wein.

Gabriel Jaspard und Sohn Georges besitzen etwa 2 ha Rebgarten, die Vin de Moselle liefern. Der größte Teil der Bepflanzung besteht aus der blauen Rebsorte Pinot meunier und der weißen Auxerrois. Wenn diese zusammen vergoren werden, entsteht daraus ein zartrosa Vin Gris, ein Wein mit manchmal sehr hoher Säure. Der reinsortige weiße Auxerrois schmeckt durchweg ebenfalls recht herb und erinnert an eine magere Version seines Namensvetters aus Luxemburg.

Lothringen

Côtes de Toul
Zwei Herkunftsbereiche, über die man fast nirgends etwas erfährt, sind Côtes de Toul und Moselle im Westen der Vogesen, im alten Lothringen (frz. Lorraine). Die Weingärten der Côtes de Toùl liegen bei Toul, einer etwa 17 000 Einwohner zählenden Stadt, 23 km vor Nancy, mit ihrer berühmten Kathedrale. Das Rebgelände, hauptsächlich an Hängen gelegen, verteilt sich auf 9 Nachbargemeinden. Reben wechseln hier häufig mit Mirabellenbäumen, aus deren gelben Früchten man das weiße Destillat Mirabelle de Lorraine brennt. Die Erzbischöfe von Toul haben jahrhundertelang den regionalen Weinbau beherrscht. Das Weindorf Lucey gehörte ihnen. Deshalb findet man hier praktisch keine Keller, denn alle Trauben gingen früher nach Toul, wo sie in den großen erzbischöflichen Gewölbekellern zu Wein gemacht wurden. Einer der Hänge in Lucey heißt übrigens auch Les Vignes de l'Evèque – Weinberg des Bischofs. Im Weinort Bruley allerdings gibt es Keller, da dieser Eigentum des französischen Königs war. Lucey und Bruley sind mit etwa 25 und 20 ha die größten Weingemeinden der Côtes de Toul, gefolgt von Buligny mit 16 ha. Insgesamt stehen 65 ha unter Reben. In guten Jahren werden hiervon etwa 4000 hl erzeugt. Einstmals waren hier 12 000 ha mit Reben bepflanzt.

Côtes de Toul gibt es als Rotwein, Weißwein und Rosé, letzterer hier Vin Gris genannt. Der Rotwein wird aus Pinot meunier und Pinot noir erzeugt; für mich ist er der interessanteste Wein, der ganz von ferne an einen kleinen, etwas straffen, sehr einfachen Burgunder erinnert, vor allem dann, wenn er ausschließlich aus der Pinot-noir-Rebe erzeugt wurde. – Der Vin Gris kann angenehm schmecken, vor allem, wenn er jung ist. Er hat Frucht in seinem Duft und ist am Gaumen frisch, sauber und leicht perlend. Es ist ein netter Picknickwein oder ein fröhlicher Begleiter zur Quiche lorraine. Die besten Vins Gris werden aus Gamay-Trauben erzeugt, die sofort abgepreßt werden. – der weiße Côtes de Toul hat häufig zu viel Säure. Von den 56 Winzern des Gebiets leben 17 ausschließlich vom Wein. Sie erzeugen drei Viertel der Produktion. Es gab einst eine regionale Genossenschaft, die jedoch aufgelöst wurde. In den Räumen ihrer ehemaligen Niederlassung arbeitet heute ein Handelshaus, die Société Vinicole du Toulais.

Vins de Moselle
Côtes de Toul ist seit 1951 Vin Délimité de Qualité Supérieure. Das gleiche gilt für die Vins de Moselle aus einer noch etwas nördlicher gelegenen Weinlandschaft südlich von Metz. Meines Wissens gibt es nur noch bei der Ortschaft Vezon am Ostufer der französischen Mosel Weinberge. Nur noch eine Familie betreibt hier Weinbau: Gabriel Jaspard bewirtschaftet mit seinem Sohn Georges etwa 2 ha, während sein Bruder Jean Gaspard weitere 2 ha kultiviert. Beide Güter zusammen liefern in guten Jahren etwa 200 hl. Der Vin Gris ist der am häufigsten erzeugte Wein; reiner Rotwein wird nur in sehr sonnenreichen Jahren produziert. Der Vin Gris entsteht durch gemeinsame Gärung von blauen Pinot- und weißen Auxerrois-Trauben. Der Weißwein, der ausschließlich aus der Auxerrois-Rebe hergestellt wird, erinnert an ähnliche Weine aus Luxemburg.

Lese im Languedoc-Distrikt Corbières

Register

Kursive Seitenzahlen verweisen auf den Haupttext zum betreffenden Stichwort.

Abkürzungen:
Ch. = Château
Coop. = Cave Coopérative = Genossenschaft
Dom. = Domaine

Mit geübtem Schwung werden die Trauben auf einen Wagen gekippt. Eine Leseszene aus der Gegend von Montady, einem Dorf im Westen von Béziers im Languedoc-Gebiet.

Register

Bei dem traditionell arbeitenden Rhône-Haus Chapoutier (Tain-l'Hermitage) werden die Trauben auch heute noch mit den Füßen ausgetreten.

Hölzerne Gärbehälter für den Rotwein bei Paul Jaboulet Aîné, einer renommierten Firma in der Rhône-Stadt Tain-l'Hermitage

Alltagsszene in Châteauneuf-du-Pape; auf dem kleinen Dorfplatz werden die letzten Neuigkeiten ausgetauscht.

Literaturverzeichnis

Frankreich allgemein

Galet, P.: Cépages et vignobles de France, Montpellier 1958

Johnson, Hugh: Der große Weinatlas, Bern 1982

Woutaz, Fernand: Le grand livre des confréries des vins de France, Paris 1971

Guides vertes Michelin

Jura

Peltier, Pierre: Le Château-Chalon, Lons-le-Saulnier 1959

Savoyen

Vaudaux, Geneviève: Le vignoble de Crépy, 1970

Rhône

Bailly, Robert: Histoire de la vigne et des grands vins des Côtes du Rhône, Avignon 1978

Bailly, Robert: Histoire du vin en Vaucluse, Avignon 1972

Bécriaux, Henri: Châteauneuf-du-Pape, Châteauneuf-du-Pape o. J.

Brunel, Gaston: Guide des vignobles et caves des Côtes du Rhône, Paris 1980

Chapoutier, Max: Hermitage – fils sacré du soleil, Tain-l'Hermitage 1965

Dumay, Raymond: Les vins du Rhône et de la Méditerranée, Lausanne 1978

Huguier, Philippe: Vins des Côtes du Rhône, Marseille 1974

Livingston-Learmonth, John, und M. C. H. Master: The wines of the Rhône, London 1978

Moison, Auguste: Tavel, Uzès 1974

Puvis, M.-A.: Visite au vignoble de l'Hermitage, Bourg 1846

Saintsbury, George: Notes on a cellar-book, London 1920

Wasserman, Sheldon: The wines of the Côtes du Rhône, New York 1977

Yapp, Robin u. Judith: Vineyards and vignerons, Shaftesbury 1979

Südwesten

Baudel, José: Le vin de Cahors, Luzech 1972

Brown, Michael u. Sybil: Food and wine of South West France, London 1980

Got, Armand: Monbazillac, Bellegarde 1959

Hartmann, Henri: Le vin de Madiran, Auch 1974

Jouanel, André: Bergerac et la Hollande, Bergerac 1951

Secret, Jean: Le château de Monbazillac, Bergerac 1970

Millénaire de Gaillac, Albi 1975

Roussillon

Vidal, Fernand: Banyuls et son terroir, Perpignan o. J.

Les vins du Roussillon, Lausanne 1980

Languedoc

Enjalbert, Henri: Mas de Daumas Gassac, Bordeaux 1981

Morel, Pierre: Petite histoire du Languedoc, 1944

Sanchez, Gérard: L'Hérault – ses sites, ses vins, Montpellier 1980

Provence

Bérengier, Auguste: Lettres de noblesse des vins de Cassis, Marseille 1956

Fotonachweis

Peter van der Velde (V), Hubrecht Duijker (D) und Jan Jonker (J). Die Zahlen 1, 2, 3 usw. bezeichnen die Abbildungsfolge von links nach rechts und von oben nach unten, die fett gedruckten die Seitenzahlen.
7 1D, 2D / **8** 1D, 2D / **9** 1V, 2D / **10** 1D, 2V / **11** 1D, 2D / **12** 1V / **13** 1D, 2D, 3D / **14** 1D, 2D / **15** 1D / **16** 1D, 2D / **17** 1D, 2D / **18** 1D, 2D, 3D / **19** 1D / **21** 1D, 2D / **22** 1D, 2D / **23** 1D, 2D, 3D / **24** 1D / **25** 1V, 2V / **26** 1V, 2D / **27** 1D, 2D / **28** 1V, 2V, 3V, 4V, 5V / **29** 1V, 2V, 3V / **30** 1V, 2V, 3D, 4V, 5V, 6D / **31** 1V, 2V / **32** 1V / **33** 1V, 2D / **34** 1V, 2D / **35** 1D, 2V / **36** 1V, 2D / **37** 1D / **38** 1V / **39** 1V / **40** 1V / **41** 1V, 2V, 3V, 4V / **42** 1V, 2D / **43** 1D, 2V / **44** 1V, 2V / **45** 1D, 2D / **46** 1V, 2V, 3D / **47** 1D, 2V / **48** 1V, 2V, 3D, 4V / **49** 1V, 2V, 3D, 4D / **50** 1V, 2V / **51** 1D, 2D, 3V / **52** 1V, 2 La Compagnie de la Côte du Rhône Gardoise / **53** 1D, 2D / **54** 1V, 2D / **55** 1V / **56** 1D, 2V / **57** 1V, 2V, 3V / **58** 1V, 2V, 3D, 4D / **59** 1V / **60** 1V, 2V / **61** 1D, 2V, 3V / **62** 1V, 2D, 3V / **63** 1V, 2V / **64** 1D, 2D / **65** 1D, 2D, 3D / **66** 1V, 2V / **67** 1V / **68** 1D, 2V, 3V / **69** 1V / **70** 1D, 2V, 3V / **71** 1D / **72** 1V / **73** 1D, 2D, 3D / **74** 1V, 2V, 3D / **75** 1V / **76** 1V, 2V, 3V, 4V / **77** 1D, 2D / **78** 1D, 2D, 3D / **80** 1D, 2D / **81** 1D, 2D, 3D / **82** 1D, 2D / **83** 1D, 2D, 3J, 4J / **85** 1D, 2D / **86** 1 Philippe Chèvre (Bergerac), 2D / **87** 1D, 2D / **88** 1D, 2D, 3D / **89** 1D, 2D / **90** 1D, 2D / **91** 1D, 2D, 3D / **92** 1D, 2D / **93** 1J, 2J / **94** 1D, 2J / **95** 1J / **96** 1D / **97** 1D, 2D / **98** 1D / **99** 1J, 2D / **100** 1D, 2D / **101** 1J, 2J, 3J / **102** 1D / **103** 1J / **105** 1J, 2D, 3D, 4J / **106** 1D, 2D / **107** 1D, 2D / **108** 1D / **109** 1D, 2D / **110** 1D, 2D / **111** 1D, 2D / **114** 1D, 2D / **115** 1D, 2D, 3D, 4D / **116** 1D, 2D, 3D / **117** 1D / **118** 1V, 2V, 3V / **119** 1V, 2 Vignerons Catalans / **120** 1V / **121** 1D, 2D / **122** 1D, 2D / **123** 1D / **124** 1D, 2D, 3D / **125** 1D, 2V, 3D / **126** 1V, 2D / **127** 1D / **128** 1V, 2D / **129** 1D, 2D / **130** 1V / **131** 1V, 2V, 3V / **132** 1V / **133** 1V, 2V, 3D / **134** 1D, 2D, 3D, 4V / **135** 1D, 2D / **136** 1D, 2V, 3D / **137** 1D, 2V / **138** 1D, 2D / **139** 1D, 2D / **140** 1D, 2V, 3V / **141** 1D, 2D / **142** 1V, 2V, 3V / **143** 1V / **144** 1D, 2D / **145** 1V, 2V / **146** 1D, 2D / **147** 1D, 2V / **148** 1V / **149** 1D, 2D / **150** 1D / **151** 1D, 2D / **152** 1D, 2D / **153** 1D, 2D / **154** 1D, 2D, 3D / **155** 1D, 2D, 3D / **156** 1D, 2D, 3D, 4D / **157** 1D, 2D, 3D / **158** 1D, 2D / **159** 1V / **160** 1D, 2V, 3V / **161** 1D, 2D, 3V / **162** bis **193** alle Fotos D / **194** bis **200** alle Fotos V.